Die allgemeine deutsche Wechsel-Ordnung,

erläutert und verglichen

mit den Gesetzgebungen des Auslandes,

nebst

einer Darstellung des Wechsel-Proceß-Verfahrens in den verschiedenen deutschen Staaten.

Ein praktisches Handbuch

für

Juristen, Handeltreibende und Geschäftsleute aller Art

von

Dr. K. F. H. Straß,

Kreis-Justiz-Rath und Stadtgerichts-Director a. D., jetzt Rechtsanwalt bei dem Königl. Kammergericht und Stadtgericht zu Berlin, Notar im Departement des Königl. Kammergerichts, Mitgliede der Akademie der Wissenschaften zu Erfurt, so wie mehrer gelehrten Gesellschaften zu Berlin, Leipzig, Paris u. s. f.

Berlin.

Druck und Verlag von Georg Reimer.

1858.

Dem

Director des königl. Stadtgerichts zu Berlin,

Herrn Geheimen Justizrath Voigt,

Ritter des rothen Adler-Ordens dritter Classe mit der Schleife,

als ein geringes Zeichen aufrichtiger Verehrung

gewidmet

vom Verfasser.

Vorwort.

Es erscheint gewagt, bei den vorhandenen, zum Theil vortrefflichen Bearbeitungen der allgemeinen deutschen Wechsel-Ordnung von Borchardt, Brauer, Christoph, Koch, v. Liebe, Ortloff, Renaud und Anderen mit einer neuen Ausgabe hervorzutreten. Indessen findet der Verfasser vielleicht insofern Entschuldigung, als seit Herausgabe jener Werke schon mehre Jahre verflossen sind und er vorzugsweise das praktische Bedürfniß in das Auge gefaßt hat. Es war ihm darum zu thun, ein nicht zu umfangreiches Handbuch zu liefern, das im Stande wäre, zugleich den Geschäftsmännern aller Stände, den Juristen, wie den Kaufleuten und anderen Gewerbtreibenden, zu genügen. Deßhalb hat er sich von weitläuftigen wissenschaftlichen Erörterungen möglichst fern gehalten und sich begnügt, in thunlichster Kürze die Ergebnisse der juristischen Erörterungen mitzutheilen. Hat er überall auch vorzugsweise diejenigen Staaten besonders ins Auge gefaßt, wo der Wechsel-Verkehr am lebhaftesten ist, wie Preußen, Oestreich, Sachsen, Hamburg, Lübeck, Bremen, Frankfurt am Main, so hat er doch auch diejenigen deutschen Länder nicht unbeachtet lassen wollen, wo überhaupt Wechsel-Geschäfte vorkommen. Er hat deßhalb auch alle ihm bekannt gewordenen Einführungs-Gesetze der verschiedenen deutschen Staaten und selbst die Wechsel-Proceß-Ordnungen derselben geliefert, um jeden Geschäftsmann möglichst in den Stand zu setzen, bei seinen Wechsel-Processen in einem der deutschen Bundes-Staaten sich allenfalls selbst zu rathen. Bei der Zusammenstellung namentlich der Wechsel-Proceß-Gesetze haben ihn besonders die fürstlich reußisch-plauensche Landes-Regierung älterer Linie, so wie seine geehrten Herren Collegen Burchardt in Neu-Brandenburg, Ober-Gerichts-Anwalt Dr. Buttel in Neu-Strelitz, Dr. v. Duhn in Lübeck, Göring in Leipzig, Anwalt und Ministerialrath Dr. Köppe I. in Dessau, Mohr in Würzburg, Geheime Rath Siegfried in Dessau, Advocat Dr. Sonnenkalb in Ronneburg, Staats- und Rechtsanwalt Dr. Schlotter in Schleiz, Dr. J. F. Schmidt in Frankfurt a. M., Schröder in Bernburg, Dr. Sommer in Sondershausen, Schumann in Apolda, Ob.-Gerichts-Anwalt Stoppel in Altona, Dr. W.

Stockfleth in Hamburg, Tribsees in Rostock, Ulrich in Ballenstedt, Ober-Gerichts-Anwalt Dr. Wölffel in Hannover, Justizrath Zimmermann in Arnstadt, freundlichst unterstützt, wofür der Verfasser hier denselben wiederholt seinen verbindlichsten Dank abstattet. Ganz vorzüglich nützlich aber sind ihm die vortrefflichen Arbeiten der Herren Borchardt, Brauer, Christoph, Ditscheiner, Kalessa, Kheil, Koch, v. Liebe, Ortloff, Renaud und Anderer gewesen, welche er geeigneten Ortes mehrfach zu Rathe gezogen hat. Nicht minder hat der Verfasser die oft sehr praktischen Bemerkungen seiner geehrten Freunde Fries, Große und Anderer, so wie die des Herrn Kaufmanns Krohn benutzt.

Ist dennoch vielleicht mancher Mangel sichtbar und manche Ansicht anzugreifen, so rechnet der Verfasser um so mehr auf eine milde Beurtheilung, als gerade in der Mitte seiner Arbeit seine ohnehin sehr zerrissene Zeit durch die Sündfluth der Concurse dieses Winters und der Wechsel-Processe in ganz unglaublicher Weise in Anspruch genommen worden, er auch von einer hartnäckigen Augen-Entzündung befallen war, die ihm alles Arbeiten ungemein erschwerte.

Uebrigens hat er erst im Laufe der Bearbeitung sich mehr und mehr überzeugt, welche eigenthümliche Schwierigkeiten gerade das Wechsel-Recht darbietet und wie viele Zweifel sich bei der Entscheidung mancher Controversen aufdrängen.

Sehr verbunden wird er allen denjenigen geehrten Juristen und Sachverständigen sein, welche die Güte haben wollen, ihm freundlichst etwaige Bemerkungen und Berichtigungen zur künftigen Benutzung mitzutheilen.

Berlin, am 18. Juni 1858.

Der Verfasser.

Erste Abtheilung.

Vom Wechsel-Recht.

Einleitung.

Höchst verderblich für den Verkehr ist jede Rechtsunsicherheit. Deßhalb hat sich von je her ein lebhaftes Begehren nach möglichster Einheit in den handelsrechtlichen Grundsätzen geltend gemacht. Schon um das Jahr 1668 drang daher auch der Handelsstand zu Leipzig auf ein gleichmäßiges Wechselrecht für ganz Deutschland, aber vergeblich. Endlich in diesem Jahrhundert, namentlich seit Gründung des deutschen Zollvereins, wiederholte sich das Andringen wegen eines gemeinsamen deutschen Handelsrechts, mindestens aber wegen einer gemeinsamen deutschen Wechsel-Ordnung sehr lebhaft. Soviel Anklang indessen deßfallsige Anträge auch fanden, so wurde doch erst auf einer Zoll-Conferenz des Jahres 1846 der förmliche Beschluß gefaßt, ein gemeinsames deutsches Wechselrecht zu begründen und endlich im Jahre 1847 zu Leipzig eine Zusammenkunft der Vertreter von 28 deutschen Bundesstaaten, unter dem Beitritt Oesterreichs, veranlaßt, welche mit Benutzung eines preußischen Entwurfes in 30 Sitzungen mit dem Schlusse des Jahres 1847 das höchst verdienstliche Werk einer allgemeinen Deutschen Wechsel-Ordnung zu Stande brachte. Dadurch ist ein Heer von wenigstens

90 deutschen Particular-Wechsel-Gesetzen mit seinen zahllosen Declarationen beseitigt und Einheit in den deutschen Wechsel-Verkehr gebracht. (Vergl. Dittscheiner: das allgemeine deutsche und neue österreichische Wechselrecht, Wien bei Gerold S. 18 ff.)

Die Allgemeine deutsche Wechsel-Ordnung wurde in Ausführung des Beschlusses der deutschen Reichs-Versammlung vom 24. November 1848 unter dem 26. November 1848 durch das Reichs-Gesetzblatt vom 27. November desselben Jahres (Stück 6) als Gesetz für das ganze deutsche Reich vom 1. Mai 1849 ab mit dem ausdrücklichen Beifügen verkündet, daß die von den einzelnen Staaten zu erlassenden Bestimmungen behufs der Einführung keine Abänderungen enthalten dürften.

In den preußischen Staaten ist die deutsche Allgemeine Wechsel-Ordnung nach dem Einführungs-Gesetze vom 6. Januar 1849 (Gesetz-Sammlung Nr. 2.) mit dem 1. Februar 1849 in Kraft getreten. Seit diesem Tage sind die bisherigen preußischen Wechsel-Ordnungen, namentlich die §§. 713 bis 1249, Tit. 8. Th. 2. des allgemeinen Land-Rechts, sowie die Artikel 110 bis 189 des rheinischen Handels-Gesetzbuchs außer Kraft gesetzt. (Gesetz-Sammlung Nr. 2. S. 49 von 1849, Gesetz-Sammlung von 1850 Nr. 6. S. 53.) In den übrigen deutschen Staaten, namentlich auch in Oesterreich, ist die Allgemeine Deutsche Wechsel-Ordnung demnächst gleichfalls überall als Gesetz verkündet worden, mit Ausnahme jedoch von Luxemburg, Limburg, Lichtenstein und Hessen-Cassel. In Holstein und Lauenburg ist die früher erfolgte Verkündung von der dänischen Regierung unter dem 23sten Juli 1851 wieder aufgehoben worden, da diese keinen Grund zu haben glaubt, die Beschlüsse des deutschen Reichs zu achten.

Es sollen nun zunächst hier die Einführungs-Ordnung für das deutsche Reich und das preußische Einführungs-Gesetz in voller Ausdehnung folgen, weil es bei jenem wegen seiner hohen Wichtigkeit und Kürze angemessen schien, den genauen Wortlaut mitzutheilen, dieses aber vorzüglich umfassend ist. Die andern Einführungs-Gesetze sollen zur Ersparung des Raumes nur im Auszuge folgen, da es genügend schien, auf die wesentlichen Abweichungen aufmerksam zu machen.

Reichs-Einführungs-Gesetz

vom 26. November 1848.*)

Artikel 1.

Die nachstehende allgemeine deutsche Wechsel-Ordnung tritt mit dem 1. Mai 1849 in dem deutschen Reiche in Gesetzeskraft.

Artikel 2.

Die zur Ausführung dieser Wechsel-Ordnung in den Einzeln-Staaten etwa erforderlichen, von diesen zu erlassenden Bestimmungen dürfen keine Abänderungen derselben enthalten.

*) Reichs-Gesetzblatt vom 27. November 1848 Stück 6.

Königlich preußisches Gesetz,

betreffend die Einführung der Allgemeinen Wechsel-Ordnung für Deutschland.

Vom 15. Februar 1850 (Gesetz-Sammlung S. 53.).

Wir Friedrich Wilhelm, von Gottes Gnaden, König von Preußen ꝛc. ꝛc. verordnen, mit Zustimmung beider Kammern, auf Antrag Unseres Staats-Ministeriums, was folgt:

§. 1.

Bei Bestimmung des §. 1. der Verordnung vom 6. Januar v. J. (G.-S. S. 49), nach welcher die im Reichsgesetzblatt vom 27. November 1848 publicirte Allgemeine deutsche Wechsel-Ordnung in Preußen mit dem 1. Februar v. J. in Kraft getreten ist, und dagegen mit diesem Tage die §§. 713 bis 1249 Tit. 8 Th. II. des A. L.-R., sowie die Artikel 110 bis 189 des rheinischen Handels-Gesetzbuches, aufgehoben sind, behält es sein Bewenden. *)

---

*) Die Verordnung vom 6. Januar 1849 ist zur Ersparung von Raum hier weggelassen, da sie durch das Gesetz vom 15. Febr. 1850 beseitigt ist. Sie stimmt im Wesentlichen mit dem letztern überein und verordnete bereits, daß die Allgemeine deutsche Wechsel-Ordnung mit dem 1. Febr. 1849 in Kraft treten solle. Das neuere Einführungs-Gesetz hat alle in jener Verordnung enthaltenen Bestimmungen, namentlich über die Aufhebung der älteren Wechsel-Gesetze, über die Amortisation der Wechsel, über die Personen, welche Proteste aufnehmen dürfen, über die Zeit zu deren Aufnahme und über den Gerichtsstand bei Wechsel-Klagen wörtlich wiederholt, aber noch einige neue Bestimmungen hinzugefügt. So namentlich über die Unzulässigkeit des Wechsel-Arrestes gegen active Militärs (§. 5), über die Einwendungen im Wechsel-Prozeß (§. 7) und über kaufmännische Assignationen (§. 9). Auffallend ist es allerdings, daß bei Erwähnung der aufgehobenen älteren Gesetze nicht ausdrücklich die „bisherigen Wechsel-Ordnungen" wieder erwähnt sind, welche das Gesetz vom 6. Jan. 1849 ausdrücklich (§. 1) anführt, allein man kann daraus noch nicht folgern, daß deßhalb jene als Statutar-Rechte ferner in Kraft sein sollen, da ja die deutsche Wechsel-Ordnung eben den Zweck hat, alle Particular-Gesetzgebungen in Wechsel-Sachen für das ganze deutsche Reich zu beseitigen.

§. 2.

Die Amortisation eines Wechsels ist bei dem ordentlichen Gerichte des Zahlungsortes, und wo Handelsgerichte bestehen, bei diesen nachzusuchen. [1])

Der Antragende [2]) muß eine Abschrift des Wechsels beibringen oder doch den wesentlichen Inhalt desselben und alles das, was das Gericht zur vollständigen Erkennbarkeit für nöthig hält, angeben, [3]) auch den Besitz und Verlust glaubhaft machen. [4]) Das Gericht erläßt eine öffentliche Aufforderung [5]) an den unbekannten Inhaber des Wechsels, binnen einer bestimmten Frist den Wechsel dem Gerichte vorzulegen, mit der Verwarnung, daß sonst der Wechsel werde für kraftlos erklärt werden.

Die Aufforderung wird am Gerichtshause oder an einer anderen für geeignet befundenen öffentlichen Stelle, und wenn am Zahlungsorte eine Börse besteht, im Börsenlocale angeschlagen und einmal ins Amtsblatt und dreimal in eine in- oder ausländische Zeitung eingerückt. Das Gericht ist befugt, die Aufforderung an mehreren Stellen anschlagen und in mehrere Zeitungen einrücken zu lassen, wenn dies nach den Umständen angemessen erscheint.

Die Frist zur Meldung wird auf mindestens sechs Monate und höchstens ein Jahr, vom Verfalltage ab gerechnet, bestimmt. Wird von einem Inhaber der Wechsel vorgelegt, so ist dem Antragsteller hiervon Kenntniß zu geben und ihm zu überlassen, sein Recht gegen den Inhaber geltend zu machen. [6]) Meldet sich kein Inhaber, so erklärt das Gericht auf weiteren Antrag des Antragsstellers [7]) den Wechsel für amortisirt. [8])

[1]) Diese, den Art. 73 ergänzende Bestimmung ist eine Abweichung von den Grundsätzen der früheren Proceßgesetze, wonach meistens das Gericht das zuständige war, wo der Aussteller des Wechsels wohnte. (Preuß. Allgem. Ger.-Ordn. Th. I. Tit. 51. §. 115. u. Anh. 385.) Da obige Festsetzung zugleich die verschiedenen Ausnahmen beseitigt, so stellt sie sich als eine vollkommen praktische dar.

[2]) Der Antragende kann nur der Eigenthümer des verlornen Wechsels oder dessen Stellvertreter sein, weil nur diesem nach Art. 73 das Recht zusteht, die Amortisation zu verlangen, doch erscheint nach Art. 17 auch der Indossatar pro cura dazu berechtigt. Der Antrag kann persönlich beim Gericht, oder durch eine schriftliche Vorstellung, welche auch ein Anwalt verfassen kann, eingebracht werden.

[3]) Ist die Beibringung des Wechsels auch nicht in einer Abschrift möglich, so ist doch der wesentliche Inhalt genau anzugeben, also vorzüglich der

Name des Ausstellers, der Indossanten, des Bezogenen, des Inhabers, des Betrages, der Tag und Ort der Ausstellung, der Zahlung u. dgl.

4) Glaubhaft machen heißt hier nichts Anderes, als bescheinigen, dem Richter die Ueberzeugung oder doch den Glauben verschaffen, daß der Antragende den Wechsel wirklich besessen und verloren hat. Ein streng juridischer Nachweis ist mit Recht nicht erfordert. (Vgl. Straß im Arch. für deutsch. W.-R. Bd. I. S. 144.) Wie die Bescheinigung zu bewirken sei, läßt sich im Allgemeinen nicht füglich angeben, meistens wird dazu die Beibringung von Attesten, am besten von eidesstattlichen, genügen, wiewohl auch sonst beglaubigte Zeugnisse ausreichen dürften. Der frühere Besitz des Wechsels wird am besten durch Bescheinigungen Seitens der Vormänner und des Ausstellers, durch einen beglaubigten Auszug aus den kaufmännischen Büchern, durch die beigebrachte Correspondenz und dergl. glaubhaft gemacht, der Verlust durch Bescheinigung der Umstände, unter denen er erfolgt ist. (Vgl. Koch's Wechselrecht S. 75.)

5) Die Aufforderung wird nur dann erlassen, wenn den vorerwähnten Bedingungen genügt ist. Kann der Antragende dieselben nicht erfüllen, so bleibt ihm nur die Civil-Klage übrig.

6) Meldet sich Jemand mit dem Wechsel, so wird dies dem Antragsteller mitgetheilt, und das Aufgebots-Verfahren ist erledigt.

7) Hat sich in der gestellten Frist Niemand gemeldet und der Antragende wiederholt sein Verlangen auf Amortisation des Wechsels, so wird diese durch ein besonderes Erkenntniß ausgesprochen, sofern nicht etwa noch versäumte Förmlichkeiten nachzuholen sind.

8) Sollte das Gericht den Antragsteller mit seinem Antrage durch Erkenntniß abweisen, was nicht leicht vorkommen dürfte, da bei nicht vorhandenen Bedingungen schon die Einleitung nicht wohl verfügt werden möchte, etwa versäumte Förmlichkeiten aber meistens nachzuholen sind, so erscheint bei sonst appellabeln Gegenständen in Preußen die Appellation zuläßig, unter Umständen namentlich Seitens der Ausgebliebenen die Restitution. Wird die Amortisation durch Urthel des Gerichts ausgesprochen, so geht die Wirkung dahin, daß kein unbekannter Inhaber des Wechsels gegen irgend einen aus demselben Verpflichteten auf Grund des amortisirten Wechsels ferner einen wechselmäßigen Anspruch verfolgen darf, daß folglich die Zahlung an den Antragsteller und Verlierer, welcher nur als Eigenthümer zu erachten ist, die Erlöschung der Verpflichtungen aus dem Wechsel wirkt. (Koch a. a. O. S. 81.) Ist die Zahlung des Wechsel Betrages zur gerichtlichen Gewahrsam (ad depositum) geleistet, so reicht das den Wechsel amortisirende rechtskräftige Urthel allein noch nicht aus, um das Geld an den Antragsteller zu zahlen, es muß vielmehr noch die Genehmignng des Schuldners hinzutreten und diesem Quittung ertheilt werden. (Art. 39.)

§. 3.

Zu den Gerichts-Beamten, welche Proteste aufnehmen können, gehören im Bezirke des Appellations-Gerichts-Hofes zu Cöln auch die Gerichts-Vollzieher. 1)

1) Die rheinischen Gerichts-Vollzieher (huissiers), wenn auch in ihren Functionen mehrfach den preußischen Executoren analog, haben doch überhaupt einen ausgedehnteren Wirkungskreis und eine bessere Ausbildung. Schon immer ist denselben die Aufnahme und Beglaubigung gewisser Acte, na-

mentlich aber auch ausdrücklich die Ausfertigung von Protesten, selbst nach dem Code de Comm. (Art. 173.) übertragen gewesen. Mit großen Vorzügen vor den preußischen Executoren verbinden sie auch viele Mängel. Koch (a. a. O. S. 81.) benutzt eine Parallele zwischen beiden, um gegen das alt-preußische Executions-Wesen einen starken Hieb zu führen. Und mit Recht. Dasselbe liegt noch so im Argen, daß es endlich einer völligen Umgestaltung bedürfte. Was helfen die gelehrtesten und gründlichsten Erkenntnisse ohne gehörige Vollstreckung? Sie sind nichts als kostbare Seifenblasen, und bleiben, oft nicht gehörig vollstreckt, nur Parade-Pferde für junge Juristen.

Dieser §. ist übrigens lediglich eine Ergänzung und Erläuterung des Artikels 87 der W.-O., um den Begriff des Gerichts-Beamten auszudehnen und näher festzustellen. Daß auch andere Subalternen als rheinische Gerichts-Vollzieher Proteste aufnehmen können, ist nach Art. 87 nicht zweifelhaft. Bei dem Stadtgericht zu Berlin sind dazu stets gewisse Actuarien bestimmt, deren Namen öffentlich bekannt gemacht werden.

§. 4.

Proteste dürfen nur von 9 Uhr Vormittags bis 6 Uhr Abends, [1]) zu einer frühern oder spätern Tageszeit aber nur mit Zustimmung des Protestaten erhoben werden. [2])

[1]) Weder der Art. 88., noch der Art. 91., enthalten nähere Bestimmungen über die Zeit, zu welcher die Proteste erhoben werden müssen, es war deßhalb nothwendig, diese Lücke durch eine bestimmte Festsetzung zu ergänzen, um die sonst unzweifelhaft oft vorkommenden Streitigkeiten über diesen höchst wichtigen Punct abzuschneiden. Die früheren Wechsel-Ordnungen enthielten hierüber sehr abweichende Bestimmungen. Das preuß. Allgem. L.-R. (Th. II. Tit. 8. §. 1007.) ließ die Zeit von 12 bis 2 Uhr, wo gewöhnlich alle Comtoirs geschlossen sind, frei und gestattete die Präsentation der Wechsel nur von 8—12 Uhr Vormittags und von 2—7 Uhr Nachmittags.

[2]) Proteste, welche vor oder nach der gesetzlichen Zeit aufgenommen werden, sind nichtig, d. h. das Wechsel-Recht wird durch solche nicht gewahrt, es sei denn, daß der, bei welchem protestirt wird (der Protestat), sich die frühere oder spätere Einlegung des Protestes ausdrücklich hat gefallen lassen. Diese Genehmigung muß, wenn sie Berücksichtigung finden soll, nach Koch's Meinung, nicht nur in den Protest selbst aufgenommen, sondern sogar von dem Protestaten unterzeichnet, ja, wenn derselbe nicht schreiben kann, seine Unterschrift selbst in beweisender Form besonders beglaubigt werden. (§. 172. Tit. 5. Th. I. A. L.-R. Preuß. Not.-Ordn. §. 13 u. 14. Koch a. a. O. S. 84.) Das scheint mir nicht erforderlich und würde den Wechsel-Verkehr sehr erschweren. Widerspricht der Protestat der früheren oder späteren Protest-Erhebung nicht, läßt er sich vielmehr durch eine Erklärung darauf ein, so muß eine stillschweigende Zustimmung angenommen werden. (§. 382. Tit. 16. und §. 58. Tit. 4. Th. I. des preuß. A. L.-R.) Eine ausdrückliche Zustimmung verlangt die Einf.-Ordn. nicht. Erfolgt eine ausdrückliche Zustimmung, so muß der amtliche Vermerk des Notars genügen. Wird der Protestat nicht anwesend getroffen, so ist eine zu frühe oder zu späte Protest-Erhebung natürlich von keiner Wirkung. Hat der Protestat die verspätete Protest-Erhebung zugelassen, so ist sie verbindlich, da die Festsetzung der Protest-Zeit vornehmlich im Interesse

der Geschäftstreibenden erfolgt ist. Da die Sache nicht ohne Zweifel erscheint, wird übrigens ein vorsichtiger Notar stets wohl thun, möglichst den zustimmenden Protestaten unterschreiben zu lassen.

§. 5.

Gegen Personen des Soldatenstandes [1]) ist die Vollstreckung des Wechselarrestes unzulässig, so lange sie dem Dienststande [2]) angehören. Auf Militärbeamte dagegen finden fortan die für Civilbeamte gegebenen Vorschriften Anwendung. [3])

[1]) Dieser allgemeine Ausdruck umfaßt sowohl Offiziere, als Gemeine und Unter-Offiziere, ja die Spielleute, Zeugschreiber, Kurschmiede. Es liegt in dieser Bestimmung eine große Beschränkung des Wechsel-Verkehrs, ja fast ein indirecter Ausschluß der Wechsel-Fähigkeit activer Militairs, denn die Wechsel-Execution wird dadurch fast illusorisch, weil die Rechts-Hilfe in Bezug auf das Mobiliar-Vermögen der Militär-Personen sehr großen Beschränkungen unterliegt. Ihr Mobiliar nämlich soll denselben in der Regel gar nicht abgepfändet werden (Anh. z. A. G.-O. §. 155.) und in ihr übriges bewegliches Vermögen findet ebenfalls die Vollstreckung durch einen Gerichts-Beamten nicht Statt. Vielmehr soll der Schuldner lediglich vernommen werden,

> ob er ausstehende Forderungen, geldwerthe Papiere, baares Geld, goldene, silberne oder andere Medaillen, Juwelen und Kleinodien oder dgl. besitze,

und soll ihm im Zweifel gestattet sein, den Manifestations-Eid zu leisten. Bleibt er in dem zu dem Zweck solcher Manifestation anberaumten Termine aus oder giebt er keine gehörige Auskunft, so ist zwar Zwang durch Arrest zulässig, dieser soll aber nicht durch die Gerichte, sondern durch die Militär-Befehlshaber vollzogen werden, wodurch häufig die ganze Maßregel wieder illusorisch wird, weil jene nur zu oft, wie Koch ganz richtig bemerkt, (a. a. O. S. 364) sich auf den Standpunct eines Richters höherer Instanz stellen.

[2]) Das Wort „Dienststand" soll hier offenbar das fremde Wort „Activität" ersetzen, da die preuß. Gesetzgeber neuerer Zeit in löblicher Weise bemüht gewesen sind, fremde Ausdrücke möglichst zu vermeiden. Bloß auf eine gewisse Zeit beurlaubte Militär-Personen hören dadurch noch nicht auf, dem Dienststande, d. h. den activen Militärs anzugehören, wogegen auf unbestimmte Zeit Beurlaubte nicht für im wirklichen Dienststand befindlich anzusehen und daher auch der Wechsel-Execution unterworfen sind. (Vgl. Koch a. a. O. S. 364.)

[3]) Gegen die Militär-Beamten ist der Wechsel-Personal-Arrest wie gegen Civil-Beamte zulässig. Militär-Beamte sind die Aerzte, Geistlichen, Auditeure, Intendanten, Officianten, Stallmeister, Magazin-Beamte. (Vgl. Beilage A. zum Milit.-Strafgesetzb. G.-S. v. 1845 S. 375.)

§. 6.

Wechselklagen können sowohl bei dem Gerichte des Zahlungsortes, als bei dem Gerichte, bei welchem der Beklagte seinen persönlichen Gerichtsstand hat, erhoben werden. Wenn mehre Wech-

selschuldner zusammen belangt werden, so ist außer dem Gerichte des Zahlungsortes jedes Gericht competent, welchem Einer der Beklagten persönlich unterworfen ist. [1])

Bei dem Gerichte, bei welchem hiernach eine Wechselklage anhängig gemacht ist,[2]) müssen sich demnächst auch alle Wechselverpflichteten einlassen,[3]) welche von einer Partei in Gemäßheit der in den verschiedenen Landestheilen bestehenden Prozeßgesetze zur Regreßleistung beigeladen,[4]) oder nach gehörig geschehener Streitverkündigung belangt werden.

[1]) Diese Bestimmung ist eine große Aenderung der bisherigen Proceß-Vorschriften, aber eine bedeutende Erleichterung für den Wechsel-Verkehr. Hiernach kann jetzt der Wechsel-Inhaber nach seiner Bequemlichkeit wählen, ob er im persönlichen Gerichtsstand eines der Verpflichteten oder bei dem Gericht des Zahl-Ortes klagen will. Auch ist es ein großer Vortheil, daß er die verschiedenen Wechsel-Verpflichteten zusammen in einem und demselben Gerichtsstand belangen kann. Die eine gültige Wechsel-Erklärung soll jetzt der anderen rechtsbeständigen Wechsel-Erklärung gegen die aus ihr wechselmäßig Verpflichteten ganz gleich behandelt werden, wenn es auf das Recht des Wechsel-Inhabers ankommt. Bei solcher Cumulation (Häufung, Zusammenwerfung) der Klagen ist nur zu prüfen, ob mehre giltige Wechsel-Erklärungen vorliegen und nicht zu unterscheiden, ob die letzten in dem ursprünglichen Wechsel, in einem Indossament, einem Accept oder in einer anderen Art einer Wechsel-Verpflichtung bestehen. Die Solidarität allein, in welche die principale und eventuelle Haftung der mehren Verpflichteten für die Zahlung hinsichts des Klagerechts des Gläubigers zusammenfällt, ist genügend. (Entsch. Bd. 20. S. 544, Borch.'s W.-O. v. 1854 S. 102, Art. 81. d. W.-O., Art. 59 u. 181 des Code de proc.)

[2]) Bei Domicil-Wechseln ist zwar der Gerichtsstand des Acceptanten am Zahlungs-Orte begründet, es muß jedoch, wenn der letztere nicht zugleich der Wohnort des Verklagten ist, die Zustellung der Vorladung an ihn in seinem Wohnort erfolgen, in dem die obige Vorschri t nur die Competenz, nicht aber die Insinuation regelt, woraus von selbst erhellt, daß die gegen den Domicilianten angestellte Klage nicht dem Domiciliaten für den Verklagten behändigt werden darf. (Erk. d. Ob.-Trib. v. 3. Febr. 1852, Entsch. Bd. 22. S. 405, Borch. a. a. O. S. 102.)

[3]) Ist auch auf einem Wechsel oder zur Vollziehung eines bestimmten Rechts-Geschäfts ein Domicil gewählt, so sind doch Urtheile, welche auf den Grund eines solchen Actes erlassen werden, nur der Person des Schuldners oder in dessen wirklichem Domicil zuzustellen. (Erk. des Appell.-H. zu Cöln v. 21. Nov. 1849 Rh. Arch. 45, 53.)

[4]) Die Beiladung bezieht sich auf den rheinischen Proceß, woraus sie entnommen, und auf das französische Princip, daß das Regreß-Verfahren gleich mit dem Haupt-Proceß verbunden wird. Der Ausdruck Streit-Verkündung ist für den sonst üblichen „Litisdenunciation" gewählt. Diese wahrt nicht allein den Regreß gegen die Vormänner (Art. 80), sondern begründet auch deren Gerichtsstand bei dem Gericht, von welchem die Streit-Verkündung ausgeht.

§. 7.

In denjenigen Landestheilen, in welchen die Allgemeine Gerichtsordnung gilt, ist auch auf an sich zulässige Einwendungen, so weit es eines Beweises derselben bedarf, in Wechselsachen nur dann Rücksicht zu nehmen, wenn dieselben durch Urkunden, Eideszuschiebung oder Aussagen solcher Zeugen, die sogleich zur Stelle gebracht sind, dargethan werden. Auswärtige Zeugenverhöre, wenn sie gleich im Termine beigebracht werden, gelten nur so weit, als sie mit Zuziehung des Gegentheils oder eines von ihm dazu bestellten Bevollmächtigten aufgenommen sind, und tritt diese Bestimmung an die Stelle der in dem §. 26. Tit. 27. Th. I. der A. G.-O. in Bezug genommenen Vorschriften. [1] bis [5]

[1]) Es sind hier die in den §§. 26 Tit. 27 Th. I. A. G.-O. und 917, 918 Tit. 8 Th. II. A. L.-R. enthaltenen Bestimmungen ausdrücklich wiedergegeben.

[2]) Darüber, ob in Wechsel-Sachen der Erfüllungseid zulässig sei, sind die Meinungen abweichend. Das Ober-Tribunal zu Berlin hat die Zulässigkeit zu Gunsten des Klägers angenommen, als es auf die Bestätigung einer wahrscheinlich gemachten Unterschrift ankam. (Archiv der Trib.-Anwalte Bd. 3. S. 171, Erk. v. 6. Nov. 1851.) Dagegen hat das Stadtgericht zu Berlin in Uebereinstimmung mit dem dortigen Kammergericht den Erfüllungs-Eid zum Erweise von Einwendungen für unzulässig erklärt (Erk. des Kammerg. v. 17. Dec. 1851 im Arch. für W.-R. Bd. 2, S. 430), weil der Erfüllungs-Eid im §. 7 des Einf.-G. unter den zulässigen Beweismitteln nicht aufgeführt und es mit der Natur des Wechsel-Prozesses unvereinbar sei, die Execution erst nach rechtskräftigem Urthel und erfolgter Purification desselben zuzulassen. Diese Ansicht erscheint in der That richtig, aus gleichem Grunde aber auch ein Erfüllungs-Eid für den Kläger unzulässig.

[3]) Eine Vergleichung der Handschriften (Comparatio literarum) ist nur dann statthaft, wenn der Aussteller mehre Worte oder Zeilen (nicht Zeichen) auf der betreffenden Schrift geschrieben hat; das bloße Wort „angenommen" z. B. mit Beifügung des Vor- und Geschlechts-Namens genügt nicht. (Erk. der Ob.-Trib. v. 15. Jul. 1852. Entsch. Bd. 23. S. 384, §. 149 b Tit. 10. Th. I. A. G.-O.)

[4]) Das Stadtgericht und Kammergericht zu Berlin nehmen an, daß die gerichtliche Vorladung von Zeugen zum Erweise der Einwendungen des Verklagten nicht zulässig sei, letzterer jene vielmehr selbst gestellen müsse. (Präj. des Kammerg. v. 27. Febr. 1850, Borch. a. a. O. S. 103.) Dieß erscheint nicht gerechtfertigt und eine zu große Härte, weil es nicht immer in der Macht des Verklagten steht, die Zeugen zur Stelle zu schaffen. Das Gericht müßte aber die Zeugen sofort durch den Gerichtsdiener, wie in Schwur-Gerichts-Sachen, bei dem Ausbleiben gestellen lassen.

[5]) Es ist kein liquides Beweismittel, wenn ein Verklagter sich auf die Acten selbst eines dem betreffenden Gericht untergeordneten Gerichts, welches an demselben Orte seinen Sitz hat, beruft. (Erk. des Kammerg. zu Berlin v. 30. Sept. 1854, Borch. a. a. O. S. 104.)

§. 8.

Im Bezirke des Appellations-Gerichtshofes zu Köln gehören die Klagen aus eigenen Wechseln auch dann vor die Handelsgerichte, wenn sie weder von Handeltreibenden unterschrieben sind, noch Handelsgeschäfte zur Veranlassung haben. (Artikel 636. 637. des Rheinischen Handels-Gesetzbuchs.) [1])

[1]) Koch (a. a. O. S. 88) bemerkt mit Recht, daß diese Vorschrift nöthig gewesen sei, weil das französ. Gesetzbuch die eigenen Wechsel nicht kenne und verordne, daß, wenn aus einfachen Promessen oder billets à ordre geklagt werde, welche weder von Handelsleuten unterzeichnet, noch auf ein Handels-Geschäft gegründet seien, das Handels-Gericht die Sache auf Verlangen des Verklagten vor das Civil-Gericht verweisen müsse.

§. 9.

Die Bestimmungen des Allgemeinen Landrechts über Handels-Billets und kaufmännische Assignationen in den §§. 1250 bis 1304. Tit. 8. Th. II. und §. 297. Tit. 16. Th. I. werden hiermit aufgehoben.

Auf Rechtsverhältnisse aus solchen Handels-Billets und kaufmännischen Assignationen, welche vor dem Tage ausgestellt sind, mit dem dieses Gesetz in Kraft tritt, findet diese Vorschrift keine Anwendung.

Mit dem Tage, an dem dieses Gesetz in Kraft tritt, erlischt die Giltigkeit der Verordnung vom 6. Januar 1849. (G.-S. S. 49.)

Auszug
der wesentlichsten Bestimmungen aus den verschiedenen Einführungs-Gesetzen.[1])

(Nach alphabetischer Reihe-Folge.)

[Wegen der Anhaltschen Wechsel-Einf.-Gesetze vergl. unten die Anmerk. [2])]

I.

Das großherzogliche Badische Einführungs-Gesetz vom 19. Febr. 1849

verordnet:

1. Mit dem 1. März 1849, wo die deutsche W.-O. in Kraft getreten, ist der achte Titel des Anhangs zum Landrecht außer Wirksamkeit gesetzt, der neunte Titel von „Handels-Zetteln" hat dagegen noch Geltung behalten. (Art. 2.)

2. Die Hinterlegung der Wechsel-Summe (Art. 25, 40, 73. der W.-O.) geschieht auf den Grund einer vom zuständigen Gericht erfolgten Verfügung oder einer von dem zuständigen Staatsschreiber aufgenommenen Hinterlegungs-Urkunde nach dem Gesetz v. 3. Aug. 1837. (Art. 3.)

3. Zur Aufnahme von Absage-Scheinen (Protesten) sind nur die Staatsschreiber berechtigt. (So werden in Baden die Notare genannt. (Art. 5.)

4. Unter Inland ist das ganze Gebiet der deutschen W.-O. zu verstehen. (Art. 6.)

---

[1]) Das Reichs-Einführungs-Gesetz und die preuß. Einführungs-Ordnung sind, weil sie ganz mitgetheilt worden, vorangestellt.

[2]) Im Herzogthum Anhalt-Dessau ist die Allg. deutsche W.-O. in unveränderter Fassung durch das Gesetz vom 14. Febr. 1848 als Landes-Gesetz publicirt und die Wechsel-Ordnung vom 10. Februar 1822, so weit sie das Wechsel-Recht betrifft, außer Kraft gesetzt, während jedoch alle den Wechsel-Proceß angehenden Bestimmungen derselben (Abschnitt IV. von §. 121 an) in voller Geltung belassen sind. (Gesetz-Sammlung für das Herzogthum Anhalt-Dessau Nr. 244. S. 1369.) In Anhalt-Bernburg ist die Allg. deutsche W.-O., wie in Anhalt-Köthen ohne weitres Datum resp. in Nr. 29 u. 19. der Ges.-S. verkündet.

II.

Das Königl. Bairische Einführungs-Gesetz vom 25. Juli 1850

bestimmt:

1. Wechsel-Arrest ist gegen diejenigen Personen unzulässig, welche nach besonderen Provinzial-Gesetzen davon ausgenommen sind. (Art. 2. zu Art. 2. der W.-O.)

2. Bei den vom Ausland eingesandten Uso-Wechseln wird die Verfallzeit auf 14 Tage, vom Tage der Präsentation der Wechsel an, festgesetzt. (Art. 3. zu Art. 32. der W.-O.)

3. Die Vorschrift des Art. 92 der W.-O. findet auf diejenigen Tage Anwendung, welche nach den Gesetzen oder dem Herkommen eines jeden Orts bisher als christliche Feiertage im Wechsel-Geschäft gegolten haben. (Art. 5.)

4. Für Augsburg werden der Montag und Donnerstag als allgemeine Zahl-Tage bestimmt. (Art. 6. zu Art. 93.)

5. Das Vorzugs-Recht der Wechsel-Forderungen im Concurse wird aufgehoben.

III.

Herzogl. Braunschweigisches Einführungs-Patent vom 11. Jan. 1849.

Zu Art. 18 u. 5. der A. W. O. — 1. Hinsichts der auf einer Braunschweiger Messe zahlbaren Wechsel ist die Erhebung eines Protestes wegen Mangels der Annahme vor dem Montag in der ersten Meß-Woche nicht zulässig. Der Verfall-Tag dieser Wechsel wird dagegen auf den Mittwoch in der ersten Meß-Woche festgesetzt. (§. 4.)

Zu Art. 73. — 2. Wegen der Amortisation verlorner Wechsel sind die Verordnungen vom 6. Jan. 1818 und 24. Juni 1827 maßgebend.

IV.

Bremisches Einführungs-Gesetz vom 25. April 1849.

1. Erst die Ueberlieferung der Wechsel-Urkunde begründet das Wechselrecht. (§. 1.)

2. Im Zweifel ist der, welcher den Wechsel erhält, dem Geber zur baaren Zahlung der Valuta verpflichtet. (§. 3.)

3. Die Klagen und Einreden zwischen Geber und Nehmer aus den Verhältnissen vor Begründung des Wechselrechts können im Executiv-Proceß geltend gemacht werden, wenn der Beweis der betreffenden Thatsachen durch Urkunden oder Eides-Zuschiebung zu begründen ist. (§. 6.)

4. Der Nehmer kann, im Mangel besonderer Abrede, von dem Wechsel-Geber die Beifügung und vollständige Ausfüllung seines Giros verlangen. (§. 7.)

5. Hat ein Trassat den ihm präsentirten Wechsel, sofern derselbe kein Platz-Wechsel ist, der Rückforderung ungeachtet, am nämlichen Tage nicht zurückgeliefert, so ist er zur unbedingten Acceptation verpflichtet. (§. 8.)

6. Die Bezahlung eines Wechsels muß spätestens 4 Uhr Nachmittags geschehen. Die Protestirung ist nur von 9 Uhr Morgens bis 7 Uhr Abends zulässig. (§. 9.)

7. Das Wechsel-Recht giebt dem Gläubiger keinen Vorzug. (§. 10.)

8. Gegen die Massen mehrerer dem Inhaber wechselmäßig verpflichteter insolventer Schuldner kann er seine ganze Forderung bis zur vollen Befriedigung geltend machen, er muß sich jedoch das, was er aus einer andern Masse erhält, abrechnen. Erst der Masse, welche ihm den Rest seiner Forderung zahlt, ist er den quittirten Wechsel nebst Protest auszuliefern verbunden. (§. 11.)

9. Der mit einer Masse eingegangene Accord hindert den Wechsel-Inhaber nicht, seine ganze Forderung nach Maßgabe des §. 11. gegen die übrigen Wechsel-Verpflichteten oder deren Debit-Massen geltend zu machen, und im Falle eines Accordes der letztern die Accord-Gelder für den ursprünglichen Gesammt-Betrag seiner Forderung bis zu seiner vollständigen Befriedigung zu erheben. (§. 12.)

V.

Frankfurter Einführungs-Gesetz vom 10. März 1849.

a. Zu den unter 1—3 im Art. 2. der Allgem. deutschen W.-O. erwähnten Beschränkungen des Wechsel-Arrestes kommen noch folgende: Der Wechsel-Arrest ist nicht zulässig: Zu Art. 2. Nr. 1—3. A. W.-O.

4) gegen wirklich im Dienst stehende Frankfurter Militär-Personen,

5) gegen Verwandte des Gläubigers in auf- und absteigender Linie, ingl. gegen Geschwister desselben;

6) gegen den einen Ehegatten wegen Ansprüche des andern;

7) gegen die Ehefrau und den Ehemann zugleich wegen der nämlichen Wechsel-Schuld;

8) gegen Personen über 70 Jahre;

9) wegen Forderungen unter 25 (Verein-) Gulden Capital. (§. 3.)

Zu Art. 18. ebendas. b. Wechsel, welche auf die erste Messe zahlbar lauten, können in der Oster-Messe erst am Dienstag und in der Herbst-Messe erst am Montag der genannten Woche zur Annahme präsentirt und in Ermangelung derselben protestirt werden. Solche Wechsel, welche auf die Messe ohne weitere Angabe oder auf die zweite oder auf die dritte Meß-Woche zahlbar lauten, können erst am Montage der zweiten Woche zur Annahme präsentirt und in deren Ermangelung protestirt werden. (§. 4.)

Zu Art. 29. ebendas. c. Der Zeitpunct eines Falliments oder einer Concurs-Eröffnung bestimmt sich durch den Tag, an welchem der Schuldner seine Zahlungs-Einstellung angezeigt oder das Gericht die Einschreitung im Wege des Credit-Verfahrens verhängt hat. (§. 5.)

Zu Art. 35. ebendas. d. Wechsel, die auf eine Messe, ohne nähere Angabe der Woche, oder auf die Zahl-Woche einer Messe lauten, müssen am Samstage der zweiten Woche bezahlt oder protestirt werden. — Wechsel, die auf die erste, zweite oder dritte Woche einer Messe lauten, müssen am Samstage der benannten Meß-Woche bezahlt oder protestirt werden. (§. 6.)

Zu Art. 37. ebendas. e. Diejenigen Wechsel, welche in preuß. Courant zu 105 Kreuzern oder in preuß. Thalern, wenn das Wort „effectiv" nicht beigefügt ist, auf Frankfurt ausgestellt worden, kann der Bezogene entweder in preuß. Silber-Gelde oder in Gulden, den preuß. Thaler zu 1 Gulden 45 Kr. gerechnet, bezahlen. Diejenigen Wechsel, welche in Franken, wenn das Wort „effectiv" nicht beigefügt ist, auf Frankfurt ausgestellt worden, kann der Bezogene in franz. Silber-Gelde oder in Gulden, den Franken zu 28 Kreuzern gerechnet, bezahlen. (§. 7.)

f. Die Proteste müssen Vormittags von 9—12 und Nachmittags von 2—5 Uhr durch einen der besonders ernannten Wechsel-Notare aufgenommen werden. (§. 10.) Zu Art. 90 A. W.-O.

g. Die allgemeinen Feier-Tage sind außer den Sonntagen der 1. Januar, der Char-Freitag, der Oster-Montag, Himmelfahrt, der Pfingst-Montag, der Buß- und Bet-Tag (der Freitag vor dem 1. Advent-Sonntage), und die zwei Weihnachts-Tage. (§. 11.) Zu Art. 92 ebendas.

h. Eine Wechsel-Klage wird auch begründet: Zu Art. 96 bis 100 ebendas.

1) durch solche Anweisungen, welche zur Einlösung eines Wechsels dem Wechsel-Inhaber an Zahlungs Statt zugestellt werden, um an der Casse eines Dritten den Betrag zu erheben;

2) durch acceptirte Anweisungen;

3) durch Anweisungen, welche an Andere gestellt sind;

4) durch Schuldscheine und Zahlungs-Versprechen, welche an Ordre lauten (billets à ordre).

Eine solche Wechsel-Kraft haben die Urkunden unter 2—4 aber nur dann, wenn sie die im Art. 96 unter 2—6 aufgeführten Erfordernisse haben. Zur Erhaltung dieser Wechsel-Kraft muß der Inhaber Alles das beobachten, was der Inhaber eines Wechsels zu beobachten hat. [1]) (§. 12.)

[1]) Hiernach sind alle Anweisungen, welche auf den frankfurter Wechsel-Markt kommen, den Förmlichkeiten des Wechsel-Rechts unterworfen. Daraus folgt, daß sie acceptirt und geeigneten Falles auch protestirt werden müssen. (Vgl. Leipz. Conf.-Prot. S. 239—242. Brauer Wechsel-Ordn. S. 175.)

VI.

Hamburgisches Einführungs-Gesetz vom 21. Februar 1849.

1. Das Handels-Gericht ist die ausschließliche erste Instanz für alle im Stadtgebiet vorkommenden Wechsel-Sachen, mit Ausnahme derer vom Amt Ritzebüttel. (§. 2.)

2. Wenn ein Wechsel auf eine fremde Landes-Münze, welche hier keinen Umlauf hat, lautet, ohne daß der Aussteller dabei das Wort „effectiv" oder ein gleichbedeutendes gebraucht, oder eine andere Bestimmung über die Art der Bezahlung getroffen hat, so ist die Wechsel-Summe entweder in der im Wechsel benannten Münze oder in Banco nach dem zur Verfallzeit notirten, Zu Art. 37 ebendas.

oder, wenn solche Notirung nicht Statt findet, nach dem sonst geltenden kurzen Cours auf dem hauptsächlichsten Wechsel-Platz des Landes, welchem seine Münze angehört, zu bezahlen. (§. 4.)

Zu Art. 39 A. W.-O. 3. Bei einem in Banco zahlbaren Wechsel vertritt die auf denselben gesetzte Anweisung, auf welchem Banco-Conto der Betrag abgeschrieben werden soll (Bank-Indorso), die Stelle der nach Art. 39 der A. deuts. W.-O. vor dem Empfang der Zahlung vorzunehmenden Quittirung des Wechsels. (§. 5.)

Zu Art. 24 und 43 ebendas. 4. Ein auf Altona, zahlbar Hamburg, gezogener Wechsel gilt, wenn nicht ein bestimmter in Hamburg wohnhafter Domiciliat darauf benannt ist, nicht als Domicil-Wechsel, und ist daher in Altona zur Zahlung zu präsentiren. (§. 6.)

Zu Art. 56 und 62 ebendas. 5. Die in den Art. 56 u. 62 der A. deuts. W.-O. enthaltene Vorschrift der Präsentation des Wechsels an die auf den Zahlungs-Ort lautenden Noth-Adressen gilt auch für Altonaische Noth-Adressen, welche sich auf einem auf Hamburg gezogenen, so wie für Hamburgische Noth-Adressen, welche sich auf einem auf Altona gezogenen Wechsel befinden. (§. 7.)

Zu Art. 62 und 63 ebendas. 6. Wenngleich ein Ehren-Acceptant nach Art. 62 u. 63 der A. deuts. W. O. nur verpflichtet ist, sein Accept gegen ihm geschehene Einlieferung des vom Inhaber ordnungsmäßig erhobenen Protestes Mangels Zahlung einzulösen, so bleibt es demselben dennoch gestattet, nach Maßgabe des Hamburger Gebrauchs, die Zahlung auf Verfall auch bereits vor erhobenem Protest zu leisten. — Er tritt durch solche Zahlung in die Rechte des Inhabers gegen den Honoraten, dessen Vormänner und den Acceptanten, und hat sodann die zur Ausübung dieser Rechte von der Wechsel-Ordn. vorgeschriebenen Förmlichkeiten an Stelle des Inhabers seiner Seits zu erfüllen. (§. 8.)

Zu Art. 92 ebendas. 7. Verfällt ein in Banco zahlbarer Wechsel während des Bank-Schlusses, so ist der nächste Werktag, an welchem die Bank wieder geöffnet ist, der Zahlungs-Tag. (§. 9.)

Zu Art. 92 ebendas. 8. Wechsel-Proteste dürfen nur bis 7 Uhr Abends [1]) erhoben werden, es sei denn, daß der Protestat mit der spätern Erhebung sich einverstanden erklärt, was im Proteste zu bemerken ist. [2]) (§. 10.)

[1]) Die Zeit zwischen 12 bis 2 Uhr ist hiernach nicht freigelassen.

[2]) Hiernach scheint die einfache Registratur im Proteste genügen zu sollen.

9. Ist ein in Hamburg zu verkaufender Wechsel ein eigner (Art. 96 der A. deuts. W.-O.), oder mit einem Original-Accept versehener, oder Sola-Wechsel (Art. 66 der A. deuts. W.-O.), so muß solches bei dem Abschluß des Geschäfts angezeigt werden. In Entstehung dessen ist der Käufer zur Entgegennahme des Wechsels nicht gehalten, sondern vielmehr berechtigt, ordnungsmäßige Lieferung sammt Ersatz des etwaigen Schadens, oder auch Schadens-Ersatz allein zu fordern. (§. 11.) Zu Art. 66 und 96 ebendas.

10. Der Betrag in Disconto genommener Wechsel muß am Tage der Ueberlieferung [1]), der Betrag gekaufter Wechsel auf auswärtige Plätze am nächstfolgenden Werk-Tage bezahlt werden. — Gegen den Säumigen findet, mit Vorbehalt eines nach den Umständen einzuleitenden Straf-Verfahrens, [2]) die schleunigste gerichtliche Procedur Statt, und kann sofort auf die erste Citation, je nach dem Antrage des Klägers, Real-Execution oder Wechsel-Arrest, und zwar ohne Rücksicht auf etwa dawider einzulegende Rechtsmittel, verfügt werden. (§. 12.)

11. Eine im Wechsel enthaltene Pfand-Verschreibung ist wirkungslos. [3]) (§. 13) Zu Art. 96.

[1]) Nämlich des Geldes.

[2]) Wegen der beabsichtigten Unterschlagung. Eben wegen Verdachts einer solchen ist bei erfolgter Bescheinigung des Auftrags und Verkaufs das hier angedeutete strenge Verfahren für zulässig erachtet.

[3]) Vergl. die Anm. 4 bei Art. 96.

VII.

Königl. Hannoversches Einführungs-Gesetz vom 1. April 1849.

1. Personal-Haft ist außer den im Art. 2 der A. deuts. W.-O. aufgeführten Fällen unstatthaft:

a) gegen die während der Dauer einer Versammlung der allgemeinen Stände anwesenden Mitglieder derselben; [1])

b) gegen Militär-Personen im wirklichen Dienst, einschließlich der Auditeure, Aerzte, Commissariats- und Rechnungs-Beamten des Heeres; [2])

c) gegen Civil-Staatsdiener im activen Dienste, sofern sie nicht Handel oder Gewerbe treiben; [3])

d) gegen ordinirte Geistliche.[4]) (§. 3.)

2. Wechsel-Forderungen haben im Concurse kein Vorzugs-Recht (§. 4.).

[1]) Nach Art. 84. der preuß. Verf.-Urk. v. 31. Jan. 1850 dürfen die Mitglieder der preuß. Kammern während ihres Zusammentritts nur mit Genehmigung der Kammern selbst wegen Schulden verhaftet werden.

[2]) Die preuß. Einf.-O. hat die Militär-Beamten von dem Wechsel-Arrest nicht ausgenommen.

[3]) und [4]) Auch hier ist die hannoversche Gesetzgebung viel weiter gegangen, als die preußische.

VIII.

Großherzogl. Hessisches Einführungs-Gesetz vom 4. Mai 1849.*)

A. Die drei Provinzen des Großherzogthums betreffend.

1. Das Amortisations-Verfahren weicht im Wesentlichen nicht erheblich von dem ab, was darüber in dem preuß. Einf.-Ges. verordnet ist. Nur ist für die Provinz Rhein-Hessen noch Folgendes bestimmt:

a) Der Einspruch gegen die Amortisation ist durch eine dem Amortisations-Kläger vor das Gericht, welches die Aufforderung erlassen hat, gegebene Ladung zu erheben, und das Original desselben von dem Gerichts-Schreiber zu visiren. Auch kann der Einspruch durch eine auf der Gerichts-Kanzlei zu Protokoll gegebene Erklärung geschehen; er muß aber in diesem Falle bei Strafe der Nichtigkeit durch eine, in den darauf folgenden drei Tagen gegebene Vorladung des Amortisations-Klägers wiederholt werden.

b) Die auf das Einspruchs-Verfahren bezüglichen Acte, einschließlich der Urtheile, können auf der Kanzlei des Gerichts an diejenige Partei behändigt werden, welche nicht am Gerichts-Sitz wohnt oder welche daselbst ein anderes Domicil erwählte. (§. 8.)

*) In Hessen-Cassel ist die A. d. W. O. zwar unter dem 8. Decbr. 1848 ebenfalls verkündet, später jedoch wieder außer Wirksamkeit gesetzt und gilt dort ein sich an die Wechsel-Ordn. der Stadt Frankfurt anlehnendes gemeines Wechsel-Recht. In Hessen-Homburg ist die Einführung unterm 28. April 1849 ohne wesentliche Bestimmungen erfolgt. (Vgl. Arch. d. W.-R. Bd. 1. S. 420 ff. Bd. 2. S. 302.)

B. Die Provinzen Starkenburg und Ober-Hessen betreffend.

2. Proteste dürfen nach 7 Uhr Abends nicht erhoben werden, sofern nicht der Protestat sich mit der spätern Erhebung einverstanden erklärt, was im Proteste zu bemerken ist. [1])

3. Die allgemeinen Feiertage sind hier dieselben wie in Frankfurt a. M., mit Ausnahme des Buß- und Bet-Tages. [2]) (§. 11.)

[1]) Vergl. unter Nr. VI. (Hamb. Einf.-Ges.) Nr. 8.
[2]) Vergl. bei Nr. V. unter g.

C. Die Provinz Rhein-Hessen betreffend.

4. Die in dem Art. 80. Satz 2. der A. deutsf. W.-O. der Streit-Verkündigung (Litisdenunciation) verliehene Wirkung findet durch Notification der Klage Statt. Zu Art. 80 Satz 2 der A. W.-O.

5. Die Klagen aus eignen (trocknen) Wechseln gehören auch dann vor die Handels-Gerichte, wenn sie weder von Handeltreibenden unterschrieben sind, noch Handels-Geschäfte zur Veranlassung haben.

6. Außer den in der Allg. deutsf. W.-O. Art. 2 unter Nr. 1 bis 3 bezeichneten Fällen ist der Wechsel-Arrest nicht zuläßig:

a) gegen den Schuldner zum Vortheil seines Gatten, seiner Verwandten in auf- und absteigender Linie, seiner ehelichen Geschwister, seines Oheims, seiner Tante, seines Neffen, seiner Nichte oder seiner Verschwägerten in denselben Graden;

b) gegen 70jährige Personen;

c) wegen einer Capital-Schuld unter 100 Gulden; [1])

d) gegen active Militärs unter dem Officier-Range, so lange sie nicht groß beurlaubt sind, [2]) und gegen active Militär-Personen, so lange sie sich mit ihrem Corps oder einem Theile desselben außerhalb der Garnison befinden;

e) gegen beide Ehegatten zugleich. (§. 18 und 19.)

7. Der verhaftete Schuldner wird entlassen:

a) nach sechsmonatlicher Haft, wenn die Schuld an Haupt-Geld unter 500 Gulden, nach einjähriger Haft, wenn die Schuld an Haupt-Geld 500 Gulden oder mehr, aber weniger als 3000 Gulden, nach zweijähriger Haft, wenn die Schuld an Haupt-Geld 3000 Gulden oder mehr beträgt;

b) wenn der Schuldner, er mag bereits Militär sein oder nicht, zum Kriegsdienst einberufen wird, oder wenn er, falls er im Officier-Range steht, mit seinem Corps oder seiner Abtheilung die Garnison zu verlassen hat.

c) wenn der Schuldner während der Haft das 70ste Jahr erreicht. (§. 21.)

8. Der Schuldner, welcher aus der Haft entlassen worden, sei es wegen abgelaufener Dauer der Haft, sei es wegen Nicht-Zahlung der Verpflegungs-Kosten, [3]) kann wegen derselben Forderung nicht wieder verhaftet werden.

[1]) Vergl. eine ähnliche Bestimmung bei Nr. V. unter 9. des Frankfurter Einf.-Ges.

[2]) Der Ausdruck will so viel besagen, als früher der in Preußen übliche „auf Königs Urlaub," welcher sich auf eine längere Zeit erstreckte.

[3]) Diese Bestimmung, welche sich in mehren Einführungs-Gesetzen findet (vergl. unter X. Nr. 3. bei c und XIV. bei c) ist sehr hart, weil nur zu leicht ohne Schuld des Gläubigers die Zahlung der Verpflegungs-Kosten unterbleiben kann. Bei der Allgemeinheit der Bestimmung würde selbst bei dem, übrigens meist wol sehr schwierigen Nachweis eines unverschuldeten Zufalls der Nachtheil von dem Gläubiger nicht abzuwenden sein. Humanität auf Kosten Andrer ist stets eine bedenkliche Sache. Nur zu oft ist die persönliche Haft noch das einzige Mittel, um einen böswilligen Schuldner zur Zahlung zu zwingen und die Fälle, wo gegen schuldlos Verarmte mit Personal-Arrest in wirklicher Härte eingeschritten ist, beschränken sich nach des Verfassers langjährigen Erfahrungen in ausgedehnten Verhältnissen auf wenige Fälle.

In den Fürstenthümern **Hohenzollern** ist die Verkündung am 7. Jan. 1849 geschehen.

IX.

Das fürstlich Lippe-Detmoldsche Einführungs-Gesetz vom 5. Juli 1849

enthält keine besonderen abweichenden Bestimmungen. Zu bemerken ist höchstens, daß zu Lemgo auch der Magistrat berechtigt und verpflichtet ist, Proteste aufzunehmen. [1])

[1]) In Lippe-Schaumburg ist die Verkündung ohne wesentlich erhebliche Bestimmungen am 2. Decbr. 1848 erfolgt.

X.

Das Lübeckische Einführungs-Gesetz vom 28. April 1849.

1. Diejenigen Schuld-Verschreibungen, welche am 1. Mai 1849 oder nach diesem Tage unter der Form von eigenen

Wechseln ausgestellt werden, jedoch entweder eine Kündigungsclausel oder ein Zinsversprechen oder die Bestellung eines Pfandrechts enthalten, fallen nicht unter die allgemeine deutsche Wechsel-Ordnung, sondern sind nach statutarischen und gemeinrechtlichen Grundsätzen zu beurtheilen. Ihre Uebertragung unterliegt, in welcher Form sie geschehen mag, namentlich auch in der Form des Wechsel-Indossaments, den Grundsätzen von der Cession der Forderungsrechte.

Entsprechen Schuld-Verschreibungen dieser Art im Uebrigen entweder den sämmtlichen im Art. 96 jener Wechsel-Ordnung bezeichneten Erfordernissen eigner Wechsel oder erhellt doch, so viel das Erforderniß einer bestimmten Zahlungszeit betrifft, der Eintritt ihres Verfalltages aus einem unter öffentlicher Autorität ausgefertigten Kündigungsdocumente, so findet auf dieselben das für Wechselsachen angeordnete Verfahren in der Regel Anwendung.

2. Leistet ein Ehren-Acceptant auf Verfall des Wechsels die Zahlung schon vor Erhebung des in den Art. 62 und 63 der Wechsel-Ordnung gedachten Protestes, so tritt er durch solche Zahlung zwar ebenfalls in die Rechte des Inhabers gegen den Honoraten, dessen Vormänner und den Acceptanten, hat jedoch sodann die zur Ausübung dieser Rechte von der Wechsel-Ordnung vorgeschriebenen Förmlichkeiten an Stelle des Inhabers seinerseits zu erfüllen.

3. Die im Art. 91 der Allg. deutschen W.-O. bezeichneten Acte dürfen nur zwischen 9 Uhr Morgens und 7 Uhr Abends vorgenommen werden. Zu einer andern Tageszeit kann dies nur mit beiderseitigem Einverständnisse geschehen. Zu Art. 91 A. W.-O.

4. Zu den im Art. 92 der d. W.-O. neben den Sonntagen erwähnten allgemeinen Feiertagen werden im Freistaate Lübeck die folgenden Tage des deutschen Kalenders gezählt: der Neujahrstag, der Charfreitag, der Ostermontag, der Himmelfahrtstag, der Pfingstmontag, der Johannistag, der Michaelistag, der erste und zweite Weihnachtstag. Zu Art. 92 ebendas.

5. Die Eides-Zuschiebung ist nur in Bezug auf die Aechtheit der Unterschrift zulässig. (Art. 10. Nr. 5.) [1]

6. Editions-Gesuche sind im Wechsel-Proceß unstatthaft. (Art. 10. Nr. 5.) [2]

7. Der Kläger hat die Wahl zwischen der Real-Execution und der persönlichen Haft. Hat er auch gewählt, so darf er doch wieder auf das andre Executions-Mittel zurückgehen. (Art. 10. Nr. 7. u. 8.)

8. Ist Sicherheit für die Forderung bestellt (Art. 25—29. der W.-O.), so hindert das die Wahl der gefänglichen Haft nur dann, wenn der Kläger aus der bestellten Sicherheit sofort befriedigt werden kann.

9. Für den Wechsel-Vertrag (pactum de cambiando) [3]) behält es bei den statutarischen und gemeinrechtlichen Grundsätzen über die Verträge sein Bewenden.

[1]) Diese Beschränkung, welche noch einige Einführ.-Gesetze haben, erscheint bedenklich, weil oft kein andres liquides Beweismittel vorhanden ist.

[2]) Diese Vorschrift ist eher gerechtfertigt, weil Editions-Gesuche allerdings oft zum Verschleif der Sache gemißbraucht werden können.

[3]) Das Pactum de cambiando ist der dem Wechsel-Geschäft selbst vorhergehende, dieses vorbereitende Vertrag wegen Gebung und Nehmung des Wechsels. Aus demselben findet eine wechselrechtliche Klage noch nicht statt, doch gewähren dabei manche Gesetzgebungen ein besonders schleuniges Verfahren. (Vergl. oben unter IV Nr. 3 bei dem Bremischen Einf.-Gesetz.)

Lübeckisches Gesetz vom 28. April 1849 über den Wechsel-Arrest.

1. Die Wechsel-Haft ist ausgeschlossen:

a) gegen des Schuldners nahe Verwandte, welche das Gesetz benennt;

b) bei Personen, welche das 70ste Jahr vollendet haben;

c) gegen Personen, über deren Vermögen Concurs eröffnet ist, wegen der vor dem Concurse contrahirten Schulden;

d) gegen schwer Erkrankte;

e) gegen Schwangere und Sechs-Wöchnerinnen;

f) gegen Beamte öffentlicher Behörden während ihrer Sizzungen;

g) gegen Militär-Personen und andre Mitglieder der unter öffentlicher Autorität bewaffneten Corps, während sie auf dem Feldfuß oder im öffentlichen Dienst unter den Waffen stehen;

h) gegen Schiffer, während ihr Schiff segelfertig liegt;

i) in gottesdienstlichen Gebäuden, auch nicht christlicher Glaubens-Genossen, während der gottesdienstlichen Handlungen;

k) an Sonn- und allgemeinen Feier-Tagen;

l) in der Wohnung des Schuldners von 7 Uhr Abends bis 9 Uhr Morgens. (Art. 2 u. 3.)

2. Für geringere Summen sind nur kurze Fristen der Haft zulässig. Die Dauer von drei Jahren darf sie selbst bei den größten Beträgen nie übersteigen. (Art. 6.)

3. Die Wechsel-Haft hört von Rechts wegen auf:

a) nach Ablauf der gesetzlichen Dauer;

b) durch die Zahlung der Schuld;

c) durch Vollendung des 70sten Jahres des Schuldners;

d) durch die Concurs-Eröffnung gegen den letztern;

e) wenn am letzten Tage des Monats, für welchen die Unterhalts-Gelder vom Gläubiger berichtigt worden, bis Abends 7 Uhr keine neue Einzahlung für den nächsten Monat geleistet ist.[1]) (Art. 7.)

4. Die Wechsel-Haft kann der Richter von Amtswegen unterbrechen, wenn der Verhaftete schwer erkrankt oder andre Nothfälle eintreten. Nach Beseitigung dieser Gründe erfolgt die Fortsetzung der Haft für die rückständige Zeit von Amtswegen auch ohne besonderen Antrag. (§. 8.)

5. Wegen der nämlichen Schuld darf der einmal entlassene Schuldner, außer im Fall des Art. 8. (Nr. 4. dieses Auszugs) nicht wieder verhaftet werden. (Art. 9.)

6. Durch die Beendigung der Wechsel-Haft wird die Schuld, für welche dieselbe verhängt worden, nicht getilgt. (Art. 10.)

[1]) Vergl. oben bei VIII. unter Nr. 8.

XI.

Großherzogl. Meklenburg-Schwerinsches Einführungs-Gesetz vom 28. April 1849.

(Dasselbe gilt auch für Meklenburg-Strelitz.)

1. Die im Art. 91 der Allg. deuts. W.-O. bezeichneten Acte dürfen, außer dem Fall eines beiderseitigen Einverständnisses, nur zwischen 9 Uhr Morgens und 7 Uhr Abends vorgenommen werden. (§. 2.) Zu Art. 91 A. W.-O.

2. Zu den im Art. 92 der Allg. deuts. W.-O. neben den Sonntagen erwähnten allgemeinen Feier-Tagen sind zu zählen: Zu Art. 92 ebendas.

der Neujahrs-Tag, der Char-Freitag, der Oster-Montag, der Himmelfahrts-Tag, der Pfingst-Montag, die beiden Weihnachts- und die Bet-Tage. (§. 3.)

3. Die im Art. 94 der Allg. deutſ. W.-O. erwähnte notarielle Beglaubigung erfordert zu ihrer Gültigkeit die Gegenwart zweier ſolcher Zeugen, welchen der Ausſteller von Perſon bekannt iſt. [1]) (§. 4.)

[1]) Der Art. 94. erfordert bei Wechſel-Erklärungen, welche ſtatt des Namens mit Kreuzen oder andern Zeichen vollzogen ſind, behufs der wechſelrechtlichen Giltigkeit die gerichtliche oder notarielle Beglaubigung jener Zeichen.

XII.

Herzoglich Naſſauiſches Geſetz vom 25. Oct. 1848.

1. Daſſelbe enthält vorzüglich nur Beſtimmungen über die Amortiſation verlorner Wechſel, welche im Weſentlichen mit denen des preuß. Einführungs-Geſetzes im Einklang ſtehen. (§. 3.)

Zu Art. 87 A. W.-O. 2. Der Proteſt (§. 87 der W.-O.) wird zufolge der Verordn. v. 16. Jan. 1841 von dem betreffenden Land-Ober-Schultheißen aufgenommen. (§. 4.)

Zu Art. 92 ebendaſ. 3. Allgemeine Feier-Tage ſind: der Neujahrs-Tag, der Char-Freitag, der Oſter-Montag, das Feſt der Himmelfahrt, der Pfingſt-Montag, der Frohnleichnams-Tag und die beiden Welhnachts-Tage. (§. 5.)

XIII.

Kaiſerl. Königl. Oeſterreichiſches Einführungs-Patent vom 25. Jan. 1850.

1. Wechſel, welche auf inländiſche Meſſen oder Märkte zahlbar geſtellt ſind, dürfen nicht vor Anfang des Marktes, und wenn er acht Tage oder länger dauert, nicht vor der zweiten Hälfte deſſelben zur Annahme präſentirt werden. (§. 3.)

2. Solche Wechſel werden, wenn der Markt oder die Meſſe nur einen Tag dauert, an dieſem Tage fällig. Dauert der Markt mehrere, jedoch nicht über acht Tage, ſo tritt die Verfallzeit an dem Tage vor dem geſetzlichen Schluſſe des Marktes oder der Meſſe ein. Wechſel, welche auf Märkte von mehr als achttägiger

Dauer lauten, verfallen am dritten Tage vor dem gesetzlichen Schlusse des Marktes. (§. 4.)

3. Das für Böhmen erlassene Patent vom 14. Mai 1772 über den Verlust des Wechsel-Rechts durch Intabulation und Pränotation des Wechsels ist aufgehoben. (§. 6.)

4. Eben so sind vom 1. Mai 1850 ab in denjenigen Kronländern, in welchen das ungarische Wechselrecht vom Jahr 1840 in Wirksamkeit ist, außer Kraft getreten das in dem ersten Theile des XV. ungarischen Gesetzartikels vom Jahr 1840 enthaltene Wechselrecht und die auf diesen ersten Theil bezüglichen Bestimmungen des VI. ungarischen Gesetzartikels vom Jahr 1844 mit Ausnahme der in den §§. 39, 40, 54, 55, 56, 57, 97, 109, 112, 135. und 193—200. des ersten Theils des XV. Gesetzartikels vom Jahr 1840 und der §§. 2. und 28. des VI. Gesetzartikels vom Jahr 1844 enthaltenen Vorschriften, welche ausdrücklich aufrecht erhalten worden. (§. 7.)

Verordnung des Kaiserl. Königl. Oesterr. Justiz-Ministeriums vom 25. Jan. 1850.

1. Militär-Personen sind wegen Wechsel-Forderungen vor dem zuständigen Militär-Gericht zu belangen. (§. 3.)

2. Im Wechsel-Processe sind nur die Sonntage und die gesetzlich anerkannten allgemeinen Feiertage als Ferialtage anzusehen. Alle Fristen laufen ohne Rücksicht auf Ferialtage ununterbrochen fort. Nur wenn der letzte Tag der Frist auf einen Sonntag oder allgemeinen Feiertag fällt, verlängert sich die Frist bis auf den nächstfolgenden Werktag. Keine Partei ist schuldig, an den Feiertagen ihrer Religion vor Gericht zu erscheinen.

XIV.

Großherzogl. Oldenburgisches Einführungs-Gesetz vom 31. März 1849.

1. Die Vollstreckung des Wechsel-Arrestes erleidet keine andere, als die im Art. 2. der Allg. W.-O. angegebenen Beschränkungen, vorbehaltlich der Bestimmungen in den Art. 130. u. 133. des 4. Abschn. (Zusatz-Artikel v. 31. März 1849. Art. 101.)

2. Die Personal-Haft kann nicht vollstreckt werden, während

des Concurses des Schuldners wegen der, bei dessen Eintritt schon vorhandenen Schulden. (Art. 130.)

3. Kann der Schuldner nach ärztlichem Attest wegen Krankheit nicht zur Haft gebracht werden, so ist nur Haus-Arrest zulässig. (Art. 131.)

4. Der Schuldner ist der Haft zu entlassen:

a) wenn der Ober-Richter ein vorläufig durch Verfügung der Personal-Haft vollstrecktes Urtheil aufhebt;

b) wenn der Gläubiger die Aufhebung oder Aussetzung der Haft bewilligt;

c) wenn der Concurs der Gläubiger wider den Schuldner erkannt ist;

d) wenn die Haft für eine und dieselbe Schuld bereits zwei Jahre, es sei mit oder ohne Unterbrechung gedauert hat;

e) wenn der Kläger die ihm obliegenden Zahlungen (Art. 132.) nicht innerhalb 24 Stunden leistet;

f) wenn Straf- oder Untersuchungs-Haft wider den Schuldner vollstreckt werden soll, in welchem Falle derselbe für die Dauer solcher Haft des Wechsel-Arrestes entlassen und der zuständigen Behörde übergeben wird.

XV.

Fürstl. Reuß-Schleizisches Einführungs-Gesetz vom 15. Jan. 1849.

Dasselbe enthält keine besonders erheblichen abweichenden Bestimmungen, doch verordnet es, wie mehrere andre Einführungs-Gesetze, daß Wechsel im Concurse kein Vorzugs-Recht begründen sollen. (§. 4.)

XVI.

Fürstl. Reuß-Greizisches Einführungs-Gesetz vom 5. Decbr. 1848.

Dasselbe hat ganz einfach die Allg. deuts. Wechsel-Ordnung zur Nachachtung verkündet, es ist jedoch unterm 5. März 1856 durch die Gesetz-Sammlung des Fürstenthums Reuß älterer Linie (Nr. 8. ausgegeben den 14. März 1856) ein ausführliches Gesetz verkündet, aus welchem hier das Wesentlichste mitgetheilt werden soll.

§. 1. erklärt den Wechsel-Arrest als unzulässig auch gegen ordinirte Geistliche und Schul-Lehrer, sowie gegen active Militärs.

§. 2. Lassen es Civil-Beamte zur Wechsel-Haft kommen, so sollen sie ohne Anspruch auf Pension sofort entlassen werden.

§. 3. Durch den Ausbruch des Concurses über das Vermögen des Wechsel-Schuldners wird die Anwendung des Wechsel-Arrestes gegen denselben nicht ausgeschlossen. Der Wechsel-Gläubiger darf gegen den Gemeinschuldner nach Wechsel-Recht verfahren oder seine Forderung im Concurse anmelden. Wird jedoch erstern Falls nicht durch Vermittelung eines Anderen, sondern aus den eigenen der Concurs-Masse noch vorbehaltenen Mitteln des Gemeinschuldners Zahlung geleistet, so muß solche zur Concurs-Masse abgeliefert werden. Zieht es dagegen der Gläubiger vor, seine Forderung im Concurse anzumelden, so wird sein Wechsel-Recht gegen den Gemeinschuldner unwirksam und er kann sowohl während des Concurses als nach dessen Beendigung auf Grund des Wechsels nur die anderen nicht bevorzugten Handschrifts-Gläubigern zustehenden Befugnisse geltend machen.

Die §§. 5. ff. betreffen das processualische Verfahren, welches sich meistens dem preußischen und sächsischen anschließt.

§. 19. bestimmt, daß die Einrede wegen Mißbrauchs eines Wechsel-Blanketts berücksichtigt und bei gehöriger Begründung vorweg im Criminal-Verfahren erörtert werden müsse.

§. 27. Der Kläger hat die Wahl, ob er die Execution in des Schuldners Vermögen oder Person vollstreckt wissen will. Er muß sich darüber sofort im Termine erklären, kann jedoch von einem Executions-Mittel zum andern übergehen. Auf den Personal-Arrest darf er aber, falls der Schuldner ein Mal wegen Aenderung des Executions-Mittels der Haft entlassen worden, nicht wieder zurückkommen.

Nach §. 28. soll dem Schuldner, „wenn es sein Stand erfordert“ und er die deßfallsigen Kosten zahlt, auf sein Verlangen eine Wache in seine Wohnung gesetzt werden.

Nach §. 29. soll sich der Verklagte **durch Execution oder** bloß theilweise Zahlung der zweifelsfreien Schuld **nicht vom** Arrest befreien können.

§. 35. Die Rechtsmittel hemmen die Vollstreckung nicht, doch sollen die executivisch eingezogenen Gelder bis zur rechtskräftigen Entscheidung gerichtlich verwahrt werden.

§. 37. Der Verklagte darf diejenigen Einreden, welche im Wechsel-Proceß als illiquide unberücksichtigt bleiben müssen oder versäumt sind, in einer Wider-Klage ausführen.

§. 38. Die Wider-Klage ist erst statthaft, wenn der Verklagte den Kläger wegen des Wechsel-Anspruchs befriedigt hat. Diese Befriedigung darf der Verklagte schon vor seiner wechselmäßigen Verurtheilung mit Vorbehalt leisten, oder bei Unsicherheit des Klägers gerichtlich niederlegen.

XVII.

Königl. Sächsisches Einführungs-Gesetz vom 25. April 1849.

1. Unter dem Ausdruck „Ausland" sind nur solche Länder und Orte zu verstehen, in welchen die Allg. deuts. W.-O. **nicht** gilt. (§. 2.)

Zu Art. 18 A. W.-O. 2. Für Leipziger-Meßwechsel sind nur solche Wechsel zu achten, welche, ohne Bezeichnung eines Monats- oder Wochentags als Verfalltags, schlechthin in einer namhaft gemachten Leipziger Messe in Leipzig zahlbar lauten. Die Frist der Präsentation zur Annahme für solche Wechsel beginnt am Tage nach Einläutung der Messe, in welcher nach Inhalt des Wechsels die Zahlung geschehen soll.

Zu Art. 30 ebendas. 3. Usowechsel, welche vom Auslande aus in Sachsen zahlbar gestellt sind, verfallen am vierzehnten Tage nach der Präsentation zur Annahme.

Zu Art. 3. ebendas. 4. Leipziger-Meßwechsel (Nr. 2.) verfallen in der Jubilate-Michaelis-Messe Donnerstags nach Ausläutung der Messe, in der Neujahrs-Messe den 12. Januar, und wenn dieser auf einen Sonntag fällt, am folgenden Tage.

5. Bei Wechseln, welche in einer Leipziger Messe mit Bezeichnung einer der Meßwochen an einem bestimmten Wochentage

zahlbar gestellt sind, ist unter der „ersten Meßwoche" die vor Einläutung der Messe oder sogenannte Böttcherwoche, unter der „zweiten" die darauf folgende (eigentliche Meßwoche), unter der „dritten" die Zahlwoche, d. i. die Woche nach Ausläutung der Messe, zu verstehen.

Lautet ein Wechsel schlechthin zahlbar „in der Meßwoche," so versteht man darunter die Woche zwischen Einläutung und Ausläutung der Messe.

6. Der Ausdruck: „nach Curs" ohne specielle Bezeichnung, ist von dem Curs am Verfalltage, wie er Vormittags 9 Uhr in dem letzten am Zahlorte, oder falls dieser kein Wechselplatz ist, am nächsten Wechselplatze ausgegebenen Curszettel notirt ist, zu verstehen. Fehlt jede Beziehung auf Curs, so wird die angegebene Sorte nach ihrem Münzwerthe angenommen, z. B. der Louisd'or zu 5 Thalern, der Ducaten zu 3 Thalern im Vierzehnthalerfuße. Zu Art. 37 A. W.-O.

7. Wechselproteste können nur von früh 9 Uhr bis Abends 6 Uhr aufgenommen werden. Zu Art. 88 ebendas.

8. Als allgemeine Feiertage sind in Sachsen zu betrachten: der Neujahrstag, der 6. Januar (Fest der Erscheinung Christi), der 25. März (Mariä Verkündigung), der Char-Freitag, der Oster-Montag, der Himmelfahrts-Tag, der Pfingst-Montag, der 31. October (Reformationsfest), der 25. und 26. Dezember (Weihnachtsfest), die beiden Buß-Tage, Freitags vor Oculi und Freitags vor dem letzten Sonntage nach Trinitatis. Zu Art. 92 ebendas.

Anhang zu XVII.

Gesetz, die kaufmännischen Anweisungen betreffend, vom 7. Jan. 1849.

1. Kaufmännische Anweisungen, d. i. solche Papiere, welche in ihrer Fassung (nicht blos in einer Aufschrift) als Anweisung bezeichnet und sonst in der §. 4. der deutschen Wechsel-Ordnung Nr. 2. bis 8. für Wechsel vorgeschriebenen Form ausgestellt sind, stehen, soweit nicht in den folgenden Bestimmungen etwas Abweichendes festgesetzt ist, den gezogenen Wechseln allenthalben gleich.

2. Anweisungen, welche in der §. 3. des Gesetzes wegen Einführung der Allgem. deutschen Wechsel-Ordnung vom 25. April

d. J. beschriebenen allgemeinen Ausdrucksweise auf eine Leipziger Messe gezogen sind (Meßanweisungen), verfallen in der Jubilate- und Michaelis-Messe Freitags nach Ausläutung derselben, in der Neujahrs-Messe regelmäßig den 13. Januar und nur wenn dieser oder der 12. Januar auf einen Sonntag fällt, den 14. desselben Monats.

3. Auf Uso (all' uso) zahlbar gestellte Anweisungen verfallen vom vierzehnten Tage nach ihrer Präsentation zur Sicht.

4. Anweisungen werden nicht zur Annahme präsentirt. Geschieht dieß, so ist der Bezogene nicht verpflichtet, sich darauf zu erklären, und der Inhaber ist nicht befugt, wegen Verweigerung der Annahme oder einer Erklärung darüber Protest zu erheben und Regreß zu nehmen.

5. Wird jedoch eine Anweisung acceptirt, so entsteht daraus dieselbe Verbindlichkeit, wie aus der Acceptation einer Tratte.

6. Anweisungen mit den vorstehend bezeichneten rechtlichen Wirkungen müssen mindestens auf eine Summe von 50 Thalern lauten und dürfen als das weiteste Ziel der Zahlbarkeit drei Monate nicht überschreiten. Sollten Anweisungen auf eine niedrigere Summe oder auf eine längere Zahlungsfrist gestellt sein, so sind dieselben in dem einen, wie in dem andern Falle als gezogene Wechsel zu betrachten, können daher sofort zum Accept präsentirt und wegen Mangels Annahme, wie auch Mangels Zahlung, protestirt werden.

7. Im Wechselhandel werden unter Wechseln, ohne besondere Vereinbarung, Anweisungen nicht verstanden.

8. Alle dermalen in Sachsen giltigen, die kaufmännischen Anweisungen betreffenden Gesetze werden hiermit aufgehoben, soweit sie nicht durch gegenwärtiges Gesetz wiederholt sind. [1])

[1]) In Sachsen-Altenburg besteht kein besondres Einführungs-Gesetz. Die Allg. deutsche W.-O. ist aber in dem 6. Stück des Reichs-Gesetz-Blattes S. 111 der Gesetz-Sammlung von 1848 daselbst publicirt und nicht wieder aufgehoben, indem das Patent vom 26. Mai 1852, die Bundes-Beschlüsse vom 23. August 1851 betreffend, nur die deutschen Grundrechte wieder aufgehoben hat. Daher haben alle altenburgischen Gerichte und auch das Ober-App.-Ger. zu Jena, der erhobenen Zweifel ungeachtet, ihre Giltigkeit vielfach in Sprüchen anerkannt.

XVIII.

Herzogl. Sachsen-Coburg-Gothaisches Einführungs-Gesetz vom 25. April 1849.

1. Wenn gegen einen Civil-Staatsdiener, einen Geistlichen oder einen Soldaten Wechsel-Arrest vollstreckt werden soll, hat das Gericht sofort und zwar noch vor der Vollstreckung des Arrestes der vorgesetzten Dienstbehörde des zu Verhaftenden davon Nachricht zu geben. (§. 2.)

2. Wechsel-Proteste sollen nach 7 Uhr Abends nicht mehr erhoben werden, es sei denn, daß derjenige, wider welchen der Protest erhoben wird, mit der spätern Erhebung (nach 7 Uhr Abends) einverstanden ist, welchenfalls solches im Proteste ausdrücklich angemerkt werden muß. (§. 3.)

3. Als allgemeine Feiertage (Art. 92. der A. W.-O.) sind zu betrachten: der Neujahrstag, Char-Freitag, die beiden Oster-, Pfingst- und Weihnachtstage und der Himmelfahrtstag. (§. 5.)

4. Klagen auf Zahlung der Valuta von Seiten des Ausstellers oder Indossanten sind, so weit sie sich nicht nach Betrag und urkundlichem Beweis zur Verhandlung im Executiv-Proceß eignen, ohne Rücksicht auf die Größe des Streit-Gegenstandes, im Wege des unbestimmt summarischen Processes zu führen. — Die Einrede des nicht gezahlten Geldes (exceptio non numeratae pecuniae) kann in solchen Sachen mit der gemeinrechtlichen Wirkung nicht vorgeschützt werden. (§. 8.)

XIX.

Herzogl. Sachsen-Meiningisches Gesetz vom 22. April 1848.

1. Außer den in der Wechsel-Ordn. Art. 2 unter Nr. 1—3. gedachten Fällen soll der Wechsel-Arrest noch unzulässig sein gegen Geistliche, Militär-Personen und Feld-Jäger, so lange sie sich im wirklichen Dienst befinden. — Gegen andre öffentliche Diener (Beamte) findet zwar der Wechsel-Arrest Statt, der Vollzug desselben ist jedoch in jedem Fall von dem Gericht der vorgesetzten Dienst-Behörde des betr. Dieners zum Behuf der anzuordnenden

Stell-Vertretung sofort anzuzeigen, und der Gehalt des Dieners ist auf die Dauer des Arrestes einzuziehen. (Art. 1.)

2. Die in den Art. 91. u. 92. der Allg. d. W.-O. genannten Handlungen können nur von 9—12 Uhr Vormittags und von 3—6 Uhr Nachmittags vorgenommen und gefordert werden. (Art. 3.)

XX.

Sachsen-Weimar-Eisenachsches Einführungs-Gesetz vom 13. Juli 1849.

1. Über den Ausdruck „Ausland" wie XVII. Nr. 1.

Zu Art. 30. A. W. O. 2. Uso-Wechsel, welche vom Auslande aus im Großherzogthum zahlbar ausgestellt sind, verfallen am 14ten Tage nach der Präsentation zur Annahme. (Art. 2.)

Zu Art. 92 ebendas. 3. Als allgemeine Feiertage gelten die gewöhnlichen und der Bußtag im December.

Anhang zu XX.

Sachsen-Weimar-Eisenachsches Gesetz vom 13. Juli 1849 die kaufmännischen Anweisungen betreffend.

Dieses Gesetz stimmt ganz mit dem Königl. Sächsischen Gesetz vom 7. Jan. 1849 überein, welches oben als Anhang zu XVII. abgedruckt ist, nur sind hier die §§. 2. u. 6. weggelassen und es ist hier unter Nr. 6. eine neue Bestimmung hinzugefügt, welche lautet:

Wenn aus Anweisungen auf Zahlung oder Rembours geklagt wird, findet der Wechsel-Proceß statt. Wechsel-Haft wird jedoch nur gegen den Acceptanten einer Anweisung verhängt.

XXI.

Das Herzogl. Schleswig-Holsteinische Einführungs-Gesetz vom 10. April 1849

ist leider durch die dänische Regierung wieder außer Kraft gesetzt.

*) Für die Schwarzb. Fürstenthümer existiren keine besondern Einführungs-Gesetze.

XXII.
Fürstlich Waldeckisches Einführungs-Gesetz vom 30. Mai 1849.

1. Zur Aufnahme von Wechsel-Protesten ist jedes Mitglied eines Untergerichts berechtigt und verpflichtet. Die Anträge auf Protest-Erhebung können an jedem Tage, mit Ausnahme der Sonn- und Fest-Tage angebracht werden. [1]) (§. 2.)

2. Der Wechsel-Arrest ist nicht zulässig:

a) in den im Art. 2. der allgemeinen Wechsel-Ordnung genannten Fällen;

b) gegen den Ehegatten;

c) gegen Verwandte und Verschwägerte in gerader Linie;

d) gegen beide Ehegatten zugleich;

e) gegen eine Person, die älter ist als 70 Jahre;

f) gegen einen Schuldner, der seine Insolvenz gerichtlich erklärt hat. (§. 18.)

3. Der verhaftete Schuldner wird entlassen:

a) wenn er den Gläubiger vollständig befriedigt;

b) wenn er das 70ste Lebensjahr zurückgelegt;

c) wenn er seine Insolvenz gerichtlich erklärt hat;

d) nach zweijähriger Haft;

e) wenn der Gläubiger die zum Unterhalt des Schuldners nöthigen Kosten, sowie die Wärter-Gebühren wöchentlich vorauszuzahlen unterläßt. (§. 19.)

4. Ist der Schuldner entlassen, so darf er derselben Schuld wegen nicht wieder verhaftet werden, es sei denn, daß es wegen Krankheit oder anderer dringenden Gründe, oder sonst nur einstweilig geschehen ist. (§. 16.)

[1]) Das Gesetz spricht nur von der Zeit der Anbringung, nicht auch der Erhebung.

XXIII.
Königl. Würtembergisches Einführungs-Gesetz vom 6. Mai 1849.

1. Gegen Officiere und Soldaten im activen Dienste kann der Wechsel-Arrest nur so weit vollzogen werden, als die vorge-

setzte Dienst-Stelle nicht deren Unentbehrlichkeit bezeugt. Bei andern öffentlichen Dienern (Beamten) ist der vorgesetzten Dienst-Behörde von der Vollziehung des Wechsel-Arrestes behufs der aus dem Gehalt des zu Verhaftenden zu bestreitenden Stell-Vertretung Anzeige zu machen. (Art. 2.)

Zu Art. 92. A. W.-O. 2. Ueber die allgemeinen Feiertage ist eine besondere Verordnung vorbehalten. (Art. 10.)

Allgemeine deutsche Wechsel-Ordnung.

Erster Abschnitt.
Von der Wechsel-Fähigkeit.

Artikel 1.

Wechselfähig ist Jeder, welcher sich durch Verträge verpflichten kann. (Anm. 1 — 11.)

Anmerk. 1. Die allgemeine deutsche Wechsel-Ordnung geht von dem richtigen Grundsatze aus, daß die Wechsel-Fähigkeit die Regel bilden, diese also nicht mehr ein Vorzug lediglich des Handels-Standes sein soll. Die bloße Dispositionsfähigkeit allein schien aber nicht genügend; dagegen sollte das Recht, sich wechselmäßig zu verpflichten, allen denjenigen Personen beigelegt werden, welche fähig seien, durch Verträge Verbindlichkeiten einzugehen. Mit Recht hat man die Wohlthat der allgemeinen Wechselfähigkeit wegen einzelner Mißbräuche, ungeachtet des Andrängens mancher Eiferer, nicht wieder beschränkt.

Anmerk. 2. Durch Verträge kann sich in der Regel Jeder verpflichten, welcher großjährig und in der Verfügung über seine Person oder sein Vermögen nicht durch besondere Bestimmungen eingeschränkt ist. Großjährige Individuen, welche noch unter väterlicher Gewalt stehen, d. h. solche Personen, welche, obgleich volljährig, doch noch keine selbstständige Wirthschaft haben, kein öffentliches Amt bekleiden, oder kein eignes Gewerbe betreiben, vielmehr fortwährend von des Vaters Unterstützung leben, können selbstständig keine Verträge schließen, sich daher auch nicht wechselmäßig verpflichten. Dies hat neuerdings das preußische Ober-Tribunal zu Berlin mit Recht wiederholt angenommen (vgl. Erk. v. 15. Juli 1852 Entsch. Bd. 22. S. 401). Großjährig ist nach preußischem Recht Jeder, welcher das 24ste Jahr vollendet hat oder gerichtlich für volljährig erklärt worden. Die testamentarische Erklärung des Vaters kann die Zeit der Minderjährigkeit abkürzen. In Sachsen, den sächsischen Herzogthümern, im Anhaltschen, Reußischen, Schwarzburgischen, in Darmstadt, Baiern, Baden, in der Türkei tritt die Großjährigkeit schon mit dem 21sten, in Hessen-Cassel und Hamburg mit dem 22sten, in Nassau mit dem 23sten Jahre ein. In Parma, Toscana und Sardinien ist die Wechselfähigkeit nur den Kaufleuten beigelegt, in Basel hängt sie von der Eintragung in das Firmen-Buch ab. Das französische Handels-Gesetz-buch (Art. 113), welches in Belgien, Genf, Griechenland, im Kirchenstaat, auf den jonischen Inseln, in Polen, in der Wallachei, Teisin, Luxemburg und selbst auf der Insel Hayti gesetzliche Kraft hat, so wie die russische Wechsel-Ordnung, schließen nur Frauen aus, welche keinen Handel treiben. Subaltern-Officiere können nach preußischem Rechte zwar keine Darlehne ohne Consens ihrer Vorgesetzten contrahiren, an sich aber Verträge schließen; sie erscheinen daher wechselfähig, nur ist Wechsel-Arrest, so lange sie im Dienste stehen, gegen sie nicht zulässig (§. 4. des preuß. Einf.-Ges.), ebenso in Baden und andern deutschen Staaten. Mitglieder der königl. Theater und Kapelle zu Berlin dürfen nach §. 704. Tit. 11. Th. 1. A. L. R. wegen Darlehne während der Dauer ihres Dienst-Verhältnisses nicht gerichtlich belangt werden, dennoch erscheinen sie insofern wechselfähig, als der Wechsel nicht aus einem Darlehn stammt, weil sie im Allgemeinen fähig sind, Verträge zu schließen. (Vgl. Publicist von 1857 Nr. 87.) Minderjährige, welche mit Bewilligung ihrer Vormünder ein eigenes Geschäft betreiben, erscheinen insofern wechselfähig, als zu demselben die Ausstellung von Wechseln nothwendig ist. Ihre Vertreter können aber Wechsel-Verbindlichkeiten für sie, wodurch jene selbst wechselmäßig verpflichtet werden sollen, nicht übernehmen.

Anmerk. 3. In Bezug auf juristische Personen oder Corporationen haben manche Juristen mit Unrecht angenommen, daß sie sich wechselmäßig nicht verpflichten könnten, weil bei der Wechsel-Verbindlichkeit stillschweigend die Unterwerfung unter den Personal-Arrest vorausgesetzt, dieser bei einer Corporation aber nicht füglich ausführbar sei, in der Regel auch den moralischen (juridischen) Personen die Rechte der Minderennen zuständen; da jedoch der Personal-Arrest nicht das eigentliche Wesen des Wechselrechts ausmacht und nicht allen Corporationen unbedingt die Rechte der Minorennen zustehen, dieselben sich auch in der Regel durch Verträge verpflichten können, überdies auch der Artikel 2. der Allg. d. W.-Ordn. der Corporationen ausdrücklich erwähnt, so bin ich mit Koch, Ortloff u. A. der Meinung, daß die Wechselfähigkeit der Corporationen ganz unzweifelhaft ist (vergl. Koch's Wechselrecht S. 91. Ortloff's Allg. deutsch. W.-Ordn. S. 22).

Anmerk. 4. Auch fremde Gesandte scheinen an sich wechselfähig, wiewohl die Wechsel-Klage gegen sie im Inlande und ihre Inhaftirung unzulässig erscheint.

Anmerk. 5. Unverheurathete, großjährige Frauenzimmer sind, sofern sie überhaupt Verträge schließen können, in der Regel jetzt auch für wechselfähig zu erachten, da das Gesetz in Absicht ihrer keine Ausnahme bestimmt. Nur da, wo noch die Geschlechts-Vormundschaft besteht, würde die Zuziehung des Vormundes zur Giltigkeit erforderlich sein. Da selbst gewerbtreibende unverheurathete Frauenzimmer noch nicht nothwendig aus der väterlichen Gewalt entlassen zu sein brauchen, möchte es zweckmäßig sein, bei der Annahme ihrer Wechsel dies festzustellen, wiewohl aus der Gestattung des Gewerbe-Betriebs ihre Berechtigung zur Ausstellung von Wechseln zu folgern sein dürfte. Verheurathete Frauen können sich ohne schriftliche, auf den

Wechsel gesetzte Zustimmung ihrer Ehemänner wechselmäßig nicht verpflichten, es sei denn, daß sie selbstständig mit Bewilligung des Mannes Handel treiben. Ehefrauen in der Mark Brandenburg sind auch ohne Consens des Mannes wechselfähig, können aber während der Ehe nicht zum Arrest gebracht und nicht mit Execution verfolgt werden, wenn sie nicht vorbehaltnes Vermögen besitzen (Scholz Priv.-R. II, 109).

Anmerk. 6. Taube, stumme und blinde Personen können sich, sofern sie nicht gerichtlich unter Vormundschaft gesetzt sind, wechselmäßig, aber in Preußen nur in gerichtlicher Form, verpflichten. (Entsch. des Ober-Trib. zu Berlin vom 13. März 1856.)

Anmerk. 7. Da der Art. 1. ganz allgemein bestimmt, daß Jeder, welcher sich durch Verträge verpflichten könne, auch wechselfähig sei, so folgt daraus, daß die Beschränkung derjenigen Personen, welche nach gewissen Gesetzen keine Darlehne aufnehmen dürfen, in Bezug auf die Wechsel-Fähigkeit an sich wegfällt, wogegen, wenn dem Wechsel selbst ein Darlehn zum Grunde liegt, der Darlehn-Nehmer gegen den Darlehn-Geber unmittelbar wohl den Einwand seiner Darlehns-Unfähigkeit erheben kann. (Vergl. Art. 82. der Allg. d. W.-O. und §. 657. Tit. 11. Th. I. Allg. L.-R. und oben Anm. 2.)

Anmerk. 8. Solche Personen, welche ihres freien Willens beraubt worden, wie Trunkene, Gezwungene u. dgl. m. sind an sich unfähig, Verträge zu schließen, sie können aber die acceptirten Wechsel nach dem preuß. Allg. L.-R. nur dann anfechten, wenn sie die Bewirkung des unfreien Zustandes binnen acht Tagen unter Angabe von Beweismitteln anzeigen und demnächst im Wechsel-Processe sofort erweislich machen, aber in diesem auch nur dann, wenn sie den Einwand dem Urheber des unfreien Zustandes unmittelbar entgegen stellen können.

Anmerk. 9. Da die Wechsel-Fähigkeit nach den Gesetzen zur Zeit der Ausstellung beurtheilt werden muß, so kann der Wechsel einer Person, welche zur Zeit der Ausstellung unfähig dazu war, dadurch nicht giltig werden, daß der Aussteller später wechselfähig wurde.

Anmerk. 10. Die Prodigalitäts-Erklärung kann erst durch gehörige Publication die an sich begründete Wechsel-Fähigkeit des Curanden aufheben.

Anmerk. 11. Bestreitet der Verklagte seine Wechsel-Fähigkeit, so muß der Kläger solche darthun, da dies zur Begründung der Klage gehört und keine eigentliche Exception ist. Auch die Entlassung des Verklagten aus der väterlichen Gewalt hat der Kläger, wenn der Verklagte sie bestreitet, zu erweisen. Selbst der Vermerk bei dem Accept des Verklagten „majorenn und dispositionsfähig" kann den Kläger nicht von der Verpflichtung befreien, die Vertrags-Fähigkeit des Verklagten nachzuweisen, weil, wenn der Verklagte bei Ausstellung des Accepts wirklich noch minorenn und nicht dispositionsfähig war, sein in diesem Zustande abgegebenes Anerkenntniß über seine Großjährigkeit und Verfügungs-Fähigkeit gleichfalls keine Wirkung hat. (Vgl. Verf. des Civ.-Senats des Kammergerichts zu Berlin, I. Abth. vom 4. Juli 1856 in S. Heinemann ./. Mayer. E. 410. Juni — nicht abgedruckt.)

Artikel 2.

Der Wechsel-Schuldner haftet für die Erfüllung der übernommenen Wechsel-Verbindlichkeit mit seiner Person und seinem Vermögen (Anm. 1, 2 und 3).

Jedoch ist der Wechsel-Arrest nicht zulässig:

1) gegen die Erben eines Wechsel-Schuldners,
2) aus Wechsel-Erklärungen, welche für Corporationen oder andere juristische Personen, für Actien-Gesellschaften oder in Angelegenheiten solcher Personen, welche zur eigenen Vermögens-Verwaltung unfähig sind, von den Vertretern derselben ausgestellt werden (Anm. 4);
3) gegen Frauen, wenn sie nicht Handel oder ein eigenes Gewerbe treiben (Anm. 5).

Inwiefern aus Gründen des öffentlichen Rechts die Vollstreckung des Wechsel-Arrestes gegen andere, als gegen die vorgenannten Personen Beschränkungen erleidet, ist in besonderen Gesetzen bestimmt (Anm. 6—11).

Anmerk. 1. Die Appellation hält die Vollstreckung eines Wechsel-Erkenntnisses nicht auf.

Anmerk. 2. Von jeher ist der Personal-Arrest als ein Haupt-Moment bei der Wechsel-Verpflichtung erkannt worden und jeder Versuch zur gänzlichen Abschaffung wird sich wenig bewähren. Ein wesentliches und unerläßliches Erforderniß ist er jedoch, wie schon gezeigt, keineswegs. Nothwendig muß aber selbst in den Fällen, wo der Wechsel-Arrest an sich zulässig ist, dem Gläubiger die Wahl bleiben, aus dem Vermögen des Schuldners oder durch Sicherung der Person desselben die Befriedigung zu suchen. Zweifelhaft war es früher, ob gleichzeitig gegen die Person und in das Vermögen die Execution aus einem Wechsel-Erkenntniß verhängt werden könne. In Frankreich war das schon immer zulässig, in Deutschland, namentlich in Preußen, hat die Praxis in neuerer Zeit sich ebenfalls dafür entschieden, auch hat demnächst die preuß. V. v. 11. Mai 1839 §. 3. (Ges.-S. S. 174) die Zulässigkeit der gleichzeitigen Execution in Person und Vermögen bestimmt ausgesprochen. (Code civ. Art. 2069, Koch a. a. O. S. 99). Auch in andern deutschen Ländern, wo keine ausdrückliche Ausnahme gemacht ist, wird dieß statthaft sein, weil der Art. 2. die Verhaftung mit der Person voranstellt, auch das 3. Prot. der Leipz. Wechs.-Conf. v. 23. Oct. 1847 (S. 9) dafür spricht. In Oestreich findet Personal-Arrest und Real-Execution nicht zugleich Statt. (Dittscheiner a. a. O. S. 473 ff.)

Anmerk. 3. Viele Gesetzgebungen enthalten besondere Ausnahmen wegen des Personal-Arrestes. Die meisten erklären ihn für unzulässig gegen nahe Verwandte des Gläubigers, gegen Personen über 70 Jahre, gegen die, welche gerichtliche Insolvenz angezeigt haben, gegen Militär-Personen und active Beamte. Das Braunschweigische Gesetz vom 11. Januar 1849 enthält die merkwürdige und sehr unpractische Bestimmung, daß, wenn die Vorausbezahlung der Verpflegungskosten für den Wechsel-Schuldner unterbleibe, dieser sofort entlassen werden solle, ja wegen derselben Schuld nicht wieder verhaftet werden dürfe. Außerdem ist es dort unzulässig, daß der Wechsel-Gläubiger Personal-Haft gegen seinen Ehegatten, Ascendenten, oder Descendenten, ja selbst gegen Verschwägerte im ersten Grade der Seiten-Linie nachsuche (§. 15. des Ges. v. 11. Januar 1849). Eine ähnliche Bestimmung enthält die Einf.-Ordn. der Stadt Frankfurt a. M. vom 27. März 1849, sowie des Herzogthums Nassau, des Großherzogthums Hessen-Darmstadt und des Fürstenthums Waldeck. Manche Particular-Gesetzgebungen beschränken auch den Wechsel-Arrest auf eine unbestimmte Zeit. In Preußen ist die Haft unzulässig gegen active Militärs, dagegen statthaft gegen Militär-Beamte und andere Staatsdiener (Einf.-Ges. vom 15. Februar 1850 §. 5.). Nach dem preußischen Gesetz vom 11. Mai 1839 (Ges.-S. S. 173 §. 1.) soll die Wechsel-Haft höchstens 5 Jahre dauern und auch auf den Grund älterer Wechsel-Schulden nicht von neuem eintreten. Eine Ausnahme ist durch die Cab.-Ordre vom 5. Juli 1832 nur dann gestattet, wenn der Gläubiger wahrscheinlich macht, daß die Fortsetzung oder neue Verhängung der Haft die Befriedigung bewirken werde, oder daß der Schuldner durch schlechten Wandel seine Zahlungs-Unfähigkeit selbst herbeiführt.

Anmerk. 4. Die von den gesetzlichen Vertretern minderjähriger und anderer bevormundeten Personen für ihre Pflegebefohlenen eingegangenen wechselmäßigen Verpflichtungen erzeugen nur eine wechselmäßige Verbindlichkeit in Bezug auf das Vermögen der vertretenen Person, sofern nicht der Vertreter durch Überschreitung seiner Befugnisse nach §. 95. persönlich verantwortlich wird.

Anmerk. 5. Eine Frau, welche ein Grundstück besitzt, oder ihr eigenes Landgut bewirthschaftet, ist deshalb noch für keine, einen Handel oder Gewerbe treibende Frau zu erachten, und es ist deshalb die Wechsel-Haft gegen sie nicht zulässig (Verf. des Ober-Trib. zu Berlin v. 16. Septbr. 1851, Borch. W.-O. v. 1856 S. 116). Auch das Stadtgericht zu Berlin hat ausgesprochen, daß die Wittwe eines Rittergutsbesitzers als solche wegen einer Wechselschuld dem Personal-Arrest nicht unterworfen sei, weil der Besitz eines Rittergutes noch nicht den Betrieb eines bürgerlichen Gewerbes einschließe. Das Ober-Trib. zu Berlin hat angenommen, daß aus einem Contumacial-Erkenntniß, welches eine Frau zur Zahlung bei Vermeidung der Wechsel-Execution verurtheile, noch nicht ohne Weiteres der Wechsel-Arrest zulässig sei, da dieser nicht die einzige Eigenthümlichkeit der Wechsel-Execution abgebe. Es müsse daher die streitige Frage: ob eine Ehefrau zur Zeit der Ausstellung des Wechsels eine gewerbtreibende Frau gewesen, zur Erörterung und nöthigenfalls zur Entscheidung gebracht, inzwischen aber die Haft ausgesetzt werden. Dies erscheint insofern nicht richtig, als der Ausdruck „Wechsel-Execution" auch die Wechsel-Haft umfaßt und bei dem Vorhandensein des Contumacial-Urthels die factische Grundlage für zugestanden erachtet werden mußte. Es wäre Sache der Frau und ihrer Vertreter gewesen, im Prozesse gegen die Zulässigkeit der Personal-Execution zu protestiren und das Contumacial-Erkenntniß selbst anzufechten. — Darüber, daß eine Frau nur dann mit Wechsel-Haft verfolgt werden kann, wenn sie zur Zeit der Ausstellung des Wechsels einen Handel oder ein Gewerbe betrieb, dürfte kein Zweifel sein. (Vergl. Ortloff's Allg. deutsch. W. O. S. 24, Leipz. Prot. Nr. III. S. 9 Leipz. Ausg.)

Anmerk. 6. Aus Gründen des öffentlichen Rechts ist der Wechsel-Arrest unstatthaft bei ausländischen, den deutschen Bundesstaaten nicht angehörigen Wechsel-Gläubigern, einheimischen Schuldnern gegenüber, sobald jene einem Staate angehören, gegen welchen ein Retorsions- (Vergeltungs-) Recht zuläßig ist (Vergl. Allg. preuß. L.-R. §. 47. der Einl. Th. II. Tit. 8. §. 934.), ingleichen bei gesandtschaftlichen Personen auf den Grund von Staats-Verträgen oder des Völkerrechts (Heckert Wechs.-R. S. 16).

Anmerk. 7. Der Wechsel-Personal-Arrest soll in Preußen ohne Aufhebung des gleichzeitig für die Wechsel-Forderung haftenden Hypotheken-Rechts nicht zuläßig sein (Verf. des Ob. Trib. zu Berlin vom 11. April 1854 in S. Krinke u. Winkler, Borch. Forts. 1. S. 118). Dem ist die Praxis des Stadtgerichts zu Berlin und die Verordn. vom 11. Mai 1839 §. 3. entgegen.

Anmerk. 8. In Preußen ist die Wechsel-Execution aus einem vor länger als 5 Jahren erlassenen Erkenntniß nicht mehr zuläßig, wenn auch inzwischen die Execution nachgesucht war (§. 14. Tit. 28, §. 3. Tit. 24, §. 195. u. 148. Anh. zur Allg. G. O., Verf. des Ober-Trib. zu Berlin vom 29. März 1855, Borch. Forts. 1. S. 118). Eine neue wechselmäßige Klage aus dem Judicate scheint nach preuß. Recht auf Grund der Analogie des §. 14. Tit. 28. Th. I. Allg. G.-O. nicht statthaft, vielmehr nur der summarische Proceß zuläßig.

Anmerk. 9. Wegen solcher Forderungen, welche der eine Ehegatte vor Eingehung der mit Gütergemeinschaft verbundenen Ehe ausgestellt, acceptirt oder indossirt hat, findet nach vollzogener Ehe gegen den anderen Ehegatten kein Wechsel-Proceß und daher auch keine Wechsel-Execution statt (Entsch. des Ober-Trib. 34. S. 193, Allg. L.-R. Th. II. Tit. 1. §. 391).

Anmerk. 10. Nach östreich. Recht (Hofdecr. vom 21. Mai 1796) muß der zur Güter-Abtretung verstattete Schuldner der Wechsel-Haft entlassen werden. Anderer Ansicht ist die Entsch. des obersten östreich. Gerichtshofes in der östreich. Ger.-Z. von 1854 Nr. 3, allein aus den Gründen der Verf. desselben Gerichtshofes vom 13. Decbr. 1854 in der östreich. Ger.-Z. von 1855 Nr. 10. dürfte die Richtigkeit der ersteren Meinung zu folgern sein. Außerdem darf in Oestreich da, wo in einzelnen Kronländern die Schuldhaft überhaupt nicht Statt findet, auch kein Personal-Arrest eintreten (Borch.'s Wechs.-Ordn. von 1851 S. 6 u. 7).

Anmerk. 11. In Oestreich darf der Wechsel-Arrest nicht über 1 Jahr, dauern (Dittsch. a. a. O. S. 476).

Artikel 3.

Finden sich auf einem Wechsel Unterschriften von Personen, welche eine Wechsel-Verbindlichkeit überhaupt nicht, oder nicht mit vollem Erfolge eingehen können, so hat dies auf die Verbindlichkeit der übrigen Wechsel-Verpflichteten keinen Einfluß (Anm. 1—4).

Anmerk. 1. Diese Bestimmung ist eigentlich nichts Besonderes und versteht sich beinah von selbst, ließ sich auch schon aus dem §. 424. Tit. 5. Th. I. A. L.-R. und §. 796. Tit. 8. Th. II. ebendaselbst herleiten, indem die Verbindlichkeit der wirklich wechselmäßig verhafteten Personen natürlich dadurch nicht aufgehoben werden kann, daß neben ihnen ein Anderer in nicht rechtsgiltiger Weise dieselbe Verpflichtung eingegangen ist. Die obige Bestimmung ist offenbar nur gegeben, um den möglichen Zweifel zu beseitigen, ob nicht die Giltigkeit des ganzen Wechsels durch das Hinzutreten einer ungiltigen Unterschrift hinfällig geworden sei. Wenn bei Societäten der eine oder der andere der Handlungs-Gesellschafter für seine Person nicht wechselfähig ist, so haften die übrigen für ihn mit und es hat nur die Folge, daß er selbst nicht dem Wechsel-Arrest unterliegt (Vergl. Koch a. a. O. zu Art. 3).

Anmerk. 2. Wenn z. B. Jemand, der gar nicht wechselfähig ist, einen Wechsel ausstellt, und ein Wechselfähiger denselben angenommen hat, so haftet dieser, der Acceptant, dem Wechsel-Inhaber unbedingt, wenn er auch dem unfähigen Aussteller gegenüber zu Nichts verpflichtet war und von diesem nie etwas wieder erhalten kann.

Anmerk. 3. Hat ein Unmündiger einen Wechsel ausgestellt, so ist er natürlich gegen diesen nicht zur Geltung zu bringen, dagegen bleiben alle sonst darauf eingegangenen Verpflichtungen des Acceptanten, der Bürgen und Indossanten in Kraft.

Anmerk. 4. Ist auf einem Wechsel eine Wechsel-Erklärung einmal von Hause aus mangelhaft, so kann solche später eine wechselmäßige Geltung nicht erlangen, selbst, wenn hinterher das Hinderniß in der Person des Erklärenden gehoben oder eine eidliche Bestärkung hinzugefügt ist (Borch. Wechs.-Ordn. von 1851 S. 29).

Zweiter Abschnitt.
Von gezogenen Wechseln.

I. Erfordernisse eines gezogenen Wechsels.

Artikel 4.

Die wesentlichen Erfordernisse eines gezogenen Wechsels sind:

1) die in den Wechsel selbst aufzunehmende Bezeichnung als Wechsel, oder, wenn der Wechsel in einer fremden Sprache ausgestellt ist, ein jener Bezeichnung entsprechender Ausdruck in der fremden Sprache (Anm. 1—3).
2) Die Angabe der zu zahlenden Geld-Summe (Anm. 4—7).
3) Der Namen der Person oder die Firma, an welche oder an deren Ordre gezahlt werden soll (des Remittenten); (Anm. 8—12).
4) Die Angabe der Zeit, zu welcher gezahlt werden soll. Die Zahlungszeit kann nur festgesetzt werden,
   auf einen bestimmten Tag,
   auf Sicht (Vorzeigung, à vista) oder auf eine bestimmte Zeit nach Sicht,
   auf eine bestimmte Zeit nach dem Tage der Ausstellung (a dato); (Anm. 13—21),
   auf eine Messe oder Markt (Messe oder Markt-Wechsel); (Anm. 22—24).
5) Die Unterschrift des Ausstellers (Trassanten) mit seinem Namen oder seiner Firma; (Anm. 25—30).
6) Die Angabe des Ortes, Monats-Tages und Jahres der Ausstellung; (Anm. 31—34).
7) Der Namen der Person oder die Firma, welche die

Zahlung leisten soll (des Bezogenen oder Trassaten); (Anm. 35—37).

8) Die Angabe des Ortes, wo die Zahlung geschehen soll, der bei dem Namen oder der Firma des Bezogenen angegebene Ort, gilt für den Wechsel, insofern nicht ein eigner Zahlungsort angegeben ist, als Zahlungsort und zugleich als Wohnort des Bezogenen; (Anm. 38—44).

Anmerk. 1. Die gezogenen Wechsel, die eigentlichen Tratten, welche den Papttheil des ursprünglichen Wechsel-Verkehrs ausmachten und den Tratten den Namen gaben (von trassiren, ziehen) sind Nichts, als eine in gesetzlich vorgeschriebener Form ausgestellte Anweisung, vermöge deren der Trassant oder Aussteller einem Anderen, dem Bezogenen oder Trassaten, den Auftrag giebt, zu einer bestimmten Zeit dem Inhaber des Wechsels eine gewisse Summe Geldes zu zahlen. — Die 3 Hauptpersonen bei jedem gezogenen Wechsel sind der Aussteller oder Trassant (der Ziehende), der Bezogene oder Trassat, d. i. der, welcher zur Zahlung beauftragt, auf welchen der Wechsel gezogen wird, und der Remittent, der Wechsel-Inhaber, der Versender, welcher den Wechsel empfangen hat, um, für sich oder einen Andern, die darin verschriebene Summe zu erheben. Der letztere heißt Remittent, weil er den Wechsel zur Einziehung des Betrages versendet.

Anmerk. 2. Diese Bestimmung (Art. 4. Nr. 1.) will besagen, daß ausdrücklich im Context, also nicht etwa blos in der Unterschrift oder am Rande, wie Jolly mit Unrecht für genügend erachtet (Arch. f. W.-R. Bd. III. S. 15), wo eine betrügliche Einschaltung leicht möglich wäre, die Urkunde als Wechsel bezeichnet und dadurch angedeutet werden müsse, daß sich der Aussteller dem Wechsel-Recht unterwerfe (Vergl. Entsch. des obersten östreich. Ger. vom 6. April 1855 Oestreich. Ger.-Z. vom Jahr 1855 Nr. 71, Brauer im Arch. f. W.-R. V. 363). Der bloße Ausdruck „nach Wechsel-Recht" wird zwar von Vielen nicht für ausreichend erachtet, scheint aber Einzelnen doch genügend die Schrift als Wechsel zu bezeichnen. Auch das Wort „Wechsel-Brief" erscheint Manchen als hinlänglich, um die Urkunde als Wechsel zu bezeichnen. Selbst, wenn nur in einer adjectiven Verbindung z. B. durch den Ausdruck „wechselmäßig" oder „wechselrechtliche Zahlung," die Absicht ausgedrückt wird, eine Wechsel-Verpflichtung einzugehen, so erscheint dies Einzelnen ausreichend, mir aber bedenklich (Vgl. Ortloff a. a. O. S. 27). Die Absicht des Gesetzgebers bei der Aufstellung dieses ersten Erfordernisses als eines wesentlichen war die, dem Wechsel-Geber durch den Gebrauch des Ausdrucks zum Bewußtsein zu bringen, in welches wichtige Geschäft er sich einlasse und zugleich die Urkunde durch jene characteristische Bezeichnung von jeder andern zu unterscheiden (Vergl. Christoph Allg. d. W.-O. 2. Aufl. S. 13). Aus diesem Grunde ist auch mit Rücksicht auf die ausgedehnte Wechsel-Fähigkeit gerade der Ausdruck Wechsel, nicht etwa Tratte oder dgl. gebraucht, um auch dem minder gebildeten Geschäftsmanne das Ernste der einzugehenden Verpflichtungen verständlich zu machen.

Anmerk. 3. Das englische, nordamericanische und französische Recht fordern das Wort Wechsel, lettre de change, bill of exchange, ital: lettera di cambio, span.: letra de cambio, poln.: Wexel, holländ.: Wissel, dän.: Vexel brev, nicht.

Anmerk. Wird ein Wechsel oder ein anderes auf den Wechsel-Proceß bezügliches Document in fremder Sprache beigebracht, so hat der preußische Richter von Amtswegen für eine richtige Übersetzung zu sorgen, da der §. 114. Tit. 10. Th. I. Allg. G.-O. nicht aufgehoben ist (Entsch. des Ober-Trib. zu Berlin vom 23. Octbr. 1855 Arch. f. W.-R. V. 413).

Anmerk. 4. Jeder Wechsel muß schlechterdings, wenn er als solcher gelten soll, wie auch bereits der §. 750. Tit. 8. Th. II. des preuß. Allg. L.-R. verordnete, auf eine bestimmte Summe baaren Geldes lauten, weil er ein geschäftliches Papiergeld bilden soll. Dieß ist schon in den ältesten Wechsel-Ordnungen als nothwendiges Erforderniß aufgestellt. Auf Entrichtung von Waaren, Prästationen u. dgl. ist kein Wechsel zuläßig. Die Summe selbst kann auf beliebige Münz-Sorten, auch fremde, gerichtet werden, z. B. auf Souverains, Livres, Francs, Pfund Sterling, Rubel u. dgl. Wenn aber nicht besonders ausgedrückt ist, daß gerade diese fremden Münz-Sorten in natura gezahlt werden sollen, so ist der Schuldner befugt, dieselben nach dem Curse des Zahlungs-Ortes zur Zeit des Verfall-Tages zu berechnen (reduciren) und in der an dem Zahlungs-Orte gangbaren Münze zu leisten (cf. Art. 37). Wie die zu zahlende Summe ausgedrückt wird, ob mit Zahlen oder mit Buchstaben, oder durch beide zugleich, ist dem Belieben der Betheiligten überlassen. Wie es zu halten ist, wenn die verschieden bezeichneten Summen im Contexte des Wechsels von einander abweichen, bestimmt der Art. 5.

Anmerk. 5. Ein Wechsel, in welchem die Gewährung von Actien, Staats-Papieren oder dergl. versprochen werden, begründet auch in Sachsen keine Wechsel-Klage (Vergl. Erk. des Ob.-App.-G. zu Dresden vom Oct. 1852 im Arch. f. W.-R. Bd. III. S. 208), denn der Wechsel kann auch dort nur auf eine bestimmte Geld-Summe gerichtet werden. Obige Ausnahme ist nur nach dem H. G. B. des Königreichs beider Sicilien zuläßig (Art. 190).

Anmerk. 6. Nach der Wechsel-Ordn. von St. Gallen (Tit. 4. §. 9) macht jede Rasur oder Correctur bei der Wechsel-Summe den Wechsel ungiltig.

Anmerk. 7. Die Ansicht, daß der Wechsel selbst ungiltig werde, wenn neben dem Capital auch Zinsen zur Zahlung bezeichnet worden, ist offenbar irrig. Das Ober-Trib. zu Berlin hat solche eine Zeitlang getheilt (Vergl. Gelpke's Zeitschr. für Handel Heft 1. S. 121), ist aber mit Recht davon zurückgekommen, da nur die Zinsstipulation selbst für wechselmäßig nicht wirksam erachtet werden kann (Arch. d. Trib.-A. Bd. III. S. 170, Arch. f. W.-R.

Bd. III. S. 191). Die Obergerichte zu Stuttgart, Wolfenbüttel und Dresden haben obige irrige Anſicht von der Ungiltigkeit angenommen (Vergl. Art. 96).

Anmerk. 8. Der Remittent iſt der Wechſel-Nehmer, alſo der, welcher den Wechſel für ſich einziehen ſoll, die Perſon oder Firma, an die oder deren Ordre zu zahlen iſt. In ältern Wechſel-Ordnungen wurde er auch der Geber genannt, weil er das Geld für den Wechſel hergab. Der Ausdruck kommt daher, daß der Wechſel-Nehmer in der Regel den Wechſel verſandte (remittere) (Vergl. Art. 4. Anm. 1).

Anmerk. 9. Perſonen, welche kaufmänniſche Rechte haben, durften nach §. 162. Tit. 8. Th. II. Allg. L.-R. Wechſel an jeden Briefs-Inhaber (au porteur) ſtellen; eine ſolche Beſtimmung enthält die neue deutſche W.-O. nicht. Es iſt daher jene Berechtigung für aufgehoben zu achten, was auch wegen des möglichen Mißbrauchs ganz angemeſſen erſcheint, zumal durch Zulaſſung der Indoſſamente in blanco dem Bedürfniſſe hinreichend entſprochen ſchien. Die W.-O. von Kopenhagen geſtattet lettres au porteur. Nach dem engliſchen und nordamerikaniſch. W.-R. kann ſogar der Namen des Remittenten offen (in blanco) gelaſſen und dann von jedem Inhaber ausgefüllt werden (Treitſchke alphab. Encykl. der Wechſel-Rechte S. 28).

Anmerk. 10. Nach obiger Beſtimmung genügt der Namen oder die Firma des Remittenten oder Wechſel-Inhabers. Eine weitere Bezeichnung iſt nicht als weſentlich gefordert, um der Chicane und möglichen Weiterungen das Feld abzuſchneiden. Es iſt daher nicht einmal die Angabe des Wohnorts, geſchweige des Vornamens, des Titels oder Gewerbes des Remittenten nöthig.

Anmerk. 11. Iſt ein Wechſel an eine beſtimmte Perſon oder den Inhaber geſtellt, alſo z. B. geſagt: Zahlen Sie an H. oder Inhaber, ſo iſt dieſer letztere Zuſatz dahin zu verſtehen, daß der Remittent das Recht der weiteren Übertragung, der ſogenannten Begebung habe; es iſt alſo dieſer Ausdruck als gleichbedeutend mit „an die Ordre“ zu nehmen und der H. oder Inhaber darf daher weiter indoſſiren (Vergl. Borch. W.-O. von 1851 S. 35).

Anmerk. 12. Der Remittent braucht nicht nothwendig eine vom Ausſteller verſchiedene Perſon zu ſein, vielmehr kann der Ausſteller ſich ſelbſt als Remittenten bezeichnen. Geſchieht dies, ſo iſt ein Wechſel vorhanden, welchen man „Wechſel an eigne Ordre“ nennt (Vergl. Brauer's W.-O. S. 34 und Art. 6).

Anmerk. 13. Sehr mit Recht ſind gewiſſe Arten von Wechſeln wegen der Unbeſtimmtheit ihrer Zahlungszeit und der dadurch hervorgerufenen Unſicherheit des Verkehrs ganz weggelaſſen, ſo z. B. die Uſo-Wechſel (a uso, doppio uso), wobei die nicht beſtimmt angegebene Zahlungszeit von der Uſance eines beſtimmten Platzes abhing, ſo wie die Wechſel, bei welchen der Verfalltag von dem Eintritt einer gewiſſen Handlung abhängig gemacht war. Auch Wechſel auf Kündigung erſcheinen unzuläſſig (Entſch. des Ober-Trib. zu Berlin vom 5. Juli 1851 Arch. Bd. II. S. 222, Entſch. deſſ. Ger. vom 19. Dec. 1850 Präjud. 2259). Sind ſolche im Inlande unzuläſſige Wechſel vom Ausland auf das Inland gezogen, ſo muß die Verfallzeit nach dem ausländiſchen

Gesetz des Ausstellungsortes berechnet werden (Borch. a. a. O. v. 1854 S. 36, Leipz. Conf.-Prot. S. 12 ff., Brauer a. a. O. S. 37, vergl. Art. 85).

Anmerk. 14. Die auf einen bestimmten Tag zahlbaren Wechsel nennt man Tag-Wechsel, weil eben der Verfall mit dem im Wechsel benannten Tage eintritt. Die auf oder nach Sicht zahlbaren Wechsel werden Sicht Wechsel und, je nachdem sie längere oder kürzere Zahlungsfristen haben, auch wohl lang- oder kurzsichtige Wechsel genannt. Oft ist bei Sicht-Wechseln auch noch eine Frist beigefügt, so daß z. B. der Wechsel lautet: Drei Monat nach Sicht (a vista) zahlen Sie gegen diesen meinen Wechsel ꝛc.

Anmerk. 15. Die auf eine bestimmte Zeit nach dem Tage der Ausstellung (a dato) zahlbaren Wechsel heißen im kaufmännischen Verkehr Dato-Wechsel. Sie lauten gewöhnlich: Vier Monate a dato zahlen Sie gegen diesen Wechsel ꝛc.

Anmerk. 16. Der Ausdruck „auf Sicht" ist nicht als die allein zulässige und ausschließliche Bezeichnung der Zahlungszeit bei Wechseln dieser Art vorgeschrieben; es genügt, wenn nur sonst die Zahlungszeit unzweifelhaft erhellt. Daß dies die Absicht des Gesetzgebers gewesen ist, ergeben die eingeschlossenen synonymen Bezeichnungen „Vorzeigung, a vista," daher ist ein Wechsel, welcher „gegen Sicht" oder „nach Sicht" ohne weitere Zeit-Angabe ausgestellt worden, mit einem, welcher „auf Sicht" lautet, gleichbedeutend und vollkommen giltig (Erk. des preuß. Ob.-Trib. zu Berlin v. 21. Januar 1855 in S. Joseph ⁒. Engelke, vergl. Borch. 1. Forts. der W.-O. S. 121, Plenar-Beschluß des Ob.-Trib. zu Berlin vom 5. Novbr. 1855 — Präjud. 2647 — mit welchem die östreich. Praxis übereinstimmt. Haimer Magaz. Bd. II. S. 285, Borch. a. a. O.). Ebenso unlogisch, als unpractisch hatten einige Gerichtshöfe angenommen, daß ein Wechsel mit der Bezeichnung „nach Sicht" nicht mit einem Wechsel „auf Sicht" für gleichlautend erachtet werden könne (vergl. preuß. Minist.-Bl. vom 14. Decbr. 1855 und Arch. für W.-R. V. 422).

Anmerk. 17. Die Worte a dato, dato, nach dato sind gleichbedeutend und es kommt nicht darauf an, daß gerade derselbe im Gesetz aufgeführte Ausdruck gebraucht werde, wenn er nur unzweideutig denselben Sinn wiedergiebt (vergl. die Erk. des Ob.-Trib. zu Berlin v. 15. März 1853 und 4. Decbr. 1855, Borch. Forts. 1. S. 122).

Anmerk. 18. Ein Wechsel, in welchem die Zahlungszeit durch die Worte „nach einem Jahre zahle ich" oder „zahlen Sie" ausgedrückt worden, ist nicht für einen giltigen Wechsel zu erachten, weil dabei zweifelhaft sein kann, ob die Zahlung binnen einem Jahre nach der Ausstellung, der Vorlegung oder Acceptation gerechnet werden soll (Borch. a. a. O. von 1854 S. 11).

Anmerk. 19. Das Fehlen der Jahreszahl bei dem Zahlungstage macht den sonst vollständigen Tag-Wechsel nicht ungiltig, wenn nur über die Zahlungszeit kein Zweifel obwalten kann (Arch. f. W.-R. Bd. III. S. 331 Bd. IV. S. 188 Bd. V. S. 351).

Anmerk. 20. Die Bezeichnung „Anfang Januar nächsthin" kann für eine genügend bestimmte Angabe der Verfallzeit nicht erachtet werden (Erk. des Ob.-Trib. vom 18. Septbr. 1855 Arch. f. W.-R. V. 428), wohl aber die Bezeichnung „Ende März" (ebend. V. 325).

Anmerk. 21 zu Nr. 4. Eine als Wechsel benannte Schrift, worin der Verfall bis zu einem bestimmten Tage, z. B. bis zum 1. August 1855 angegeben ist, kann als giltiger Wechsel nicht Beachtung finden, weil ein wesentliches Erforderniß eines solchen, die klare Bestimmung des Zahlungstages fehlt, da die Zahlung der Schuld binnen der ganzen Zeit zwischen dem Tage der Ausstellung bis zum 1. August 1855 völlig der Willkür des Ausstellers Preis gegeben worden, und überdies zweifelhaft gelassen ist, ob der Aussteller sich hat verpflichten wollen, spätestens am 31. Juli oder 1. August zu zahlen (Erk. des Ober-Trib. zu Berlin vom 30. Octbr. 1855, Arch. f. W.-R. V. 430).

Anmerk. 22 zu Nr. 4. Bei diesen Wechseln, welche im kaufmännischen Verkehr unter dem Namen der Meß- oder Markt-Wechsel bekannt sind, ist das characteristische, daß ihr Zahlungs-Tag gerade zu einer bestimmten Messe eines gewissen Orts an diesem selbst eintreten muß, z. B. zur Zeit der Leipziger Oster-Messe, oder der Frankfurter Sommer-Messe zu Leipzig und resp. Frankfurt. Dadurch, daß zufällig der Zahlungstag eines Wechsels in eine Messe trifft, weil derselbe anderweit so bestimmt war, wird solcher noch kein Markt- oder Meß-Wechsel, er bleibt vielmehr als Tag-Wechsel zu beurtheilen. Es muß daher ausdrücklich eine bestimmte Messe als Verfallzeit und Zahlort bezeichnet sein, um einen Wechsel als Meß-Wechsel zu begründen (Vergl. Leipz. Conf.-Prot. v. 30. Octbr. 1847, ingl. Art. 18. u. 35. d. W.-O., Präjud. des Ob.-Trib. zu Berlin Nr. 2607. v. 22. Febr. 1855, Entsch. Bd. 29. S. 470 u. Bd. 30. S. 176, Erk. des niederöstr. Ob.-Ger. v. 16. Mai 1855, Oestr. G.-Z. Nr. 80).

Anmerk. 23 zu Nr. 4. Die Meß- und Markt-Wechsel, welche man bei der Leipziger Conferenz ganz beseitigen wollte, sind nur nach lebhaften Debatten mit Rücksicht auf ihren beschränkten Kreis bei den einzelnen Märkten und Messen beibehalten (Brauer a. a. O. S. 36).

Anmerk. 24 zu Nr. 4. Die sogenannten Raten-Wechsel, d. h. Wechsel, welche die Bestimmung enthalten,

> daß bei nicht pünctlicher Zahlung einer einzelnen der verschiedenen im Wechsel festgesetzten Raten die ganze noch rückständige Wechsel-Summe in diesem Fall auf ein Mal zahlbar sein solle,

sind nach der Ansicht des Ob.-Trib. zu Berlin für giltige Wechsel zu achten, weil durch solche bedingte Festsetzung die bestimmte Zahlungszeit in keine unbestimmte und deshalb ungenügende Zahlungszeit verwandelt werde, da der Tag der Verfallzeit, dieser möge für eine einzelne Rate eintreten, oder für alle Raten zusammen, in allen Fällen ein bestimmter Zahlungstag sei (Erk. des Ob.-Trib. v. 24. Jan. 1852 in S. Heimann wider Hirschfeld). Das östr. Justiz-Ministerium hat dagegen in der Verordn. v. 21. Octbr. 1852 in Übereinstimmung mit dem niederöstr. Oberlandes-G. (vergl. Arch. f. d. W.-R. Bd. III. S. 332) die Frage meines Erachtens mit Recht verneint, weil der Inhalt der sogenannten Raten-Wechsel, der Natur eines Wechsels um so mehr widerstreitet, als in der That die Fälligkeit nicht ohne Weiteres feststeht, vielmehr eine Art von Kündigung vorher gehen muß.

Anmerk. 25 zu Nr. 5. Die deutsche Wechsel-Ordnung enthält hier einen wesentlichen Fortschritt und Vorzug, indem sie die Unterschrift des bloßen Namens oder der Firma für genügend erklärt. Dadurch sind eine Menge von Zweifeln und Weiterungen abgeschnitten und es ist dabei gar keine Gefahr, vielmehr hatte bei der früheren Gesetzgebung, wo es darauf ankam, daß auch die Vornamen ausgeschrieben sein sollten, die Chicane freies Feld. Auch dadurch, daß obige Bestimmung von der Firma schlechthin spricht und nicht die Zusätze hat, daß sie bekannt gemacht oder bei der Börse niedergelegt sein müsse u. dgl. m., ist freventlichen Einwendungen, wie solche sonst in Wechsel-Processen so häufig vorkamen, ein großer Damm entgegengesetzt. Die bloße Einrede, daß die Firma unvollständig sei, kann jetzt nicht füglich mehr Platz greifen, wenn nur die Unterzeichnung diejenige ist, welche der Betreffende gewöhnlich brauchte, oder wenn er überhaupt dieselbe als von ihm unterschrieben anerkennen muß. Die Hinzufügung der Vornamen ist zweckmäßig, aber durchaus nicht mehr wesentlich. Es kommt nur darauf an, daß der Namen so hinreichend bezeichnet ist, daß aus den gebrauchten Buchstaben die bestimmte Person mit Zuverlässigkeit erkannt werden kann. Ist daher auch z. B. der neben dem Vornamen des Ausstellers befindliche an sich leserliche und unzweifelhafte Familien-Namen desselben nicht ganz ausgeschrieben, so daß vielleicht der eine oder der andere Schlußbuchstabe fehlt oder durch einen Zug ersetzt ist, so kann deshalb allein die Unterschrift nicht für unverbindlich und mangelhaft im gesetzlichen Sinne gelten (vergl. Art. 12. und das Erk. des Ob.-Trib. zu Berlin vom 8. Septbr. 1853, Arch. der Trib.-A. Bd. 11. S. 4).

Anmerk. 26 zu Nr. 5. Zu welcher Zeit die Unterschrift des Ausstellers (signature du tireur) erfolgt, ist gleichgiltig (vergl. Art. 82. Rechtsspr. v. Simon und v. Strampff Bd. 1. S. 175, Rechtsfälle des Geh. Ob.-Trib. zu Berlin v. 1847 Bd. 1. S. 27). Nach englischem und americanischem Recht ist selbst eine Unterzeichnung durch einen bloßen Stempel zuläsig, und auch nach preußischem Recht wird solche nach Maßgabe des Diffessions Eides für statthaft crachtet werden müssen (vergl. Crelinger's und Gräff's W.-R. S. 38). Koch ist anderer Ansicht (a. a. O. S. 316).

Anmerk. 27 zu Nr. 5. Kann Jemand seinen Namen schreiben, so wird er, wenn er auch sonst des Schreibens unerfahren ist, aus dem von ihm unterzeichneten Wechsel wechselmäßig haften müssen, da er seine Unterschrift anerkennen muß, und im Wechsel-Proceß jenen Einwand seiner Unkenntniß nicht vorbringen kann, obwohl dergleichen Personen sonst den Schreibens- und Lesens-Unerfahrenen ganz gleich gestellt werden (§. 72. Anh. 3. Allg. preuß. Ger.-O., Crelinger's und Gräff's W.-R. S. 59).

Anmerk. 28 zu Nr. 5. Der Stellvertreter muß, wenn er nicht selbst als Aussteller verpflichtet sein will, den Namen des Ausstellers unter den Wechsel setzen und seinen eignen Namen mit Angabe seines Verhältnisses beifügen. Der

Mangel der Vollmacht für den, welcher den Wechſel für einen Andern vollzogen hat, kann nur gegen den erſten Wechſel-Nehmer, nicht gegen den dritten Inhaber, eine Einrede begründen (Koch a. a. O. S. 116).

Anmerk. 29 zu Nr. 5. Das Ob.-Trib. zu Berlin hat in einem Erkenntniß vom 12. Decbr. 1854 (Arch. der Trib.-A. Bd. 15. S. 286) angenommen, daß derjenige, deſſen Familien-Namen mit Zufügung eines anderen Vornamens, als er ſelbſt führe, unter dem Wechſel ſich befinde, ſofern der Kläger nicht noch beſonders darthue, weshalb der verſchiedenen Vornamen ungeachtet der Verklagte aus jener Unterſchrift wechſelmäßig verhaftet ſei, nicht verpflichtet erſcheine, ſich über die Richtigkeit ſeiner Unterſchrift zu erklären. Dies erſcheint nicht richtig, Verklagter vielmehr zur Erklärung über dieſelbe und nöthigenfalls zur Ableiſtung des Diffeſſions-Eides verbunden, da der Vornamen nicht weſentlich iſt und es lediglich auf die Identität des Verklagten mit dem Unterzeichner ankommt (Arch. f. W.-R. Bd. V. S. 220 ff.).

Anmerk. 30 zu Nr. 5. Das von Mehren gemeinſchaftlich erlaſſene Circular, durch welches ſie die Eröffnung eines kaufmänniſchen Geſchäfts für ihre eigene Rechnung, unter der näher bezeichneten Firma, bekannt machen, iſt als uneingeſchränkte Vollmacht zu betrachten, durch welche jeder der Theilnehmer der Firma ermächtigt wird, ſich der letztern als Unterſchrift für den Betrieb der Societäts-Geſchäfte zu bedienen. Vermöge dieſer Vollmacht ſind die Theilnehmer der Firma auch berechtigt, Wechſelverbindlichkeiten zu übernehmen. Gegen die von einem der Theilnehmer der Firma unter dieſer Firma übernommene Verbindlichkeit, ſteht dem andern Theilnehmer der Einwand nicht zu, daß das Wechſel-Geſchäft lediglich zum Vortheil des erſtern von dieſem gemacht ſei und daſſelbe die Societät nicht berühre (Allg. L.-R. Th. 2. Tit. 17. §§. 210. 231, Th. 2. Tit. 8. §§. 501. 507. 625. 626. 633. 647, Entſch. Bd. 24. S. 149, Rogan, der preuß. Wechſel-Proceß S. 15).

Anmerk. 31 zu Nr. 6. Die Bezeichnung des Orts der Ausſtellung haben wohl die meiſten Wechſel-Ordnungen von jeher als ein weſentliches Erforderniß eines Wechſels angeſehen. Wo der Ort und das Datum vermerkt werden, ob über oder unter dem Contexte des Wechſels, iſt gleichgiltig.

Anmerk. 32 zu Nr. 6. Auf eine nähere Prüfung darüber, ob der Wechſel auch wirklich an dem im Wechſel angegebenen Orte ausgeſtellt, oder das Datum richtig iſt, kann es nicht ankommen, da es genügt, wenn die Erforderniſſe eines Wechſels wenigſtens äußerlich vollſtändig vorhanden ſind (Entſch. von Simon und v. Strampff Bd. 2. S. 137, cf. Art. 7. u. 82, Borch. W.-O. v. 1854 S. 13, Leipz. Prot. Nr. 4). Nach nordamericaniſchem Recht iſt Ort und Zeit der Ausſtellung, namentlich bei inländiſchen Wechſeln auf Sicht, nicht weſentlich.

Anmerk. 33 zu Nr. 6. Das Datum erſcheint faſt noch wichtiger, als die Angabe des Ortes der Ausſtellung, weil danach viele andere Puncte ſich richten. Das Datum muß jedenfalls in ſich ſo genau beſtimmt ſein, daß darüber kein Zweifel obwalten kann, daher Tag, Monat und Jahr der Ausſtellung enthalten. Die bloße Datirung nach einer Meſſe, z. B. Leipzig in der Oſter-Meſſe 1858, Botzen den St. Bartholomäi-Markt (welcher 14 Tage dauert), iſt viel zu ungenau, weil dabei der Tag nicht bestimmt erhellt und nicht jedem Wechsel-Inhaber zugemuthet werden kann, zu wissen, wann die Messe abgehalten wird (Erk. des Oberl.-G. zu Inspruck v. 15. März 1855. Oestr. Ger.-Z. v. 1855 Nr. 72, Borch. I. Forts. S. 124).

Anmerk. 34 zu Nr. 7. Die hier (Nr. 7) getroffene Bestimmung ist aus ähnlichen Gründen, wie bei Nr. 5. angeführt, durchaus als ein zweckmäßiger Fortschritt anzuerkennen. Die deutsche Wechsel-Ordnung begnügt sich damit, daß nur überhaupt der Trassat angegeben sein soll, um darin freie Hand zu lassen und nicht durch zu große, an sich unerhebliche Beschränkung die Gefahr herbei zu führen, daß der Wechsel wegen eines leicht möglichen Versehens ungiltig werde. Hiernach ist es durchaus nicht nöthig, daß der Namen des Bezogenen im Context des Wechsels genannt werde, wenn er nur überhaupt als solcher angegeben ist und als solcher hinreichend erhellt. Obige Bestimmung, welche eine Menge abweichender Vorschriften der verschiedenen ältern Wechsel-Ordnungen beseitigt, erscheint um so genügender, als es einfach nur darauf ankommt, daß der Bezogene ermittelt wird und sich über sein Accept erklärt. Sollte der Wechsel-Inhaber ihn nicht zu ermitteln vermögen, so bleibt ihm schlimmstens immer noch der Protest und Regreß an die Vormänner und den Aussteller.

Anmerk. 35 zu Nr. 7. Die Bezeichnung einer Fabrik oder Anstalt (z. B. L—'s Erziehungs-Anstalt zu F., B—'s Hüttenwerk zu P.) kann als Handels-Firma gelten, sofern der Personen-Namen des Inhabers der Firma daraus erhellt, (Arch. der Trib.-A. Bd. 6. S. 269, Erk. v. 15. Juli 1852), obgleich Andere auch dieses nicht einmal für nothwendig halten.

Anmerk. 36 zu Nr. 7. Die Bestimmung unter Nr. 7. deutet zugleich auf ein Erforderniß, welches einen wesentlichen Unterschied zwischen dem gezogenen und dem trockenen Wechsel begründet, indem jener einen Zahlungs-Auftrag ausdrückt, während der letztere das Versprechen des Ausstellers enthält, daß dieser selbst zahlen wolle. Sind bei den sogenannten Keller- oder Proforma-Wechseln einzelne Zwischen-Personen nur fingirt, so ist das nach mancher Wechsel-Ordnung strafbar.

Anmerk. 37 zu Nr. 8. Die Angabe des Ortes, an welchem die Zahlung geleistet werden soll, ist natürlich sehr wichtig, weil dadurch viele Zweifel beseitigt werden, und darf nach obiger Bestimmung nicht fehlen, wenn die Urkunde nicht aufhören soll, ein Wechsel zu sein. Nur die ausdrückliche Angabe des Zahl-Ortes als eines solchen ist nicht nöthig, es genügt vielmehr, wenn nur bei dem Namen oder der Firma des Bezogenen ein Ort angegeben ist. Nach den ältern Wechsel-Ordnungen und selbst nach dem Code de commerce Art. 110. war stets vorausgesetzt, daß der Ort der Zahlung ein anderer als der der Ausstellung sei; die sogenannten Platz-Tratten, d. h. Wechsel, welche am Orte der Ausstellung zu bezahlen sind, hielt man nicht für zulässig, nahm auch an, daß ein Bedürfniß für solche nicht vorliege.

Anmerk. 38 zu Nr. 8. Der Beisatz: „zahlbar aller Orten" ist wechselrechtlich bedeutungslos. Ist in der Adresse bei dem Namen oder der Firma des Bezogenen kein Wohnort angegeben, so ist der Wechsel ungiltig, wegen Mangels des Art. 4. Nr. 8. bezeichneten Erfordernisses. Ist ein Wohnort angegeben, so ist dieser nach Art. 4. Nr. 8. als Zahl-Ort anzusehen. Bei einem eigenen Wechsel mit diesem Beisatz wird nach Art. 97. der Ausstellungs-Ort als Zahl-Ort zu erachten sein (Arch. f. W.-R. Bd. V. 108).

Anmerk. 39 zu Nr. 8. Die bloße Angabe einer Straße nebst Nummer, ohne Bezeichnung der Stadt, zu welcher sie gehört, kann natürlich als eine genügende Orts-Angabe nicht erachtet werden.

Anmerk. 40 zu Nr. 8. Die Orts-Angabe bei dem Datum des Accepts kann nicht die anderweit mangelnde Bezeichnung des Zahl-Orts ersetzen. (Entsch. des Ob.-Trib. v. 10. Mai 1855).

Anmerk. 41 zu Nr. 8. Die Bestimmung, daß der bei dem Namen des Bezogenen angegebene Ort zugleich als Wohnort des Bezogenen angesehen werden solle, ist aus dem französischen Recht entnommen und hat die Wirkung, daß daselbst, als dem präsumirten Domicil, auch der Gerichtsstand des Verpflichteten begründet werden kann, wiewohl dem Berechtigten die Wahl bleibt, denselben dort oder in seinem persönlichen Gerichtsstande, an seinem wirklichen Wohnort, zu belangen (§. 5. der preuß. Einführungs-Ordn.). Dies ist ein wesentlicher Vortheil für den Betheiligten, da oft die Ermittelung des wirklichen Wohnorts und die Belangung des Verpflichteten an diesem großen Schwierigkeiten unterliegen kann.

Anmerk. 42 zu Nr. 8. Nur solche Wechsel, auf welchen der Aussteller einen vom Wohnort des Bezogenen verschiedenen Zahlort angegeben hat, sind für Domicil-Wechsel zu erachten. Die von dem Bezogenen dem Accepte beigefügte Bezeichnung eines anderen Zahlungs-Ortes ist dagegen nach den Regeln des beschränkten Acceptes zu beurtheilen; in solchem Falle hat die Unterlassung der Aufnahme des Protestes Mangels Zahlung in dem von Acceptanten benannten anderen Zahlorte den Verlust des wechselmäßigen Anspruchs gegen den Acceptanten nicht zur Folge (Präj. des Ob.-Trib. zu Berlin Nr. 2606. v. 27. Jan. 1855, vergl. Art. 21. 22. 24. 43).

Anmerk. 43. Das Bekenntniß der empfangenen Valuta hat die neue Wechsel-Ordnung nicht als ein wesentliches Erforderniß aufgestellt, weil selbst der Mangel der gezahlten Valuta und ein daraus hergenommener Einwand keine wechselmäßige Exception oder Einrede begründet; Biener vertheidigt das Valuta-Bekenntniß (Arch. f. W.-R. Bd. 5. S. 241). Das Ob.-Trib. zu Berlin hat dagegen in einem Erkenntniß angenommen, daß es auf das Bekenntniß und die Art der Valuta gar nicht ankomme. Es war aus einem Wechsel geklagt, welcher die Worte enthielt: „Valuta in Waaren erhalten.“ Der auf Zahlung der Wechsel-Summe in Anspruch genommene Aussteller wandte ein, daß er die Waaren, für welche er den Wechsel in Zahlungs-Statt gegeben, gar nicht erhalten habe. Das Ob.-Trib. verwarf jedoch diesen Einwand, weil auf die Lieferung der Waaren Nichts ankomme, indem die Rechtsgiltigkeit des Kaufgeschäfts an sich nicht bestritten sei, der Verklagte sich auch der Zahlung des Kaufpreises oder der verschriebenen Wechsel-Summe zur bestimmten Zeit unbedingt unterworfen und dadurch den Kaufpreis als eine hinsichts der Fälligkeit und Zahlbarkeit unabhängige wechselmäßige Forderung erklärt habe. Ob der Verklagte nicht hätte dem Kläger, sofern dieser nicht ein dritter redlicher Erwerber war, mit Erfolg den Einwand der Arglist (exceptio doli) entgegensetzen können, steht dahin.

In einer andern Entscheidung hat das preuß. Geh. Ob.-Trib. angenommen, daß Wechsel, welche von dem Verkäufer einer Waare über den Kaufpreis an eigne Ordre gezogen, von dem bezogenen Käufer acceptirt und durch Giro noch nicht in Umlauf gesetzt sind, wenn nicht ein Anderes verabredet worden, an sich weder die Zahlung des Kaufpreises vertreten, noch auch eine Novation der aus dem Kaufgeschäft entsprungenen Verbindlichkeit begründen.

Anmerk. 44. Von dem Gebrauch des gesetzlichen Stempels ist meines Wissens nirgends die Giltigkeit eines Wechsels abhängig gemacht, unbedingt nicht in Preußen. Die Stempel-Strafe bei unterlassenem Gebrauch ist aber meistens nicht unbedeutend. Das Wechsel Stempel-Amt zu Berlin hält übrigens streng darauf, daß dem in Buchstaben ausgedrückten Vermerk der Summen, über welche ein Wechsel gelten soll, der gewöhnlich über dem Wechsel zu stehen pflegt, stets die Worte „Wechsel von — Thalern und darunter" voranstehen müssen, eine Maßregel, welche oft dagewesenen Fälschungen vorbeugen soll.

Artikel 5.

Ist die zu zahlende Summe (Art. 4. Nr. 2.) in Buchstaben und in Ziffern ausgedrückt, so gilt bei Abweichungen die in Buchstaben ausgedrückte Summe.

Ist die Summe mehrmals mit Buchstaben oder mehrmals mit Ziffern geschrieben, so gilt bei Abweichungen die geringere Summe (Anm. 1).

Anmerk. 1. Mit Recht ist der mit Buchstaben geschriebenen Zahl bei Abweichungen der Vorzug gegeben, weil man annehmen muß, daß dabei weniger leicht ein Irrthum vorkommen kann. Bei mehrmaliger abweichender Benennung der Summe erschien es billig, die dem Verpflichteten am wenigsten lästige Summe zu seinen Gunsten anzunehmen und dem besonderen Prozeß den Nachweis eines etwaigen Irrthums zu überlassen. Wenn zwei mit Zahlen geschriebene Ziffern von einander abweichen und die eine radirt ist, so verdient die nicht radirte Zahl den Vorzug. (Koch a. a. O. S. 125.)

Artikel 6.

Der Aussteller kann sich selbst als Remittenten (Art. 4. Nr. 3.) bezeichnen (Wechsel an eigne Ordre).

Desgleichen kann der Ausſteller ſich ſelbſt als Bezogenen (Art. 4. Nr. 7.) bezeichnen, ſofern die Zahlung an einem andern Orte, als dem der Ausſtellung geſchehen ſoll (Traſſirt-eigene Wechſel). (Anm. 1—4).

Anmerk. 1. Zu den Wechſeln an eigne Ordre hat beſonders der Verkehr auf den Meſſen Veranlaſſung gegeben und daſelbſt finden ſie die meiſte Anwendung. Dort verkaufen bekanntlich viele Kaufleute, namentlich Groß-Händler, Waaren auf Credit und ziehen dann über die Kauf-Summe auf die Käufer Wechſel an eigene Ordre, welche ſie demnächſt ſo lange aſſerviren, bis ſie den Betrag benutzen wollen, welchen Falls ſie ſolche an einen Abnehmer giriren, oder, nach der kaufmänniſchen Sprache, discontiren.

Anmerk. 2. Durch den Art. 6. iſt die Beſtimmung des §. 1132. Tit. 8. Th. 2. Allg. L.-R. beſeitigt, wonach der Ausſteller gegen den Acceptanten kein Wechſelrecht erlangen ſollte; jetzt haftet der Bezogene aus ſeinem Accept auch dem Ausſteller wechſelmäßig.

Anmerk. 3. Der zweite Abſatz des Art. 6. bezieht ſich auf die Fälle, wo ein Kaufmann an verſchiedenen Orten Handlungs-Häuſer oder Commanditen hat, wie z. B. wenn ein Handlungs-Haus, das mit Seiden-Waaren en gros zu Berlin handelt, ein Filial-Inſtitut zu Leipzig beſitzt, und nun von Berlin aus auf ſeine zu Leipzig befindliche Commandite oder auf ſich ſelbſt in Leipzig traſſirt. Dieß geſchieht um ſo mehr, weil überhaupt im kaufmänniſchen Verkehr die trocknen Wechſel weniger gebräuchlich und weniger beliebt ſind.

Anmerk. 4. Die Commiſſions Tratte, d. h. die Art von Wechſeln, wo der Ausſteller auf Rechnung eines Dritten zieht, iſt hier nicht erwähnt; die Valuta wird dabei gewöhnlich mit den Worten: „Werth in uns ſelbſt und ſtellen ſolchen auf Rechnung" ausgedrückt. Dabei hat ſich der Bezogene wegen der Deckung mit dem Dritten zu berechnen, welcher den Auftrag zur Ziehung gab. (Schiebe Lehre von den Wechſel-Briefen S. 39 Treitſchke a. a. O. unter dem Wort „Tratte" II. S. 506 ff., Brauer a. a. O. S. 41.) Die wechſelrechtlichen Verpflichtungen bei ſolchen Wechſeln ſind die gewöhnlichen und deshalb bedurften ſie keiner ausdrücklichen Erwähnung.

Artikel 7.

Aus einer Schrift, welcher eins der weſentlichen Erforderniſſe eines Wechſels (Art. 4.) fehlt, entſteht keine wechſelmäßige Verbindlichkeit.

Auch haben die auf eine ſolche Schrift geſetzten Erklärungen (Indoſſamente, Accept, Aval) keine Wechſel-Kraft (Anm. 1—3).

Anmerk. 1. Eine Urkunde, welcher die wesentlichen Erfordernisse eines Wechsels fehlen, kann natürlich ein solcher nicht sein und auch dadurch nicht werden, daß später vielleicht richtige und wechselmäßige Erklärungen darauf gesetzt sind. Sind dagegen die wesentlichen Bestandtheile eines Wechsels vorhanden, so kann es dem redlichen Erwerber nicht zugemuthet werden, die Richtigkeit des sonstigen Inhalts zu prüfen, es erscheint vielmehr gleichgiltig für den Wechsel-Proceß, ob an sich z. B. der Namen, Titel oder dergl. des Ausstellers richtig ist, weil es allen Wechsel-Verkehr vernichten hieße, wenn eine solche bloße minder wesentliche Unrichtigkeit der Schrift die Wechsel-Kraft nehmen sollte. Deshalb ist auch der Einwand, daß die Unterschrift in blanco erfolgt und der Wechsel unrechtmäßig darüber geschrieben sei, wenigstens im Wechsel-Proceß unzulässig. Dagegen ist der Einwand der verfälschten Unterschrift allerdings auch im Wechsel-Proceß statthaft.

Anmerk. 2. Einen Wechsel, welchem ein wesentliches Erforderniß mangelt, braucht der Inhaber nicht protestiren zu lassen, er hat dadurch keine Präjudicirung (keine Hinfälligkeit, keine Verfällung des Wechsels) zu fürchten, weil diese einen mit den gesetzlichen Erfordernissen versehenen Wechsel voraussetzt, während eben aus dieser Schrift, der eins dieser Erfordernisse fehlt, überhaupt keine wechselmäßige Verbindlichkeit entsteht (Erk. des Ob.-Trib. zu Berlin v. 10. Mai 1855 Arch. f. W.-R. V. 427).

Anmerk. 3. Das wechselrechtlich kraftlose Giro eines im Gebiet der A. d. W.-O. gezogenen, wegen Mangels eines wesentlichen Erfordernisses ungiltigen Wechsels ist, sofern es sich civilrechtlich um dessen Folgen handelt, nach den Grundsätzen der Cession zu beurtheilen, vorausgesetzt, daß deren Elemente darin sich vorfinden (Präj. des Ob.-Trib. zu Berlin Nr. 2638. v. 10. Mai 1855. Entsch. Bd. 31. S. 59, A. L. R. Th. 2. Tit. 8. §§. 826. 827).

II. Verpflichtungen des Ausstellers.

Artikel 8.

Der Aussteller eines Wechsels haftet für dessen Annahme und Zahlung wechselmäßig (Anm. 1—3).

Anmerk. 1. Derjenige, welcher einen Wechsel in Umlauf setzt, ihn mithin gleichsam als Zahlung giebt, übernimmt dadurch stillschweigend die Gewähr, daß der Abnehmer sich desselben als baaren Geldes oder doch als eines Geld-Papiers, als eines Zahlungs-Mittels bedienen könne. Gelingt es dem Abnehmer nicht, die Urkunde in solcher Art zu verwerthen, so liegt es in der Natur der Sache, daß er dafür anderweit entschädigt werde, daß der Wechsel-Geber oder Aussteller diesen zurücknehme und das Empfangene vergüte. Wechselmäßig muß der Aussteller natürlich haften, weil sonst der Wechsel-Nehmer durch Verzögern in unverhältnißmäßige Weiterungen kommen würde. Ist durch Schuld des Abnehmers der Wechsel nicht zu realisiren gewesen, so wird der

Aussteller von der Wechsel-Verpflichtung, nicht aber von seiner Verbindlichkeit überhaupt frei.

Anmerk. 2. Der Aussteller des Wechsels muß hiernach dafür haften, daß der Bezogene den Wechsel mit seinem Accept versehe, widrigenfalls er nach Art. 25. für Zahlung am Verfalltage Sicherheit bestellen muß. Er hat jedoch auch dafür zu haften, daß die Zahlung bei Verfall erfolgt, weil er diese sonst selbst leisten muß. Er muß aber auch für die Zahlungsfähigkeit des Acceptanten haften und nicht bloß dem Remittenten, sondern auch jedem späteren Eigenthümer des Wechsels. (Vergl. Brauer a. a. O. S. 43.)

Anmerk. 3. Hat der Aussteller bei seiner Übertragung des Wechsels seinem Indossament eine Beschränkung, wie „ohne Obligo" oder eine ähnliche, beigefügt, so wird er von seiner Verpflichtung frei, (vergl. die Anmerk. 3. bei Art. 14.), und zwar nicht bloß von der Verbindlichkeit aus seinem ersten Indossamente, sondern dem ersten Indossatar gegenüber auch von seiner Regreß-Pflicht aus dem an eigne Ordre gezogenen Wechsel selbst (Präj. des preuß. Ob.-Trib. zu Berlin v. 13. Jan. 1855 Entsch. Bd. 29 S. 400).

III. Indossament.

Artikel 9.

Der Remittent kann den Wechsel an einen Anderen durch Indossament (Giro) übertragen.

Hat jedoch der Aussteller die Übertragung im Wechsel durch die Worte „nicht an Ordre" oder durch einen gleichbedeutenden Ausdruck untersagt, so hat das Indossament keine wechselrechtliche Wirkung (Anm. 1—3).

Anmerk. 1. Das Indossament oder Giro bezeichnet bekanntlich den Act der Übertragung der Rechte und Pflichten aus einem Wechsel. Das Indossament vertritt die Stelle der gewöhnlichen Cession, welche auch bei Wechseln zulässig ist, sich aber von jenem dadurch unterscheidet, daß der Cedent nicht wechselmäßig haftet, wie der Indossant, weil sein Namen in der Regel nicht aus dem Wechsel selbst erhellt. Das Indossament begründet eine neue wechselmäßige Verpflichtung des Indossanten gegen den Indossaten und jeden rechtmäßigen Inhaber des Wechsels, aber unabhängig von den besondern Verhältnissen des Indossanten, lediglich erzeugt durch den Wechsel selbst. Es können daher Einreden aus der Person des Indossanten dem Indossaten nicht entgegengesetzt werden (Brauer deutsch. W.-O. S. 44). Durch das Indossament (Giro, Begebung, Wechsel-Zuschreibung) übernimmt der Indossant die ausgedehnteste Verpflichtung zur Einlösung des Wechsels und zwar dergestalt selbstständig, daß jedes Indossament ein für sich bestehendes Wechsel-Geschäft bildet.

Daher muß der Indossant für die Erfüllung der Wechsel-Verbindlichkeit lediglich aus seinem eignen Indossament haften, selbst, wenn der Aussteller nicht zu haften brauchte. Hieraus folgt, daß selbst in dem Falle, wo der Aussteller nicht wechselfähig war, oder der Wechsel gefälscht worden, der Indossant selbstständig aus seinem Giro verpflichtet ist. (Preuß. Mot. S. 25, 26, Brauer a. a. O. S. 45).

Anmerk. 2. Will der Indossant nicht haften, namentlich nicht wechselmäßig verpflichtet sein, so muß er dies durch einen deutlichen Beisatz ausdrücken, z. B. durch die Worte: „ohne Obligo, ohne Vertretung." Die bloße Abkürzung „o. Vertr." hat das Ob. Trib. zu Berlin, der Ansicht des Stadtgerichts daselbst entgegen, nicht für genügend erachtet, weil nach den auf das strengste auszulegenden Festsetzungen der Wechsel-Ordnung alle Vermerke so bestimmt sein müßten, daß darüber kein Zweifel obwalten könne (Erk. des Ob.-Trib. zu Berlin v. 14. Febr. 1856 Arch. f. W.-R. Bd. 6. 101, Spen. Z. v. 20. Febr. 1855 Nr. 43. Beilage).

Anmerk. 3. Das Verbot, den Wechsel zu begeben oder zu giriren, muß deutlich ausgedrückt sein, wenn es Kraft haben soll, da die Übertragung wesentlich in der Bestimmung der Wechsel liegt. Durch das bloße Ausstreichen des Zusatzes „Ordre" im Context des Wechsels vor dem Namen des Remittenten und durch die Beifügung des Wortes „selbst" hinter dessen Namen wird das Verbot der Begebung des Wechsels nicht genügend ausgedrückt (Vorch. W.-O. Berlin 1854 S. 17, Erk. des Ob.-Trib. zu Berlin v. 31. Mai 1850 im Arch. f. W.-R. Bd. 1. S. 204, Brauer a. a. O. S. 45). Nicht auf Ordre, sondern nur auf eine bestimmte Person gestellte Wechsel nennt man Recta- oder directe Wechsel. Jede Begebung eines solchen ist ohne wechselrechtliche Wirkung und kann nur etwa als Cession gelten (Pohl's Handelsr. II. S. 104, Brauer a. a. O. S. 45).

Artikel 10.

Durch das Indossament gehen alle Rechte aus dem Wechsel auf den Indossatar über, insbesondere auch die Befugniß, den Wechsel weiter zu indossiren.

Auch an den Aussteller, Bezogenen, Acceptanten oder einen frühren Indossanten kann der Wechsel giltig indossirt und von denselben weiter indossirt werden (Anm. 1—9).

Anmerk. 1. Jedes Indossament, dem keine ausdrückliche Beschränkung beigefügt ist, gilt für ein vollkommenes, das den Indossaten zum Eigenthümer des Wechsels macht. Soll es ein bloßes Indossament in procura sein, so muß dies mit ausdrücklichen Worten gesagt werden (Brauer a. a. O. S. 48).

Anmerk. 2. Durch das Indossiren wird fortgesetzt ein neues Wechsel-Verhältniß begründet, der ursprüngliche Wechsel immer wieder neu fortgebildet.

Anmerk. 3. Das wahre Indossament wirkt:

a) die Übertragung des Wechsels auf den Indossaten; es macht ihn zum Wechsel-Gläubiger kraft eignen Rechts;

b) es erzeugt in regelmäßiger Weise eine wechselmäßige Verpflichtung des Indossanten, welcher dadurch Wechsel-Schuldner wird gleich dem Aussteller und mit diesem solidarisch für Annahme und Zahlung des Wechsels haften muß, weil er eben durch die Übertragung die Gewähr übernimmt.

Aus der erstern Wirkung folgt, daß der Indossatar nicht, wie ein bloßer Cessionar, sich alle gegen den ursprünglichen Gläubiger zulässigen Einwendungen braucht gefallen zu lassen, sondern, daß gegen ihn, weil er ein selbstständiges Recht erworben hat, nur die aus dem Wechsel selbst hervorgehenden Einreden zulässig sind. Es folgt diese Wirkung daraus, daß der Wechsel als allgemein giltiges Zahl-Mittel cursiren soll (vergl. Jolly Arch. f. W.-R. Bd. 5. S. 58, Thöl's Handels-R. II. 1. §. 230).

Anmerk. 4. Der einlösende Indossant wird durch die Einlösung in Verbindung mit dem frühern auf ihn als Indossanten lautenden Giro aufs neue „Wechsel-Gläubiger." Sein Recht, das inzwischen geruht, ist wieder aufgewacht (vergl. Jolly a. a. O. S. 61).

Anmerk. 5. Das Indossament eines an sich Unfähigen, z. B. eines Impubes (Unmündigen), eines Cridars, wirkt an sich, wenn es nur formell in Ordnung und der Indossatar nicht in dolo (in bösem Glauben, in Arglist) ist, eine Übertragung des Wechsels an diesen, weil das Indossament eben nur auf der äußern Form beruht (vergl. Jolly a. a. O. S. 61).

Anmerk. 6. Das Recht, einen Wechsel weiter zu indossiren, kann ebenfalls durch den Beisatz „nicht an Ordre" ausgeschlossen werden, einer ausdrücklichen Beilegung jenes Rechts bedarf es aber nicht; wenn also ein auf den Namen des Indossatars gestelltes Indossament solche Beschränkung nicht ausdrücklich enthält, so kann der Wechsel unbedenklich weiter indossirt werden. Auch an die schon in der Wechselverbindlichkeit begriffenen Personen kann derselbe Wechsel wieder übertragen werden, also nicht bloß an dritte, in demselben noch nicht benannte Personen. Wenn aber der Aussteller (der Trassant) den von ihm ausgestellten Wechsel sich zurückgiriren läßt und so denselben eigenthümlich wieder erwirbt, so verliert er gegen alle andre Giranten den wechselmäßigen Anspruch und kann nur gegen den Acceptanten nach Wechsel-Recht einschreiten (Brauer a. a. O. S. 46).

Anmerk. 7. Wenn einem Bezogenen ein von ihm acceptirter Wechsel indossirt wird, so würden Schuld und Forderung zusammenfallen, es würde also eine juristisch sogenannte Confusion d. h. eine Vermischung, eine Vereinigung der Rechte und Pflichten eintreten, durch die weitere Indossirung giebt er aber zu erkennen, daß er diese ausschließen will (vgl. Borch. W.-R. v. 1854 S. 18 Arch. der Trib.-A. Bd. 11. S. 122, Erk. v. 15. Decbr. 1853). Ob die frühern Indossanten in solchem Fall befreit werden, könnte fraglich erscheinen; die Frage dürfte jedoch zu verneinen sein.

Anmerk. 8. Erwirbt ein früherer Indossant den Wechsel aufs neue, so erlöschen die Verpflichtungen aller Indossatare, welche auf sein erstes Giro folgten (Brauer a. a. O. S. 47).

Anmerk. 9. Da das Indossament das Eigenthum des Wechsels überträgt, erfordert die Vorsicht, bei dem bloßen Giro behufs der Einziehung, dies ausdrücklich beizufügen, weil sonst bei etwaigem Concurse über das Vermögen des Bevollmächtigten der einzuziehende Betrag zur Masse gezogen werden könnte. (Vgl. Borch. a. a. O. S. 18 Entsch. des obersten östreich. Ger.-Hof. im Arch. f. W.-R. Bd. 4. S. 92.)

Artikel 11.

Das Indossament muß auf den Wechsel, eine Copie desselben, oder ein mit dem Wechsel oder der Copie verbundenes Blatt (Allonge) geschrieben werden (Anm. 1—5).

Anmerk. 1. Eine weitere besondere Form des Indossaments ist nicht vorgeschrieben, wegen der Bestimmung des Art. 12. erscheint es aber doch unzweifelhaft, daß, wie auch der Namen besagt, jedes Indossament auf die Rückseite des Wechsels geschrieben werden muß. Brauer glaubt, daß dies nur vom Blanco-Indossament gelte und meint, daß in der Praxis nicht selten andere Indossamente rechtsgiltig auch auf die Vorderseite des Wechsels geschrieben würden. Zur Beseitigung jedes Bedenkens, erscheint es rathsam, solche Giro's zu vermeiden. Daß das Giro schriftlich ausgestellt und unterzeichnet sein muß, versteht sich von selbst. Eine bloße Quittung selbst mit dem Bekenntniß des Empfangs der Valuta genügt nicht, weil daraus die Absicht der Übertragung nicht hinreichend erhellt. Mit Unrecht hält Treischke (II. S. 493) sie für genügend.

Anmerk. 2. Auch für die Allongen (Beiblätter, Wechsel-Anhang, Verlängerungs-Zettel) hat man absichtlich keine bestimmte Form vorgeschrieben, um den Verkehr nicht zu sehr zu erschweren, doch müssen sie natürlich mit dem Wechsel vorsichtig verbunden werden, so daß sie mit ihm ein Ganzes bilden. Und es ist rathsam, daß die Buchstaben der ersten Zeile auf dem Wechsel selbst anfangen und dann auf den Anhang übergehen (vergl. §. 32. der Weimarsch. W.-O., welche dies ausdrücklich vorschreibt, und Brauer a. a. O. S. 48).

Anmerk. 3. Da das Indossament an gar keine besondere Form gebunden ist, so bedarf es auch keiner Beifügung von Ort und Datum, doch ist diese rathsam. Auch ein Bekenntniß der empfangenen Valuta braucht nicht beigesetzt zu werden, da ein solches nicht einmal bei dem Wechsel erforderlich ist. Eben so wenig braucht das Indossament auf Ordre gestellt zu werden, weil nach der Natur des Wechselrechts diese Befugniß vorausgesetzt wird und ein ausdrückliches Verbot nöthig ist, wenn der Wechsel seinem Wesen zuwider, nicht weiter übertragen werden soll. (Art. 9. Anm. 3. und Art. 10. Anm. 6.)

Anmerk. 4. Das Indossament ist auf die Rückseite des Wechsels selbst, wenn auch nur auf ein Exemplar des in Duplicaten vorhandenen Wechsels oder auf ein mit dem einen oder dem andern verbundenes Blatt zu setzen. Stets muß das Indossament mit dem Wechsel gleichsam ein Ganzes bilden, weil Alles, was zu seinem Wesen gehört, aus ihm selbst erhellen muß.

Anmerk. 5. Das Indossament erlangt seine Wirksamkeit erst durch die Unterzeichnung desselben und durch die Übergabe des Wechsels an den Indossatar, weil bis zu dieser der Indossant es noch zurücknehmen und ausstreichen kann, auch das Indossament die Übertragung des Wechsels in sich schließt, ohne dessen Besitz eben Niemand Wechsel-Gläubiger werden kann.

Artikel 12.

Ein Indossament ist giltig, wenn der Indossant auch nur seinen Namen oder seine Firma auf die Rückseite des Wechsels oder der Copie oder auf die Allonge schreibt, (Blanco-Indossament). (Anm. 1—4).

Anmerk. 1. Ungeachtet aller Bedenken hat man sich für die Rechtsgiltigkeit der Blanco-Giro's im Interesse des zu erleichternden Verkehrs entschieden. Dabei ist vorzüglich maßgebend gewesen, daß es möglich macht, den Wechsel ohne neues Indossament weiter zu begeben und auf diese Weise die Gewähr für denselben zu umgehen, ohne ein dem Credit des Wechsels nachtheiliges Giro mit dem Beisatz „ohne Obligo" auf denselben zu setzen (Preuß. Mot. S. 37 ff. 30, Brauer a. a. O. S. 49).

Anmerk. 2. Das Blanco-Indossament legitimirt den jedesmaligen Inhaber des Wechsels für den Wechsel-Proceß ganz vollständig, weil es die Vermuthung des rechtmäßigen Erwerbes des Wechsels für ihn wirkt. Der Wechsel wird dadurch zu einem Lettre au porteur, zu einer Urkunde für jeden Inhaber. Ist daher der Besitzer widerrechtlich zu dem Wechsel gekommen, so bleibt dem rechtmäßigen Eigenthümer Nichts übrig, als die Herausgabe des Wechsels im gewöhnlichen Civil-Proceß zu fordern (vgl. Art. 74, Preuß. Mot. S. 39, Brauer a. a. O. S. 50). Ob er als Intervenient auftreten und für den Fall, daß er sein besseres Recht sofort liquide machen kann, dieses im Wechsel-Proceß verfolgen darf, erscheint nicht unzweifelhaft.

Anmerk. 3. Bloße Namens-Unterschriften in Blanco auf der Vorderseite des Wechsels sind nach der klaren Bestimmung des Art. 12. für giltige Blanco-Indossamente nicht zu achten und daher nicht geeignet, einen Wechsel-Inhaber, welcher davon sein Recht herleitet, zu legitimiren. Die einfache Namens-Unterschrift auf der Vorderseite des Wechsels begründet höchstens eine selbstständige Verpflichtung aus diesem selbst, eine gewisse Wechsel-Bürgschaft, welche der wechselmäßigen Verhaftung gleich steht (Borch. a. a. S. 19, vergl. Art. 81).

Anmerk. 4. Dem Blanco-Indossament kann nicht der Einwand entgegengesetzt werden, daß es nur ein Indossament in procura gewesen oder die Ausfüllung unbefugt geschehen sei, denn es hat die Wirkung eines eigentlichen und vollkommenen Giro's und solche Einreden erscheinen im Wechsel-Proceß, wenn sie nicht zugleich auf einen dolus gegründet werden, unzulässig (Brauer a. a. S. 49).

Artikel 13.

Jeder Inhaber eines Wechsels ist befugt, die auf demselben befindlichen Blanco-Indossamente auszufüllen; er kann den Wechsel aber auch ohne diese Ausfüllung weiter indossiren. (Anm. 1—5.)

Anmerk. 1. Diese ausgedehnte Befugniß erscheint auf den ersten Blick gewagt und gefährlich, ist aber durchaus folgerichtig und praktisch. Der Wechsel-Inhaber ist nach Art. 36. nur durch eine zusammenhängende, bis auf ihn hinuntergehende Reihe von Indossamenten als Eigenthümer des Wechsels legitimirt. Diese Legitimation könnte füglich durch unrichtige Ausfüllung der Blanco-Indossamente gestört werden, um dies zu verhüten, ist dem Inhaber jenes ausgedehnte Recht beigelegt (Conf. Prot. S. 21 ff., Brauer a. a. O. S. 50). Zugleich ist dadurch der früher oft erhobene Einwand beseitigt, daß der Inhaber das Indossament unbefugt, namentlich ohne Wissen und Willen des vorigen Indossaten, ausgefüllt habe. Wird das Blanco-Indossament auch nie ausgefüllt, so wird dadurch doch nicht der Zusammenhang der bis auf den letzten Inhaber heruntergehenden Indossamente unterbrochen, denn in dem zweiten Satz des Art. 13. liegt, daß der hinter einem Blanco-Indossament folgende Girant mindestens die Vermuthung für sich hat, rechtmäßiger Eigenthümer des Wechsels zu sein, und deshalb auf den Grund desselben als zur Wechsel-Klage legitimirt angesehen werden muß (vergl. Koch W.-R. S. 143, Erk. des Ob.-Trib. zu Berlin v. 16. Septbr. 1854 Entsch. Bd. 29. S. 186, Borch. 1. Forts. S. 128 Zus. 31).

Anmerk. 2. Der, welcher einen Wechsel durch ein Blanco-Giro erworben, kann denselben weiter übertragen (begeben):

a) durch Ausfüllung des Blanco-Indossaments auf den Namen dessen, welcher ihn erwerben soll;

b) durch Beifügung eines neuen ausgefüllten oder Blanco-Giro's, wonächst der jetzige Indossant durch das Blanco-Giro, der neue Inhaber dagegen durch das von diesem Indossanten ausgefüllte neue oder Blanco-Giro legitimirt erscheint;

c) durch einfache Übergabe, welchen Falls der neue Inhaber durch das Blanco-Indossament unmittelbar legitimirt wird. Diese Übertragung oder die Begebung durch Ausfüllung des Blanquets auf den Dritten gewährt für den Indossanten den großen Vortheil, daß er für seine Person aus dem Wechsel-Verbande ganz ausscheidet (Preuß. Mot. S. 35 ff. Brauer a. a. O. S. 51).

Überhaupt scheiden bei der Übertragung durch bloße Übergabe alle Zwischen-Inhaber, welche den Wechsel ohne besonderes Giro begeben haben, aus dem Wechsel-Verbande gänzlich aus, wobei sich aber von selbst versteht, daß das civilrechtliche Verhältniß zu ihren Nachfolgern nicht geändert wird (vergl. Christoph W.-O. S. 21, Erk. des Ob.-Trib. zu Berlin Vossische Zeitg. vom 21. März 1856 Nr. 69).

Anmerk. 3. Hat der Inhaber eines Wechsels auf den Grund eines Blanco-Indossaments den Wechsel weiter girirt und ist hiernächst ein früheres Blanco-Indossament von einem Dritten mit einem andern Namen unbefugt ausgefüllt, so würde der Inhaber berechtigt sein, im Wechsel-Processe die Thatsache der spätern unbefugten Ausfüllung zu beweisen, um seine Legitimation zu führen (Koch a. a. O. S. 143).

Anmerk. 4. Das Blanco-Giro macht den Wechsel, so lange nicht ein vollständig ausgefülltes Indossament vorliegt, zu einem Papier auf jeden Inhaber (Lettre au porteur) (Art. 12. Anm. 2).

Anmerk. 5. Die Ausfüllung des Indossaments darf sich nicht über das hinaus erstrecken, was in dem Wesen desselben liegt, soll sich also nur auf Einschaltung des Namens des Indossatars, Ort und Zeit der Indossirung, nicht aber auf andere Neben-Clauseln erstrecken (Leipz. Conf.-Prot. Nr. 6, Borch. Forts. S. 129).

Anmerk. 6. Das Recht zur Ausfüllung der Blanco-Indossamente erstreckt sich nicht auf solche, welche sich auf der Vorder-Seite des Wechsels befinden und daher als solche ungiltig sind (vergl. Art. 81, Borch. Forts. 1. 129. Zus. 36, Erk. des Ob.-Trib. zu Berlin v. 30. Septbr. 1854 in S. Stephani ./. v. d. Recke, vergl. Art. 12. Anm. 3).

Artikel 14.

Der Indossant haftet jedem spätern Inhaber des Wechsels für dessen Annahme und Zahlung wechselmäßig. Hat er aber dem Indossament die Bemerkung „ohne Gewährleistung,“ „ohne Obligo,“ oder einen gleichbedeutenden Vorbehalt hinzugefügt, so ist er von der Verbindlichkeit aus seinem Indossamente befreit.

Anmerk. 1. Durch das Indossament geht der Aussteller desselben eine besondere und selbstständige wechselmäßige Verpflichtung ein; will er das nicht, so muß er seine Haftbarkeit durch eine deutliche Beschränkung begrenzen. Seine wechselmäßige Verpflichtung gilt sonst, wie die des Ausstellers, nicht nur seinem unmittelbaren Rechts-Nachfolger gegenüber, sondern auch gegen jeden spätern Erwerber des Wechsels, gleichviel, ob der Wechsel falsch oder der Aussteller nicht wechselfähig war.

Anmerk. 2. Durch den Beisatz: „ohne Gewährleistung“ und dgl.

wird das Recht des spätern Indossatars und der Rechts-Nachfolger nur insofern beschränkt, als diese den Vorgänger, welcher die Einschränkung beigefügt, nicht wechselmäßig belangen können, während sie wohl befugt sind, unbedingt wechselrechtlich auf dessen Vorgänger zurückzugehen (Einert W.-R. S. 143, 144, Brauer a. a. O. S. 51), auch den Indossanten, welcher den Zusatz gemacht hat, nach Umständen im gewöhnlichen Processe zu belangen (Koch W.-R. S. 145).

Anmerk. 3. Auch der Aussteller eines auf eigne Ordre gestellten Wechsels kann, bei dessen Übertragung an einen Dritten, seinem Indossament eine Beschränkung beifügen, welche seine eigne Haftbarkeit ausschließt. Solchen Falls wird er nicht bloß von seiner wechselmäßigen Verbindlichkeit aus seinem Indossament als Aussteller, sondern auch dem ersten Indossatar gegenüber von seiner Regreß-Verpflichtung aus dem an eigne Ordre gezogenen Wechsel selbst befreit (Erk. des Ob.-Trib. zu Berlin v. 13. Jan. 1855 Entsch. Bd. 29. S. 400, Arch. der Trib.-A. Bd. 16. S. 161, Borch. 1. Fortf. S. 129, 130). Der Wegfall seiner Wechsel-Verbindlichkeit ändert aber Nichts an der sonstigen rechtlichen Natur des Indossaments.

Anmerk. 4. Über den undeutlichen Vermerk „o. Vertr." statt ohne Vertretung (vergl. Anm. 2. zu Art. 9).

Artikel 15.

Ist in dem Indossamente die Weiter-Begebung durch die Worte „nicht an Ordre" oder durch einen gleichbedeutenden Ausdruck verboten, so haben diejenigen, an welche der Wechsel aus der Hand des Indossatars gelangt, gegen den Indossanten keinen Regreß.

Anmerk. 1. Da das Indossament eine neue selbstständige wechselmäßige Verpflichtung begründet, ist folgerichtig dem Indossanten ein gleiches Recht, wie dem Aussteller des Wechsels beigelegt, die weitere Übertragung zu verbieten. Welches Ausdrucks er sich dabei bedient, ist gleichgiltig, wenn er nur seinen Willen deutlich bezeichnet. Nur ist zu beachten, daß die Wirkung des Verbots im Fall des Art. 15, wie Brauer a. a. O. S. 51 richtig bemerkt, nicht der bei dem Verbot des Art. 9. gleich ist. Bei der Untersagung eines Indossaments, welche der Aussteller ausspricht, ist jede folgende Indossirung wenigstens wechselrechtlich wirkungslos, verbietet dagegen der Indossant das Giro, so kann zwar sich gegen ihn Niemand wechselmäßig regressiren, dem der Indossatar den Wechsel verbotswidrig übertragen hat, im Übrigen aber haben die spätern Indossamente ihre volle Wirkung, daher ist der Aussteller und jeder Vormann des Verbietenden, so wie jeder dem Verbietenden nachfolgende Girant aus seinem Indossament wechselmäßig verhaftet (Conf.-Prot. Nr. 6. S. 24, Brauer a. a. O. S. 52). Daß derjenige Indossatar, dem der Wechsel mit einem Giro, welches das weitere Giriren verbietet, übertragen ist, sich an seinen Indossanten, der es verboten hat, wechselmäßig halten kann, versteht sich von selbst.

Anmerk. 2. Es ist von Krohn und Andren die Frage aufgeworfen: ob in dem Fall des Art. 15. die Worte: „keinen Regreß" sich nur auf den wechselmäßigen, oder auf den Regreß überhaupt beziehen sollen. Da der Ausdruck: „Regreß" sich in der Allg. d. W.-O. immer nur auf den wechselmäßigen bezieht, sich aber wohl Fälle denken lassen, wo der Indossant sich mit dem Schaden des Inhabers bereichern könnte, welchen Falls eine Civil-Klage möglich sein dürfte, so erscheint es richtig, jene Worte nur auf den Wechsel-Regreß zu beziehen. Die Protokolle der Leipz. Wechs.-Conf. geben über die Frage keinen Aufschluß. Renaud Lehrb. des W.-R. Gießen 1854 S. 105 sagt: Der Indossatar kann den Wechsel mit voller Wirkung weiter indossiren, mag das Indossament, Kraft dessen er denselben erhalten, an Ordre lauten oder nicht; denn jedes Indossament ist im Zweifel ein Ordre-Indossament (Treitschke Encykl. I. S. 455, Mittermayer Grundsätze des D. d. Privat-Rechts §. 337). Selbst ein Recta-Indossament, als welches nach gemeinem Rechte, wie nach der d. W.-O. allein dasjenige gilt, welches „nicht an Ordre" lautet oder einen gleichbedeutenden Zusatz hat, schließt das Recht des Recta-Indossatars, den Wechsel weiter zu indossiren, nicht aus; nur überträgt derselbe alsdann seine Wechsel-Rechte gegen den Recta-Indossanten nicht auf seine Nachmänner (Thöl's Handels-R. II. §. 41, Bluntschli d. W. O. S. 46), was jedoch deren Befugniß nicht ausschließt, gegen jenen als Bevollmächtigte des Recta-Indossatars zu regrediren." Renaud spricht sich allerdings über die Art des Regresses nicht aus, da indessen der Art. 15. jeden Falls den Wechsel-Regreß ausschließt, so kann er nicht füglich einen andern, als den gewöhnlichen Regreß gemeint haben.

Artikel 16.

Wenn ein Wechsel indossirt wird, nachdem die für die Protesterhebung Mangels Zahlung bestimmte Frist abgelaufen ist, so erlangt der Indossatar die Rechte aus dem etwa vorhandenen Accepte gegen den Bezogenen und Regreß-Rechte gegen diejenigen, welche den Wechsel nach Ablauf dieser Frist indossirt haben.

Ist aber der Wechsel vor dem Indossamente bereits Mangels Zahlung protestirt worden, so hat der Indossatar nur die Rechte seines Indossanten gegen den Acceptanten, den Aussteller und diejenigen, welche den Wechsel bis zur Protest-Erhebung indossirt haben. Auch ist in

einem solchen Falle der Indossant nicht wechselmäßig verpflichtet.

Anmerk. 1. Der Art. 16. hat den vielen Abweichungen der deutschen Wechsel-Ordnungen über die Grenze des Wechsel-Umlaufs ein Ende gemacht, indem er dem Wechsel eine unbegrenzte Circulation gestattet und nur die Wirkungen der Übertragungen verschieden festgesetzt hat. Die Fälle, welche bei den Indossamenten überhaupt vorkommen können, sind folgende:

Man muß unterscheiden:

I. Indossamente vor dem Verfall.
Diese haben der Regel nach die vollsten wechselrechtlichen Wirkungen.

II. Indossamente nach dem Verfall.
Hierbei sind zu unterscheiden:

a) Indossamente vor Protest-Erhebung Mangels Zahlung, wobei wieder zu unterscheiden sind:

α. Indossamente vor Ablauf der Protest-Zeit, welche volle wechselmäßige Wirkung haben;

β. Indossamente nach Ablauf der für die Protest-Erhebung Mangels Zahlung bestimmten Frist mit unterbliebenem rechtzeitigen Protest (1. Fall des Art. 16).

Im letztern Fall hat der Indossatar nur gegen den Acceptanten ein Wechsel-Recht, und den wechselmäßigen Rückgriff (Regreß) nur gegen die Vormänner erlangt, welche nach Ablauf dieser Frist indossirt haben. Gegen den Aussteller und Alle, von welchen vor Ablauf der Protest-Frist indossirt worden, steht dem Inhaber solchen Falls gar kein Wechsel-Regreß zu, weil er diesen durch Verabsäumung des Protestes verwirkt hat. Es ergiebt sich dies aus Art. 41. der W.-O., da hiernach zur Ausübung des bei nicht erlangter Zahlung statthaften Regresses gegen den Aussteller und die Indossanten der rechtzeitige Protest wesentliches Erforderniß ist, folglich durch den versäumten Protest der Regreß gegen den Aussteller und die Indossanten verloren gegangen ist, und nur noch ein Anspruch gegen den Bezogenen bestehen kann, wofern dieser den Wechsel acceptirt hat. Dieser Anspruch ist unzweifelhaft, weil gegen den Bezogenen nach Art. 44. zur Erhaltung des Wechsel-Rechts die Präsentation und Protestation des Wechsels nicht erforderlich war. Nur dieser Anspruch gegen den Bezogenen kann also durch ein weiteres Giro, nach dem Ablauf der versäumten Protest-Frist, übertragen werden. Der Übertragende (Indossant) bleibt dabei seinem Indossatar regreßpflichtig, weil er den Wechsel als solchen begeben hat, bei welchem nicht festgestellt worden, ob er bezahlt war oder nicht, und bei welchem die Rechte gegen den Aussteller und diejenigen, welche den Wechsel vor Ablauf der Protest-Frist girirt haben, verloren gegangen sind. Der jetzige Indossant tritt dabei gewissermaßen als neuer Aussteller auf und von ihm, wie von den andern Interessenten, welche nach dem Verfall und nach Unterlaß des rechtzeitigen Protestes indossirt haben, muß angenommen werden, daß sie, weil sie dennoch indossirt, nachträglich die Gewähr für die Einlösung durch den Bezogenen übernommen haben. Der neue Indossatar wird aber jeden Falls zur Begründung seines Regresses gegen seine Giranten baldigst und spätestens binnen zwei Jahren nach dem Datum des Giro's und bei dessen Mangel, binnen zwei Jahren nach dem ursprünglichen Verfall-Tage den Wechsel präsentiren und protestiren müssen, weil der verfallene Wechsel die Natur eines Sicht-Wechsels angenommen hat. (Brauer a. a. O., Leipz. Conf.-Prot. S. 26 ff.).

b) Indossamente nach Protest Mangels Zahlung.

Indossamente eines verfallenen Wechsels, bei welchem schon Protest Mangels Zahlung erhoben (2. Fall des Art. 16.), also dem wesentlichen Erforderniß des Regresses gegen den Aussteller und die Indossanten durch rechtzeitigen Protest wenigstens so weit genügt worden, daß diese mindestens für die Wechsel-Summe haften müssen, hat der Indossatar ebenfalls nur die Rechte seines Indossanten. Diese erstrecken sich jedoch nicht bloß, wie im erstern Falle, gegen den Bezogenen, sondern auch gegen den Aussteller und gegen diejenigen, welche den Wechsel bis zur Protest-Erhebung indossirt haben und werden also mit übertragen. Die Indossanten indessen, welche nach dem Verfall und Proteste girirt haben, haften den Indossataren nicht wechselmäßig, weil der Wechsel seinen Lauf als Geldpapier zurückgelegt und als Wechsel aufgehört hat, so daß der, welcher nun die Rechte aus demselben überträgt, nur noch als Cedent erscheint. Der Indossatar selbst muß in diesem Falle alle die Einreden gegen sich gelten lassen, welche seinem Indossanten hätten mit rechtlicher Wirkung entgegengesetzt werden können (Borch. W.-O. v. 1854 S. 21, Brauer a. a. O. S. 55).

Anmerk. 2. In England ist das Indossament nach dem Verfall gesetzlich zulässig, aber dem Inhaber eines solchen indossirten Wechsels können alle Einwendungen entgegengestellt werden, welche gegen den Vormann zulässig waren, wogegen in Schottland nur der Einwand des Zwanges oder der Furcht entgegengestellt werden kann. Auch nach nordamericanischem Recht kann ein Wechsel nach dem Verfall girirt werden, doch sind alle Einwendungen zulässig, welche durch die zwischen den ursprünglichen Parteien obwaltenden Verhältnisse begründet sind. In Italien ist meistens die Ansicht vorwaltend gewesen, daß ein Indossament nach dem Verfall als ein unregelmäßiges erscheine und der Inhaber eines solchen nur als Procura-Träger zu betrachten sei. Eine übereinstimmende Praxis und ein bestimmtes Gesetz ist in Italien nicht vorhanden, eben so wenig in Frankreich, wo einzelne Gerichtshöfe die Indossamente nach dem Verfall für zulässig erklärt haben, weil das Gesetz die Zulässigkeit der Wechsel durch Indossamente allgemein gestatte, ohne einen Unterschied zu machen. Schon die Bremische W.-O. (Art. 29.) sprach bestimmt aus, daß ein Wechsel, so lange die Wechselkraft nicht erloschen sei, noch indossirt werden könne. Eben so der Braunschweiger Entwurf von Dr. Liebe und der Sächsische von Dr. Einert.

Anmerk. 3. Ein Indossament, das zwar vor Ablauf der Protest-Zeit, jedoch so spät erfolgt, daß eine rechtzeitige Präsentation für den Inhaber nicht mehr möglich ist, gilt rechtlich gleich einem nach Ablauf dieser Frist erfolgten Indossament (Arch. f. W.-R. V. 449).

Anmerk. 4. Ein bezahlter Wechsel hat seinen Zweck erfüllt und kann nicht weiter übertragen werden; er hat durch die Zahlung sein Wesen verändert und als Wechsel aufgehört, zu bestehen. Ist die Wechselkraft auf andere Art, durch ein Versäumniß oder dergl. erloschen, so ist das Recht aus dem Wechsel immer noch übertragbar, wenn auch nicht zum Behuf eines Wechsel-Regresses. (vergl. Koch a. a. O. S. 148.)

Artikel 17.

Ist in dem Indossamente die Bemerkung „zur Eincassirung," „in Procura," oder eine andere die Bevollmächtigung ausdrückende Formel beigefügt worden, so überträgt das Indossament das Eigenthum an dem Wechsel nicht, ermächtigt aber den Indossatar zur Einziehung der Wechsel-Forderung, Protest-Erhebung und Benachrichtigung des Vormanns seines Indossanten von der unterbliebenen Zahlung (§. 45), so wie zur Einklagung der nicht bezahlten und zur Erhebung der deponirten Wechsel-Schuld. (Anm. 1 u. 2.)

Ein solcher Indossatar ist auch berechtigt, diese Befugniß durch ein weiteres Procura-Indossament auf einen Andern zu übertragen. (Anm. 3.)

Dagegen ist derselbe zur weitern Begebung durch eigentliches Indossament selbst dann nicht befugt, wenn dem Procura-Indossament der Zusatz „oder Ordre" — hinzugefügt ist.

Anmerk. 1. Das Indossament in procura ist nichts anderes, als ein ausgedehnter Vollmachts-Auftrag des Indossanten. Eigenthümlich ist, daß der Indossatar in procura auch ohne besondere Substitutions-Befugniß seine Rechte auf Protest-Erhebung, Klage und Einziehung weiter übertragen darf. Die Formel, wie die Bevollmächtigung ausgedrückt wird, ist gleich, wenn sie nur deutlich bezeichnet, daß der Indossatar nicht Eigenthümer des Wechsels werden, sondern nur ihn einziehen soll. Da der Indossatar in procura nur die Stelle des Indossanten vertritt, versteht es sich von selbst, daß er sich alle Einwendungen entgegensetzen lassen muß, welche gegen den Letzteren zulässig sind (Koch a. a. O. S. 151).

Anmerk. 2. Der Indossatar in procura soll durch den Wechsel ermächtigt sein, auch die deponirte Wechsel-Schuld zu erheben. Dies ist dem §. 116. Tit. 13. Th. I. A. L.-R. entgegen, wonach gerichtliche oder jetzt doch notarielle Vollmacht, namentlich in Preußen, zur Erhebung aus der gerichtlichen Gewahrsam nothwendig ist, indessen muß hier die Bestimmung der A. d. W.-O. als maßgebend erachtet werden, weil durch sie das neuere Gesetz und somit die ältere Bestimmung beseitigt ist, welche ohnehin für den Wechsel-Verkehr nicht mehr paßt.

Anmerk. 3. Es könnte sich fragen, ob in diesem Fall der Indossatar in procura nun als Indossant für die Handlungen des Substituten haften müsse. Man muß aber im Mangel besondrer Bestimmungen wohl annehmen, daß der Indossant dem Indossatar die Auswahl eines Substituten überlassen hat und daß der Indossatar nur dann zu haften brauche, wenn er bei dessen Auswahl ein grobes oder mäßiges Versehen begangen (vergl. Th. I. Tit. 13. §. 37. 39. A. L.-R.).

IV. Präsentation zur Annahme.

Artikel 18.

Der Inhaber eines Wechsels ist berechtigt, den Wechsel dem Bezogenen sofort zur Annahme zu präsentiren und in Ermangelung der Annahme Protest erheben zu lassen.

Nur bei Meß- oder Markt-Wechseln findet eine Ausnahme dahin Statt, daß solche Wechsel erst in der an dem Meß- oder Marktort gesetzlich bestimmten Präsentations-Zeit zur Annahme präsentirt und in Ermangelung derselben protestirt werden können.

Der bloße Besitz des Wechsels ermächtigt zur Präsentation des Wechsels und zur Erhebung des Protestes Mangels Annahme. (Anm. 1—4.)

Anmerk. 1. Der Inhaber des Wechsels hat das Recht, nicht aber die Pflicht, denselben sofort zur Annahme zu präsentiren, d. h. die Erklärung des Bezogenen zu verlangen, ob er den Wechsel bei Verfall bezahlen oder die Acceptation verweigern will. Viele Wechsel-Ordnungen und Rechts-Lehrer waren früher dafür, die sofortige Präsentation zur Annahme als eine Pflicht hinzustellen, man hat sich jedoch überzeugt, daß es practischer ist, die Vorlegung zur

Annahme nur als ein Recht festzusetzen, zumal die Person des Ausstellers die Hauptsache bleibt. Die Zeit der Vorlegung ist daher in das Belieben des Inhabers gestellt, nur soll er dieselbe nach Ansicht Einzelner nicht früher bewirken, als die Benachrichtigung des Bezogenen erfolgt sein kann, die aber ein pünctlicher Aussteller füglich schon früh zu bewirken vermag. Allerdings kommt es vor, daß ein Wechsel zur Annahme präsentirt wird, ehe der Bezogene benachrichtigt ist, allein das ist in der Regel die Schuld des Ausstellers oder Remittenten, welcher den Wechsel zu früh weiter girirte. Eine Verpflichtung des Inhabers, mit der Vorlegung zur Annahme zu warten, besteht nicht. Wird die Annahme verweigert, so darf der Inhaber sogleich Protest erheben lassen, ist aber auch hierzu sofort nicht verpflichtet; er kann vielmehr damit ohne Rechts-Nachtheil und Opferung eines Regresses bis zum Verfall warten. Eine persönliche Vorlegung des Wechsels durch den Inhaber ist nicht erforderlich. Jeder, den er damit beauftragt, ist durch den Besitz oder vielmehr die Innehabung des Wechsels dazu legimitirt. Der Bezogene muß sich über die Annahme sofort erklären und es ist lediglich Gefälligkeit des Präsentanten, wenn er ihm noch eine Frist zum Bedenken gestatten will.

Anmerk. 2. Von der Regel, daß die Vorlegung zur Erklärung über die Annahme keine Pflicht, sondern nur eine Befugniß des Inhabers sei, bilden nur diejenigen Wechsel eine Ausnahme, welche auf bestimmte Zeit nach Sicht lauten, indem hinsichts dieser der §. 19. eine zweijährige Frist bestimmt, binnen welcher eine Präsentation zur Annahme erfolgen muß (Brauer a. a. O. S. 58 Nr. 4). Eine weitere Ausnahme bilden diejenigen Domicil-Wechsel, bei denen die Präsentation zur Annahme ausdrücklich zur Pflicht gemacht ist. (Art. 24.)

Anmerk. 3. Die Präsentation muß dem Bezogenen oder dessen gehörigem Bevollmächtigten, nicht einem bloßen Handlungsdiener oder Lehrling (Entsch. des Ob. Trib. Bd. VIII. S. 342), und zwar an den Werkeltagen in der gewöhnlichen Geschäftszeit (in Preußen von 9 Uhr Morgens bis 6 Uhr Abends §. 4. d. Einführ. Ordre v. 6. Jan. 1849 und Ges. v. 15. Febr. 1850), in den andern deutschen Staaten zu den von den Einführ.-Gesetzen bestimmten Stunden (vgl. diese) im Geschäftslocal erfolgen. Ist der Bezogene nicht mehr am Leben, so ist die Präsentation an dessen Erben im Sterbehause oder an den Stellvertreter im Geschäft zu bewirken, wofern aber dort Niemand getroffen wird, Protest zu erheben (Koch a. a. O. S. 154).

Anmerk. 4. Bei Meß- und Markt-Wechseln ist eine sofortige Präsentation zur Annahme (aus Rücksicht auf das oft verspätete Eintreffen, die nothwendigen Störungen durch Einpacken) nicht zulässig, es muß vielmehr die an den bestimmten Meß- oder Markt-Orten vorgeschriebene Präsentationszeit beachtet werden. Wo solche nicht ausdrücklich vorgeschrieben ist, muß, wie Koch ganz richtig annimmt, das Herkommen entscheiden. Auf die Vorschriften des A. L.-R. wegen der gesetzlichen Präsentations-Fristen zurückzugehen, erscheint nicht zulässig, da die desfallsigen Bestimmungen aufgehoben sind. Nach Koch sind die Präsentations-Zeiten an den Haupt-Plätzen folgende:

1) für Königsberg in Pr. die Zeit zwischen dem 1sten und 5ten Markt-Tage einschließlich und zwar bis 6 Uhr Abends;
2) für Elbing die Zeit am 1sten, 2ten und 3ten Markt-Tage;
3) für Breslau der Montag der 1sten Meßwoche bis zum nächsten Freitag 10 Uhr;
4) für Frankfurt a. O. der 3te und 4te Tag der Zahlwoche;
5) für Magdeburg dieselben Tage;
6) für Leipzig die Zeit vom 1sten Tage nach Einläutung der Messe und zwar in der Oster- und Michaelis-Messe bis Freitag in der 1sten Meßwoche, Vormittags um 10 Uhr, in der Neujahrs-Messe aber bis auf den Tag vor Ausläutung der Messe;
7) für Hamburg die Zeit vom 1sten Freitag der eigentlichen Messe, Mittags 1 Uhr bis zum Dinstag vor dem Zahlungstage, Mittags 12 Uhr;
8) für Braunschweig der Donnerstag in der Laurentii- und Lichtmeßwoche, wenn der Wechsel nicht auf einen bestimmten Tag gestellt ist;
9) für Frankfurt a. M. die Zeit vom Montag des Beginns der Messe bis Dinstag Vormittags 9 Uhr in der 2ten Meßwoche.

Vor der Protest-Erhebung muß der letzte Tag abgewartet werden; wird die Messe verlegt, so gelten doch dieselben Fristen. Fällt die Messe völlig aus, so ist das ganze Wechselgeschäft für wegfallend zu erachten (Koch a. a. O. S. 156).

Artikel 19.

Eine Verpflichtung des Inhabers, den Wechsel zur Annahme zu präsentiren, findet nur bei Wechseln statt, welche auf eine bestimmte Zeit nach Sicht lauten. Solche Wechsel müssen bei Verlust des wechselmäßigen Anspruchs gegen die Indossanten und den Aussteller, nach Maßgabe der besondern im Wechsel enthaltenen Bestimmung, und, in Ermangelung derselben, binnen zwei Jahren nach der Ausstellung zur Annahme präsentirt werden.

Hat ein Indossant auf einen Wechsel dieser Art seinem Indossamente eine besondere Präsentations-Frist hinzugefügt, so erlischt seine wechselmäßige Verpflichtung, wenn der Wechsel nicht innerhalb dieser Frist zur Annahme präsentirt worden ist. (Anm. 1—6.)

Anmerk. 1. Sicht-Wechsel ohne Bestimmung einer Präsentations-Frist sind stets gefährlich, weil der Aussteller, von der Willkür des Inhabers abhängig, ohne solche nicht weiß, wie lange er die Gefahr trägt. Verschiebt der Inhaber die Vorlegung zu lange, so ist leicht möglich, daß inzwischen der Bezogene oder der Aussteller zahlungsunfähig wird, es liegt daher allerdings auch in seinem Interesse, die Präsentation nicht zu lange zu verschieben, doch hat der Aussteller hierdurch nicht genügende Sicherung. Um für den Fall einer ganz unterlassenen Frist-Bestimmung eine Grenze zu setzen und die frühern Abweichungen zu beseitigen, hat die deutsche Wechsel-Ordnung den Zeitraum von 2 Jahren bestimmt, diesen aber so weit ausgedehnt, weil Wechsel auf sehr entfernte Plätze mit zu berücksichtigen waren (Leipz. Conf.-Prot. S. 44).

Anmerk. 2. Bei denjenigen Wechseln, welche nicht auf eine gewisse Zeit nach Sicht, sondern auf Sicht lauten, gilt der Tag der Vorlegung oder Präsentation für den Verfall-Tag.

Anmerk. 3. Aus den Protokollen der Leipz. Conf. (Prot. S. 44) geht hervor, daß der Art. 19. sich nur auf die vom Inland nach dem Inland oder Ausland gehenden Sicht Wechsel beziehen soll, nicht auch auf die Sicht-Wechsel, welche aus dem Auslande in das Inland gelangen (vergl. Brauer a. a. O. S. 60).

Anmerk. 4. Hat nur ein Indossant, nicht der Aussteller, die Präsentations-Frist verlängert oder verkürzt, so hat dies nur eine Wirkung auf seine Person, indem seine Gewähr auf diese Zeit erstreckt wird.

Anmerk. 5. Ist ein Sicht-Wechsel noch in der Zeit vor Einführung der deutschen Wechsel-Ordnung ausgestellt, ohne daß eine Frist beigefügt worden, so kann dieses neuere Gesetz darauf keine rückwirkende Kraft ausüben, es müssen vielmehr die damals geltend gewesenen Bestimmungen über die Frist und die Pflicht zur Vorlegung Anwendung finden (vergl. Borch. A. d. W.-O. Berlin 1854 S. 23, Arch. der Ob.-Trib.-Anw. Bd. 7. S. 278, Koch a. a. O. S. 158).

Anmerk. 6. Das sogenannte Augsburger Accept, d. h. der dortige Gebrauch, daß Wechsel nicht eher, als 14 Tage vor dem Verfall zur Acceptation präsentirt werden können, was oft mit der besonderen Clausel „14 Tage vor der Verfallzeit acceptabel" ausgedrückt wurde, hält das Appell.-G. zu Aschaffenburg (Entsch. v. 5. April 1853 Arch. f. W.-R. Bd. 3. S. 314) für noch zuläßig, weil jene Clausel nur einen Aufschub der Anwendung des Sicherheits-Regresses enthalte. Nach der richtigen Ansicht dürfte jedoch jene eigenthümliche Art von Wechseln nicht mehr zuläßig erscheinen (vergl. Brauer im Arch. für W.-R. Bd. 6. S. 19, Bluntschli A. d. W.-O. S. 53).

Artikel 20.

Wenn die Annahme eines auf bestimmte Zeit nach Sicht gestellten Wechsels nicht zu erhalten ist, oder der Bezogene die Datirung seines Accepts verweigert, so muß der Inhaber bei Verlust des wechselmäßigen Anspruchs gegen die Indossanten und den Aussteller die rechtzeitige Präsentation des Wechsels durch einen innerhalb der Präsentations-Frist (Art. 19.) erhobenen Protest feststellen lassen.

Der Protesttag gilt in diesem Falle für den Tag der Präsentation.

Ist die Protesterhebung unterblieben, so wird gegen den Acceptanten, welcher die Datirung seines Acceptes unterlassen hat, die Verfallzeit des Wechsels vom letzten Tage der Präsentations-Frist angerechnet. (Anm. 1 u. 2.)

Anmerk. 1. Es liegt in der Natur eines auf bestimmte Zeit nach Sicht gestellten Wechsels, daß der Tag der Vorlegung auf unzweifelhafte Weise festgestellt werden muß, weil sonst gar nicht zu beurtheilen ist, wann der Verfall eintritt. Für den Fall der verweigerten Annahme muß daher der Protest aufgenommen werden, um solchergestalt mit der Sicherung des Regresses zugleich den Tag der Präsentation und des Verfalles festzustellen. Dieser Tag der wirklichen Aufnahme des Protestes gilt für den Tag der Vorlegung. Will zwar der Bezogene acceptiren, aber kein Datum beifügen, so ist gleichfalls ein Protest nöthig, dessen Kosten natürlich der Bezogene durch seine Weigerung, das bei Sicht-Wechseln durchaus nothwendige Datum beizusetzen, verwirkt hat und deshalb erstatten muß.

Anmerk. 2. Der Protest wegen der verweigerten Annahme (Mangels Annahme) oder verweigerter Datirung (Mangels Datirung) ist noch bis 6 Uhr Abends am letzten Tage der Präsentations-Frist zulässig. Wird nicht rechtzeitig Protest eingelegt, so verliert der Inhaber sein Wechsel-Recht gegen den Aussteller und die Indossanten. Der Acceptant bleibt natürlich aus seinem Accept selbst wechselmäßig verhaftet, sogar, wenn es nicht datirt, auch kein Protest erhoben, ja selbst, wenn es erst nach Ablauf der Präsentations-Frist abgegeben ist.

Artikel 21.

Die Annahme des Wechsels muß auf dem Wechsel schriftlich geschehen.

Jede auf dem Wechsel geschriebene und von dem Bezogenen unterschriebene Erklärung gilt für eine unbeschränkte Annahme, sofern nicht in derselben ausdrücklich ausgesprochen ist, daß der Bezogene entweder überhaupt nicht, oder nur unter gewissen Einschränkungen annehmen wolle. Gleichergestalt gilt es für eine unbeschränkte Annahme, wenn der Bezogene ohne weitern Beisatz seinen Namen oder seine Firma auf die Vorderseite des Wechsels schreibt.

Die einmal erfolgte Annahme kann nicht wieder zurückgenommen werden.

Anmerk. 1. Durch das Accept wird der Wechsel-Vertrag zwischen dem Trassanten und dem Bezogenen geschlossen; er geht dadurch die wechselmäßige Verpflichtung ein, den ihm vorgelegten Wechsel nach Maßgabe des Inhalts desselben bei Verfall zahlen zu wollen, gleichviel, ob dem Aussteller selbst, oder dessen Rechts-Nachfolgern. Durch das Accept tritt der Bezogene in die Wechsel-Verbindlichkeit, es muß aber das Accept wenigstens der Unterschrift nach von ihm eigenhändig herrühren, oder von seinem gehörigen Bevollmächtigten (Procuristen) vollzogen sein. Übrigens muß die schriftliche Annahme auf der Vorder-Seite des Wechsels selbst erfolgen, nicht auf der Rückseite, wohin die Indossamente gehören. Die Stelle selbst, auf welche der Acceptirende sein Accept auf der Vorder-Seite vermerken will, ist gleichgiltig, wenn das Accept selbst nur unbeschränkt ist. Die Annahme in einer besondern, selbst gerichtlichen Urkunde, genügt nicht. (Borch. Wechsel-R. v. 1854 S. 24, Präj. des Kammer-Ger. v. 26. Octbr. 1853.)

Anmerk. 2. Eine stillschweigende Annahme, welche nach manchen Wechsel-Ordnungen auf den Grund bestimmter Handlungen gefolgert werden durfte, kennt die Allg. deuts. Wechsel-Ordnung nicht, die Annahme soll vielmehr schriftlich und ausdrücklich erfolgen. Die ausdrückliche Annahme braucht aber nicht gerade mit bestimmten Worten zu geschehen, es soll schon die Aufschrift des Namens des Bezogenen auf die Vorder-Seite des Wechsels als unbeschränkte Annahme gelten. Setzt ein Dritter seinen Namen auf die Vorder-Seite eines Wechsels, so wird dies hinsichts seiner für eine Wechsel-Bürgschaft erachtet, welche nach Art. 81. eine wechselmäßige Verpflichtung wirkt (Preuß. Motive S. 48, Brauer a. a. O. S. 66).

Anmerk. 3. Das Gesetz hat mit Recht die sich schroff entgegenstehenden Ansichten wegen der beschränkten Annahme zu vermitteln gesucht. Jede Beschränkung des Accepts für wirkungslos zu erachten, würde als eine wider alles Rechts-Gefühl sprechende Härte erschienen sein; noch weniger kann man die auf den Wechsel geschriebene Erklärung „nicht annehmen zu wollen," wenn auch dem Bezogenen der Wechsel anvertraut war, für Acceptation erklären wollen. Das Natürlichste erschien, auch das beschränkte Accept verpflichtend bestehen zu lassen, aber dem Trassanten das Recht einzuräumen, solches nicht gut zu heißen, vielmehr Protest dagegen einzuwenden; nur ungenaue, zweifelhafte Erklärungen, sollen als unbedingte Accepte angesehen werden (Preuß. Mot. S. 48).

Anmerk. 4. Die auf dem Wechsel wirklich erklärte schriftliche Annahme darf der Bezogene weder zurücknehmen, noch durchstreichen, selbst der Inhaber darf es nicht, weil schon Andre daraus Rechte erworben haben. Streicht der Bezogene sein Accept wider Willen des Präsentanten, so muß dieser unzweifelhaft zur Sicherung seines Regresses Protest erheben und der Bezogene kann zur Herstellung seiner Unterschrift gezwungen werden (vergl. Koch a. a. O. S. 168, Borch. W.-R. v. 1854 S. 24, Brauer a. a. O. S. 66, Code de commerce Art. 121). Die §§. 997. u. 998. Tit. 8. Th. 2. A. L.-R. verordneten für solchen Fall sehr zweckmäßig, daß der Acceptant des Ausstreichens ungeachtet hafte. Hier ist über die Folgen der Rücknahme nichts gesagt.

Anmerk. 5. Aus einem Accepte, das Anfangs unbeschränkt abgegeben war, hinterher aber mit Zustimmung des klagenden Wechsel-Inhabers auf dem Wechsel wieder aufgehoben worden, erlangt ein solcher Kläger kein Wechsel-Recht gegen den Acceptanten (Borch. a. a. O. S. 132).

Anmerk. 6. Die Aufforderung des Ausstellers oder eines Indossanten an den Bezogenen, den Wechsel nicht zu bezahlen (Contre-Ordre; Contre-Mandiren) hat die deutsche Wechsel-Ordnung mit Recht nicht erwähnt, damit also auch nicht zugelassen, weil sie in dem Verkehr sehr gefährlich werden könnte. (Vergl. Koch a. a. O. S. 168.)

Artikel 22.

Der Bezogene kann die Annahme auf einen Theil der im Wechsel verschriebenen Summe beschränken.

Werden dem Accepte andere Einschränkungen beigefügt, so wird der Wechsel einem solchen gleichgeachtet, dessen Annahme gänzlich verweigert worden ist, der Acceptant haftet aber nach dem Inhalt seines Accepts wechselmäßig. (Anm. 1—4.)

Anmerk. 1. Ein Zwang gegen den Bezogenen, den Wechsel ganz nach dessen Inhalt zu acceptiren, findet nicht Statt. Acceptirt er ihn auf eine geringere Summe, als der Wechsel lautet, so muß der Inhaber dies zulassen, aber wegen des Restes Protest erheben. Als eine vollständige Weigerung ist diese theilweise Annahme, wie in der Natur der Sache liegt, nicht zu behandeln, der Acceptant haftet natürlich immer nur nach Maßgabe seines Accepts. Für die regreßpflichtigen Vormänner ist aber lediglich der Inhalt des Wechsels, mithin auch nur die in diesem bestimmte Zahlungszeit entscheidend. Modificirt daher der Bezogene die Zahlungszeit, so ändert dies nur das Verhältniß des Inhabers, der sich damit begnügt, gegen den Bezogenen; er verliert aber offenbar seinen Regreß, wenn er eigenmächtig diese Frist gestattet und den Wechsel nicht zum Behuf des Regresses protestiren läßt, falls der Bezogene nicht an dem im Wechsel bezeichneten Verfalltage Zahlung leistet. (Borch. W.-R. v. 1854 S. 25, Arch. d. Ob.-Trib.-A. Bd. 10. S. 373, Entsch. Bd. 26. S. 378, Christoph W.-R. S. 29 ff.)

Anmerk. 2. Die Annahme in einer andern als der im Wechsel ausgedrückten Münz-Sorte, wenn auch darin die Acceptation auf eine geringere Summe enthalten ist, braucht sich der Inhaber nicht gefallen zu lassen; er ist deshalb berechtigt, ja verpflichtet, in solchem Fall Protest zu erheben, wenn er einen Regreß beabsichtigt (Brauer a. a. O. S. 67, Conf.-Prot. S. 49 ff.).

Anmerk. 3. Der Inhaber kann, wenn auch eine beschränkte Annahme erfolgte, dennoch seinen Rückgriff wegen Sicherheitsbestellung verfolgen. Daneben behält er sein Recht, den Acceptanten bei Verfall des Wechsels auf die Summe, zu deren Zahlung er sich durch sein Accept verpflichtet hat, im Wechsel-Proceß zu belangen (Brauer a. a. O. S. 67).

Anmerk. 4. Auf bedingte Accepte, mündliche Neben-Abreden, Compensationen u. dgl. braucht sich der Inhaber nicht einzulassen. Solche bedingte Annahme gilt als Verweigerung derselben. Der Inhaber muß danach seine Maßregeln nehmen und gleich Protest Mangels Annahme erheben lassen. Sofortiger Regreß auf Zahlung ist durch die verweigerte Annahme natürlich noch nicht begründet, sondern nur auf Sicherstellung (vgl. Koch a. a. O. S. 172, Christoph a. a. O. S. 29).

Artikel 23.

Der Bezogene wird durch die Annahme wechselmäßig verpflichtet, die von ihm acceptirte Summe zur Verfallzeit zu zahlen.

Auch dem Aussteller haftet der Bezogene aus dem Accepte wechselmäßig. Dagegen steht dem Bezogenen kein Wechselrecht gegen den Aussteller zu.

Anmerk. 1. Wenn der Bezogene einmal unbedingt den Wechsel angenommen (acceptirt) hat, so ist er aus seiner Annahme (seinem Accepte) dem Aussteller, den Indossanten und dem Inhaber wechselmäßig schuldig, die im Wechsel bezeichnete Summe diesem gemäß zu zahlen, wenn er auch an sich dazu nicht verpflichtet gewesen wäre, denn es liegt in der strengen Natur des Wechsel-Rechts, daß die Annahme des Wechsels ganz für sich allein solche Verpflichtung wirkt. Selbst, wenn der Bezogene einen falschen Wechsel oder den eines nicht wechselfähigen Ausstellers angenommen hat, ist er aus seinem Accepte dem redlichen Inhaber gegenüber wechselmäßig verhaftet. Nur gegen denjenigen Kläger, welcher selbst in schlechtem Glauben (in dolo) ist, kann er die exceptio doli (den Einwand der Arglist, des Betruges) mit Erfolg geltend machen. Dem Acceptanten gegenüber braucht der Inhaber des Wechsels zur Erhaltung seines Regresses nicht sofort nach Verfall, wenn Zahlung nicht gleich geleistet wird, Protest zu erheben, ihm ist unverwehrt, die vorgeschriebene Summe vom Acceptanten noch so lange wechselmäßig einzufordern, als der Wechsel nicht als solcher verjährt ist (§. 77). Nur wegen des Regresses an den Aussteller und die Vormänner ist Protest nöthig, wenn der Acceptant nicht pünctlich zahlt. Fordert der Inhaber von dem Letztern bei Verfall nicht Zahlung oder verweigert er deren Annahme, so kann sich der Acceptant nur durch gerichtliche Niederlegung von seiner Verpflichtung befreien (Art. 40, Brauer a. a. O. S. 67, Koch a. a. O. S. 173).

Anmerk. 2. Nach dem preuß. Allg. Land-Recht hatte der Aussteller gegen den Acceptanten kein Wechsel-Recht, die Allg. deutſ. Wechsel-Ordnung hat aber mit vollem Fug dem Aussteller eine solche Berechtigung ertheilt, weil eben in dem Accept auch ihm gegenüber ein contractliches Verhältniß liegt, wonach der Bezogene die Verpflichtung zur Zahlung übernimmt, die überdies in der Regel auch durch besondere Deckung, Berechnung oder Gegenleistung begründet ist (Preuß. Mot. S. 51 ff., Brauer a. a. O. S. 69). Die Verpflichtung des Acceptanten ist aber nur eine ganz einseitige, deshalb hat er auch kein Wechsel-Recht gegen den Aussteller. Auch dem Trassanten eines an eigene Ordre gezogenen und nicht indossirten Wechsels, steht gegen den Acceptanten Wechsel-Recht zu (Borch. W.-R. v. 1854 S. 26, Erk. des Ob.-Trib. zu Stuttgart v. 1. Jan. 1849 im Arch. v. Leuffert Bd. 7. S. 115).

Anmerk. 3. Hat der Bezogene ohne Deckung acceptirt, so ist das seine Sache und er doch auch dem Aussteller wechselmäßig verhaftet; er kann daher im Wechsel-Proceß auch ihm den Einwand der nicht erhaltenen Valuta nicht entgegensetzen, sondern seine Ansprüche nur im anderweiten Proceß verfolgen, weil eben die Valuta kein wesentliches Erforderniß des Wechsels ist. Dem Aussteller gegenüber erscheint dieß allerdings hart, ist aber durch die Natur des Wechsel-Rechts begründet (Brauer a. a. O. S. 68).

Anmerk. 4. Gelangt der acceptirte Wechsel durch Giro an den Aussteller zurück, so kann dieser unbedenklich den Wechsel, wie jeder andere Inhaber, von neuem weiter begeben (giriren) (vergl. Koch a. a. O. S. 174).

Anmerk. 5. Klagt der Acceptant gegen den Trassanten, auf Zahlung der Deckung, was nur im gewöhnlichen Proceß zuläßig erscheint, so muß er beweisen, daß und wiefern der letztere ihm aus diesem Geschäft noch Deckung zu gewähren habe (Präjud. des Geh. Ob.-Trib. zu Berlin v. 2. Jan. 1853, Entsch. 26. S. 70, Borch. W.-O. v. 1854 S. 26 ff. u. 1. Forts. S. 133). Es enthält aber keine Aenderung des Klage-Fundaments, wenn er vom Aussteller die Erstattung des Wechsel-Betrages zuerst auf den Grund eines geleisteten Vorschusses und hiernächst auf den Grund nicht erhaltener Deckung verlangt. (Borch. W.-O. v. 1854 S. 27.)

Anmerk. 6. Hat der Bezogene eine höhere Summe, als die im Wechsel angegebene acceptirt, so ist er doch nur für die wechselmäßige verhaftet, da man einen offenbaren Irrthum annehmen muß, auch der Context des Wechsels und das Accept in untrennbarem Zusammenhang stehen. (Brauer im Arch. f. W.-R. V. 357.) Mit Unrecht ist Skrivan (Wechsel-Lehre S. 137) anderer Ansicht. Die Worte des Artikels: „die von ihm acceptirte Summe" scheinen zwar für die Ansicht Skrivan's zu sprechen, allein sie wollen offenbar nichts

Weiteres sagen, als daß der Bezogene aus seiner Annahme wechselmäßig haften solle, ohne gerade auch eine höhere Summe, als die im Wechsel ausgedrückte, im Sinne zu haben.

Artikel 24.

Ist in dem Wechsel ein vom Wohnorte des Bezogenen verschiedener Zahlungsort (Art. 4. Nr. 8.) angegeben (Domicil-Wechsel), so ist, insofern der Wechsel nicht schon ergiebt, durch wen die Zahlung am Zahlungsorte erfolgen soll, dies vom Bezogenen bei der Annahme auf dem Wechsel zu bemerken. Ist dies nicht geschehen, so wird angenommen, daß der Bezogene selbst die Zahlung am Zahlungsorte leisten wolle.

Der Aussteller eines Domicil-Wechsels kann in demselben die Präsentation zur Annahme vorschreiben. Die Nichtbeobachtung dieser Vorschrift hat den Verlust des Regresses gegen den Aussteller und die Indossanten zur Folge.

Anmerk. 1. Die Domicil-Wechsel haben ihren Namen vom Domicil, dem Wohnsitz, daher bekommen, weil vom Aussteller ein vom Wohnort des Bezogenen verschiedner Zahlort besonders und gleichsam als Wohnsitz des Acceptanten für die Zahlung beigefügt ist. Man nennt solche Wechsel auch domicilirte Tratten, weil eben der Bezogene angewiesen wird, sie nicht an seinem Wohnsitz, sondern an einem andern Orte zu zahlen. Gewöhnlich wird dies in der Adresse ausgedrückt, z. B. Herrn Meyer in Berlin zahlbar in Leipzig bei Herrn Küstner (cf. Art. 43, Leipz. Conf.-Prot. S. 86 u. 87).

Anmerk. 2. Die Angabe des Ortes, wo gezahlt werden soll, gehört zu den wesentlichen Erfordernissen eines Wechsels (Art. 4. Nr. 8). Ist kein besonderer Zahlungsort ausdrücklich im Wechsel benannt, so gilt der bei dem Namen des Bezogenen angegebene Ort als dessen Wohnsitz und zugleich als Ort der Zahlung. Da gerade der Aussteller des Wechsels es ist, von welchem dieser seinen Ursprung und seine wesentlichen characteristischen Eigenschaften erhält, so ist es ganz folgerecht, daß zunächst nur der Aussteller (der Zieher, Trassant, nicht der Bezogene) den Zahlort anzugeben hat; daher hat auch dieser nur zu bestimmen, ob der Wechsel am Wohnort des Bezogenen, oder an einem andern Ort bezahlt werden soll.

Anmerk. 3. Hat der Aussteller zwar einen vom Wohnort des Bezogenen verschiednen Zahlort angegeben, nicht aber, bei oder durch wen an diesem Zahlort die Zahlung geleistet werden soll, so ist der Bezogene berechtigt, insofern den Wechsel zu ergänzen und diese Person (den Domiciliaten) zu benennen, aber auch Nichts mehr. Fehlt solche Bestimmung der Person, so muß angenommen werden, daß auch an dem benannten Orte der Bezogene Zahlung leisten soll, wenngleich er seinen Wohnsitz dort nicht hat. Wegen der Annahme ohne solche Bezeichnung bedarf es daher keines Protestes (Entsch. des Ob.-Trib. zu Berlin v. 27. Jan. 1855 Entsch. Bd. 29. S. 405, Borch. 1. Forts. S. 134). Steht auf dem Wechsel „zahlbar durch Herrn Weber in Leipzig," so ist damit die gesetzliche Vermuthung, daß der Bezogene selbst in Leipzig zahlen solle, ausgeschlossen, denn es ist dann eine von dem Acceptanten verschiedene Person als Zahlungsleister bezeichnet (Brauer a. a. O. S. 69, Borch. 1. Forts. S. 135). Der bloße Beisatz „zahlbar in Leipzig bei Herrn Weber" soll nur andeuten, daß der Acceptant in dem Geschäfts-Lokal oder der Wohnung des Domiciliaten erwartet werden solle oder doch daselbst Vorkehrung zur Zahlung treffen werde.

Anmerk. 4. Eine Verpflichtung des Inhabers (Remittenten), den Domicil-Wechsel vor Verfall zur Annahme vorzulegen, wenn der Aussteller dies nicht ausdrücklich angeordnet hat, ist zwar nicht vorhanden, es ist aber jedenfalls zweckmäßig, daß er es thue, um sich vor Nachtheil zu bewahren, namentlich, wenn eine Adresse des Domicils nicht benannt ist. Um den Verkehr nicht zu sehr zu beschränken, hat man auch bei Domicil-Wechseln die Nothwendigkeit der Präsentation zur Annahme nicht vorschreiben wollen, aber dem Aussteller das Recht beigelegt, die Präsentation zur Annahme bei Verlust des Rückgriffs (Regresses) gegen den Aussteller und die Indossanten anzuordnen (Brauer a. a. S. 70, Leipz. Conf.-Prot. S. 54 ff.).

Anmerk. 5. Die Präsentation zur Annahme muß bei Domicil-Wechseln am Wohnort des Bezogenen, die Präsentation zur Zahlung am dritten Ort erfolgen, letzternfalls nicht nochmals im Wohnort.

Anmerk. 6. Zulässig ist es, daß der Bezogene bei dem Accept erklärt, daß er die Zahlung durch ein kaufmännisches Haus oder dergl. an seinem Wohnort leisten wolle, doch wird dadurch der Wechsel zu keinem domicilirten, weil dieser einen vom Wohnort des Bezogenen verschiedenen Zahlort voraussetzt. (Brauer a. a. O. S. 71).

Anmerk. 7. Hat nicht der Aussteller, sondern der Bezogene beim Accept einen andern Zahlort bezeichnet, so wird dadurch der Wechsel kein domicilirter, vielmehr ist er nach den Regeln über ein beschränktes Accept zu beurtheilen (Leipz. Conf.-Prot. S. 87).

Anmerk. 8. Daß der Wechsel-Inhaber, wenn der Acceptant in der angegebenen Wohnung nicht zu finden ist, auch in diesem Fall bei der Polizei Nachfrage halten müsse, wie Art. 91. verordnet, ist eine irrige Ansicht (vergl. Präj. 2279. des Geh. Ob.-Trib. zu Berlin v. 27. März 1851), aber bei den Notarien zu Berlin Gebrauch.

Anmerk. 9. Darüber, was unter Wohnort zu verstehen sei, dürfte wol nur der Sprach-Gebrauch entscheiden. Die Verschiedenheit der Jurisdiction kann nicht maßgebend sein.

Artikel 25.

Wenn die Annahme eines Wechsels überhaupt nicht, oder unter Einschränkungen, oder nur auf eine geringere Summe erfolgt ist, so sind die Indossanten und der Aussteller wechselmäßig verpflichtet, gegen Aushändigung des Mangels Annahme aufgenommenen Protestes genügende Sicherheit dahin zu leisten, daß die Bezahlung der im Wechsel verschriebenen Summe oder des nicht angenommenen Betrages, sowie die Erstattung der durch die Nicht-Annahme veranlaßten Kosten, am Verfalltage erfolgen werde.

Jedoch sind diese Personen auch befugt, auf ihre Kosten die schuldige Summe bei Gericht oder bei einer anderen zur Annahme von Depositen ermächtigten Behörde oder Anstalt niederzulegen.

Anmerk. 1. Der Inhaber eines nicht unbedingt angenommenen Wechsels kann wechselmäßig von dem Aussteller und den Indossanten hinreichende Sicherstellung für die gehörige und rechtzeitige Einlösung des Wechsels, für Zinsen und Kosten verlangen. Der Fall solcher Sicherstellung ist aber nicht bloß bei ganzer oder theilweiser Verweigerung, sondern auch dann vorhanden, wenn der Vertreter des Bezogenen zur Acceptation nicht gehörig legitimirt, der Bezogene nicht zu ermitteln ist oder er nur unter Bedingungen acceptiren will. Ist eine Noth-Adresse vorhanden und diese will acceptiren, so fällt der Anspruch auf Sicherstellung fort. Sonst kann der Inhaber den Regreß auf solche ganz einfach durch den Protest wegen Mangels der Annahme und zwar gegen jeden Vormann begründen, da der Aussteller und die Indossanten ihm solidarisch haften (§. 26). Daß der Wechsel-Inhaber erst den Protest aushändigen müsse und erst dann die Sicherstellung fordern könne, wie Koch meint, erscheint nicht richtig, es muß Zug um Zug geschehen. Nur dies drückt das Wort „gegen" aus und nur so ist der Wechsel-Inhaber, wie der Sicherheits-Leister ungefährdet. Nothwendig ist nicht, daß der, welcher Sicherheit verlangt, selbst seinem Hintermann solche bestellt hat; es kann z. B. ein Wechsel-Inhaber seinem Vormann, ohne von diesem Sicherheit zu verlangen, weil er ihn für solvent hält, den Protest zustellen, auf Grund dessen dieser dann berechtigt ist, von einem seiner Indossanten Sicherheit zu fordern. Die deutsche Wechsel-Ordnung ist dabei von dem Princip des sogenannten springenden Regresses ausgegangen, der Wechsel-Inhaber kann daher unter den solidarisch Verpflichteten wählen, auch von seiner Wahl wieder abspringen und sogar auf einen Verpflichteten, den er schon übersprungen hatte, zurückgehen (vergl. Brauer

a. a. O. S. 72). Die Sicherheit selbst, welche zu bestellen ist, hat im Fall des Streits der Richter zu bestimmen; sie kann in baarem Gelde, sichern Bürgen, neuen Wechseln, Obligationen oder Faustpfand irgend einer geeigneten Art bestehen. Zur Bestellung der Sicherheit kann der Verurtheilte in der Regel aus dem Erkenntniß durch Execution, namentlich Personal-Arrest angehalten werden (Leipz. Conf.-Prot. S. 59, 60 u. 66).

Anmerk. 2. Nach dem preußischen Recht war der Wechsel-Inhaber bei verweigerter Annahme zur Protest-Erhebung und zum unverzüglichen Rückgriff genöthigt, ja er konnte sofortige Zahlung von den Vormännern fordern, wenn auch der Verfall noch nicht eingetreten war, nach der deutſ. W.-O. muß der Inhaber den Zahltag abwarten und kann erst dann bei ganz oder theilweise verweigerter Zahlung auf die Vormänner zurückgehen; da dieses Abwarten aber mit Unzuträglichkeiten für den Inhaber verbunden ist, hat man ihm durch das Recht auf Sicherstellung geholfen. Eine besondere weitere Begründung, wie bei Arresten, ist dabei nicht nöthig, weil der Gesetzgeber keinen concreten Fall der Unsicherheit im Auge hatte, vielmehr im Allgemeinen den Verkehr sichern wollte (vergl. Koch a. a. O. S. 177). Eben so wenig bedarf es eines besondern Depositions-Verfahrens.

Anmerk. 3. Durch die von dem Wechsel-Schuldner zur Sicherstellung des Wechsel-Gläubigers wegen der Wechsel-Summe erfolgte gerichtliche Deposition der Caution erlangt der Wechsel-Gläubiger ein Pfandrecht an dieser Caution (Erk. v. 15. Juli 1854 Arch. der Trib.-Anw. Bd. 14. S. 173, Borch. I. Fortſ. 3. A. d. W.-O. S. 134).

Anmerk. 4. Hat der Wechsel-Gläubiger ein Erkenntniß erstritten, welches den Wechsel-Schuldner zur Sicherstellung verurtheilt, so ist er berechtigt, auf Bestellung eines Unterpfandes, ja auf Auslieferung bestimmter Sachen gegen Caution anzutragen, wenngleich das Erkenntniß diese Objecte nicht einzeln und besonders bezeichnet. (Erk. v. 15. Decbr. 1853 Arch. der Ob.-Trib.-Anw. Bd. 11. S. 123, Borch. I. W.-O. S. 29, vergl. oben Anm. 1.)

Anmerk. 5. Hat der Wechsel-Inhaber nicht ausnahmsweise die besondere Pflicht, den Wechsel zur Annahme zu präsentiren, so kann er ohne Gefährdung seines Regresses bei gänzlicher oder theilweiser Verweigerung der Annahme ruhig den Zahltag abwarten und dann bei nicht erfolgter Zahlung Behufs seines Rückgriffs protestiren lassen. Etwas Anderes ist es natürlich, wenn er auf die nicht erfolgte Annahme ein Recht gründen will, dann muß er dies allerdings durch Protest feststellen (vergl. Koch a. a. O. S. 178).

Anmerk. 6. Hat der Wechsel-Inhaber die Pflicht, den Wechsel zur Annahme zu präsentiren, so muß dies in der gehörigen Frist geschehen und er bei nicht erfolgter Annahme den Protest wegen Mangels derselben erheben, auch den betreffenden Vormann sofort benachrichtigen, widrigenfalls er seines Regresses verlustig geht (vergl. oben Art. 18. Anm. 2. und Art. 19).

Anmerk. 7. Da in manchen deutschen Staaten auch andere Behörden, als Gerichte, mit der Annahme von Depositen beauftragt sind, ist der ausdehnende Beisatz gewählt worden.

Artikel 26.

Der Remittent, so wie jeder Indossatar, wird durch den Besitz des Mangels Annahme aufgenommenen Protestes ermächtigt, von dem Aussteller und den übrigen Vormännern Sicherheit zu fordern und im Wege des Wechsel-Processes darauf zu klagen.

Der Regreßnehmer ist hierbei an die Folgeordnung der Indossamente und die einmal getroffene Wahl nicht gebunden.

Der Beibringung des Wechsels und des Nachweises, daß der Regreßnehmer seinen Nachmännern selbst Sicherheit bestellt habe, bedarf es nicht. (Anm. 1—6.)

Anmerk. 1. Der Regreß ist ein springender; es hängt daher ganz von dem Belieben des Wechsel-Inhabers ab, ob und welchen seiner Vormänner er auf Sicherstellung in Anspruch nehmen will, wenn das Recht dazu überhaupt vorhanden ist; er muß aber natürlich denjenigen Vormann, gegen welchen er dieses Recht ausüben will, dazu auffordern und sein Recht durch Vorlegung des Original Protestes nachweisen. Erst, wenn solche gehörig begründete Aufforderung ohne Erfolg bleibt, darf er zur Klage auf Sicherstellung schreiten. Ein Nachweis, daß bei der Aufforderung zur Bestellung der Sicherheit zugleich der Protest ausgehändigt worden, kann nicht verlangt werden, weil die Aushändigung des Protestes erst bei der Vollziehung des Rechts, bei der wirklichen Bestellung der Sicherheit, in Betracht kommt (Erk. v. 30. Septbr. 1854 Arch. der Trib.-Anw. Bd. 15. S. 55, vergl. Anm. 1. bei Art. 26).

Anmerk. 2. Eine Beibringung des Wechsels selbst ist zur Begründung der Klage auf Sicherstellung nach den klaren Worten des Art. 26 nicht erforderlich, es soll der Protest dazu allein genügen. Solche Bestimmung erschien Manchen deshalb bedenklich, weil das Recht des Klägers doch auch vom Besitz des Wechsels abhänge und er inzwischen anderweit über denselben verfügt haben könne. Die Versendung des Wechsels ist aber, wie Koch richtig bemerkt, schon deshalb unthunlich, weil derselbe beim Verfall wieder zur Zahlung präsentirt werden muß, überdies aber ist der Wechsel auch entbehrlich, weil der Protest getreue Abschrift enthalten soll. Die ganz eigenthümliche, dem Art. 26. geradezu entgegenstehende Ansicht des Handels-Gerichts zu Leipzig, daß die Beibringung des Wechsels selbst nothwendig sei, hat das dortige Appell.-Ger. unterm 7. Jan. 1853 als unrichtig verworfen.

Anmerk. 3. Einer besonderen Benachrichtigung an den unmittelbaren Vormann, von welchem der Berechtigte keine Sicherstellung verlangt, bedarf es nicht, um auf einen weitern Vormann mit diesem Anspruch zurückzugehen.

Anmerk. 4. Der östreichische Gerichts-Gebrauch, wonach der Richter auf die mit den Urschriften begleitete Klage wegen Sicherstellung sofort und ohne erst einen Termin unter Vorladung beider Theile anzuberaumen und zu erkennen, die Sicherheitsleistung anordnet, mag zwar in vielen Fällen sehr praktisch sein und wird von Kitka (W.-R. S. 187) für das richtigere Verfahren gehalten, hat aber doch seine Bedenken, da es in der That mißlich erscheint, den Verklagten ganz ungehört zu verurtheilen. Bei sofort angelegten Arresten erfolgt wenigstens ein Verfahren über die Rechtfertigung.

Anmerk. 5. Jeder Girant ist nur zu einmaliger Sicherstellung verpflichtet (vergl. Art. 27. Anm. 1, Brauer a. a. O. S. 73, Leipz. Conf.-Prot. S. 60—66).

Anmerk. 6. Es ist hier nicht gesagt, ob der Indossant, welcher seinem Indossatar bereits Sicherheit bestellt hat, berechtigt ist, von seinen Vormännern zu seiner Deckung eine gleiche Sicherstellung wechselmäßig zu fordern, es scheint dies aber, wie Krohn mit Recht annimmt, vollkommen begründet und auch die Absicht des Gesetzes gewesen zu sein, wie schon aus Art. 27. zu folgern ist (vergl. Christoph a. a. O. S. 35). Der Indossant ist seinen Vormännern gegenüber Indossatar und jeder Indossatar ist ermächtigt, von den übrigen Vormännern Sicherheit zu fordern. Es folgt dies auch schon unzweifelhaft aus dem letzten Satz des Art. 26, wo es heißt:

Der Beibringung des Wechsels und des Nachweises, daß der Regreß-Nehmer seinen Nachmännern selbst Sicherheit bestellt habe, bedarf es nicht.

Hat der Regreß-Nehmer also als Indossant seinen Nachmännern Sicherheit bestellt, so ist er um so mehr berechtigt, als Indossatar von seinen Vormännern Sicherstellung zu verlangen.

Artikel 27.

Die bestellte Sicherheit haftet nicht bloß dem Regreß-nehmer, sondern auch allen übrigen Nachmännern des Bestellers, insofern sie gegen ihn den Regreß auf Sicherstellung nehmen. Dieselben sind weitere Sicherheit zu verlangen nur in dem Falle berechtigt, wenn sie gegen die Art oder Größe der bestellten Sicherheit Einwendungen zu begründen vermögen. (Anm. 1—3.)

Anmerk. 1. Dieser Paragraph sollte jeden möglichen Zweifel darüber, ob ein Girant zu mehr als einmaliger Sicherstellung angehalten werden könne, beseitigen. Ein Mal muß aber jeder Girant solche leisten, daher wäre es eine unrichtige Auffassung des §. 27, wenn man annehmen wollte, es sei kein Nachmann, dessen Vormann Sicherheit bestellt, seiner Seits weiter zur Sicherheitsleistung verpflichtet.

Anmerk. 2. Der Grundsatz, daß ein Girant nur zu einmaliger Sicherstellung angehalten werden könne, kann insofern eine Modification erleiden, als ein Interessent eine früher einem Andern bestellte Sicherheit für ungenügend erklären und eine größere fordern darf (Brauer a. a. O. S. 74).

Anmerk. 3. Der Ausdruck „Art der bestellten Sicherheit" ist verschiedener Deutung fähig. Er kann sich beziehen auf die Form (das Mittel der Sicherung; ob Pfand, Bürgschaft, baare Caution oder dgl.) oder die Geltung, den Werth, die Tüchtigkeit der Sicherheits-Bestellung. In beider Hinsicht kann der die Sicherstellung Verlangende sein Recht verfolgen und der frühere Regreß-Nehmer ihm solches nicht verkürzen (vergl. Koch a. a. O. S. 188).

Artikel 28.

Die bestellte Sicherheit muß zurückgegeben werden:

1) sobald die vollständige Annahme des Wechsels nachträglich erfolgt ist;

2) wenn gegen den Regreßpflichtigen, welcher sie bestellt hat, binnen Jahresfrist, vom Verfalltage des Wechsels an gerechnet, auf Zahlung aus dem Wechsel nicht geklagt worden ist;

3) wenn die Zahlung des Wechsels erfolgt oder die Wechselkraft desselben erloschen ist. (Anm. 1—5.)

Anmerk. 1. Da die Sicherheit, welche hier zurückgegeben werden soll, wegen nicht erhaltener Annahme bestellt ist, so muß selbstverständlich die bestellte Sicherheit in dem Falle bei Nr. 1. des Art. 28. bei nachträglicher vollständiger Annahme zurückgegeben werden.

Daß in diesem Falle die durch die bisherige Weigerung verursachten Kosten ersetzt werden müssen, dürfte sich schon aus Art. 25. ergeben, und werden diese Kosten nicht erstattet, so haftet die bestellte Sicherheit auf Höhe derselben, was Brauer wohl mit Unrecht für nicht zutreffend erklärt. (A. a. O. S. 75.)

Daß die Annahme, welche die Nr. 1. voraussetzt, eine vollständige sein muß, sagt das Gesetz ausdrücklich und versteht sich eigentlich auch von selbst.

Anmerk. 2. Der zweite Fall bestimmt, daß, wenn wegen nicht erhaltener Annahme Sicherheit bestellt worden, gegen den Regreßpflichtigen, welcher sie bestellt hat, binnen Jahresfrist vom Verfalltage des Wechsels an gerechnet, auf Zahlung aus dem Wechsel geklagt werden soll, und daß, wenn dies nicht geschehen, die Sicherheit ebenfalls zurückgegeben werden müsse. Diese Bestimmung widerspricht den Art. 78 u. 79 nicht, da Art. 28 nur eine Verjährung durch Nichtgebrauch der bestellten Sicherheit einführt, während die Art. 78 u. 79 die Verjährung der Regreß-Ansprüche des Inhabers eines Wechsels gegen den Aussteller und die übrigen Vormänner, und die des Indossanten gegen die Aussteller und die übrigen Vormänner bestimmen. Letztere Regreß-Ansprüche können noch fortbestehen, während die bestellte Sicherheit wegen nicht erhaltenen Accepts schon verfallen ist.

Anmerk. 3. Ist die Zahlung des Wechsels erfolgt oder die Wechsel-Kraft desselben erloschen, so muß ebenfalls die Sicherheit zurückgegeben werden, weil alsdann alle Verbindlichkeiten, welche durch die Ausstellung und Begebung des Wechsels entstanden waren, aufgehört haben und resp. erloschen sind.

Anmerk. 4. Darüber, ob die Sicherheits-Bestellung ipso jure in den Fällen 1—3. erlischt, oder erst dann, wenn sie nach vorhergegangener Aufforderung zurückgegeben wird, walten verschiedene Ansichten ob:

Koch (a. a. O. S. 191) will aus der Fassung des Art. 28:

„die bestellte Sicherheit muß zurückgegeben werden,"

folgern, daß die Sicherheit zurückgefordert werden müsse, und daß dieselbe also fortbestehe, wenn der Sicherheits-Besteller dem Sicherheits-Nehmer die Sicherheit länger überlasse und seine Gewährleistung noch fortdauere.

Ich kann mich dieser Ansicht nicht anschließen, sondern glaube, daß die Sicherheits-Bestellung in den in diesem Artikel angegebenen Fällen ipso jure erlischt, und zwar vermöge der Rechts-Regel: dies interpellat pro homine und durch Nichtgebrauch des Rechtes. Der Sicherheits-Nehmer hat die Verbindlichkeit, entweder binnen Jahresfrist, vom Verfalltage des Wechsels an gerechnet, auf Zahlung aus dem Wechsel gegen den Sicherheits-Besteller zu klagen, oder die bestellte Sicherheit zurückzugeben. Hat er die erstere Alternative nicht erwählt, ist er passiv geblieben, so ist sein Recht erloschen, eben, weil es nur durch actives Auftreten innerhalb der gesetzlichen Frist zur Geltung gebracht werden konnte.

Anmerk. 5. Ist der präsentirte Wechsel in gehöriger Weise angenommen, so muß der Inhaber der Regel nach ruhig den Verfalltag abwarten; nur in besonderen Fällen, welche gleich erörtert werden sollen, darf er auch nach erfolgter Annahme von den Acceptanten und den andern Betheiligten Sicherstellung fordern (vergl. Art. 29. und Brauer a. a. O. S. 192).

Artikel 29.

Ist ein Wechsel ganz oder theilweise angenommen worden, so kann in Betreff der acceptirten Summe Sicherheit nur gefordert werden:

1) wenn über das Vermögen des Acceptanten der Concurs (Debit-Verfahren, Falliment) eröffnet worden ist, oder der Acceptant auch nur seine Zahlungen eingestellt hat;

2) wenn nach Ausstellung des Wechsels eine Execution in das Vermögen des Acceptanten fruchtlos ausge-

fallen, oder wider denselben wegen Erfüllung einer Zahlungs-Verbindlichkeit die Vollstreckung des Personal-Arrestes verfügt worden ist.

Wenn in diesen Fällen die Sicherheit von dem Acceptanten nicht geleistet und dieserhalb Protest gegen denselben erhoben wird, auch von den auf dem Wechsel etwa benannten Nothadressen die Annahme nach Ausweis des Protestes nicht zu erhalten ist, so kann der Inhaber des Wechsels und jeder Indossatar gegen Auslieferung des Protestes von seinen Vormännern Sicherstellung fordern (§. 25 bis 28).

Der bloße Besitz des Wechsels vertritt die Stelle einer Vollmacht, in den Nr. 1 und 2 genannten Fällen von den Acceptanten Sicherheits-Bestellung zu fordern, und, wenn solche nicht zu erhalten ist, Protest erheben zu lassen. (Anm. 1—6.)

Anmerk. 1. Der Acceptant ist nicht einfacher Bürge, sondern mit dem Aussteller solidarisch dafür verhaftet, daß der Remittent den Wechsel im Vertrauen auf sichere Zahlung nehme. Dieses Vertrauen wird durch die eingetretene Zahlungs-Unfähigkeit des Bezogenen ebenso erschüttert, wie durch die Nichtannahme, es ist daher ganz in der Ordnung, daß der Aussteller für die Zahlbarkeit des Acceptanten Gewähr leistet und der bloße Inhaber des Wechsels ist auf den Grund des Besitzes desselben ermächtigt, die Sicherheit zu fordern und nöthigenfalls den Sicherheits-(Securitäts-)Protest erheben zu lassen. (Leipz. Conf.-Prot. S. 62, Brauer a. a. O. S. 76.)

Anmerk. 2. Sehr mit Recht hat der Gesetzgeber schon die thatsächliche Einstellung der Zahlungen als genügend zur Begründung der Sicherheit angesehen, weil oft Gründe obwalten können, aus welchen die wirkliche Eröffnung des Concurses verzögert wird, auch andre Gläubiger sonst leicht zuvorkommen konnten. Die Thatsache der Zahlungs-Einstellung kann entweder durch schriftliches oder mündliches Anerkenntniß, durch Nachweis des Verschwindens ohne Zurücklassung eines Bevollmächtigten, durch den gänzlichen Schluß des Geschäfts oder in ähnlicher Art nachgewiesen werden (Leipz. Conf.-Prot. S. 63, Koch a. a. O. S. 194).

Anmerk. 3. Ist von dem Acceptanten keine Sicherheit zu erlangen, es sind aber Noth-Adressen vorhanden, so muß der Inhaber des Wechsels sich unter Protest zunächst an diese wenden. Ist von diesen keine Annahme zu erhalten, so wird auch hier Protest erhoben. Der Protest bei dem Acceptanten und den Noth-Adressen kann in ein Instrument zusammengefaßt werden. Zuerst wird natürlich bei dem Acceptanten, dann aber unter Bekanntmachung des bei ihm aufgenommenen Protestes bei den Noth-Adressen Protest erhoben. Erst, wenn vom Acceptanten und den Noth-Adressen keine Sicherstellung und resp. Annahme erlangt werden kann, darf auf die Vormänner zurückgegangen werden. Der Acceptant ist übrigens natürlich nicht berechtigt, den Sicherheits-Sucher vorweg an die Noth-Adresse zu verweisen und die Sicherung wegen unterlassenen Protestes bei diesem zu verweigern, weil die Noth-Adresse erst in zweiter Reihe haftet. Die Annahme durch eine Noth-Adresse hebt das Recht, Sicherheit zu verlangen auf, wenn es nicht neu begründet wird (Brauer a. a. O. S. 77).

Anmerk. 4. Der Berechtigte kann natürlich im Wechsel-Proceß auf Sicherstellung klagen, muß aber dabei die Gründe, aus denen solche verlangt wird, erweislich machen (Brauer a. a. O. S. 78).

Anmerk. 5. Der auf den Antrag des Inhabers eines von dem Bezogenen angenommenen, noch nicht fälligen Wechsels gegen den Acceptanten wegen Unsicherheit des letztern Mangels Sicherstellung der Wechsel-Summe aufgenommene Protest leistet zwar den zur Ausübung des auf Sicherheitsleistung von Seiten des Wechsel-Inhabers gegen die Vormänner zu nehmenden Regresses erforderlichen Nachweis, daß die Sicherheits-Bestellung von dem Acceptanten nicht zu erlangen gewesen ist, er stellt aber, wenn dies auch unter besonderen Umständen ausnahmsweise der Fall sein kann, nicht allgemein und unbedingt die Richtigkeit derjenigen, die Unsicherheit des Acceptanten begründenden Thatsachen, aus denen der Wechsel-Inhaber sein Recht auf Sicherheits-Leistung ableitet, fest. Wird der Vormann von dem Wechsel-Inhaber auf Bestellung der Sicherheit wechselmäßig in Anspruch genommen, so gehört die Angabe und der Nachweis derjenigen Thatsachen, auf welche der Kläger die von ihm behauptete Unsicherheit des Acceptanten stützt, zur Begründung der Regreß-Klage (Entsch. des Geh. Ob.-Trib. zu Berlin Bd. XXV. S. 379).

Anmerk. 6. Ist der Personal-Arrest wegen Erfüllung einer Zahlungs-Verpflichtung, also nicht etwa bloß wegen Leistung einer Handlung oder eines Vergehens, auch nur verfügt, also noch nicht vollstreckt, so ist doch der Fall dazu angethan, um Sicherstellung zu fordern.

V. Erfüllung der Wechsel-Verbindlichkeit.

1. Zahlungs-Tag.

Artikel 30.

Ist in dem Wechsel ein bestimmter Tag als Zahlungstag bezeichnet, so tritt die Verfallzeit an diesem Tage ein.

Ist die Zahlungszeit auf die Mitte eines Monats gesetzt worden, so ist der Wechsel am 15ten dieses Monats fällig. (Anm. 1—4.)

Anmerk. 1. Dieser Artikel hat durch seinen ersten Satz den Streit darüber: ob schon am Verfalltage Zahlung verlangt und bei dem Mangel der Zahlung mit Erfolge Rechtens Protest erhoben werden dürfe, entschieden, indem er als Regel hingestellt hat, daß der Tag des Verfalles künftig auch als Tag der Zahlung gelten solle, d. h. als der Tag, wo der Berechtigte befugt ist, Zahlung zu fordern. (vergl. Art. 40).

Anmerk. 2. Die Regel, daß der Zahltag zugleich der Verfalltag sei, leidet einige Ausnahmen, welche die Art. 92 ff. bestimmen, nämlich:

a) bei Wechseln, welche an einem Sonn- oder Feiertage fällig sind, bei welchen der nächste Werktag als Zahlungstag gilt (Art. 92).

b) bei den an einem Wechselplatz zahlbaren Wechseln, wo allgemeine Scontro- (Cassier-Zahlungs-)Tage bestehen, bei welchen, wenn der Wechsel nicht auf Sicht lautet, die Zahlung eines zwischen den Zahltagen fälligen Wechsels erst am nächsten Zahltage geleistet zu werden braucht (Art. 93).

Anmerk. 3. Der zweite Satz dieses Artikels beseitigt gleichfalls einen in der Praxis früher oft vorgekommenen Streit. Danach soll, gleichviel, ob der Monat 28, 29, 30 oder 31 Tage hat, also auch bei dem Februar, wenn die Zahlungszeit auf die Mitte des Monats gestellt ist, der 15te des betreffenden Monats verstanden werden.

Anmerk. 4. Die Zeit des Tages, wo die Zahlung vom Acceptanten gefordert werden kann, ist nicht näher mit ausdrücklichen Worten bezeichnet. Nach dem preuß. Allg. L.-R. Th. 2. Tit. 8. §. 972. durfte die Präsentation zur Annahme von 8 bis 12 Uhr Vormittags und von 2 bis 7 Uhr Nachmittags erfolgen, dagegen durfte die Zahlung nach §. 1100 a. a. O. von 12 Uhr Mittags bis 7 Uhr Abends gefordert werden. Da nach §. 4. der Einf.-Ordre v. 15. Febr. 1850 Proteste nur von 9 Uhr Vormittags bis 6 Uhr Abends, ohne besondere Einwilligung des Protestanten aufgenommen werden dürfen, so möchte hieraus mit Recht geschlossen werden, daß dann auch die gesetzliche Zeit zur Präsentation und Zahlung der Wechsel sei, wiewohl allerdings eine analoge Anwendung im Wechsel-Recht nicht wohl statthaft ist und, wenn die Protest-Einlegung schon von 9 Uhr ab zulässig sein soll, es nothwendig zu folgern scheint, daß die Zahlung auch schon vor 9 Uhr Morgens gefordert werden darf (Krohn II. Nr. 17. ad Art. 30). Außerdem ist zu bedenken, daß der obigen Analogie der §.45. Tit. 3. Th. 1. A. L.-R. entgegensteht, nach welchem bei Zeit-Bestimmungen der Tag von Mitternacht zu Mitternacht gerechnet werden soll, eine Beschränkung auf die Zeit von 8 bis 12 und resp. von 2 bis 7 Uhr mithin nicht zulässig erscheint. Hierzu kommt aber wieder, daß notorisch zwischen 12 bis 2 Uhr alle Comtoirs der Banquiers und Kaufleute geschlossen zu sein pflegen, weil dergleichen Geschäftsleute dann auf der Börse nothwendig sind, wodurch der Chicane Thür und Thor geöffnet sein würde. Der Präsident Dr. Einert

(Arch. für W.-R. Bd. 2. Heft 1. S. 2 ff.) meint zwar, daß die Präsentation und Protestirung zu einer Zeit, wo nach Orts-Usance jedes Comtoir geschlossen sei, mit rechtlicher Wirkung nicht erfolgen dürfe, verstehe sich von selbst, es ist diese Annahme jedoch durch keine gesetzliche Bestimmung näher begründet. Aus dem Art. 91. ist dergl. nicht zu folgern. Krohn a. a. O.

Artikel 31.

Ein auf Sicht gestellter Wechsel ist bei der Vorzeigung fällig.

Ein solcher Wechsel muß bei Verlust des wechselmäßigen Anspruchs gegen die Indossanten und den Aussteller nach Maßgabe der besondern, im Wechsel enthaltenen Bestimmung, und, in Ermangelung derselben, binnen zwei Jahren nach der Ausstellung zur Zahlung präsentirt werden.

Hat ein Indossant auf einem Wechsel dieser Art seinem Indossamente eine besondere Präsentations-Frist hinzugefügt, so erlischt seine wechselmäßige Verpflichtung, wenn der Wechsel nicht innerhalb dieser Frist präsentirt worden ist. (Anm. 1 — 5.)

Anmerk. 1. Auch der Art. 31. hat sehr praktisch die vielen Abweichungen und Controversen bei Sicht-Wechseln beseitigt; die Zeit der Vorzeigung allein soll entscheiden und die Fälligkeit begründen, der Wechsel auf Sicht soll daher nicht mehr erst, wie manche Wechsel-Ordnungen bestimmten, 24 Stunden nach der Vorzeigung fällig sein. Dies gilt auch von Sicht-Wechseln auf Orte, wo Scontro-Tage bestehen. Auch solche sind sofort nach der Vorzeigung, und nicht erst am nächsten Zahltage zahlbar. Dagegen dürfen auch Sicht-Wechsel nie an Sonn- oder Feiertagen zur Zahlung präsentirt werden.

Anmerk. 2. Ein Unterschied zwischen Wechseln auf und nach Sicht, welches Beides gleichbedeutend ist mit à vista d. h. bei Sicht (auf Vorzeigung, at sight,) ist von der Wechsel-Ordnung nicht gemacht (vergl. Art. 4. Nr. 4. Anm. 16. S. 48).

Anmerk. 3. Als Regel für die äußerste Frist zur Präsentation gilt der zweijährige Zeitraum nach der Ausstellung und zwar bei Verlust des wechselmäßigen Anspruchs, doch kann diese Frist vom Aussteller im Wechsel verlängert oder verkürzt werden.

Anmerk. 4. Ist einmal ein auf Sicht gestellter Wechsel zur Zahlung präsentirt und diese nicht geleistet, aber kein Protest aufgenommen, so kann dies nicht durch eine neue Vorzeigung mit Protest-Aufnahme nachgeholt werden, selbst, wenn die zweijährige sonst zulässige Präsentations-Frist noch nicht abgelaufen ist. Dieser bereits durch einige Entscheidungen anerkannte Grundsatz hat seine volle Begründung. Die Fälligkeit eines auf Sicht zahlbaren Wechsels kann nur ein Mal eintreten und zwar bei der ersten Vorzeigung. Allerdings war an sich die Präsentation binnen der ganzen zweijährigen Frist zulässig; erfolgte sie aber früher, es wurde jedoch Zahlung nicht geleistet, so mußte nach Art. 41. der Allg. deuts. W.-O. der Protest zur Erhebung des Regresses sofort aufgenommen werden (vergl. Borch. W.-O. v. 1854 S. 34). Die Ansicht Anderer, daß, weil eine zweijährige Frist zur Vorlegung gewährt worden, es in dem Belieben des Inhabers stehe, innerhalb dieser Frist die Präsentation zu wiederholen, erscheint nicht begründet (vergl. die Entsch. des Appell.-Ger. zu Arnsberg v. 29. Jan. 1853 im neuen Arch. für preuß. Recht und Verf. Jahrg. 16. S. 220).

Anmerk. 5. Das hier dem Indossanten beigelegte Recht sollte sich füglich nur auf den Fall beschränken, wo der Trassant keine Präsentations-Frist beigefügt hat; da aber solche Beschränkung nicht angeordnet ist, muß es bei der leicht gefährlichen Bestimmung des dritten Satzes dieses Artikels bewenden.

Artikel 32.

Bei Wechseln, welche mit dem Ablauf einer bestimmten Frist nach Sicht oder nach Dato zahlbar sind, tritt die Verfallzeit ein:

1) wenn die Frist nach Tagen bestimmt ist, an dem letzten Tage der Frist. Bei Berechnung der Frist wird der Tag, an welchem der nach Dato zahlbare Wechsel ausgestellt oder der nach Sicht zahlbare zur Annahme präsentirt ist, nicht mitgerechnet;

2) wenn die Frist nach Wochen, Monaten oder einem mehrere Monate umfassenden Zeitraum (Jahr, halbes Jahr, Vierteljahr) bestimmt ist, an demjenigen Tage der Zahlungswoche oder des Zahlungsmonats, der durch seine Benennung oder Zahl dem Tage der Ausstellung oder Präsentation entspricht; fehlt dieser Tag in dem Zahlungsmonate, so tritt die Verfallzeit am letzten Tage des Zahlungsmonats ein.

Der Ausdruck „halber Monat" wird einem Zeitraum von 15 Tagen gleichgeachtet. Ist der Wechsel auf einen oder mehrere Monate und einen halben Monat gestellt, so sind die 15 Tage zuletzt zu zählen. (Anm. 1—3.)

Anmerk. 1. Der Tag, an welchem der bestimmte Zeitraum anfängt, wird nicht mitgerechnet, erst mit dem folgenden Tage beginnt die Zählung. Bei Dato-Wechseln wird daher der Tag der Ausstellung, so wie bei den eine bestimmte Zeit nach Sicht zahlbaren Wechseln, der Tag der Präsentation nicht mitgerechnet. Ein am 3ten Februar 1856 zwölf Tage a dato ausgestellter Wechsel verfällt nicht am 14ten, sondern am 15ten Febr., weil der Tag der Ausstellung, der 3te Februar, nicht mitgerechnet wird. Der Ausdruck: 8 Tage ist deshalb im Wechsel-Verkehr auch ganz wörtlich zu nehmen und nicht als Woche zu 7 Tagen zu rechnen, wie sonst juristisch die Woche meistens berechnet wird.

Anmerk. 2. Wird die Frist „nach Wochen" berechnet, so verfällt der Wechsel an dem entsprechenden Wochen-Tage der Ausstellung und resp. Präsentation. Ist der Wechsel z. B. so ausgestellt, daß es heißt: Vier Wochen a dato zahlen Sie" und der Wechsel ist an einem Mittwoch ausgestellt, so verfällt er wieder an einem Mittwoch der vierten Woche. (Leipz. Conf.-Prot. S. 68, Brauer a. a. O. S. 180).

Anmerk. 3. Ist die Frist nach Monaten, Viertel-Jahren 2c. bestimmt, so wird der Wechsel an demselben Monatstage, wo er ausgestellt oder präsentirt ist, fällig. Ein am 1sten Febr. 2 Monate a dato ausgestellter Wechsel verfällt am 1sten April, ein am 31sten December auf 2 Monate a dato ausgestellter Wechsel verfällt am letzten Februar, gleichviel, ob es der 28ste oder wegen eines Schaltjahres der 29ste ist, nicht aber etwa am 3ten oder 4ten März. Ein am 31sten December auf 2½ Monate ausgesteller Wechsel verfällt am 15ten März. (Vergl. Brauer a. a. O.)

Artikel 33.

Respecttage finden nicht Statt. (Anm. 1 u. 2.)

Anmerk. 1. Diese ganz allgemein ausgesprochene Aufhebung der sogenannten Respect- oder Respit-Tage (jours de grace ou faveur, days of grace, giorni di rispitto), welche in den verschiedenen deutschen Staaten früher in der abweichendsten Weise Statt fanden, ist sehr wohlthätig, weil dadurch viele Zweifel und abweichende Entscheidungen beseitigt sind. Ursprünglich waren diese Fristen, obgleich der Namen das Gegentheil anzudeuten scheint, unzweifelhaft wohl zu Gunsten des Berechtigten eingeführt, um ihn bei etwaigen unabwendbaren Hindernissen wegen Verspätung zu schützen, die Praxis hat aber bald die Sache so gestaltet, als seien sie zur Begünstigung der Verpflichteten bestimmt, was jedoch nach den Ansichten der Leipziger Conferenz durchaus nicht der Fall sein soll. (Leipz. Conf.-Prot. S. 75—80.)

Anmerk. 2. Bei dem so allgemein ausgesprochenen Grundsatze, daß Respit-Tage nicht Statt finden sollen, dürften selbst unabwendbare Ereignisse, sogenannte höhere Gewalt (vis major) und dergl. keine Berücksichtigung finden.

Man hat Anfangs bei der Leipziger Conferenz denselben Rechnung tragen wollen, ist aber davon zurückgekommen (Leipz. Conf.-Prot. S. 213, 214, 215, 218); es muß daher Jeder, welcher sich auf einen Wechsel-Verkehr einläßt, bei Zeiten das Nöthige anordnen und keine Minute verlieren (vergl. Brauer a. a. O. S. 82, Mittermaier im Arch. für W.-R. Bd. I. S. 147 ff., Dittscheiner W.-R. S. 420). Die zwei Protest-Tage und die Zahltage an Meßplätzen (vergl. Art. 41.) sind indessen eine Art von Surrogat für die Respit-Tage zu Gunsten des Wechsels-Inhabers. Das Einlösen der Wechsel an bestimmten Zahl- oder Cassier-Tagen hat überdieß den Vortheil, daß dadurch den Kaufleuten das gegenseitige Ausgleichen, Compensiren oder Scontriren erleichtert wird. (Leipz. Conf.-Prot. S. 67.)

Artikel 34.

Ist in einem Lande, in welchem nach altem Style gerechnet wird, ein im Inlande zahlbarer Wechsel nach dato ausgestellt, und dabei nicht bemerkt, daß der Wechsel nach neuem Style datirt sei, oder ist derselbe nach beiden Stylen datirt, so wird der Verfall-Tag nach demjenigen Kalender-Tage neuen Styls berechnet, welcher dem nach altem Style sich ergebenden Tage der Ausstellung entspricht. (Anm. 1.)

Anmerk. 1. In Rußland, Griechenland, der Moldau und Wallachei, und Serbien wird noch nach dem julianischen Kalender gerechnet, zwischen welchem und dem gregorischen, der jetzt ziemlich allgemein gilt, eine Abweichung von 12 Tagen Statt findet. Die Zeitrechnung nach dem julianischen Kalender nennt man den alten Styl, die Zeitrechnung nach dem gregorischen Kalender ist die nach dem neuen Styl, weil man diesen Kalender auch den verbesserten nennt, da er für richtiger gilt. Ist der Wechsel in einem Lande ausgestellt, wo man nach dem alten Styl rechnet, so wird im Mangel deutlicher anderer Bestimmung angenommen, daß der Wechsel nach altem Styl datirt sei, dieses Datum aber nach dem neuen Styl berechnet. Ist daher dort der Wechsel zum Beispiel am 2. Febr. datirt, so wird der 14. Febr. neuen Styls für den Tag der Ausstellung angenommen; denn es werden die 12 Tage der Differenz, um welche der julianische Kalender gegen den gregorischen zurück ist, dem Tage der Ausstellung hinzugezählt. Danach würde also ein in Athen am 2ten März alten Styls ausgestellter drei Monate a dato fälliger Wechsel in Deutschland mit Hinzurechnung der 12 Tage als am 14. März ausgestellt zu erachten und am 14ten Juni zahlbar sein, da der Tag der Ausstellung nicht mitzurechnen ist (Sächs. Entw. §. 47, Koch a. a. O. S. 203.)

Artikel 35.

Meß- oder Markt-Wechsel werden zu der durch die Gesetze des Meß- oder Markt-Ortes bestimmten Zahlungszeit, und in Ermangelung einer solchen Festsetzung an dem Tage vor dem gesetzlichen Schlusse der Messe oder des Marktes fällig. Dauert die Messe oder der Markt nur einen Tag, so tritt die Verfallzeit des Wechsels an diesem Tage ein. (Anm. 1—6.)

Anmerk. 1. Nur solche Wechsel, in welchen die Zahlungszeit schlechthin und im Allgemeinen auf eine bestimmte Messe ohne Angabe eines bestimmten Tages angegeben ist, sind für Meß-Wechsel zu erachten; Wechsel dagegen, deren Verfall zwar auf eine bestimmte Messe, zugleich aber auf einen namentlich ausgedrückten Monatstag in dieser Messe lautet, sind als Tag-Wechsel anzusehen und zu beurtheilen (Entsch. des Ob.-Trib. zu Berlin v. 22sten Febr. 1855 Arch. für W.-R. V. 418.)

Anmerk. 2. Das preußische Einf.-Gesetz zur Allg. deutſ. Wechsel-Ordn. v. 15ten Febr. 1850 enthält keine Bestimmungen über Meß-Wechsel, das sächsische Einf.-Gesetz v. 25sten April 1849 dagegen verordnet:

„Für Leipziger Meß-Wechsel sind nur solche Wechsel zu achten, welche ohne Bezeichnung eines Monats oder Wochentags als Verfall-Tags schlechthin in einer namhaft gemachten Leipziger Messe in Leipzig zahlbar lauten. Die Frist der Präsentation zur Annahme für solche Wechsel beginnt am Tage nach Einläutung der Messe, in welcher nach Inhalt des Wechsels die Zahlung geschehen soll."

Derartige Wechsel verfallen nach §. 5. in der Jubilate- und Michaelis-Messe Donnerstag nach Ausläutung der Messe, in der Neujahrs-Messe am 12. Jan. und, wenn dieser auf einen Sonntag fällt, am folgenden Tage.

Anmerk. 3. Ein Wechsel, welcher auf eine Markt-Zeit, jedoch nicht auf den Markt-Ort selbst zahlbar gestellt ist, wie z. B. „zahlen Sie auf den Brünner Fasten-Markt, jedoch zu Wien ꝛc." — wird an dem Tage vor dem gesetzlichen Schlusse des Marktes fällig (Entsch. des niederöstr. Ob.-Landes-Ger. Oestr. Ger.-Ztg. Nr. 80, Arch. für W.-R. V. 437.)

Anmerk. 4. Der Inhaber eines Meß- oder Markt-Wechsels ist, muß sich an dem betreffenden Ort nach der dort üblichen Zahlungszeit erkundigen. Nur an den Orten, wo die Messe oder der Markt lediglich einen Tag dauert, war es wol auch bisher allgemein üblich, daß der Verfall des Wechsels an diesem Tage eintrat.

Anmerk. 5. Bei Wechseln, welche in einer Leipziger Messe mit Bezeichnung einer der Meß-Wochen an einem bestimmten Wochentage zahlbar gestellt sind, ist unter der „ersten Woche" die vor Einläutung der Messe oder sogenannte Böttcher-Woche; unter der „zweiten" die darauf folgende (eigentliche Meß-Woche); unter der „dritten" die Zahl-Woche, d. h. die Woche nach Ausläutung der Messe zu verstehen. Lautet ein Wechsel schlechthin „zahlbar in der Meß-Woche," so versteht man darunter die Woche zwischen Einläutung und Ausläutung der Messe. (Borch. Wechsel-Ordn. v. 1851 S. 83.)

Anmerk. 6. In Preußen bestehen für die erheblichsten Handels-Plätze besondere Meß-Ordnungen, welche die Präsentations-Fristen bestimmen, z. B. für Königsberg in Pr., Breslau, Elbing, Magdeburg, Naumburg, Frankfurt a. O., um deren Festsetzungen sich natürlich die Wechsel-Interessenten bekümmern müssen.

2. Zahlung.

Artikel 36.

Der Inhaber eines indossirten Wechsels wird durch eine zusammenhängende, bis auf ihn hinuntergehende Reihe von Indossamenten als Eigenthümer des Wechsels legitimirt. Das erste Indossament muß demnach mit dem Namen des Remittenten, jedes folgende Indossament mit dem Namen desjenigen unterzeichnet sein, welchen das unmittelbar vorhergehende Indossament als Indossatar benennt. Wenn auf ein Blanco-Indossament ein weiteres Indossament folgt, so wird angenommen, daß der Aussteller des letzteren den Wechsel durch das Blanco-Indossament erworben hat. Ausgestrichene Indossamente werden bei Prüfung der Legitimation als nicht geschrieben angesehen.

Die Aechtheit der Indossamente zu prüfen, ist der Zahlende nicht verpflichtet. (Anm. 1—5.)

Anmerk. 1. Der Art. 36. stellt zunächst fest, wodurch die Legitimation dessen begründet wird, welcher die Zahlung zu fordern berechtigt ist. Sofern die Indossamente nur äußerlich richtig sind, so kommt es auf die Grundsätze des Civil-Rechts über die legitimatio ad causam (Berechtigung zur Sache) nicht an. Es genügt daher zur Beseitigung der Rechte des Indossatars nicht, daß die Ungiltigkeit des Indossaments nach civilrechtlichen Grundsätzen dargethan werden kann, wenn nicht zugleich böser Glaube oder grobe Fahrlässigkeit des Inhabers erweislich gemacht wird. Deshalb werden die Rechte des Letztern z. B. dadurch nicht beseitigt, wenn auch dem Indossanten zur Zeit seines Giro's, dem Inhaber unbewußt, schon die Disposition über sein Vermögen untersagt war, oder wenn der Aussteller sich zur eidlichen Diffession des Indossaments erbietet, auf welchem die Legitimation des Klägers beruht. (Vgl. Borch. Allg. deutſ. Wechsel-Ordn. v. 1854 S. 36.) Es kommt nicht darauf an, ob einzelne Zwischen-Personen oder auch der Remittent wechselfähig waren, oder nicht, weil das Gesetz weiter Nichts verlangt, als eine zusammenhängende Reihe von Indossamenten. Der Acceptant darf sich deßhalb nicht darauf berufen, daß der Wechsel von einem Unfähigen indossirt sei. (Brauer a. a. O. S. 84.) Etwas Anderes ist es, wenn der Einwand einer Fälschung und der Wissenschaft des Klägers davon, sowie seine Arglist (dolus) sofort liquid (erweislich) gemacht werden kann. (Erk. des Ob.-Trib. vom 16. Septbr. 1854 Entsch. Bd. 29. S. 182.)

Anmerk. 2. Sollte der Inhaber eines Wechsels verpflichtet sein, die früheren Indossamente zu prüfen, so könnte er nie ohne Gefahr einen Wechsel erwerben; er ist zur Zahlung legitimirt, wenn auch einzelne Indossamente falsch wären. Auch der Acceptant braucht die frühern Giro's nicht zu prüfen, weil er durch die Zahlung an den Inhaber auch dann von seiner Verpflichtung frei wird, wenn dieser selbst durch falsche Indossamente legitimirt ist. (Vergl. Brauer a. a. O. S. 85.)

Anmerk. 3. Die Richtigkeit der Indossamente sind hiernach die Erwerber, wie der Acceptant, zu prüfen zwar nicht verpflichtet, wohl aber berechtigt. Koch a. a. O. S. 212 will Letzteres nicht zulassen, weil dadurch dem bösen Schuldner ein weites Feld zu Ausflüchten eröffnet sei; Krohn in seinen Aufsätzen über das Wechsel-Recht hält das für unrichtig, weil der Acceptant selbst, wenn das Giro falsch sei, bei Anerkennung seines Accepts mindestens ad depositum zahlen müsse. Außerdem handelt es sich um die Prüfung hauptsächlich bei Erwerb und Acceptation des Wechsels, und, da bei dem Indossatar es Sache des freien Willens ist, den Wechsel zu erwerben oder nicht, so darf man ihm die Prüfung nicht abschneiden, aber auch dem Acceptanten die Möglichkeit nicht rauben, einem Betrug entgegen zu treten. (Vergl. Conf.-Prot. S. 69, Preuß. Mot. S. 57, Arch. für W.-R. I. S. 207 ff., Brauer a. a. O. S. 85, Koch a. a. O. S. 211, Dittscheiner W.-R. S. 310.)

Anmerk. 4. Der Acceptant, von welchem Zahlung verlangt wird, hat nach der Ansicht Einzelner das Recht, von dem Unbekannten, welcher den Wechsel vorlegt, die Beurkundung seiner Person zu verlangen. (Badensches Handels-Recht Satz 1756, Brauer a. a. O. S. 85, Koch a. a. O. S. 211.) Bei der Leipziger Conferenz wurde solches Recht zur Sprache gebracht, aber nicht anerkannt. (Leipz. Conf.-Prot. S. 70.)

Anmerk. 5. Bei dem Wechsel-Regreß ist der einlösende Vormann berechtigt, aber nicht verpflichtet, sein eignes Giro und das seiner Hintermänner auszustreichen; es ist daher der Inhaber eines im Regreß-Wege mit Protest zurückgekommenen Wechsels ohne Rück-Giro oder Durchstreichung der spätern Indossamente zur Einklagung gegen den Acceptanten legitimirt. (Borch. W.-O. v. 1854 S. 37.)

Artikel 37.

Lautet ein Wechsel auf eine Münzsorte, welche am Zahlungsorte keinen Umlauf hat, oder auf eine Rechnungswährung, so kann die Wechselsumme nach ihrem Werthe zur Verfallzeit in der Landesmünze gezahlt werden, sofern nicht der Aussteller durch den Gebrauch des Wortes „effectiv" oder eines ähnlichen Zusatzes die Zahlung in der im Wechsel benannten Münzsorte ausdrücklich bestimmt hat. (Anm. 1—6.)

Anmerk. 1. Im Allgemeinen gilt die Regel, daß die Zahlung nach den Gesetzen des Zahlungs-Ortes zu beurtheilen ist.

Anmerk. 2. Ist im Wechsel eine bestimmte Landes-Münze benannt, so muß genau in dieser die Zahlung erfolgen. Papier-Geld statt des Courants braucht der Gläubiger nur da anzunehmen, wo es einen Zwangs-Cours hat; denn es steht der baaren Zahlung (contanten Zahlung, Zahlung per contant, per cassa) nicht unbedingt gleich. In Preußen hat das Papier-Geld keinen Zwangs-Cours. (Edict v. 7. Septbr. 1814 §. 6. Ges.-S. S. 87.) In Oestreich besteht solcher, so viel der Verf. weiß, noch jetzt und wird von den dortigen Gerichtshöfen selbst bei Wechseln, welche auf Silber-Münze, mit Ausschluß jeden Papier-Geldes, lauten, und an Orten ausgestellt sind, wo die Gesetze wegen des Zwangs-Courses nicht gelten, in Anwendung gebracht. (Arch. für W.-R. Bd. 4. S. 93, Erk. des Ob.-Ger. zu Triest v. 26. April 1853 Arch. für W.-R. Bd. 4. S. 97.)

Anmerk. 3. Hat die Münz-Sorte, auf welche der Wechsel lautet, am Zahlungs-Orte keinen Cours, oder lautet der Wechsel auf eine Rechnungs-Währung, so erfolgt die Reduction auf die Landes-Münze nach dem Börsen-Course zur Verfall-Zeit, sofern der Wechsel nicht ausdrücklich einen andern Cours bestimmt hat. Im Mangel eines Courses am Zahlungs-Orte, ist der Cours an der Börse des nächsten Ortes maßgebend, z. B. für die in Potsdam fälligen Wechsel der Cours in Berlin. (Vergl. Koch a. a. O. S. 214.)

Anmerk. 4. Will der Aussteller, daß die Zahlung gerade in der im Wechsel bestimmten Währung erfolge, so muß er dieß durch den Beisatz „effectiv" oder eine ähnliche, durchaus keinen Zweifel zulassende Bezeichnung, wie der Art. 37. dies klar verordnet, deutlich ausdrücken.

Anmerk. 5. Für Altona ist der Hamburger Cours maßgebend, wenigstens bestimmte es die allerdings von der dänischen Regierung später wieder aufgehobene Schleswig-Holsteinische Einf.-Ordn. in §. 4, welche in dieser Hinsicht meines Wissens noch Geltung hat.

Bei den in Frankfurt a. M. in preuß. Courant zu zahlenden Wechseln kann, wenn die oben angegebene Bezeichnung „effectiv" oder eine ähnliche fehlt, der Schuldner in preuß. Silber-Geld oder in Gulden, den preuß. Thaler zu 1 Gulden 45 Kr. berechnet zahlen. (Einf.-Ordn. v. Frankfurt a. M. §. 7.) Ist bei Wechseln, welche auf Francs lauten und in Frankfurt a. M. zahlbar sind, eine Bezeichnung der obigen Art nicht beigefügt, so kann der Bezogene in französischem Silber-Gelde (also auch in Fünf-Franken Stücken) oder in Gulden, den Franc zu 28 Kr., Zahlung leisten (ebendaselbst).

In Hamburg ist in gleichem Fall die Wechsel-Summe entweder in der im Wechsel benannten Münze oder in Banco, nach dem zur Verfall-Zeit notirten, und in dessen Ermangelung nach dem sonst geltenden kurzen Cours und dem hauptsächlichsten Wechsel-Platz des Landes, welchem jene Münze angehört, zu bezahlen. (Einf.-Ordn. §. 4.) In Hamburg gelten Schillinge nur als Scheide-Münze. Ein dort zahlbarer, auf Courant lautender Wechsel ist deshalb nur in daselbst gangbarer grober Münze zu bezahlen. (Entsch. des Ob.-Ger. zu Hamburg v. 30. Octbr. 1852 Arch. für W.-R. Bd. 3. S. 319.) Für Sachsen hat die Einf.-Ordn. (§. 7.) bestimmt, daß der Ausdruck „nach Cours" — ohne nähere Bezeichnung — von dem Course zu verstehen sei, wie er am Verfall-Tage Morgens 9 Uhr in dem letzten, am Zahl-Orte, oder falls dieser kein Wechsel-Platz sei, am nächsten Wechsel-Platz ausgegebenen Courszettel notirt worden. Fehle jede Bezeichnung von Cours, so werde die angegebene Summe nach ihrem Münzwerth angenommen, z. B. der Louisd'or zu fünf, der Ducaten zu drei Thalern im Vierzehn-Thaler-Fuß. (Vgl. Borch. W.-O. v. 1851 S. 86.) In Rußland braucht der Schuldner stets nur in der Landes-Münze zu zahlen (Russ. W.-O. §. 71.), was Ausländer sich bei ihrem Wechsel-Verkehr mit Rußland wohl merken müssen.

Anmerk. 6. Bei Executionen wegen der auswärtigen am Zahl-Ort nicht zu erlangenden Münze würde immer eine Reduction auf den Cours des Zahl-Orts Statt finden müssen. Dabei ist die Frage aufgeworfen: wie es solchen Falls zu halten sei, wenn die Münze am Zahl-Ort gar keinen Cours habe? Der §. 79. Tit. 16. Th. I. A. L.-R., wonach ein inländischer Schuldner nie zur Zahlung einer auswärtigen Münz-Sorte angehalten werden soll, darf nicht Platz greifen, weil hier ein besonderes Gesetz vorhanden ist. Findet keine Vereinbarung Statt, so wird nach den obigen Grundsätzen (Anm. 3.) der Cours des nächsten Börsen-Platzes maßgebend sein müssen. (Vgl. die Anm. zu Nr. 2. Art. 4.)

Artikel 38.

Der Inhaber des Wechsels darf eine ihm angebotene Theil-Zahlung selbst dann nicht zurückweisen, wenn die Annahme auf den ganzen Betrag der verschriebenen Summe erfolgt ist. (Anm. 1—2.)

Anmerk. 1. Die Zulassung von Theil-Zahlungen ist die nothwendige Folge von Gestattung der theilweisen Acceptation (Art. 22.), und im Interesse der übrigen aus dem Wechsel Verpflichteten für zweckmäßig erachtet, für welche in gewisser Weise der Wechsel-Inhaber neben seinem eigenen die Rechte mit wahrnimmt und wahrnehmen soll, da er theilweise als ihr Mandatar erscheint. Die Annahme der Theil-Zahlung wirkt übrigens für den Wechsel-Inhaber keinen Rechts-Nachtheil wegen des Restes. Er kann wegen desselben sowohl gegen den Acceptanten, als auch nach gehörigem Protest gegen die Vormänner einschreiten. Das französische Handels-Gesetz-Buch (Art. 156.) läßt Theil-Zahlungen bei Wechseln zwar zu, aber ohne die Annahme dem Inhaber zur Pflicht zu machen. Das brasilianische Handels-Gesetz-Buch gestattet die theilweise Annahme und Zahlung auf Gefahr des Wechsel-Inhabers. (Art. 375. u. 398.)

Anmerk. 2. Es ist hier allerdings nicht ausdrücklich gesagt, daß bei bloßer Theil-Zahlung der Inhaber Protest erheben müsse, es versteht sich dies aber nach Art. 41. Nr. 2. von selbst. (Vergl. Leipz. Conf.-Prot. S. 72, Brauer a. a. O. §. 38.)

Artikel 39.

Der Wechsel-Schuldner ist nur gegen Aushändigung des quittirten Wechsels zu zahlen verpflichtet.

Hat der Wechsel-Schuldner eine Theil-Zahlung geleistet, so kann derselbe nur verlangen, daß die Zahlung auf dem Wechsel abgeschrieben und ihm Quittung auf einer Abschrift des Wechsels ertheilt werde. (Anm. 1—6.)

Anmerk. 1. Die Aushändigung des Wechsels vertritt eigentlich schon die Stelle der Quittung, doch kann der Zahlende auf demselben noch besonders Quittung fordern. Sind mehre Exemplare des Wechsels gegeben, so kann der zahlende Schuldner die, auf welchen girirt ist, so wie das Exemplar, auf welchem das Accept steht, verlangen. Abschlags-Zahlungen müssen auf dem Wechsel selbst vermerkt werden, weil die Quittung auf einer bloßen Abschrift dem Dritten gegenüber nicht schützt, da dieser nur das zu beachten hat, was der Wechsel selbst ergiebt. (Leipz. Conf.-Prot. S. 71.)

Anmerk. 2. Krohn meint, daß, wenn der Wechsel-Inhaber ein unredlicher Mann sei, es mit der auf dem Wechsel gesetzten Quittung wegen der Theil-Zahlung seine eigne Gefahr habe, da derselbe diese Quittung ausstreichen oder unleserlich machen und dann den Wechsel an einen Dritten indossiren könne, gegen welchen der Acceptant sich nicht mit der auf der Abschrift des Wechsels befindlichen Quittung würde schützen können; da indessen der Art. 39. bestimmt, daß der Wechsel-Schuldner bei einer Theil-Zahlung nur verlangen könne, daß die Zahlung auf dem Wechsel abgeschrieben und ihm Quittung auf einer Abschrift des Wechsels ertheilt werde, so möchte ich annehmen, daß solche Quittung dem spätern Indossatar gegenüber auch Beweiskraft hat, wenn die Theil-Zahlung nicht vor dem Verfall-Tage erfolgt ist. Alsdann leistete der Wechsel-

Schuldner seiner Verpflichtung gemäß Zahlung und muß durch diese auch auf ihre Höhe liberirt werden, wenn sie dargethan werden kann, sie kann aber meines Erachtens dargethan werden durch die auf der Abschrift des Wechsels befindliche Quittung, sowie auch durch andere im Wechsel-Proceß zulässige Beweismittel, insbesondere durch Eidesdelation, da der spätere Indossatar die an seinen Indossanten geleistete Theil-Zahlung als Vertreter desselben sich gefallen lassen muß. (Siehe Art. 16.) Anders verhält es sich, wenn der Wechsel-Schuldner vor dem Verfall-Tage eine Theil-Zahlung an den Wechsel-Inhaber geleistet hat, diese hat er lediglich auf seine Gefahr geleistet, und solche kann dem weiteren Wechsel-Inhaber nicht entgegengestellt werden, wenn die auf dem Wechsel befindliche Quittung unredlicher Weise von dem Empfänger der Theil-Zahlung ausgestrichen ist.

Anmerk. 3. In Hamburg, wo früher 12 Respit-Tage bestanden, von welchen solide Häuser aber nie Gebrauch machten, besteht wegen der Wechsel-Zahlungen eine eigenthümliche Einrichtung. Die dortige Bank ist Giro-Bank, aber zugleich Cassirer für alle in Hamburger Banco zu leistenden Zahlungen. Die Casse der Bank besteht nicht in gemünztem Gelde, sondern in Silberbarren. Die Zahlungen der Bank werden daher in der Regel nicht effectiv, d. h. in wirklicher Zahlung mittelst der angegebenen Münz-Sorte, sondern durch Übertragung der zu zahlenden Summe von der Rechnung des einen Bank-Interessenten auf die des andern geleistet. Ein solcher Bank-Interessent kann nur ein Großbürger sein, aber keinem der zahlreichen Bank-Interessenten darf die Bank irgend einen Credit gewähren, vielmehr für jeden derselben nur so viel abschreiben, als sein Guthaben in der Bank am vorhergehenden Tage betragen hatte. Jeden Tag muß der Gesammt-Betrag des Guthabens sämmtlicher Interessenten berechnet, so wie mit dem Vermögen der Bank verglichen und mit diesem in der genauesten Übereinstimmung erhalten werden. Wer nun, wie viele kleinere Geschäftsleute, ohne selbst Bank-Interessent zu sein, Zahlungen durch die Bank beschaffen lassen will, muß sich der Mitwirkung eines Bank-Interessenten bedienen. Die Bank-Zettel, d. h. die schriftlichen Anweisungen oder Aufträge an die Bank, einen Posten von der Rechnung des Auftraggebers auf die eines anderen Interessenten zu übertragen, müssen von dem Aussteller entweder in Person, oder durch einen von der Bank anerkannten Bevollmächtigten, und zwar bis 1 Uhr Mittags, bei der Bank eingereicht werden. (Vergl. Leipz. Conf.-Prot. S. 74 ff.) Bei einem in Banco zahlbaren Wechsel vertritt hiernach die auf den letzteren gesetzte Anweisung, auf welchem Banco-Conto die gezahlte Summe abgeschrieben werden soll (Bank-Indorso) die Stelle der Quittung. (Hamburg Einf.-Ordn. §. 5.) Zahlung in Banco, per Banco, Banco-Zahlung ist daher nach Obigem die, welche an Orten, wo Banken bestehen, bei denen die Kaufleute besondere Conto's haben, durch Ab- und Zuschreiben erfolgt, indem dem Schuldner die Zahlung auf seinem Conto ab- oder gutgeschrieben wird.

Anmerk. 4. Nach manchen Wechsel-Ordnungen ist der Domiciliat berechtigt, noch eine zweite besondere Quittung zu verlangen.

Anmerk. 5. Der Wechsel-Bürge, welcher die gegen ihn rechtskräftig festgestellte Summe zahlt, soll nach der Ansicht einiger Gerichtshöfe verlangen dürfen, daß ihm der Wechsel ausgehändigt werde, wenn diese Summe auch geringer ist, als der Wechsel-Betrag. (Erk. des Ob.-Appell.-Ger. zu Dresden v. 1854 in der sächs. Ztschr. für Rechtspflege v. Dr. Tauchnitz N. F. Bd. 13. S. 360.) Dieß scheint indessen eine nicht begründete Ansicht, weil der Wechsel wegen des Restes noch Giltigkeit hat und deshalb nicht füglich vor der gänzlichen Tilgung außer Umlauf gesetzt werden kann.

Anmerk. 6. Die Ausstellung eines Wechsels von Seiten des Schuldners zu Gunsten des Gläubigers, verbunden mit der Annahme des Wechsels ohne Vorbehalt von Seiten des Gläubigers enthält eine Novation. (Beschl. des Ob.-Trib. zu Berlin v. 28. Octbr. 1851 Arch. der Ob.-Trib.-Anw. Bd. 4. S. 67.)

Artikel 40.

Wird die Zahlung des Wechsels zur Verfallzeit nicht gefordert, so ist der Acceptant nach Ablauf der für die Protest-Erhebung Mangels Zahlung bestimmten Frist (Art. 41.) befugt, die Wechsel-Summe auf Gefahr und Kosten des Inhabers bei Gericht oder bei einer anderen zur Annahme von Depositen ermächtigten Behörde oder Anstalt niederzulegen. Der Vorladung des Inhabers bedarf es nicht. (Anm. 1—5.)

Anmerk. 1. Daß der Inhaber eines Wechsels diesen dem Schuldner zur Zahlung vorlegen (präsentiren) und das Geld von diesem abholen muß, wenn er die Deposition abwenden und sich den Regreß gegen die Vormänner sichern will, folgt schon aus den Art. 40. und 41. Nur wenige Wechsel-Ordnungen Deutschlands enthielten hiervon Ausnahmen. So sollte nach der Dessauer W.-O. (§. 30.) der Aussteller eines eignen Wechsels, weil man solchen mehr als eine Art Schuld-Verschreibung, denn als Wechsel ansah, — dem Gläubiger das Geld überbringen. Besonders eigenthümlich bestimmte früher die Leipziger W.-O. (§. 12.), daß der jüdische Wechsel-Schuldner verbunden sei, das Geld dem Wechsel-Inhaber in das Haus zu bringen. Daß die Vorlegung des Wechsels zur Zahlung schon am Verfall-Tage selbst geschehen müsse, schreiben verschiedene Wechsel-Ordnungen ausdrücklich vor (z. B. der Code de comm. Art. 161.); die Allg. deuts. W.-O. verlangt dieß nicht; nach derselben genügt es offenbar, daß die Zahlung erst am 2ten Werktage nach dem Zahlungs-Tage gefordert werde, weil der Art. 41. einen am 2ten Werktage nach dem Verfall aufgenommenen Protest als rechtzeitig bezeichnet. Indessen halten Manche diese Auffassung doch nicht für richtig, weil der Wechsel-Inhaber seiner Seits alle Sorgfalt anwenden müsse, um die Zahlung zu erlangen und weil er im Vorzuge zu sein scheine, wenn er nicht schon am Verfall-Tage den Versuch mache, Zahlung zu erhalten; denn fordern könne er die Zahlung schon am Verfall-Tage, und bei deren Verweigerung dürfe er schon dann Protest erheben.

Anmerk. 2. Vor der Verfall-Zeit kann der Schuldner ohne Gefahr nur mit Zustimmung aller Interessenten zahlen, weil die Verbindlichkeit erst dann eintritt, und durch eine frühere Zahlung die Rechte der anderen Interessenten, z. B. bei dem Eintreten von Umständen, welche einen Arrestschlag begründen möchten, beeinträchtigt werden könnten, weshalb auch der Zahlende stets auf Aushändigung des Wechsels dringen muß. Bei der Leipziger Conferenz hat man angenommen, daß eine Festsetzung darüber, daß vor Verfall der Inhaber die Zahlung nicht anzunehmen brauche und der Bezogene nicht mit Sicherheit zahlen könne, als sich von selbst verstehend, nicht erforderlich erscheine. Bestimmungen, wie Art. 144. u. 146. des franz. Handels-Ges.-B. sie enthalten, sind deshalb fortgelassen, namentlich auch die Bestimmung des Art. 144. daß, wenn der Acceptant vor dem Verfall zahle, er für die Giltigkeit der Zahlung haften müsse. (Leipz. Conf.-Prot. S. 71, Preuß. Mot. S. 66.) Der Verfall-Tag ist nicht zum Vortheil des Bezogenen allein, sondern zum Besten aller Wechsel-Interessenten festgesetzt. (Koch a. a. O. S. 213.)

Anmerk. 3. Erst am dritten Werkel-Tage nach dem Zahlungs-Tage, oder allenfalls nach Ablauf der Protest-Zeit am zweiten Werkel-Tage, ist der Acceptant, um sich von seiner Schuld zu befreien, zur Niederlegung der Wechsel-Summe berechtigt, wenn der Gläubiger sich nicht meldet. Da der Protest noch am zweiten Werkel-Tage nach dem Zahlungs-Tage erhoben werden kann, ist diese gegen früher verlängerte Wartezeit im Interesse des Wechsel-Inhabers vorgeschrieben. Hat aus der Deposition noch kein Dritter ein Recht erworben, so kann der, welcher das Geld niedergelegt hat, es jederzeit zurücknehmen, da die Niederlegung nur eine Befugniß, nicht aber eine Pflicht desselben ist.

Anmerk. 4. Dem Wechsel-Verkehr entsprechend ist das Verfahren bei der Niederlegung auf die einfachste Art festgestellt, zumal ein Nachtheil daraus nicht füglich erwachsen kann, daß die Deposition ohne Zuziehung des Wechsels-Gläubigers und ohne besondere Förmlichkeiten verstattet wird.

Anmerk. 5. Der Fall, wo der Wechsel-Inhaber sich zur Zahlung nicht meldet, ist nicht der einzige Fall, in welchem der Schuldner zur gerichtlichen Niederlegung berechtigt ist; es gehören dazu auch die andern Fälle, welche solches Recht nach allgemeinern Grundsätzen begründen, z. B. der Fall, wo der Inhaber nicht dispositionsfähig ist, sei es wegen einer seinen Willen schwächenden Eigenschaft, wie z. B. wegen Wahnsinns, Concurses, oder aus irgend einem andern Grunde. Auch dann ist die Deposition zulässig, wenn der Präsentant dem Schuldner bei mehren Exemplaren des Wechsels nicht alle diejenigen vorlegen kann, auf welche derselbe ein Recht hat. In diesen Fällen, auf welche der Art. 40. keine besondere Rücksicht nimmt, kann daher nur das gewöhnliche Depositions-Verfahren eintreten, nicht das hier bezeichnete ohne besondere Förmlichkeiten.

Artikel 41.

Zur Ausübung des bei nicht erlangter Zahlung statthaften Regresses gegen den Aussteller und die Indossanten ist erforderlich:

1) daß der Wechsel zur Zahlung präsentirt worden ist, und

2) daß sowohl diese Präsentation, als die Nichterlangung der Zahlung durch einen rechtzeitig darüber aufgenommenen Protest dargethan wird.

Die Erhebung des Protestes ist am Zahlungs-Tage zulässig, sie muß aber spätestens am zweiten Werktage nach dem Zahlungs-Tage geschehen. (Anm. 1—5.)

Anmerk. 1. Die Bestimmung, daß bei dem Rückgriff (Regreß) wegen nicht erfolgter Zahlung, sowohl die rechtzeitige Vorlegung oder Präsentation des Wechsels, als auch die nicht geschehene Zahlung selbst durch einen ordnungsmäßigen Protest dargethan werden müsse, ist so wesentlich, daß davon schlechterdings der ganze Wechsel-Anspruch gegen die Vormänner und den Aussteller abhängt. Selbst der Beweis, daß wegen ganz besonderer Umstände die Beschaffung des Protestes unmöglich geworden sei, ist unzulässig und unerheblich für den Wechsel-Proceß. (Erk. des Ob.-Appell.-Ger. zu Lübeck v. 16. Octbr. 1852 in dem Arch. der Entsch. des Ob.-Appell.-Ger. zu Lübeck Bd. 2. S. 674.) Sogar wenn durch vis major oder Schuld des Bezogenen die rechtzeitige Vorlegung oder Protest-Erhebung unterblieben, ist der Wechsel für präjudicirt zu achten, weil der Aussteller die Gewähr für die Einlösung des Wechsels durch den Bezogenen übernommen hat. (Borch. Allg. deutsch. W.-O. S. 43, vergl. Art. 33. Anm. 2.)

Anmerk. 2. Der Protest hat den Zweck, sowohl die rechtzeitige Vorlegung des Wechsels zur Zahlung, als die nicht erfolgte Zahlung nachzuweisen, um so den Wechsel-Inhaber in den Stand zu setzen, auf den Grund des Nachweises, daß er seine Verbindlichkeiten rechtzeitig erfüllt habe, den wechselmäßigen Regreß zu nehmen. Ist der Protest wegen Nicht-Zahlung rechtzeitig aufgenommen, so liegt darin zugleich der Beweis der rechtzeitigen Vorlegung. Der Regreß wegen nicht erfolgter Zahlung verlangt nur die Feststellung der Präsentation und nicht geschehener Zahlung durch einen rechtzeitigen Protest; eine Präsentation und eventuelle Protestation des Wechsels wegen Mangels an Annahme ist dazu nicht erforderlich. (Vergl. Art. 18.) Hiermit stimmt auch das englische Recht überein. (Vergl. Entsch. des Ob.-Ger. zu Hamburg v. 4. Octbr. 1850 im Arch. für W.-R. Bd. I. S. 439, Borch. a. a. O. S. 41.) Die Verweigerung der Annahme und der Protest wegen Mangels der Annahme macht keineswegs die spätere Vorlegung zur Zahlung und eventuelle Protestirung wegen nicht erfolgter Zahlung überflüssig.

Anmerk. 3. Wann rechtzeitig Protest erhoben werden muß, bestimmt der Schluß des Artikels; die Erhebung des Protestes ist am Zahlungs-Tage zulässig, darf jedoch bis zum 2ten Werktage nach dem Zahlungs-Tage unterbleiben. Bei Berechnung der Protest-Tage werden die Sonn- und Feier-Tage nicht mit gezählt. Ein vor dem Verfall-Tage aufgenommener Protest genügt selbst dann nicht, wenn auch nachgewiesen werden könnte, daß die Zahlung des Wechsels auch am Verfall-Tage nicht erfolgt sein würde. Das franz. Handels-Gesetz-Buch (Art. 162.) und das holl. Handels-Gesetz-Buch (§. 179.) verlangen die Protest-Aufnahme erst am nächsten Tage nach dem Zahlungs-Tage (lendemain). Die meisten außerdeutschen Wechsel-Ordnungen, z. B. die russische, spanische, portugiesische, und die Mehrzahl der schweizer Wechsel-Ordnungen verlangen die Aufnahme des Protestes am Zahlungs-Tage.

Anmerk. 4. Bei einem kaufmännisch sogenannten Depot-Geschäft, wo ein Wechsel, behufs eines Darlehns, in blanco girirt, als Faustpfand zur Sicherheit dem Gläubiger übergeben ist, hat letzterer die Pflicht, wegen Präsentation des Wechsels zur Zahlung und wegen Aufnahme des Protestes das Erforderliche zu veranlassen. Es liegt dies in der Natur der Sache, weil der Pfandgläubiger selbst für ein mäßiges Versehen aufzukommen hat (vgl. preuß. Allg. L.-R. Th. I. Tit. 20. §. 121 ff.) und nur so dem Wechsel seinen Werth erhalten kann, auch der Verzug des Schuldners höchstens soviel zu wirken vermag, daß der Pfandgläubiger nur noch für grobe Verschuldung (culpa lata) zu haften braucht, wozu es aber zu rechnen wäre, wenn er die Präsentation des Wechsels und die Aufnahme des Protestes versäumte. (Urtheil des Ob.-Appell.-Ger. zu Kiel v. 31. März 1852 in Seuffert's Arch. Bd. 5. S. 425, Borch. a. a. O. S. 42.)

Anmerk. 5. Ist der Aussteller ein Factor, Procurist, oder Disponent, so haftet er nur dann persönlich, wenn er sich ausdrücklich dazu verpflichtet, oder seinem Namen nicht erkennbar seine Eigenschaft als solcher beigefügt hat. Procuristen, Disponenten und ähnliche Handlungs-Vorsteher müssen durch eine schriftliche an der Börse event. gerichtlich und durch briefliche Mittheilung bekannt gemachte Vollmacht bestellt, auch muß ihre Unterschrift mitgetheilt sein.

Artikel 42.

Die Aufforderung, keinen Protest erheben zu lassen („ohne Protest,“ „ohne Kosten“ ꝛc.) gilt als Erlaß des Protestes, nicht aber als Erlaß der Pflicht zur rechtzeitigen Präsentation. Der Wechsel-Verpflichtete, von welchem jene Aufforderung ausgeht, muß die Beweislast übernehmen, wenn er die rechtzeitig geschehene Präsentation in Abrede stellt.

Gegen die Pflicht zum Ersatz der Protestkosten schützt jene Aufforderung nicht. (Anm. 1—3.)

Anmerk. 1. Es ist nicht gesagt, wer das Recht haben soll, den Vermerk auf den Wechsel zu setzen, es wird daher die Befugniß Allen zustehen müssen, welche über den Wechsel zu verfügen berechtigt sind und dadurch eine wechselmäßige Verpflichtung eingehen würden.

Anmerk. 2. Eigenthümlich ist es, daß dem Wechsel-Verpflichteten, von welchem die gedachte Aufforderung ausgeht, der Beweis der Negative aufgebürdet wird. Dieser ist indessen durch Eides-Zuschiebung leicht zu führen. Jeden Falls erscheint jene Bestimmung, wenn auch eine Ausnahme von der sonstigen Beweis-Theorie, doch praktisch.

Anmerk. 3. Die im kaufmännischen Verkehr allgemein übliche, von der allgemeinen deutschen Wechsel-Ordnung aufgenommene Formel „ohne Kosten," „ohne Protest," gleichbedeutend mit dem französischen „sans frais" entbindet den Inhaber von der Erhebung des Protestes zum Behuf des Regresses, d. h. also, daß der Regreß zuläßig sein soll, wenn auch kein Protest erhoben. Dagegen entbindet jene Formel durchaus nicht von der rechtzeitigen Vorlegung des Wechsels an den Schuldner Behufs der Zahlung. Will der Wechsel-Inhaber übrigens zu seiner Sicherheit, zur Vermeidung von Weiterungen, Protest erheben lassen, so steht ihm das, jenes Beisatzes ungeachtet, frei und der Regreß-Pflichtige muß ihm solchen Falls sogar die Protest-Kosten erstatten.

Jeden Falls befreit die Formel „ohne Protest" von der Pflicht zur Erhebung des Protestes nur dem gegenüber, welcher sie auf den Wechsel gesetzt hat. Der vorsichtige Geschäftsmann wird jener Phrase ungeachtet daher stets protestiren lassen.

Anmerk. 4. Wenn ein Indossant seinen unmittelbaren Hintermann während der noch zuläßigen Protest-Frist, mithin zu einer Zeit, wo dieser sein Recht noch wahren konnte, zur Unterlassung des Protestes auch nur mündlich aufforderte, so darf er später diesem Wechsel-Inhaber gegenüber den Einwand der nicht rechtzeitigen Erhebung des Protestes nicht aufstellen, weil er sonst mit sich in Widerspruch stehen und sich einer Arglist (eines dolus) schuldig machen würde. Das Ober-Tribunal zu Berlin hat sogar angenommen, daß der nachfolgende Indossatar bei einem Blanco-Giro für den Fall des mündlichen Protest-Erlasses diese Verzichtleistung selbst nachträglich bei der Ausstellung des Giro's hinzufügen dürfe, weil die Berechtigung zur Ausstellung ihn nicht nur zur Beifügung der gesetzlichen, sondern auch der stipulirten Momente ermächtige. (Vergl. Erk. des Ob.-Trib. zu Berlin v. 22. Novbr. 1855 in S. Eifert wider Kasprzyk, Borch. a. a. O. S. 140.)

Artikel 43.

Domicilirte Wechsel sind dem Domiciliaten, oder wenn ein solcher nicht benannt ist, dem Bezogenen selbst an demjenigen Orte, wohin der Wechsel domicilirt ist, zur Zahlung zu präsentiren, und wenn die Zahlung unterbleibt, dort zu protestiren. Wird die rechtzeitige Protest-Erhebung beim Domiciliaten verabsäumt, so geht dadurch der wechselmäßige Anspruch nicht nur gegen den Aussteller und die Indossanten, sondern auch gegen den Acceptanten verloren. (Anm. 1—8.)

Anmerk. 1. Domicilirte Wechsel sind nach Art. 42. diejenigen, welche unter dem Wechsel oder auch wohl im Context durch den vom Aussteller hinzugefügten Beisatz „zahlbar bei N. N. zu X." oder einen ähnlichen, eine besondere Bestimmung oder Anweisung enthalten, daß der Wechsel nicht am Wohnsitz des Bezogenen selbst, sondern an einem andern Orte gezahlt werden solle. Sie enthalten mithin eine Art von Anweisung, und haben ihren Namen daher, daß für den Wechsel gleichsam ein besonderes Domicil (ein besonderer Zahlort) bestimmt ist. (Vergl. Art. 24.)

Eine Noth-Adresse liegt in jener Bezeichnung nicht, diese wird im kaufmännischen Sprachgebrauch durch die Formel „Im Fall bei N. N." oder eine ähnliche ausgedrückt. Der Domiciliant heißt der, welcher solchen besonderen Wohnsitz als Zahlort bestimmt, der Domiciliat aber ist der, welcher an dem angegebenen Zahlungsorte für den Bezogenen zahlen soll. —

Anmerk. 2. Das Ober-Tribunal zu Berlin hat nur solche Wechsel für Domicil-Wechsel erachtet, auf welchem der Aussteller einen vom Wohnort des Bezogenen verschiedenen Zahlort angegeben hat. Die von dem Bezogenen dem Accepte beigefügte Bezeichnung eines andern Zahlortes will das Ober-Tribunal dagegen nach den Regeln der beschränkten Accepte beurtheilen, weshalb in solchem Fall nach Ansicht des Tribunals die Unterlassung des Protestes Mangels Zahlung in dem vom Acceptanten benannten andern Zahlorte den Verlust des Wechsel-Anspruchs gegen den Acceptanten nicht zur Folge haben soll. (Präjud. 2606 v. 27. Jan. 1855 Entsch. 29, 405. Art. 24. Anm. 7 S. 79.)

Anmerk. 3. Die anscheinend harte Bestimmung, daß im Fall der Verabsäumung der rechtzeitigen Protest-Erhebung bei dem Domiciliaten der wechselmäßige Anspruch selbst gegen den Acceptanten, nicht bloß gegen den Aussteller und die Indossanten verloren gehen solle, findet seine Rechtfertigung darin, daß die Einlösung durch einen Dritten, oder doch an einem dritten Orte Statt finden soll, folglich gegen den Acceptanten wechselmäßig dargethan werden muß, daß der Inhaber des Wechsels seinen Verpflichtungen genügt hat. (Vergl. Koch a. a. O. S. 231.) Der Domicil-Wechsel enthält eine Anweisung, die Zahlung bei einem Dritten in Empfang zu nehmen und der, welcher einen Domicil-Wechsel nimmt, erklärt sich dadurch damit einverstanden, sich die Zahlung durch den Domiciliaten leisten zu lassen. Hieraus rechtfertigt sich seine Verpflichtung zur Anwendung vollkommener Sorgfalt (Diligenz) gegenüber dem Domiciliaten. (Wächter im Arch. f. W.-R. Bd. 5. S. 160.)

Anmerk. 4. Bei Domicil-Wechseln im gesetzlichen Sinne (Art. 24.) ist außer dem Protest gegen den Domiciliaten nicht auch noch ein zweiter Protest im wirklichen Wohnort des Bezogenen gegen den Acceptanten des gezogenen und resp. gegen den Aussteller des trocknen (eignen) Wechsels erforderlich. (Erk. des Ob.-Trib. zu Berlin v. 8. Septbr. 1853 in Sachen Dzimbowski wider Seldis und v. 18. Octbr. 1853 in Sachen Cohn wider Beinert, Borch. a. a. O. S. 140, Koch a. a. O. S. 122, vergl. Art. 24. und 4. Nr. 8.)

Anmerk. 5. Wird über das Vermögen des Acceptanten vor dem Verfall eines domicilirten Wechsels Concurs eröffnet, so muß der Wechsel-Inhaber dennoch rechtzeitig den Wechsel vorlegen und im Fall der nicht erfolgenden Zahlung protestiren lassen. (Entsch. des Spruch-Collegiums zu Leipzig vom 5. Decbr. 1851 Arch. f. W.-R. Bd. 2. S. 334 und Entsch. des Ob.-Landes-Ger. zu Prag vom 27. März 1854 im Arch. f. W.-R. Bd. 5. S. 238.)

Anmerk. 6. Ein bei dem Aussteller und Remittenten selbst domicilirter und beim Verfall noch in seinen Händen befindlicher Wechsel muß nach der neuern Ansicht des niederöstreich. Ob.-Ger. im Erk. v. 14. März 1854 bei dem Domiciliaten jenes Umstandes ungeachtet protestirt werden, was allerdings eigenthümlich erscheint, aber doch der Bestimmung des Art. 43. entspricht. Die Protest-Aufnahme muß schon deshalb erfolgen, weil der Wechsel später noch weiter begeben werden kann (vergl. Art. 16.), auch nach Art. 24. angenommen werden muß, daß der Bezogene selbst die Zahlung am Zahlungs-Ort leisten wolle, der Art. 44. aber von der dort aufgestellten Regel gerade den Fall des Art. 43. ausgenommen hat. (Arch. f. W.-R. 5. 84.) Dagegen ist im Arch. f. W.-R. Bd. 3. S. 343 ausgeführt, daß es solchen Falls keines Protestes bei dem Domiciliaten bedürfe, da man nicht verlangen könne, daß Jemand das, was er selbst in Händen habe, sich selbst vorzeigen und vorlegen lassen solle. Dieser Grund scheint aber nach obiger Ausführung nicht durchgreifend und es daher jedenfalls rathsam, in dem bezeichneten Falle den Protest nicht zu unterlassen. (Vergl. auch Arch. f. W.-R. V. S. 336, wonach der k. k. oberste Gerichtshof in solchem Fall den Protest für nicht nöthig erklärt hat.)

Anmerk. 7. Hat der Acceptant eines Domicil-Wechsels bei der Annahme desselben keinen Domiciliaten benannt, so verliert der Wechsel-Inhaber durch Verabsäumung der Präsentation des Wechsels bei Verfall zur Zahlung und der Protest-Erhebung Mangels Zahlung am Zahlungsorte nicht das Wechsel-Recht gegen den Acceptanten. (Präjud. des Ob.-Trib. zu Berlin Nr. 2240 v. 10. Octbr. 1850, Entsch. Bd. 20. v. 1851 S. 346, vergl. Hauser im Arch. f. W.-R. Bd. 6. S. 54 ff.)

Anmerk. 8. Wenn auch ein Indossant bei Domicil-Wechseln den Protest erläßt, so muß dennoch der Wechsel-Inhaber zur Erhaltung des Wechsel-

Regresses gegen den Acceptanten bei dem Domiciliaten rechtzeitig Protest erheben lassen, selbst wenn der Wechsel bei jenem Indossanten, welcher den Protest erließ, domicilirt ist; denn der Verzicht des Giranten darf den Acceptanten nicht in Nachtheil versetzen. (Entsch. des Wiener Handels-Ger. in der östreich. Ger.-Ztg. v. 1854 Nr. 74, Arch. f. W.-R. Bd. 5. S. 83.) Ist kein Domiciliat ernannt, sondern nur ein vom Wohnort des Bezogenen verschiedener Zahlort bestimmt, so bleibt der Indossant, welcher den Protest erlassen, dennoch wechselmäßig verhaftet, wenn auch nicht protestirt worden.

Artikel 44.

Zur Erhaltung des Wechsel-Rechts gegen den Acceptanten bedarf es, mit Ausnahme des im Art. 43. erwähnten Falles weder der Präsentation am Zahlungstage, noch der Erhebung eines Protestes. (Anm. 1—3.)

Anmerk. 1. Der Acceptant eines nicht domicilirten gezogenen und der Aussteller eines nicht domicilirten eigenen Wechsels muß seine Verbindlichkeit kennen, er muß eigentlich Zahlung leisten ohne besondre Mahnung, er ist daher, wenn bei dem Verfall Zahlung nicht erfolgt, ohne Weiteres wechselmäßig verpflichtet, ohne daß es der Präsentation des Wechsels zur Zahlung und eines Protestes bedarf. (Vergl. Arch. der Ob.-Trib.-Anw. Bd. 4. S. 374, Erk. v. 9. März 1852, ingl. Art. 43. u. 98, Borch. a. a. O. S. 45.) Versäumt der Inhaber des Wechsels die Vorlegung an ihn, so erwächst dadurch allein weder ihm noch dem Acceptanten ein besondrer Nachtheil, im Gegentheil kann letzterer dann den Wechsel-Betrag noch länger nutzen und braucht nur für die verzögerte Zahlung Zinsen zu vergüten. Will er das nicht und die Folgen des Verzuges von sich ablehnen, so kann er seine Schuld gerichtlich niederlegen.

Anmerk. 2. Wird ein Acceptant aus seinem Accepte verklagt, ohne daß ihm der Wechsel zuvor zur Zahlung präsentirt worden, so könnte sich fragen, ob er im Zahlungs-Verzuge (in mora solvendi) sei und die Protest-Kosten und Zinsen zahlen müsse? Man könnte allerdings der Ansicht sein, daß auch in solchem Fall der Acceptant die Verzugs-Zinsen und Kosten vergüten müsse, weil der Grundsatz: „Dies interpellat pro homine" gegen ihn zur Anwendung komme und es seine Sache sei, durch gerichtliche Niederlegung sich von den Folgen des Verzuges zu befreien. Eben jenes Grundsatzes wegen könne man nicht sagen, daß der Inhaber, welcher die Zahlung beim Verfall nicht erhalte, in mora accipiendi sei. Allerdings habe nach Art. 40. der Acceptant nur die Befugniß, nicht aber die Pflicht, zu deponiren, mache er aber von jenem Rechte keinen Gebrauch, so müsse er die Folgen seiner Unterlassung tragen; allein ich glaube doch, daß der Inhaber, welcher sich nicht unter Vorlegung des Wechsels zur Empfangnahme des Geldes gemeldet hat, in mora accipiendi — im Verzuge der Annahme ist und deshalb weder Zinsen noch

Kosten fordern darf; denn der Art. 44. legt ihm nur die Wohlthat bei, daß, seiner Unterlassung ungeachtet, ihm das Wechsel-Recht erhalten bleiben soll. Hierzu kommt, das es in der Natur des Wechsel-Rechts liegt, daß der Wechsel-Inhaber die Zahlung fordern soll. (Vergl. Art. 40.)

Anmerk. 3. In Schweden ist nach §. 22. des Ges. v. 20. Mai 1835 auch gegen den Acceptanten bei Verlust der wechselmäßigen Verhaftung die rechtzeitige Erhebung eines Protestes wegen Mangels der Zahlung nothwendig. (Borch. a. a. O. S. 93.)

Artikel 45.

Der Inhaber eines Mangels Zahlung protestirten Wechsels ist verpflichtet, seinen unmittelbaren Vormann innerhalb zweier Tage nach dem Tage der Protest-Erhebung von der Nichtzahlung des Wechsels schriftlich zu benachrichtigen, zu welchem Ende es genügt, wenn das Benachrichtigungsschreiben innerhalb dieser Frist zur Post gegeben ist. Jeder benachrichtigte Vormann muß binnen derselben, vom Tage des empfangenen Berichts zu berechnenden Frist seinen nächsten Vormann in gleicher Weise benachrichtigen. Der Inhaber oder Indossatar, welcher die Benachrichtigung unterläßt oder dieselbe nicht an den unmittelbaren Vormann ergehen läßt, wird hierdurch den sämmtlichen oder den übersprungenen Vormännern zum Ersatze des aus der unterlassenen Benachrichtigung entstandenen Schadens verpflichtet. Auch verliert derselbe gegen diese Personen den Anspruch auf Zinsen und Kosten, so daß er nur die Wechsel-Summe zu fordern berechtigt ist. (Anm. 1—6.)

Anmerk. 1. Da jedem Wechsel-Verpflichteten an schleuniger Nachricht über das Schicksal des Wechsels liegen muß, ist die Unterlassung der Benachrichtigung an gewisse Nachtheile geknüpft, die unter Umständen ziemlich empfindlich sein können. Einen größern Nachtheil zu verhängen, erschien zu unverhältnißmäßig hart.

Anmerk. 2. Wenn der Inhaber eines Wechsels Namens D. zwar seinen unmittelbaren Vormann C., dieser aber nicht seinen Vormann B., in der bestimmten Frist benachrichtigt hat und der Inhaber D. nach Art. 49. sich an diesen letztern, den B., (den Vormann seines Vormanns C.,) regressirt, so kann dieser B. dem klagenden Inhaber D. den Einwand der nicht empfangenen Benachrichtigung von seinem Hintermann C. nicht entgegensetzen, weil der Inhaber D. nur verpflichtet war, seinem unmittelbaren Vormann C. Nachricht zu geben. Der B., welcher dabei übergangen ist, kann nur gegen den C., der ihn nicht benachrichtigt hat, wegen des entstandenen Schadens sich nöthigenfalls im nicht wechselmäßigen Proceß halten. Über die Benachrichtigung wird der Inhaber in Ermangelung eines Postscheins oft kein anderes Beweismittel haben, als die Eidesdelation.

Anmerk. 3. Die Vorlegung des Wechsels und Protestes an den regreßpflichtigen Vormann ist nicht nothwendig, um die Regreß-Klage zu begründen, es genügt die bloße Benachrichtigung. Die Pflicht aufzulegen, den Wechsel selbst nebst Protest zu versenden, schien gefährlich. Deren Vorlegung bei der Zahlung selbst verlangen zu dürfen, muß ausreichen.

Anmerk. 4. Der Wechsel-Inhaber, welcher die nicht erfolgte Zahlung und die Aufnahme des Protestes dem unmittelbaren Vormann oder einem der Vormänner rechtzeitig anzuzeigen versäumt, kann gegen diese auch nicht einmal Verzugs-Zinsen vom Tage der behändigten Klage fordern, weil er lediglich Anspruch auf die Wechsel-Summe selbst hat.

Anmerk. 5. Der aus der unterlassenen Bekanntmachung der Nicht-Zahlung des Wechsels entstandene Anspruch auf Schaden-Ersatz Seitens der Betheiligten kann nur im ordentlichen Proceß verfolgt werden. Die Behauptung und der Nachweis der Bekanntmachung des Protestes gehört nach der Ansicht des Ober-Tribunals zu Berlin nicht zum Klage-Grunde, es nimmt vielmehr an, daß es Sache des Verklagten sei, die unterlassene Bekanntmachung einzuwenden, wofern er sich von Zinsen und Kosten befreien wolle. (Borch. Forts. I. S. 41, Entsch. des Ob.-Trib. zu Berlin v. 24. Octbr. 1854.) Diese Ansicht dürfte indessen nicht unzweifelhaft sein, es erscheint daher jedenfalls rathsam, bei Anstellung der Klage darüber Beweis anzutreten, zumal dieser Beweis im Laufe des Processes manchen Schwierigkeiten unterliegen könnte, wenn der Wechsel vielleicht in Folge der Benachrichtigungen auf mehre Vormänner zurückgegangen ist.

Anmerk. 6. Die kopenhagner und die englische, sowie die nordamericanische Wechsel-Ordn. verlangen die Bekanntmachung des Protestes an alle Vormänner, gegen welche Regreß genommen werden soll, bei Verlust des Regresses; ebenso muß jeder benachrichtigte Girant gleichfalls seinen Vormännern Nachricht geben. Das portugiesische und holländische Handels-Gesetz-Buch schreiben die Bekanntmachung an den unmittelbaren Vormann nur bei Strafe des Schaden-Ersatzes und resp. der Zins-Vergütung vor. Die russ. Wechs.-Ordn. fordert Bekanntmachung des Protestes und Präsentation des Wechsels an den unmittelbaren Vormann und gestattet den Regreß nur nach der Reihe. Ein übersprungener Vormann ist sofort vom Regreß frei. Die unterlassene gehörige Protest-Aufnahme und Bekanntmachung bewirkt nur Befreiung der Vormänner vom Wechsel-Regreß, doch bleiben sie im gewöhnlichen Proceß verhaftet.

Im franz. Handels-Gesetz-Buch ist der Regreß auf eine bestimmte Frist beschränkt, aber keine Notification verordnet. (Vergl. Borch. a. a. O. S. 95.)

Artikel 46.

Kommt es auf den Nachweis der dem Vormann rechtszeitig gegebenen schriftlichen Benachrichtigung an, so genügt zu diesem Zwecke der durch ein Postattest geführte Beweis, daß ein Brief von dem Betheiligten an den Adressaten an dem angegebenen Tage abgesandt ist, sofern nicht dargethan wird, daß der angekommene Brief einen andern Inhalt gehabt hat. Auch der Tag des Empfanges der erhaltenen schriftlichen Benachrichtigung kann durch ein Postattest nachgewiesen werden.

Anmerk. 1. Ein Post-Attest der bezeichneten Art genügt zum Beweise, ist aber nicht durchaus nothwendig, es kann vielmehr der Beweis auch auf andere Art geführt werden. In Preußen muß der, welcher sich solchen Nachweis durch die Post sichern will, den Brief recommandiren. (Bekanntm. des General-Post-Amts vom 7. März 1849, Minist.-Bl. S. 53.) Behauptet der Adressat, daß der Brief, über welchen die Bescheinigung lautet, einen anderen Inhalt gehabt, so muß er den Gegen-Beweis führen. Es genügt, wenn jene Benachrichtigung auch erst am zweiten Tage nach der Protestirung oder nach dem empfangenen Bericht eines Hintermanns erfolgt ist, und über solche Benachrichtigung eine Bescheinigung der Post-Behörde beigebracht wird.

Artikel 47.

Hat ein Indossant den Wechsel ohne Hinzufügung einer Ortsbezeichnung weiter gegeben, so ist der Vormann desselben von der unterbliebenen Zahlung zu benachrichtigen. (Anm. 1—2.)

Anmerk. 1. Es versteht sich dies aber nur von dem Fall, wo der Wechsel-Inhaber den Indossanten, welcher seinen Wohnort nicht beigefügt hat, wegen dieses Mangels nicht ermitteln kann; ist ihm derselbe bekannt, so muß er denselben natürlich benachrichtigen. Der Wechsel-Inhaber ist jedoch nicht verpflichtet, sich besondre mit Zeitverlust verbundne Mühe zu geben, um den Giranten zu ermitteln, welcher seine Wohnung beizufügen verabsäumt hat, dieser hat vielmehr seiner Nachlässigkeit die Nachtheile beizumessen, die ihm daraus erwachsen, daß der Wechsel-Gläubiger mit Übergehung seiner die Benachrichtigung unmittelbar an seinen Vormann richtet. Zweckmäßig wird es aber sein, daß der Wechsel-Inhaber letzteren von der Ursache der Übergehung und unmittelbaren Benachrichtigung in Kenntniß setzt, damit jener dem nachlässigen Hintermann Mittheilung machen kann. Übrigens könnte man aber füglich auch annehmen, daß, wenn ein Girant seinem Giro keinen Wohnort beigefügt hat, er auf eine Benachrichtigung stillschweigend verzichtet und sich jedes Anspruchs auf Entschädigung begeben habe, falls ihn sein Hintermann oder ein Rechts-Nachfolger desselben nicht benachrichtigt hat.

Anmerk. 2. Wenn ein Indossant im Giro den Wohnort des Indossatars mit angiebt und dieser Indossatar den Wechsel in blanco ohne Beifügung einer Orts-Bezeichnung weiter begiebt, so ist die Benachrichtigung der unterbliebenen Zahlung an denjenigen letzten Vormann zu richten, dessen Wohnort aus dem Wechsel erhellt.

Artikel 48.

Jeder Wechsel-Schuldner hat das Recht, gegen Erstattung der Wechsel-Summe nebst Zinsen und Kosten die Auslieferung des quittirten Wechsels, und des wegen Nichtzahlung erhobenen Protestes von dem Inhaber zu fordern. (Anm. 1—4.)

Anmerk. 1. Da alle Wechsel-Verpflichtete als solidarisch Verhaftete, als gemeinsame Schuldner (correi debendi) anzusehen sind, so hat jeder Einzelne ein Interesse, die Verpflichtung zu beseitigen und daher auch das Recht, als Intervenient aufzutreten, Zahlung zu leisten, und Abtretung der daraus folgenden Rechte zu fordern. Er braucht nicht erst abzuwarten, daß der Gläubiger ihn zur Zahlung auffordert. Hieraus folgt, daß der Wechsel-Inhaber die ihm angebotne Zahlung nicht ablehnen darf, weil er sich vielleicht an den Anbietenden nicht halten mag, da er sonst den Regreß an ihn und die Hintermänner verlieren würde. (Vergl. Koch a. a. O. S. 236.)

Anmerk. 2. Die Auslieferung des quittirten Wechsels und des Protestes wegen der Nicht-Zahlung, braucht der Zahlende nothwendig behufs seines Regresses gegen seine Vormänner, um nachzuweisen, daß die Vorlegung zur Zahlung und die Protest-Erhebung rechtzeitig geschehen ist. Ohne diese Schriftstücke kann er keinen wechselmäßigen Regreß geltend machen.

Anmerk. 3. Bei bloßen Theil-Zahlungen bleibt der Wechsel-Inhaber natürlich im Besitz des Wechsels und Protestes, um seinen weitern Regreß zu verfolgen. Der zahlende Intervenient muß sich in diesem Fall mit einer Abschrift des Protestes und des Wechsels, so wie mit einem Duplicat der Quittung begnügen. (Vergl. Art. 39. Anm. 1. u. 2.)

Anmerk. 4. Die Frage,

ob ein Wechsel-Schuldner, welcher wegen der nicht an ihn geschehenen Benachrichtigung der unterbliebenen Zahlung nicht verpflichtet ist, Zinsen und Kosten zu zahlen, gegen Berichtigung der bloßen Wechsel-Summe die Ausantwortung des quittirten Wechsels nebst Protestes zu verlangen berechtigt ist?

dürfte wohl zu verneinen sein, weil nach Art. 48. (vergl. Art. 39.) der Wechsel-Schuldner nur gegen Erstattung der Wechsel-Summe nebst Zinsen und Kosten die Auslieferung des quittirten Wechsels fordern darf. Will er daher den Wechsel haben, so muß er auch die Zinsen und Kosten erstatten und kann ihm nur überlassen bleiben, sich wegen derselben an die sonstigen Wechsel-Verpflichteten zu halten.

Artikel 49.

Der Inhaber eines Mangels Zahlung protestirten Wechsels kann die Wechsel-Klage gegen alle Wechsel-Verpflichtete oder auch nur gegen Einige oder Einen derselben anstellen, ohne dadurch seinen Anspruch gegen die nicht in Anspruch genommenen Verpflichteten zu verlieren. Derselbe ist an die Reihenfolge der Indossamente nicht gebunden. (Anm. 1—4.)

Anmerk. 1. Dieser Artikel enthält eine bedeutungsvolle, höchst praktische Erleichterung des Wechsel-Verkehrs und begünstigt den Wechsel-Inhaber wesentlich im Verhältniß gegen die frühere Gesetzgebung, indem es nun keiner Bestellung eines gemeinsamen Gerichtsstandes und keiner Contra-Proteste mehr bedarf. Der Wechsel-Gläubiger hat jetzt die unbedingte Wahl, sofort gegen alle Wechsel-Verpflichtete, oder gegen einige, oder einen derselben zu klagen, ohne fürchten zu müssen, seinem Recht gegen die, welche er nicht sogleich in Anspruch nimmt, etwas zu vergeben. Da das Gesetz ganz allgemein von seinem Recht gegen alle Wechsel-Verpflichtete redet und den Acceptanten nicht ausschließt, so läßt sich nicht absehen, weshalb nicht auch gegen diesen gleichzeitig die Klage zuläsig sein sollte. Koch (a. a. O. S. 237) meint zwar, es sei hier nur von der Regreß-Klage gegen die Indossanten die Rede, nicht von der Haupt-Klage, allein die Klage gegen den Acceptanten ist zuletzt auch Nichts als eine Gewährs-Klage und das Gesetz hat hier keinen Unterschied gemacht, auch läßt die Praxis, z. B. bei dem Stadtgericht zu Berlin, stets die Klage gleichzeitig gegen die verpflichteten Indossanten und den Acceptanten zu. Das Gegentheil würde überdieß die Processe ohne Noth vervielfältigen.

Anmerk. 2. Indem der Eingang des Artikels jedem Inhaber eines wegen Mangels der Zahlung protestirten Wechsels das Recht zur Regreß-Klage beilegt, entscheidet er zugleich den Streit über die Legitimations-Frage. Nach dem Art. 49. ist jener Besitz allein ausreichender Beweis dafür, daß er den Wechsel nach erhobenem Protest vom Inhaber eingelöst hat, und dem letztern keine Rechte mehr zustehen. Jeden andern weitern Beweis zu verlangen, würde der Natur des Wechsel-Verkehrs entgegen und in hohem Grade unpraktisch gewesen sein; überdieß spricht die Vermuthung für die Redlichkeit des Besitzers.

Anmerk. 3. Der Art. 49. verbindet den springenden Regreß mit dem Rechte, beliebig einen der Verpflichteten Behufs der Befriedigung auszuwählen (jus variandi). Jeder Einzelne kann auf die ganze Wechsel-Schuld nebst Zinsen und Kosten in Anspruch genommen werden, selbst der bloße Bürge. (Vgl. Art. 81.)

Anmerk. 4. Der Inhaber eines Mangels Zahlung protestirten Wechsels ist dadurch auch legitimirt, die sämmtlichen Ricambio-Spesen erstattet zu verlangen, ohne den Nachweis führen zu müssen, daß er dieselben dem, von welchem er den Wechsel eingelöst, erstattet hat, weil durch den Besitz des Wechsels die Vermuthung für ihn spricht, daß alle darauf haftenden Spesen von ihm berichtigt sind.

Artikel 50.

Die Regreß-Ansprüche des Inhabers, welcher den Wechsel Mangels Zahlung hat protestiren lassen, beschränken sich auf:

1) die nicht bezahlte Wechsel-Summe nebst 6 Procent jährlicher Zinsen vom Verfalltage ab,
2) die Protest-Kosten und andere Auslagen,
3) eine Provision von $\frac{1}{3}$ Procent.

Die vorstehenden Beträge müssen, wenn der Regreßpflichtige an einem anderen Orte als dem Zahlungsorte wohnt, zu demjenigen Course gezahlt werden, welchen ein vom Zahlungsorte auf den Wohnort des Regreßpflichtigen gezogener Wechsel auf Sicht hat. Besteht am Zahlungsorte kein Cours auf jenen Wohnort, so wird der Cours nach demjenigen Platze genommen, welcher dem Wohnorte des Regreßpflichtigen am nächsten liegt. Der Cours ist auf Verlangen des Regreßpflichtigen durch einen unter öffentlicher Autorität ausgestellten Courszettel oder durch das Attest eines vereideten Mäklers oder, in Ermangelung derselben, durch ein Attest zweier Kaufleute zu bescheinigen. (Anm. 1—5.)

Anmerk. 1. Nach den hier aufgestellten Grundsätzen muß der Regreß-Nehmer die im kaufmännischen Verkehr sogenannte Retour-Rechnung (compte de retour, account of re- exchange) aufmachen; eine weitere Entschädigung darf er nicht fordern. Kommt es auf einen Cours an, so ist dieser nach dem Tage zu bestimmen, wo die Retour-Rechnung aufgestellt ist. (Vergl. die Anmerkungen zu Art. 37. und Koch a. a. O. S. 241.)

Anmerk. 2. Eine Provisions-Forderung ist nur bei einer Regreßnahme begründet, in andern Fällen muß sie besonders gerechtfertigt werden. Daher hat der Wechsel-Inhaber, welcher ohne Erhebung eines Protestes wegen Mangels an Zahlung sofort den Wechsel-Betrag gegen den Acceptanten einklagt, kein Recht auf Provision; eben so wenig steht solches dem Aussteller des Wechsels an eigene Ordre zu, welcher unmittelbar gegen den Acceptanten klagt. (Erk. des Ob.-Trib. zu Berlin v. 8. Septbr. 1853 Arch. der Trib.-Anw. Bd. 11. S. 4, Erk. des Ob.-Trib. zu Stuttgart v. 28. Decbr. 1853 u. 17. Jan. 1854 im Arch. Seuffert Bd. 7. S. 269, Borch. a. a. O. S. 49.) In dem Falle, wo ein Indossatar gegen den Aussteller eines an die Ordre eines Bank-Hauses und über ein Darlehn ausgestellten eignen Wechsels klagt, hat das Ob.-Trib. zu Stuttgart jenem die Provision zugesprochen, weil das Ausleihen von Geldern zu dem Geschäft des indossirenden Banquiers gehöre und die Banquiers für ihre Darlehne Provision zu rechnen pflegten. (Vergl. Erk. des Ob.-Trib. zu Stuttgart v. 15. Septbr. 1854 im Arch. von Seuffert Bd. 8. S. 320, Borch. Forts. der A. d. W.-O. S. 142.)

Anmerk. 3. Die Bestimmung, daß der Wechsel-Gläubiger die ihm gebührenden Beträge zu demjenigen Course gezahlt erhalten müsse, welchen ein vom Zahlungsort auf den Wohnort des Regreßpflichtigen gezogener Wechsel auf Sicht habe, beabsichtigt, den Regreßnehmer gegen unverschuldeten Verlust zu schützen und will besagen, daß der Wechsel-Inhaber so viel zu erhalten habe, als ein Wechsel nach dem Nominal-Werth betragen müsse, um dafür die ihm zustehende Summe auf denselben am Zahlorte ohne Verlust erheben zu können, wobei natürlich die Cours-Differenz mit zu berechnen ist. (Vgl. Koch a. a. O. S. 241, Leipz. Conf.-Prot. S. 108 ff.)

Der Art. 50. hat im zweiten Absatz hauptsächlich den Fall im Auge, wo der Regreßnehmer über den Betrag seiner Retour-Rechnung auf den Regreßpflichtigen einen sogenannten Rück-Wechsel zieht, der am zweckmäßigsten gleich als solcher bezeichnet wird und den der Bezogene auch ohne besondere Acceptation einlösen muß, zumal er der Kosten-Ersparniß wegen gleich unmittelbar (a drittura) gezogen werden soll. (Vergl. Art. 53, Leipz. Conf.-Prot. S. 112.) Der Regreßnehmer ist aber nur berechtigt, nicht verpflichtet, durch solchen Rück-Wechsel seinen Rembours (Regreß, Rückgriff) zu suchen, es bleibt ihm vielmehr ganz überlassen, seine Retour-Rechnung auf beliebige Weise von dem Regreßpflichtigen einzuziehen, also auch wegen des schuldigen Betrages einen Wechsel auf denselben abzugeben, welcher die gesetzlichen Eigenschaften eines Rück-Wechsels nicht hat, deshalb aber auch der eigenthümlichen wechselrechtlichen Wirkung des letzteren entbehrt. (Leipz. Conf.-Prot. S. 112.) Die Cours-Differenz darf auch da berechnet und eingefordert werden, wo wirklich kein Rück-Wechsel gezogen ist, weil angenommen wird, daß der Regreßnehmer möglicher Weise doch einen ihr gleich stehenden Verlust leiden könnte. (Vergl. Liebe Entw. einer

Wechsel-Ordn. für das Herzogth. Braunschweig S. 149.) Es folgt dies Alles aus dem Satze: daß der Aussteller des Wechsels sich dem Wechselnehmer gegenüber verpflichtet, daß die verschriebene Wechsel-Summe am Zahlort zu der bestimmten Zeit gezahlt werden soll, widrigen Falls er für das aufkommen muß, was die Anschaffung der Wechsel-Summe am Zahlplatz mittels Wechsels auf ihn selbst kostet, also den Sicht-Cours. (S. Liebe Entw. zur braunschw. W.-O. S. 147, Leipz. Conf.-Prot. S. 112.)

Anmerk. 4. Die Erstattung der Proceß-Kosten in einer Wechsel-Sache kann der Kläger vom Verklagten gleichfalls bei Vermeidung der Wechsel-Execution verlangen, wenn der Verklagte überhaupt dazu verurtheilt ist. (Erk. des Kammerger. zu Berlin v. 12. Juli 1851, Borch. a. a. O. S. 49.)

Anmerk. 5. Von den Beträgen, welche die eigentliche Wechsel-Schuld selbst ausmachen, können 6 Procent Zinsen berechnet werden, von den übrigen Posten sind nach Koch's Ansicht (a. a. O. S. 241) vom Tage der Klage-Behändigung ab nur bei Kaufleuten kaufmännische, bei anderen Personen nur landübliche Zinsen zu berechnen. Andere (z. B. Renaud) halten den Regreßnehmer für berechtigt, auch von den Zinsen, Kosten, Provision, Porto, überhaupt von der ganzen dem Hintermann erstatteten Summe 6 Procent zu erheben, weil das Capital nebst diesen Spesen ihm gegenüber den wechselmäßigen Betrag darstelle. Daß er daneben seine eigenen Kosten nebst Zinsen fordern kann, versteht sich von selbst. Von der wirklichen Wechsel-Summe selbst auch Nicht-Kaufleuten 6 Procent zuzubilligen, kann nach diesem Artikel nicht zweifelhaft sein, da die entgegenstehenden Paragraphen im 11ten Titel hier nicht maßgebend sein können, weil hier das neuere Gesetz eine besondere Ausnahme bestimmt.

Anmerk. 6. Bricht über mehre einem Wechsel-Gläubiger verhaftete Wechsel-Interessenten der Concurs aus, so kann er sich mit der ganzen Summe in allen Concursen melden. Gelangt er jedoch in einem derselben zu einer Zahlung, so vermindert sich dadurch seine Forderung in allen übrigen Concursen und er muß diese Zahlung zu allen Massen anzeigen. (Nassauer Wechsel-Proc.-Ordn. v. 25. Octbr. 1848 §. 31, St. Gall. W.-O. Tit. 5. §. 6, Holländisches Handels-Ges.-B. §§. 198. 878, Span. Handels-Ges.-B. §. 538, Borch. a. a. O. S. 103.)

Anmerk. 7. Da der Schluß des Art. 50. dem Regreßpflichtigen das Recht beilegt, die dort bezeichnete Bescheinigung über den Cours zu verlangen, so thut der Regreßsuchende (Regredient) wohl, sich die gedachten Cours-Zettel oder Atteste sogleich zu beschaffen und beizufügen, um jede Verzögerung abzuschneiden. Das franz. Handels-Gesetz-Buch enthält wegen der Bescheinigungen ähnliche Bestimmungen. (Vergl. Art. 181.)

Anmerk. 8. In Kur-Hessen, wo bekanntlich die Allg. deutsch. W.-O. nicht mehr gilt (vergl. S. 20 dieses Werkes die Anmerk. zu Nr. VIII.), sind doch ebenfalls sechs Procent Zinsen zulässig. (Plathner im Arch. f. W.-R. Bd. 5. S. 183.)

Artikel 51.

Der Indossant, welcher den Wechsel eingelöst oder als Rimesse erhalten hat, ist von einem früheren Indossanten oder von dem Aussteller zu fordern berechtigt:

1) die von ihm gezahlte oder durch Rimesse berichtigte Summe nebst 6 Procent jährlichen Zinsen vom Tage der Zahlung,
2) die ihm erstandenen Kosten,
3) eine Provision von $\frac{1}{3}$ Procent.

Die vorstehenden Beträge müssen, wenn der Regreßpflichtige an einem andern Orte als der Regreßnehmer wohnt, zu demjenigen Course gezahlt werden, welchen ein vom Wohnorte des Regreßnehmers auf den Wohnort des Regreßpflichtigen gezogener Wechsel auf Sicht hat. Besteht im Wohnorte des Regreßnehmers kein Cours auf den Wohnort des Regreßpflichtigen, so wird der Cours nach demjenigen Platze genommen, welcher dem Wohnorte des Regreßpflichtigen am nächsten liegt. Wegen der Bescheinigung des Courses kommt die Bestimmung des Art. 50. zur Anwendung. (Anm. 1—2.)

Anmerk. 1. Der Art. 50. sprach von den Rechten des Wechsel-Inhabers bei verweigerter Zahlung, der Art. 51. handelt von dem Regresse des Indossanten, welcher einen Wechsel eingelöst hat.

Anmerk. 2. Rimesse, Rücksendung, Rück-Deckung, Deckungs-Rimessen nennt der kaufmännische Sprach-Gebrauch diejenigen Zahl- oder Deckungs-Mittel, welche behufs der Befriedigung eines Dritten, namentlich zur Tilgung erhaltener Vorschüsse und acceptirter Tratten, angewiesen werden. Sie können bei dem Regreß in der Rücksendung des eignen Wechsels nebst Protest bestehen, was der baaren Einlösung gleich kommt. (Vergl. Koch a. a. O. S. 243, Ditsch. W.-R. S. 370 u. 492.) Im engern Sinne versteht man unter Rimesse in der kaufmännischen Sprache vorzüglich die als Zahlung oder zur Gutschrift eingesandten Wechsel. (Vergl. Ditsch. a. a. O. S. 370.)

Artikel 52.

Durch die Bestimmungen der Art. 50. u. 51. Nr. 1. und 3. wird, bei einem Regresse auf einen ausländischen Ort, die Berechnung höherer, dort zulässiger Sätze nicht ausgeschlossen. (Anm. 1—3.)

Anmerk. 1. Die hier ausgesprochene Bestimmung will nur sagen, daß bei Nr. 1 und 3 die deutsche Wechsel-Ordnung keine Einschränkung zum Nachtheil deutscher Interessenten bilden soll, diese vielmehr befugt sind, im Auslande die dort zugelassenen höheren Sätze, ohne Rücksicht auf die deutsche Wechsel-Ordnung, gleichfalls zu fordern, wie z. B. in Gemäßheit der dänischen Verordn. v. 8. Novbr. 1799 bei Wechseln nach den westindischen Inseln 10 Procent Ricambio. (Vergl. Borch. a. a. O. S. 104.)

Anmerk. 2. Aus obiger Bestimmung folgt, daß der ausländische Remboursirende, welcher weitern Regreß in das Inland nimmt, mit seiner Retour-Berechnung die höheren Ansätze, die er selbst, der Regreßnehmer, entrichten mußte, von seinen Vormännern ersetzt verlangen kann. (Brauer a. a. O. S. 103, Renaud a. a. O. S. 177.)

Anmerk. 3. Daß hier unter „ausländischen Ort" nur ein solcher zu verstehen ist, wo die deutsche Wechsel-Ordnung nicht gilt, bedarf wol keiner Ausführung. Verschiedene Einführungs-Gesetze haben dies ausdrücklich ausgesprochen. (Vgl. S. 30 u. 34 dieses Werkes, vgl. Christoph a. a. O. S. 51.)

Artikel 53.

Der Regreßnehmer kann über den Betrag seiner Forderung einen Rückwechsel auf den Regreßpflichtigen ziehen. Der Forderung treten in diesem Falle noch die Mäklergebühren für Negocirung des Rück-Wechsels, so wie die etwaigen Stempelgebühren hinzu.

Der Rück-Wechsel muß auf Sicht zahlbar und unmittelbar (a drittura) gestellt werden. (Anm. 1—5.)

Anmerk. 1. Der Rück-Wechsel, auch Rück-Tratte, Rechange, Her-Wechsel, Ricambio, Retour-Wechsel, Ritratta (Retraite), Ritorno, Gegen-Wechsel, Ricors und Wider-Wechsel genannt, ist ein ganz neuer Wechsel, welchen der Regreßnehmer auf den in Anspruch genommenen Vormann nach dessen Wohnort (Zahlung auf Sicht) zu ziehen berechtigt ist, um wegen seiner ganzen Forderung an Capital, Zinsen und Kosten mit Einschluß aller Stempel- und Mäkler-Gebühren (Sensarie) für die Beschaffung dieses Rück-Wechsels und den neuen Verlust, welchen er bei dem Wechsel-Cours leidet, den Regreß in

Ausführung zu bringen. (Vergl. Bremer Handels-Ges.-B. Art. 178.) Er kann die Beläge der Retour-Rechnung, namentlich auch den protestirten Wechsel nebst Protest und die Bescheinigung über die Benachrichtigung der Regreßpflichtigen von der Nichtzahlung des Acceptanten (Art. 49.), dem Wechsel unmittelbar beifügen, oder in anderer Weise anordnen, daß sie den Regreßpflichtigen bei der Präsentation des Rück-Wechsels rechtzeitig vorgelegt und ausgeliefert werden können. (Vergl. Leipz. Conf.-Prot. 18. S. 112.) Ein solcher Rück-Wechsel soll jedoch zur Sparung unnöthiger Kosten a drittura, d. h. direct, unmittelbar, also ohne Zwischen-Personen und Umwege, gezogen werden. Etwaige Mehr-Spesen braucht deshalb der Regreßpflichtige nicht zu vergüten. (Vgl. Renaud a. a. O. S. 178, Leipz. Conf.-Prot. a. a. O. S. 112. Vgl. hier Art. 50. Anm. 3.)

Anmerk. 2. Das franz. Handels Ges.-B. Art. 182. u. 183. bestimmt ausdrücklich, daß nur eine Rück Tratte und eine Retour-Rechnung zulässig sein sollen.

Anmerk. 3. Der Regreßpflichtige, welcher durch einen Rück-Wechsel in Anspruch genommen worden, hat, sofern er Indossant ist, das Recht, seiner Seits auf seinen Vormann einen Rück-Wechsel zu ziehen.

Anmerk. 4. Bei Kaufleuten kommt es oft vor, daß sie, statt einen Rück-Wechsel auf den Regreßpflichtigen zu ziehen, namentlich, wenn sie in laufender Rechnung und also in mehrfachem Verkehr stehen, dem Regreßpflichtigen lediglich die Retour-Rechnung einsenden, indem ihn dann der Regreßnehmer auf Höhe des Betrages belastet. Dabei geschieht es oft, daß der Regredient nur die Platz-Valuta berechnet und den Cours in der Retour-Rechnung offen läßt, damit der Empfänger solchen nach seinem Vortheil selbst aufstellen kann. Aber auch in diesem Fall muß der Regreßnehmer dem Regreßpflichtigen zu dessen Ausweis gegen den Vormann nach Art. 50. einen beglaubigten Cours-zettel oder eins der dort bezeichneten Atteste einsenden. (Vgl. Ditsch. a. a. O. S. 374.)

Anmerk. 5. Der nach den früheren Wechsel Gesetzen gemachte Unterschied zwischen Rück und Retour-Wechseln ist mit Recht nicht beibehalten.

Artikel 54.

Der Regreßpflichtige ist nur gegen Auslieferung des Wechsels, des Protestes und einer quittirten Retour-Rechnung Zahlung zu leisten verbunden.

Anmerk. 1. Die Beibringung der hier erwähnten Urkunden ist unerläßliche Bedingung des Regresses, da der in Anspruch genommene Regreßpflichtige anders nicht sicher zahlen kann, er auch jener Stücke bedarf, um seinen Regreß weiter zu verfolgen. Selbst der Nachweis, daß dem in Anspruch Genommenen aus der Nicht-Lieferung des Protestes oder einer der andern Urkunden kein Nachtheil erwachse, kann den Regreßnehmer von der Pflicht der

Einlieferung nicht befreien. Ablieferung und Zahlung muß Zug um Zug geschehen. (Leipz. Conf.-Prot. S. 112.)

Anmerk. 2. Im preußischen Entwurfe war der Art. 54. als §. 53. gefaßt und enthielt noch die Bestimmung, daß auch die Beläge über die außer der Wechsel-Summe in der Retour-Rechnung aufgeführten Posten beigefügt sein müßten, also Zahlung auch nur gegen deren gleichfalls erfolgte Beifügung geleistet zu werden brauchte. (Leipz. Conf.-Prot. S. XIV.) Bei der Berathung war man aber der Ansicht, daß diese Worte um so mehr fortbleiben könnten, als für manche der in der Retour-Rechnung vorkommenden Posten quittirte Beläge gar nicht ausgestellt zu werden pflegten. Es könne vielmehr abgewartet werden, ob der Regreßpflichtige gegen einzelne Posten Einwendungen mache, über welche dann der Richter nach Befinden Bescheinigung zu erfordern und zu entscheiden habe. Es wurde demnächst bei Annahme des Art. 53. (hier 54.) der Redaction die Berücksichtigung dieser Erinnerung anheimgegeben, und ist darauf der gedachte Zusatz: „So wie die Beläge über die außer der Wechsel-Summe in der Retour-Rechnung aufgeführten Posten" weggelassen. (Vergl. Leipz. Conf.-Prot. S. 112 u. 113.) Jeden Falls thut der Regreßnehmer wohl, diejenigen Beläge, welche er beschaffen kann, gleich beizufügen, und deshalb sich möglichst im voraus, wo es irgend thunlich, Quittungen geben zu lassen.

Artikel 55.

Jeder Indossant, der einen seiner Nachmänner befriedigt hat, kann sein eigenes und seiner Nachmänner Indossament ausstreichen. (Anm. 1—4.)

Anmerk. 1. Der Indossant, der, gleichviel, ob durch baare Zahlung oder auf andere Weise einen Wechsel-Inhaber, der sein Hintermann ist, befriedigt hat, würde in die Rechte gegen diejenigen Nachmänner eintreten, welche Vormänner des Wechsel-Inhabers waren, an welche dieser sich gleichfalls halten konnte. Mit der wegfallenden Verpflichtung des Zahlers fällt aber auch deren Verpflichtung, da er selbst ihnen zur Gewähr verpflichtet sein würde, und sein Regreß gegen sie würde daher wirkungslos sein, denn er wäre Berechtigter und Verpflichteter in einer Person.

Anmerk. 2. Jeder Regreßpflichtige, welcher einen Wechsel einlöst, handelt vorsichtig, wenn er sein eigenes und seiner Nachmänner Giro ausstreicht, ehe er etwa den Wechsel fortgiebt, damit nicht möglicher Weise später aus den nicht durchgestrichenen Indossamenten Weiterungen entstehen.

Anmerk. 3. In den von der Allg. deutſ. W.-O. gebilligten Fällen des Durchstreichens (Art. 36. u. 55.) kommt es auf eine Erörterung der Berechtigung dazu nicht an. Die bloße Thatsache des Durchstreichens soll die Kraft haben, die Wechsel-Erklärung aufzuheben. Es liegt dies in der rein formellen Natur des Wechsel-Rechts. (Vergl. Thöl's Handels-R. Bd. 2. §. 294. S. 525, Wächter im Arch. f. W.-R. Bd. 6. S. 43.)

Anmerk. 4. Da der Vormann, welcher den Wechsel im Regreß-Wege von dem Inhaber eingelöst hat, befugt ist, sein und seiner Nachmänner Indossamente auszustreichen, so folgt:

a) sofern der Einlösende im Besitz des Wechsels ist, daß die Indossamente der Nachmänner keine weitere wechselrechtliche Bedeutung mehr haben;

b) daß, wenn der Vormann das Indossament des Nachmannes nicht ausstreicht, seine Legitimation dem Acceptanten gegenüber nicht beeinträchtigt wird. (Erk. des Geh. Ob.-Trib. zu Berlin v. 26. Febr. 1856 im Arch. f. W.-R. Bd. 6. S. 94.)

IX. Intervention.

1. Ehren-Annahme.

Artikel 56.

Befindet sich auf einem Mangels Annahme protestirten Wechsel eine auf den Zahlungsort lautende Nothadresse, so muß, ehe Sicherstellung verlangt werden kann, die Annahme von der Nothadresse gefordert werden. Unter mehreren Nothadressen gebührt derjenigen der Vorzug, durch deren Zahlung die meisten Verpflichteten befreit werden. (Anm. 1—6.)

Anmerk. 1. Unter Intervention versteht man im Wechsel-Recht das freiwillige Dazwischen-Treten eines Dritten zur Übernahme einer fremden Wechsel-Verpflichtung, sei es durch Annahme oder Zahlung (Honorirung). Diese Übernahme kann in verschiedener Art geschehen, muß aber immer den Zweck haben, die Wechsel-Verbindlichkeit zu Gunsten der Wechsel-Geber und zu Ehren ihres Credits, mit Vorbehalt des Regresses an sie, aufzulösen. Untergeordneter Zweck ist dabei, Zeitverlust so wie Kosten zu ersparen, welche durch den förmlichen Rückgang des Wechsels auflaufen könnten. Um nun jeden Zweifel über die Berechtigung eines Dritten auf sein Zwischen-Treten zu beseitigen, da der Inhaber die Ehren-Annahme Seitens eines Dritten sich nicht braucht gefallen zu lassen (Art. 57.), hat der Handels-Gebrauch schon im 16ten Jahrhundert die sogenannten Nothadressen eingeführt und die Wechsel-Ordnungen haben solche bestätigt. Diese Noth-Adressen haben die Bedeutung, daß die dadurch bezeichneten Personen nöthigen Falls, wenn Acceptation oder Zahlung nicht anders zu erlangen ist, statt des Bezogenen mit in die Wechsel-Verbindung aufgenommen werden sollen. Sie sollen daher als Stützen des Credits, als Aushilfe und Surrogate bei verweigerter Annahme, resp. Zahlung dienen, um dem Wechsel für den Fall Schutz zu gewähren, daß er solchen bei den ursprünglich Verpflichteten nicht findet. In der Regel werden daher als Noth-Adressen nur ganz besonders gute und sichere Häuser bezeichnet. (Vergl. Leipz. Conf.-Prot. S. 116 ff., Ditscheiner a. a. O. S. 258.) Zahlung muß der Gläubiger ohnehin von jedem Dritten annehmen, wenn er dadurch vollständig befriedigt wird und nicht der Schuldner im Übereinstimmung mit ihm widerspricht. (Leipz. Conf.-Prot. S. 130.)

Anmerk. 2. Die durch die Noth-Adresse (Hilfs- oder Neben-Adresse, Bisogno, Besoin) bezeichnete Person, welche statt des Bezogenen an dessen Wohnort im Nothfall den Wechsel honoriren soll, wird der Adressat genannt. Solche Adressen, und zwar eine oder mehre, können der Aussteller, jeder Indossant und sogar auch der Acceptant beifügen, letzterer namentlich, z. B. für den Fall längerer Abwesenheit und bei domicilirten Wechseln auf den Zahlort lautend, sofern der Domiciliat den Wechsel nicht einlösen sollte. (Vergl. Kheil Wechsel-Recht des östreich. Kaiserstaates S. 187.)

Anmerk. 3. Die Noth-Adresse wird jetzt gewöhnlich auf den Wechsel selbst und zwar auf die Vorderseite mit kurzen Worten unter die Adresse des Bezogenen gesetzt, z. B. „nöthigen Falls,“ „im Fall,“ „im Nothfall bei Herrn N. N., au besoin chez Mr. N., in case of need with Mr. N.“ Der Indossant soll sie neben oder unter sein Giro, der Acceptant unter sein Accept setzen, damit gleich sicher erhellt, von wem die Noth-Adresse herrührt, was schon nothwendig erscheint, weil der Noth-Adresse der Vorzug gebührt, durch deren Zahlung die meisten Verpflichteten befreit werden. Wird eine Noth-Adresse auf den Bezogenen selbst gemacht, so pflegt man zu dessen Namen oder Firma bloß zu setzen: „wo im Fall.“ (Vergl. Ditscheiner a. a. O. S. 259, Leipz. Conf.-Prot. S. 125.)

Anmerk. 4. Erlangt der Wechsel-Inhaber von dem Bezogenen gar keine oder keine vollständige Annahme, so muß er mit Protest und Wechsel bei der Noth-Adresse wegen der ganzen Summe oder resp. wegen des Restes das Accept nachsuchen. Er ist dazu verpflichtet, weil er unter dieser stillschweigenden Bedingung den Wechsel erhalten und die Noth-Adresse den Zweck hat, den nothleidenden Wechsel zu schützen. (Ditscheiner a. a. O. S. 296.) Erfolgt hier die Annahme, so muß er den Verfall abwarten.

Anmerk. 5. Enthält der Wechsel mehre Noth-Adressen, so muß der Wechsel-Inhaber nach der im Artikel angedeuteten Ordnung mit der Präsentation fortfahren, bis er eine Adresse findet, welche sich zur Acceptation versteht.

Anmerk. 6. Noth-Adressen, welche nicht auf den Zahlungsort lauten, braucht der Wechsel-Inhaber nicht zu beachten.

Artikel 57.

Die Ehrenannahme von Seiten einer nicht auf dem Wechsel als Nothadresse benannten Person braucht der Inhaber nicht zuzulassen. (Anm. 1—9.)

Anmerk. 1. Unter Ehren-Annahme, Acceptation per honor, sopra protesto (nach aufgenommenem Protest), per onore, versteht man jede Annahme eines Wechsels zu Ehren oder Gunsten eines bestimmten Verpflichteten; durch einen freiwilligen Intervenienten — Intervenant, acceptor or payer supra protest — im Gegensatz der Noth-Adresse. Es gehört dahin auch diejenige Annahme, welche der Bezogene oder eine Noth-Adresse, jedoch nicht in dieser bezeichneten Eigenschaft, sondern vielmehr nach zuvor verweigerter Annahme in solcher Eigenschaft, zu Ehren eines der Wechsel-Verpflichteten erklärt. (Leipz. Conf.-Prot. S. 125.) Derjenige, welcher auf diese Weise intercedirt oder intervenirt, übernimmt dadurch freiwillig eine fremde Wechsel-Verbindlichkeit, in der Regel, um einem Geschäftsfreunde gefällig zu sein, ihm Kosten zu sparen und seinen Credit zu schützen. Man unterscheidet die Annahme zu Ehren des Ausstellers (per onor di lettera oder per onor di firma) und die zu Ehren eines Giranten (per onor di giro). (Vergl. Ditsch. a. a. O. S. 295.)

Anmerk. 2. Der Aussteller selbst und ein Indossant können nicht zu eignen Ehren oder zu Ehren ihrer Nachmänner zur Ehren-Acceptation verstattet werden, wohl aber ist der Wechsel-Inhaber zu interveniren berechtigt. In solchem Fall erklärt er, daß er zu Ehren des Ausstellers oder eines Indossanten eintreten, den Wechsel nicht Noth leiden lassen und sich selbst für Rechnung und zu Ehren jener Interessenten Zahlung leisten wolle, welchen falls ihm natürlich aller Regreß vorbehalten bleibt. (Vgl. das Holländ. H.-G.-B. §. 125, das Portug. H.-G.-B. §. 346, Ditsch. S. 296, Borch. W.-O. v. 1851 S. 110 zu Art. 57. und Treitschke Encykl. Bd. 1. S. 527.)

Anmerk. 3. Die Intervention muß stets unter Protest geschehen, in welchem sie als Anhang (als sogenannter Interventions-Act) zu vermerken ist. Diesen Protest muß sich der Honorant gegen Ersatz der Kosten aushändigen lassen. Die Honoration ist auf den Wechsel selbst zu setzen und zu bemerken, daß sie unter Protest geschehe, auch zu wessen Ehren. Ist letzteres nicht bemerkt, so wird die Honorirung zu Ehren des Ausstellers angenommen. (S. Art. 59, vergl. Ditscheiner S. 295, Leipz. Conf.-Prot. S. 127, Preuß. Mot. S. 67.)

Anmerk. 4. Für den Bezogenen, welcher noch gar nicht acceptirt hat, kann Niemand in Bezug auf diesen rechtsgiltig interveniren, weil vor der Annahme Seitens des Bezogenen dieser noch gar nicht in der Wechsel-Verbindung ist; dagegen erscheint allerdings der Intervenient, welcher für einen Bezogenen, der auch noch nicht acceptirt hätte, den Wechsel einmal angenommen hat, dem Wechsel-Inhaber aus seinem Accept verhaftet. Nur solcher Intervenient selbst hat kein Wechsel-Recht gegen den Bezogenen, für den er intervenirte, und gegen die andern aus dem Wechsel-Verpflichteten. (Koch a. a. O. S. 257, vergl. Art. 64. Anm. 2.)

Anmerk. 5. Wollen mehre an sich zulässige Personen für denselben Wechsel-Verpflichteten interveniren, so hat der Inhaber des Wechsels die Wahl. (Leipz. Conf.-Prot. S. 130.) Diese würde nur dadurch beschränkt sein, daß einer von denen, welcher sich meldet, einen besonderen Auftrag des Verpflichteten hätte, welchen falls dieser natürlich vorgeht. Mit Unrecht wollen Manche hier analog die Bestimmung des Art. 56. Abs. 2. anwenden, da die Zulassung des nicht im Wechsel-Verbande befindlichen Dritten lediglich vom Willen des Inhabers abhängt und abhängen muß, weil er durch Annahme des Dritten erklärt, daß er sich mit dessen Bürgschaft begnüge, und dadurch nach Art. 62. zugleich seine Regreß-Klage nebst Sicherstellung verliert. (Cf. Borch. S. 111.) Anderer Ansicht ist Ditsch. (a. a. O. S. 296). Die Ehren-Annahme eines Dritten, der nicht auf dem Wechsel benannt ist, hat eben einen ganz anderen Charakter, als eine Noth-Adresse. (Vergl. Christoph W.-R. S. 54.)

Anmerk. 6. Die Ehren-Annahme, welche gleich nach dem Protest wegen verweigerter Annahme beginnen kann, ist noch bis zum Zahlungstage zuläsfig, da aber bei verweigerter Acceptation der Wechsel-Inhaber nur Sicherstellnng fordern darf, so ist die Sicherheit zurück zu gewähren, sobald die vollständige Annahme des Wechsels bewirkt und zugelassen ist.

Anmerk. 7. Nach dem franz. H.-G.-B. (Art. 128.) wird der Wechsel-Inhaber auch die Ehren-Acceptation eines nicht im Wechsel benannten Dritten jederzeit zulassen müssen, weil ihm ungeachtet der Acceptation durch den Intervenienten zu allen Zeiten der Regreß auf Sicherstellung verbleibt. (Vergl. Borch. W.-R. v. 1851 S. 111.)

Anmerk. 8. Die Ehren-Annahme des Bezogenen steht der eines Dritten gleich, und der Inhaber braucht solche sich nicht gefallen zu lassen. (Conf.-Prot. S. 134, Brauer a. a. O. S. 110.) Nach dem brasil. H.-R. (Übersetzung von Borch. u. Stolp S. 85) soll der Bezogene vor Allem das Recht zur Ehren-Annahme haben, jedoch für alle Schäden seiner verweigerten einfachen Acceptation haften. Koch (a. a. O. S. 255) scheint den Bezogenen im Allgemeinen zur Ehren-Annahme unbedingt für berechtigt zu erachten, will ihm aber kein Vorzugsrecht einräumen. (Vgl. auch Koch a. a. O. S. 257.)

Anmerk. 9. Es ist wol die Frage aufgeworfen:

ob die um Aufnahme eines Protestes Mangels Annahme ersuchte Gerichts-Person nicht besonders instruirt werden müsse, daß sie die Ehren-Annahme eines Fremden nicht zulassen solle, wofern der Wechsel-Inhaber diese nicht wünsche, es dürfte aber diese Frage wohl unbedingt zu verneinen sein, denn, wenn sich ein dritter nicht im Wechsel-Verbande befindlicher Interessent zur Ehren-Annahme bei der instrumentirenden Gerichts-Person meldet, so wird diese dies stets im Protest vermerken, auch die Annahme auf dem Wechsel zwar zulassen müssen, es wird aber allerdings von dem Wechsel-Inhaber abhängen, wiefern er sich bei solchem Accept beruhigen und demselben weitere Folge geben will.

Artikel 58.

Der Ehrenacceptant muß sich den Protest Mangels Annahme gegen Erstattung der Kosten aushändigen und in einem Anhange zu demselben die Ehrenannahme bemerken lassen. Er muß den Honoraten unter Übersendung des Protestes von der geschehenen Intervention benachrichtigen und diese Benachrichtigung mit dem Proteste innerhalb zweier Tage nach dem Tage der Protesterhebung zur Post geben. Unterläßt er dies, so haftet er für den durch die Unterlassung entstehenden Schaden. (Anm. 1—5.)

Anmerk. 1. Die Intervention ist erst dadurch begründet, daß Niemand der im Wechsel-Verbande befindlichen Personen den Wechsel zu schützen, vor dem Nothleiden zu bewahren bereit und zur unbedingten Annahme zu vermögen gewesen. Daraus folgt, daß der Intervenient dies durch gehörige Proteste nachweisen und so den Honoraten in den Stand setzen muß, seinen Regreß an die Vormänner zu nehmen.

Anmerk. 2. Die Ehren-Annahme muß auch gerichtlich oder notariell, wie die verweigerte Annahme, festgestellt und unter dem Protest selbst vermerkt werden, damit die Intervention ohne Weiterungen sofort im Wechsel-Proceß nachgewiesen werden kann. (Vergl. Art. 57. Nr. 3.)

Anmerk. 3. Der, welcher zu Ehren eines Andern annimmt, hat daher folgende Pflichten:

1) er darf erst dann interveniren, wenn wegen Nicht-Annahme rechtzeitiger und förmlicher Protest erhoben ist;
2) er muß die Ehren-Annahme in einem Anhang zum Proteste, sei es in demselben oder einem Nachtrags-Protokoll, welches jenem angehängt wird, vermerken und den Protest sich gegen Erstattung der Kosten aushändigen lassen;
3) er muß auf dem Wechsel selbst die Ehren-Annahme vermerken (§. 59);
4) er hat binnen 2 Tagen nach eingelegtem Proteste unter Übersendung desselben den Honoraten von der Intervention zu benachrichtigen.

Anmerk. 4. Hat der Intervenient zur Ungebühr intervenirt oder ein Versehen begangen, so hat er in der Regel von dem Honoraten keine Schadloshaltung zu fordern, ist vielmehr demselben noch regreßpflichtig. Gegen den Wechsel-Inhaber ist er natürlich aus seinem Accepte wechselmäßig verhaftet. (Kheil Wechsel-Recht des östreich. Kaiserstaates S. 192 Abs. 4, Koch a. a. O. S. 260.)

Anmerk. 5. Sicherstellung darf der Ehren-Acceptant von dem Honoraten im Wege des Regresses nicht verlangen. Dadurch würde, wie Ditscheiner (a. a. O. S. 298) ganz richtig bemerkt, der ganze Zweck der Honorirung vereitelt werden. Übrigens entsteht zwischen dem Honoranten und dem Honoraten kein wechselrechtliches Verhältniß, vielmehr können dabei nur die Grundsätze des Civil-Rechts über Geschäftsführung ohne Auftrag zur Anwendung kommen. Der Honorant kann daher seine Ansprüche nur im Wege des Civil-Processes geltend machen. (Ditsch. a. a. O., Brauer dgl. §. 58.) Er ist nur als Mandatar oder Geschäftsführer ohne besondern Auftrag (negotiorum gestor,) des Honoraten anzusehen. (Vergl. Leipz. Conf.-Prot. S. 127.)

Artikel 59.

Wenn der Ehrenacceptant unterlassen hat, in seinem Accepte zu bemerken, zu wessen Ehren die Annahme geschieht, so wird der Aussteller als Honorat angesehen. (Anm. 1—4.)

Anmerk. 1. Nach den Regeln von der Interpretation sollte man meinen, daß wenn der Ehren-Acceptant auch bei dem Accept nicht bemerkt, zu wessen Ehren er acceptire, aber der Anhang zum Protest dies ausdrücke, diese Nachholung zulässig sei, allein die Ansicht, daß dies nicht genügt, welche auch Koch vertritt, ist wol die richtige, denn das Gesetz verlangt die bestimmte Erklärung ausdrücklich bei dem Accept, und der Anhang zum Protest ist eigentlich nur ein vom Erklärenden selbst nicht unterschriebener Vermerk der Gerichts-Person, bei der ein Mißverständniß obgewaltet haben könnte, während das unterschriebene Accept solche Vermuthung nicht gestattet. Außerdem ist zu erwägen, daß die wahre Bedeutung des Accepts nothwendig aus dem Wechsel selbst zu ersehen sein muß. (Vergl. Leipz. Conf.-Prot. S. 12, Preuß. Motive S. 67, Kheil a. a. O. S. 195 u. 301.)

Anmerk. 2. Die Form der Ehren-Annahme ist nicht besonders vorgeschrieben. Es genügt, daß nur der Zweck ausgedrückt wird, daher sind die Worte: „Acceptirt zu Ehren des Herrn N. N.," „zu Ehren des Herrn N. N. oder ähnliche," hinreichend.

Anmerk. 3. Die Ehren-Annahme muß, wenn sie wirksam sein soll, unbedingt sein. Daß sie nicht widerrufen werden kann, versteht sich von selbst. Die Annahme Seitens des Wechsel-Inhabers liegt in der Zulassung.

Anmerk. 4. Vergl. übrigens Anm. 3. zu Art. 57.

Artikel 60.

Der Ehrenacceptant wird den sämmtlichen Nachmännern des Honoraten durch die Annahme wechselmäßig verpflichtet. Diese Verpflichtung erlischt, wenn dem Ehrenacceptanten der Wechsel nicht spätestens am zweiten Werktage nach dem Zahlungstage zur Zahlung vorgelegt wird. (Anm. 1—7.)

Anmerk. 1. Der Ehren-Acceptant begründet durch sein Accept eine für sich bestehende Verpflichtung und tritt statt des gewöhnlichen Acceptanten gleichsam als Substitut in den Wechsel-Verband zu Ehren des Honoraten. Daraus folgt:

1) daß er für die Zahlung nur den Nachmännern des Honoraten und dem

Wechsel-Inhaber nur als letztem Nachmann wechselmäßig haftet (Art. 61 u. 62.), und

2) daß die Ehren-Acceptation erlischt, wenn dem Honoranten der Wechsel sammt Protest Mangels Zahlung bei dem Bezogenen nicht spätestens am zweiten Werktage nach dem Zahlungstage (Art. 41.) zur Zahlung präsentirt wird, (Art. 62, 63 u. 65.)

während der gewöhnliche Acceptant allen Giranten und dem Trassanten, so wie dem Wechsel-Inhaber bis zur Verjährung, außer bei nicht protestirten Domicil-Wechseln, wechselmäßig haftet. (S. Kheil Wechsel-Recht des östreich. Kaiserstaates S. 195 ff.)

Anmerk. 2. Der Honorat kann, wenn für ihn eine Ehren-Acceptation erfolgt ist, hinterher jedoch der Ehren-Acceptant den Wechsel nicht eingelöst hat, sich an diesen nur im gewöhnlichen Proceß halten. (Vgl. Heise u. Crop's jurist. Abh. Bd. 2. S. 5 und Borch. a. a. O. S. 111.) Es liegt dies in der Natur der Sache. Der Noth-Addressat soll nur als Bevollmächtigter des Indossanten für den Nothfall, als ein substituirter Trassat, eintreten, er macht mit ihm gewissermaßen nur eine Person aus und soll für ihn den Wechsel zur Geltung bringen. Ist er dem Indossanten zur Entschädigung verpflichtet, so eignet sich deren Feststellung nicht für den Wechsel-Proceß.

Anmerk. 3. Nimmt der Wechsel-Inhaber einen Nachmann dessen in Anspruch, für welchen ein Andrer intervenirt hat (einen Nachmann des Honoraten), so darf der in Anspruch Genommene (der Regreßpflichtige), welcher die Regreßnehmer befriedigt hat, sich seiner Seits sowohl gegen den Intervenirenden, als gegen den Honoraten, regressiren, denn der Intervenient ist an die Stelle des letztern getreten und muß unbedingt für ihn aufkommen.

Anmerk. 4. Kommt der Intervenient nicht zur Zahlung, weil sich das wechselrechtliche Verhältniß vor dem Verfall des Wechsels auflöst, so dürfte der Intervenient dennoch einen Anspruch auf Provision haben, wenn solcher überhaupt nach allgemeinen Grundsätzen ihm zustehen würde, da er als negotiorum gestor anzusehen ist und dieß wol aus Art. 65 folgt. Andrer Meinung ist Koch (a. a. O. S. 263).

Anmerk. 5. In den meisten fremden Ländern ist es üblich, bei dem Ehren-Accept noch ausdrücklich die künftige rechtzeitige Präsentation des Wechsels als Bedingung der Zahlung zu vermerken. (Borch. a. a. O. S. 111.)

Anmerk. 6. Der Zweck der Honorirung geht nur dahin, eine bestimmte Person, nicht nothwendig den Aussteller, den Nachmännern gegenüber zu sichern; wird nun zu Ehren dieser bestimmten Person intervenirt, so kommt dies nur deren Nachmännern zu Statten. Lediglich diese, nicht auch die Vormänner des Honoraten, können aus seinem Accepte Rechte herleiten. (Vergl. Brauer a. a. O. S. 111, Christoph a. a. O. S. 55.) Darum ist es zweckmäßig, daß der Ehren-Acceptant bei seinem Accepte selbst bemerkt, zu wessen Ehren das Accept geschieht, weil sonst der Aussteller als Honorat angesehen wird (Art. 59.), und dann alle Indossatare gegen den Ehren-Acceptanten wechselmäßigen Anspruch haben. (Vergl. oben Anm. 1. zu Art. 59.)

Anmerk. 7. Die Bestimmung des zweiten Satzes im Art. 60. greift auch dann Platz, wenn der Inhaber des Wechsels denselben nach erfolgter Ehren-Acceptation verloren hat, oder ihm derselbe sonst abhanden gekommen, denn der Art. 73. redet nur von dem gewöhnlichen Acceptanten, und darf auf den Ehren-Acceptanten um so weniger ausgedehnt werden, als dieser nur unter Vorbehalt des Regresses an den Honoraten und dessen Vormänner acceptirt hat, dieser Regreß aber ohne Auslieferung des Wechsels an den Ehren-Acceptanten zur Verfallzeit nicht statthaft ist. (Leipz. Conf.-Prot. S. 127 ff., Arch. f. W.-R. Bd. 1. S. 47.) Inzwischen dürfte die Ansicht derer etwas für sich haben, welche meinen, daß wenn bis zur Zulässigkeit des Protestes ein Duplicat des verlornen Wechsels beschafft und das Amortisations-Verfahren eingeleitet worden, auch der Ehren-Acceptant ferner wechselmäßig haften müsse, weil er aus seinem Accepte den Nachmännern des Honoraten verpflichtet sei und der Art. 73. ganz allgemein vom Acceptanten überhaupt spreche. Wolle sich der Wechsel-Inhaber nur an den Ehren-Acceptanten halten, so bedürfe es nicht einmal eines Protestes, es scheine für solchen Fall vielmehr die Einleitung der Amortisation und das Wechsel-Duplicat zu genügen, wenn es nur die erforderlichen Giri enthalte. Wolle aber der Wechsel-Inhaber sich an andre Wechsel-Verpflichtete regressiren, so müsse neben dem Duplicate und der Einleitung des Amortisations-Verfahrens der Protest rechtzeitig erhoben werden.

Artikel 61.

Wenn der Wechsel von einer Nothadresse oder einem andern Intervenienten zu Ehren angenommen wird, so haben der Inhaber und die Nachmänner des Honoraten keinen Regreß auf Sicherstellung. Derselbe kann aber von dem Honoraten und dessen Vormännern geltend gemacht werden. (Anm. 1—3.)

Anmerk. 1. Durch eine Ehren-Annahme verlieren der Wechsel-Inhaber und alle Nachmänner des Honoraten ihr Recht auf Sicherstellung und dieses Regreß-Recht geht auf den Honoraten und resp. den, für welchen intervenirt ist, über, dem zu diesem Behuf nach Art. 58. der Protest wegen Mangels der Annahme zuzufertigen ist, welcher nach Art. 25. zum Regreß genügt, ohne daß es auch der Vorlegung des Wechsels selbst bedarf. Der Ehren-Acceptant tritt gerade als Mandatar oder negotiorum gestor des Honoraten zu dem Zweck auf, um jenen von der Pflicht der Sicherheitsleistung zu befreien, er kann daher nicht selbst wieder ein Recht gegen den Honoraten und dessen Vormänner auf Sicherheitsleistung haben. (Vgl. oben S. 125 Anm. 1. zu Art. 60, Leipz. Conf.-Prot. Nr. 20, Borch. a. a. O. S. 111.) Dagegen muß seinem Mandanten, dem Honoraten, weil die ursprüngliche Wechsel-Verpflichtung des Ausstellers, nämlich die Annahme des Wechsels durch den Bezogenen zu bewirken, nicht erlangt ist, seiner Seits sammt seinen eigenen Vormännern der Regreß auf Sicherstellung zustehen.

Anmerk. 2. Die portugiesische Wechsel-Ordn. (§. 23.) und das spanische Handels-Gesetz (§§. 526 ff.) machen zwischen freiwilligen Interventionen und Noth-Adressen keinen Unterschied und geben stets derjenigen Dazwischenkunft den Vorzug, welche die meisten Verpflichteten befreit. Nach dem französischen Handels-Gesetz-Buch (Art. 128 ff.) verbleibt dem Wechsel-Inhaber, ungeachtet der Ehren-Acceptation durch die Noth-Adresse, der Regreß auf Sicherstellung; es weicht also die deutsche Wechsel-Ordn. ganz davon ab, indem diese das Gegentheil bestimmt.

Nach dem in Nordamerika und England geltenden Wechsel-Recht verliert der Wechsel-Inhaber durch eine Ehren-Annahme nur den Regreß gegen den Honoraten und dessen Nachmänner. (Treitschke a. a. O. S. 144, vgl. Art. 57. Anm. 7.)

Anmerk. 3. Nach der russischen Wechsel-Ordn. (§. 52.) kann der Wechsel-Inhaber von dem Procuranten, welcher Namens seines Principals intervenirt, die Bestellung einer Caution fordern. (Borch. a. a. O. S. 112.)

2. Ehren-Zahlung.

Artikel 62.

Befinden sich auf dem von dem Bezogenen nicht eingelösten Wechsel oder der Copie Nothadressen oder ein Ehrenaccept, welche auf den Zahlungsort lauten, so muß der Inhaber den Wechsel spätestens am zweiten Werktage nach dem Zahlungstage den sämmtlichen Nothadressen und dem Ehrenacceptanten zur Zahlung vorlegen und den Erfolg im Protest Mangels Zahlung oder in einem Anhange zu demselben bemerken lassen. **Unterläßt er dies, so verliert er den Regreß gegen den Adressanten oder Honoraten und deren Nachmänner.** Weist der Inhaber die von einem anderen Intervenienten angebotene Ehrenzahlung zurück, so verliert er den Regreß gegen die Nachmänner des Honoraten. (Anm. 1—5.)

Anmerk. 1. Unter Ehren-Zahlung versteht man die Zahlung eines Wechsels, welche in Folge und auf Grund einer Noth-Adresse, eines Ehren-Accepts oder in Gemäßheit eines freiwilligen Erbietens, bei Verfall des Wechsels, dann erfolgt, wenn der Bezogene nicht zahlt.

Anmerk. 2. Der Wechsel-Inhaber muß den Wechsel bei Verfall dem Bezogenen zur Zahlung vorlegen und, wenn diese nicht rechtzeitig erfolgt, sofort in der gesetzlichen Zeit Protest aufnehmen lassen, dann aber den Wechsel nebst Protest den sämmtlichen Noth-Adressen zur Zahlung präsentiren, wenn auch bereits eine Ehren-Annahme erfolgt ist, welchen Falls natürlich die Vorlegung bei dem Ehren-Acceptanten geschehen muß. Die gesetzliche Zeit zur Protest-Einlegung ist dieselbe Frist, binnen welcher der vom Bezogenen nicht eingelöste Wechsel protestirt werden muß, also spätestens der zweite Werktag nach dem Zahlungs-Tage. Um hierbei die Ausfertigung mehrer Proteste zu vermeiden, ist es zweckmäßig, die verschiedenen Acte unmittelbar hinter einander (uno actu) vorzunehmen.

Anmerk. 3. Der zweite und dritte Absatz des Art. 62. unterscheidet bei dem Präjudiz die Noth-Adresse und das Ehren-Accept von der Intervention eines nicht berufenen Dritten. Bei jenen beiden soll der Honorat selbst befreit werden, im letztern Fall, wenn ein nicht benannter Dritter die Ehren-Zahlung leisten, der Inhaber sie jedoch nicht annehmen will, geht der Regreß gegen die Nachmänner des Honoraten verloren, er selbst wird nicht frei. Der Grund liegt darin, daß erstern Falls bei der Noth-Adresse sowohl, als bei dem Ehren-Accepte, der Honorat als ein neuer Trassant anzusehen ist, ein Grund, der bei der von einem dritten Intervenienten angebotenen Ehren-Zahlung nicht eintritt. Durch die Noth-Adresse oder das Ehren-Accept wird zwischen dem Adressanten oder Honoraten, resp. den Nachmännern derselben und dem Adressaten oder Honoraten ein ähnliches Rechts-Verhältniß begründet, wie zwischen dem Aussteller eines Wechsels, resp. dem Remittenten und dessen Nachmännern und dem Bezogenen. Wie im letztern Falle, wenn der rechtzeitige Protest versäumt wird, nach Art. 41. der A. d. W.-O. der Regreß des Wechsel-Inhabers gegen seine Vormänner und den Aussteller verloren geht, eben so geht, wenn der Wechsel-Inhaber die Noth-Adresse und den Ehren-Acceptanten bei Verfall des Wechsels nicht berücksichtigt, alsdann gegen den, welcher die Noth-Adresse beigefügt oder zu dessen Ehren acceptirt worden, und gegen dessen Nachmänner der Regreß verloren. (Christoph a. a. O. S. 58, Brauer a. a. O. S. 115.) Der Regreß gegen die Nachmänner dessen, für welchen ein Dritter sich zur Ehren-Zahlung erboten hat, geht deßhalb verloren, weil diese durch die Zahlung des Dritten befreit worden wären. Die Vormänner des Honoraten sind bei der Intervention durchaus gar nicht betheiligt; für sie wäre die Befreiung vom Regreß ein reiner Gewinn.

Anmerk. 4. Erst wenn der Wechsel-Inhaber sich vergeblich an den Bezogenen, die Noth-Adressen des Ausstellers und der Indossanten nach der Reihe gewandt hat, kann der Ehren-Acceptant, und erst, wenn auch dieser nicht zahlt, nach erhobenem Protest, ein dritter Intervenient eintreten. Es liegt dies in der Natur des Wechsels, dessen eigentliche Folge-Ordnung erst dann gestört werden darf, wenn einer der zunächst Verpflichteten seine Verbindlichkeit nicht erfüllt, auch in der Natur der Ehren-Zahlung, welche nur eine ganz subsidiäre sein soll. Tritt jedoch ein Ehren-Zahler ein, welcher durch seine Zahlung mehr Wechsel-Verpflichtete befreien würde, als ein andrer Zahler, so wird ihm der Vorzug gebühren. (Vergl. Art. 64. Anm. 1.)

Anmerk. 5. Die Aufforderung zur Zahlung muß an alle Noth-Adressen gerichtet und deshalb auch dann fortgesetzt werden, wenn eine derselben sich zur Zahlung erbietet. (Brauer a. a. O. S. 115.)

Anmerk. 6. Folgerichtig hätte man in Gemäßheit des Art. 38. auch bei der Intervention eine theilweise Acceptation und Zahlung zulassen müssen, man hat aber die dadurch leicht herbeigeführten vielfachen Verwickelungen gefürchtet, weil jedem einzelnen Intervenienten bezüglich des von ihm gezahlten Betrages der Regreß verstattet werden müsse. Deshalb ist bei der Leipziger Conferenz mit 17 gegen 2 Stimmen abgelehnt, eine Bestimmung wegen theilweiser Ehren-Annahme und Ehren-Zahlung in die Allg. deutsch. Wechsel-Ordn. aufzunehmen. (Vergl. Leipz. Conf.-Prot. S. 126 u. 132.)

Artikel 63.

Dem Ehrenzahler muß der Wechsel und der Protest Mangels Zahlung gegen Erstattung der Kosten ausgehändigt werden. Er tritt durch die Ehrenzahlung in die Rechte des Inhabers (Art. 50 u. 52.) gegen den Honoraten, dessen Vormänner und die Acceptanten. (Anm. 1—5.)

Anmerk. 1. Der Ehren-Zahler tilgt eine Verpflichtung für den Honoraten, es ist deßhalb ganz in der Natur der Sache begründet, daß er in alle Rechte des Wechsel-Inhabers gegen den Honoraten, dessen Vormänner und den Acceptanten tritt. Dieser muß ihm daher auch gegen Erstattung der Kosten den quittirten Wechsel nebst Protest, ingleichen alle sonstigen auf den Wechsel bezüglichen Papiere, namentlich die Duplicate, Copien und Kosten-Rechnung ausantworten.

Anmerk. 2. Erfolgt die Ehren-Zahlung, welche nur gegen Auslieferung des Wechsels und rechtzeitig aufgenommenen Protestes Zug um Zug unter Protest (vermöge Anhangs) zu leisten ist, für den Trassaten oder den Acceptanten oder den Dritten, für dessen Rechnung der Wechsel gezogen worden, so werden alle Indossanten von dem Regreß befreit. (Borch. deutsch. W.-O. S. 115, vergl. Nr. 21. der Leipz. Prot., Rechts-Fälle des Geh. Ob.-Trib. von 1847 Bd. 11. S. 98, Holländisches Handels-Ges.-B. §. 171.)

Anmerk. 3. Intervenirt der Wechsel-Inhaber selbst, so darf er nur noch die Rechte in seiner Eigenschaft als Ehren-Zahler geltend machen, weil er aus dem Wechsel-Verbande ausscheidet, zufolge des Grundsatzes, daß durch die Ehren-Zahlung alle Wechsel-Regreß-Rechte des Inhabers auf den Ehren-Zahler übergehen. Dies ist besonders wichtig, wie Koch richtig bemerkt, falls der Honorat, dessen Vormänner oder der Acceptant zahlungsunfähig werden.

Anmerk. 4. Der Honorat braucht dem Ehren-Zahler nur so weit aufzukommen, als er dem Wechsel-Inhaber verpflichtet war, es sei denn, daß er aus besonderm Auftrag gehandelt hätte. Einen Anspruch auf Provision dürfte der Ehren-Zahler jedoch schon nach Art. 65. haben.

Anmerk. 5. Der Ehren-Zahler muß, um sein Wechsel-Recht gegen den Honoraten, dessen Vormänner und den Acceptanten nicht zu verlieren, Alles beobachten, was der Intervenient behufs Annahme zu thun verpflichtet ist; den Wechsel selbst braucht er jedoch erst nach seiner Befriedigung dem Honoraten zuzustellen. (Vergl. Art. 58. und Koch a. a. O. S. 269.)

Artikel 64.

Unter Mehren, welche sich zur Ehrenzahlung erbieten, gebührt demjenigen der Vorzug, durch dessen Zahlung die meisten Wechselverpflichteten befreit werden.

Ein Intervenient, welcher zahlt, obgleich aus dem Wechsel oder Proteste ersichtlich ist, daß ein Anderer, dem er hiernach nachstehen müßte, den Wechsel einzulösen bereit war, hat keinen Regreß gegen diejenigen Indossanten, welche durch Leistung der von dem Andern angebotenen Zahlung befreit worden wären. (Anm. 1—6.)

Anmerk. 1. Es ist durchgreifender Grundsatz, auch im französischen Recht, (Handels-Ges.-B. Art. 159,) daß von denen, welche sich zur Ehren-Zahlung anbieten, derjenige das nächste Recht hat, welcher durch seine Zahlung die meisten Verpflichteten befreit. Die Reihe-Folge würde daher sein, daß zuerst der zu berücksichtigen ist, welcher zu Ehren des Ausstellers, und hiernächst der, welcher für den ersten Indossanten zahlen will. Bei den weitern Intervenienten würde immer der vorgehen, welcher für einen früheren Indossanten einzuschreiten bereit ist. Bei Concurrenz mehrer Intervenienten für denselben Intervenienten muß offenbar der Wechsel-Inhaber die Wahl haben. (Vergl. Leipz. Conf.-Prot. S. 130.) Ist die Zahlung von allen Noth-Adressen verweigert, und deshalb Protest erhoben, so muß der Inhaber die Einlösung des Wechsels auch von einem dritten, auf dem Wechsel nicht benannten Intervenienten zulassen, widrigen Falls er seinen Regreß gegen die Nachmänner dessen verliert, für welchen jener Dritte interveniren wollte. (Vergl. Art. 57. Anm. 4, Borch. a. a. O. S. 117. Vergl. Art. 62. Anm. 3.) Der Regel nach darf der Wechsel-Inhaber selbst Zahlung von Jedem annehmen, der sie ihm leisten will. (Preuß. Mot. S. 87.)

Anmerk. 2. Nach dem französischen Handels-Ges.-B. (Art. 159.) hat der Bezogene, welcher den Wechsel wegen verweigerter Annahme bei sich protestiren ließ, später aber zu Ehren zahlen will, vor allen andern Intervenienten den

Vorzug. Nach der deutschen Wechsel-Ordn. erscheint die Ehren-Zahlung zu Gunsten des Bezogenen, der nicht acceptirt hat, nicht zulässig, da dieser gar nicht im Wechsel-Verbande steht. (Brauer a. a. O. S. 117, Einert's Wechsel-Recht S. 346); es kann dadurch, wenn auch die Zahlung an sich statthaft ist, jedenfalls kein wechselmäßiger Regreß begründet werden.

Anmerk. 3. Auch zu Ehren des Acceptanten kann, so weit ihm solche Intervention nützlich ist, z. B. bei domicilirten Wechseln, gezahlt werden. (Vgl. Treitschke's Alphab. Encykl. der Wechsel-Rechte ɔc. Leipzig 1831 Bd. 1. S. 324 unter dem Wort „Intervention."

Anmerk. 4. Der Bezogene, welcher schon acceptirt hat, und daher aus dem Accepte haftet und der Inhaber, welcher, um eine doppelte Retour-Rechnung zu machen, zu eignen Ehren zahlen will, dürfen natürlich nicht zugelassen werden. (Brauer a. a. O. S. 118.) Dagegen steht der Bezogene, welcher noch nicht acceptirt hat, in Bezug auf Ehren-Acceptation einem dritten Intervenienten gleich. (Leipz. Conf.-Prot. S. 125.)

Anmerk. 5. Das Wesentliche bei dem zweiten Absatz des Art. 64. ist, daß das gedachte Verhältniß aus dem Wechsel oder Proteste selbst erhellen muß; ein anderweiter Beweis ist unerheblich und unzulässig. (Leipz. Conf.-Prot. Nr. 20 u. 21.)

Anmerk. 6. Hat ein Bezogener nur zu Ehren acceptirt, später jedoch ohne Protest den Wechsel eingelöst, so hat er durch die Versäumniß des Protestes seinen wechselmäßigen Regreß, nicht aber sein sonstiges Recht aus dem Ehren-Accept, aufgegeben. (Vergl. Liebe Entw. d. braunschw. Wechsel-Ordn. S. 161, Holländisches Handels-Ges.-B. §. 129.)

Artikel 65.

Der Ehrenacceptant, welcher nicht zur Zahlungsleistung gelangt, weil der Bezogene oder ein anderer Intervenient bezahlt hat, ist berechtigt, von dem Zahlenden eine Provision von $\frac{1}{3}$ Procent zu verlangen.

Anmerk. 1. Diese Provision ist eine billige Entschädigung dafür, daß möglicher, ja höchst wahrscheinlicher Weise der Ehren-Acceptant schon Vorbereitungen zur Zahlung getroffen und Mühe angewandt hatte.

Nach ältern Wechsel-Ordnungen war er besser gestellt, weil er danach nur nach voller Befriedigung wegen Provision und Spesen demjenigen zu weichen brauchte, welcher erst hinterher zur Zahlung sich bequemte, während er jetzt nur einen civilrechtlichen Anspruch wegen der Provision hat, und diese deshalb etwas schwierig zur Geltung bringen kann. (Vergl. Koch a. a. O. S. 270.) In der Regel wird er aber nicht nöthig haben, zur Civil-Klage zu schreiten, weil der besser berechtigte Intervenient, welcher gezahlt hat, die ihm zu erstattende Provision in seine Retour-Rechnung aufnehmen darf, also seiner Seits wechselmäßig leicht wieder erlangt. (Vergl. Brauer a. a. O. S. 119, Leipz.

Conf.-Prot. Nr. 21, Russische Wechsel-Ordn. §. 85, Spanisches Handels-Ges.-B. §. 530.)

X. Vervielfältigung eines Wechsels.

1. Wechsel-Duplicat.

Artikel 66.

Der Aussteller eines gezogenen Wechsels ist verpflichtet, dem Remittenten auf Verlangen mehrere gleichlautende Exemplare des Wechsels zu überliefern.

Dieselben müssen im Contexte als Prima, Secunda, Tertia, u. s. w. bezeichnet sein, widrigenfalls jedes Exemplar als ein für sich bestehender Wechsel (Sola-Wechsel) erachtet wird.

Auch ein Indossatar kann ein Duplicat des Wechsels verlangen. Er muß sich dieserhalb an seinen unmittelbaren Vormann wenden, welcher wieder an seinen Vormann zurückgehen muß, bis die Anforderung an den Aussteller gelangt. Jeder Indossatar kann von seinem Vormann verlangen, daß die früheren Indossamente auf dem Duplicate wiederholt werden. (Anm. 1—7.)

Anmerk. 1. Wenn ein Wechsel nur in einem Exemplare ausgefertigt worden, so nennt man solchen nach richtigem Sprachgebrauch einen Sola-Wechsel und pflegt dies im Context des Wechsels ausdrücklich zu sagen. Mit Unrecht wird zuweilen im Verkehr der Eigen-Wechsel (eigene oder trockene Wechsel) ebenfalls Sola-Wechsel genannt, weil er der Regel nach nur in einem Exemplare ausgestellt wird. Ist ein Wechsel in mehren Exemplaren ausgefertigt worden, so nennt man die mehren Exemplare „Wechsel-Duplicate" und zwar das erste Exemplar die Prima, das zweite die Secunda, das dritte die Tertia u. s. f. Diese Duplicate, welche nur der Aussteller ertheilen kann, und welche die Original-Unterschriften tragen müssen, repräsentiren das Original des Wechsels und unterscheiden sich dadurch von den Wechsel-Copien, welche bloße Abschriften sind.

Anmerk. 2. Die Duplicate (sets), wie man die mehren vom Aussteller ausgehenden gleichlautenden Urausfertigungen der Wechsel ebenfalls nennt, sind eingeführt, theils der Sicherheit wegen für den Fall eines Verlustes, den besonders das französische Handels-Ges.-B. Art. 154. im Auge hat, namentlich bei weiten Versendungen, z. B. über See, um die Kosten und Weiterungen einer gerichtlichen Ungiltigkeits-Erklärung zu ersparen, theils der Bequemlichkeit wegen, um eins der verschiedenen Exemplare zur Besorgung des Accepts einzusenden, während das andere zur Indossirung (Begebung) benutzt wird. Solchen Falls wird zunächst nur das eine Exemplar weiter girirt, das andere aber einem Commissionär, Correspondenten oder Geschäftsfreunde am Wohnort des Bezogenen übersandt, um die Annahme zu bewirken und den acceptirten Wechsel demjenigen Besitzer des anderen Exemplars auszuliefern, der sich als rechtmäßiger Inhaber legitimiren wird. Auf der Vorderseite des zur Begebung bestimmten Exemplars, in der Regel unter dem Namen des Ausstellers, wird vermerkt, wo das zum Accept versandte Exemplar zu erhalten ist. Dabei wird gewöhnlich die Formel gebraucht: „Prima zur Annahme in — bei Herrn N. N." la première à l'acceptation chez Mr. N. N., the first with Mr. N. N. for acceptance. Nach der russischen Wechsel-Ordn. (Art. 24) soll dieser Vermerk sogar eigenhändig vom Aussteller geschrieben werden. (Borch. W.-O. v. 1851 S. 122.) Bei der Auslieferung des acceptirten Exemplars durchstreicht der Adressat die Adresse oder vermerkt doch bei dieser, daß er das acceptirte Exemplar an den Herrn N. N. in — ausgeliefert habe. Bei verweigerter Annahme liefert der Aufbewahrer der Secunda den Protest mit dem Wechsel an den Inhaber des girirten Exemplars aus. (Brauer a. a. O. S. 120, Einert a. a. O. S. 400 ff., Ditsch. a. a. O. S. 262 ff.)

Anmerk. 3. Um die Nachlieferung von Duplicaten zu erleichtern, ist es üblich, auch solche Wechsel, welche nur in einem Exemplar ausgegeben werden, als Prima-Wechsel zu bezeichnen. Handelt es sich überhaupt nur um ein Exemplar, so pflegt man solchen Wechsel, wie oben in der Anm. 1. schon bemerkt, ausdrücklich Sola-Wechsel zu benennen und dies im Context zu sagen. Die Ausfertigung mehrer Exemplare kann gleich, aber auch nachträglich erfolgen. Letztern Falls geht der Verlangende auf seinen Vormann zurück, und kann dann auch fordern, daß die Giri auf die noch verlangten Duplicate gesetzt werden, doch ist diese Nachlieferung nicht im Wechsel-Proceß zu erzwingen. Der Einsendung des Wechsels selbst zur Nachlieferung wird es nur dann bedürfen, wenn derselbe als Sola-Wechsel benannt worden, sonst wird das Wechsel-Copirbuch zur Ausfertigung der Duplicate genügen. Die Zahl der Duplicate ist von einigen Wechsel-Ordnungen bestimmt, hier unbeschränkt gelassen, doch darf der Inhaber keine Willkür damit treiben.

Anmerk. 4. Um Mißbrauch zu verhüten, der bei den Duplicaten so leicht möglich ist, hat das französische Handels-Ges.-B. (Art. 147.), so wie die kopenhagener Wechsel-Ordn. (§. 15.), auch das englische und nordamericanische Recht (Treitschke a. a. O. S. 36) die praktische Bestimmung, daß der Wechsel ausdrücken müsse, die Zahlung des betreffenden Exemplars solle die Wirkung der übrigen tilgen. Die Formel: „Gegen diesen Secunda-Wechsel zahlen Sie (Prima nicht, Tertia nicht)" macht gleich aufmerksam darauf, daß und wie viele andere Exemplare existiren. Da jedes einzelne Exemplar des Wechsels diesen mit allen Wirkungen vollständig darstellt, und die Einlösung des einen alle andem vernichten soll, weil alle Exemplare zusammen nur einen Wechsel bilden, so müssen die verschiedenen Exemplare im Contexte, nicht blos in der Überschrift, nothwendig als Prima, Secunda u. s. w. bezeichnet sein. (Brauer a. a. O. S. 121.) Zweckmäßig, aber nicht durchaus nothwendig, ist der Zusatz oberhalb der Secunda oder Tertia: „nur zum Giro“ bestimmt, im Gegensatz zu dem oft auf die Prima gesetzten Vermerk: „nur zum Accept bestimmt.“ (Vergl. Ortloff's W.-O. S. 104.)

Anmerk. 5. Nach den schwedischen Wechsel-Gesetzen v. 12. Jan. 1816 §. 7. und v. 20. Mai 1834 §. 8. soll der Secunda-Wechsel in der Hand des Remittenten als Quittung für die Bezahlung des Wechsels gelten und deshalb der Inhaber denselben vor erlangter Zahlung nicht aushändigen. (Borch. S. 119.)

Anmerk. 6. Die Bestimmung, daß jeder Indossatar von seinem Vormann verlangen dürfe, daß die frühern Indossamente auf dem Duplicat wiederholt werden, ist eben so ungewöhnlich, als schwierig, weil oft die Indossanten an verschiedenen Orten wohnen oder auch eigensinnig sein können.

Anmerk. 7. Die Ertheilung der Duplicate äußert ihre Vortheile vornehmlich bei Versendung nach sehr entfernten Plätzen, besonders über See, oder nach Gegenden, wo der Posten-Lauf nicht vollkommen sicher ist. Solchen Falls läßt sich der Remittent mehre Exemplare ausstellen und versendet diese auf verschiedenen Wegen oder doch an verschiedenen Post-Tagen, weil sich doch voraussetzen läßt, daß alsdann wenigstens ein Exemplar an dem Orte der Zahlung anlangen werde. Hat z. B. ein Kaufmann zu Wien einen Wechsel nach Boston in America zu übermachen, so kann er die Prima über Triest, die Secunda über Hamburg und die Tertia über Antwerpen versenden. (Vergl. Ditsch. a. a. O. S. 264.)

Artikel 67.

Ist von mehren ausgefertigten Exemplaren das eine bezahlt, so verlieren dadurch die anderen ihre Kraft.

Jedoch bleiben aus den übrigen Exemplaren verhaftet:

1) der Indossant, welcher mehrere Exemplare desselben Wechsels an verschiedene Personen indossirt hat, und alle späteren Indossanten, deren Unterschriften sich auf den, bei der Zahlung nicht zurückgegebenen Exemplaren befinden, aus ihren Indossamenten;

2) der Acceptant, welcher mehre Exemplare desselben Wechsels acceptirt hat, aus den Accepten auf den bei der Zahlung nicht zurückgegebenen Exemplaren. (Anm. 1—4.)

Anmerk. 1. Der allgemeine Grundsatz ist, daß, da die verschiedenen Exemplare doch nur dazu bestimmt sind, einem einzigen Wechsel Geltung zu geben, mithin eigentlich nur einen einzigen Wechsel bilden, welcher eingelöst werden soll, die Zahlung auch nur eines Exemplars den andern die Kraft nimmt. (Leipz. Conf.-Prot. S. 134.) Dieser Grundsatz bildet die Regel, doch können durch die Verschuldung bestimmter Personen Ausnahmen begründet werden, damit Niemand durch Unvorsichtigkeit oder gar böse Absicht Andrer Schaden leide. Diese Ausnahmen können eintreten:

a) durch ein Versehen des Ausstellers, wenn er die einzelnen Exemplare nicht gehörig als Duplicate bezeichnet hat, welchen Falls er jedes in Umlauf gesetzte als solches nicht bezeichnete Duplicat gegen sich als Sola-Wechsel gelten lassen und dem Beschädigten nach Maßgabe desselben gerecht werden muß. Diesen Grundsatz enthält auch die kopenhagener Wechsel-Ordn. (§. 13.)

b) durch ein Versehen des Inhabers oder Indossanten, welcher mehre Exemplare desselben Wechsels an verschiedene Personen girirt und dadurch, obgleich nur ein Wechsel zur Geltung kommen soll, verschiedene abgesonderte Wechsel-Verpflichtungen erzeugt, die er natürlich auch wieder zu tilgen verpflichtet ist, zumal anzunehmen steht, daß er die Valuta doppelt erhalten;

c) durch ein Versehen des Acceptanten, welcher mehre Exemplare desselben gleichlautenden Wechsels acceptirt. Es liegt dieß in der Natur der Sache, daß er aus jedem einzelnen Accept haftet, und ihm höchstens unter besonderen Voraussetzungen der Regreß im gewöhnlichen Proceß offen bleiben dürfte, wenn er im Wechsel-Proceß sich nicht mit dem Einwande der Arglist (exceptio doli) schützen kann. (Vgl. Koch a. a. O. S. 276, Brauer a. a. O. S. 123.) Nur dann erscheint der Acceptant für das nicht zurückempfangene acceptirte Exemplar nicht verhaftet, wenn der Inhaber desselben nur Indossatar in procura des letzten Inhabers des eingelösten Exemplars (also nur Bevollmächtigter desselben) ist. (Borch. W.-O. v. 1851 S. 120.) Nach der russischen Wechsel-Ordn. (§. 72.), dem holländischen und portugiesischen Handels-Ges.-B. (§. 162. u. resp. 383.) wird der Acceptant von jeder Verbindlichkeit aus seinem Accepte frei, wenn die Duplicate gleichlautende Giri tragen und er auch nur ein Exemplar eingelöst hat, weil solchen Falls sich nicht absehen läßt, wie irgend ein Dritter dabei Schaden leiden könnte. (Borch. a. a. O. S. 120.)

Anmerk. 2. Ein Wechsel-Exemplar wird ordnungsmäßiger Weise nur dann bezahlt werden, wenn aus demselben die wechselrechtliche Verpflichtung des Zahlenden und die Legitimation des Empfängers hervorgeht. Wenn daher der Bezogene acceptirt hat und der Aussteller ihm am Verfall-Tage das mit dem Accept versehene Exemplar vorlegt, hat der Acceptant sich um die übrigen Exemplare gar nicht zu kümmern. Er empfängt sein Accept zurück, und hat dagegen an den gezahlt, welcher die Zahlung verlangen konnte, er kann daher nicht noch die Beschaffung der übrigen Exemplare fordern, welche ihn Nichts mehr angehen. Läuft noch ein Exemplar mit anderen Indossamenten herum, so kann der Inhaber dieser Duplicate bei dem Verfall nur Protest erheben, wobei aber der, welcher schon ein anderes Exemplar acceptirt und durch Zahlung eingelöst hat, sich hierauf mit Erfolg stützen wird, wonächst dem Inhaber nur überlassen bleibt, sich an seine Vormänner zu regressiren.

Anmerk. 3. Weil der Bezogene, welcher mehre Exemplare desselben Wechsels acceptirt hat, aus jedem derselben wechselmäßig haftet, muß er sich wol hüten, damit er nicht aus Unachtsamkeit oder Irrthum mehre Exemplare mit seinem Accept versehe. Allerdings liegt hier eine eigenthümliche Abweichung von dem Grundsatze vor, daß, wer zwei Mal dasselbe verspreche, immer nur ein Mal dafür hafte, allein man hat sich dennoch für die entgegengesetzte Ansicht entschieden, weil nach dem Ausspruch der Sachverständigen

1) es eine große Unregelmäßigkeit sei, wenn der Bezogene von einem mehrfach ausgestellten Wechsel mehre Exemplare acceptire;
2) überhaupt im Verkehr zur Bewahrung des Credits kein Accept coursiren dürfe, bei welchem die Nothwendigkeit, daß es eingelöst werde, nicht vorhanden sei. (Leipz. Conf.-Prot. S. 135, Christoph a. a. O. S. 63.)

Anmerk. 5. Der Bezogene, welcher das verlorene Exemplar acceptirt hatte, kann nicht gezwungen werden, nochmals ein Duplicat zu acceptiren. (Vergl. Borch. W.-O. v. 1851 S. 121, desgl. S. 145 dieses Werks.)

Artikel 68.

Wer eines von mehren Exemplaren eines Wechsels zur Annahme versandt hat, muß auf den übrigen Exemplaren bemerken, bei wem das von ihm zur Annahme versandte Exemplar anzutreffen ist. Das Unterlassen dieser Bemerkung entzieht jedoch dem Wechsel nicht die Wechselkraft. Der Verwahrer des zum Accepte versandten Exemplars ist verpflichtet, dasselbe demjenigen auszuliefern, der sich als Indossatar (Art. 36.) oder auf andere Weise zur Empfangnahme legitimirt. (Art. 1 – 4.)

Anmerk. 1. Es ist gewöhnlich, aber nicht nothwendig, daß die Prima zum Behuf des Accepts versandt wird; es kann jedes andere Exemplar dazu benutzt werden. Bei der Ausfertigung mehrer Exemplare wird das Recht zur Präsentation Behufs der Annahme (Art. 18.), nach der Ansicht Mehrer, zur Pflicht, indem nun bei Indossirung der Secunda die zurück behaltene Prima sofort mit der nächsten Post zur Einholung des Accepts versendet werden muß. (Borch. W.-O. v. 1851 S. 121.)

Anmerk. 2. Der Aufbewahrer des Wechsel-Exemplars, welches zum Accept bestimmt ist, steht zu dem Niederleger in dem Verhältniß des Mandatars.

Der Niederleger kann daher seinen Auftrag jeden Augenblick widerrufen, dadurch aber freilich das Recht des Wechsel-Inhabers im Wechsel-Verfahren nicht schmälern. Die Klage auf Herausgabe des bei dem Aufbewahrer (Depositar) niedergelegten Exemplars Seitens des Versenders ist nur eine gewöhnliche Civil-Klage. (Vergl. Brauer a. a. O. S. 124.) Der mit der Beschaffung des Accepts beauftragte Geschäfts-Freund muß natürlich alle Aufmerksamkeit anwenden, ja selbst, wenn das Accept verweigert wird und ihm nichts Anderes aufgetragen ist, Protest erheben lassen und dem Machtgeber sofort unter Zusendung desselben Nachricht geben, letzteres jedoch nur, falls ihm das zum Accept bestimmte Exemplar des Wechsels von einem Indossanten übermacht ist. Bei der Zufertigung durch den Aussteller scheint es nicht erforderlich. Nach einigen Wechsel-Ordnungen ist er sogar zur Erhebung der Klage verpflichtet. (Copenhagener Wechsel-Ordn. §. 20, Borch. a. a. O. S. 123.)

Anmerk. 3. Die Bestimmung:

„Das Unterlassen dieser Bemerkung entzieht jedoch dem Wechsel nicht die Wechsel-Kraft"

soll nur jeden Zweifel darüber beseitigen, daß solche Unterlassung den Wechsel selbst als solchen an und für sich beeinträchtigen könne. Eine Ungiltigkeit (Nullität) des Wechsels soll durch solche Weglassung nicht begründet werden. Fehlt auf dem Duplicate der Vermerk, bei wem das zum Accept versandte Exemplar sich befinde, so hat der Inhaber gar keine Verpflichtung, jenes Exemplar zu ermitteln und abzufordern, da er nicht wissen kann, wo es sich befindet, er ist vielmehr befugt, sofort seinen Regreß zu nehmen, wenn der Bezogene bei seiner Meldung nicht annehmen oder zahlen will und der, welchem hierbei ein Versehen zur Last fällt, hat die Folgen seiner Nachlässigkeit zu tragen. (Vergl. Art. 69. Anm. 3.)

Anmerk. 4. Der Depositar des acceptirten Wechsel-Exemplars ist berechtigt, solches an denjenigen auszuantworten, welcher sich als rechtmäßiger Eigenthümer entweder durch das vermöge gehöriger Giri's auf ihn gediehene Exemplar oder auf andere Weise, z. B. durch gerichtliches Erkenntniß, legitimirt. Nach §. 42. der russischen Wechsel-Ordn. soll der Verwahrer die vom Bezogenen nicht acceptirte Prima nur bei ausdrücklichem Auftrage vor dem Verfall des Wechsels aushändigen. (S. Borch. W.-O. v. 1851 S. 122.)

Artikel 69.

Der Inhaber eines Duplicats, auf welchem angegeben ist, bei wem das zum Accept versandte Exemplar sich befindet, kann Mangels Annahme desselben den Regreß auf Sicherstellung, und Mangels Zahlung den Regreß auf Zahlung nicht eher nehmen, als bis er durch Protest hat feststellen lassen:

1) daß das zum Accept versandte Exemplar ihm vom Verwahrer nicht verabfolgt worden ist, und

2) daß auch auf das Duplicat die Annahme oder die Zahlung nicht zu erlangen gewesen. (Anm. 1—3.)

Anmerk. 1. Kann der Wechsel-Inhaber am Wohnort des Bezogenen das zum Accept dorthin gesandte Exemplar nicht erhalten, so muß er zuvörderst bei dem Verwahrer dies durch Protest festzustellen und sodann auf den Grund des von ihm vorzulegenden Duplicats die Annahme und beziehungsweise die Zahlung bei dem Bezogenen zu erlangen suchen, im Fall der Verweigerung aber nach Feststellung des Grundes Protest erheben lassen, um seinen Regreß zu begründen.

Anmerk. 2. Falls der Verwahrer des Duplicats dasselbe herauszugeben verweigert oder dasselbe nicht aufzufinden ist, so ist der Regreß, abgesehen vom Wechsel-Regreß, gegen Jeden begründet, welcher die Nicht-Honorirung des Wechsels durch seine Schuld veranlaßt hat. Die Fälle dieses Regresses hat Brauer (a. a. O. S. 126) in folgender Art zusammengestellt:

a) Wenn der Wechsel darum nicht angenommen oder nicht gezahlt wird, weil der Bezogene überhaupt sich nicht mit demselben befassen will, so hat der Inhaber den Regreß gegen alle Wechsel-Verpflichtete.

b) Wenn der Wechsel auf die Secunda darum nicht angenommen oder gezahlt wird, weil das Accept schon auf die Prima gesetzt ist, und diese Prima nicht herbeigeschafft werden kann, so geht der Regreß nur bis zu der Person dessen, welcher die Prima dem Verwahrer zum Accept übersandte; gegen die übrigen Vormänner erscheint er erst nach Beschaffung der Prima begründet.

2. Wechsel-Copien.

Artikel 70.

Wechsel-Copien müssen eine Abschrift des Wechsels und der darauf befindlichen Indossamente und Vermerke enthalten und mit der Erklärung: „bis hierher Abschrift" (Copia) oder mit einer ähnlichen Bezeichnung versehen sein.

In der Copia ist zu bemerken, bei wem das zur Annahme versandte Original des Wechsels anzutreffen ist. Das Unterlassen dieses Vermerkes entzieht jedoch der indossirten Copia nicht ihre wechselmäßige Kraft. (Anm. 1—8.)

Anmerk. 1. Die Wechsel-Copien (Copies de change, copy's of bill), welche nichts Andres sind, als getreue und vollständige Abschriften der Wechsel, selbst der durchstrichenen Stellen derselben, vertreten nur theilweise die Stelle der Wechsel-Duplicate. Die durchstrichenen Worte müssen auf der Copie gleichfalls durchstrichen sein und es muß aus letzterer erhellen, daß und wie weit sie Abschrift ist. Das wird durch den Vermerk: „bis hieher Copie" oder „hier fängt das Original an" bewirkt, indem auch Original-Erklärungen mit den Wechsel-Abschriften verbunden werden können.

Anmerk. 2. Die preußische Cab.-Ordre v. 16. Mai 1816 Ges.-Samml. S. 153 nahm an, daß eine solche Copie gleichsam die Stelle eines zum Umlauf und Indossiren bestimmten Secunda-Wechsels vertrete und daher auf derselben vermerkt sein müsse, in wessen Händen sich das zur Annahme versandte Original befinde, doch geht diese Auffassung offenbar zu weit. (Preuß. Mot. S. 70.)

Anmerk. 3. Kommt es auf den wechselmäßigen Regreß an, so kann die girirte Copie nur gegen diejenigen gebraucht werden, deren Original-Indossamente sie enthält. So weit das Exemplar nur Abschrift ist, bleibt jeder Regreß ausgeschlossen, weil eben die Copie keinen Ersatz für das Original liefert.

Anmerk. 4. Die Copie kann nur Behufs der Indossirung, nicht aber zum Accept gebraucht werden, weil dem Bezogenen die Ur-Unterschrift des Ausstellers auf dem Ur-Wechsel vorgelegt werden muß, ehe er den Wechsel für Rechnung des Ausstellers annimmt oder zahlt. (Preuß. Mot. S. 70, Brauer a. a. O. S. 127.)

Anmerk. 5. So weit die Copie die Stelle des Duplicats vertritt, gelten davon analog auch die Vorschriften der §§. 68 ff.

Anmerk. 6. Die russische Wechsel-Ordn. (§. 43.) verlangt, wie bei den Duplicaten, daß der Aussteller der Copie den Vermerk über die Niederlegung des zum Accept bestimmten Exemplars eigenhändig schreibe. Nach der kopenhagener Wechsel-Ordn. (§. 17.) soll der Vermerk: „wie weit die Copie gehe" auf der Rückseite des Wechsels stehen. (Borch. a. a. O. S. 127.)

Anmerk. 7. Ganz allgemein kann man nicht annehmen, daß die Wechsel-Copien und Wechsel-Duplicate identisch sind. Wechsel-Duplicate werden nur von dem Aussteller gegeben; sie tragen seine Original-Unterschrift. Wechsel-Copien darf jeder Wechsel-Inhaber anfertigen, sie haben regelmäßig nicht die Original-Unterschrift des Ausstellers, sondern nur eine Abschrift seines Namens. (W.-Arch. V. 415, Entsch. des Ob.-Trib. zu Berlin v. 23. Octbr. 1855.)

Anmerk. 8. Der Inhaber einer bloßen Wechsel-Copie (nicht eines Wechsel-Duplicats), welcher laut Protestes den Original-Wechsel von dem angeblichen Verwahrer nicht erlangen kann, braucht nicht die Copie dem Bezogenen zur Annahme oder Zahlung vorzulegen und gegen denselben im Entstehungs-Fall Protest zu erheben. (Entsch. des Ob.-Trib. zu Berlin vom 23. Octbr. 1855 W.-Arch. V. 415.)

Artikel 71.

Jedes auf einer Copie befindliche Original-Indossament verpflichtet den Indossanten ebenso, als wenn es auf einem Original-Wechsel stände. (Anm. 1—4.)

Anmerk. 1. Durch sein Giro stempelt der Indossant in Bezug auf sich die Copie des Wechsels dergestalt zu einem Original-Wechsel, daß er aus seinem Original-Giro unbedingt haftet, selbst wenn die Abschrift nicht richtig wäre, da es seine Sache ist, nicht ohne sorgfältige Prüfung zu giriren. Sein Indossament giebt der darüber stehenden Wechsel-Abschrift gleichsam sein Original-Gepräge und besagt, daß er diese Abschrift als Papier-Geld mit seiner Gewähr in Umlauf setze. Sein Giro hat einen ganz selbstständigen Charakter und legt ihm eine unbedingte Verpflichtung auf.

Aus der Abschrift muß aber immer hervorgehen, daß auch der Indossant zum Indossamente legitimirt ist und darum schreibt oben Art. 70. vor, daß die Wechsel-Copie die Erklärung enthalten muß: Bis hieher Copie.

Anmerk. 2. Der Inhaber der Copie ist durch diese allein natürlich noch nicht als Eigenthümer des Wechsels legitimirt, um als solcher über diesen zu verfügen. Dazu ist erforderlich, daß er alle Indossamente in Urschrift beibringe, weil er sich nur durch eine zusammenhängende Reihe von Original-Indossamenten ausweisen kann. Er hat deshalb zu seiner Legitimation stets auch das Original selbst nöthig, wenn er alle Rechte aus dem Wechsel geltend machen will. Um bloß den Indossanten, welcher eine Wechsel-Copie girirt hat, in Anspruch zu nehmen, ist nur diese mit seinem Original-Giro zur Legitimation des Indossatars erforderlich. Will Letzterer jedoch auf die übrigen Vormänner zurückgehen, namentlich aber auch auf den Acceptanten, so muß er in jenem Falle das Exemplar mit den übrigen Indossamenten, in diesem Falle auch das mit dem Accept versehene Exemplar haben.

Anmerk. 3. Jeder Inhaber der Abschrift eines Wechsels ist befugt, von derselben eine neue Copie zu machen, auf welche dann auch Abschriften der auf der ersten Copie befindlichen Original-Giri zu übertragen sind. Hier auf dieser Copie der Copie muß gleichfalls da, wo die Originalien anfangen, ausdrücklich vermerkt werden: Bis hieher Copie. (Brauer a. a. O. S. 128.)

Anmerk. 4. Copien unterscheiden sich von den Duplicaten nicht bloß dadurch, daß diese lediglich Original-Unterschriften haben müssen, um als Duplicate zu gelten, sondern auch dadurch, daß der Regreß bei beiden ein verschiedener ist. Bei den Duplicaten haften nämlich dem Wechsel-Inhaber alle Vormänner, weil sie ihm Original-Indossamente gegeben haben, bei den Copien nur die, welche auf der Copie durch ihre eigne Unterschrift in die Wechsel-Verbindung getreten sind. (Vergl. Kheil's Wechsel-Recht des östreichischen Kaiserstaates §. 335 b S. 219.) Nur die auf der Wechsel-Copie befindlichen Original-Indossamente haben gleiche Wirkung mit den auf dem Original-Wechsel stehenden Giri's; es kann deshalb auch auf den Grund einer bloßen

Copie nur gegen den Giranten ein Regreß ergriffen werden, dessen Original-Giro auf der Copie steht. (Arch. f. W.-R. Bd. 4. S. 434, Erk. des Ob.-App.-Ger. zu Dresden v. 20. Decbr. 1853, Borch. a. a. O. S. 143, Brauer a. a. O. S. 128, Art. 71. Anm. 1 u. 2.)

Artikel 72.

Der Verwahrer des Original-Wechsels ist verpflichtet, denselben dem Besitzer einer mit einem oder mehreren Original-Indossamenten versehenen Copie auszuliefern, sofern sich derselbe als Indossatar oder auf andere Weise zur Empfangnahme legitimirt.

Wird der Original-Wechsel vom Verwahrer nicht ausgeliefert, so ist der Inhaber der Wechsel-Copie nur nach Aufnahme des im §. 69. Nr. 1. erwähnten Protestes Regreß auf Sicherstellung und nach Eintritt des in der Copie angegebenen Verfalltages Regreß auf Zahlung gegen diejenigen Indossanten zu nehmen berechtigt, deren Original-Indossamente auf der Copie befindlich sind. (Anm. 1—2.)

Anmerk. 1. Dieser Artikel enthält die analoge Anwendung der Artikel 68 und 69. in Betreff der Duplicat-Wechsel auf die Wechsel-Copieen.

Anmerk. 2. Der Bezogene kann nur mit Sicherheit zahlen, wenn ihm der Original-Wechsel mit der Unterschrift des Ausstellers vorgelegt wird. Auf die bloße Copie darf er niemals zahlen. Der Regreß ist deshalb schon dann begründet, wenn nur die Herausgabe des Originals nicht zu erlangen ist. Der Wechsel-Inhaber hat daher nicht nöthig, erst den Versuch zu machen, auf die Copie Annahme oder Zahlung zu bewirken, und geht durch diese Unterlassung des Wechsel-Regresses gegen seine Vormänner noch nicht verlustig, immer aber muß bei dem Verwahrer Protest aufgenommen werden, um festzustellen, daß derselbe den Original-Wechsel nicht verabfolgt hat. (Erk. des Ob.-Trib. zu Berlin v. 23. Octbr. 1855, Borch. a. a. O. S. 143, Brauer a. a. O. S. 128. S. hier S. 140 Anm. 8.)

XI. Abhanden gekommene Wechsel.

Artikel 73.

Der Eigenthümer eines abhanden gekommenen Wechsels kann die Amortisation des Wechsels bei dem Gerichte des Zahlungsortes beantragen. Nach Einleitung des Amortikations-Verfahrens kann derselbe vom Acceptanten Zahlung fordern, wenn er bis zur Amortisation des Wechsels Sicherheit bestellt. Ohne eine solche Sicherheitsbestellung ist er nur die Deposition der aus dem Accepte schuldigen Summe bei Gericht oder bei einer anderen zur Annahme von Depositen ermächtigten Behörde oder Anstalt zu fordern berechtigt. (Anm. 1—5.)

Anmerk. 1. Die meisten deutschen Wechsel-Einführungs-Ordnungen enthalten ähnliche Bestimmungen, wie das preußische Einführungs-Gesetz und Abweichungen meistens nur wegen der Fristen zur Meldung, zu den Bekanntmachungen, den Aufforderungen u. s. f., fast alle aber setzen fest, daß diese Fristen bei noch nicht verfallenen Wechseln vom Verfall zu rechnen seien. Nach der russischen W.-O. (§. 99.) muß der Verlierer den Verlust des Wechsels auch den Indossanten und dem betreffenden Gericht des Zahlortes melden, auch den Verlust öffentlich bekannt machen. (Vergl. oben S. 6 ff.)

Anmerk. 2. Auch aus einem verlorenen Wechsel kann, in Verbindung mit dessen Aufgebot behufs der Amortisation, die Wechsel-Klage auf Zahlung gegen Sicherstellung von Seiten des Wechsel-Klägers oder Zahlung des Wechsel-Betrags zum gerichtlichen Gewahrsam angestellt werden. Noch mehr ist dies der Fall, wenn der Wechsel erst nach Einleitung der Klage verloren ist. (Arch. der Trib.-Anw. Bd. 3. S. 170. Beschluß des Ges. Ob.-Trib. zu Berlin v. 6. Novbr. 1851, Heckert a. a. O. S. 49.)

Anmerk. 3. Nach §. 2. des preußischen Einführ.-Ges. v. 15. Febr. 1850 ist die Amortisation eines Wechsels bei dem ordentlichen Gericht des Zahlungsortes, und, wo Handels-Gerichte bestehen, bei diesen nachzusuchen. Der Antragende muß eine Abschrift des Wechsels beibringen oder doch dessen wesentlichen Inhalt angeben, auch den Besitz und Verlust glaubhaft machen, d. h. bescheinigen, sei es durch eidesstattliche Atteste oder andere Urkunden u. dergl. (Arch. f. W.-R. von Siebenhaar und Tauchnitz Bd. 1. S. 144.) Das Gericht erläßt dann eine Aufforderung an den unbekannten Inhaber des Wechsels, binnen einer bestimmten Frist den Wechsel dem Gericht vorzulegen, mit der Warnung, daß sonst der Wechsel für kraftlos (unwirksam) erklärt werden würde. Die Aufforderung wird im Gerichts-Hause, an einem andern öffentlichen, dazu geeigneten Ort und in dem etwaigen Börsen-Local angeschlagen, auch mindestens ein Mal in das Amtsblatt und drei Mal in eine in- oder ausländische Zeitung eingerückt. Die Frist zur Meldung wird in Preußen auf wenigstens 6 Monate und höchstens ein Jahr, vom Verfall gerechnet, bestimmt. Wird der Wechsel von einem Inhaber vorgelegt, so ist der Antragsteller aufzufordern, sein Recht gegen diesen geltend zu machen. Meldet sich kein Inhaber, so erklärt das Gericht auf weitern Antrag des Antragstellers den Wechsel für unkräftig (amortisirt). Die östreichische Wechsel-Ordn. stimmt im Wesentlichen mit den Grundsätzen des Art. 73. und des preußischen Einf.-Ges. überein, bestimmt aber die Frist zur Anmeldung auf 45 Tage nach der Verfallzeit. (Vgl. oben S. 6 ff. zu §. 2. des preußischen Einf.-Ges.)

Anmerk. 4. Bei der Leipziger Conferenz wurde der Vorschlag gemacht, das Amortisations-Verfahren erst nach Ablauf der Wechsel-Verjährungs-Frist zuzulassen, zumal nach Gestattung von Blanco-Giri's die Kraftlos-Erklärung von Wechseln sehr bedenklich sei. Es wurde deshalb beantragt, den betreffenden Artikel dahin zu fassen,

> daß der Verlierer eines Wechsels von dem Acceptanten nur gegen genügende Sicherstellung und auf den Grund einer richterlichen Verurtheilung zur Zahlung eine solche verlangen dürfe, diese Sicherheit aber erst nach Ablauf der Verjährungs-Frist und erfolgter Amortisation des verlornen Wechsels zurückgegeben werden solle.

Dagegen wurde geltend gemacht, daß die Zulassung der Mortification vom Verfall-Tage ab eigentlich nur eine Abkürzung der Wechsel-Verjährungs-Frist und wenig gefährlich sei, weil man verfallene Wechsel nicht in der Brieftasche zu behalten pflege. Man einigte sich demnächst dahin, daß die Amortisation in keinem Fall vor Eintritt des Verfall-Tages des Wechsels zugelassen werden dürfe, was jedoch die Einleitung des Amortisations-Verfahrens schon vor dem Verfall nicht hindern, sondern nur die Bedeutung haben solle, daß erst nach dem Verfall die Meldungs-Frist anfangen und also die Nichtig-Erklärung selbst auch erst nach dem Verfall erfolgen dürfe. (Vgl. Leipz. Conf.-Prot. S. 139 ff.)

Anmerk. 5. Ist ein noch nicht bezahlter Wechsel verloren gegangen, so sind zwei Fälle zu unterscheiden, nämlich:

a) ob der Wechsel **noch nicht acceptirt**, oder

b) ob er schon **mit einem Accepte versehen** oder ein eigener Wechsel war.

a. Im erstern Fall, bei noch nicht erfolgter Annahme, muß der Verlierer sofort mittelst bescheinigter Brief-Abgabe oder sonst in sicherer nachweisbarer Art den Bezogenen benachrichtigen und ersuchen, den Wechsel nur dem berechtigten, von ihm bezeichneten Indossatar gegenüber zu acceptiren. Gleichzeitig muß er seinem etwaigen Vormann und dem Aussteller den Verlust anzeigen und nach Art. 66. der Allg. deutsch. W.-O. sich auf seine Kosten ein Duplicat verschaffen, auf Grund dessen er dann das Accept und demnächst Zahlung nachsucht. Hat der Trassat noch kein andres Exemplar dieses Wechsels acceptirt, so kann er mit voller Sicherheit zahlen. Verweigert er die Annahme, resp. Zahlung, so kann der Inhaber des Duplicats Protest erheben und gegen die Vormänner Regreß ergreifen. Die Vormänner werden jedoch, da sie auch aus ihren ursprünglichen Giri's verhaftet sind, diese verlangen können, ehe sie Zahlung leisten, der verloren gegangene, nicht acceptirte Wechsel, welcher in Bezug auf die Giranten als solcher gilt, muß daher mortificirt und mithin das Amortisations-Verfahren eingeleitet werden, ehe der Rückgriff genommen werden kann. Bei Domicil-Wechseln muß auch der Domiciliat benachrichtigt werden.

b. Im zweiten Fall, wenn der verlorne Wechsel schon acceptirt war, kann sich der Eigenthümer nur an den Acceptanten halten und muß sogleich das Amortisations-Verfahren einleiten. Ein bloß außergerichtlicher Mortifications-Schein genügt nicht. Es ist aber, wenn der verlorne Wechsel ein schon acceptirter war, nothwendig, auf den Grund eines Duplicats und keiner bloßen Copie (vergl. Art. 66 u. 71.) bei dem Acceptanten am Verfall-Tage Protest zu erheben, falls er ungeachtet der bestellten Sicherheit und des eingeleiteten Amortisations-Verfahrens die Zahlung verweigert, um den weitern Regreß nicht zu verlieren. (Vgl. Kheil's Wechsel-Recht für den östreichischen Kaiserstaat S. 224 §. 346.) Da der Art. 73. immer nur vom Acceptanten redet, ist es allerdings sehr zweifelhaft, ob bei verlornen Wechseln ein anderweiter Regreß zuläßig ist. (Vergl. S. 137 dieses Werkes.)

Artikel 74.

Der nach den Bestimmungen des Art. 36. legitimirte Besitzer eines Wechsels kann nur dann zur Herausgabe desselben angehalten werden, wenn er den Wechsel in bösem Glauben erworben hat, oder ihm bei der Erwerbung des Wechsels eine grobe Fahrlässigkeit zur Last fällt. (Anm. 1 bis 3.)

Anmerk. 1. Der Streit, wiefern ein Wechsel als körperliche Sache zu vindiciren oder als Papiergeld und gleichsam fungible, nicht zu unterscheidende Sache der Vindication nicht zu unterwerfen sei, ist hier entschieden. (Vgl. Ortloff Allg. deutsche W.-O. S. 110 ff., Leipz. Conf.-Prot. S. 143.) Derjenige Wechsel-Inhaber, welcher durch eine zusammenhängende Reihe von Indossamenten in dessen Besitz gekommen ist, hat die Vermuthung der Rechtmäßigkeit desselben für sich. Eine Vindication solches Wechsels, wo die Giri formell in Ordnung sind, ist daher in der Regel nicht ohne Weiteres zulässig, selbst wenn der Wechsel gestohlen wäre. Sogar etwa vorhandne falsche Indossamente verpflichten den Inhaber nicht unbedingt, mit seinem Rechte gegen einen Andern zurück zu treten, welcher behauptet, der rechtmäßige Eigenthümer zu sein. Im Wechsel-Proceß wird der Inhaber zunächst obsiegen und der andre Prätendent seine Ansprüche nur im gewöhnlichen Proceß verfolgen können. Dabei wird dieser nur dann durchdringen, wenn er die dem Inhaber zur Seite stehende Vermuthung beseitigt. Dieß kann er nur:

1) durch den Nachweis des unredlichen Erwerbs Seitens des Inhabers, z. B. durch den Beweis der Fälschung des Giro's und seines Wissens darum, oder
2) durch den Nachweis grober Verschuldung bei dem Erwerb, z. B. durch den Nachweis der Thatsache, daß der Erwerber bei gewöhnlicher Aufmerksamkeit die Unächtheit des Giro's sofort hätte bemerken müssen. (Vergl. Brauer a. a. O. S. 131.)

Grober Fahrlässigkeit macht sich der schuldig, welcher bei einem Geschäfte nicht einmal die gewöhnliche Sorgfalt und Vorsicht anwendet. Solche grobe Fahrlässigkeit steht bekanntlich im Civil-Recht dem dolus, d. h. der Arglist gleich.

Anmerk. 2. So lange der Inhaber des Wechsels, welchem eine mala fides (Unredlichkeit, böser Glaube) oder ein grobes Versehen bei dem Erwerbe zur Last fällt, den Wechsel selbst noch besitzt, besteht der Anspruch des wirklich Berechtigten in der Befugniß, die Auslieferung des Wechsels zu verlangen. Hat der bisherige unredliche Inhaber ihn schon weiter begeben oder sonst abhanden gebracht, so besteht sein Anspruch in dem Recht auf Entschädigung durch Zahlung der Valuta. (Erk. des Ob.-App.-Gerichts zu Lübeck Bd. 1. S. 155, Borch. a. a. O. S. 59.) Diese Ansprüche lassen sich jedoch nicht im Wechsel-Verfahren, sondern nur im gewöhnlichen oder resp. summarischen Proceß geltend machen.

Anmerk. 3. An manchen Handels-Plätzen, z. B. in Frankfurt a. M. ist es Handels-Brauch (Usanz), daß Jeder, welchem von einem Unbekannten ein Wechsel zum Kauf angeboten wird, sich über dessen Person und Identität die nöthige Gewißheit verschaffen muß, widrigen Falls diese Unterlassung im Fall eines daraus erwachsenden Nachtheils als grobe Fahrlässigkeit angesehen wird (s. ebendas.). Die deutsche W.-O. hat die Frage, ob und wie weit eine an einen nicht legitimirten Wechsel-Inhaber geleistete Zahlung ungiltig, auch der Zahlende namentlich verpflichtet sei, die Identität des Wechsel-Inhabers mit dem letzten Indossatar zu prüfen, unentschieden gelassen. Viele Schriftsteller nehmen jedoch an, daß der Zahlende zu solcher Prüfung stets verbunden sei. (Liebe Entw. zur W.-O. für Braunschweig zu §. 36. S. 135, Brauer W.-O. S. 85, Jolly im Arch. f. W.-R. Bd. II. S. 175, Renaud W.-R. S. 128, Gerber Syst. des deuts. Priv.-R. §. 212, vgl. auch das holländische Handels-Ges.-B. §. 247. Anm. 8.) Das scheint offenbar zu weit zu gehen und würde den Wechsel-Verkehr ohne Noth erschweren. Berechtigt zur Prüfung ist der Inhaber gewiß, aber nicht verpflichtet, letzteres höchstens dann, wenn begründeter Verdacht, z. B. durch eine Correctur, durch die notorisch berüchtigte Persönlichkeit des Übertragenden oder dergl., erwächst. (Vergl. Hoffmann im Arch. V. 407 und Beseler im Syst. des gem. deuts. Priv.-R. 3. Bd. §. 239. Nr. II. Anm. 10, L. Lipke Bemerkungen zu dem Entw. einer preuß. W.-O., Berlin 1847 im Selbst-Verlage des Verf. S. 14 zu §. 64.)

XII. Falsche Wechsel.

Artikel 75.

Auch wenn die Unterschrift des Ausstellers eines Wechsels falsch oder verfälscht ist, behalten dennoch das ächte

Accept und die ächten Indossamente die wechselmäßige Wirkung. (Anm. 1—6.)

Anmerk. 1. Das rheinische Handels-Ges.-B. und die östreichische W.-O. v. 1763 bestimmen über Fälschungen gar Nichts, das preußische Allg. Landrecht dagegen enthielt darüber sehr ausführliche Bestimmungen, (Th. 2. Tit. 8. §. 1138) eben so das ungarische Wechsel-Gesetz. (§. 39. 40. 185. 186, welche durch das östreichische Einf.-Ges. ausdrücklich bestätigt s.nd.) Bei Revision der landrechtlichen Bestimmungen fand man dieselben ihrer Ausführlichkeit ungeachtet dennoch ungenügend und versuchte, bei dem Entwurf der neuen Wechsel-Ordnung den Gegenstand in andrer Weise zu erschöpfen. Man gelangte jedoch bei weiteren Berathungen zu der Überzeugung, daß es zweckmäßiger sei, den Versuch aufzugeben und sich auf den aus dem wechselmäßigen Verhältniß der verschiedenen Wechsel-Erklärungen zu einander sich ergebenden Grundsatz zu beschränken, daß die Fälschung bei der Unterschrift des Wechsels auf die Giltigkeit der Indossamente und des Accepts und eben so die Fälschung bei dem Accept oder einem Indossament auf die Giltigkeit aller andern Erklärungen keinen Einfluß habe. (Vergl. Entwurf einer Wechsel-Ordn. für die preußischen Staaten nach den Beschlüssen der Commission des Staatsraths, Berlin 1847 S. 95.) Man fand, daß mit Ausnahme jenes Grundsatzes die Beurtheilung des Einflusses der Fälschungen und Correcturen unter civilrechtliche Gesichtspuncte falle und daß es bedenklich sei, diese zu specificiren. Bei der Leipziger Wechsel-Conferenz ist man über die falschen Wechsel ziemlich kurz fortgegangen. (Leipz. Conf.-Prot. S. 140.)

Anmerk. 2. Mit Recht macht das Gesetz einen Unterschied zwischen falsch und verfälscht, wenn auch die juristischen Wirkungen meistens zusammen fallen. Falsch ist eine Sache, wenn sie das gar nicht ist, wofür sie ausgegeben wird, verfälscht ist sie, wenn ihr wahres Wesen durch einen schlechten Zusatz behufs der Täuschung verringert ist. (Vgl. Eberhard's Synon. Nr. 478. unter dem Worte „falsch, verfälscht.") Ein falscher Wechsel ist hiernach ein solcher, bei dem die Unterschriften und Schriftzüge der Verpflichteten nachgemacht, folglich ganz unächt sind; ein verfälschter Wechsel ist dagegen ein solcher, in welchem behufs absichtlicher Täuschung irgend ein Theil verändert ist. (Ditscheiner a. a. O. S. 376.)

Anmerk. 3. Weil jede einzelne Wechsel-Erklärung eine für sich bestehende Wechsel-Verbindlichkeit erzeugt, wird sie durch die Unächtheit anderer an und für sich nicht berührt, sie bleibt vielmehr in Kraft. Von diesem Grundsatze aus ist es ganz folgerichtig, daß das an sich ächte Accept und die ächten Giri ihre wechselmäßige Wirkung behalten, wenn auch die Unterschrift des Ausstellers und das eine oder das andre Giro gefälscht ist. (Brauer a. a. O. S. 131.) Der Acceptant, welcher auf die falsche oder verfälschte Unterschrift des Ausstellers hin acceptirt, ist selten ohne Schuld; der Inhaber kann bei dem Erwerb des Wechsels nicht leicht die Prüfung der Unterschrift des Ausstellers vornehmen, welche dem Acceptanten zu Gebote steht, welcher gewöhnlich mit dem Aussteller in mehrfachem Verkehr sich befindet und dessen Unterschrift kennt. Allerdings sind darüber, ob der Acceptant eines Wechsels, bei welchem z. B. die Unterschrift des Ausstellers falsch ist, unbedingt zur Zahlung gezwungen werden könne, des klaren Inhalts des Art. 75. ungeachtet, die Ansichten verschieden. Nach der russischen Wechsel-Ordn. (§. 41.) und dem spanischen Handels-Ges.-B. (§. 463.) braucht der Bezogene, welcher einen falschen Wechsel acceptirt hat, diesen nicht zu bezahlen. (W.-R. von Siebenhaar und Tauchnitz Bd. 1. S. 207.) Richtig ist aber wol unzweifelhaft nur die Ansicht, daß nach dem deutschen Wechsel-Recht der Acceptant die verfälschte Summe zahlen muß, wenn sein Accept auf diese lautet, ohne vom Aussteller Ersatz fordern zu können, weil eben sein Accept eine selbstständige Wechsel-Verpflichtung enthält und der Aussteller keine Schuld an der Fälschung trägt. (Ditscheiner a. a. O. S. 379.) In der Natur der Sache liegt es aber, daß die Verhaftung aus jeder Wechsel-Erklärung, also auch die des Acceptanten und Indossanten, sich nur auf denjenigen Inhalt beziehen kann, welchen der Wechsel zu der Zeit hatte, als die wechselmäßige Erklärung erfolgte, aber es ist freilich Sache des Wechsel-Verpflichteten die erst nachträglich vorgenommene Fälschung zu beweisen. (Ditscheiner a. a. O. S. 379 ff., Koch a. a. O. S. 293.) Daß der Aussteller, dessen Unterschrift nachgemacht ist, weder dem Acceptanten, noch einem anderen Wechsel-Berechtigten haftet, versteht sich von selbst. Der Wechsel-Inhaber kann sich solchen Falls nur an den Fälscher halten.

Ist das Accept gänzlich falsch, so haftet der, dessen Namen gemißbraucht ist, natürlich für gar Nichts. Hat er sich aber durch die Aehnlichkeit der Unterschrift täuschen lassen und den Wechsel eingelöst, so kann er sich nur an den Fälscher regressiren, es sei denn, daß der Empfänger der Zahlung sich mit seinem Schaden bereichern würde. Wiefern er eine Condictio indebiti, eine Klage auf Rückgewähr einer nicht schuldigen Zahlung, begründen kann, wird in jedem einzelnen Fall besonders geprüft werden müssen. Hat Jemand, durch die Aehnlichkeit der Unterschrift getäuscht, ein solches Accept eingelöst, so geht dadurch dem Inhaber das Recht auf Regreß gegen die Vormänner verloren.

Ist ein Giro falsch, so kann der, dessen Namen dabei nachgemacht ist, jeden Anspruch ablehnen.

Anmerk. 4. Von dem Falle, wo der Text des Wechsels verfälscht ist, spricht das Gesetz gar nicht. Bei solcher Fälschung muß der jedesmalige einzelne Fall nach allgemeinen Rechts-Grundsätzen beurtheilt werden. Der Regel nach dürfte solcher augenscheinlich falsche Wechsel gar keine Kraft haben, wo die Fälschung aber nicht in die Augen fällt, diese sofort zu erweisen sein, um dem Wechsel als solchem die Kraft zu nehmen. (Arch. f. W.-R. von Siebenhaar und Tauchnitz Bd. 3. S. 406.) Die wechselmäßigen Verpflichtungen, welche vor der Verfälschung des Inhalts des Wechsels eingegangen sind, werden durch solche weder aufgehoben, noch verändert, sondern bestehen in ihrem ursprünglichen Umfange.

Anmerk. 5. Brauer (a. a. O. S. 132) erwähnt hier der sogenannten Keller- oder fingirten Wechsel, welche hinsichts der Wirkungen der darauf gesetzten Wechsel-Erklärungen den falschen gleich zu behandeln seien. (Treitschke a. a. O. bei dem Artikel „falsche Wechsel" 1. S. 416.) Man versteht darunter solche Wechsel, welche auf erdichtete Personen gestellt oder von erdichteten Personen gezogen sind, durch welche der Aussteller nicht betrügen, sondern nur den augenblicklichen Gewinn einer Summe Geldes sich verschaffen will, die er bei erfolgendem Regreß zu zahlen bereit und im Stande ist. (Vgl. ob. S. 52 Anm. 36.) Auch solche Keller-Wechsel müssen nach den obigen Grundsätzen (Art. 75 u. 76) als giltig erachtet werden, so weit sich darauf nicht fingirte Wechsel-Verpflichtungen befinden. Alle an sich ächten Indossamente auf denselben sind deshalb wechselmäßig verbindlich. Daß dergleichen Keller-Wechsel, so weit sie auf wirklichen Unrichtigkeiten beruhen und eine Täuschung bezwecken, für unerlaubt zu halten sind, bedarf keiner Ausführung. (Vgl. Ditscheiner a. a. O. S. 383.) Die Leipziger Conferenz hielt die besondere Erwähnung der fingirten und Keller-Wechsel nicht für erforderlich. (Leipz. Conf.-Prot. S. 141.)

Anmerk. 6. Aus den Nachtheilen, welche ächte Wechsel-Erklärungen selbst bei falschen oder verfälschten Wechseln für diejenigen herbeiführen können, welche ihre Giri's darauf setzen und aus den Nachtheilen, welche aus verabsäumter Vorsicht bei dem Erwerb von Wechseln hervortreten, folgt, daß der obige Grundsatz von der Berechtigung zur Prüfung der Indossamente (S. 95 Anm. 3.) vollkommen richtig ist. (Vergl. Ditscheiner S. 385 ff.)

Artikel 76.

Aus einem, mit einem falschen oder verfälschten Accepte oder Indossamente versehenen Wechsel bleiben sämmtliche Indossanten und der Aussteller, deren Unterschriften ächt sind, wechselmäßig verpflichtet.

Anmerk. 1. Der leitende Grundsatz des Art. 76. ist der, daß die bei einem Wechsel vorkommenden falschen Wechsel-Erklärungen die wechselmäßigen Wirkungen der ächten nicht beeinträchtigen können, diese vielmehr in Kraft bleiben. Andrer Seits findet gegen diejenigen, deren Unterschriften auf dem Wechsel falsch oder verfälscht sind, weder ein Anspruch, noch ein Regreß Statt. (Erk. des Geh. Ob.-Trib. zu Berlin v. 16. Septbr. 1854 Entscheid. Bd. 29. S. 186, Ditscheiner a. a. O. S. 377 ff.) Aus diesen Grundsätzen folgt, daß, wenn auch die Unterschrift des Ausstellers falsch, mithin der Wechsel selbst falsch und der Aussteller persönlich nicht verpflichtet ist, doch alle Indossanten und der Acceptant, wenn ihre Unterschriften ächt sind, wechselmäßig haften. Es folgt daraus ferner, daß wenn die Unterschrift eines Indossanten falsch ist, er selbst nicht haftet, es vielmehr so angesehen wird, als wenn er gar nicht vorhanden wäre, wogegen der Inhaber des Wechsels als rechtmäßiger Eigenthümer betrachtet und die sonstige Wirkung des Wechsels durch jenes falsche Indossament nicht berührt wird. Endlich folgt, daß, wenn die Unterschrift des Acceptanten falsch ist, dieser natürlich zu Nichts verpflichtet erscheint, und der

Inhaber sich nur an seine Vormänner und den Fälscher halten kann. (Vergl. Anm. 3. Art. 75. dieser Schrift und Brauer a. a. O. S. 132.)

Anmerk. 2. Dem Inhaber des Wechsels steht die Vermuthung des redlichen Besitzes zur Seite, doch kann ihm der in Anspruch genommene Wechselverpflichtete den Einwand der Unredlichkeit (exceptionem doli) auch im Wechsel-Proceß mit Erfolg entgegen stellen, wenn er selbigen sofort durch Eides-Zuschiebung, beigebrachte Zeugen oder dergleichen liquide macht und den Einwand dem Wechsel-Inhaber selbst unmittelbar aus dessen eignem Verhalten entgegen zu setzen vermag. (Leipz. Conf.-Prot. S. 142.)

Anmerk. 3. Der, welcher eine Fälschung z. B. durch Beifügung eines falschen Accepts begangen, erscheint wechselmäßig nicht verhaftet, weil der Anspruch nicht darauf gestützt werden kann, daß er mit seinem Namen oder im Auftrag eines Andern eine Wechsel Erklärung unterschrieben. (Borch. W.-O. v. 1851 S. 143.)

Anmerk. 4. Nach der Wechsel Ordnung v. St. Gallen (Tit. 4. §. 9.) zieht jede Correctur oder Rasur, also z. B. auch die Fälschung des Datums, die Ungiltigkeit des Wechsels nach sich. (Vergl. oben Art. 4. Anm. 6. S. 46.) Das holländische Handels-Ges.-B. (§. 136.) und das brasilianische Handels-Ges.-B. nimmt an, daß das falsche Indossament kein Eigenthum übertragen könne und erachtet daher die demselben nachfolgenden Indossamente für unwirksam. Dagegen behält das letztere dem Wechsel-Inhaber gegen den, welcher das falsche Indossament unterzeichnet hat, ein Klagerecht ausdrücklich vor. (Übersetzung des brasilianischen Handels-Rechts von Borch. und Stolp S. 77.)

Anmerk. 5. Die Legitimation des gegen den Wechsel-Aussteller oder einen Indossanten im Regreß-Wege klagenden Wechsel-Inhabers wird durch den Einwand allein, daß das Indossament unächt sei, noch nicht widerlegt; zur Begründung eines solchen Einwandes gehört vielmehr zugleich die vom Verklagten nach Vorschrift der Gesetze liquide zu stellende Behauptung einer erfolgten Fälschung, der Wissenschaft des Klägers davon und eines dolus (einer Arglist) bei dem Erwerbe des Wechsels. (Entsch. des Geh. Ob.-Trib. zu Berlin Bd. 29. S. 184, Präj. 2582. v. 16. Septbr. 1854.) Es liegt dies in der rein formellen Natur des Wechsel-Rechts und kann dem Verletzten nur überlassen werden, seine Rechte im besonderen Verfahren geltend zu machen, wenn er nicht im Stande ist, solche in der angedeuteten Art sofort zu begründen. Klagt daher ein Wechsel-Inhaber auf den Grund eines falschen oder gefälschten Indossaments regreßmäßig gegen den Aussteller oder die Indossanten, deren Unterschriften ächt sind, oder gegen den Acceptanten, dessen Accept richtig ist und es intervenirt derjenige, an welchen der Wechsel durch ächtes Giro gekommen war und dessen Namen bei dem weiteren Giriren gefälscht worden, so wird dieser Intervenient, wenn der jetzige Wechsel-Inhaber in gutem Glauben den Wechsel erworben und sich keiner groben Nachlässigkeit schuldig gemacht hat, (vergl. Art. 74.) im Wechsel-Processe Nichts ausrichten können.

XIII. Wechsel-Verjährung.

Artikel 77.

Der wechselmäßige Anspruch gegen den Acceptanten verjährt in drei Jahren vom Verfall-Tage des Wechsels an gerechnet. (Anm. 1—5.)

Anmerk. 1. Das preußische Allg. Land-Recht, nach welchem der Aussteller kein Wechsel-Recht gegen den Acceptanten hatte, setzte eine nur einjährige Frist zur Verjährung des wechselmäßigen Anspruchs vom Verfall-Tage ab fest (§. 903.), der französische Code de commerce (Art. 189.) dagegen 5 Jahre; die deutsche Wechsel-Ordnung hat einen mittleren Zeitraum gewählt, der auch bei den jetzt so erleichterten Verkehrs-Wegen mit Rücksicht auf die Natur des Wechsel-Verkehrs vollkommen ausreichend erscheint. Eine längere Frist würde als unnöthige Härte gegen den Acceptanten erscheinen.

Anmerk. 2. Die Verjährung beginnt mit dem Tage, wo der Wechsel zahlbar wird, also mit dem Verfall-Tage. Bei mehren Zahltagen wird nur der am weitesten hinausgehende als Verfall-Tag betrachtet. Da bei Wechseln auf Kündigung, so weit diese überhaupt zulässig erscheinen, (vergl. Leipz. Conf.-Prot. S. 161 und oben Art. 4. Anm. 13. S. 47), was nach der Allg. deutſ. Wechsel-Ordn. nicht der Fall sein dürfte, erst die Kündigung den Verfall-Tag bestimmt, so fängt natürlich die Verjährung auch erst mit dem Tage an, der durch die Kündigung als Verfalltag anzusehen ist. (Koch a. a. O. S. 296, Entsch. des Ob.-Trib. Bd. 9. S. 335.)

Anmerk. 3. Bloße Stundungen unterbrechen die Verjährung nicht; förmliche schriftliche Prolongationen wirken wie neue Wechsel-Verpflichtungen und schieben den Verfall-Tag hinaus, von dem dann auch erst die Verjährung läuft. Einen ähnlichen Grundsatz enthielt auch das preußische Allg. Land-Recht (Th. 2. Tit. 8. §. 904).

Eine Unterbrechung der Verjährung durch Anerkenntniß oder Prolongation des Wechsels hielt die Leipziger Conferenz nicht für zulässig, und deshalb eine Bestimmung wegen der Prolongation nicht für angemessen. Da, wo eine solche dennoch vorkommt, kann sie sich eigentlich nur auf das Verhältniß zwischen dem Wechsel-Inhaber und Acceptanten beziehen, welchen Falls die Wirkung der Prolongation darin besteht, daß der Wechsel als ein solcher behandelt wird, der gleich Anfangs auf die spätere Verfallzeit gestellt war. Die Rechte der nicht beigetretenen Giranten können dadurch nicht berührt werden. Soll dies geschehen, so müssen sie alle schriftlich zustimmen, was aber bei dem Wechsel-Verkehr ziemlich schwerfällig erscheint. Kheil (im Arch. f. W.-R. Bd. VI. S. 64) behauptet, daß die Prolongation in der Natur des Wechsel-Rechts begründet sei und tadelt, daß man sie nicht zulassen wolle, weil sie, besonders für den Nicht-Kaufmann, ein nothwendiges Bedürfniß sei, er übersieht jedoch, daß man sich leicht auf andre Art, durch Ausstellung neuer Wechsel und dergl. helfen kann. Auch Brauer (im Arch. Bd. V. S. 15) erkennt an, daß die Prolongation sich immer wieder in die Praxis einzuschleichen suche, will sie aber jetzt um so weniger gestatten, weil die Allg. deuts. Wechsel-Ordn. im Wechsel ein Papier-Geld erblicke und die alte Theorie vom Wechsel-Vertrage aufgegeben habe, die Prolongation aber dem Wesen des Papier-Geldes widerspreche, auch früher nur bei nicht girirten Eigen-Wechseln üblich gewesen sei. Der ausgegebene Wechsel sei emittirtes Papier-Geld, dessen rechtliche Bedeutung müsse daher unabänderlich feststehen.

Anmerk. 4. Schon nach der alten Leipziger Wechsel-Ordn. (§. 32.) sollte durch die Verjährung der ganze Wechsel-Anspruch, d. h. überhaupt jede Forderung aus dem Wechsel, nicht das bloße wechselmäßige Klage-Recht als erloschen betrachtet werden. Nach dem französischen Handels-Ges.-B. (Art. 189.) wirkt die Verjährung nur eine Vermuthung und der angebliche Schuldner soll auf Verlangen eidlich versichern, daß er Nichts mehr aus dem verjährten Wechsel verschulde.

Nach der deutschen Wechsel-Ordn. wirkt die Verjährung gleichfalls das Erlöschen des ganzen Anspruchs und nur, so weit sich der Aussteller oder Acceptant mit dem Schaden des Inhabers bereichern, d. h. einen nicht im Sinne und der Absicht des Geschäfts liegenden zufälligen Gewinn haben würde, bleibt er demselben — jedoch nicht wechselmäßig — verpflichtet. (Vergl. Ditscheiner a. a. O. S. 418 Art. 83.) Die Regel ist also auch nach der Allg. deuts. Wechsel-Ordn., daß der ganze Anspruch mit Ablauf der Wechsel-Verjährung erlischt und daß eben nur in den Fällen des Art. 83. Ausnahmen eintreten. Da die Art. 77, 81 u. 83 immer nur von dem wechselmäßigen Anspruch reden, so könnte obige Annahme Zweifel leiden, wenn nicht eben der Art. 83. und der Inhalt der Leipziger Conferenz-Protokolle jedes Bedenken beseitigte. Der §. 75. des preußischen Entwurfs sprach das Princip deutlicher aus, indem er sagte: Sei die wechselmäßige Verbindlichkeit eines Wechsel-Verpflichteten durch Verjährung oder Präjudiz erloschen, so bleibe der frühere Wechsel-Verpflichtete dem Eigenthümer des Wechsels nur so weit verhaftet, als er sich mit dessen Schaden bereichern würde. Dieser Anspruch könne jedoch nicht im Wechsel-Verfahren verfolgt werden.

Bei der Leipziger Conferenz erhob sich nur ein besonderes Bedenken darüber, ob die Bereicherungs-Klage nur gegen den Aussteller und Acceptanten, oder auch gegen die Indossanten zu gestatten sei. Man beschloß aber auf die scharfsinnige Ausführung des Geheimen Raths Dr. Liebe, die Indossanten, manches Bedenkens ungeachtet, ganz frei zu lassen, weil bei diesen eine Bereicherung nicht füglich eintreten könne. (Leipz. Conf.-Prot. S. 194 ff., Kheil a. a. O. S. 252.)

Anmerk. 5. Darüber, ob verjährte Wechsel noch als Schuld-Scheine zu erachten seien, ist Streit. Je härter die Bestimmungen der Allg. deuts. Wechsel-Ordn. über die Verjährung sind, welche nicht einmal durch Anerkenntniß unterbrochen werden soll und je weniger es der Wechsel-Inhaber in seiner Macht hat, die Klage beliebig zustellen zu lassen, desto mehr hat sich die

Praxis und die Rechtswissenschaft bemüht, die Härte des Gesetzes zu mildern und auszugleichen. Deshalb hat das Ober-Tribunal zu Berlin in einer Entscheidung v. 31. Octbr. 1854 dem Wechsel die darin zugleich enthaltene civilrechtliche Schuld-Verschreibung vindicirt und ausgesprochen, daß diese auch nach verjährter Wechsel-Klage aufrecht erhalten bleiben müsse, weil kein Gesetz vorschreibe, daß eine Urkunde, welche eine Wechsel-Verpflichtung des Ausstellers ausspreche, nicht auch noch andere Willens-Erklärungen desselben mit Erfolg Rechtens solle enthalten dürfen. (S. Arch. f. W.-R. Bd. V. S. 103, ebendas. Bd. V. S. 101, Bd. VI. S. 127.) Diese Ansicht dürfte nur so weit aufrecht zu erhalten sein, als sie mit den bei der Anm. 5. aufgestellten Grundsätzen im Einklang steht. (Vergl. die Entsch. des Wiener Handels-Gerichts, bestätigt von dem niederöstreichischen Ob.-Landes-Ger. in der östreichischen Ger.-Zeitg. von 1857 Nr. 80.)

Artikel 78.

Die Regreßansprüche des Inhabers (Art. 50.) gegen den Aussteller und die übrigen Vormänner verjähren:

1) in 3 Monaten, wenn der Wechsel in Europa, mit Ausnahme von Island und den Faröern zahlbar war;
2) in 6 Monaten, wenn der Wechsel in den Küstenländern von Asien und Africa längs des mittelländischen und schwarzen Meeres, oder in den dazu gehörigen Inseln dieser Meere zahlbar war;
3) in 18 Monaten, wenn der Wechsel in einem anderen außereuropäischen Lande oder in Island oder den Faröern zahlbar war.

Die Verjährung beginnt gegen den Inhaber mit dem Tage des erhobenen Protestes. (Anm. 1—8.)

Anmerk. 1. Die beiden Art. 78 u. 79 stehen in genauem Zusammenhange. Der Art. 78. bezieht sich auf den Fall, wo derjenige, welcher zur Verfallzeit einen nicht bezahlten Wechsel besitzt, seinen Regreß gegen den Aussteller und die übrigen Vormänner nimmt. Hier beginnt die Verjährung mit dem Tage des erhobenen Protestes. Der Art. 79. dagegen hat den Fall im Auge, wo ein Wechsel-Inhaber sich an einen Vormann regressirt hat und dieser Indossant nun weitern Regreß an den Aussteller und die übrigen Vormänner nehmen will. Hier beginnt die Verjährung entweder mit dem Tage der Zahlung, oder mit dem Tage der ihm geschehenen Behändigung der Klage oder Ladung; die Verjährungs-Fristen sind in beiden Fällen gleich.

Anmerk. 2. Borchardt (a. a. O. S. 144) meint: Die Berechnung, welche der Art. 32. für die Monate aufstelle, könne hier wol nicht maßgebend sein, vielmehr werde der Monat nach §. 550. Tit. 9. Th. 1. A. L.-R. zu 30 Tagen gerechnet werden müssen; allein der Art. 32. ist hinsichts der Berechnung für Wechsel-Sachen wol unzweifelhaft als besondere Vorschrift zu erachten. Deshalb wird der Monat nach demjenigen Tage zu berechnen sein, der durch seine Zahl dem Tage der Protest-Erhebung entspricht. (Arch. der Ob.-Trib.-Anw. Bd. 6. S. 210, Erk. v. 29. Juni 1852.)

Anmerk. 3. Bei Berechnung der Verjährungs-Frist wird der Tag zu vollen 24 Stunden, von Mitternacht zu Mitternacht gerechnet (Computatio civilis), der Tag, an welchem Protest erhoben ist, wird nicht mitgezählt. (A. L.-R. Th. 1. Tit. 3. §. 45, Arch. f. W.-R. Bd. 6. S. 210.) Auch der Verfalltag und der Tag der Präsentation wird nicht mitgerechnet. (Gelpke's Zeitschr. für Handels-Recht Heft 3. S. 98.) Die Verjährung beginnt vom Tag der Protest-Erhebung, weil diese den Regreß bedingt.

Anmerk. 4. Alle in den Art. 77—79 aufgestellten Verjährungs-Fristen finden nur auf den Fall Anwendung, daß die Regreßpflichtigen im Inlande wohnen. (Christoph a. a. O. S. 77.)

Anmerk. 5. Ist der Verkehr durch Krieg oder dergleichen gehemmt, so kann eine Verjährung erst nach gehobenem Hinderniß beginnen. (Vgl. Preuß. A. L.-R. Th. 1. Tit. 9. §. 516.)

Anmerk. 6. Ist ein Wechsel verjährt, so gilt dies von allen, auch den erst später ausgestellten Exemplaren desselben, weil alle Exemplare eines gezogenen Wechsels zusammen nur einen einzigen Wechsel darstellen. (Erk. des Ob.-App.-Ger. zu Cöln v. 27. Febr. 1852 Rhein. Arch. Bd. 47. S. 215, Borch. I. Forts. der A. d. W.-O. S. 148.)

Anmerk. 7. Die Verjährung der Wechsel-Klage auf Sicherstellung wegen Unsicherheit des Acceptanten beginnt mit dem Tage, wo gegen denselben wegen nicht erfolgter Sicherstellung Protest erhoben ist. (Koch a. a. O. S. 296.)

Anmerk. 8. Außer im Art. 77. hat die deutsche Wechsel-Ordnung noch andere Verjährungs-Fristen. Diese sind

a) bei Sicht-Wechseln 2 Jahre (Art. 19 u. 31.);

b) bei dem Recht auf die bestellte Sicherheit 1 Jahr. (Art. 28.)

Artikel 79.

Die Regreßansprüche des Indossanten (Art. 51.) gegen den Aussteller und die übrigen Vormänner verjähren:

1) in 3 Monaten, wenn der Regreßnehmer in Europa, mit Ausnahme von Island und den Faröern wohnt;

2) in 6 Monaten, wenn der Regreßnehmer in den Küstenländern von Asien und Africa längs des mittel-

ländischen und schwarzen Meeres, oder in den dazu gehörigen Inseln dieser Meere wohnt;

3) in 18 Monaten, wenn der Regreßnehmer in einem anderen außereuropäischen Lande oder in Island oder den Faröern wohnt.

Gegen den Indossanten läuft die Frist, wenn er, ehe eine Wechsel-Klage gegen ihn angestellt worden, gezahlt hat, vom Tage der Zahlung, in allen übrigen Fällen aber vom Tage der ihm geschehenen Behändigung der Klage oder Ladung. (Anm. 1—5.)

Anmerk. 1. Hat der Indossant freiwillig, vor Anstellung der Klage gezahlt, so kann er von da ab seinen Regreß nehmen und es beginnt deshalb mit diesem Zeitpunct gegen ihn die Verjährung. Will er es auf den Proceß ankommen lassen, so soll er, weil möglicher Weise die rechtskräftige Entscheidung sich in die Länge ziehen könnte, schon durch die Klage-Zustellung oder Vorladung das Recht haben, wegen des seiner Seits zu nehmenden Regresses gegen den, an welchen er seinen Anspruch zu verfolgen gedenkt, sich die Rechte durch Zustellung der Regreß-Klage oder Streit-Verkündigung zu sichern. Natürlich kann von einer definitiven Feststellung seines Regreß-Anspruchs erst dann die Rede sein, wenn seine eigene Verbindlichkeit festgestellt ist.

Anmerk. 2. Die Behändigung der Klage oder die Ladung werden hier neben einander gestellt. Letztere bezieht sich auf das französische Proceß-Verfahren, kann aber auch für die Vorladung behufs der Streit-Verkündigung gelten.

Anmerk. 3. Die Wechsel-Gesetze in Belgien, Genf, Griechenland, Aegypten, Algier, Haiti, Lausanne, Parma, Polen, Sicilien, Neapel, Toscana, Sardinien, Luxemburg, in der Türkei, Wallachei und Wallis haben hinsichts der Verjährung bei Wechseln im Wesentlichen die Grundsätze des französischen Handels-Ges.-B. angenommen.

In Basel erlischt das Wechsel-Recht gegen den Acceptanten schon nach einem Monat, gegen die Indossanten nach 3 Monaten.

In Dänemark erlischt jede Forderung aus einem Wechsel nach 5, in England nach 6 Jahren.

In Rußland erlischt die Wechsel-Klage nach 2, in Schottland nach 6 Jahren. (Vergl. Borch. a. a. O. S. 147 ff.)

Anmerk. 4. Die Verjährung nach Maßgabe dieses Artikels findet auf Wechsel-Ansprüche an den Aussteller eines trocknen Wechsels keine Anwendung. (Vergl. Entsch. des Ob.-Trib. zu Berlin Bd. 33. S. 427.)

Artikel 80.

Die Verjährung (Art. 77—79.) wird nur durch Behändigung der Klage unterbrochen, und nur in Beziehung auf denjenigen, gegen welchen die Klage gerichtet ist. Jedoch vertritt in dieser Hinsicht die von dem Verklagten geschehene Streit-Verkündigung die Stelle der Klage. (Anm. 1 — 7.)

Anmerk. 1. Nach gemeinem Recht gelten wegen Unterbrechung der Verjährung bei Wechseln ganz die Grundsätze der gewöhnlichen Klage-Verjährung, die deutsche Wechsel-Ordnung dagegen erkennt nur zwei Arten der Unterbrechung an:

a) durch Behändigung der Klage oder durch gehörige Ladung (vgl. Art. 79.), was allerdings seine großen Bedenken hat, weil die Behändigung der Klage leicht ohne Schuld des Betheiligten vereitelt werden kann, weshalb die Unterbrechung durch Anmeldung der Klage zweckmäßiger gewesen sein dürfte, und

b) durch die Streit-Verkündigung oder Litis-Denunciation, d. h. durch Zustellung des Gesuchs um Vorladung des Litis-Denunciaten, also dessen, an welchen sich der Antragsteller wegen seiner Vertretung halten will, zu dem Zwecke, daß dieser sich über die Anerkennung des Regresses erkläre und ihm beistehe. (Vergl. Arch. f. W.-R. Bd. V. S. 226.)

Anmerk. 2. Die bloße Anmeldung der Klage, selbst, wenn diese dem Verklagten zugestellt ist, unterbricht die Verjährung eben so wenig, als eine Abschlags-Zahlung, Anerkennung der Verpflichtung, Zinsen-Zahlung, Liquidation im Concurs oder Gehalts-Abzugs-Verfahren und dergleichen; dagegen ist eine förmliche Prolongation allerdings geeignet, die Verjährung zu unterbrechen, sofern diese in urkundlicher Form einen andern Verfall-Tag begründet und diesen gleichsam hinausschiebt. Deshalb schließt auch die Bestimmung des Art. 80. durch die Worte: die Verjährung wird nur u. s. w., die Unterbrechung durch solche Prolongation nicht aus, weil die Verjährung erst vom Verfall-Tag anfängt. (Vergl. Koch a. a. O. S. 300 Art. 77. Anm. 3, Entsch. des Geh. Ob.-Trib. zu Berlin v. 30. Jan. 1855 Präjud. Nr. 2600. Entsch. Bd. 29. S. 411.) In Preußen, wo nach der neuen Concurs-Ordnung vom 8. Mai 1855 Wechsel-Processe gegen den Gemeinschuldner nicht mehr besonders angebracht werden können (vgl. die Concurs-Ordn. von Wentzel S. 86), erscheint es allerdings bedenklich, daß die Liquidation im Concurse die Verjährung nicht unterbrechen solle, allein es ist nirgends eine Ausnahme begründet. Die Sache hat indessen keine sonderliche Gefahr, weil der Verwalter der Masse den Gemeinschuldner vertritt und die Zustellung an diesen daher natürlich die Verjährung unterbrechen muß. — Wollte man diese Ansicht für richtig nicht gelten lassen, so müßte man annehmen, daß der Concurs die Verfolgung des Wechsel-Rechts hemmt und daher nach §. 528. Tit. 9. Th. 1. des preußischen Allg. Land-Rechts die Verjährung bis nach gehobenem Hinderniß ruhen müsse.

Anmerk. 3. Da der Art. 80. die Bewilligung eines Indults oder General-Moratoriums (gesetzlich bewilligte Frist-Verstattung) nicht als Grund zur Unterbrechung der Verjährung aufführt, kann sie als solche auch nicht gelten. Manche ältere Wechsel-Ordnungen, wie die gothaische (Art. 14.), gingen schon von gleichem Grundsatz aus. In Preußen giebt es nach den Bestimmungen der Concurs-Ordn. (Art. 432.) kein Moratorium mehr, namentlich nicht bei Wechsel-Sachen.

Anmerk. 4. Darüber, ob durch besondere Stipulation auf dem Wechsel oder sonstigen Vertrag die Verjährung ganz ausgeschlossen, oder die Frist derselben verändert werden kann, sind die Rechts-Lehrer nicht einig. Die richtigere Meinung haben wol die, welche diese Frage bejahen, denn, wenngleich der Art. 80. davon Nichts erwähnt, so ist ein desfallsiger Vertrag doch nirgends verboten und wirkt unter den Parteien als besonderes Gesetz, indem die Normen der Wechsel-Ordnung hinsichts der allgemeinen Bestimmungen nur subsidiärer Natur sind.

Dem Geiste der Allg. deutschen Wechsel-Ordn. scheint ein solcher Vertrag allerdings zuwider und dem Wortlaut des Art. 80. ebenfalls, weil dieser gerade verordnet, daß die Verjährung nur durch die bezeichneten Schritte unterbrochen werden könne, indessen muß doch auch hier der Satz gelten: Volenti non fit injuria (dem, welcher es leiden will, geschicht kein Unrecht), so wie der andere Satz: beneficia non obtruduntur (Wohlthaten werden nicht aufgedrängt). Sehr praktisch ist die ganze Frage nicht, da es ja den Interessenten unbenommen ist, neue Wechsel auszustellen.

Anmerk. 5. Auch darüber ist Streit, ob auf die Unmöglichkeit der Rechts-Verfolgung Rücksicht genommen werden darf. Mit Rücksicht auf den allgemeinen Rechts-Grundsatz: Impossibilium nulla est obligatio und die Wirkung der vis major, muß man die Frage wol dahin entscheiden, daß bei solchen Hindernissen die Verjährung erst nach deren Beseitigung beginnen kann. (Vergl. Allg. L.-R. Th. 1. Tit. 9. §. 523. 530. 516, Koch a. a. O. S. 297 Art. 78. Anm. 4 u. oben S. 91.)

Bei der Leipziger Conferenz wollte man Anfangs allerdings eine Bestimmung dahin aufnehmen, daß der Wechsel-Inhaber durch eine vis major (ein hinderndes Natur-Ereigniß) für entschuldigt zu achten sei, man konnte sich jedoch über die Fassung nicht einigen und wollte daher der Wissenschaft die nähere Feststellung überlassen, zumal die wirklich zu berücksichtigenden Fälle der vis major ohnehin in der Praxis schon Beachtung finden würden. Dabei ging man davon aus, daß die Zufälle, welche Einzelne oder Wenige beträfen, dahin nicht zu rechnen seien, sondern nur allgemeine Unglücksfälle, wie Wassersnoth u. dergl. (Vergl. Ortloff a. a. O. S. 131.)

Anmerk. 6. Ist die Wechsel-Verjährung unterbrochen und es handelt sich um die Zeit-Bestimmung wegen der neuen Verjährung, so kommen wieder die kurzen für die Wechsel-Verjährung vorgeschriebenen Fristen und nicht die allgemeinen zur Anwendung. (Erk. des Ob.-App.-Ger. zu Dresden v. 2. Oct. 1849 in Seuffert's Archiv Bd. 4. S. 227, Borch. a. a. O. S. 64.) Anderer Ansicht scheint Brauer zu sein (a. a. O. S. 137), aber wol mit Unrecht.

Nach den preußischen Motiven (S. 100 der Besserschen Ausgabe) schien wegen der neuen Verjährungs-Frist nach erfolgter Unterbrechung der Verjährung eine Bestimmung nicht erforderlich, weil man annahm, daß nur selten der Fall vorkommen dürfte, daß ein Wechsel-Proceß liegen bleibe und für solchen Fall die allgemeinen Rechts-Grundsätze ausreichen möchten. Nach dem Entwurf einer Wechsel-Ordnung für das Herzogthum Braunschweig von dem jetzigen Geh. Rathe Dr. Liebe (S. 21), welcher überhaupt viele praktische Bestimmungen enthält, ist ausdrücklich verordnet, daß auch bei erhobener Klage von Zeit der letzten processualischen Handlung an die neue kurze Wechsel-Verjährung beginne. Auch der sehr praktische Handels-Gerichts-Präsident Dr. Einert zu Leipzig beantragte bei der Conferenz zur Berathung des Wechsel-Rechts eigens einen dahin abzielenden Zusatz: „und beginnt dann eine Verjährung von gleicher Dauer," allein auch dieser Zusatz ward aus den obigen Gründen nicht beliebt. (Leipz. Conf.-Prot. Nr. 34. S. 241.) Die Anwendung der kürzern Verjährungs-Frist nach Unterbrechung der Verjährung, ohne rechtskräftige Feststellung der Wechsel-Forderung durch Erkenntniß, erscheint in der Natur des Wechsels, auch in den gemeinrechtlichen Principien, begründet und allein richtig. Das preußische Allg. Landrecht ging allerdings weiter. Danach sollte bei gehörig behändigter Klage eine Verjährung bei Wechseln demnächst erst wieder eintreten, wenn der Wechsel auch als Schuldschein verjährt sei. (W.-R. von Crelinger u. Gräff S. 133 u. 139.) Das griff aber offenbar zu weit. Dagegen dürfte allerdings die Ansicht, daß, wenn die Wechsel-Verpflichtung durch Erkenntniß rechtskräftig festgestellt sei, nur die längere gewöhnliche Verjährungs-Frist eintrete, da zu vertheidigen sein, wo eine anderweite kürzere Frist nicht ausdrücklich bestimmt ist. In den alt-preußischen Provinzen würde nach §. 1. der Verordn. v. 1. Juni 1833 aus solchem Erkenntnisse binnen fünf Jahren der wechselmäßige Mandats-Proceß zulässig sein, bei welchem das Stadtgericht zu Berlin auch den Antrag auf Wechsel-Execution für statthaft erachtet, weil das Recht darauf durch das Urthel im Vor-Proceß erworben worden. (Vergl. die Wechsel- und Mandats-Proceß-Sache B. 256. von 1854.)

Anmerk. 7. Wichtig ist die Bestimmung, daß die Behändigung der Klage und die Streit-Verkündigung (Litis-Denunciation) die Verjährung nur gegen die unterbricht, gegen welche sie gerichtet ist. Dieselbe wirkt also nicht auf die anderen Verpflichteten zurück und mit Recht, um deren Verpflichtung nicht über die Gebühr auszudehnen. Auch entspricht diese Bestimmung den bisherigen Grundsätzen des preußischen Rechts und des mit dem Code Napoléon im Einklang stehenden rheinischen Handels-Gesetz-Buchs. Der Braunschweigische Entwurf des Geh. Raths Dr. Liebe enthält im §. 94. allerdings die Bestimmung, daß die Unterbrechung der Verjährung gegen den Aussteller oder einen Indossanten auch gegen den Aussteller und alle Indossanten, und zwar sowol hinsichts des Anspruchs des Inhabers, als auch hinsichts des weiteren Anspruchs des Indossanten, der einen folgenden Inhaber habe befriedigen müssen, wirke. Nach den Motiven (S. 194) gründet sich dies auf die Ansicht, daß der Aussteller und die Indossanten Correi debendi (Mit-Schuldner, Mit-Verpflichtete) seien und daher die Unterbrechung der Verjährung gegen den einen derselben nach Lex 5 Cod. de duobus reis gegen alle wirken müsse. Dies wollen jedoch die Motive zum preußischen Entwurf (Bessersche Ausgabe S. 100 zu §. 73.) als richtig nicht anerkennen, weil jener Satz sich selbst nach der Theorie des gemeinen Rechts bestreiten lasse und die solidarische Verpflichtung aus ganz verschiedenen Rechts-Verhältnissen noch kein eigentliches Correal-Verhältniß begründe. Jeden Falls könne das Resultat aus praktischen Rücksichten nicht angenommen werden, weil sonst ein Indossant eine lange Reihe von Jahren mit dem Regreß bedroht bleiben könne, und der ganze Zweck der Verjährung, die Regreßpflichtigen in nicht zu langer Zeit außer Verbindlichkeit zu setzen, vereitelt werden würde.

XIV. Klagerecht des Wechsel-Gläubigers.

Artikel 81.

Die wechselmäßige Verpflichtung trifft den Aussteller, Acceptanten und Indossanten des Wechsels, so wie einen Jeden, welcher den Wechsel, die Wechselcopie, das Accept oder das Indossament mit unterzeichnet hat, selbst dann, wenn er sich nur dabei als Bürge (per aval) benannt hat.

Die Verpflichtung dieser Personen erstreckt sich auf Alles, was der Wechsel-Inhaber wegen Nichterfüllung der Wechselverbindlichkeit zu fordern hat.

Der Wechsel-Inhaber kann sich wegen seiner ganzen Forderung an den Einzelnen halten; es steht in seiner Wahl, welchen Wechselverpflichteten er zuerst in Anspruch nehmen will. (Anm. 1—9.)

Anmerk. 1. Dieser Artikel schneidet jeden Zweifel und Streit darüber ab, ob und wie weit die einzelnen Wechselverpflichteten haften. Jeder ist vermöge der solidarischen Natur des Wechsels-Instituts auf das Ganze verpflichtet und der Gläubiger hat die Wahl, wie es nach dem ungarischen Wechsel-Gesetz (§. 155.) zum Theil schon früher der Fall war (vergl. Koch a. a. O. S. 303), welchen der Verpflichteten er zuerst, oder ob er sie alle zugleich in Anspruch nehmen will; damit fallen alle gemeinrechtlichen Beneficia (divisionis, ordinis, excussionis) u. dergl.

Anmerk. 2. Wer eine Wechsel-Erklärung zwar unterschreibt, aber seiner Unterschrift einen Zusatz beifügt, welcher klar und unzweifelhaft die Absicht ausdrückt, nicht wechselmäßig haften zu wollen, wird natürlich auch aus solcher Unterschrift nicht für wechselmäßig verpflichtet erachtet werden können. (Erk. des Ob.-Trib. zu Berlin v. 20. Juli 1854, Borch. a. a. O. S. 65.) Selbst, wenn ein Ehemann der Unterschrift seiner Frau nur das Wort „genehmigt" mit seinem Namen, oder ein Zeuge das Wort „bescheinigt" beifügt, werden beide nicht wechselmäßig verhaftet, weil deutlich erhellt, daß sie nicht haben in den Wechsel-Verband selbst treten wollen. (Borch. I. Forts. S. 149, Erk. des Ob.-Trib. zu Berlin, mitgetheilt in der Spenerschen Zeitg. v. 6. Aug. 1856.) Bei Frauen, welche ein eigenes Gewerbe treiben, dürfte der Mann, sofern sie sich die Einkünfte davon nicht ausdrücklich vorbehalten hat, in Preußen nach §. 335 ff. Tit. 1. Th. 2. Allg. L.-R. allerdings bei den von ihr ausgestellten Wechseln zwar für mit verpflichtet zu achten sein, aber nicht wechselmäßig haften, wenn er sich in solcher Weise nicht besonders verpflichtet oder den Wechsel nicht solchergestalt mit unterzeichnet hat, daß seine wechselmäßige Haftung anzunehmen ist.

Anmerk. 3. Das Ober Tribunal zu Berlin hat in einem Erkenntniß v. 7. April 1853 zwar angenommen, daß, wenn in einem Societäts-Vertrage bestimmt sei, daß nur der eine Socius zur Zeichnung der Firma berechtigt sei, ein von dem andern Socius gegebenes Wechsel-Accept für den ersteren unverbindlich sei (Arch. der Ob.-Trib.-A. Bd. 8. S. 30), indessen dürfte dies doch nur dann richtig sein, wenn der Societäts-Contract gehörig bekannt gemacht ist, weil sonst dem in gutem Glauben befindlichen Dritten gegenüber jener Grundsatz einer gerechten Grundlage entbehren würde. Dasselbe Gericht hat auch später angenommen, daß durch das von einem der Handlungs-Gesellschafter unter der Collectiv-Unterschrift ertheilte Wechsel-Accept die andern Handels-Gesellschafter alsdann wechselmäßig verpflichtet werden, wenn jene gebrauchte Unterschrift die von den Gesellschaftern angenommene Handels-Firma unverändert und ohne Abweichung enthält. (Borchardt Forts. I. S. 149, Erk. vom 14. Septbr. 1854.)

Anmerk. 4. Dasjenige Mitglied einer bestimmten auf einem Wechsel angegebenen Gesellschaft, welches als Bevollmächtigter derselben einen auf jene Gesellschaft gezogenen Wechsel acceptirt oder girirt hat, ohne Vollmacht zu besitzen oder ohne ausdrücklich sich gegen die persönliche Haftung zu verwahren, wird durch diese Acceptation für seine eigene Person wechselmäßig verpflichtet. (Arch. der Ob.-Trib.-A. Bd. 3. S. 376, Erk. v. 18. Aug. 1852, Borch. a. a. O. S. 66.)

Anmerk. 5. Wer nicht Bürge, sondern nur Zeuge, Beistand oder dergleichen sein will, muß dies ausdrücklich bei seinem Namen vermerken. Der Bürge (donneur d'Aval, guarrantor, bail) kann die Wechsel-Bürgschaft in der Regel nur auf dem Wechsel selbst übernehmen, haftet dann aber auch gleich wechselmäßig. Nach dem kopenhagener Handels-Ges.-B. (Art. 142.) und dem holländischen Handels-Ges.-B. (§. 131.) kann die Wechsel-Bürgschaft auch in einer besonderen Urkunde übernommen werden. Auch nach der deutschen Wechsel-Ordn. erscheint es nicht unzulässig, aber die Verbürgung muß, wenn sie wechselmäßig geltend werden soll, gleichfalls in Wechsel-Form geschehen, was nur in Gestalt eines eigenen Wechsels statthaft sein möchte.

Anmerk. 6. Der Wechsel-Bürge (der Aval), der auf dem Wechsel unterschrieben hat, ohne seine Verpflichtung besonders zu beschränken, haftet solidarisch und wechselmäßig als Haupt-Schuldner, soweit nicht die beigefügte Beschränkung eine engere Grenze zieht. Er kann sich daher der Regel nach mit dem Einwande, daß erst der Haupt-Schuldner in Anspruch genommen werden müsse, nicht schützen. Gegen den, für welchen der Bürge sich verbürgte, kann er wechselmäßig keinen Regreß nehmen; es steht ihm nur die gewöhnliche Regreß-Klage zu.

Anmerk. 7. Hat der Aussteller den mit Protest zurückgekommenen Wechsel im Wege des Regresses eingelöst, so kann er, wie jeder andere Regreßnehmer, unter Beibringung der Proteste und der quittirten Retour-Rechnung Capital, Zinsen, Kosten und Provision fordern.

Anmerk. 8. Indem die deutsche Wechsel-Ordnung über das Proceß-Verfahren in Wechsel-Sachen nichts Besonderes festgestellt hat, ist dieses den Landes-Gesetzen der einzelnen deutschen Staaten überlassen geblieben. Der Regel nach muß jeder Wechsel-Klage der Original-Wechsel nebst den betreffenden Protest-Rechnungen beigefügt werden. In Oestreich dürfen nur wirkliche Advocaten Wechsel-Processe führen. (Ditsch. a. a. O. S. 451.) Näheres ist aus dem Anhange (zweite Abtheilung) über das Wechsel-Proceß-Verfahren in den deutschen Bundes-Staaten zu ersehen.

Anmerk. 9. Der Besitz des protestirten und eingelösten Wechsels in Verbindung mit dem Protest legitimirt den Inhaber, sofern er Indossant oder Aussteller ist, zur Wechsel-Klage gegen die Wechsel-Verpflichteten, ohne daß es der Beibringung einer Quittung des befriedigten Wechsel-Gläubigers oder des sonstigen Beweises der Befriedigung desselben bedarf. (Arch. der Trib.-Anw. Bd. 10. S. 335 Erk. vom 15. Novbr. 1853, und Bd. 11. S. 370 Erk. vom 23. Febr. 1854, Entsch. Bd. 26. S. 386, Borch. W.-O. von 1854 S. 108.) Werden gegen den Acceptanten auch Ricambio-Spesen beansprucht, so muß auch der Protest nebst den sonstigen Belägen beigebracht werden.

Artikel 82.

Der Wechselschuldner kann sich nur solcher Einreden bedienen, welche aus dem Wechselrechte selbst hervorgehen, oder ihm unmittelbar gegen den jedesmaligen Kläger zustehen. (Anm. 1—8.)

Anmerk. 1. Der Artikel läßt durch seine Allgemeinheit und Unbestimmtheit sehr verschiedenartige Auffassungen zu. Zunächst ist zu bemerken, daß die beiden Bestimmungen, welche er enthält, nicht als Gegensätze erscheinen. Er will sagen: es seien nur solche Einreden zulässig, welche aus dem Wechsel-Recht selbst hergenommen seien, z. B. der Einwand, daß der Wechsel als solcher nicht bestehe, oder Einwendungen, die zwar nicht aus dem Wechsel-Recht selbst entstanden, aber aus einem andern zwischen dem Kläger und dem Verklagten bestehenden Rechts-Verhältnisse hervorgegangen und hier zulässig seien.

Anmerk. 2. Die Einwendungen aus dem Wechsel-Recht selbst erscheinen meistens nur formeller Natur, und müssen sich vorzugsweise darauf gründen, daß sie aus dem Wechsel selbst erkennbar sind; sie müssen sich daher z. B. darauf beziehen, daß dem Wechsel ein wesentliches Erforderniß fehle, daß bei dem Proteste etwas versäumt sei und dergleichen mehr; deshalb erscheinen im Wechsel-Proceß unzulässig:

a) Der Einwand der Simulation, wenn nicht der Kläger dem Verklagten gegenüber sich einer Arglist (eines dolus) schuldig gemacht und deshalb der Einwand nach dem zweiten Satz des Artikels begründet ist. (Arch. f. W.-R. Bd. 3. S. 204 u. 903, Präj. des Ob.-Trib. zu Berlin Nr. 2284.)

b) Der Einwand der nicht gezahlten Valuta, weil die Erwerber des Wechsels demselben nicht ansehen können, ob der Acceptant Deckung empfangen. Ob dieser, wie bei a, wegen Arglist dem Kläger selbst den Einwand des bösen Glaubens oder Betruges (exceptio doli) entgegen setzen kann, ist eine andere Frage. Hat z. B. der Kläger den Verklagten durch das Versprechen, daß er ihm Deckung gewähren würde, zum Acceptiren verleitet und dann die verheißene Deckung nicht gewährt, so wird der Verklagte ihm unmittelbar den Einwand entgegen setzen können, daß er ihm arglistiger Weise Deckung versprochen, aber nicht gewährt habe. (Entsch. des Ob.-Trib. zu Berlin Bd. 20. S. 358, Arch. f. W.-R. Bd. 5. S. 328.)

c) Der Einwand des Acceptanten, daß er ein unausgefülltes Blanquet acceptirt habe, sofern ein vollständiger Wechsel vorliegt. Höchstens könnte dem Kläger, wenn er selbst hinterlistig gehandelt, der Einwand des Betruges entgegen gesetzt werden. (Arch. der Ob.-Trib.-A. Bd. 2. S. 21, Arch. f. W.-R. Bd. 5. S. 328.)

d) Der Einwand der Compensation, schon nach der Regel, daß jede Verbindlichkeit in der Art, wie sie begründet ist, auch wieder aufgehoben werden muß. Einige Rechts-Lehrer lassen die Compensation zu, wofern sie der Verklagte dem Kläger direct entgegen stellen kann. (Brauer a. a. O. S. 139, Christoph a. a. O. S. 76, Oestreich. Verordn. für Ungarn v. 25. Jan. 1850 §. 3, Borch. II. S. 154, Erk. des Ob.-Trib. zu Berlin v. 3. März 1855 u. 9. Septbr. 1851, Arch. der Ob.-Trib.-Anw. Anm. 3. S. 62, Borch. W.-O. 1. Forts. S. 152.) Einige wollen sogar eine Compensation nicht wechselmäßiger Gegen-Forderungen zulassen, welche dem Verklagten gegen den jedesmaligen Kläger unmittelbar zustehen, sobald die sonstigen Erfordernisse der Compensation vorhanden seien, aber dies ist offenbar unzulässig, da es der Natur des Wechsel-Rechts widerstreitet. Ist die Klägerin eine Societäts-Handlung, so wollen die Vertheidiger dieser Ansicht die Compensation gegen dieselbe nur mit solchen Gegen-Forderungen gestatten, welche dem Verklagten gegen sämmtliche Socien zustehen.

e) Selbst der Einwand der Zahlung ist nicht unbedingt zulässig, sondern höchstens dem Kläger gegenüber, wenn er selbst Zahlung empfangen, da ein Wechsel, wenn er auch bezahlt worden, ohne Rücknahme und Cassirung, immer noch rechtmäßig erworben sein und als Werth-Papier ferner gelten kann. (Koch a. a. O. S. 313, Erk. des Ob.-Trib. v. 1. Octbr. 1849.)

f) Der Einwand der Schreibens-Unkunde erscheint, als nicht aus dem Wechsel-Recht hergenommen, unzulässig, wenn man nicht annehmen kann, daß dadurch der Wechsel selbst hinfällig erscheint, weil er an einem formellen Mangel leidet. (Cf. Präj. des Geh. Ob.-Trib. u. Entsch. Bd. 20. v. 1851 S. 354 Nr. 2269, Borch. a. a. O. v. 1851 S. 158.) Andere halten den Einwand nur dann für durchgreifend, wenn Kläger die Schreibens-Unkunde gekannt hat. (Borch. W.-O. v. 1851 S. 159 und v. 1854 S. 72.)

g) Auch der Einwand, daß Jemand der Sprache, in welcher der Wechsel abgefaßt, nicht kundig sei oder daß er wegen Blindheit den Inhalt nicht habe lesen können, ist an sich im Wechsel-Proceß unzulässig. (Cf. Lübeck. Einf.-Ges. v. 28. April 1849 §. 10.)

h) Der Einwand des Bezogenen, daß der Wechsel zur Zeit der Acceptation von dem Aussteller noch nicht unterschrieben gewesen, ist im Wechsel-Proceß unstatthaft. (Vergl. Simon u. Strampff Rechtssprüche Bd. 1. S. 175, Arch. der Trib.-Anw. Bd. 2. S. 21, Borch. a. a. O. S. 73.)

i) Der Einwand des Bezogenen, daß er gegen die von dem Verwalter einer Concurs-Masse wider ihn eingeklagte Forderung aus einem von ihm selbst acceptirten und vor der Concurs-Eröffnung dem Gemeinschuldner girirten, jedoch erst nach eingetretenem Concurse verfallenen Wechsel, diejenige Summe compensiren könne, welche er daraus zu fordern hat, daß von ihm ein vom Cridar vor eröffnetem Concurse acceptirter, aber erst nach der Concurs-Eröffnung fällig gewordener, vorher auf ihn, den Verklagten, girirter, jedoch demnächst weiter begebener Wechsel nach Befriedigung eines Nachmannes eingelöst ist. (S. Spenerſ. Zeitg. v. 28. Decbr. 1857.)

k) Der Einwand des Verklagten, daß der Wechsel bei der Ausstellung kein Datum gehabt, ist im Wechsel-Proceß unzulässig, weil in der Regel die Zeit der Entstehung einer Verpflichtung nichts Wesentliches ist, es genügt, daß die Existenz derselben überhaupt dargethan worden. (Entsch. des Bremer Handels-Ger. v. 1851 Arch. f. W.-R. Bd. 3. S. 230, Borch. W.-O. v. 1854 S. 73.) Das Ober-Tribunal zu Berlin ist im Wesentlichen von gleichen Grundsätzen ausgegangen. Es hat angenommen, daß der Acceptant eines Wechsels der Einrede, daß bei dessen Ausstellung der Monatstag in dem Formular gefehlt und das Datum, welches bei der Acceptation auf demselben angegeben gewesen, erst nach der Ausstellung hinzugefügt worden, sich nicht bedienen könne. Es komme nämlich nur darauf an, ob ein Wechsel zu der Zeit, wo die Erklärung über die Annahme darauf gesetzt worden, mit den gesetzlichen Erfordernissen versehen sei und es würde alle Zwecke des Wechsel-Verkehrs vereiteln, wenn man annähme, daß das Gesetz die Wechselkraft von dem Umstande abhängig mache:

ob der Aussteller im Augenblick der Ausstellung, oder ob später er selbst oder ein Anderer mit seinem Wissen und Willen das Datum hinzugefügt habe. (S. Voss. Zeitg. v. 16. Mai 1852 Nr. 114.)

Zulässig dagegen erscheint:

a) Der Einwand der Verjährung.

b) Der Einwand irgend einer Versäumniß (eines Präjudizes), wodurch der wechselmäßige Anspruch erloschen ist; z. B. wegen versäumten Protestes.

c) Der Einwand eines Mangels, welcher unbedingt oder doch dem Verklagten gegenüber dem Wechsel dessen wechselmäßige Kraft nimmt, z. B. wenn eine Ehefrau ohne Genehmigung des Mannes einen Wechsel ausgestellt hat.

d) Der Einwand, daß der Wechsel wegen irgend eines formellen Mangels absolut oder in Bezug auf den Kläger zum Verklagten als Wechsel nicht gelten könne, wenn dem Wechsel z. B. eines der im Art. 4. aufgeführten Erfordernisse fehlt.

e) Der Einwand, daß der Verklagte zur Zeit der eingegangenen Wechsel-Verpflichtung noch minderjährig oder unter väterlicher Gewalt gewesen, welchen Falls der Kläger die Wechsel-Fähigkeit des Verklagten nachweisen muß. Zwar ist die Minderjährigkeit nicht aus dem Wechsel zu ersehen, es gehört aber die Majorennität und Selbstständigkeit des Ausstellers zu den wesentlichen Erfordernissen des Wechsels und das Bestreiten dieser Fähigkeit ist weniger eine Exception, als Negation. (Präj. des Kammerger. v. 16. Juni 1852 in Borch. W.-O. v. 1854 S. 2.)

Anmerk. 3. In die zweite Kategorie der Einreden fallen alle im Civil-Recht anerkannte Arten der Aufhebung von Verpflichtungen juridischer Natur. Dahin gehören Zahlung, Erlaß, Arglist, Fälschung, Simulation, Vergleich; ob auch Compensation, ist streitig, und zwar aus obigem Grunde, doch scheint es der Natur des Wechsel-Processes entsprechend, die Compensation auszuschließen. (S. oben Anm. d. bei diesem Art. S. 162.)

Anmerk. 4. Darin stimmen die meisten Wechsel-Proceß-Gesetze überein, daß nur diejenigen Einwendungen im Wechsel-Verfahren Beachtung verdienen, welche sofort liquid d. h. erweislich zu machen sind. Dahin gehören die Einwendungen, welche sich auf Urkunden, Eides-Zuschiebung und solche Zeugen stützen, deren sofortiger Abhörung kein Hinderniß entgegen steht. (Preuß. A. G.-O. Th. 1. Tit. 27. §. 26.) Auswärtige Zeugen-Verhöre sollen, selbst, wenn sie gleich im Termin beigebracht werden, seltsamer Weise nur so weit gelten, als sie mit Zuziehung des Gegentheils oder seines Bevollmächtigten aufgenommen sind, während doch, wie schon anderweit bemerkt, unschwer einleuchtet, daß der Gegner, wenn es in seinem Interesse liegt, solchem Verhör nie beiwohnen wird. (Preuß. Einf.-Ges. v. 15. Febr. 1850 Ges.-Samml. S. 53 §. 7.) Über den zugeschobenen Eid muß die Erklärung sofort erfolgen; hat aber der Verklagte einen Bevollmächtigten, so ist ihm eine 24stündige Frist zu seiner Erklärung zu gestatten, eine längere nur gegen Deposition der streitigen Summe. Anderen

Falls kann der Kläger das Contumacial-Verfahren verlangen, d. h. dahin antragen, daß der Verklagte für nicht schwören wollend oder könnend erachtet werde. Ist der Kläger nicht gegenwärtig oder kann er sich nicht gleich über den Eid erklären, so kann er eine Vertagung der Verhandlung verlangen. (Preuß. A. G.-O. Th. 1. Tit. 27. §. 28.)

Anmerk. 5. Das wegen illiquider Einwendungen nach der Allg. preuß. Ger.-Ordn. (§. 52. a. a. O.) zulässige besondere Verfahren (Separatum) von Amts wegen einzuleiten, ist nicht mehr üblich. Wird es eingeleitet, so kann der verurtheilte Wechsel-Verklagte, wenn die Erfordernisse eines Arrestschlags vorhanden sind, die Verstattung zur Niederlegung des vom Kläger erstrittenen Betrages fordern.

Anmerk. 6. In den meisten deutschen Gesetzgebungen über den Wechsel-Proceß ist aus praktischen, leicht erhellenden Gründen festgesetzt, daß die Quittungen über bezahlte Provision, Spesen, Kosten und dergl. der Nachmänner die Vermuthung der Richtigkeit für sich haben und keiner Anerkennung bedürfen sollen. Der etwaige Einwand der Fälschung oder des Betruges soll im besonderen Verfahren erörtert werden. (Vergl. Sächs.-Cob.-Goth. V. über den Wechsel-Proc. v. 27. Jan. 1849 §. 10, Braunsch. V. über den Wechsel-Proc. v. 26. Jan. 1849 §. 5, Oldenb. V. über den Wechsel-Proc. v. 31. März 1849 Art. 113.)

Anmerk. 7. Die Einf.-Ordn. der Stadt Bremen enthält im §. 18. die ausdrückliche Bestimmung, daß die Ausstreichung aller späteren Indossamente den Wechsel-Inhaber der Nothwendigkeit des Beweises der erfolgten Wieder-Einlösung des Wechsels überhebt.

Anmerk. 8. Das Kammergericht zu Berlin hat angenommen, daß Einwendungen in Wechsel-Sachen nur dann die Execution aufheben, wenn die eingeklagte Summe deponirt wird. Seitdem danach gegen Wechsel-Schuldner ungeachtet des viel gemißbrauchten Einwandes der Zahlung, wofern nicht gleich deponirt wird, mit Personal-Haft vorgegangen werden darf, haben jene Einwendungen in Berlin fast wie mit einem Schlage aufgehört.

Anmerk. 9. Der dem Kläger selbst vom Verklagten unmittelbar entgegen zu stellende Einwand, daß der Kläger selbst den Wechsel unredlicher Weise erworben, ist auch im Wechsel-Proceß unbedenklich zulässig, sobald er nur sofort erweislich gemacht werden kann. (Arch. f. W.-R. Bd. 5. S. 289.)

Artikel 83.

Ist die wechselmäßige Verbindlichkeit des Ausstellers oder des Acceptanten durch Verjährung oder dadurch, daß die zur Erhaltung des Wechselrechts gesetzlich vorgeschriebenen Handlungen verabsäumt sind, erloschen, so bleiben dieselben dem Inhaber des Wechsels nur so weit, als sie sich mit dessen Schaden bereichern würden, verpflichtet.

Gegen die Indossanten, deren wechselmäßige Verbindlichkeit erloschen ist, findet ein solcher Anspruch nicht Statt. Anm. 1—7.)

Anmerk. 1. Ist die Wechsel-Kraft durch Verjährung oder Versäumniß erloschen, d. h. ist der Wechsel präjudicirt, so ist gegen die Indossanten nicht nur der wechselmäßige, sondern auch jeder andere Anspruch des Wechsel-Inhabers verloren, also auch im gewöhnlichen Proceß kein Recht mehr geltend zu machen; der Wechsel ist daher auch nicht mehr als Schuldschein oder Anweisung, das Giro nicht mehr als Cession zur Geltung zu bringen. Dagegen kann der Inhaber gegen den Acceptanten und Aussteller insofern sein Interesse im anderweiten Proceß noch verfolgen, als sie sich mit seinem Schaden bereichern würden. (Leipz. Conf.-Prot. S. 192 ff., Ortloff Allg. deutſ. W.-O. S. 121, Brauer a. a. O. S. 141.) Dies ist der Sinn des Art. 83. Bei der Leipziger Conferenz kamen die hier entschiedenen Fragen ausführlich zur Sprache. Der Geh. Rath Dr. Liebe hob hervor, daß das Princip richtig sei, wonach im Fall der Verjährung oder eines Präjudizes (Versäumnisses) bei dem Wechsel nur noch der Aussteller oder Acceptant im Fall der Bereicherung verhaftet sein sollten, nicht aber die Indossanten, und daß solchen Falls außerdem der ganze Anspruch verloren gehen solle. Dadurch werde die frühere unrichtige Ansicht beseitigt, wonach in dem gedachten Fall als Folge nur der Verlust der strengern Wechsel-Procedur erblickt und der Anspruch des Inhabers im gewöhnlichen Proceß-Verfahren ohne weitere Untersuchung zugelassen worden, ob derselbe der wechselrechtliche oder der aus den Verhältnissen, welche dem Wechsel zum Grunde liegen, folgende sei. Er wollte aber den Anspruch des Wechsel-Inhabers bei einer Bereicherung nur auf den Aussteller erstreckt wissen und bezog sich dabei auf verschiedene neuere Wechsel-Ordnungen. Er machte geltend, daß nach dem von der deutschen Wechsel-Ordnung befolgten richtigen System man nicht daran denken dürfe, nach erloschener Wechsel-Kraft den Wechsel als Schuldschein und die Indossamente als Cessionen zu betrachten. Man werde vielmehr für die Begründung des Regreß-Anspruchs auf die Bereicherung nur auf die dem erloschenen Wechsel-Geschäft zum Grunde liegenden materiellen Verhältnisse zurückgehen können. In dieser Beziehung sei aber zwischen dem Trassanten und den Indossanten ein sehr wesentlicher Unterschied, den die Verfasser des Code de commerce nach einem dunkeln Gefühl durch die Bestimmung angedeutet hätten, daß durch die Präjudicirung des Wechsels die Reihe der Indossanten ganz, der Trassant aber nur insofern befreit werde, als er Deckung gemacht habe. Um diesen Unterschied zwischen dem Trassanten und Indossanten näher ins Licht zu stellen, sei es passend, zunächst die praktische Unausführbarkeit eines Regresses auf die Indossanten ins Auge zu fassen. Ein springender Regreß auf die Bereicherung sei hier deßhalb undenkbar, weil es auf die besonderen Verhältnisse bei Begebung des Wechsels ankomme und die etwa einem entfernten Indossanten nachzuweisende Bereicherung eine den Inhaber gar nicht berührende Angelegenheit sei. Man müsse daher den Regreß nur immer an den unmittelbaren Vormann gestatten. Hiermit gelange man aber — abgesehen davon, daß nun der Trassant der zuletzt in Anspruch zu Nehmende werde — in unauflösliche Schwierigkeiten. Man werde hier niemals genau bestimmen können, worin eigentlich die Bereicherung des Vormanns bestehe und wie es mit dem weiteren Regreß werden solle, da die Verhältnisse zwischen den verschiedenen Indossanten ganz verschieden wären. Gestatte man dem, welcher als Bereicherter den Inhaber entschädigen müsse, einen weitern Regreß, so werde derselbe durch den Erfolg dieses Regresses seiner Seits wieder bereichert werden; gestatte man ihm den weitern Regreß nicht, so werde der Trassant, auf dessen Verhältnisse zum Bezogenen es doch eben am wesentlichsten ankomme, von der ganzen Regreßnahme gar nicht berührt. Richtiger Weise werde man von einer Bereicherung zum Schaden des Inhabers bei den Indossanten niemals sprechen können, da eben die Bereicherung hier ein zufälliger, nicht im Sinne und der Absicht des Geschäfts liegender Gewinn sei. Gehe man auf die hier fraglichen materiellen Verhältnisse bei Ausstellung und Begebung des Wechsels zurück, so müsse man eine doppelte Kategorie solcher Verhältnisse unterscheiden: a) das Verhältniß zwischen dem Trassanten, Remittenten und Trassaten, b) die Reihe derjenigen Geschäfte, welche den verschiedenen Indossirungen zum Grunde liegen. Eine Bereicherung lasse sich nur hinsichts des erstern Verhältnisses denken. In einem Geschäfte bloß zwischen zwei Personen sei eine solche Bereicherung nicht denkbar: der eine sei dem andern entweder noch verpflichtet oder nicht, und in beiden Fällen sei er — wenn er auch Gewinn bei dem Geschäft gemacht — doch nicht bereichert, so daß ihm die Bereicherung von seinem Contrahenten wieder abgefordert werden könne. Es müsse also nothwendig, um eine solche Bereicherung darzustellen, noch eine weitere Verzweigung des Geschäfts Statt finden. Dieses treffe bei dem Verhältniß des Trassanten zum Remittenten und Bezogenen auch zu, indem der Trassant nicht bloß mit dem Remittenten in Verbindung stehe, sondern auch noch wegen der Deckungs-Verhältnisse mit dem Bezogenen in Berührung sei. Hier könne allerdings, wenn er vom ersten die Valuta erhalten, und dem zweiten keine Deckung gemacht habe, eine Bereicherung vorkommen. Anders verhalte es sich dagegen mit den Indossanten, bei denen immer nur ein einfaches Geschäft zwischen zwei Personen vorliege, welches mit den Deckungs-Verhältnissen nicht in Berührung sei. Hier sei der Indossant im Rechtssinne nie bereichert, selbst dann nicht, wenn er keine Valuta gezahlt. In diesem Falle sei er entweder die Valuta noch schuldig, oder nicht, weil sie ihm vielleicht erlassen sei oder er überhaupt keine Valuta zu zahlen gehabt habe. Eine Bereicherung komme daher nicht vor. Der Indossant unterscheide sich auch hier von dem Trassanten noch dadurch, daß letzterer den Wechsel nicht erworben, sondern geschaffen habe, daß er also, wenn er Valuta bekommen und keine Deckung gemacht, bereichert sei. Der Indossant habe aber den Wechsel selbst erst erworben, wenn er also Valuta erhalten und z. B. bei dem Noth-Adressaten keine Deckung gemacht, so sei er dennoch nicht bereichert, weil die Begebung des Wechsels kein reiner Gewinn sei und dieses im Rechtssinne selbst dann nicht, wenn ihm der Wechsel titulo lucrativo (aus einem Gewinn bringenden Rechtstitel) zugekommen. Eine Bereicherung könne hier nur vorliegen, wenn der Indossant den Wechsel auf unredliche Weise erlangt, wenn er ihn gefunden oder entwendet habe. In solchem Falle ständen indessen Rechtsmittel anderer Art zu. Man müsse also daran festhalten, daß nur der Trassant der erste Begründer des ganzen wechselrechtlichen nomen (des ganzen Anspruchs, Geschäfts) sei, daß sich nur bei ihm die materiellen Grundlagen dieses nomen fänden, und daß man also — wenn auf diese Grundlagen zurückzugehen sei — nur den Indossanten und seine etwaige Bereicherung ins Auge fassen müsse. — — Der östreichische Abgeordnete wollte selbst gegen den Aussteller und den Acceptanten nach Ablauf der Verjährung gar keinen Anspruch aus dem Wechsel mehr zulassen, solchen vielmehr nur gegen den Aussteller eines eignen Wechsels gestatten. Der Ref. (Geh. Justiz-Rath Bischoff) meinte zwar, eine Bereicherung könne auch bei Indossanten vorkommen, welche daher auch nach Maßgabe derselben zu haften hätten; sie verträten den Trassanten, müßten daher auch in gleicher Haftung mit ihm stehen, allein es wurde angenommen, daß nach Ablauf der Verjährung jeder Anspruch gegen die Indossanten wegfallen solle, weil bei diesen eine Bereicherung nur dann angenommen werden könne, wenn sie den Wechsel gefunden oder gestohlen hätten. (Leipz. Conf.-Prot. S. 192 ff.) — — Es ist in der That folgerichtig, daß, wenn die wechselmäßige Verbindlichkeit des Ausstellers oder des Acceptanten durch Verjährung oder Wechsel-Verstoß (Präjudiz) erloschen ist, nur diese Personen noch anderweit in Anspruch genommen werden können, weil diese ursprünglich den Wechsel-Vertrag geschlossen haben und sich nicht auf Kosten des dritten Inhabers bereichern dürfen. Wenn also der dritte Inhaber des Wechsels diesen dadurch erworben, daß er solchen entweder für eine Forderung an seinen Indossanten in Zahlung genommen oder ihn gekauft hat, er also das, was er für den Wechsel gegeben, verlieren würde, der Acceptant aber vollständige Deckung für den Wechsel erhalten oder der Aussteller dem Acceptanten keine Valuta gegeben und dennoch den Wechsel weiter girirt und den Werth dafür erhalten hat, so ist eine Bereicherung, resp. des Acceptanten oder Ausstellers und ein wirklicher Schaden des Inhabers vorhanden. Der letztere kann daher den wirklichen Schaden so weit ersetzt verlangen, als der Aussteller oder Acceptant sich mit seinem Schaden bereichern würden; jedoch ist der Anspruch nur im gewöhnlichen Proceß zu verfolgen, denn die Regreß-Klage aus einem Wechsel und die Klage wegen widerrechtlicher Bereicherung aus demselben sind ganz verschiedener Natur. (Erk. des App.-Ger. zu Cöln v. 7. Febr. 1852 und 18. Mai 1854 Rhein. Arch. Bd. 47. S. 215 und Bd. 50. S. 44, Borch. a. a. O. S. 160. Vergl. oben S. 152 Anm. 4.)

Anmerk. 2. Bei der Klage wegen widerrechtlicher Bereicherung hat der Kläger darüber Beweis anzutreten:

1) daß er (der Inhaber) den Wechsel durch einen lästigen Contract erworben und was er dafür geleistet;
2) daß und welche Deckung der Acceptant für den Wechsel erhalten, oder daß der Aussteller dem Acceptanten keine Deckung gewährt, dennoch aber den Wechsel weiter begeben und welchen Vortheil er dadurch erworben. (Vergl. Anm. 4.)

Der Vortheil bei 2, so weit er nicht den Betrag nebst Zinsen und etwaigen Kosten übersteigt, bildet die Bereicherung und kann bis auf Höhe des Schadens des Inhabers von diesem beansprucht werden. — Der Indossant ist nach Erlöschen der wechselmäßigen Verbindlichkeit schon aus dem Grunde frei, selbst im Fall des Erwerbes des Wechsels ohne Valuta, weil er für seine Person aus dem Wechsel nur Rechte erwarb und bei der Verfügung darüber seinem Indossatar nur Wechselrecht unter eigener wechselmäßiger Verpflichtung übertragen wollte, aber keine andere Rechte sonst. Ein Mehres kann aus seinem Giro nicht hergeleitet werden.

Anmerk. 3. Die Bereicherung ist, wie oben schon angedeutet, nur auf einen zufälligen Gewinn (lucrum), auf einen positiven Vortheil, zu beziehen, welchen der Andre erlangen würde, ohne daß ihm solcher nach dem materiellen Rechte gebührte. Es kommt deshalb bei der speciellen Thatsache der Bereicherung auf die Erörterung der dem erloschenen Wechsel-Geschäft zum Grunde liegenden besondern Verhältnisse an. (Ortloff a. a. O.)

Anmerk. 4. Nach dem Erkenntniß des niederöstreichischen Ober-Gerichts vom 18. April 1854 (Oestreich. Ger.-Ztg. v. 1854 Nr. 80, Arch. f. W.-R. Bd. 5. S. 82, Borch. a. a. O. S. 160) ist eine Bereicherung des Ausstellers zum Nachtheil des Wechsel-Inhabers vorhanden, wenn letzterer nachweist, daß der verklagte Aussteller dem Acceptanten keine Valuta gegeben hat. (Vergl. oben Anm. 2.)

Anmerk. 5. Die Bestimmung des ersten Absatzes des Art. 83. findet natürlich auch auf den Acceptanten eines Domicil-Wechsels Anwendung. (Leipz. Conf.-Prot. S. 195.)

Anmerk. 6. Bei den für Rechnung eines Dritten gezogenen Wechseln, den sogenannten Commissions-Tratten (Cambium pro compoto alieno — für fremde Rechnung —), wobei der Aussteller den Dritten, für dessen Rechnung er den Wechsel zieht, im Context des Wechsels anzudeuten pflegt — zieht der Aussteller gewöhnlich nur in Folge des Auftrags des Dritten den Wechsel, so daß der Dritte dem Trassanten gegenüber als der eigentliche Schuldner erscheint. Hieraus folgt aber auch, daß er unter Umständen das Gezahlte wird zurückfordern können. (Borch. a. a. O. S. 162.) Das Holländische Handels-Ges.-B. (§. 186.) legt ausdrücklich dem Wechsel-Inhaber in subsidium das Recht des Regresses gegen den Dritten bei. Das Portugiesische Handels-Ges.-B. (Art. 418 ff.) giebt ihm dieses Recht nur bei einem Vergleich. Nach dem neapolitanischen Handels-Ges.-B. (§. 114.), das sich sonst meistens dem französischen anschließt, ist der Dritte sogar stets solidarisch mit dem Aussteller verhaftet. (Vergl. Leipz. Conf.-Prot. S. 207 und Brauer a. a. O. S. 141.)

XV. Ausländische Gesetzgebung.

Artikel 84.

Die Fähigkeit eines Ausländers, wechselmäßige Verpflichtungen zu übernehmen, wird nach den Gesetzen des Staates beurtheilt, welchem derselbe angehört. Jedoch wird ein nach den Gesetzen seines Vaterlandes nicht wechselfähiger Ausländer durch Übernahme von Wechselverbindlichkeiten im Inlande verpflichtet, insofern er nach den Gesetzen des Inlandes wechselfähig ist. (Anm. 1—3.)

Anmerk. 1. Die Bestimmung des Art. 84. entspricht dem allgemeinen Rechts-Grundsatz, daß die Heimath, die Orts-Angehörigkeit, die Gesetze bestimmt, wonach die Rechts-Fähigkeit eines Handelnden zu beurtheilen ist. (Locus regit actum.) Bei einem Ausländer, welcher Wechsel-Verpflichtungen eingeht, wird also die Frage: ob er wechselfähig sei, nach den Gesetzen seiner Heimath zu beurtheilen sein. — Aber, wenn ein nach den Gesetzen seines Vaterlandes nicht wechselfähiger Ausländer in den Staaten, wo die deutsche Wechsel-Ordnung gilt, Wechsel-Verbindlichkeiten eingeht, so wird er aus diesen mit Erfolg in Anspruch genommen werden können, wenn er nach den Gesetzen jener deutschen Staaten für wechselfähig zu achten ist. Wenn daher z. B. ein Ausländer, d. h. eine nicht dem Staate angehörige Person, wo die deutsche Wechsel-Ordnung gilt, welcher nach dem Rechte seiner Heimath minderjährig ist, in einem jener Staaten für majorenn zu achten und dort eine Wechsel-Verpflichtung eingegangen wäre, so würde diese für ihn in jenen Staaten verbindlich sein. (Brauer a. a. O. S. 142.)

Anmerk. 2. Unter Inland ist hier das ganze Gebiet zu verstehen, in welchem die deutsche Wechsel-Ordnung gilt. (Badens. Einf.-Ordn. §. 6, vergl. oben S. 13 Nr. 4.)

Anmerk. 3. Der durch diesen Artikel dem Inländer gegen Ausländer gewährte Schutz erscheint hart und dem Völker-Recht nicht ganz entsprechend, ist aber eine nothwendige Bedingung zur freien Bewegung des Verkehrs, und beruht überdieß auf dem Grundsatz der Reciprocität, da viele auswärtige Wechsel-Ordnungen ähnliche Bestimmungen enthalten, so z. B. die von Frankreich, Nord-Amerika, England. (Leipz. Conf.-Prot. S. 154—156.) Es würde eine große Erschwerniß und Unsicherheit in den Wechsel-Verkehr gebracht haben, wenn der Inländer sich jedesmal erst genau um die persönliche Fähigkeit des Ausländers bekümmern sollte, der überdieß als Subditus temporarius erscheint, so lange er im Inlande verweilt.

Artikel 85.

Die wesentlichen Erfordernisse eines im Auslande ausgestellten Wechsels, so wie jeder anderen im Auslande ausgestellten Wechsel-Erklärung werden nach den Gesetzen des Orts beurtheilt, an welchem die Erklärung erfolgt ist.

Entsprechen jedoch die im Auslande geschehenen Wechselerklärungen den Anforderungen des inländischen Gesetzes, so kann daraus, daß sie nach ausländischen Gesetzen mangelhaft sind, kein Einwand gegen die Rechtsverbindlichkeit der später im Inlande auf den Wechsel gesetzten Erklärungen entnommen werden.

Eben so haben Wechselerklärungen, wodurch sich ein Inländer einem anderen Inländer im Auslande verpflichtet, Wechselkraft, wenn sie auch nur den Anforderungen der inländischen Gesetzgebung entsprechen. (Anm. 1—8.)

Anmerk. 1. Der erste Satz dieses Artikels entspricht vollkommen der oben schon erwähnten alten Rechts-Regel, daß die Form eines Rechts-Geschäfts nach den Gesetzen des Orts zu beurtheilen ist, wo es zu Stande kommt. (Locus regit actum.) Der Kläger muß den Beweis darüber, daß im Ausland ausgestellte Wechsel nach ausländischem Recht als Wechsel gelten, sofort in liquider Weise bei Einreichung der Klage beibringen, da dem inländischen Richter nicht zuzumuthen ist, jedes ausländische Recht zu kennen. Dieser Beweis wird vornehmlich nur durch anerkannte oder öffentliche Urkunden oder sofort gestellte Sachverständige zu führen sein. (Borch. W.-O. v. 1854 S. 81, Arch. f. prakt. Rechtswiss. v. Schöffer Bd. 1. S. 64.) Daß der Richter, wenn ihm die Kenntniß des ausländischen Rechts beiwohnt, solche anwenden kann, ja muß, liegt in seiner richterlichen Pflicht, und darf wol kaum bestritten werden. Dieser erste Satz des Art. 85. kommt z. B. bei Uso-Wechseln, welche im Auslande ausgestellt werden, zur Sprache. (Leipz. Conf.-Prot. S. 156.)

Anmerk. 2. Wenn Aussteller und Bezogener in demselben Lande wohnen, so nennt man den Wechsel einen inländischen, sonst einen ausländischen. Wofern beide an demselben Ort ihren Wohnsitz haben, so nennt man den Wechsel einen Platz-Wechsel. (Borch. a. a. O. S. 164.)

Anmerk. 3. Der zweite Satz hat besonders Bedeutung bei Indossamenten und Bürgschaften.

Anmerk. 4. Die Bestimmung, welche der letzte Satz dieses Artikels ausdrückt, findet sich in mehren Wechsel-Ordnungen, z. B. in §. 9. der kopenhagener Wechsel-Ordnung, und entspricht der Regel, daß möglichst diejenigen

Gesetze zur Anwendung kommen sollen, wonach das Geschäft am besten bestehen kann. Sie beruht zugleich auf der richtigen Absicht, den inländischen Wechsel-Verkehr möglichst aufrecht zu erhalten.

Anmerk. 5. Die Ausnahmen, welche der Art. 85. von der allgemeinen Regel: Locus regit actum aufstellt, gehen darauf hinaus, daß in einzelnen Fällen, wo das ausländische Gesetz andere, namentlich strengere Erfordernisse festsetzt, als das des Inlands, Wechsel-Erklärungen im Inlande für giltig erklärt werden, wenn sie nur den Erfordernissen der Allg. deuts. Wechsel-Ordn. entsprechen. (Christoph a. a. O. S. 79.)

Anmerk. 6. Der von einem Ausländer einem Ausländer im Auslande ausgestellte Wechsel ist nach dem ausländischen Recht zu beurtheilen, wenn auch das Wechsel-Geschäft im Inlande zur Ausführung kommt. (Vergl. das Erk. des Ob.-App.-Ger. zu Dresden v. 13. Juli 1854 in Ackermann's Rechtssätzen aus Erk. des Ob.-App.-Ger. zu Dresden Bd. 4. S. 335, Borch. I. Forts. S. 161.)

Anmerk. 7. Wenn Inländer mit Inländern im Auslande Wechsel-Geschäfte machen, welche im Inlande zur Ausführung kommen sollen, so ist hinsichts ihrer persönlichen Fähigkeit lediglich das hiesige Recht maßgebend.

Anmerk. 8. Bei Wechseln, welche ein Ausländer im Auslande einem Inländer (einem diesseitigen Landes-Einwohner) ausstellt, sind die Rechts-Verhältnisse nach dem Recht seiner Heimath zu beurtheilen, soweit es sich um die Verpflichtung und persönliche Fähigkeit des Ausstellers selbst handelt. (Vergl. Koch a. a. O. S. 329.)

Artikel 86.

Über die Form der mit einem Wechsel an einem ausländischen Platze zur Ausübung oder Erhaltung des Wechselrechts vorzunehmenden Handlungen entscheidet das dort geltende Recht. (Anm. 1—4.)

Anmerk. 1. Dieser Artikel sanctionirt hinsichts der äußeren Form die mehr erwähnte Rechts-Regel, daß das Gesetz des Ortes, wo eine Handlung vorgenommen wird, für deren Form maßgebend ist. (Locus regit actum.) Haben die Interessenten wegen der sonstigen damit in Verbindung stehenden Handlungen nichts Besonderes festgesetzt, so wird auch in dieser Beziehung das Recht des auswärtigen Platzes maßgebend sein.

Anmerk. 2. Wegen der Zeit und Art der Präsentation, so wie wegen der Protest-Erhebung kommen die Gesetze des Orts zur Anwendung, wo der Wechsel präsentirt und protestirt wird. Aus der Bestimmung des Art. 86. folgert Borchardt, daß über die Nothwendigkeit der Aufnahme eines Protestes die Gesetze des Ortes entscheiden sollen, wo geklagt wird. Dies mochte allerdings nach den Bestimmungen des preuß. Allg. Landrechts Platz greifen, nach der Allg. deutschen Wechsel-Ordnung scheint es aber richtiger, daß die Gesetze des Zahlorts entscheiden, welcher nach dem Allg. Landrecht allerdings mit dem Wohnort des Verklagten und also auch mit dem Orte, wo geklagt werden mußte, der Regel nach zusammenfiel. (Borch. W.-O. v. 1854 S. 82.) Ebenso sind jene Gesetze maßgebend hinsichts der Erfordernisse des Wechsels selbst, der Indossamente, des Proceß-Verfahrens, der Verjährung, der Wechsel-Fähigkeit, der Einreden, der Proteste und aller zur Ausübung oder Erhaltung vorzunehmenden Handlungen und dergleichen (Entsch. des Ob.-Trib. zu Berlin v. 23. Octbr. 1855 Arch. des W.-R. V. 412.); hinsichts der Recht-Zeitigkeit der Bekanntmachung dagegen die Gesetze des Ortes, wo derjenige wohnt, gegen wechen der Regreß genommen wird. (Borch. a. a. O. Forts. S. 162.)

Anmerk. 3. Ist ein im Auslande aufgenommener Protest nur den Vorschriften der Allg. deutschen Wechsel-Ordnung gemäß aufgenommen, so braucht der Kläger nicht noch besonders bei Einreichung der Klage nachzuweisen, daß er auch den Erfordernissen des ausländischen Rechts genüge; es bleibt vielmehr dem Verklagten überlassen, solchen etwaigen Mangel zu rügen. (Erk. des Ob.-Trib. zu Berlin v. 13. Sept. 1853 in Sachen Anderson wider Lüdicke, Borch. a. a. O. S. 82.)

Anmerk. 4. Ist ein im Auslande aufgenommener Protest nach den dortigen Gesetzen rechtsgiltig, so muß er auch im Inlande für ausreichend erachtet werden. In Hamburg z. B. ist es allgemeiner Gebrauch, daß die Notarien, wenn sie über verschiedene ganz gleichlautende Wechsel in einem und demselben Instrumente Protest aufnehmen, in diesem der Kürze wegen sagen: ein desgleichen, nämlich Wechsel, ohne den ganzen Context vollständig zu wiederholen, was allerdings, streng genommen, geschehen soll. Da inzwischen jene Usance in Hamburg allgemein herrschend und dort rechtsgiltig ist, so sind verschiedene Gerichtshöfe der Ansicht, daß ein solcher Protest auch da ausreichen müsse, wo man der Regel nach die strengere Form beobachtet. (Vgl. Art. 88. Anm. 3.)

XVI. Protest.

Artikel 87.

Jeder Protest muß durch einen Notar oder einen Gerichtsbeamten aufgenommen werden. Der Zuziehung von Zeugen oder eines Protokollführers bedarf es dabei nicht. (Anm. 1—3.)

Anmerk. 1. Bei der Beurtheilung der Proteste ist festzuhalten, daß sie den Zweck haben, den Nachweis derjenigen Bedingungen zu liefern, von welchen die wechselmäßige Haftung der Wechsel-Verpflichteten und deren Pflicht zur Gewähr für die Wechsel-Schuld abhängt. Die Proteste sollen daher zugleich darthun, daß ein Bezogener oder Acceptant seiner Verbindlichkeit gar nicht, oder doch nicht vollständig genügt, der Wechsel-Inhaber dagegen kein wechselrechtliches Erforderniß versäumt habe, um den Wechsel zur Geltung zu bringen. Die Proteste haben also recht eigentlich die Bestimmung, den wechselrechtlichen Regreß zu sichern, woraus folgt, daß es derselben da nicht bedarf, wo es sich nicht um den Schutz des Regresses handelt. Daher bedarf es auch in der Regel, außer bei domicilirten Wechseln (vgl. Art. 43.), keines Protestes zur Wahrung des Wechsel-Rechts gegen den Acceptanten. (Christoph W.-O. S. 81.) Da im Wechsel-Proceß jede erhebliche Thatsache sofort erweislich gemacht werden muß, war es nothwendig, den Haupt-Act durch eine öffentliche Urkunde, welche der Protest ist, darzuthun.

Anmerk. 2. Selbst in denjenigen Ländern, wo sonst die Zuziehung der Zeugen bei allen Notariats-Acten vorgeschrieben ist, wie z. B. in Preußen, fallen solche hinsichts der Wechsel-Proteste weg, denn die Vorschrift des Art. 87. gilt für das gesammte Gebiet der deutschen Wechsel-Ordnung und hebt jene allgemeine Bestimmung in Bezug auf die Proteste auf. In Preußen waren aber auch schon nach der früheren Gesetzgebung Zeugen bei Protesten nicht erforderlich. In Baden heißen die Proteste Absag-Scheine und die Notare Staats-Schreiber. Will man ein deutsches Wort, so wäre wol der Ausdruck Urkunder bezeichnender. Das französische Handels-Gesetz-Buch hat die sehr schwerfällige Form der Aufnahme durch zwei Notare oder einen Huissier (Notar) und zwei Zeugen. (Art. 173 ff.) In England und Nordamerika kann die Aufnahme auch durch eine andere angesehene Person und zwei Zeugen geschehen. (Treitschke a. a. O. S. 153.) In den Ländern, wo die Allg. deutsche Wechsel-Ordnung gilt, ist überall dafür gesorgt, daß die Aufnahme der Proteste entweder durch einen Notar oder eine richterliche Person erfolgen kann. In der preußischen Rhein-Provinz sind auch die Gerichts-Vollzieher zur Aufnahme von Protesten befugt. (Preußische Einf.-Ordre vom 6. Jan. 1849 und 15. Febr. 1850 §. 3.)

Anmerk. 3. Alle Fälle, in welchen Protest aufzunehmen ist, erschöpfend aufzuzählen, ist nicht füglich durchführbar. Man muß als Regel festhalten, daß überall Protest aufgenommen werden muß, wo die Vorschrift des Wechsels gar nicht oder doch nicht vollständig, oder nicht pünctlich ausgeführt wird und der Wechsel-Inhaber sich das nicht gefallen lassen will. Nur da, wo der Wechsel selbst durch ausdrückliche Bestimmung von der Aufnahme des Protestes entbindet, kann derselbe unterbleiben. Ist irgend ein Zweifel, so ist es rathsam, lieber den Protest zu erheben, als solchen zu unterlassen, besonders bei Regressen.

Artikel 88.

Der Protest muß enthalten:

1) eine wörtliche Abschrift des Wechsels oder der Copie und aller darauf befindlichen Indossamente und Bemerkungen;

2) den Namen oder die Firma der Personen, für welche und gegen welche der Protest erhoben wird;
3) das an die Person, gegen welche protestirt wird, gestellte Begehren, ihre Antwort oder die Bemerkung, daß sie keine gegeben habe, oder nicht anzutreffen gewesen sei;
4) die Angabe des Ortes, so wie des Kalendertages, Monats und Jahres, an welchem die Aufforderung (Nr. 3.) geschehen oder ohne Erfolg versucht worden ist;
5) im Falle einer Ehrenannahme oder einer Ehrenzahlung die Erwähnung von wem, für wen und wie sie angeboten und geleistet wird;
6) die Unterschrift des Notars oder des Gerichtsbeamten, welcher den Protest aufgenommen hat, mit Beifügung des Amtssiegels.

Anmerk. 1. Die Abschrift des Wechsels muß nicht nur getreu sein, sondern dem Protest selbst einverleibt werden, sie soll einen wesentlichen (integrirenden) Bestandtheil des Protestes selbst ausmachen, sie darf also nicht dem Protest blos angehängt, sondern muß dergestalt in denselben aufgenommen werden, daß sie vor der Unterschrift und dem Siegel des protestirenden Beamten zu stehen kommt. Die Abschrift des Wechsels muß deshalb in den sogenannten Context des Protestes aufgenommen werden. Da sie eine wörtliche sein soll, muß sie auch Alles aufnehmen, was der Wechsel enthält, daher sind die durchstrichenen Zeilen durchstrichen einzuschalten, unlesbare aber als solche zu bezeichnen. (Vergl. Arch. f. W.-R. Bd. 5. S. 339.) In Sachsen und Oestreich genügt es, wenn die Abschrift auch nur auf der Rückseite des Protestes befindlich, und als dort stehend bezeichnet ist, selbst, wenn die Abschrift nicht durch die Unterschrift der protestirenden Gerichtsperson unter derselben besonders bescheinigt ist, was jedoch die öftreichischen Juristen (vergl. Ditscheiner a. a. O. S. 316) selbst mit Recht für bedenklich halten. (Arch. f. W.-R. Bd. 1. S. 372 Bd. 3. S. 351.) Da indessen der Art. 88. nach der Auffassung einiger Praktiker angeblich nicht bestimmt die Stelle vorschreibt, an welcher die Abschrift des Wechsels dem Protest einzuschalten ist, so dürfte nach der Ansicht einzelner Juristen dadurch allein, daß sie nicht in den Context aufgenommen worden, eine Nullität nicht begründet werden, namentlich wenn sie von dem instrumentirenden Beamten beglaubigt ist. Mir scheint das nicht richtig, da der Art. 88. ausdrücklich verordnet, daß der Protest selbst den Wechsel enthalten soll, der Protest aber mit der Unterschrift des Notars schließt, und die Rückseite nichts ist, als die unbeglaubigte Seite eines Stückes Papier. Ist dort auch der Wechsel in Abschrift befindlich, so enthält diese doch nicht der Protest selbst. Eine besondere Beglaubigung würde ohne Noth schwerfällig sein und in Preußen einen doppelten Stempel erfordern. (Arch. der Trib.-Anw. Bd. 9. S. 333, Erk. v. 15. März 1853.)

Anmerk. 2. Die Vorschrift wegen Aufnahme einer getreuen Abschrift des Wechsels hat den Zweck, die Identität des Wechsels festzustellen. Sie stimmt mit dem Art. 174. des französischen Handels-Ges.-B. und den meisten Wechsel-Ordnungen überein. Eine Nullität ist für den Fall einzelner Fehler nicht angedroht, es ist daher in jedem einzelnen Falle vom Richter festzustellen, ob der vorgekommene Mangel ein wesentlicher sei. Unbedeutende Auslassungen, wie z. B. des Rand-Vermerks „Prima-Wechsel," wenn diese Bezeichnung aus dem Context des Wechsels nochmals hervorgeht, eines Vermerkes, der nur auf den Stempel von Einfluß ist, eines bloßen Zeichens, wie „Nr." ohne Ausfüllung einer Zahl und dergleichen erscheinen, so unwesentlich, daß dadurch kein Zweifel an der Identität des Wechsels hervorgebracht werden kann, und sind deshalb nicht geeignet, dem Protest die Kraft zu benehmen, zumal der Ausdruck „Bemerkungen" sich offenbar nur auf die erstrecken kann, welche auf die Wechsel-Verpflichtung bezüglich sind, auch der Protest keine Abbildung, sondern nur eine Abschrift verlangt. (Vergl. Borch. W.-O. v. 1854 S. 84.) Erheblich dagegen erscheinen Auslassungen, welche sich auf das Wesen des Wechsels selbst beziehen. So z. B. nimmt die Fortlassung des auf der Urschrift des Wechsels befindlichen Acceptations-Vermerks in der Wechsel-Abschrift der Protest-Urkunde der letztern ihre Giltigkeit. (Erk. des Ob.-Trib. zu Berlin v. 18. Jan. 1855.) Unzuläßig ist es, etwaige Schreibfehler im Proteste durch das Protest-Register oder Concept aufklären zu wollen, da die Ausfertigung des Protestes, nicht aber das Protest-Register und Concept, die entscheidende Urkunde ist.

Anmerk. 3. Sind in einem Instrument mehre Wechsel zugleich protestirt, so muß die Abschrift aller im Protest enthalten sein und es genügt nicht der Vermerk, daß die andern Wechsel gleichlautend sind, weil der Richter und die Interessenten in den Stand gesetzt werden müssen, selbst die Identität zu beurtheilen. (Vergl. Art. 86. Anm. 5. über den abweichenden Gebrauch in Hamburg.)

Anmerk. 4. Daraus, daß der instrumentirende Protestant getreue Abschrift des Wechsels nehmen soll, folgt schon, daß ihm der Original-Wechsel vorgelegt werden muß, doch enthält der Art. 72. auch einen Fall, wo auf Vorlegung der bloßen Copie Protest zu erheben ist, welchen dieser Artikel selbst im Auge hat, weil er gleichfalls von einer Copie redet.

Anmerk. 5. Es genügt, daß der Protest wenigstens im Allgemeinen die Bezeichnung der angetroffenen Person, namentlich eine Bemerkung darüber enthalte, ob der Protestat selbst, oder ein Commis desselben, oder wer sonst angetroffen worden. (Vgl. Ortloff a. a. O. S. 88, Leipz. Conf.-Prot. S. 159.) Eine Feststellung der Identität, welche oft gar nicht thunlich erscheint, mindestens aber mit oft gefährlichem Zeitverlust verbunden sein könnte, ist nicht erforderlich, zumal der Verpflichtete seine Verbindlichkeit kennt, es also seine Sache ist, Jemanden mit der Zahlung zu beauftragen, oder sie selbst zu leisten. Es genügt daher schon der Vermerk des Notars, daß er an dem bezeichneten Orte Niemanden getroffen, welcher zur Zahlung bereit und im Stande gewesen. Ist das nicht, so braucht der Notar Niemanden weiter zu sprechen.

Anmerk. 6. Ein Protest ist nur dann als rechtzeitig zu erachten, wenn auch die Beurkundung des eingelegten Protestes rechtzeitig geschehen ist, weil der Art. 41. ausdrücklich von dem „rechtzeitig aufgenommenen Proteste" den Regreß abhängig macht; eine spätere Ausfertigung von einem andern Datum benimmt daher dem Proteste die Rechtsgiltigkeit. Der Protest muß deshalb spätestens am zweiten Werktage nicht nur aufgenommen, sondern auch ausgefertigt werden. Dies hat das Ober-Tribunal zu Berlin in einer Entscheidung vom 2. Mai 1854 angenommen, indem es ausführt, daß die Entstehungs-Geschichte des Art. 41 die Ansicht bestätige, daß nicht nur die Rechtzeitigkeit des Protestirens, als Handlung, sondern zugleich die Rechtzeitigkeit der Beurkundung dieser Handlung Erforderniß und Vorbedingung des Wechsel-Regresses hätten sein sollen. (Vergl. Borch. a. a. O. von 1854 S. 87, Arch. der Trib.-Anw. Bd. 12. S. 323, Arch. f. W.-R. Bd. 5. S. 94.)

Anmerk. 7. Die Weglassung der Stunde ist kein Nichtigkeits-Grund, die Angabe derselben aber doch zweckmäßig, weil die meisten Wechsel-Ordnungen die Einlegung der Proteste nur zu bestimmten Stunden zulassen. In Preußen und Sachsen ist die Protest-Erhebung von 9 Uhr Morgens bis 6 Uhr Abends, in Frankfurt a. M. nur Vormittags zwischen 9—12 und Nachmittags zwischen 2—5 Uhr, in Sachsen-Coburg-Gotha, Hessen-Darmstadt, Schleswig-Holstein, Würtemberg und Hamburg nur bis 7 Uhr Abends, in Meklenburg nur zwischen 9 Uhr Morgens bis 6 Uhr Abends zulässig. Das französische Handels-Gesetz-Buch enthält keine besondere Bestimmung über die Tages-Zeit der Protest-Einlegung.

Anmerk. 8. Die Angabe bei der Ehren-Annahme oder Ehren-Zahlung, von wem, für wen und wie sie angeboten oder geleistet worden, der sogenannte Interventions-Act, hat den Zweck, dem Intervenienten sein Einschreiten zu bestätigen und dem Inhaber zu bescheinigen, daß er bei diesem Acte die nothwendigen Förmlichkeiten nicht unberücksichtigt gelassen habe. Dieser Vermerk (Registratur) wird gewöhnlich am Schlusse des Protestes als Anhang hinzugefügt. (Vgl. Ditsch. a. a. O. S. 317.)

Anmerk. 9. Ist auch die Präsentation des Wechsels gehörig geschehen, aber der Protest mangelhaft aufgenommen, so darf der Regreßnehmer nicht zum anderweiten Beweise darüber zugelassen werden, daß bei der Präsentation und Protest-Erhebung richtig verfahren worden. (Borch. a. a. O. v. 1854 S. 88, Erk. des Ob.-App.-Ger. zu Lübeck v. 31. Octbr. 1849 in der Sammlung der Entsch. des Ob.-App.-Ger. zu Lübeck für Hamb. Rechtss. Bd. 2. S. 216; vgl. oben Anm. 2. zu diesem Art.)

Anmerk. 10. Eine Correctur in einer Protest-Urkunde, z. B. in Bezug auf das Datum, begründet nicht nothwendig die Ungiltigkeit des Protestes, weil nicht gerade die Ungiltigkeit bei vorhandner Correctur angedroht ist, diese vielmehr nach den meisten Gesetzgebungen nur die Beweiskraft der Urkunde schwächt (vgl. Allg. Preuß. Ger.-Ordn. Th. 1. Tit. 10. §. 118.) und es daher auf die Beurtheilung der besondern Umstände des einzelnen Falles ankommt.

Anmerk. 11. Die Declaration eines in einem Proteste vorgefallenen wesentlichen Irrthums oder Versehens, z. B. die Angabe eines unrichtigen Tages der Protest-Einlegung oder Ausfertigung, ist unzulässig.

Anmerk. 12. Die Frage, ob der Notar schuldig sei, die bei dem Verlangen der Zahlung behufs Einlegung des Protestes ihm angebotene Summe anzunehmen, ist sehr streitig. Von der Mehrheit des Anwalt-Vereins zu Berlin ist, so viel der Verfasser weiß, angenommen, daß der Notar in der Regel zur Annahme des Geldes verpflichtet sei. Es ist allerdings von einem namhaften Notar lebhaft die entgegengesetzte Ansicht vertheidigt, weil die Wechsel-Ordnung darüber gar keine Bestimmung enthalte, die Verpflichtung des Notars zur Annahme aber ein großes Risico auf ihn wälzen und viele Unzuträglichkeiten herbeiführen würde, denn es könnten ihm z. B. Papiere mit schwankendem Course, unvollwichtige Goldstücke und dergl. obtrudirt werden. Anderer Seits ist geltend gemacht, daß die Allg. deutsche Wechsel-Ordnung absichtlich jede nähere Bestimmung vermieden und es der Praxis überlassen habe, in jedem einzelnen Falle nach den Umständen zu handeln. Es ist jedoch wol anzunehmen, daß in der Regel der Notar die Pflicht hat, die ihm wirklich angebotene Zahlung nicht zurückzuweisen, denn der Protest soll ja eben nur wegen verweigerter Zahlung aufgenommen werden, indem der Art. 41. unter Nr. 2. ausdrücklich verordnet, daß die Nicht-Erlangung der Zahlung durch einen rechtzeitigen Protest dargethan werden solle, und auch Art. 88. bei Nr. 4. ausdrücklich bestimmt, daß durch den Protest festzustellen sei, die Aufforderung zur Zahlung sei ohne Erfolg versucht worden. In der Regel wird auch der quittirte Wechsel zum Protest übergeben, worin der Auftrag und die Legitimation zur Geld-Erhebung liegt. Daß der Notar als bloßer Bevollmächtigter nur bei einem Versehen die Gefahr zu tragen hat, beruht auf den allgemeinen Rechts-Grundsätzen, und daß er sich nicht jede Geld-Sorte aufdrängen zu lassen braucht, in den Landes-Gesetzen fast jeden deutschen Staates über die Zahlungen. Da selbst Theil-Zahlungen nach Art. 38. nicht zurückgewiesen werden dürfen, wird der Notar auch diese annehmen, natürlich aber auch solchen Falls, wie bei verweigerter Erstattung der Kosten, unter vorbehaltlicher Quittung und eingelegtem Protest, dennoch die Zahlung annehmen müssen.

Artikel 89.

Muß eine wechselrechtliche Leistung von mehren Personen verlangt werden, so ist über die mehrfache Aufforderung nur eine Protest-Urkunde erforderlich.

Anmerk. 1. Dieser Artikel macht dem Streit der Richter und der Rechts-Unsicherheit ein Ende. Danach ist die Aufnahme mehrer Proteste im gedachten Fall nicht verboten, aber nicht erforderlich, es soll vielmehr eine einzige Protest-Urkunde genügen. Dies ist namentlich der Fall, wenn z. B. eine Anfrage bei mehren Noth-Adressen nothwendig ist. Es genügt dann eine einzige Verhandlung, welche die verschiedenen Acte und Erklärungen hinter einander enthält und als Protest ausgefertigt wird.

Artikel 90.

Die Notare und Gerichts-Beamten sind schuldig, die von ihnen aufgenommenen Proteste nach deren ganzen Inhalte, Tag für Tag und nach Ordnung des Datums, in ein besonderes Register einzutragen, das von Blatt zu Blatt mit fortlaufenden Zahlen versehen ist. (Anm. 1—4.)

Anmerk. 1. Nach Art. 176. des französischen Handels-Gesetz-Buchs, dem diese Bestimmung entnommen ist, soll das Register auch paraphirt sein. Zugleich verordnet dieser Artikel, daß der instrumentirende Beamte dem, bei welchem der Protest eingelegt wird, eine getreue Abschrift davon zurücklassen soll, und bedroht den, der dies Alles unterläßt, mit Amts-Entsetzung und Verpflichtung zum Ersatz aller Schäden und Kosten. Diese, namentlich für die bloße Unterlassung des Eintragens in das Register offenbar zu harte Strafe, welche ohnehin nicht in das Civil-Recht gehört, hat die Allg. deutsche Wechsel-Ordnung mit Recht nicht aufgenommen. Auch die oft nicht leicht auszuführende Bestimmung wegen Zurücklassung einer getreuen Abschrift des Protestes bei dem Protestaten ist sehr mit Recht von der deutschen Wechsel-Ordnung fortgelassen.

Anmerk. 2. Die Notarien müssen die Eintragung in solcher Form bewirken, daß sie im Nothfall Duplicate ertheilen können. Gewöhnlich behalten sie ihre Concepte zurück und ertheilen von diesen eine Ausfertigung. So geschieht es in Preußen wol Seitens aller Notarien.

Anmerk. 3. Die Protest-Register der Notarien sind besondere, von dem Haupt-Notariats-Register getrennt zu haltende Bücher. In das letztere, auch Notariats-Register genannt, werden die Proteste nicht noch besonders eingetragen.

Anmerk. 4. Die Giltigkeit eines erhobenen Protestes ist von der Eintragung in das Protest-Register nicht abhängig.

XVII. Ort und Zeit für die Präsentation und andere im Wechsel-Verkehr vorkommende Handlungen.

Artikel 91.

Die Präsentation zur Annahme oder Zahlung, die Protesterhebung, die Abforderung eines Wechsel-Duplicats, sowie alle sonstigen, bei einer bestimmten Person vorzunehmenden Acte müssen in deren Geschäftslocal, und in Ermangelung eines solchen, in deren Wohnung vorgenommen werden. An einem andern Orte, z. B. an der Börse, kann dies nur mit beiderseitigem Einverständnisse geschehen. Daß das Geschäftslocal oder die Wohnung nicht zu ermitteln sei, ist erst dann als festgestellt anzunehmen, wenn auch eine dieserhalb bei der Polizeibehörde des Orts geschehene Nachfrage des Notars oder des Gerichtsbeamten fruchtlos geblieben ist, welches im Proteste bemerkt werden muß. (Anm. 1—5.)

Anmerk. 1. Die Regel ist, daß alle wechselrechtlichen Handlungen (Präsentationen, Proteste und dergleichen), welche bei einer bestimmten Person vorzunehmen sind, in Beziehung auf den Ort bei den betreffenden Personen nur vorgenommen werden dürfen entweder:

a) in deren Geschäfts-Local, oder in Ermangelung dessen
b) in deren Wohnung.

Ausnahmen sind nur mit ausdrücklichem, im Protest festzustellenden Einverständniß zulässig. Nicht durchaus nothwendig, aber zweckmäßig ist es, solche Proteste von den Interessenten mit vollziehen zu lassen, um jeden Zweifel und Streit bei einem etwaigen Processe zu vermeiden. Die §§. 759 u. 769. Tit. 11. Th. 1. Allg. L.-R. greifen bei wechselmäßigen Zahlungen nicht Platz. (Vergl. §. 27 u. 52. Tit. 16. Th. I. Allg. L.-R. und Art. 40. der Wechsel-Ordnung, Borch. a. a. O. v. 1854 S. 89.)

Anmerk. 2. Ob bei ausgebrochenem Concurse die sonst gegen den Gemeinschuldner zu richtenden Handlungen in der Wohnung des Vertreters seiner Masse oder bei ihm vorzunehmen seien, ist streitig. Brauer (a. a. O. S. 147) und Ortloff (a. a. O. S. 129) sind auf den Grund der Leipziger Conferenz-Protokolle S. 153 der Ansicht, daß die Handlungen bei dem Curator der Masse vorgenommen werden müssen, entgegengesetzter Meinung sind Koch (a. a. O. S. 341) und Borchardt (a. a. O. v. 1854 S. 91). Diese letztere Ansicht erscheint als die richtigere, denn die Vornahme der Handlung bei dem Curator, der häufig nicht bekannt ist, unterliegt oft großen Schwierigkeiten, ja ist zuweilen ganz unausführbar. Auch liegt es in der Natur des Wechsel-Verkehrs, daß der Inhaber des Wechsels nur dessen Inhalt selbst beachten kann. Es gilt dabei der Grundsatz: Quod non in cambio, non est in mundo. Von dem Verwalter der Masse ist keine Deckung zu erwarten, während der Cridar möglicher Weise, zumal wenn ein Accord in Aussicht steht, noch durch einen Freund die Einlösung des Wechsels bewirken kann. Das gedachte Leipziger Conferenz-Protokoll vom 14. Novbr. 1847 steht der letzteren Ansicht nicht entgegen, weil der dort vorgeschlagenen Anordnung wegen Präsentation bei dem Concurs-Curator keine Folge gegeben ist, wiewol allerdings die Versammlung der Redactions-Commission anheim gegeben hatte, ob ein Ausdruck gefunden werden könne, woraus sich ergebe, daß im Falle eines Concurses die Präsentation nicht bei dem Cridar, sondern bei dem Curator der Masse zu bewirken sei. (Vergl. Erk. des Trib. zu Darmstadt v. 16. April 1853 im Archiv für prakt. Rechtswiss. v. Elsers ff. Bd. 2. S. 149, Borch. a. a. O. v. 1854 S. 91.)

Anmerk. 3. Der Vormann, an welchen der Wechsel-Regreß genommen wird, ist nicht verbunden, den Wechsel-Betrag dem Gläubiger zu überbringen, vielmehr nur verpflichtet, die Wechsel-Zahlung in seinem, des Schuldners, Geschäfts-Local und in dessen Ermangelung in seiner Wohnung zu leisten, weil der Art. 91. auch auf den Ort der Zahlung Anwendung findet. (Entsch. des Ob.-Trib. zu Berlin v. 13. Juni 1854 Borch. a. a. O. v. 1854 S. 90.) Einzelne Praktiker haben dies in Zweifel ziehen wollen, aber mit Unrecht, da namentlich in Preußen auch die §§. 27 u. 52. Tit. 16. Th. 1. Allg. L.-R. der obigen Ansicht zur Seite stehen.

Anmerk. 4. Nach dem holländischen Handels-Ges.-B. (§. 180.) und der portugiesischen Wechsel-Ordn. (§. 80.) wird dieser Perquisitions-(Nachforschungs-) Protest auf dem Post-Amt, nach dem spanischen Handels-Ges.-B. (Art. 515.) bei der Stadt-Behörde, in Schottland auf öffentlichem Markt, in Dänemark auf dem Büreau des Notars vorgenommen. (Kopenh. Wechsel-Ordn. §. 32.) Die Nachforschung nach der Wohnung bei der Polizei ist nur eine Ausnahme.

Anmerk. 5. In der Praxis sind oft Zweifel darüber entstanden, wo ein gezogener Wechsel zur Zahlung präsentirt und besonders auch protestirt werden müsse, auf welchem ein von der Wohnung des Bezogenen verschiedener, jedoch am Wohnort des Bezogenen belegener Zahlungsort, etwa mit den Worten „Zahlbar bei N., wohnhaft N. Straße" vermerkt ist. Von vorsichtigen Notaren ist deshalb die Präsentation und resp. Erhebung des Protestes bisher sowol an dem dritten, auf dem Wechsel angegebenen Orte, als in der Wohnung des Bezogenen bewirkt worden. Das Stadtgericht zu Berlin hat in mehren Erkenntnissen angenommen, daß solchen Falls die Einlegung des Protestes auch in der Wohnung des Bezogenen nothwendig sei, was auch wol richtig ist, weil eben jene Art Wechsel nicht als domicilirter erachtet werden kann. Dagegen hat das Königliche Ober-Tribunal in einer neueren Entscheidung ausgesprochen, daß ein Wechsel der erwähnten Art nicht für einen Domicil-, sondern für einen Platz-Wechsel zu erachten sei. Es hat dabei ferner angenommen, daß die Frage, wo die Präsentation und Protest-Einlegung erfolgen müsse, wenn dadurch der Regreß des Wechsel-Inhabers gewahrt werden solle, nicht aus Art. 91. der Wechsel-Ordnung zu entscheiden sei. Es legt aber solchem Vermerke die Bedeutung einer bei dem Wechselzuge gewollten nähern Bezeichnung desjenigen speciellen Ortes am Wohnort des Trassaten bei, an welchem dieser sich habe betreffen lassen und die Zahlung leisten wollen. Hiernach ist angenommen, daß die Protest-Aufnahme richtig erfolgt sei, wenn der protestirende Notar an dem bestimmten Zahlungsort nach dem Acceptanten und der Zahlung gefragt hat und daselbst weder der Acceptant angetroffen, noch Zahlung geleistet ist. (Vgl. Voss. Zeitg. v. 1856 d. 21. Novbr.) Das Geheime Ober-Tribunal zu Berlin hat in Bezug auf die gedachte Verpflichtung der Notarien wegen Feststellung der Wohnung eines Wechsel-Verpflichteten außerdem in einer Entscheidung vom Jahre 1851 (Entsch. Bd. 20. S. 361, Präj. 2279) sehr wichtige Grundsätze ausgesprochen. Es heißt dort: Der Schluß-Satz des Art. 91. der Allg. deutschen Wechsel-Ordnung, dahin lautend: „daß das Geschäfts-Local" ꝛc. regelt nur den Fall, wenn jene Person an dem gedachten Orte gänzlich unbekannt und nicht aufzufinden, es auch ungewiß ist, ob dieselbe jemals ein Geschäfts-Local oder eine Wohnung an diesem Orte gehabt habe. — Dagegen kann diese Vorschrift auf den Fall, wenn jene bestimmte Person in ihrer bisherigen Wohnung nicht anwesend gefunden wird, und dieselbe nach der, dem Notar oder Gerichts-Beamten in dieser Wohnung von anderen Personen, z. B. vom Hauswirth auf gehaltene Nachfrage ertheilten Auskunft, diese bisherige Wohnung aufgegeben haben soll, nicht ausgedehnt werden. (Arch. der Trib.-Anw. Bd. 1. S. 340.)

Artikel 92.

Verfällt der Wechsel an einem Sonntage oder allgemeinen Feiertage, so ist der nächste Werktag der Zahlungstag. Auch die Herausgabe eines Wechsel-Duplicats, die Erklärung über die Annahme sowie jede andre Handlung, können nur an einem Werktage gefordert werden. Fällt der Zeitpunct, in welchem die Vornahme einer der vorstehenden Handlungen spätestens gefordert werden mußte, auf einen Sonntag oder allgemeinen Feiertag, so muß die Handlung am nächsten Werktage gefordert werden. Dieselbe Bestimmung findet auch auf die Protesterhebung Anwendung. (Anm. 1 – 4.)

Anmerk. 1. Bestimmte Geschäfts-Stunden, ingleichen Ausnahmen wegen der jüdischen Feiertage, hat man nicht festsetzen wollen, und es ist der Ausdruck „allgemeiner Feiertag" statt „der vom Staat anerkannten" von allen Staats-Genossen zu beachtenden gesetzt, weil außer solchen in manchen deutschen Ländern noch andere bestehen, an welchen die Geschäfte ruhen. (Leipz. Conf.-Prot. S. 160—163, Brauer im Arch. f. W.-R. V. 355.) So werden in Sachsen außer dem Neujahrs-, Himmelfahrts-Tage und den Bußtagen noch das Fest der Erscheinung Christi (6. Jan.) und das Reformationsfest (31. Octbr.) zu den Feiertagen gerechnet. In Preußen gelten gesetzlich als allgemeine Feiertage Neujahr, Ostern, Pfingsten, Weihnachten, diese letzten drei zu je zwei Tagen, der Char-Freitag, ein Bußtag (Mittwoch nach Jubilate) und Himmelfahrt.

Anmerk. 2. Der Artikel stellt die allgemeine Regel auf, daß alle wechselrechtlichen Handlungen nur an Werktagen und, wofern die eigentlichen Acte auf einen Feiertag fallen würden, dieselben nur am nächsten Werktage vorgenommen werden sollen. Ungiltig ist jedoch ein Protest deshalb wol nicht, weil er an einem Feiertag aufgenommen worden, wofern namentlich der Betheiligte nichts dagegen erinnert hat, da im Gesetz die Ungiltigkeit nicht ausdrücklich angedroht worden.

Anmerk. 3. Es macht keinen Unterschied, wenn einer oder mehre Tage der Frist Feiertage sind, wofern nur der erste und letzte Tag Werkeltage sind. Verfällt z. B. ein Wechsel am Char-Freitag, so ist der darauf folgende nächste Sonnabend, als nächster Werkeltag, der Zahltag. Daraus folgt, daß der Protest noch am Dinstag erhoben werden kann, weil die beiden Oster-Tage dazwischen liegen, folglich der Mittwoch als zweiter Werktag anzusehen ist, (vgl. Art. 41, Leipz. Conf.-Prot. S. 260,) weil eben bei Berechnung der Protesttage die Sonn- und Feiertage nicht mitgezählt werden sollen.

Anmerk. 4. Wegen der Wechsel-Fristen ist die Leipziger Conferenz Anfangs Willens gewesen, eine Bestimmung dahin zu treffen, daß der Wechsel-Inhaber durch gewisse Arten der vis major, z. B. bei Hemmung des Verkehrs durch Absperrung, für entschuldigt erachtet werden solle, man ist aber davon wieder abgegangen, weil eine genügende Fassung nicht zu erreichen gewesen ist, und man gemeint hat, daß diejenigen Fälle der vis major, an die man gedacht, auch schon ohne besondere Bestimmung in der Praxis Rücksicht finden würden. (Leipz. Conf.-Prot. S. 214, 215, 258 ff.)

Artikel 93.

Bestehen an einem Wechsel-Platze allgemeine Zahlungstage (Kassirtage), so braucht die Zahlung eines zwischen den Zahltagen fällig gewordenen Wechsels erst am nächsten Zahltage geleistet zu werden, sofern nicht der Wechsel auf Sicht lautet. Die im Artikel 41. für die Aufnahme des Protestes

Mangels Zahlung bestimmte Frist darf jedoch nicht überschritten werden. (Anm. 1—4.)

Anmerk. 1. An vielen Orten bestehen zur Erleichterung des Verkehrs, um die zur Zahlung Verpflichteten nicht zu oft zu behelligen, namentlich auf Messen und Märkten, z. B. in Leipzig, Augsburg, Bremen, besondere Zahltage. Dies ist vornehmlich da der Fall, wo Wechsel oft von dem Bezogenen nicht unmittelbar eingelöst, sondern durch Abschreibungen bei einer Bank oder durch Anweisungen auf solche, auf Mäkler und dergleichen bezahlt zu werden pflegen. Übrigens sollen aber nach der Allg. deutschen Wechsel-Ordnung nur die bestehenden Einrichtungen als alte Observanzen geschützt werden. Neue Zahltage, welche von den Bestimmungen derselben abweichen, sind nicht zulässig. Ist der allgemeine Zahltag versäumt, der Wechsel aber an sich nicht präjudicirt, so werden die allgemeinen Regeln eintreten müssen.

Anmerk. 2. Sicht-Wechsel sind nicht an Zahltage gebunden, diese müssen am Tage der Präsentation, ohne Rücksicht darauf, ob dies einer der üblichen Scontro-Tage sei, bezahlt werden. Bei anderen Wechseln ist, wenn der Verfalltag mit dem Zahltage zusammenfällt, schon an diesem, nicht erst am nächsten, zu zahlen. Nie darf durch Einrichtungen, wie solche an manchen Handels-Plätzen bestehen, der Zahltag über die Dauer der im Art. 41. vorgeschriebenen Protest-Frist verschoben werden. (Leipz. Conf.-Prot. S. 206 ff. und 38 ff.)

Anmerk. 3. In der Regel fällt nach der Allg. deuts. Wechsel-Ordnung der Verfalltag mit dem Zahltag zusammen. Ausnahmen treten ein:

a) an Orten, wo noch Respit-Tage zur Anwendung kommen müssen (Art. 86.);
b) bei Wechseln, welche an einem Sonn- oder Feiertag fällig werden (Art. 92.);
c) bei Wechseln, welche an einem Orte zahlbar sind, wo allgemeine Zahltage bestehen und welche nicht auf Sicht lauten;
d) bei Meß- und Markt-Wechseln, wenn die Gesetze des Orts mehre Zahltage bestimmen. (Art. 35, vergl. Koch a. a. O. S. 343.)

Anmerk. 4. Vergl. Art. 30.

XVIII. Mangelhafte Unterschriften.

Artikel 94.

Wechsel-Erklärungen, welche statt des Namens, mit Kreuzen oder anderen Zeichen vollzogen sind, haben nur dann, wenn diese Zeichen gerichtlich oder notariell beglaubigt worden, Wechselkraft. (Anm. 1—8.)

Anmerk. 1. Unter den in §§. 94 u. 95. erwähnten Wechsel-Erklärungen, sind Erklärungen aller Art, welche wechselmäßig verpflichten, zu verstehen, daher auch Indossamente, Accepte, Bürgschaften. (Vergl. den preuß. Entw. einer Wechsel-Ordn. §. 85. S. 18 und das Leipz. Conf.-Prot. S. 153.)

Anmerk. 2. Unterkreuzte Wechsel werden nie viel Umlauf finden, aber sie sind mit Recht nicht ganz beseitigt, sondern dem freien Belieben überlassen, sofern sie nur durch die Beglaubigung bewahrheitet sind. Auch ist die Zulassung folgerecht, weil die Wechsel-Fähigkeit Allen beigelegt ist, die sich durch Verträge verpflichten können, und auch die Schreibens-Unkundigen an sich nicht unfähig sind, Verträge zu schließen.

Anmerk. 3. Ist auch der Namen mit den Buchstaben einer fremden Sprache, z. B. mit hebräischen Lettern, unterzeichnet, so nimmt das dem Wechsel seine Kraft nicht, weil dessen Giltigkeit nicht von der Unterschrift in einer bestimmten Sprache abhängig gemacht ist. (Vgl. Erk. des Ob.-Trib. zu Berlin v. 21. Jan. 1855 in Sachen Joseph wider Engelke, Borch. Forts. S. 164, ingl. in einer andern in der Spen. Zeitg. v. 9. März 1856 Nr. 59. mitgetheilten Entscheidung.) In Oestreich sind Wechsel mit Unterschriften in einer fremden Sprache mit Rücksicht auf die Verordnungen vom 20. December 1842 und 4. März 1846 für nicht rechtsgiltig erachtet, obwol sich fragt, ob nach Einführung der Allg. deutschen Wechsel-Ordnung jene alten Gesetze noch Anwendung finden dürfen, zumal das Einführungs-Gesetz nichts Besonderes bestimmt hat. (Vergl. Borch. a. a. O. S. 164.) Die Ansicht, daß jene Namen als bloße Zeichen zu betrachten seien und daher beglaubigt werden müßten, erscheint nicht richtig, weil jene Namen eben keine bloßen Zeichen sind und es sich nur darum handeln kann, bei etwaigem Streit darzuthun, daß jene Unterzeichnung der wirkliche Namen ist.

Anmerk. 4. In Sachsen dürfen zwar die Notarien in der Regel nicht beglaubigen, doch werden auswärts notariell beglaubigte Unterschriften dort unbedenklich Geltung haben müssen, weil die Allg. deutsche Wechsel-Ordnung diese Art der Beglaubigung für hinreichend erklärt, wenn auch die Form derselben nach den Gesetzgebungen der einzelnen Länder beurtheilt werden soll. Mit Rücksicht auf Art. 94. scheint es unbedenklich, daß jetzt auch in Sachsen den Notarien das Recht auf die in diesem Artikel gedachte Beglaubigung zustehen muß, zumal das sächsische Einführungs-Gesetz keine entgegen stehende Verordnung enthält.

Anmerk. 5. So lange die Unterschrift zu lesen und der Anerkennung fähig ist, erscheint es gleichgiltig, ob sie mit Dinte, Bleistift oder einem andern Material vollzogen worden. (Vergl. Koch a. a. O. S. 345.)

Anmerk. 6. Eine blos mit einer Chiffer oder einem Namens-Zuge vollzogene Unterschrift erscheint zur Verpflichtung des Ausstellers genügend, sofern er sie als die seinige anerkennen muß. (Koch a. a. O.)

Anmerk. 7. Hat Jemand mit einem fremden Namen, z. B. der Bruder mit dem Vor- und Zunamen des Bruders, unterschrieben, so wird er haften müssen, wenn er die Unterschrift als seine eigene anerkennen muß und sich nicht als Bevollmächtigter angekündigt hat. Steht die Person des Unterzeichners fest, so kommt es weniger darauf an, ob der Namen mangelhaft ist, wenn er nur anerkennen muß, denselben geschrieben zu haben. (Koch a. a. O. S. 343, vergl. oben Anm. 2.)

Anmerk. 8. In Preußen und den anderen Staaten, wo die Allgem. deutsche Wechsel-Ordnung gilt, muß, wenn aus einem der Unterschrift nach beglaubigten Wechsel Klage erhoben werden soll, der Original-Wechsel beigebracht werden.

Artikel 95.

Wer eine Wechselerklärung als Bevollmächtigter eines Anderen unterzeichnet, ohne dazu Vollmacht zu haben, haftet persönlich in gleicher Weise, wie der angebliche Machthaber gehaftet haben würde, wenn die Vollmacht ertheilt gewesen wäre. Dasselbe gilt von Vormündern und anderen Vertretern, welche mit Überschreitung ihrer Befugnisse Wechselerklärungen ausstellen. (Anm. 1—3.)

Anmerk. 1. Diese Bestimmung findet ihre Begründung in der Nothwendigkeit, dem Wechsel-Verkehr die möglichst freieste Bewegung zu verschaffen und alles hemmende Beiwerk zu entfernen. Es ist im Wechsel-Verkehr unthunlich, stets Vollmachten beizufügen und Ermächtigungen nachzuweisen. Wer daher für einen Andern als angeblicher Bevollmächtigter Wechsel-Verpflichtungen eingeht, soll dem Wechsel-Gläubiger persönlich haften, wie der Machtgeber selbst, wenn dieser die Vollmacht ertheilt gehabt hätte. War der Bevollmächtigte, ohne gerade formelle Vollmacht zu besitzen, an sich befugt, so mag er sich an den Machtgeber halten, wenn dieser ihm keine Deckung gewährt hat; handelte er unbefugt, so trägt er die Folgen seiner eigenen Schuld. Anderer Meinung scheinen Brauer (a. a. O. S. 149) und Borchardt (W.-O. v. 1851 S. 179) auf den Grund der Leipziger Conferenz Protokolle (Nr. 23. und der Art. 1. 3. 75. W.-O.) zu sein, indem sie der Ansicht sind, daß, sobald der Mandatar nachweise, daß er durch eine Vollmacht zur Eingehung der Wechsel-Verbindlichkeit für seinen Machtgeber befugt gewesen sei und daß er also durch seine Wechsel-Erklärung den Auftraggeber verpflichtet habe, die Haftung des Mandatars aufhöre. Personal-Arrest ist nach Art. 2. Nr. 2. gegen die bloßen Vertreter ausgeschlossen, da sie ja eben nur Namens der Machthaber sich verpflichten und ihre Absicht deshalb lediglich dahin gehen kann, diese und deren Vermögen verbindlich zu machen. (Vergl. oben S. 41 Anm. 4.)

Anmerk. 2. Die kaufmännische Procura muß in Preußen schriftlich ertheilt, ausdrücklich auf die Befugniß zur Eingehung von Wechsel-Verpflichtungen gerichtet und gehörig bekannt gemacht sein. Eine gehörige Bekanntmachung ist nur die, welche bei der Börse des betreffenden Ortes und in deren Ermangelung bei dem Gericht unter Mittheilung der Unterschrift des Procuranten, und durch Circulare an die auswärtigen Correspondenten erfolgt. Ergeht die Mittheilung wegen Mangels einer Börse an das Gericht, so muß dieses die Bekanntmachung an die Kaufleute des Orts bewirken. Ein gesetzliches Erlöschen der Procura tritt erst dann ein, wenn die Rücknahme in gleicher Weise öffentlich bekannt gemacht ist. Das englische Recht kennt eine Procura durch Usance, d. h. durch wiederholt früher ertheilte Genehmigung, was in der That ein gefährlicher Rechts-Grundsatz ist. (Borch. W.-O. v. 1851 S. 180.) Soll außer dem kaufmännischen Verkehr Jemand ermächtigt werden, Wechsel-Verpflichtungen für einen Dritten einzugehen, so bedarf es dazu einer ausdrücklich hierauf gerichteten Special-Vollmacht. Eine allgemeine General-Vollmacht, welche nicht ausdrücklich eine solche Ermächtigung enthält, genügt nicht. Eine gerichtliche oder notarielle Aufnahme oder doch Beglaubigung solcher Vollmacht erscheint zwar nicht nothwendig, ist aber jeden Falls zweckmäßig, weil der Dritte sich auf den Grund einer bloßen Privat-Vollmacht einzulassen nicht nöthig haben dürfte, bei gerichtlicher Verhandlung aber immer eine beglaubigte Vollmacht nothwendig wird.

Anmerk. 3. Der Administrator einer Fabrik ist, auch ohne besondere Vollmacht, für berechtigt zu erachten, Wechsel-Erklärungen im Namen der Fabrik abzugeben, weil die ihm ohne Beschränkung anvertraute Administration dergleichen bei industriellen Unternehmungen, als zu deren Betrieb wesentlich nothwendig, voraussetzt. (Entsch. des Wiener Handels-Ger., bestätigt v. k. k. obersten Gerichtshofe, Oestr. Ger.-Zeitg. Nr. 115, Arch. f. W.-R. V. 440.)

Dritter Abschnitt.

Von eigenen Wechseln.

Artikel 96.

Die wesentlichen Erfordernisse eines eigenen (trockenen) Wechsels sind:

1) die in den Wechsel selbst aufzunehmende Bezeichnung als Wechsel, oder, wenn der Wechsel in einer fremden Sprache ausgestellt ist, ein jener Bezeichnung entsprechender Ausdruck in der fremden Sprache;
2) die Angabe der zu zahlenden Geldsumme;

3) der Name der Person oder die Firma, an welche oder an deren Ordre der Aussteller Zahlung leisten will;

4) die Bestimmung der Zeit, zu welcher gezahlt werden soll (Art. 4. Nr. 4.);

5) die Unterschrift des Ausstellers mit seinem Namen oder seiner Firma;

6) die Angabe des Ortes, Monatstages und Jahres der Ausstellung. (Anm. 1—13.)

Anmerk. 1. Der eigene Wechsel, von den Italienern auch cambium mortuum, todter Wechsel, cambium siccum (trockener oder auch Sola-Wechsel, weil meistens nur in einem Exemplare ausgestellt) genannt, ist ein Wechsel, worin der Aussteller sich selbst verpflichtet oder anweist, Zahlung zu leisten, wo also nicht, wie bei dem gezogenen Wechsel, die Einlösung durch einen Dritten, sondern durch den Aussteller selbst geschehen soll. Diese Art Wechsel ist eigentlich ein ganz für sich bestehendes Schuld-Bekenntniß mit Unterwerfung unter die Wechsel-Strenge, ohne Bezugnahme oder Hinweisung auf ein der Schuld selbst zum Grunde liegendes Vertrags-Verhältniß. Die bloße Schuld-Verschreibung nach Wechsel-Recht unterscheidet sich aber von jenem wahren eigenen Wechsel dadurch, daß sie das ursprüngliche Vertrags-Verhältniß der Contrahenten angiebt, welches durch die wechselmäßige Verpflichtung nur verstärkt wird. (Vergl. Einert a. a. O. S. 525, Brauer a. a. O. S. 151.)

Anmerk. 2. Unter den eigenen Wechseln unterscheidet man zunächst die domicilirten, bei welchen besonders der Art. 99. zu beachten ist. Diese haben ihren Namen davon, daß der Unterschrift des Ausstellers ein vom Wohnort des Ausstellers oder vom Ort der Ausstellung verschiedener Zahlort beigefügt wird. Sonst gilt von denselben Alles, was über eigene Wechsel im Allgemeinen verordnet ist. Neben denselben unterscheidet man von den andern eigenen die trassirt-eigenen Wechsel, welche vorwaltend die Natur der gezogenen Wechsel haben und den Zahlort im Context bezeichnen, z. B. vier Wochen nach dato zahle ich in Berlin gegen diesen meinen Sola-Wechsel an Herrn Korn daselbst 300 Thlr. ff. (Vergl. Art. 6. der A. W.-O. und S. 55 dieser Schrift.) Bei der Leipziger Conferenz ward besonders geltend gemacht, daß die trassirt-eignen Wechsel namentlich für diejenigen Fälle des Handels-Standes ein Bedürfniß seien, in welchen ein Handelshaus an verschiedenen Orten Commanditen habe. Doch war man der Ansicht, daß nur solche trassirt-eigene Wechsel nicht als Tratten zu behandeln seien, welche auf den Ausstellungsort selbst gezogen worden. (Leipz. Conf.-Prot. S. 159.)

Anmerk. 3. Auch eigene Wechsel können auf Sicht (Wiedersicht) oder eine gewisse Zeit nach Sicht gestellt werden. (Leipz. Conf.-Prot. S. 168, Brauer

a. a. O. S. 151, Erk. des Ob.-Trib. zu Berlin v. 20. Novbr. 1855 in Sachen Ruppius wider Schmidt, Borch. W.-O. v. 1856 S. 168, Arch. für W.-R. Bd. V. S. 460.)

Anmerk. 4. Eine im Wechsel enthaltene Pfand-Verschreibung macht den Wechsel nicht ungiltig. (Entsch. des Ob.-Trib. zu Berlin Bd. 29. Seite 166, Zeitschr. f. Rechtspfl. im Herzogthum Braunschweig v. 1854 S. 44.) Solche Pfand-Verschreibung ist nur im Wechsel-Verfahren ganz wirkungslos, was auch die hamburgische Einführungs-Ordn. (§. 13.) ausdrücklich erklärt und mit den Ansichten der Leipziger Conferenz übereinstimmt. (Vergl. Biener im Arch. f. W.-R. Bd. VI. S. 23.)

Anmerk. 5. Das Bekenntniß der Valuta ist nicht erforderlich, weil der Wechsel als solcher ganz unabhängig ist von dem ihm zum Grunde liegenden Rechts-Verhältniß.

Anmerk. 6. Sechsprocentige Zinsen können in Sachsen auch in solchen wechselmäßigen Schuld-Verschreibungen, auf welche nach dem Gesetz v. 7. Jan. 1849 der Wechsel-Arrest nicht verfügt werden kann, giltig versprochen werden. (Vergl. Erk. des Ob.-App.-Ger. zu Dresden v. 23. Jan. 1855, Borch. Forts. der W.-O. S. 119.)

Anmerk. 7. Ein trockener Wechsel, welcher von einem Markt datirt worden, ist als giltiger Wechsel nicht zu erachten, weil dadurch die in Art. 96. Nr. 6. als wesentlich vorgeschriebene Angabe des Monatstages der Ausstellung nicht ersetzt wird. (Entsch. des Ob.-Landes-Ger. zu Insbruck, Nr. 72. der östr. Ger.-Zeitg., Arch. f. W.-R. V. 435.)

Anmerk. 8. Sind eigene Wechsel mit der Phrase „zahlbar an allen Orten, wo der Aussteller anzutreffen ist,“ ausgestellt, so war nach der älteren preußischen Gesetzgebung die Klage auch an jedem Orte zulässig, wo der Wechsel-Inhaber den Aussteller antraf. (Preuß. Ges.-Samml. v. 1839 S. 359, Minist.-Erkl. v. 14. Octbr. 1839.) Jetzt dürfte nach Art. 97. der Ausstellungsort bei eigenen Wechseln solcher Art als Zahlort zu erachten sein. (Vergl. oben S. 52 Anm. 38.) Andere sind der Meinung, daß auch jetzt noch der Aussteller eines eigenen Wechsels mit dem Beisatz „zahlbar aller Orten, wo ich anzutreffen bin“ da, wo er betroffen wird, belangt werden könne, zumal nach Art. 97. der Ort der Ausstellung nur als Zahlort gelten solle, aber keineswegs gesagt sei, daß er nur einzig und allein als Zahlort gelten solle.

Anmerk. 9. Trockene Wechsel, welche zur Sicherstellung einer künftigen Forderung oder aufgenommener Betriebs-Capitalien gegeben worden, werden Depot- oder Deposito-Wechsel genannt. (Borch. a. a. O. S. 184, Augsb. W.-O. cap. 5. §. 1, östreich. W.-O. §. 53.)

Anmerk. 10. Das französische Handels-Ges.-B. (Art. 187.) hat statt der auf Ordre gestellten eigenen Wechsel sogenannte Billets à ordre, bons, vaglia, Handscheine, auf welche alle Bestimmungen wegen der Wechsel anwendbar sind. Dieselben sollen die zu bezahlende Summe, den Namen des Ausstellers, die Zahlungszeit, das Bekenntniß der Valuta ausdrücken und müsfen datirt sein. Das englische Recht hat in ähnlicher Weise besondere Zahl-Scheine oder promissory notes, welche ziemlich mit den gezogenen Wechseln zusammen fallen. (Vergl. Borch. a. a. O. S. 184.) In Sachsen und Baiern sind besondere kaufmännische Anweisungen mit ausgedehnter Wirkung zulässig, auf welche meistens die Bestimmungen von gezogenen Wechseln Anwendung finden. (Arch. f. W.-R. Bd. 1. S. 356 u. 400.) In Preußen sind die Bestimmungen über Handels-Billets und kaufmännische Assignationen durch §. 9. der Einf.-Ordn. v. 15. Febr. 1850 aufgehoben. In Frankfurt a. M. und Baden gelten Handels-Zettel und kaufmännische Anweisungen (billets à ordre) meistens mit wechselmäßiger Wirkung noch ferner.

Anmerk. 11. Ein trockener Wechsel, welcher über eine schon bestehende Schuld ausgestellt wird, begründet eine Novation nur bei desfallsiger ausdrücklicher Abrede. Es kann daher die ursprüngliche Forderung, sofern sie nicht inzwischen getilgt worden, nach Rückgabe und Vernichtung des darüber ausgestellten Wechsels oder nach Verjährung der Wechselkraft, noch eingeklagt werden. (Erk. des Ob.-Trib. zu Berlin v. 12. Mai 1855, Entsch. Bd. 28. S. 199.)

Anmerk. 12. Der preußische Entwurf zu einer Allg. Wechsel-Ordnung enthält in einem zweiten Satze die ausdrückliche Bestimmung: In eigenen Wechseln können mit wechselmäßiger Wirkung auch Zinsen der verschriebenen Summe versprochen werden. Bei den Berathungen der Leipziger Conferenz ist indessen mit 13 gegen 6 Stimmen die Fortlassung des Satzes über die Zulässigkeit des Zins-Versprechens in eigenen Wechseln beschlossen worden. (Vergl. S. XIX. u. S. 161 Prot. 24 der Leipz. Conf.-Prot.) Es war die Beibehaltung von mehren Seiten vertheidigt und anheim gestellt, Zins-Versprechungen, wo nicht ausdrücklich zu gestatten, so doch nicht auszuschließen. Sonach ist also die Verpflichtung zu Zinsen nicht verboten, und es haben sich darüber bei den Gerichten und Rechts-Gelehrten vier verschiedne Ansichten gebildet. Die **eine** Meinung geht dahin, daß durch ein in den Wechsel eingerücktes Zins-Versprechen der ganze Wechsel auch wegen der Haupt-Summe seine Wechsel-Kraft verliere. So ist angenommen von dem Wechsel-Gericht zu Würzburg, den Appellations-Gerichten zu Aschaffenburg und Augsburg (vergl. Hauff im Arch. f. W.-R. Bd. V. S. 312 u. 314), von den Ober-Gerichten zu Wolffenbüttel, Rostock, Leipzig, Stuttgart und Dresden, vom Stadt-Gericht zu Berlin. (S. Arch. f. W.-R. Bd. V. S. 331, Bd. III. S. 401, Bd. II. S. 92, Bd. III. S. 191, Bd. IV. S. 103, 106 u. 110, Bd. III. S. 190; vgl. Biener i. Arch. f. W.-R. Bd. VI. S. 3; Gelpcke in der Ztschr. f. Handels-R. Heft I. S. 127; Meißner i. Arch. f. W.-R. Bd. IV. S. 417; Borch. ebendas. Bd. I. S. 197, Bd. II. S. 196; v. Arnold [das Zins-Versprechen in eigenen Wechseln, Erlangen 1854]; Borch. W.-O. v. 1851 S. 183; desgl. v. 1854 S. 95.) — Die **zweite** Meinung sieht zwar das Zins-Versprechen für ungiltig an, hält aber die Haupt-Forderung für wechselmäßig giltig. Diese Ansicht haben verschiedene Wechsel-Gerichte erster und zweiter Instanz in Baiern, so wie das Geh. Ober-Tribunal zu Berlin angenommen (Arch. f. W.-R. Bd. V. S. 314, Bd. II. S. 428, Bd. III.

S. 191), desgleichen mehre Schriftsteller, z. B. der gelehrte und scharfsinnige Geh. Rath Brauer (S. Arch. f. W.-R. Bd. III. S. 173) und Hauff (ebendas. Bd. V. S. 320). Auch das Kammergericht zu Berlin hat in neueren Entscheidungen angenommen, daß die Hinzufügung der Worte „nebst 5 Procent Zinsen" der Schrift die Wechselkraft nicht nehme, da die deutsche Wechsel-Ordnung nirgends bestimme, daß eine mit den Erfordernissen eines Wechsels versehene Urkunde die Eigenschaft eines Wechsels dadurch verlieren solle, daß in dieselbe zugleich ein Zins-Versprechen aufgenommen worden. (Arch. f. W.-R. Bd. II. S. 95). Eine dritte Meinung hält auch das Zins-Versprechen in eigenen Wechseln für wechselrechtlich giltig, glaubt also, daß der Wechsel selbst dadurch an seiner Kraft nicht nur Nichts verliere, sondern daß auch das Zins-Versprechen selbst wechselmäßig verbindlich sei. Diese Ansicht ist nur von wenigen Gerichtshöfen angenommen, so von einigen bairischen Wechsel-Gerichten. Gründlich vertheidigt hat diese Ansicht besonders Martens im Arch. f. W.-R. Bd. III. S. 75. Eine vierte Ansicht unterscheidet zwischen Sicht-Wechseln und Wechseln mit einem bestimmten Zahltage. Ersteren spricht sie, sofern sie ein Zins-Versprechen enthalten, jede Wechselkraft ab, weil sich hieraus der von dem Wechsel-Schuldner im Ganzen zu bezahlende Betrag nicht entnehmen lasse; dagegen erkennt sie den Wechseln, bei welchen der Betrag der bis zum Verfalltage erwachsenden Zinsen sofort in die Augen springe, bezüglich der Haupt-Summe und der Zinsen, volle Wechselkraft zu, und stützt sich in letzter Beziehung auf die bei der dritten Ansicht hiefür beigebrachten Gründe. (Hauff a. a. O. S. 316.) Biener (Arch. f. W.-R. VI. S. 1 ff.) entscheidet sich für die dritte Meinung und entwickelt, daß solche eigentlich nur eine Sanction alt-deutscher Rechts-Gewohnheit und keine willkürliche Bildung legislativer Weisheit sei. (Arch. f. W.-R. Bd. VI. S. 9.) Auch der Verfasser möchte sich für die dritte Ansicht entscheiden. Vorzügliches Gewicht hat man darauf gelegt, daß die Leipziger Conferenz den §. 88. des preußischen Entwurfes, welcher das Zins-Versprechen bei eigenen Wechseln zuließ, gestrichen und dadurch erklärt habe, daß solches Versprechen nicht statthaft sei, aber jene Voraussetzung ist theilweise unrichtig. Die Majorität hat sich allerdings für die Streichung entschieden und insofern irrt Biener, welcher dies bestreitet (a. a. O. S. 12), aber sie hat das Zins-Versprechen in eigenen Wechseln nicht ausdrücklich verboten, mithin dasselbe stillschweigend gestattet. Sie wollte nur nicht gerade das Zins-Versprechen bei eigenen Wechseln begünstigen, weil sie dasselbe nicht recht mit der Natur der Wechsel im Einklang fand und die eigenen Wechsel den Tratten möglichst gleich zu stellen die Absicht hatte, aber an ein wirkliches Verbot ist nicht gedacht. Die Sache sollte in suspenso, d. h. unentschieden und der Praxis überlassen bleiben. Außerdem ist es Thatsache, daß vor Einführung der Allg. deutschen Wechsel-Ordnung in den meisten deutschen Staaten Zins-Versprechen in eigenen Wechseln gesetzlich zulässig, folglich auch mit dem Wesen derselben vereinbar waren, daher auch jetzt noch damit vereinbar sein müssen. Da die Allg. deutsche Wechsel-Ordnung des Zins-Versprechens in eigenen Wechseln nicht erwähnt, so liegt es in der Natur der Sache, daß man auf die allgemeinen Rechts-Grundsätze zurückgehen muß, sofern nicht die einzelnen deutschen Staaten besondere Bestimmungen getroffen haben. (Vergl. Ladenburg im Arch. f. W.-R. Bd. V. S. 462.)

Anmerk. 13. Die Frage: ob eigene Wechsel auf Kündigung gestellt werden dürfen, ist zu verneinen. (Vergl. oben S. 47.) Es verhält sich dabei nicht ganz so, wie bei den Wechseln mit Zins-Versprechen. Der preußische Entwurf, welcher im §. 88. die Kündigung zuließ, ist bei der Leipziger Conferenz mit 15 gegen 4 Stimmen abgelehnt, indessen damit aus den bei der Anm. 12. entwickelten Gründen noch nicht für unzulässig zu erachten, dagegen entscheidet sich, wie Biener im Arch. f. W.-R. Bd. VI. S. 18 richtig bemerkt, die Frage aus dem Art. 96. der Allg. deutschen Wechsel-Ordnung selbst, indem dieser wegen der Zahlungs-Zeit ausdrücklich auf Nr. 4. Art. 4. verweist, wo unter den vier Arten, wie diese festgesetzt werden kann, der Kündigung nicht erwähnt worden, weshalb also diese für ausgeschlossen erachtet werden muß. (Vergl. Gelpke im Arch. f. W.-R. Bd. III. S. 111, Urthel des App.-Ger. zu Stettin ebendas. Bd. II. S. 329.)

Artikel 97.

Der Ort der Ausstellung gilt für den eigenen Wechsel, insofern nicht ein besonderer Zahlungsort angegeben ist, als Zahlungsort und zugleich als Wohnort des Ausstellers. (Anm. 1—3.)

Anmerk. 1. Da bei dem eigenen Wechsel der Regel nach der Aussteller auch der Zahlende ist, so ist angenommen, daß der Ort der Ausstellung mit dem Orte der Zahlung zusammen fällt und es ist die Angabe des Zahlungsorts nicht als wesentliches Erforderniß eines eigenen Wechsels aufgestellt. Soll die Zahlung an einem andern Orte, als dem der Ausstellung geschehen, so muß dieser ausdrücklich genannt werden. (Leipz. Conf.-Prot. S. 159 ff., Christoph a. a. O. S. 157.)

Anmerk. 2. Wenn der Aussteller des Wechsels bei dem Namen des Remittenten zugleich dessen Wohnort bestimmt, so folgt aus der Verbindung desselben mit dem Namen des Gläubigers noch keineswegs, daß jener Ort als Zahlungs-Platz bestimmt ist, es soll offenbar solche Angabe nur zur näheren Bezeichnung des Gläubigers dienen. Dies ist z. B. der Fall, wenn der Aussteller des Wechsels an den Herrn N. zu Berlin zu zahlen verspricht. (Vergl. Seuffert's Arch. Bd. 7. S. 115.)

Anmerk. 3. Die Bestimmung des Art. 97, daß der Ort der Ausstellung als Wohnort des Ausstellers gelten soll, ertheilt keine Vorschrift über den Gerichtsstand für Wechsel-Klagen, bezieht sich vielmehr nur auf das materielle Recht. (Borch. W.-O. II. S. 96.)

Artikel 98.

Nachstehende, in diesem Gesetze für gezogene Wechsel gegebene Vorschriften gelten auch für eigene Wechsel: 1) die Art. 5 und 7 über die Form des Wechsels; 2) die Art. 9 bis 17 über das Indossament; 3) die Art. 19 und 20 über die Präsentation der Wechsel auf eine Zeit nach Sicht mit der Maaßgabe, daß die Präsentation dem Aussteller geschehen muß; 4) der Art. 29 über den Sicherheitsregreß mit der Maaßgabe, daß derselbe im Falle der Unsicherheit des Ausstellers stattfindet; 5) die Art. 30—40 über die Zahlung und die Befugniß zur Deposition des fälligen Wechselbetrages mit der Maaßgabe, daß letztere durch den Aussteller geschehen kann; 6) die Art. 41 und 42, sowie die Art. 45—55 über den Regreß Mangels Zahlung gegen die Indossanten; 7) die Art. 62—65. über die Ehrenzahlung; 8) die Art. 70—72. über die Copieen; 9) die Art. 73—76 über abhanden gekommene und falsche Wechsel mit der Maaßgabe, daß im Falle des Art. 73 die Zahlung durch den Aussteller erfolgen muß; 10) die Artikel 78—96. über die allgemeinen Grundsätze der Wechselverjährung, die Verjährung der Regreßansprüche gegen die Indossanten, das Klagerecht des Wechselgläubigers, die ausländischen Wechselgesetze, den Protest, den Ort und die Zeit für die Präsentation und andere im Wechselverkehre vorkommende Handlungen, sowie über mangelhafte Unterschriften. (Anm. 1—7.)

Anmerk. 1. Im Wesentlichen finden bei den eigenen Wechseln alle Vorschriften über die gezogenen Wechsel Anwendung, sofern nicht dadurch, daß bei jenen Aussteller und Acceptant zusammen fallen, Ausnahmen bedingt werden. Aus diesem Grunde sind nicht alle Vorschriften über die Annahme gezogener Wechsel hier anwendbar.

Anmerk. 2. Dem Schuldner aus einem eigenen Wechsel stehen nach der Allg. deutschen Wechsel-Ordnung nur eben diejenigen Einwendungen zu, welche sich gegen einen gezogenen Wechsel erheben lassen, weil jenen vollständig die

Natur wahrer Wechsel beigelegt ist. Daher ist auch der Einwand der nicht gezahlten Valuta bei eigenen Wechseln gleichfalls unzulässig.

Anmerk. 3. Das Accept auf einem eigenen Wechsel statt der Unterschrift unter dem Wechsel ersetzt die Namens-Unterschrift des Ausstellers nicht. (Erk. des Kammerger. zu Berlin v. 30. April 1851; Borch. II. S. 97.)

Anmerk. 4. Für eigene Wechsel gilt gleichfalls der Art. 83.; es findet daher aus denselben, wenn die wechselmäßige Verbindlichkeit des Ausstellers durch Verjährung erloschen ist, welcher Fall hier allein in Betracht kommen kann, ein Anspruch des Wechsel-Inhabers an den Aussteller nur so weit Statt, als dieser sich mit dem Schaden des Wechsel-Inhabers bereichern würde. Wenn also der Aussteller z. B. ein Darlehn erhalten und darüber dem Darlehns-Geber einen eigenen (trockenen) Wechsel ausgestellt hat, die wechselmäßige Verbindlichkeit des Ausstellers aber durch Verjährung erloschen ist, so hat er doch noch aus dem Darlehns-Geschäft einen Anspruch an den Aussteller, weil sich dieser sonst mit dem Schaden des Darlehn-Gebers bereichern würde. Auch der Indossatar hat einen solchen Anspruch an den Aussteller, wenn er seinem Indossanten Valuta gezahlt hat. Es ist dies eine vollkommen richtige Folge aus Art. 83. der Allg. deutschen Wechsel-Ordnung, weil der eigene Wechsel ganz die Natur eines wahren Wechsels haben soll. Früher (S. 190) ist schon bemerkt worden, daß der eigene Wechsel keine Novation involvire, also die ursprüngliche Verbindlichkeit, welche den Wechsel hervorgerufen, bestehen bleibe, wenn nicht die Novation ausdrücklich verabredet worden. Man könnte daher wol unterscheiden, daß, wäre diese nicht verabredet worden, das ursprüngliche Rechts-Verhältniß bestehen bleibe, auch wenn der Wechsel als solcher erloschen sei, wogegen, wenn die Novation verabredet worden, nur noch ein Anspruch aus der Bereicherung Statt finde. (Vergl. Koch a. a. O. S. 357; Erk. des Ob.-Trib. zu Berlin v. 31. Oct. 1854 Entsch. Bd. 29. S. 192 und Arch. der Trib.-Anw. Bd. 3. S. 115; Erk. des Ob.-Ger. zu Wolffenbüttel v. 28. Jan. 1854; Zeitschr. f. Rechtspfl. im Herzogthum Braunschweig v. 1854 S. 45; Borch. II. S. 169.)

Anmerk. 5. Auch eigene Wechsel können nach dem Verfall giltig weiter indossirt werden, weil nach Art. 98. Nr. 2. der Art. 16. unzweifelhaft auch auf trockene Wechsel Anwendung findet. (Arch. f. W.-R. Bd. 3. S. 403.)

Anmerk. 6. Bei nicht begebbaren Eigen-Wechseln soll nach Hauffer's Ansicht der Schuldner die Pflicht haben, bei Verfall dem Wechsel-Inhaber die Wechsel-Summe anzubieten, nicht aber berechtigt sein, wofern jener sich nicht meldet, zu deponiren, weil das Verhältniß sich dem eines gewöhnlichen Schuldners mehr nähere. Diese Ansicht dürfte jedoch nicht richtig sein. Der Wechsel, in welchem die weitere Begebung verboten ist, bleibt immer ein Wechsel und bei Wechselverbindlichkeiten muß die Zahlung vom Schuldner durch Präsentation des Wechsels gefordert werden, zumal ungeachtet des Verbots der weitern Begebung der Wechsel doch begeben werden kann und auch Zahlung an den dritten Inhaber geleistet werden muß. (Vergl. Art. 15. der Allgem. d. W.-O. S. 64 dieses Werkes.) Der Schuldner kann nicht verpflichtet sein, am Verfalltage gerade dem Remittenten die Wechsel-Summe anzubieten, da der Wechsel begebbar geblieben war und in anderen Händen sein kann, so daß er den Inhaber nicht zu kennen vermag. Auch das Recht der Deposition kann er aus gleichem Grunde nicht füglich verlieren, wenn sich bei dem Verfall Niemand zum Empfange meldet. Wäre das die Absicht des Gesetzgebers gewesen, so wäre die Ausnahme gewiß ausdrücklich gemacht.

Anmerk. 7. Die Bestimmung des Art. 44., wonach es bei gezogenen Wechseln zur Erhaltung des Wechsel-Rechts gegen den Acceptanten weder der Präsentation am Zahlungstage, noch der Erhebung eines Protestes bedarf, ist in den Art. 98., als auch bei eigenen Wechseln geltend, nicht aufgenommen. (Vgl. Nr. 6. dieses Art.) Es sind daher darüber, ob gegen den Aussteller eines eigenen Wechsels zur Erhaltung des Wechsel-Rechts gegen denselben die Präsentation am Zahlungstage und Erhebung des Protestes erforderlich sei, sowol die Gerichtshöfe als auch die Schriftsteller verschiedener Ansicht.

Das k. k. böhmische Oberlandesgericht (vergl. Nr. 110. der östreich. Ger.-Zeitg. u. Arch. f. W.-R. S. 84) nimmt an, daß nur bei eigenen Sichtwechseln, wie bei gezogenen Wechseln (Art. 19), eine Präsentation nach Art. 98. Nr. 3. vorgeschrieben sei, und daß nur bei diesen nach Art. 20. die Nothwendigkeit der Protesterhebung eintrete. Dagegen meint es, daß bei allen andern eigenen Wechseln, die nicht Sichtwechsel seien, es nicht nothwendig sei, die zur Verfallzeit unterbliebene Zahlung durch eine Protest-Urkunde festzustellen, um den wechselmäßigen Anspruch gegen den Aussteller aufrecht zu erhalten, wenn lediglich von diesem Zahlung verlangt werde. Es ist dieser Ansicht deshalb, weil hinsichtlich der Zahlungs-Verbindlichkeit der Aussteller eines eigenen Wechsels dem Acceptanten eines gezogenen Wechsels ganz gleich gestellt werden müsse.

Dagegen hat der Handels-Senat des k. k. Landesgerichts zu Gitschin unter Bestätigung durch das böhmische Oberlandesgericht und den obersten k. k. Gerichtshof angenommen, daß gegen den Aussteller eines eigenen Wechsels eben so, wie es in Ansehung des Ausstellers eines gezogenen Wechsels vorgeschrieben ist, die Erhebung und Vorlegung des Protestes über die rechtzeitig geschehene Präsentation und die Nichterlangung der Zahlung erforderlich sei, weil im Art. 98. Nr. 6. der Art. 44. der Wechsel-Ordnung, als bei eigenen Wechseln geltend, nicht allegirt worden, und daraus gefolgert werden müsse, daß die gesetzlichen Bestimmungen des Art. 44. auf den Aussteller eines eigenen Wechsels sich mit Ausnahme des Falles des Art. 43., welcher im Art. 99. enthalten sei, nicht anwenden ließen. (Arch. f. W.-R. Bd. 5. S. 81.) Auch das Kieler Wechselgericht und das Holsteinische Obergericht zu Glückstadt sind dieser Ansicht. Das letztere führt noch besonders aus, daß das Erforderniß der Präsentation zur Zahlung bei eigenen Wechseln insofern in der Natur der Sache liege, als die eigenen Wechsel der Indossirung fähig seien, der Wechselschuldner mithin ohne die Präsentation nicht wisse oder rechtlich nicht zu wissen brauche, an wen er seine Schuld zu bezahlen habe. (Arch. f. W.-R. Bd. 1. S. 442.)

Das Ober-Tribunal zu Berlin seiner Seits hat in einem Präjudicat die Ansicht aufgestellt, daß beim domicilirten, gezogenen oder eigenen Wechsel es zur Erhaltung des Wechsel-Regresses gegen die **Vormänner** stets der Präsentation und Protest-Erhebung im Zahlungsorte bedürfe, wogegen zur Erhaltung des Wechsel-Anspruchs gegen den Acceptanten des gezogenen und den **Aussteller** des eigenen Wechsels nur dann die Präsentation und Protest-Erhebung im Zahlungsorte erforderlich sei, wenn ein Domiciliat benannt worden. Dasselbe unterscheidet bei Domicil-Wechseln in Ansehung der Nothwendigkeit der Präsentation zur Erhaltung des Wechsel-Rechts gegen den Acceptanten, sowie gegen den Aussteller des eigenen Wechsels, ob ein Domiciliat benannt worden oder nicht. Ersteren Falls, wenn ein Domiciliat benannt worden, hält es dafür, daß es jener Präsentation und Protest-Erhebung beim Domiciliaten zur Erhaltung des Wechsel-Rechts nicht bloß gegen den Trassanten und die Indossanten, sondern auch gegen den Acceptanten, und gegen den Aussteller des eigenen Wechsels bedürfe; wogegen, wenn ein Domiciliat nicht benannt worden, die Präsentation und Protest-Erhebung nur zur Erhaltung des Wechsel-Regresses gegen den Trassanten und die Indossanten erforderlich sei, der Acceptant aber und der Aussteller des eigenen Wechsels auch im Falle der Unterlassung jener Handlungen wechselmäßig verpflichtet blieben. (Arch. f. W.-R. Bd. 2. S. 327 u. 328; Arch. f. Rechtsfälle aus der Praxis der Rechts-Anw. beim Ob.-Trib. S. 388.)

Aus diesem Präjudiz, welches sich eigentlich nur auf domicilirte Wechsel bezieht, folgt, daß das Ober-Tribunal zu Berlin bei gewöhnlichen eigenen Wechseln eine Präsentation am Zahlungstage und Erhebung des Protestes zur Erhaltung des Wechselrechts gegen den Aussteller nicht für erforderlich hält.

Bei der Leipziger Conferenz ist die Meinung geltend gemacht, daß, da bei dem eigenen Wechsel der Aussteller mit dem Bezogenen ein und dieselbe Person sei, und schlechthin so angesehen werden müsse, als habe er den Wechsel bereits acceptirt, man nicht füglich an eine Acceptation und eine Pflicht des Inhabers denken dürfe, am Verfalltage gehörig zu präsentiren und Protest erheben zu lassen, wenn es sich nur um Erhaltung des Wechsel-Rechts gegen den Aussteller handele. Bei jenen Berathungen ist deshalb mit Stimmen-Mehrheit nur angenommen, daß trassirt-eigene Wechsel als Tratten behandelt werden sollen und daß es für dieselben zum Behufe des Regresses gegen den Aussteller der Präsentation und Protest-Aufnahme bedürfe. Eine Erörterung und Abstimmung darüber, ob gegen den Aussteller eines eigenen Wechsels zur Erhaltung des Wechsel-Rechts gegen denselben die Präsentation am Zahlungstage und Erhebung des Protestes erforderlich sei, ist nicht erfolgt.

Der Verfasser ist der Ansicht, daß es zur Erhaltung des Wechsel-Rechts gegen den Aussteller eines eigenen Wechsels der Präsentation am Zahlungstage und der Erhebung des Protestes nicht bedarf. Der eigene Wechsel hat, sobald er den Erfordernissen eines solchen entspricht, vom Augenblicke der Ausstellung an auch natürlich die Kraft und Natur eines solchen und verpflichtet den Aussteller wechselmäßig. Diese wechselmäßige Verpflichtung kann nur durch ausdrückliche gesetzliche Bestimmungen verloren gehen. Dergleichen Bestimmungen enthalten:

a) der Art. 99., wonach nur bei eigenen domicilirten Wechseln der wechselmäßige Anspruch selbst gegen Aussteller verloren geht, wenn die Präsentation zur Zahlung und die Protest-Erhebung beim Domiciliaten verabsäumt wird;

b) der Art. 100., wonach der wechselmäßige Anspruch gegen den Aussteller eines eigenen Wechsels in drei Jahren vom Verfalltage an gerechnet, verjährt;

c) die Art. 19 u. 20. in Betreff der Wechsel auf eine Zeit nach Sicht.

Eine Bestimmung, daß das Wechsel-Recht gegen den Aussteller eines eigenen Wechsels verloren gehe, wenn letzterer weder zur Zahlung präsentirt, noch protestirt worden, findet sich nicht. Daraus, daß der Art. 44. in den Art. 98, als auch bei eigenen Wechseln geltend, nicht aufgenommen ist, kann solche Bestimmung nicht gefolgert werden.

Der Art. 44. besagt nur, was bei gezogenen Wechseln **nicht** zu geschehen braucht, daraus läßt sich aber nicht folgern, daß es dessen bei eigenen Wechseln bedarf, was bei gezogenen Wechseln nicht nothwendig ist. Das Wechsel-Recht hat nur das, was erforderlich ist, zu bestimmen, keineswegs aber das, was nicht erforderlich ist.

Die Ansicht des Verfassers dürfte sich auch aus Art. 41 u. 42., welche nach Nr. 6. dieses Artikels bei eigenen Wechseln gelten, rechtfertigen.

Der Art. 41. handelt davon, daß zur Ausübung des Regresses gegen den **Aussteller und die Indossanten**, der Wechsel zur Zahlung präsentirt und sowol diese als die Nichterlangung der Zahlung durch einen rechtzeitig darüber aufgenommenen Protest dargethan werden müsse, bei eigenen Wechseln aber soll dieser Artikel nach Nr. 6. nur in Betreff des Regresses Mangels Zahlung gegen die **Indossanten** gelten, des Ausstellers ist hier offenbar absichtlich gar nicht gedacht. Es dürfte auch in der Natur der Sache liegen, daß zur Erhaltung des Wechsel-Rechts gegen den Aussteller eines eigenen Wechsels, sofern dieser nicht zur Kategorie der oben bei a u. c genannten gehört, es weder der Präsentation am Zahlungstage, noch der Erhebung eines Protestes bedarf. Der Aussteller eines eigenen Wechsels kennt seine Verpflichtung, wozu also, wenn nur gegen ihn der Anspruch erhoben werden soll, die Präsentation am Verfalltage und die Protest-Erhebung? Wird ihm der Wechsel am Verfalltage zur Zahlung nicht präsentirt, so hat er nach dem hier geltenden Art. 40. die Befugniß, die Wechsel-Summe nach Ablauf der für die Protest-Erhebung Mangels Zahlung bestimmten Frist auf Gefahr und Kosten des Inhabers zu deponiren. Gerade auch aus der Anwendbarkeit des Art. 40. bei eigenen Wechseln folgt schon, daß die Präsentation und Protest-Erhebung zur Erhaltung des Wechsel-Rechts gegen den Aussteller nicht erforderlich ist, da, wenn im Falle der nicht erfolgten Präsentation und Protest-Erhebung das Wechsel-Recht gegen den Aussteller verloren gehen sollte, dieser gar keine Veranlassung zur Deposition haben könnte.

Artikel 99.

Eigene domicilirte Wechsel sind dem Domiciliaten oder, wenn ein solcher nicht benannt ist, dem Aussteller selbst, an demjenigen Orte, wohin der Wechsel domicilirt ist, zur Zahlung zu präsentiren und, wenn die Zahlung unterbleibt, dort zu protestiren. Wird die rechtzeitige Protesterhebung beim Domiciliaten verabsäumt, so geht dadurch der wechselmäßige Anspruch gegen den Aussteller und die Indossanten verloren. (Anm. 1.)

Anmerk. 1. Die Domicilirung eigener Wechsel ist, wie bei gezogenen, zweifacher Art thunlich, entweder so, daß der Aussteller selbst an einem dritten Ort zu zahlen verspricht, oder daß er sich verpflichtet, die Zahlung an dem dritten Ort durch einen Andern (den Domiciliaten) bewirken zu lassen. Ist der Aussteller selbst es, der am dritten Ort zahlen will, so meint Koch (a. a. O. S. 358), daß nicht abzusehen sei, weshalb ein Protest nöthig werde, allein offenbar bezieht sich der Schluß des Art. 99. auf den wirklichen Dritten als Domiciliaten, nicht auf den Aussteller als solchen, welcher im Anfang des Artikels dem Dritten gegenüber gestellt und von ihm unterschieden ist. Deshalb sagt Brauer (a. a. O. S. 153) mit Recht: Hat der Aussteller selbst am dritten Ort zu zahlen, so hängt die Klage des Inhabers nicht von dieser Solennität ab. Dies liegt auch in der Natur der Sache, weil ja der Aussteller als Domiciliat wissen muß, daß der Inhaber sich bei ihm vergeblich um die Zahlung gemeldet hat. Was anders ist es bei einem Dritten, bei welchem der Domiciliant für Deckung sorgen muß und bei concurrirenden Indossanten.

Artikel 100.

Der wechselmäßige Anspruch gegen den Aussteller eines eigenen Wechsels verjährt in drei Jahren vom Verfalltage des Wechsels angerechnet. (Anm. 1 u. 2.)

Anmerk. 1. Dies ist eine richtige Folge aus dem Art. 77., da bei eigenen Wechseln der Aussteller mit dem Acceptanten zusammenfällt, gegen diesen aber eine dreijährige Verjährungs-Frist festgesetzt ist.

Anmerk. 2. Die Regreß-Ansprüche des Wechsel-Inhabers gegen die Giranten und der Giranten gegen die Vormänner verjähren in den in Art. 78 u. 79. angegebenen Fristen. Auch wird bei eigenen Wechseln die Verjährung ebenfalls nur, wie der Art. 80. bestimmt, unterbrochen, da der Art. 98. auf Art. 80. verweist.

Zweite Abtheilung.

Vom Wechsel=Processe oder dem gerichtlichen Verfahren in Wechsel=Streitigkeiten.

Einleitung.

Bei den Conferenzen zur Berathung über ein gemeinsames deutsches Wechsel-Recht, welche im Jahre 1847 zu Leipzig gehalten wurden, kam auch eine allgemeine deutsche Wechsel-Proceß-Ordnung zur Sprache. Schon der Referent, der verdienstvolle, leider zu früh verewigte Geheime Ober-Justizrath Bischoff, erklärte bei seinem einleitenden Vortrage, daß es bei der wesentlichen Verschiedenheit des in den einzelnen deutschen Staaten geltenden Proceßrechts die Absicht nicht sein könne, neben dem materiellen Wechselrecht hier auch noch die Wechsel-Proceß-Ordnung in ihrem ganzen Umfange zur Berathung zu bringen und die einzelnen Bestimmungen definitiv festzustellen. Da jedoch in mehren deutschen Staaten ein unverkennbares Bedürfniß zum Erlaß eines neuen Wechsel-Proceß-Gesetzes vorhanden sei, so werde schon eine Einigung über einzelne wesentliche Grundsätze des Proceßrechts als ein wahrer Gewinn zu erachten sein. Mehre der Abgeordneten, namentlich auch der östreichische, hielten dafür, daß die Versammlung zur Berathung einer Wechsel-Proceß-Ordnung nicht competent sei, daß einige allgemeine, schon in der Natur der Wechsel liegende Grundsätze als überall anerkannt keiner Erörterung bedürften, sofern sie aber mit dem Gerichts-Verfahren jedes Landes zusammen hingen, eine deßfallsige Berathung wegen der großen, in dieser Beziehung herrschenden Verschiedenheit kein befriedigendes Resultat geben könnte. Überall müsse jedoch festgehalten werden, daß bei dem Wechsel-Proceß die möglichste Beschleunigung und die Beseitigung illiquider Einreden leitendes Princip sein müsse. Von anderen Seiten wurde erklärt, daß zwar der preußische Entwurf keine vollständige Wechsel-Proceß-Ordnung, vielmehr nur einzelne processualische Bestimmungen enthalte, daß dieß aber nicht hindere, auch hierüber sich zu einigen. Jeden Falls werde ein Austausch von Ansichten und die Niederlegung derselben in das Protokoll den einzelnen Staaten bei Abfassung eines neuen Wechsel-Proceß-Gesetzes von Nutzen sein. Da diese Auffassung keinen Widerspruch fand, so hat die Leipziger Wechsel-Conferenz den preußischen Entwurf zwar einer Erörterung unterzogen, aber nichts Definitives vereinbart. Zu einem allgemeinen deutschen Wechsel-Proceß-Gesetz ist es hiernach bedauerlicher Weise nicht gekommen, wiewohl die Bedenken einzelner Abgeordneten leicht zu beseitigen gewesen wären, da, bei aller Verschiedenheit der deutschen Proceß-Ordnungen, dennoch ein energischer Willen diese leicht verschmelzen kann, weil sie durchaus nicht auf innerer Nothwendigkeit, sondern nur auf Schlendrian, vorgefaßter Meinung und abweichender Auffassung beruhen. Indessen soll der Leipziger Conferenz es nicht zum Vorwurf gemacht werden, daß sie nicht auch ein Wechsel-Proceß-Gesetz zu Stande gebracht. Dieselbe hat in verhältnißmäßig kurzer Zeit viel geleistet, und konnte allerdings ihre Competenz in Zweifel ziehen, auch bleibt das Wechsel-Gesetz selbst immer die Hauptsache.

Wichtig ist es aber jeden Falls, daß bei jener Berathung durch die Leipziger Conferenz wenigstens folgende Grundsätze allgemeine Zustimmung gefunden haben:

1. Illiquide Einreden sind unter allen Umständen vom Wechsel-Processe auszuschließen.

2. Die Einreden der Simulation und Compensation, wenn auch sofort liquid (erweislich) gemacht, finden im Wechsel-Proceß nur dann Statt, wenn sie dem Inhaber unmittelbar entgegen gesetzt werden können. (Conf.-Prot. S. 168.)

3. Einreden, welche aus der Person des Indossanten dem Inhaber entgegen gesetzt werden, sind, sofern nicht der Kläger als Cessionar anzusehen ist, im Wechsel-Proceß unzulässig. (Conf.-Prot. S. 168.) *)

4. Der Personal-Arrest ist als letzter Zwang, wenn keine Sicherheit geleistet wird, nicht zu entbehren.

5. Ist über das Vermögen des Wechsel-Schuldners Concurs eröffnet, so soll der Eigenthümer des Wechsels, außer der Verfolgung seines Rechts gegen die Concurs-Masse, nicht auch noch die Person des Wechsel-Schuldners in Anspruch nehmen. (Conf.-Prot. S. 168 a. A.)

6. Ein Verklagter, gegen welchen die Richtigkeit seiner Unterschrift unter einer Wechsel-Erklärung feststeht, soll im Wechsel-Proceß mit dem Einwande nicht gehört werden, daß die über der Unterschrift befindliche Erklärung ohne seine Genehmigung geschrieben worden, oder daß er die Sprache, worin die Erklärung abgefaßt, nicht verstehe, oder daß er nur seinen Namen schreiben könne. (Preuß. Entw. §. 95. S. XX; Conf.-Prot. S. 169 zu §. 95.)

7. Im Wechsel-Proceß sollen überall möglichst kurze Fristen und mündliches Verfahren Statt finden.

8. Zum Nachweis einer schriftlichen Mittheilung soll ein Postschein über Absendung eines Briefes von dem Be-

---

*) Mit der Bezeichnung Indossant soll wol hier ein früherer Girant gemeint sein, welcher nicht der unmittelbare Vormann des Klägers ist.

theiligten an den Adressaten genügen, sofern nicht dargethan wird, daß der Brief einen andern Inhalt gehabt hat. (§. 97. des preuß. Entw. S. XX.)

Merkwürdiger und sehr unpraktischer Weise ist bei jener Erörterung mit 10 gegen 8 Stimmen entschieden, daß die Eidesdelation, dieses oft einzige Beweismittel, im Wechsel-Processe ausgeschlossen sein möge. Es läßt sich dieß nur dadurch erklären, daß jener Sitzung mehre tüchtige Praktiker, wie der spätere Minister-Präsident Camphausen, der nassauische Abgeordnete, der geistreiche und hochverdiente Geheime Rath Vollpracht und der Banquier Hostmann, nicht beigewohnt haben.

Da nun bis jetzt leider ein allgemeines deutsches Wechsel-Proceß-Gesetz noch nicht vereinbart ist, kann es hier nur die Aufgabe sein, das Wesentliche zusammenzustellen, was in den einzelnen deutschen Staaten in Bezug auf das processualische Verfahren maaßgebend ist. Dieß soll, so weit die Materialien dazu sich beschaffen ließen, in alphabetischer Ordnung geschehen.

Erster Abschnitt.

Herzogthum Anhalt-Bernburg.

Von Wechsel-Processen im Herzogthum Anhalt-Bernburg.

I.

Einleitung.

Die allgemeine deutsche Wechsel-Ordnung ist im Herzogthum Anhalt-Bernburg unterm 26. Nov. 1848 als Gesetz eingeführt (Vgl. oben S. 13 Anm. 2 dieses Werkes) und im 8. Bande der dortigen Gesetz-Sammlung Nr. 29. 478 abgedruckt. Zusätze zu derselben befinden sich im 10. Bande der dortigen Gesetz-Sammlung unter Nr. 2. 603 vom 30. Jan. 1851. [1]) Diese Zusätze lauten:

603.

Gesetz,

Zusätze zu der allgemeinen deutschen Wechselordnung betreffend, vom 30. Januar 1851.

Wir Alexander Carl, von Gottes Gnaden, regierender Herzog zu Anhalt ꝛc.

verordnen auf Antrag Unseres Staatsministeriums und mit Zustimmung des Landtages zu der im Reichsgesetzblatte vom 27. November 1848 publicirten und sub Nr. 29. Band 8 der Gesetzsammlung für Unser Herzogthum bekannt gemachten allgemeinen deutschen Wechselordnung, was folgt:

§. 1.

Die Amortisation eines Wechsels ist bei dem Gerichte des Zahlungsortes nachzusuchen.

Der Antragende muß eine Abschrift des Wechsels beibringen oder doch den wesentlichen Inhalt desselben und alles das, was das Gericht

---

[1]) Der Verfasser verdankt diese ihm erst nachträglich zugekommenen genaueren Angaben der gütigen Mittheilung seines geehrten Herrn Collegen Ullrich zu Ballenstedt.

zur vollständigen Erkennbarkeit für nöthig hält, angeben, auch den Besitz und Verlust glaubhaft machen.

Das Gericht erläßt eine öffentliche Aufforderung an die unbekannten Inhaber des Wechsels, binnen einer bestimmten Frist dem Gerichte den Wechsel vorzulegen, mit der Verwarnung, daß sonst der Wechsel für kraftlos werde erklärt werden. Die Aufforderung wird nach Maßgabe der Gesetze über die Bekanntmachung von Edictalien veröffentlicht und die Frist zur Anmeldung auf mindestens sechs Monate und höchstens ein Jahr vom Verfalltage angerechnet bestimmt.

Wird innerhalb dieser Frist von einem der Inhaber der Wechsel vorgelegt, so ist dem Antragsteller hiervon Kenntniß zu geben und bleibt es ihm überlassen, sein Recht gegen den Inhaber geltend zu machen. Meldet sich kein Inhaber, so erklärt das Gericht auf weiteren Antrag des Antragsstellers den Wechsel für amortisirt.

§. 2.

Wechselproteste sind von demjenigen Gerichte, welches den Gerichtsstand des Wechselausstellers, Acceptanten, Indossanten oder Bezogenen bildet, aufzunehmen.

§. 3.

Proteste dürfen nur von 9 Uhr Vormittags bis 6 Uhr Abends, zu einer früheren oder spätern Tageszeit aber nur mit Zustimmung des Protestaten, erhoben werden.

§. 4.

Wechselklagen können sowohl bei dem Gerichte des Zahlungsortes, als bei dem Gerichte, bei welchem der Beklagte seinen gewöhnlichen Gerichtsstand hat, erhoben werden. Wenn mehrere Wechselschuldner zusammen belangt werden, so ist außer dem Gerichte des Zahlungsortes jedes Gericht competent, welchem einer der Beklagten unterworfen ist.

Bei dem Gerichte, bei welchem hiernach eine Wechselklage anhängig gemacht ist, müssen sich demnächst alle Wechselverpflichteten einlassen, welche von einer Partei zur Regreßleistung angezogen oder nach gehörig geschehener Streitankündigung belangt werden.

§. 5.

Hinsichtlich der civilrechtlichen Verhältnisse welche — ohne wechselmäßige Rechte und Verbindlichkeiten zu begründen — aus dem Wechselgeschäfte hervorgehen oder mit demselben in Verbindung stehen, bleibt es insoweit bei den bisherigen Rechtsnormen, als dieselben durch die Bestimmungen der allgemeinen deutschen Wechselordnung nicht ausdrücklich eine Abänderung erlitten haben. Insbesondere bleibt in dem Falle, daß ein ungültiges Geschäft einer Wechselerklärung zum Grunde liegt — unbeschadet der wechselmäßigen Wirksamkeit der letzteren — die Ausführung der Ungültigkeit unter dem Aussteller und Empfänger der Wechselerklärung und den Nachmännern des Letzteren, insoweit diese um die Ungültigkeit wußten — unbenommen.

Urkundlich unter Unserer eigenhändigen Unterschrift und beigedrucktem Herzoglichen Insiegel.

Ballenstedt, am 30. Januar 1851.

(L. S.) Alexander Carl, Herzog zu Anhalt.

V. Hempel.

Im Herzogthum Anhalt-Bernburg war schon durch Rescript vom 31. Juli 1770 §. IX. „Die Verbesserung des Justiz-Wesens im Lande betreffend" von Fürst Friedrich Albrecht (Band 1. der Gesetz-Samml. für das Herzogthum Anhalt-Bernburg) das Kursächsische Wechselrecht und der Wechsel-Proceß eingeführt. Diese alte Kursächsische Wechsel-Proceß-Ordnung wurde unter König Friedrich August I. von Polen und Kurfürsten von Sachsen am 10. Jan. 1724 verbessert und daher gewöhnlich „die erläuterte Proceß-Ordnung" genannt. Dieselbe enthält Zusätze und Verbesserungen zur alten Kursächsischen Proceß-Ordnung, welche den einzelnen Titeln derselben beigefügt sind. Von dem Wechsel-Processe handeln die §§. 11—18, welche deßhalb hier folgen:

II.
Vom Wechsel-Proceß.

(§. 11—18. des Anhanges der erläuterten Proceß-Ordnung des Königs Friedrich August I. vom Jahre 1724). [1])

Anhang.

„Vom Processu Summario, Executivo, Cambiali und Possessorio."

Vom Wechselproceß handeln die §§. 11 bis incl. 18.

§. 11. Was den Wechsel-Proceß anbetrifft, wollen Wir es zwar noch zur Zeit dabei bewenden lassen, daß derselbe nicht allein unter denen Kauff-Leuthen, sondern auch gegen andere, so Wechsel-Brieffe ausgestellet oder sich nach Wechsel-Recht verschrieben, statthaben möge; jedoch sollen hievon Weibes-Personen, so nicht Handlung treiben, ingleichen

[1]) Der Verfasser verdankt diese Mittheilung seinem geehrten Herrn Collegen Schröder in Bernburg.

außer denen Kauff-Leuthen diejenige, so noch nicht das 25ste Jahr erfüllet, studiosi auf Universitäten, und die, so sich noch in väterlicher Gewalt befinden, da sie nicht ein Peculium Castrense oder quasi castrense, oder adventitium irregulare haben, nach Anleitung Unserer am 29sten December 1718 und de dato Warschau den 21. April 1724 ergangenen Mandate, wie nicht weniger Bauers-Leuthe, wenn diese Letztere nicht zugleich zuläßliche Handlung treiben, oder Güther pachten, gäntzlich ausgenommen sein, inmaaßen es auch, wegen der geistlichen Personen, worunter auch die Organisten und alle andern, so bei denen Consistoriis confirmiret, mit zu verstehen, bei Unserem am 22. Mart. des 1711ten Jahres gegebenen Mandate verbleibt; Und ob wohl solches auf die Wechsel-Schulden, so dieselben vor Antritt ihres Amtes contrahiret und auf diejenigen Personen, so zugleich andere Aemter haben, nicht zu erstrecken, sondern das Wechsel-Recht sodann wider sie allerdings statt hat, so soll doch in beiden Fällen, wenn sie darüber zur Hafft gerathen, nach befinden wider sie gleichfalls nach obigem Mandat verfahren werden.

§. 12. Wider diejenigen Personen aber, welche sich nach Wechsel-Recht verbindlich obligiren können, wenn sie mit der Zahlung zu gesetzlicher Zeit nicht inne halten, soll einer jeden Obrigkeit, wo dieselben ihr Forum haben, oder sonst nach Beschaffenheit derer Umstände, aus dem Wechsel-Brieffe belangt werden können, auch ohne vorher extrahirtes Wechsel-Rescript dergestalt zu verfahren freistehen, daß sie, wenn der Kläger den verfallenen Wechsel-Brieff in Originali producirt und sich darzu, bedürfftenfalls behörig legitimiret, ohne vorhergehende Citation dem Schuldner die Wache setzen, und daferne derselbe den Wechsel-Brieff nicht sofort diffitiret, oder erhebliche und nach Art dieses Processes zuläßliche Exceptiones in continenti beibringet, so lange im Arrest, bis er sich durch würkliche Zahlung, oder andere dem Creditori annehmliche Mittel dessen entbrochen, auch da er gleich dawider appelliren sollte, behalten möge; Jedoch ist darauff sofort, wegen der eingewandten Appellation gehörigen Orts Bericht zu erstatten. Und soll im übrigen der Kläger die zu des Schuldners Arretirung und Unterhalt nöthigen Kosten, nebst denen Sitz-Gebühren, von Zeit zu Zeit verschließen, auch deswegen gleich Anfangs Caution bestellen und sich deswegen nachgehends hinwieder an den Beklagten nach Wechsel-Recht halten. Wie aber solches Alles nur von dem Schuldner selbst zu verstehen, also hat wider dessen Erben der Personal-Arrest nicht statt, obwohl im Uebrigen der Wechsel-Brieff auch gegen selbige, als ein documentum guarentigiatum, seine Krafft und Gültigkeit behält.

§. 13. Wenn ihrer Zwei oder mehrere einen Wechsel-Brieff zugleich unterschreiben, stehen dem creditori frey, einen jeden unter ihnen, wenn sie sich gleich nicht in solidum obligiret, noch dem Beneficium divisionis renunciret, auf die gantze Forderung zu belangen; Jedoch soll dem, der sodann die Zahlung leistet, wenn er solches in continenti dociret, wider den, vor den er bezahlet, wegen seiner Ratae oder derer-jenigen Summe, so derselbe zu entrichten verbunden gewesen, ohne daß es dießfalls einer besonderen Cession bedürffe, gleichfalls nach Wechsel-Recht zur Befriedigung verholffen werden.

§. 14. Nicht weniger soll auch der Indossant, da der Wechsel-Brief nicht bezahlet würde, den Indossatarium, wenn dieser die Bezahlung zur Verfall-Zeit gesuchet, auch deßwegen sogleich gebührend protestiren lassen, und solches ihme mit der Post, oder sonst längstens binnen 8 Tagen notificiret, des Capitales, auch deren Zinsen und Unkosten halber nach Wechselrecht zu befriedigen, der Indossatarius auch sich diesfalls an den letzten Indossirer, von welchem er den Wechsel-Brieff bekommen, zu halten, und wenn er von demselben keine Befriedigung erlanget, an den nächst vorhergehenden, und also ordentlich bis zu dem Ausgeber zurückzugehen, und hierunter, es wäre denn einer oder der andere, notorie non solvendo, die Ordnung nicht zu überschreiten verbunden seyn. Wenn aber der Indossatarius den indossirten Wechsel-Brieff zur Verfallzeit nicht protestiren lassen und solches seinem nächsten Indossanten nicht notificiret, oder auch sonst dem Debitori nachsiehet, fället sodann der Regress gäntzlich hinweg.

§. 15. Und wie hiernächst jeder Wechsel-Brieff, wenn gleich das Wort Commiss oder Ordre darinnen nicht enthalten, gar wohl indossiret werden mag: Also ist übrigens, daß wider einen indossirten Wechsel-Brieff weder die Exceptio Compensationis noch Solutionis, wenn nicht das bezahlte darauf abgeschrieben, ex Persona Indossantis opponiret werden möge, bereits in Unserem An. 1699 deßwegen publicirten Mandat versehen, und wollen Wir, daß es in Zukunft mit der Exceptione Pacti de non petendo, und allen anderen, so ex Facto des Indossanten herrühren, wenn auch schon bei dem Indossament der Valuta nicht erwähnet, gleichergestalt gehalten werde; hingegen soll sodann wenn die Exceptiones an sich selbst erheblich sind, insonderheit auch, wenn der Wechsel über einer Spiel-Schuld ausgestellet oder sonst eine unzuläſſige Simulation darunter verborgen, derjenige, ſo denſelben indossiret, wie nicht weniger der Indossatarius, wenn er von ſolchen Exceptionen Wiſſenſchaft gehabt, oder ſonſt in dolo geweſen, dem debitori das duplum, nach Wechſelrecht zu erſtatten angehalten, und noch darüber willkürlich geſtraffet, der Schuldner auch, wenn dißfalls erhebliche Vermuthungen vorhanden, mit der deposition zugelaſſen werden.

§. 16. Im Uebrigen ſoll aus keinem Wechſel-Brieffe, wenn von der Verfall-Zeit, oder der letztern Prolongation, oder ſoviel die bereits verfallenen an betrifft, von der Publication dieſer Unſer erläuterten Process-Ordnung, binnen Vier Jahren deswegen nicht geklagt worden, nach Wechſel-Recht weiter verfahren werden können, jedoch derſelbige nichts deſto minder noch ferner als eine Obligation gültig ſein. Wegen derer Kauff- und Handelsleute aber bleibt es diesfalls, als ſonſt allenthalben, bei dem, was in der Leipziger Wechſelordnung enthalten.

§. 17. Hiernächſt ſoll derjenige, der einen Wechſel-Brief ausgeſtellt und hernach unter demſelben, daß er von dem Creditore noch eine andere Summa mit Meldung der Zeit, wenn ſolches geſchehen und die Wiederbezahlung erfolgen ſolle, anmerket, und ſeinen Namen unterſchreibet, ob er gleich des Wechſels oder Wechſelrechts keine weitere Meldung thut, jeden noch auf die in ſolcher Anmerkung enthaltene Summe nach Wechſelrecht zu bezahlen verbunden ſeyn.

§. 18. Auf gleiche Weiſe iſt es auch zu halten, wenn jemand unter einen von den andern an den dritten ausgeſtellten Wechſel-Brieff, daß, im Fall der Ausſteller deſſelben die Zahlung nicht leiſtete, er ſelbſt bezahlen und dem creditori Vergütung thun wolle, ob er gleich nach Wechſelrecht ſich nicht ausdrücklich verſchrieben, geſtalt denn auch dergleichen caventen weder das Beneficium Excussionis noch einige Nachſicht, wenn er ſich ſolche bei der Unterſchrift nicht mit bedungen, hierbei zu ſtatten kommen mag.

Die in den Paragraphen angezogenen einzelnen Mandate, welche die Wechſel-Fähigkeit der Ehefrauen, Geiſtlichen, Studenten und jungen Leute beſchränkten, ſind durch Art. 1 der deutſchen Wechſel-Ordnung obſolet geworden.

Außer den Beſtimmungen der §§. 11—18 des Anhanges zur erläuterten Proceß-Ordnung ſind für den Wechſel-Proceß noch folgende Vorſchriften derſelben zu beachten.

a. Aus dem §. 20 in dem Zusatz der Erläuterungen der Proceß-Ordn. zu Tit. 39 der chursächsischen Proceß-Ordn. vom Kurfürsten Georg I. vom 28. Juli 1622.

Hier ist für die Execution in ausstehende Forderungen des Verklagten verordnet, daß der debitor debitoris zur Einzahlung der Schuld ad depositum judiciale angehalten werden soll. Handelt es sich indessen um eine Wechsel-Schuld, so kann derselbe die zuvorige Rückgabe des Wechsels, resp., wenn er nur einen Theil der Valuta einzuzahlen hat, die Abschreibung auf dem Wechsel verlangen.

b. Aus dem Mandate vom 7. Januar 1724 („wider die Banqueruttirer").

Hier ist in den §§. 3 und 4 dem Cridar, wenn er nicht flüchtig wird, eine Specification seines Vermögens, wie er solche zu beeidigen vermag, übergiebt und eidlich gelobt, daß er vor erledigter Sache sich nicht entfernen, keinerlei Dispositionen über sein Vermögen treffen und keinen Gläubiger bevorzugen wolle, eine Sicherheit gegen seine Gläubiger, selbst gegen Wechsel-Gläubiger, und die von denselben erwirkten Captur-Befehle auf 1—3 Monate, je nach dem Ermessen der Obrigkeit, in Aussicht gestellt. Anm. [1]) und [2])

---

[1]) Diese Bestimmung erscheint nicht mehr praktisch, da das neuere besondere Konkurs-Mandat vom 13. Mai 1782 von einer Vorschrift solcher Art gar nichts mehr weiß.

[2]) Die alte Kursächsische Proceß-Ordn. vom 28. Juli 1622 enthält nichts Besonderes über den Wechsel-Proceß, sondern mehr nur allgemeine Bestimmungen über das gerichtliche Verfahren überhaupt.

Zweiter Abschnitt.
Die Herzogthümer Anhalt-Dessau und Anhalt-Köthen.

Das Wechsel-Proceß-Verfahren in den Herzogthümern Anhalt-Dessau und Anhalt-Köthen.

Vom Wechselprocesse. [1])

§. 1.

I. Verfahren im Allgemeinen.

Die Vorschriften des ordentlichen Processes kommen auch im Wechselprocesse zur Anwendung, so weit sie mit dem unten angeordneten Verfahren verträglich und nicht durch ausdrückliche Vorschriften abgeändert sind.

§. 2.

II. Gerichtsstand.

Die Wechselklage kann in dem allgemeinen Gerichtsstande des Wohnortes sowohl, als in dem besondern des Kontrakts, wenn der Beklagte in dem Gerichtsbezirke, in welchem die Wechselverbindlichkeit eingegangen worden ist oder erfüllt werden soll, gegenwärtig ist, oder des Arrestes, angebracht werden. Hat der Beklagte sich ausdrücklich: „aller Orten, wo er anzutreffen“, zur Zahlung verpflichtet, oder hat er keinen festen Wohnsitz, so ist jeder Richter competent, unter dessen Gerichtsbarkeit er angetroffen wird.

§. 3.

III. Von der Wechselklage.

Die Klage kann mündlich oder schriftlich angebracht werden, und es genügt jeder Vortrag, welcher den Klagegrund deutlich und schlüssig, eine bestimmte specielle Angabe der Forderung des Klägers und das

---

1) Die Wechsel-Proceß-Ordnung bildet das dritte Capitel des Anhanges zu den revidirten Erläuterungen der Proceß-Ordnung vom Jahre 1850, welche durch das provisorische Ges. v. 21. Juli 1850 unterm 21. Septbr. 1850 in Nr. 76 des Staatsanzeigers für die Herzogthümer Anhalt-Dessau und Anhalt-Köthen publicirt sind. Es ist dadurch der Abschnitt IV. der Wechsel-Ordnung vom 10. Febr. 1822 auch in Bezug auf das Proceß-Verfahren in Wechsel-Sachen außer Kraft gesetzt und hiernach die Anmerk. 2 S. 13 zu ändern. Für beide Herzogthümer bestehen jetzt drei Kreisgerichte und ein gemeinschaftliches Ober-Landesgericht.

Gesuch, den Beklagten zur Zahlung nach Wechselrecht anzuhalten, enthält.

§. 4.

Alle zur Begründung der Klage gehörigen Umstände müssen mit öffentlichen oder Privaturkunden belegt sein, welche vom Beklagten selbst oder von solchen Personen ausgestellt sind, für deren Handlung er in dieser Beziehung in dem Maße verbindlich ist, als wenn diese Handlungen von ihm selbst vorgenommen worden wären. Sie müssen gleich mit der Klage wenigstens in Abschrift übergeben werden, und es gehören dahin hauptsächlich der Wechsel, die Proteste, ingleichen bei Wechselschuldnern, die an sich wechselunfähig sind, die gerichtlichen Zeugnisse über die ihnen beigelegte Wechselfähigkeit.

Von einem in einer fremden Sprache geschriebenen Wechsel müssen Uebersetzungen von verpflichteten Dollmetschern beigebracht werden.

§. 5.

Fehlen dem Kläger die hiernach erforderlichen Beweisurkunden gänzlich oder zum Theil, so findet der Wechselproceß nicht Statt.

Es steht jedoch dem Kläger frei, wenn er die Wechselverbindlichkeit des Beklagten im ordentlichen Processe dargethan hat, wobei übrigens die von den Vorschriften des Wechselprocesses unabhängigen Grundsätze des Wechselrechtes zur Anwendung kommen, sodann aus dem darüber ertheilten rechtskräftigen Erkenntnisse auf wechselmäßige Execution anzutragen. [1])

Fehlen dem Kläger jedoch nur die Beweismittel in Rücksicht auf Nebenforderungen, so hindert dieß die Anstellung der Wechselklage nicht. (§. 26).

§. 6.

IV. Richterliche Verfügung auf die Klage.

Findet der Richter bei der Klage einen Mangel an den in den §§. 3 und 4 vorgeschriebenen Erfordernissen, so muß er dieselbe sofort verwerfen. Im entgegengesetzten Falle aber beraumt er sofort, unter abschriftlicher Mittheilung der Klage und ihrer Beilagen an den Beklagten, einen Termin auf einen oder zwei, höchstens acht Tage, nach Maßgabe der Entfernung des Beklagten, an.

§. 7.

Die Ladung des Beklagten muß die Auflage, den Wechsel und die

[1]) Diese eigenthümliche Bestimmung ist, so viel der Verfasser weiß, in keinem andern Wechsel-Proceß-Gesetz enthalten.

übrigen Urkunden anzuerkennen, oder, sofern es nicht öffentliche sind, eidlich abzuleugnen, auch über die etwa ohne liquide Beweismittel aufgestellen Nebenforderungen sich zu erklären, und das Präjudiz, daß außerdem jene für anerkannt, diese für zugestanden geachtet werden sollen, enthalten und zugleich auf Anhörung des Erkenntnisses gerichtet sein.

§. 8.

Ist der Beklagte zur Zeit der im Gerichtsstande seines Wohnortes erhobenen Klage abwesend, ohne einen Generalbevollmächtigten hinterlassen zu haben, dem die Ladung insinuirt werden kann, so fertigt der Richter dem Kläger bei Benachrichtigung von diesem Umstande ein Attestat über die Anstellung der Klage aus, und erwartet sodann dessen weitere Anträge.

§. 9.

Der anberaumte Termin kann wohl auf Antrag des Klägers, nicht aber auf Antrag des Beklagten, wieder aufgehoben werden, sofern nicht Letzterer Umstände bescheinigt, welche ihm nicht allein das persönliche Erscheinen, sondern auch die Bevollmächtigung und Instruirung eines Andern unmöglich machen.

§. 10.

Kann der Kläger solche Umstände bescheinigen, welche auch wegen einer gemeinen Schuld einen Realarrestschlag begründen würden, so muß der Richter, sofern der Kläger darauf anträgt und zugleich die zur Begründung der Wechselklage erforderlichen Documente in Urschrift übergiebt, im Fall der Beklagte in seinem Gerichtsbezirke zu treffen ist, sich sofort mit dem Kläger oder dessen legitimirten Bevollmächtigten zu Beklagtem begeben, wo dann ohne vorgängliche Ladung die nöthige Verhandlung, nach Maßgabe der §§. 12, 13, 15, 16, 17 bis 21 erfolgt.

§. 11.

V. Termine.

Im Termine müssen beide Theile persönlich oder durch hinlänglich bevollmächtigte Anwälte erscheinen. Wer seinen Vertreter nicht gehörig legitimirt, wird als nicht erschienen betrachtet. Ein präsumirter Auftrag ist nicht genügend.

§. 12.

Nach einem kurzen Versuche der Güte werden die von den Klägern schon übergebenen oder zu übergebenden Originaldocumente dem Beklagten zur Anerkennung seiner Unterschrift vorgelegt, und es wird derselbe auch mit seiner sonstigen Vernehmlassung gehört.

§. 13.

Will der Beklagte die Urkunde weder pure noch eventualiter anerkennen, und macht er auch nicht von dem Antrage des Bestärkungseides in, nach der Erläuterung zum Titel IX. der Proceßordnung, dazu geeigneten Fällen Gebrauch, so muß er, dafern ihm nicht eine Einrede zur Seite steht, welche die Beurtheilung der Aechtheit des Wechsels entbehrlich macht, sofort den Diffessionseid ablegen, widrigenfalls er zu erwarten hat, daß die Urkunden für anerkannt geachtet werden.

Dieser Nachtheil steht ihm auch bevor, wenn er ohne besondere Verhinderungen (§. 24) nur durch einen Bevollmächtigten erscheint, weil ein solcher den Diffessionseid nicht ablegen kann.

§. 14.

Hat der Beklagte wegen einer sofort zu bescheinigenden Krankheit oder andern unabwendlichen Abhaltung nicht persönlich erscheinen können, so muß ihm der Diffessionseid in seiner Behausung oder seinem sonstigen Aufenthaltsorte abgenommen, oder, wenn die Umstände auch das nicht erlauben, damit Anstand genommen werden, bis die Hindernisse aufgehört haben.

§. 15.

Will der Kläger den Beklagten den Diffessionseid nicht schwören lassen, so steht ihm frei, den Wechselproceß fallen zu lassen und sein Recht im ordentlichen Processe auszuführen, wo dann die Vorschriften des §. 5 eintreten.

Der Beweis durch Vergleichung der Handschrift findet im Wechselprocesse nicht Statt. [1])

§. 16.

Die eidliche Ableugnung des Inhalts bei anerkannter Unterschrift ist unzulässig. Doch kann, daß ein Blanquet gemißbraucht worden, unter den gehörigen Bedingungen (§. 18) als Einrede vorgeschützt werden.

§. 17.

VI. Einreden.

Von den verzögerlichen Einreden findet nur die Statt, welche die Kompetenz des Gerichts, die Legitimation des Gegners sowohl zur

---

[1]) Diese Bestimmung geht zu weit. Wo mehr als eine bloße Unterschrift vorhanden ist, haben andere Gesetzgebungen die Vergleichung der Handschriften mit Recht zugelassen, wobei besonders festzuhalten ist, daß man dem Kläger die Beweise nicht zu sehr beschränken sollte.

Sache als zum Proceß, oder wesentliche Fehler des Klagschreibens oder der Ladung betreffen.

Welche zerstörliche Einreden vorgeschützt werden können, ist aus der Wechselordnung und aus der Theorie der übrigen in dem hiesigen Lande geltenden Rechte zu beurtheilen.

§. 18.

Alle vorgeschützten verzögerlichen oder zerstörlichen Einreden müssen, sofern sie nicht aus dem Wechsel oder sonst klar sind, vom Beklagten gleich im Termine liquid gemacht werden. Als Beweismittel sind nur zulässig: 1) öffentliche Urkunden; 2) Privaturkunden, welche der Kläger oder Jemand, der denselben durch seine Handlungen in dieser Beziehung verbindlich machen kann, ausgestellt hat; 3) das eigene Handelsbuch des Klägers, wenn es im Orte des Gerichts sich befindet. [1])

§. 19.

Die Beweisurkunden muß der Beklagte sogleich in Urschrift vorlegen. Behauptet er aber, daß der Gegner sie besitze, so muß der Richter dem Letztern aufgeben, sie entweder noch im nämlichen oder in dem, wenn er es verlangt, auf einen oder einige Tage zu prorogirenden Termine zu ediren, oder den Editionseid zu schwören, unter der Verwarnung, daß außerdem die beigebrachte Abschrift für anerkannt, oder der durch die Urkunde zu erweisende Umstand für eingeräumt geachtet werden solle.

Eben dieß findet auch in Ansehung des Handelsbuches des Gegners (§. 18 Nr. 3) Statt.

§. 20.

Ueber die Einreden muß sich der Kläger vernehmen lassen, wozu er jedoch auch um einen anderweiten Termin bitten darf. In Rücksicht der Anerkennung oder eidlichen Ableugnung der Urkunden u. s. w., treten die nämlichen Grundsätze ein, wie beim Beklagten (§. 13 bis 16); jedoch natürlich mit der Modification des §. 15, daß, wenn der Beklagte von dem Rechte, den Diffessionseid durch den Recurs zum ordentlichen Processe zu verhindern, Gebrauch macht, dadurch der Wechselproceß nicht aufgehalten werden kann.

Schützt der Kläger eigentliche Repliken vor, so muß er dieselben auf gleiche Weise, wie der Beklagte seine Einreden, auf der Stelle beweisen.

Will der Beklagte hierauf dupliciren, so muß er dieß im nämlichen

[1]) Die Eides-Zuschiebung soll hiernach zum Beweise der Einreden nicht zulässig sein.

Termine bewirken und in Rücksicht eigentlicher Dupliken auch sofort Beweis beibringen.

§. 21.

VII. Ungehorsam.

Erscheint der Kläger in dem anberaumten Termine nicht, oder legt er die Originaldocumente nicht vor, so wird er auf vorgängige Ungehorsamsbeschuldigung, wie solches im ordentlichen Processe verordnet ist, in die Kosten verurtheilt und, bis er solche bezahlt hat, nicht weiter zugelassen.

§. 22.

Erscheint der Beklagte im Termine nicht, so tritt, nach vorgängiger Ungehorsamsbeschuldigung, der ihm in der Ladung angedrohte Rechtsnachtheil (§. 7) ein. Doch hat der Richter alsdann die Forderungen des Klägers von Amtswegen, rücksichtlich ihrer Statthaftigkeit an sich, nach der Wechselordnung zu prüfen.

§. 23.

Bescheinigt der Beklagte jedoch noch nachher einen Umstand, welcher ihn sowol am persönlichen Erscheinen im Termine, als auch an der Bevollmächtigung eines Andern durchaus gehindert hat: so soll ihm ohne Weiteres Restitution gegen das schon ertheilte Kontumazialerkenntniß gegeben und mit Aufhebung desselben ein neuer Termin anberaumt werden. [1])

§. 24.

Erscheint kein Theil, oder erfolgt keine Anklage des Ungehorsams, so beruhet die Sache auf sich und die Kosten werden vom Kläger beigetrieben.

§. 25.

VIII. Entscheidung.

Das Erkenntniß muß in der Regel im Termine selbst mit kurzer Anführung der Gründe gegeben werden; jedoch darf in verwickelten Fällen der Richter die Eröffnung des Bescheides auf den folgenden Tag verschieben, wovon die im Termine gegenwärtigen Parteien sofort mündlich zu benachrichtigen sind.

§. 26.

Die illiquid gebliebenen Nebenforderungen des Klägers (wenn sie nämlich nicht in contumaciam für zugestanden erachtet worden) sind

---

[1]) Diese Bestimmung erscheint im Wechsel-Proceß sehr bedenklich und zu großen Mißbräuchen geeignet.

zur besondern Ausführung, die illiquiden Einreden des Beklagten aber zur Widerklage zu verweisen.

§. 27.

IX. Vollstreckung.

Die Vollstreckung des ertheilten Erkenntnisses erfolgt auf Antrag des Klägers sofort nach dessen Publikation. Der Kläger hat unter allen Executionsmitteln die unbeschränkte Wahl, muß sich zwar darüber gleich im Termine erklären, kann jedoch auch in der Folge von dem Einen zum Andern übergehen.

§. 28.

Hat der Kläger auf persönliche Haft, welche im Wechselprocesse das vorzüglichste und nicht blos ein subsidiarisches Executionsmittel ist, angetragen, so wird der Beklagte sofort in den bürgerlichen Gewahrsam gebracht, oder ihm, wenn es sein Stand erfordert und er die Kosten zu bezahlen vermag, eine Wache in seine Wohnung gesetzt. Durch Kautionsbestellung oder theilweise Zahlung kann er vom Arreste sich nicht befreien.

Die Dauer des Wechselarrestes ist nicht, wie der Personalarrest wegen einer gemeinen Schuld (nach §. 44 der Executionsordnung), auf den Zeitraum eines halben Jahres beschränkt, sondern er dauert in der Regel so lange, bis die vollständige Befriedigung des Wechselgläubigers erfolgt ist.

§. 29.

Kann der Schuldner sich selbst im Arreste nicht ernähren, so muß der Gläubiger die Kosten von Zeit zu Zeit vorschießen, auch zu dem Ende gleich Anfangs Kaution machen. Sobald der Gläubiger den Vorschuß nicht mehr leistet, wird der Schuldner des Arrestes entlassen.

§. 30.

Die Unterhaltungskosten bestimmt der Richter nach den Umständen und den persönlichen Verhältnissen des Schuldners. Das Geringste sind 5 Silbergroschen, das Höchste 15 Silbergroschen für den Tag, außer den Wach- und Heizungskosten.

§. 31.

X. Rechtsmittel.

Gegen Erkenntnisse in Wechselsachen finden zwar die nämlichen Rechtsmittel wie im ordentlichen Processe Statt; sie haben jedoch keine Suspensivwirkung.

Rücksichtlich des Verfahrens über die eingelegten Rechtsmittel kommen die Vorschriften des §. 9 und 10 über das Verfahren in geringfügigen streitigen Rechtssachen (Nr. III. Kapitel IX.) zur Anwendung, wenn auch die im Wechsel verschriebene Summe den Betrag von 50 Thlr. übersteigt. [1])

§. 32.

XI. Widerklage.

Der Beklagte kann diejenigen Einreden gegen die Wechselklage, die wegen Illiquidität im Wechselprocesse nicht berücksichtigt wurden, oder die er vorzuschützen versäumte, in einer Widerklage ausführen, und er ist befugt, vorausgesetzt, daß er dieselben sofort durch Bescheinigung wahrscheinlich machen kann, vom Kläger, wenn derselbe im Lande nicht hinlänglich angesessen ist, deshalb genügende Kaution zu fordern und die Zahlung so lange gerichtlich niederzulegen, bis jene gestellt ist.

Die Widerklage muß jedoch in diesem Falle sogleich mit der Zahlung überreicht werden, auch nicht etwa zur Ausführung solcher Einreden dienen, welche im Wechselprocesse überall nicht zulässig sind, indem vielmehr dergleichen Einreden mit Verwerfung der auf dieselben gegründeten Widerklage zur besondern Ausführung verwiesen werden sollen.

Dritter Abschnitt.

Groß-Herzogthum Baden.

Vom Wechsel-Proceß im Groß-Herzogthum Baden.

Bei Klagen aus Wechseln und Handels-Zetteln kommen im Ganzen die Regeln des Executiv-Processes zur Anwendung mit den im Handelsrecht — (beziehungsweise in der Allg. deutschen Wechsel-Ordn.) vorgeschriebenen und folgenden weiteren Bestimmungen:

1. Der Termin (in Baden gewöhnlich Tagfahrt genannt) zur Verhandlung über die Klage darf in der Regel nicht über drei Tage hinausgesetzt werden;

2. eine Verlegung des Termins findet nur ein Mal unter sofortiger Bescheinigung eines unabwendbaren Hindernisses Statt;

---

[1]) Dieses Verfahren ist ein abgekürztes ganz summarisches.

3. das Erkenntniß muß zugleich die Rechtshilfe (Hilfs-Vollstreckung) binnen drei Tagen androhen.

4. Nach Ablauf der Frist wird auf Antrag des Klägers das Urthel nach dessen Wahl durch Personal-Haft oder Pfändung vollstreckt.

5. In der Klage ist zugleich der Beweis mit fehlerfreien Urkunden anzutreten.

6. Von verzögerlichen (dilatorischen) Einreden sind nur solche zulässig, welche vom Mangel wesentlicher Voraussetzungen der Rechtsbeständigkeit des Verfahrens hergenommen sind, oder die Sicherheits-Bestellung betreffen.

7. Von zerstörlichen Einreden sind nur solche statthaft, welche sofort erwiesen, oder mit Urkunden oder dem Haupt-Eid schnell dargethan (liquide) sind, oder in Hinsicht derer dem Verklagten keine Beweislast obliegt.

8. Zum Beweis abgeleugneter Urkunden sind nur Urkunden und Eides-Zuschiebung zulässige Beweismittel.

9. Mängel in der vorgezeichneten Beweisführung, ebenso der Gebrauch der Repliken, welche nicht sofort erwiesen oder nicht schnell mit Urkunden oder Eides-Zuschiebung erweislich sind, haben die Verweisung in den gewöhnlichen (ordentlichen, d. h. langsameren) Proceß zur Folge.

10. Wegen Zulässigkeit des Personal-Arrestes ist der Art. 1 der Allg. deutschen Wechsel-Ordn. ohne Ausnahme maßgebend, also sind demselben auch Beamte und Militär-Personen unterworfen. [1])

11. Die Hinterlegung (Deposition, Niederlegung) der Wechsel-Summe (Art. 25, 40, 73 der Wechsel-Ordn.) geschieht auf den Grund einer von dem zuständigen Gericht ausgegangenen Verfügung oder einer von dem zuständigen Staats-Schreiber (Notar) aufgenommenen Hinterlegungs-Urkunde nach dem Gesetz vom 3. August 1837 über die Errichtung der Hinterlegungs-Casse und die über dasselbe ergangenen Vollzugsvorschriften.

---

[1]) Bei der ständischen Berathung entstand die Frage: ob man von der im §. 2 der Allg. deutschen Wechsel-Ordnung den einzelnen Regierungen ertheilten Befugniß, aus Gründen des öffentlichen Rechts die Vollstreckung des Wechsel-Arrestes in Beziehung auf gewisse Personen im öffentlichen Dienst Beschränkungen zu unterwerfen, Gebrauch machen wolle, wie dieß bisher in Baden der Fall gewesen, es überwog aber die Rücksicht auf die möglichst freie Bewegung des Handels-Verkehrs. Man vereinigte sich daher mit der Regierung, es bei der ausnahmslosen Vorschrift des §. 1 der Allg. deutschen Wechsel-Ordnung zu belassen. (Comm.-Bericht der zweiten Kammer a. E. Archiv für Wechsel-Recht Bd. 1, 226).

12. Die Kraftlos-Erklärung (Amortisation) eines Wechsels (Art. 73 der Allg. deutschen Wechsel-Ordn.) ist bei dem Amts- oder Handels-Gericht des Zahlungs-Ortes zu beantragen.

13. Wenn der Eigenthümer des abhanden gekommenen Wechsels die Kenn-Zeichen desselben gehörig anzugeben, auch den Besitz und Verlust desselben glaublich zu machen vermag, so erläßt das Gericht eine öffentliche Aufforderung nach Maßgabe der §§. 275 und 782 der bürgerlichen Proceßordnung, in welcher der unbekannte Inhaber des abhanden gekommenen Wechsels aufgefordert wird, sein Recht an demselben dem Gerichte darzulegen, widrigenfalls der Wechsel nach umlaufener Frist für kraftlos erklärt werde. Ist der Wechsel noch nicht verfallen, so beginnt diese Frist erst vom Verfalltage an zu laufen. Meldet sich der Inhaber, so kann er die Aufhebung des eingeleiteten Verfahrens durch den Nachweis eines rechtmäßigen Erwerbes des Wechsels erwirken, doch bleibt demjenigen, der auf die Einleitung des Amortisationsverfahrens antrug, im Falle des Art. 74 der Wechselordnung unbenommen, die Herausgabe des Wechsels von dem Inhaber im gesonderten Rechtsverfahren zu verlangen.

Meldet sich der Inhaber des Wechsels nicht, oder vermag er sich nicht über den rechtmäßigen Erwerb desselben auszuweisen, so wird der Wechsel auf Antrag desjenigen, welcher auf die Einleitung des Verfahrens über Kraftloserklärung antrug, für kraftlos erklärt und dieses Erkenntniß gleichfalls öffentlich verkündigt.

14. Zur Aufnahme von Absagescheinen (Protesten) — Art. 87 der Wechselordnung — sind regelmäßig nur die Staatsschreiber berechtigt. Doch kann den Gerichtsschreibern durch das Justizministerium die Befugniß hierzu gleichfalls ertheilt werden, in welchem Falle diese Ermächtigung durch das Regierungsblatt zur öffentlichen Kenntniß zu bringen ist. (Vgl. oben S. 13 und Arch. f. Wechsel-Recht Bd. 1. S. 216 ff. Aufsatz vom Ober-Hofgerichts-Rath Dr. Zentner).

Vierter Abschnitt.

Königreich Baiern.

Vom Wechsel-Proceß im Königreich Baiern. [1])

1. Für das Königreich Baiern ist die Wechsel-Gerichts-Ordnung vom 24. Nov. 1824 mit deren Erläuterungen maßgebend.

2. Für alle Wechsel-Sachen sind besondre Wechsel- und Mercantil-Gerichte angeordnet (S. 27 §. 1 ff.), welche allwöchentlich mindestens zwei Gerichts-Tage halten müssen und keine Ferien machen sollen.

3. Das Wechsel- und Mercantil-Gericht soll aus einem besondern Wechsel- und Mercantil-Richter, fünf Assessoren und zwei Substituten aus der Zahl der Wechsler und Kaufleute bestehen. [2])

4. In besondern Paragraphen ist das Nähere wegen der stets vollzähligen Besetzung des Gerichts, wegen Anstellung von Wechsel-Advocaten, Notarien und wegen des Unter-Personals verordnet.

5. Bei Anstellung der Wechsel-Klage soll der Wechsel-Brief vom Kläger im Original beigebracht und dem Verklagten zur Recognition vorgelegt, bei Unthunlichkeit derselben aber ein kurzer peremtorischer Termin von 24 Stunden zur Anerkennung gestattet werden. (§. 1 Cap. 3 S. 34 Cap. 7 S. 42).

6. Der Verklagte muß den Wechsel recognosciren oder bei Strafe der Anerkennung eidlich diffitiren.

7. Ist der Wechsel anerkannt oder in contumaciam für recognoscirt zu achten, so soll der Schuldner, wenn keine Einigung Staat findet, zur Zahlung verurtheilt werden.

---

[1]) Der Verfasser verdankt diese Mittheilungen größtentheils seinem geehrten Collegen, dem Herrn Advocaten Mohr in Würzburg.

[2]) Das selbständige Wechsel-Gericht erster Instanz zu München wurde durch die Verordnung v. 30. Mai 1811 aufgehoben und dem dortigen Stadtgericht einverleibt, indem bestimmt wurde, daß es künftig eine besondere Abtheilung desselben bilden und seine Beschlüsse mit der Unterschrift: Königliches Stadtgericht als Wechsel und Mercantil-Gericht erster Instanz aussertigen solle. Das deßfallsige Collegium sollte aus einem Vorsitzenden, zwei rechtsgelehrten Assessoren und aus sieben Assessoren des Handels-Standes bestehen. Auch das Wechsel-Gericht zweiter Instanz, welches früher in München bestand, ist nach dem Gutachten des Staatsraths später wieder mit dem gewöhnlichen Gericht zweiter Instanz verbunden

8. Dagegen haben weder dilatorische (verzögernde), noch peremtorische (zerstörende) Einwendungen Statt, folgende Fälle ausgenommen:

a) wenn der Verklagte in dem Recognitions- oder längstens am folgenden Tage durch Klage-Urkunden oder des Gegners eignes Bekenntniß oder Eidesdelation beweist, daß der Wechsel schon bezahlt oder sonst unwirksam ist;

b) wenn er eine offenbare liquide und zahlbare Gegen-Forderung darthut;

c) wenn der Kläger sich noch zur Begründung der Klage zu legitimiren hat, oder die Einwendungen aus dem Wechsel oder Wechsel-Rechte selbst herstammen. (§. 4 l. c.)

9. Alle andren Einwendungen sind zur besondren Ausführung zu verweisen, hemmen aber die Execution des verurtheilenden Wechsel-Erkenntnisses nicht.

10. Ist der Kläger im Inlande nicht ansässig und es wird von ihm eine Caution pro reconventione et expensis gefordert, so ist er solche zu leisten schuldig, bis dahin aber wird die bezahlte Wechsel-Schuld ad depositum genommen. (§. 5 a. a. O.)

11. Eine nicht aus dem Wechsel-Verhältniß herstammende oder über die Grenzen des summarischen Processes hinausgehende Reconvention soll an den ordentlichen Richter verwiesen werden. (§. 6 a. a. O.)

12. Nach erfolgtem Spruche steht dem Kläger gegen den Verklagten die Execution in dessen bereitestes Vermögen mit Pfändung, Sequestration, Immission, Taxation und Subhastation ohne weitre Frist zu.

13. Die Klage soll den Kläger und den oder die Beklagten, das Sach- und Rechts-Verhältniß und einen angemessenen Antrag enthalten; sie soll in deutscher Sprache, doppelt und offen übergeben werden. Siegelmäßige Personen dürfen ihre Klagen auch verschlossen und ohne Mit-Unterschrift eines Advocaten übergeben (S. 37 §. 2).

14. Ausländischen Documenten ist zugleich die Uebersetzung beizufügen. (S. 38 §. 2).

15. Auf die Klage wird der Verklagte mit kurzer Frist unter abschriftlicher Zufertigung der Klage nebst Beilagen vorgeladen, aber nur dann persönlich gestellt, wenn er der Flucht verdächtig ist. (Cap. 5 §. 1 S. 39 §. 4).

16. Die Edictal-Citation findet nur bei Vaganten (Vagabunden) oder Abwesenden Statt, wofern der Ort ihres Aufenthalts nicht bekannt

ist, und soll stets durch die Zeitungen mit Anberaumung eines 4 bis 6wöchigen Termins bekannt gemacht werden. (§. 3 a. a. O.) Der Abdruck vertritt hier die Stelle der Behändigung. Bei sonstigen Abwesenden, deren Wohnort bekannt ist, hat der Kläger die gehörige Zustellung der Vorladung nachzuweisen. (§. 6 a. a. O.)

17. Der Verklagte ist zu bedeuten, daß bei seinem Ausbleiben er in der betreffenden Instanz mit keinen Einwendungen weiter gehört, vielmehr zur Strafe des Ungehorsams nach dem Antrage des Klägers verurtheilt werden würde. (§. 6 Cap. 5 S. 40).

18. Da bei Wechsel-Sachen möglichst auf einen Vergleich hingestrebt werden soll, so sollen die Sachwalter mit Special-Vollmacht versehen werden. (§. 2 S. 41).

19. Frauen müssen, wenn es sich nicht um ihr vorbehaltenes Vermögen handelt, die Genehmigung des Ehemannes, der Ehegatte aber, wenn er für die Frau einen Proceß betreibt, deren Ermächtigung beibringen. (§. 3 a. a. O. S. 41).

20. Ist die Sache förmlich instruirt, so soll der Wechsel- und Mercantil-Richter mit Zuziehung von wenigstens vier Beisitzern und des Gerichts-Secretärs die Entscheidung erlassen. (Cap. 8. §. 1 a a O. S. 42).

21. Bei Abfassung des Urthels entscheidet die Mehrheit der Stimmen, bei deren Gleichheit giebt der Vorsitzende den Ausschlag. (§. 2 a. a. O.)

22. Das Urthel soll
 a) schriftlich,
 b) unbedingt,
 c) in der Hauptsache nicht über den Antrag hinaus, [1])
 d) mit Angabe der Richter, der Parteien oder der gehörig legitimirten Anwalte erlassen werden.

23. Das Urthel erlangt seine Kraft erst durch die Eröffnung (Publication), welche in Gegenwart des Wechsel- und Mercantil-Richters, oder in dessen Abwesenheit im Beisein seines Stellvertreters und beider Parteien durch den Secretär bei der Sitzung, oder in wichtigeren Sachen wenigstens bei der nächsten Session vermöge wörtlicher Vorlesung

---

[1]) Das soll so viel heißen, als daß wegen der Kosten, wenn der Antrag hierauf auch nicht gerichtet ist, und wol auch wegen der Zinsen der Richter von Amtswegen erkennen darf. (Vergl. a. a. O. Cap. 4 §. 1 Nr. 4 S. 37).

erfolgen soll. Ueber die Publication soll der Secretär mit Aufführung der Anwesenden ein besondres Publications-Protokoll aufnehmen. (§. 4 S. 43 a. a. O).

24. Die Appellation muß bei Verlust derselben sogleich bei der Publication angemeldet und diese Anmeldung vom Secretär sofort im Publications-Protokoll vermerkt werden. (§. 5 a. a. O.)

25. Ist das Urthel einmal mit Worten oder Werken anerkannt, oder ist kein rechtmäßiges Rechtsmittel (nämlich die Appellation) mehr übrig, so ist res judicata (eine rechtskräftig entschiedene Sache) vorhanden und die sofortige Execution zuläßig.

26. Jedem Interessenten, welcher sich durch das Urthel verletzt glaubt, steht das Recht zu, die Appellation an das Wechsel- und Mercantil-Gericht zweiter Instanz ohne Unterschied der Summe zu ergreifen.

27. Eine dritte Instanz findet in Wechsel-Sachen nicht mehr Statt (Vgl. Organ.-Edict vom 24. Juli 1808 §. 32 a. a. O. Cap. 9, 5, 2. Anm. S. 44)

28. Die Appellation muß binnen 8 Tagen nach der Publication nach §. 23 der Verordnung vom 22. Juli 1819 (Gesetzsammlung 1825 B. N. §. 1) gerechtfertigt und diese Frist darf nicht verlängert werden. Ist die Frist ohne Schuld versäumt und die deßfallsige erhebliche Ursache bescheinigt, so darf noch Restitution (Wieder-Einsetzung) eintreten. (Cap. 9. §. 3 S. 46)

29. Die Appellation hat in der Regel aufschiebende Wirkung (effectum suspensivum), es sei denn, daß der Appellat die Besorgniß der Flucht des Appellanten oder sonstige Gefahr bescheinigt, welchen Falls der Appellant zu Caution angehalten, auch nach Umständen mit Mobiliar-Execution oder Haft gegen ihn vorgegangen wird. (§. 5 S. 47 a. a. O.)

30. Bei Abfassung des zweiten Urthels gelten dieselben Grundsätze, wie in der ersten Instanz und ist das gefällte Erkenntniß sofort an das Gericht erster Instanz zurückzusenden.

31. Sobald das Urthel vollstreckbar ist, soll der erste Richter dem Verklagten die Befriedigung des Klägers mit dreitägiger Frist aufgeben, widrigen Falls die Vollstreckung erfolgen werde, (Cap. 10 §. 1 S. 49) und auf weitren Antrag des Klägers die Sperre (Execution) eintreten [1]).

---

[1]) Die Resolution lautet in Baiern mit tacitischer Kürze: „Fiat Sperr!"

32. Die Execution in das Mobiliar erfolgt in der Art, daß der Wechsel-Richter beide Theile nebst dem beeidigten Schätzmann (Taxator) und Gerichts-Schreiber citirt, durch letzteren so viel Habseligkeiten, als zur Befriedigung des Klägers wegen Capitals, Zinsen und Kosten nöthig sind, verzeichnen und mit der gerichtlichen Obsignation belegen läßt. Bei Widersetzlichkeit soll auf Anrufen sofort die Wachtmannschaft einschreiten. (S. 50 a. a. O.) Binnen drei Tagen nach kund gemachter Schätzung darf der, welcher sich dadurch verletzt glaubt, sich beschweren. Mag nun die Beschwerde für begründet erachtet werden, oder nicht, so wird auf ferneres Anrufen des Gläubigers dem Schuldner aufgegeben, die Effecten binnen drei Tagen einzulösen, weil sonst „in die Einantwortung obrigkeitlich gewilligt" werde, welche Androhung auch hiernächst ohne Weiteres vollzogen wird. (§. 3 Nr. 4. S. 50 a. a. O.)

33. Der Execution nicht unterworfen sind:

1) die dem Schuldner zum täglichen Gebrauch oder zum Fortbetrieb seines Amts, Handwerks oder seiner Kunst nöthigen Mobilien;
2) die königlichen Personen,
3) die vom Staate bewilligten Besoldungen bis auf Höhe von zwei Drittheilen, welche dem Schuldner frei bleiben müssen.

34. Kommt es darauf an, des Schuldners baare Gelder, ausstehende Forderungen oder dergleichen in Beschlag zu nehmen, so hat er sich deßfalls bei dem Wechsel-Gericht zu melden, welches, wenn der Verklagte unter ein andres Gericht gehört, dieses um die Vollstreckung ersucht und die etwaigen Forderungen dem Gläubiger überantwortet. (§. 5 S. 52 a. a. O.)

35. Der Kläger braucht sich von dem Schuldner keine schlechten Forderungen aufdrängen zu lassen und kann von ihm den Manifestations-Eid fordern (a. a. O. §. 6 S. 52).

36. Wird die Execution gegen Immobilien nachgesucht, so ist auch diese bei dem Wechsel-Gericht zu beantragen, welches dann die betreffende Behörde wegen der Vollstreckung requirirt. (§. 8 S. 53 a. a. O.)

37. Hat der Schuldner gar keine Zahlmittel und kann er auch nicht Caution stellen, so kann der Gläubiger die Personal-Haft verlangen, selbst wenn der Schuldner bereits in Concurs versunken wäre. Der Personal-Arrest ist auch nach Beschaffenheit der Dinge und genugsam erwogener Umstände auf Kosten des Klägers bereits vorweg zulässig. (§. 9 a. a. O. S. 53) Nur gegen Beamte und in hohen Hof-Chargen stehende Personen soll Anfangs mit Stadt- und Haus-Arrest

auf 8—14 Tage und dann erst mit enger Haft verfahren werden, es sei denn, daß Verdacht der Flucht obwalten möchte.

38. Ist der Wechsel-Arrest verhängt, so soll der Schuldner das erste halbe Jahr die taxordnungsmäßige bessere, später nur die geringere Kost erhalten. (§. 9 a. a. O.)

39. Ist Concurs ausgebrochen, so soll das Wechsel-Gericht mit der Execution in das Mobiliar und dergleichen nicht weiter vorschreiten, sondern die Gläubiger an das Concurs-Gericht verweisen. (§. 10 a. a. O. S. 54 und §. 1 S. 55).

40. In der Executions-Instanz sind nur solche Einwendungen zulässig, welche die Art der Execution betreffen. (§. 11 a. a. O.)

41. Moratorien sollen nicht mehr Statt haben, es seien denn die edictaliter berufenen Gläubiger kraft eines genehmigten Verzeichnisses von dem Werthe des ganzen Vermögens vollständig gesichert. (§. 13 S. 55).

42. Sind dem Gläubiger noch vor dem Concurse Effecten zugesprochen und ausgehändigt, so hat es dabei sein Bewenden; dagegen sollen die Gläubiger, welche nebst dem Wechsel auch ein Faustpfand haben, dieß zur Concurs-Masse herausgeben, und falls sie das Pfand zur Umgehung des Gesetzes in dritte Hand veräußert hätten, sollen sie mit einer dem Werth des Pfandes angemessenen Geldstrafe belegt werden. (§. 3 S. 58 a. a. O.)

43. Rechtskräftige oder anerkannte Wechsel-Forderungen sollen nach der Prioritäts-Ordnung vom 1. Januar 1822 das Vorzugsrecht der vierten Classe haben. (S. 59 a. a. O.)

Außerdem sind in Baiern noch folgende Verordnungen maßgebend:

Dritte Beilage des königl. bayr. Landtags-Abschieds vom Jahre 1825.

Gesetz,

die Abkürzung der Nothfrist bei Berufungen an das Wechsel-Appellationsgericht zu Augsburg betreffend.

Maximilian Joseph, von Gottes Gnaden König von Bayern.

Da Wir Uns überzeugt haben, daß die zur Zeit bei den Wechselgerichten in Augsburg bestehende Nothfrist für Berufungen mit der Natur des die möglichste Beschleunigung fordernden Wechsel-Processes nicht in Einklang stehe, und einen nachtheiligen Einfluß auf den dortigen Handel äußern; so verordnen Wir nach Vernehmung Unseres Staats-

Rathes mit Beirath und Zustimmung Unserer Lieben und Getreuen, der Stände des Reichs, wie folgt:

§. 1. Alle Berufungen gegen Erkenntnisse oder Entschließungen des Wechselgerichts erster Instanz zu Augsburg an das dortige Wechsel-Appellations-Gericht müssen binnen einer Nothfrist von acht Tagen, welche nach dem Tage der geschehenen Verkündigung des erstrichterlichen Erkenntnisses zu laufen anfängt, ohne Abrechnung eines Feiertags, wenn dieser gleich auf den letzten Tag fällt, bei dem Wechselgerichte erster Instanz bei Strafe der Desertion übergeben werden.

§. 2. Das Gericht erster Instanz hat den Partheien, welche es bei der Publication verlangen, unweigerlich und bei Vermeidung einer Ordnungs-Strafe von zehn Reichsthalern, Abschrift von dem gefällten Erkenntnisse und dessen Entscheidungsgründen zu ertheilen.

Ferner hat es bei gleicher Ordnungs-Strafe die Berufungsschrift binnen 24 Stunden dem Appellaten mitzutheilen, dem es frei stehet, binnen sechs Tagen, von Zeit der Zustellung an gerechnet, eine Nebenverantwortung, bei Strafe des Ausschlusses, bei demselben Gerichte zu überreichen.

§. 3. Ohne eine Inrotulation der Akten anzuordnen, ist das Gericht erster Instanz bei der oben §. 2 festgesetzten Ordnungsstrafe verpflichtet, die Acten nebst der allenfalls eingekommenen Nebenverantwortung in Zeit von längstens drei Tagen, von Zeit der Ueberreichung dieser Nebenverantwortung, oder vom Ausflusse des oben §. 2 hiefür gestatteten gesetzlichen Termines, an das Wechsel-Appellations-Gericht einzusenden.

§. 4. Gegenwärtiges Gesetz tritt mit dem 1. Okt. d. J. in Wirksamkeit, und ist sowohl durch das Gesetzblatt, als auch durch das Intelligenzblatt des Ober-Donau-Kreises öffentlich bekannt zu machen.

Gegeben Tegernsee den 11. Sept. 1825.

Max Joseph ꝛc.

Auszug aus dem Gesetzblatte für das Königr. Baiern von 1837. Nr. 1. Seite 33 No. IV.

Berufungen in Wechselsachen.

Nach dem Antrage der Stände genehmigen und verordnen Wir: daß vier Wochen nach Verkündigung des gegenwärtigen Abschiedes durch das Gesetzblatt, die Bestimmungen der §§. 1, 2 und 3 des Gesetzes vom 11. Sept. 1825, die Abkürzung der Nothfrist bei Berufungen an das

Wechselappellationsgericht zu Augsburg betreffend, bei allen übrigen Wechsel- und Mercantilgerichten in den sieben Kreisen dießseits des Rheins allgemein eingeführt und als gesetzliche Vorschriften angewendet werden, hievon jedoch ausgenommen bleiben sollen:

1) die mit einer besonderen Handelsgerichts- und Wechselordnung versehene Stadt Nürnberg, und
2) diejenigen Bezirke, in welchen, als Bestandtheilen der ehemaligen Fürstenthümer Ansbach und Bayreuth, das preußische Landrecht sammt dem hierin enthaltenen Wechselrechte und der in der preußischen Gerichtsordnung vorgeschriebene Wechsel-Proceß, gelten.

München, den 17. November 1837.

Ludwig rc.

Auszug aus dem Gesetzblatte für das Königr. Baiern von 1856. Nr. 13. Seite 128.

§. 27.

Wechsel- und Mercantilgerichtsordnung vom 24. November 1785.

Wir finden Uns bewogen, dem an Uns gebrachten Antrage der beiden Kammern entsprechend, folgende Abänderungen in der baierischen Wechsel- und Mercantilgerichtsordnung vom 24. Nov. 1785 mit Gesetzeskraft zu treffen, und deren Anwendbarkeit auf alle da, wo die gedachte Gerichtsordnung in Kraft ist, nach Verkündung des gegenwärtigen Landtagsabschiedes neu anfallenden Wechsel- und Handelssachen auszusprechen:

1) Die Berufung in Wechsel- und Handelssachen, in welchen der Gegenstand der Beschwerde in der Hauptsache nicht fünfzig Gulden erreicht, ist nicht zulässig.

   Gegenstände, deren Werth nicht angegeben, oder nicht anerkannt ist, werden nach den gesetzlichen Vorschriften über Schätzungen gerichtlich eingewerthet.

2) Selbstständige Berufung findet in Wechselsachen nur statt:
   a) gegen Bescheide, wodurch die Klage ohne weitere Einleitung des Verfahrens ganz oder so, wie angebracht, oder zur Zeit oder von diesem Gerichte abgewiesen wird,
   b) gegen Erkenntnisse auf Ableistung eines Eides,
   c) gegen das Endurtheil, und
   d) gegen Beschlüsse über die Art der Execution;

in Handelssachen:

a) gegen diejenigen Zwischenbescheide, welche in §. 52 der Novelle vom 17. November 1837, einige Verbesserungen der Gerichtsordnung betreffend, aufgeführt sind,
b) gegen das Endurtheil, und
c) gegen Beschlüsse über die Art der Execution. Unzulässige Berufungen hat das Gericht I. Instanz mittelst motivirter Entschließung abzuweisen.

3) Die Berufung gegen alle nicht selbstständig appellablen Zwischenbescheide, sowie gegen einfache Erlasse ist mit der Berufung gegen das nächste in der Sache ergehende selbstständig appellable Urtheil ohne vorgängige Verwahrung zu verbinden.

4) Aufschiebende Wirkung hat die Appellation in Wechselsachen gegen Bescheide, durch welche auf Ableistung eines Eides erkannt wird.

Bei Berufungen gegen das Endurtheil tritt in Wechselsachen die aufschiebende Wirkung nur in so weit ein, daß bis zur höheren Entscheidung die Einantwortung oder Versteigerung der Executionsobjecte, sowie der Vollzug des Personalarrestes nicht stattfindet, vorbehaltlich der Bestimmung der baierischen Wechsel- und Mercantilgerichtsordnung cap. IX. §. 5 No. 3. für den Fall, wenn wegen zu besorgender Flucht des Schuldners auf den Personalarrest angetragen wird.

Diese Beschränkung der aufschiebenden Wirkung findet auch dann statt, wenn in einer Wechsel- oder Handelssache gegen die Art der Execution die Berufung ergriffen wird.

5) Will der Wechsel- oder Mercantilgläubiger die in cap. X. §. 3 der Wechsel- und Mercantilgerichtsordnung vorgesehene Einantwortung der zu seiner Befriedigung eingeschätzten Gegenstände nicht, so hat er das, jedoch bei Vermeidung des Ausschlusses bereits mit dem Antrage auf Sperre auszuübende Recht, den gerichtlichen Verkauf dieser Gegenstände und seine Befriedigung aus dem Erlöse zu verlangen, wobei nach den Bestimmungen der §§. 78—86 der Novelle vom 17. Nov. 1837, einige Verbesserungen der Gerichtsordnung betreffend, zu verfahren ist.

Wenn in diesem Falle der Erlös zur vollen Befriedigung des Gläubigers nicht hinreicht, so sind für den ungedeckt bleibenden Betrag weitere Habseligkeiten des Schuldners in Schätzung zu nehmen, ein allenfallsiger Mehrerlös aber gehört dem Schuldner.

München, den 1. Juli 1856. Max ꝛc.

Fünfter Abschnitt.
Herzogthum Braunschweig.

Vom Wechsel-Proceß im Herzogthum Braunschweig.

Mittelst Patents vom 11. Januar 1849 ist zugleich mit der Allgemeinen deutschen Wechsel-Ordnung ein besondres Gesetz über den Wechsel-Proceß eingeführt. Dasselbe trägt daher auch das Datum des 11. Jan. 1849 und verordnet im Wesentlichen Folgendes:

§. 1.

Wechsel-Klagen sind bei dem Gerichte des Wohnorts des Beklagten oder bei dem Gerichte des Orts, wo die Zahlung geschehen soll, oder wenn der Schuldner sich durch eine besondere Clausel demselben unterworfen hat, bei dem Gerichte, in dessen Bezirke er nach der Verfallzeit angetroffen wird, anzustellen.

Dem Gerichte, welches hiernach zur Entscheidung competent ist, sind auch die übrigen Wechselschuldner unterworfen, insofern sie der Kläger in demselben Processe in Anspruch nimmt.

§. 2.

Der Kläger muß mit der schriftlich einzureichenden oder zu Protocolle zu gebenden Klage den Wechsel und die etwa außerdem zur Geltendmachung seines Anspruchs dienenden Urkunden wenigstens in Abschrift einreichen und um Einleitung des Wechselverfahrens bitten.

§. 3.

Ist die Klage statthaft, so ist zur Vorlegung und Anerkennung des Wechsels, und der übrigen Urkunden ein nicht über acht Tage nach der Anbringung der Klage hinauszurückender Termin anzusetzen, zu welchem der Beklagte bei Strafe des Anerkenntnisses vorgeladen wird. Sind aber zur Vorladung des Beklagten Requisitionen zu erlassen, so ist, je nach den Umständen, der Termin weiter hinauszusetzen.

§. 4.

Erscheint in diesem Termine der Kläger nicht, so kann der Beklagte seine Vertheidigung vorbringen und auf Ausschließung des Klägers mit seinen Repliken und Entscheidung der Sache antragen oder um seine Entbindung von der Instanz bitten. Erscheint der Beklagte nicht, so wird auf Antrag des Klägers dem angedrohten Präjudiz gemäß erkannt.

§. 5.

Der Beklagte hat im Termine die ihn verbindenden Unterschriften anzuerkennen oder eidlich abzuläugnen. Läugnet derselbe bei einer per procura geschehenen Unterschrift die Ertheilung der Procura, so kann der Kläger die Ausdehnung des Diffessionseides auf diesen Umstand fordern.

Bei Protesten, welche in Deutschland aufgenommen sind, und bei Urkunden (§. 2), deren Aufnahme oder Beglaubigung in Deutschland durch einen Notar oder Gerichtsbeamten erfolgt, bedarf es einer weitern Legalisation nicht. Der Einwand der Fälschung bleibt vorbehalten und ist in einem besondern Verfahren auszuführen.

Die Quittungen über bezahlte Provision, Spesen, Kosten u. s. w. der Nachmänner haben die Vermuthung der Richtigkeit für sich und bedürfen keiner Recognition. Der Einwand der Fälschung oder des Betrugs bleibt vorbehalten und ist, wenn er nicht sofort liquide gemacht wird, in einem besonderen Verfahren auszuführen.

§. 6.

Erbietet sich der Beklagte zum Diffessions-Eide, so kann der Kläger den Beweis der Aechtheit und bei einer Unterschrift per procura Ertheilung durch die gewöhnlichen Beweismittel, mit Ausschluß der Eidesdelation, unternehmen. Der Wechselproceß wird für die Dauer dieses Incidentverfahrens suspendirt. Nach dem Mißlingen des unternommenen Beweises darf der Kläger noch den Diffessionseid fordern.

Will der Beklagte die Procura-Ertheilung eidlich diffitiren, oder wird die Ueberschreitung der Befugnisse behauptet (Art. 95 der Wechselordnung) so hat Kläger das Recht, den Procuristen, Vormund oder sonstigen Vertreter des Beklagten zu einem anderweiten Termine adcitiren zu lassen. Wenn in diesem Termine der Adcitat

1) nicht erscheint, oder
2) nicht erklärt, daß er den Kläger wechselmäßig befriedigen wolle,

so hat der Kläger den Proceß gegen den Beklagten, nach seinem Ermessen, zur gerichtlichen Entscheidung zu bringen.

Wird der Kläger aus einem der angeführten Gründe abgewiesen (Art. 95.), so kann er bei demselben Gerichte den Wechselproceß gegen den Adcitaten fortsetzen und es ist dieser, wenn die Aechtheit seiner

Unterschrift feststeht, wechselmäßig auch in die Kosten des ersten Processes zu verurtheilen.

So lange der erste Proceß schwebt, hat der Adcitat das Recht, nach vollständiger Befriedigung des Klägers, denselben auf seine Gefahr fortzusetzen.

§. 7.

Wird die Passivlegitimation geläugnet, so kann der Kläger dieselbe durch die gewöhnlichen Beweismittel berichtigen. Der Wechselproceß wird alsdann für die Dauer des hierdurch entstehenden Incidentverfahrens suspendirt.

§. 8.

Im Wechselverfahren werden nur solche Einreden berücksichtigt, welche, insofern den Beklagten die Beweislast trifft, durch öffentliche oder recognoscible Privaturkunden erweislich sind.

Dilatorische Einreden sind nur zulässig, sofern sie den Mangel einer Voraussetzung der Rechtsbeständigkeit des Verfahrens betreffen.

Editionsgesuche sind überhaupt unstatthaft. Bei Widerklagen findet gleichzeitiges Verfahren mit der Vorklage nicht statt, doch können sie zur Begründung des Forum bei dem Gerichte der Vorklage in einem gesonderten Processe angebracht werden.

§. 9.

Illiquide peremtorische Einreden sind dem Beklagten nicht abzuerkennen, sondern zum besondern Verfahren zu verweisen.

§. 10.

Der Kläger kann zur Verhandlung seiner Repliken, sowie zur Anerkennung oder eidlichen Abläugnung der von dem Beklagten vorgelegten Urkunden die Ansetzung eines andern, jedoch ohne des Klägers Zustimmung nicht über drei Tage hinauszurückenden Termins beantragen. Die Ansetzung dieses Termins soll bei collegialisch besetzten Gerichten sofort durch einen Protocollarbescheid geschehen.

Illiquide und nicht im Sinne des §. 8 sofort erweisliche Repliken sind im Wechselprocesse nicht zu berücksichtigen, vielmehr für ein besonderes Verfahren vorzubehalten.

§. 11.

Das abzugebende Erkenntniß muß den Parteien spätestens binnen acht Tagen nach abgehaltenem Termine eröffnet oder in vim publicati insinuirt werden. Wird der Beklagte verurtheilt, so ist demselben zugleich die binnen 24 Stunden bei Vermeidung der wechselmäßigen oder in das Vermögen des Schuldners zu vollstreckenden Execution zu beschaffende Befriedigung des Klägers wegen seiner Haupt- und Neben-Forderungen, imgleichen der Kosten, aufzugeben.

§. 12.

Gegen das Erkenntniß finden die überhaupt zulässigen Rechtsmittel, jedoch ohne Suspensivwirkung, statt.

Die Einlegung muß binnen drei Tagen erfolgen.

Die Frist zur Rechtfertigung beträgt acht Tage.

Auch haben die Gerichte in der Instanz der Rechtsmittel die Fristen für die Verhandlungen der Parteien nicht über acht Tage auszudehnen und alle Verfügungen und die Erkenntnisse jedesmal binnen acht Tagen abzugeben.

§. 13.

Der Beklagte, welchem es wahrscheinlich, daß ihm im Falle des Obsieges, bei etwa verfolgten Rechtsmitteln oder im Separatprocesse, die Vollstreckung werde gefährdet werden, kann verlangen, daß die Zahlung in das gerichtliche Depositum genommen und dem Kläger nur gegen Sicherheits-Leistung ausgeliefert werde.

Wird in Beziehung auf die Verfolgung zum Separatverfahren verwiesener illiquider Einreden die Deponirung der gezahlten Summe oder eines Theiles vom Beklagten gefordert, so hat derselbe gleichzeitig den Grund seiner Ansprüche, wie bei Arrestanträgen, wahrscheinlich zu machen und binnen vier Wochen, von der Publication oder Insinuation des Erkenntnisses, bei Verlust seiner Rechte auf das Depositum oder die bestellte Sicherheit, das Proceßverfahren selbst einzuleiten.

§. 14.

Der Kläger hat neben dem Antrage auf Vollziehung des Personal-Arrestes die Atzungskosten für die erste Woche mit 6 Sgr. für den Tag einzuzahlen und die ferneren Atzungskosten von Woche zu Woche zum Voraus zu entrichten. Unterbleibt die Vorausentrichtung, so wird der bereits verhaftete Schuldner entlassen und kann wegen derselben Schuld nicht wieder verhaftet werden.

§. 15.

Der Wechselarrest kann, außer den im §. 2 der Wechselordnung genannten Ausnahmen, nicht nachgesucht werden:

1) gegen den Ehegatten;
2) gegen Verwandte und Verschwägerte in gerader Linie und im ersten Grade der Seitenlinie;

3) gegen beide Ehegatten zugleich;
4) gegen eine Person die älter ist als 70 Jahre;
5) gegen einen Schuldner, der seine Insolvenz gerichtlich erklärt hat.

§. 16.

Der verhaftete Schuldner wird entlassen:

1) wenn er den Gläubiger wegen seiner Hauptforderung, sammt Nebenforderungen und Kosten befriedigt oder dafür, daß die Kosten binnen vier Wochen gezahlt werden, Sicherheit gestellt hat;
2) wenn er das siebenzigste Lebens-Jahr zurücklegt;
3) wenn er gerichtlich seine Insolvenz erklärt hat;
4) wenn und so lange der Staat seine Militairdienste in Anspruch nimmt;
5) nach einjähriger Haft, wenn die Hauptforderung des Gläubigers 100 Thlr. nicht übersteigt, nach zweijähriger Haft, wenn dieselbe zwischen 100 Thlr. und 500 Thlr. beträgt, und jedenfalls nach drei Jahren;
6) in dem §. 14 erwähnten Falle. [1])

§. 17.

Die in diesem Gesetze nicht ausdrücklich erwähnten, das Verfahren betreffenden Punkte, sind nach den Grundsätzen des Executiv- und eventuell, des Ordinair-Processes zu beurtheilen.

§. 18.

Rücksichtlich des Kaufgerichts zu Braunschweig behält es bei der bestehenden Einrichtung, nach welcher alle Fristen auf 24 Stunden abgekürzt sind, sein Bewenden.

---

[1]) Vergl. oben S. 41.

Sechster Abschnitt.

Freie Hansestadt Bremen.

Vom Wechsel-Proceß in Bremen.

Das Gesetz über die Einführung der Allg. deutschen Wechsel-Ordn. in Bremen vom 25. April 1849 enthält auch besondere Bestimmungen über den Wechsel-Proceß. Diese sind im Wesentlichen folgende.

§. 1.

Der Wechsel-Inhaber genießt unter der Bedingung der Beibringung des Original-Wechsels den Vortheil des Wechsel-Processes unter folgenden nähern Bestimmungen. (§. 13).

§. 2.

Die zur sonstigen Begründung der Klage und Einreden sowie der etwaigen Re- und Dupliken dienenden Thatsachen können, sofern nicht der Gegner sie einräumt oder dessen Geständniß in Contumacialfällen angenommen wird, nur durch Urkunden erwiesen werden. Wird der Beweis ausländischer Wechselgesetze erforderlich, so ist ein unverdächtiger Abdruck derselben dazu genügend. (§. 14)

§. 3.

Die Urkunden müssen auf der Stelle beigebracht werden. Editionsanträge bleiben ausgeschlossen. (§. 15)

§. 4.

Bei Erbfällen ist indeß der Kläger befugt, die active und passive Legitimation zur Sache nach den Grundsätzen des ordentlichen Processes zu berichtigen und sodann den Wechselproceß zu wählen. Er kann auch, falls im Laufe des letzteren die Legitimation zur Sache bestritten wird, die Suspension des Wechselprocesses verlangen und nach Berichtigung des Legitimationspuncts im ordentlichen Processe zum Wechselprocesse zurück kehren. (§. 16)

§. 5.

Der Kläger kann zu jeder Zeit den Wechselproceß aufgeben und seine Sache im ordentlichen Processe fortsetzen. (§. 17)

§. 6.

Die Ausstreichung aller spätern Indossamente überhebt den Wechselinhaber der Nothwendigkeit des Beweises der erfolgten Wiedereinlösung des Wechsels. (§. 18)

§. 7.

Der Beklagte muß sich gleich im ersten Termine über die erhobene Klage vernehmen lassen. (§. 19)

§. 8.

Der Beklagte wird mit keinerlei Cautionsanträgen gehört. Indessen kann er, wenn er auf die Klage verurtheilt und im Stande ist, eine Widerklage anzustellen, zur Sicherheit für dieselbe, den Vorschriften der Gerichtsordnung gemäß, den Gegenstand seiner Verurtheilung deponiren. (§. 20)

§. 9.

Der Beklagte muß sich gleich bei seiner ersten Vernehmlassung über die Aechtheit seiner eigenen Wechselzeichnungen, sowie über die Wechselzeichnungen Derjenigen, deren Handschrift ihn verbindet, erklären und kann sich durch keinerlei Einrede von dieser Pflicht befreien. (§. 21)

§. 10.

Erkennt er deren Aechtheit, so kann der Kläger sofort einen Diffessionseid verlangen. (§. 22)

§. 11.

Ist der Wechsel per procura gezeichnet und wird die Ertheilung derselben vom Beklagten geleugnet, so kann der Kläger die Ausdehnung des Diffessionseides auf diesen Punct verlangen. (§. 23)

§. 12.

Der Kläger kann die eidliche Diffession des Beklagten durch das Erbieten zum anderweitigen Beweise der erkannten Thatumstände abwenden. Doch geht alsdann der Wechselproceß in den ordentlichen Proceß über. (§. 24)

§. 13.

Zur Fortführung des Verfahrens kann die Partei, wenn sie zur sofortigen Vornahme der ihr obliegenden Handlung nicht füglich im Stande sein kann, dafür die Ansetzung eines ferneren Termins beantragen. (§. 25)

§. 14.

Der nach Wechselrecht Verurtheilte muß dem Urtheile vor Ablauf des nämlichen Tages, an welchem dasselbe ihm zur Kunde kommt, genügen. (§. 26)

§. 15.

Geschieht dies nicht, so ist das Urtheil gleich am Morgen des nächstfolgenden Werktages vollstreckbar.

In dringenden Fällen, deren Beurtheilung dem Vorsitzer des Gerichts überlassen bleibt, kann die Vollstreckung auch an Sonn- und Festtagen geschehen.

§. 16.

Die Vollstreckung wird von dem Vorsitzer desjenigen Gerichts, welches das Urtheil erlassen hat, außergerichtlich verfügt. Der Verkauf der Immobilien muß indeß vor dem Obergerichte nachgesucht werden. (§. 28)

§. 17.

Der Kläger hat die Wahl, ob er zunächst die Vollstreckung an dem beweglichen Vermögen des Beklagten, nach Vorschrift der Gerichtsordnung oder sofort den Personalarrest verlangen oder endlich beide Vollstreckungsarten mit einander verbinden will. Er ist auch befugt, die eine derselben aufzugeben und nachher von neuem zu wählen. (§. 29)

§. 18.

Der Kläger kann, wenn er das sonstige bewegliche Vermögen des Beklagten zu seiner Befriedigung nicht hinreichend erachtet, sofort auf Beschlagnahme der ausstehenden Forderungen und den Verkauf der Immobilien des letzteren antragen, ohne dadurch auf den Personenarrest zu verzichten. (§. 30)

§. 19.

Rechtsmittel haben im Wechselprocesse keine Suspensivwirkung. (§. 31)

§. 20.

Im Uebrigen finden die Vorschriften der Handelsgerichtsordnung, der Gerichtsordnung und des gemeinen Processes, insofern sie nicht durch vorstehende Bestimmungen oder durch die allgemeine deutsche Wechselordnung aufgehoben oder abgeändert worden, im Wechselprocesse volle Anwendung. (§. 32)

Siebenter Abschnitt.

Freie Stadt Frankfurt am Main.

Vom Wechsel-Proceß in Frankfurt am Main.

Das Proceß-Verfahren in Wechsel-Sachen wird zu Frankfurt a. M. bestimmt durch die:

Interimistische Proceß-Ordnung vom 30. December 1819.
(Gesetz- und Statuten-Sammlung Bd. 11. S. 111 bis 167)[1])

In dieser handelt ein besondrer hier folgender Abschnitt (Cap. 3) vom Wechsel-Processe.

Dieser lautet:

Drittes Capitel.

Wechsel-Proceß-Verfahren.[2])

Artikel 77.

Gerichts-Competenz.

In Wechselklagsachen ist nach Verschiedenheit der Größe des einzuklagenden Hauptstuhls und resp. des Wohnorts oder Aufenthalts des Beklagten, entweder das Stadtgericht oder das Stadt- oder das Land-Justiz-Amt die competente Gerichtsstelle. Die Stadtgerichts-Commission und resp. jedes der genannten Justizämter leiten das mündliche oder mittelst schrift- statt mündlicher Rezesse zu verhandelnde Verfahren nach den Regeln und Grundsätzen des summarischen Processes und dieser Verordnung, bis zu dem Actenschluß, die Wechselbescheide selbst aber müssen in den resp. Plenarversammlungen des Gerichts und der Justizämter gefällt werden.

---

[1]) Der Verfasser verdankt diese Mittheilungen großentheils seinem geehrten Herrn Collegen, dem Herrn Advocaten Dr. J. F. Schmidt zu Frankfurt am Main.

[2]) Die hier mitgetheilte Proceß-Ordnung ist noch jetzt in Frankfurt a. M. maßgebend, so weit sie nicht durch die in §. 1e. des Einführungs-Ges. v. 27. März 1849 aufgehoben ist. Jener §. hat die Art. 78, 80, 94, 95 u. 96 aufgehoben, dieselben sind jedoch des Zusammenhangs wegen hier mit aufgenommen. Außerdem ist statt des rein schriftlichen ein gemischtes schriftliches und mündliches, dabei zugleich öffentliches Verfahren eingetreten.

Artikel 78.

Begründung der Wechsel-Klage.

Eine Wechselklage kann nur durch einen wirklichen Wechsel, welchem jedoch acceptirte oder an Ordre (Verordnung) gestellte Anweisungen und dergleichen Schuldscheine (Billets à Ordre) oder Zahlungs-Versprechen, so wie jene besondere Art von Anweisungen, deren der §. 41 der Wechsel-Ordnung gedenkt, gleich zu achten sind, begründet werden.

Anm. Aufgehoben durch das Einführungs-Gesetz.

Artikel 79.

Erfordernisse der, der Wechselklage beizufügenden, Wechseldocumente.

Zur Begründung des Wechselprocesses müssen sogleich bei der Klage die Original-Documente, worauf dieselbe begründet werden soll, beigebracht werden. Gründet sich jedoch die Klage auf die Nichtacceptation einer Tratte, so muß wenigstens der über den Mangel der Acceptation ausgestellte Original-Protest sogleich vorgelegt werden, und ist in einem eigenen Wechsel ein auswärtiger Ort zur Zahlung bestimmt, so muß durch Vorlegung des Original-Protestes auch zugleich dargethan werden, daß der Kläger sich am bestimmten Ort und Zeit vergeblich um die Zahlung gemeldet habe.

Artikel 80.

Einhaltung der Ordnung bei der Auswahl des Beklagten unter den Giranten.

Da dem Inhaber eines protestirten Wechsels

1) der Acceptant direct und als Hauptschuldner, sodann
2) alle Giranten auf dem Wege des Regresses, und endlich
3) der Aussteller selbst auf dieselbe Weise verhaftet sind, so hängt es nach Art. 28. und 29. hiesiger Wechselordnung von demselben ab, ob er zuerst den Acceptanten oder mit Uebergehung dieses, seines ihm gleichwohl immer verhaftet bleibenden Hauptschuldners, einen oder den andern Giranten oder den Aussteller selbst belangen wolle, jedoch mit dem Unterschied, daß er hinsichtlich der Giranten, durch Einhaltung der Ordnung sich dem Regreß gegen die Uebrigen — unter Beobachtung der im Art. 28. der Wechselordnung vorgeschriebenen Nachrichtsgebung — erhalte, indem er durch Uebergehung des einen oder des andern Giranten den Regreß gegen die übergangenen Giranten verliert.

Anm. Aufgehoben durch das Einführungs-Gesetz.

Artikel 81.

Richtererforderniß einer Vollmacht zur Wechselklage.

Zur Anstellung einer Wechsel-Klage bedarf es keiner besonderen Vollmacht, der Besitz der Wechseldocumente legitimirt vielmehr in so weit zur Klage, daß ein de rato et mandato cavirender Anwalt zugelassen wird. Der Bezug des Wechselbetrags erfordert jedoch eine Special-Vollmacht.

Artikel 82.

Vorladung des Beklagten zur Recognition und Erklärung.

Der Beklagte muß auf die erhobene Wechselklage zur Recognition, auch allenfallsigen Erklärung auf die Klage, sogleich auf den nächsten Vormittag, unter dem Rechtsnachtheil vorgeladen werden, daß der Wechsel im Ausbleibungsfalle für recognoscirt und die Klage als einverstanden angenommen werden solle. Da alle Termine im Wechselproceß präclusiv sind, so kann gegen diesen Termin, ohne bestimmte Einwilligung des Klägers, keine Erstreckung desselben stattfinden.

Artikel 83.

Vorladung des abwesenden Beklagten.

Bei Handelsleuten kann die Vorladung in Abwesenheit des Beklagten rechtsgiltig in seinem Comptoir und in dessen Ermangelung in seiner Wohnung geschehen, indem jeder Handelsmann während seiner Abwesenheit einen zur Besorgung der vorfallenden Geschäfte bestellten Procuraträger zu hinterlassen verbunden ist, und durch Unterlassung dieser Vorschrift die ihn treffende Contumacial-Strafe sich selbst zuzuschreiben hat.

Artikel 84.

Recognition oder Diffession durch einen Bevollmächtigten.

Will der Beklagte den eingeklagten Wechsel durch einen Bevollmächtigten anerkennen oder ableugnen lassen, so muß der Bevollmächtigte eine, den einen oder den andern Fall enthaltende, Special-Vollmacht produciren.

Artikel 85.

Folgen des Ungehorsams des Beklagten.

Erscheint der vorgeladene Beklagte nicht, so wird der Wechsel, auf Anrufen des Klägers, zur Strafe des Ungehorsams, für anerkannt angenommen, und das Protokoll von der Gerichts-Commission und resp. dem Stadt- oder Land-Justiz-Amtmann ad plenum abgegeben, von welchem in der ersten Sitzung dem Beklagten, unter Ausschluß mit seinen allenfallsigen Einreden, zu Bezahlung der eingeklagten Urkunde sammt Zinsen und Kosten, ein Termin von 24 Stunden, bei Vermeidung der wechselrechtmäßigen Execution vorberaumt wird.

Artikel 86.

Recognition des Beklagten ohne Einreden.

Erscheint der Beklagte und recognoscirt den eingeklagten Wechsel pure und ohne einige Einrede vorzubringen, so hat, wie im vorhergehenden Falle, die Stadt-Gerichts-Commission und resp. das Stadt- oder Land-Justiz-Amt das Protokoll ad plenum abzugeben, um in der nächsten Sitzung die Verurtheilung zur Zahlung unter Androhung der wechselrechtmäßigen Execution auszusprechen, und auf Anrufen vollziehen zu lassen.

Artikel 87.

Ableugnen des Beklagten — Eidesformel.

Recognoscirt der Beklagte seine Unterschrift auf dem eingeklagten Wechsel nicht, sondern leugnet dieselbe ab, so ist derselbe oder, wenn es mehrere Beklagte sind, jeder derselben — auf Verlangen des Klägers verbunden, sofort den Diffessions-Eid dahin:

„daß er den befraglichen Wechsel (oder Anweisung oder darauf „befindliche Accepte oder Giro) weder selbst geschrieben oder un-„terschrieben, noch durch Andere für sich in seinem Namen habe „schreiben oder unterschreiben lassen“

in Selbstperson abzuschwören.

Artikel 88.

Ablehnung des Diffessions-Eides durch den Kläger.

Will der Kläger es nicht auf diesen Diffessions-Eid ankommen lassen, sondern den Beweis, daß die Namensunterschrift des Beklagten richtig sei, übernehmen, so hört das Wechselverfahren auf, und die Sache wird im ordentlichen Proceß verhandelt, und nach geführtem Beweis, auch Gegenbeweis das Rechtliche erkannt.

Artikel 89.

Folgen fälschlicher Ableugnung und des Meineids.

Findet sich, daß der Beklagte seine Unterschrift, worüber jedoch, außer der Erklärung der zur Vergleichung der Handschriften verpflichteten Schreibverständigen, durch anderweitige Beweismittel der Beweis aufs vollständigste erbracht sein muß, freventlich abgeleugnet habe, so ist derselbe, außer dem Ersatz aller Schäden und Kosten, mit einer 8—14 tägigen Arreststrafe zu belegen, wohingegen, wenn nach abgelegtem Diffessions-Eid sich in der Folge ergeben sollte, daß der Beklagte falsch geschworen, die Sache sofort an die Criminalbehörde abzugeben ist.

Artikel 90.

Recognition und Vorschützung zulässiger Einreden. Replik und Duplik.

Erkennt der Beklagte die Unterschrift für richtig an, bringt aber entweder sogleich, oder binnen 24 Stunden Einreden vor, oder stellt sich in dem zur Anerkennung der Wechsel-Unterschrift anberaumten Termin ein mit allgemeiner Vollmacht versehener, oder deßfalls cavirender Anwalt dar, welcher nur Einreden vorschützt, ohne sich auf die Anerkennung oder Ableugnung einlassen zu wollen, so ist, da der Wechsel dann in beiden Fällen für anerkannt angesehen ist, dem Kläger eine 24stündige Frist zur Einreichung seiner Replik vorzuberaumen. Bleibt der Kläger mit dieser ungehorsam aus, so muß, nach Ablauf dieser 24stündigen Frist, der Kläger auf Anrufen des Beklagten damit ausgeschlossen, die in der Einrede vorgebrachten Thatsachen für eingestanden angenommen, sofort die Sache in der nächst darauf folgenden ersten oder zweiten Sitzung vorgetragen und entschieden werden. Wird hingegen die Replik innerhalb der laufenden Frist übergeben, ohne damit neue Documente zu überreichen, so muß die Sache sofort für beschlossen angenommen und dann in der nächst darauf folgenden ersten oder zweiten Sitzung vorgetragen und entschieden werden. Wären aber neue Documente mit der Replik beigebracht, so ist dem Beklagten, eben so wie zu der ersten Erklärung, eine 24stündige Frist, zur Verhandlung der Duplik zu bewilligen, nach deren Ablauf aber, und zwar, falls Beklagter ungehorsam ausgeblieben wäre, auf Anrufen des Klägers, die Acten an das Plenum zur Entscheidung abzugeben sind.

Artikel 91.

Erforderniß der Einreden.

Einreden sind im Wechselproceß überhaupt nur dann von voller Wirkung, wenn sie wider den Wechselkläger selbst gerichtet und binnen 24 Stunden liquid zu machen sind. Sind sie aus dem Recht oder der Verbindlichkeit eines Dritten abgeleitet, so müssen sie sogleich verworfen werden, und sind sie nicht binnen 24 Stunden liquid zu machen, so ist der Beklagte verbunden, innerhalb 24 Stunden den Betrag der Forderung bei Vermeidung der Wechsel-Execution gerichtlich zu hinterlegen Die weitere Ausführung der Einreden wird nach geschehener Hinterlegung in den Weg des ordentlichen Proceßverfahrens verwiesen.

Artikel 92.

Nichtstattfindung der Einrede mehrerer Mitschuldner und der Cession auf einen Mächtigern.

Die Einrede, daß der Mitschuldner mehrere seien, so wie bei indossirten Wechseln, der Cession auf einen Mächtigern, ist nach Vorschrift der Artikel 33 und 34. der Wechsel-Ordnung im Wechselproceß durchaus unzulässig, selbst dann, wenn sie auch gleich binnen 24 Stunden liquid gemacht würden.

Anm. Die Worte „nach Vorschrift der Art. 33. und 34. der Wechsel-Ordnung" sind durch das Einführungs-Gesetz aufgehoben.

Artikel 93.

Einrede der nicht empfangenen Valuta.

Was insbesondere die Einrede der nicht bezahlten Valuta betrifft, so ist diese Einrede, als solche, im Wechselprocesse zwar ebenfalls nicht zulässig, muß jedoch demjenigen, der sie vorschützt, um sie als Gegenstand einer Separatklage im ordentlichen Proceß auszuführen, vorbehalten werden. Wird aber diese Einrede als Gegenstand einer Separatklage im ordentlichen Proceß vorgebracht, oder, wie es allerdings geschehen darf, im Fall eines Concurses von Seiten des Contradictors dem Liquidanten entgegengesetzt, so verliert sie die ihr in den gemeinen Rechten zugestandene privilegirte Eigenschaft; der Kläger und resp. der Contradictor muß sie also immer beweisen, doch kann letzterer, statt der Führung dieses Beweises, dem Liquidanten den Eid deferiren, ohne die sonst zur Eidesdelation erforderliche Bescheinigung erbringen zu müssen.

Artikel 94.

Einrede der Wechselunfähigkeit.

Die in §. 8 der Wechselordnung gegründete Einrede, daß der Beklagte 2000 fl. verschätze, kann, bei nun aufgehobener Schatzung, ferner nicht vorgeschützt werden.

Anm. Aufgehoben durch das Einführungs-Gesetz.

Artikel 95.

Einrede der Verjährung eines trassirten Wechsels.

Die Aufhebung einer, mit Hinsicht auf §. 45 der Wechsel-Ordn. wegen eines verlornen Wechsels, gestellten Caution, kann nach Ablauf von fünf Jahren, vom Tag der vollzogenen Cautionsleistung an, verlangt werden. Diese Aufhebung kann aber nur erst dann verfügt werden, wenn vorher auf Betreiben desjenigen, welcher die Caution gestellt hat, alle diejenigen, welche etwa Rechte und Ansprüche aus dem verlornen Wechsel geltend machen zu können vermeinen, unter Vorberaumung einer dreimonatlichen peremtorischen Frist ohne Erfolg edictaliter vorgeladen, der verlorne Wechsel dann von Gerichtswegen, seinem ganzen Inhalt und Wirkung nach, für erloschen erklärt und das Amortisations-Erkenntniß in einer der hiesigen Zeitungen öffentlich bekannt gemacht worden ist.

Anm. Aufgehoben durch das Einführungs-Gesetz.

Artikel 96.

Einrede der Verjährung der Uso- und Vista-Briefe, so wie der auf eine bestimmte Zeit nach Sicht ausgestellten Wechsel.

Uso-Briefe, so wie Briefe, die auf eine bestimmte Zeit nach Sicht gestellt sind und in Europa und den europäischen Inseln gezogen wurden, sind binnen eines Jahrs, in West-Indien gezogene innerhalb eines und eines halben Jahres, in andern außereuropäischen Welttheilen gezogene innerhalb zweier Jahre, vom Tage der Ausstellung an gerechnet, zur Acceptation, oder wenn es Vista-Briefe sind, zur Zahlung vorzuzeigen, und diese Fristen verdoppeln sich zur Zeit von Seekriegen. Werden diese einfachen oder, nach eintretenden Umständen, verdoppelten Fristen versäumt, so ist der Regreß gegen die Indossanten und das Wechselrecht gegen den Aussteller verloren.

Anm. Aufgehoben durch das Einführungs-Gesetz.

Artikel 97.

Einrede der Compensation.

Die Einrede der Compensation kann nur dann die Wechsel-Exekution aufhalten, wenn sie dem Wechselkläger selbst entgegensteht und daher bei an Ordre lautenden Wechseln aus dem unmittelbaren Verhältniß zwischen dem Kläger und Beklagten hergenommen ist, auch binnen 24 Stunden liquid gemacht werden kann. Ist jedoch die Gegenforderung nicht nur bereits verfallen, sondern kann sie auch sogleich bescheiniget werden, dergestalt, daß die Bescheinigung stark genug ist, um den Wechselschuldner zu berechtigen, auf die von ihm bezahlte Valuta Arrest nachzusuchen, so kann er nur zur gerichtlichen Hinterlegung angehalten werden.

Artikel 98.

Zuziehung der Handels-Assessoren bei der Entscheidung.

Bei der Entscheidung haben die gerichtlichen Behörden, entweder von Amtswegen, wenn sie es für nöthig halten, oder auf Verlangen eines oder beider streitenden Theile nach Vorschrift §. 7 der Verordnung vom 20. Mai 1817 [1]) Handlungs-Assessoren zuzuziehen.

Artikel 99.

Zinsen-Vergütung durch Urtheil.

Außer Verzugs-Zinsen, welche vom Tage des erhobenen Protestes, oder wo kein Protest erhoben worden ist, vom Tage der angestellten Klage an zu 5 vom 100 berechnet werden, ist bei Wechseln auf keine Zinsen zu erkennen, in sofern nicht in der Urkunde selbst ausdrücklich solche versprochen sind. Sind in einem Wechsel Zinsen versprochen, ohne daß ein Zinsfuß angegeben sei, so sind die Zinsen auf fünf vom Hundert jährlich anzunehmen.

Artikel 100.

Zinsen-Vergütung und Kosten-Erstattung in Depositions-Fällen.

Wenn der Wechselbeklagte, der den Wechselbetrag einstweilen hat hinterlegen müssen, in der Folge sachfällig wird, so hat derselbe dem Kläger zugleich die Verzugszinsen, vom Tage des erhobenen Protestes, oder der angestellten Klage an, bis zum möglich gewordenen Bezug, mit fünf vom Hundert jährlich zu vergüten, auch alle Proceßkosten zu erstatten. Zu gleichem Ersatz ist dagegen auch der Wechselkläger verbunden, falls der Beklagte im ordentlichen Proceß obsiegen sollte.

Artikel 101.

Vollstreckung des Wechselbescheids.

Die Verurtheilung des Beklagten im Wechselproceß hat die Wirkung, daß die Bezahlung — oder nach Umständen gerichtliche Hinterlegung des Betrags der zuerkannten Forderung innerhalb 24 Stunden erfolgen und nach fruchtlosem Ablauf dieses Termins ohne einige Fristgestattung, auf Anrufen und nach der Wahl des Klägers, entweder mit Personal-Arrest gegen den Wechselschuldner oder mit der Execution in die bereitesten Zahlungsmittel vorgeschritten werden muß.

---

[1] Bei Handels- und Wechsel-Sachen müssen zu allen Gerichten in Frankfurt am Main, ein Rechtsstreit mag in erster, zweiter oder dritter Instanz bei ihnen anhängig sein, auf Verlangen beider, oder einer Partei, zwei Handels-Assessoren aus der Handelskammer, zur Entscheidung mit berathender Stimme zugezogen werden. Dasselbe kann auch von jedem Gericht von Amtswegen geschehen.

Sollten die Meinungen der Handlungs-Assessoren von derjenigen des Gerichts verschieden sein, so haben erstere sie schriftlich zu verfassen, und sie müssen zu den Acten registrirt werden, damit sie im Fall der Actenversendung auch zur Kenntniß der auswärtigen Richter gelangen. (Gesetz- und Statuten-Sammlung Bd. 1. S. 122).

Artikel 102.

Aufhebung des Wechsel-Proceß-Verfahrens und der Wechsel-Execution bei eintretendem Concurs.

Die Eröffnung des Concursprocesses über das Vermögen des Wechselbeklagten, hebt nicht allein das Wechsel-Proceß-Verfahren, sondern auch die Vollziehung des bereits ergangenen Wechselbescheides gegen den insolventen Schuldner auf.

Artikel 103.

Beschränkung der Vollziehung des Wechselbescheides gegen die Erben des Wechselbeklagten.

Gegen die Erben eines Wechselschuldners findet Execution auf deren Person durch Arrest nicht statt, sondern die Execution beschränkt sich auf die Erbschaftsgegenstände, deren gleichbaldige Obsignation und Beschlagnehmung, auch ordnungsmäßige Veräußerung, soviel zur Bezahlung nöthig ist.

Artikel 104.

Verbindlichkeit mehrer Erben des Wechselschuldners, und Befugniß des Wechsel-Gläubigers gegen diese oder die Erbschaftsmasse.

Wenn mehre Erben vorhanden sind, so kann die Wechsel-Klage gegen jeden nur für seinen Antheil und nicht solidarisch angestellt werden. Der Wechselgläubiger ist jedoch nicht schuldig, die gerichtliche Immission der Erben, die Bestellung der Vormünder minderjähriger oder anderer zu bevormundender Erben, Verfertigung des Inventars oder Ablauf der Bedenkzeit abzuwarten, sondern es ist demselben, nachdem auf sein Begehren der Erbmasse ein Vertreter, nach der Lage der Sache, bestellt, und gegen diesen der Wechsel-Proceß bis zum Urtheil verhandelt worden, mit der Execution in die Erbschaftsgegenstände sogleich an Handen zu gehen, insofern nicht mehre Gläubiger zu gleicher Zeit auftreten, als in welchem Fall er sich den richterlichen Verfügungen unterwerfen muß.

Artikel 105.

Appellation.

Gegen wechselrechtliche Verurtheilungen hat die Appellation keine aufschiebende Wirkung. Wenn jedoch eine, der Wechselklage entgegengesetzte, im Wechselproceß sonst zulässige Einrede verworfen, auf Zahlung erkannt und dagegen die Appellation eingelegt worden ist, so darf der appellirende Wechselschuldner nur zur gerichtlichen Hinterlegung des Betrags, zur wirklichen Zahlung an den Kläger aber, nur gegen von demselben zu leistende hinreichende Sicherheit für den allenfallsigen Rückersatz angehalten werden.

Nachtrag.

Das vorstehend dargestellte Proceß-Verfahren hat durch das Gesetz vom 7. Nov. 1848 einige Aenderungen erlitten, indem durch dasselbe ein vereinfachtes schriftlich-mündliches, zum Theil öffentliches Verfahren eingeführt ist. Es scheint daher zweckmäßig, einen Auszug dieses Gesetzes hier mitzutheilen:

Gesetz,

über das Verfahren in bürgerlichen Rechts-Sachen.[1])

Wir Bürgermeister und Rath der freien Stadt Frankfurt verordnen hiermit, nachdem sich mehrere Veränderungen des Verfahrens in bürgerlichen Rechtssachen als nothwendig gezeigt haben, auf verfassungsmäßigen Beschluß der gesetzgebenden Versammlung vom 21. Oct. 1848 wie folgt:

Erste Abtheilung.

Vorschriften, welche die Einrichtung der Gerichtsbehörden betreffen.

§. 1. Die zwei Abtheilungen des Stadtgerichts werden so gebildet, daß die erste aus dem Direktor und vier Räthen, die zweite aus drei Räthen besteht.

§. 2. Das Kanzleipersonal wird nach Bedürfniß unter die zwei Abtheilungen vertheilt.

§. 3. Hinsichtlich aller Rechtssachen, für welche das Stadt-Amt zuständig ist, wird die Stadt mit Sachsenhausen und den Gemarkungen in drei Bezirke eingetheilt.

Von den drei Abtheilungen des Stadt-Amts ist für jeden dieser drei Bezirke eine Abtheilung in der Weise bestimmt, daß alle Klagen, welche gegen einen Bewohner eines der drei Bezirke angebracht werden, von derjenigen Abtheilung des Stadt-Amts anzunehmen und auszuhandeln sind, welcher der fragliche Bezirk zu der Zeit, wo die Klage angebracht wird, zugetheilt ist.

Alle vier Monate tritt ein Wechsel der drei Bezirke unter den drei Abtheilungen des Stadt-Amts ein.

---

[1]) Vgl. Amtsblatt der freien Stadt Frankfurt Nr. 137. v. 14. Nov. 1848.

Die Eintheilung dieser Bezirke und die Anordnung des Wechsels unter den drei Abtheilungen des Stadt-Amts geschieht durch den Senat.

Anm. Die zweite Abtheilung ist hier fortgelassen, weil sie nur von den nicht streitigen Sachen handelt.

Dritte Abtheilung.

Verfahren in streitigen Rechtssachen.

Erster Abschnitt.

Verfahren bei dem Stadtgericht und Appellationsgericht.

§. 10. Jedem Erkenntnisse und jedem nicht rein proceßleitenden Zwischenbescheide soll bei dem Stadtgericht, und, insofern die Acten nicht versandt werden, bei dem Appellationsgericht in der Regel eine mündliche und öffentliche Verhandlung vor den erkennenden Richtern vorausgehen. Es steht jedoch in dem Ermessen des Gerichtes, in besonders verwickelten Fällen schriftliche Rechtsausführung anzuordnen.

§. 11. Das diese Verhandlung vorbereitende schriftliche (oder protokollarische) Verfahren ist nur für die Angabe der thatsächlichen Verhältnisse und für die Stellung der Anträge bestimmt.

§. 12. In der mündlichen Verhandlung können zwar zum Vortheil des Gegners frühere Behauptungen aufgegeben oder bisher geläugnete Thatsachen zugestanden werden. Neue thatsächliche Anführungen aber zum Vortheil desjenigen, welcher sie vorbringt, dürfen von dem Gerichte ohne ausdrückliche Einwilligung des Gegners nicht berücksichtigt werden.

§. 13. Am Schlusse des schriftlichen Verfahrens, gleichviel, ob es vollständig ausgehandelt, oder durch Verzicht, oder durch Ungehorsam und Ausschluß einer Partei beendigt worden ist, wird die Sache zur mündlichen Verhandlung ausgesetzt und in eine Liste eingetragen, von welcher in der Kanzlei eine Abschrift zu Jedermanns Einsicht offen liegt.

§. 14. Ist die Sache dringend, so wird in dem die schriftliche Verhandlung schließenden Bescheid zugleich Tagfahrt für die mündliche Verhandlung angesetzt.

§. 15. In der letzten Sitzung jeder Woche ordnet der Vorsitzer aus der Liste die Sachen, wie sie in den Sitzungen der nächsten Woche nach und nach verhandelt werden sollen. Dabei berücksichtigt er die Bemerkungen der Gerichtsmitglieder und der Sachwalter und genehmigt einverständliche Verschiebungen aus Geschäfts- oder sonstigen erheblichen

Gründen. Wo nicht besondere Beschleunigung nöthig ist, werden die Sachen nach dem Zeitpunct des Eintrags in die Liste zur mündlichen Verhandlung bestimmt. Die in dieser Weise gebildete Tabelle für die Verhandlungen der nächsten Woche wird sofort an die Gerichtstafel angeheftet.

§. 16. Spätestens am dritten Tage vor der Sitzung, dringende Fälle ausgenommen, werden die Parteien oder, wenn sie bevollmächtigte Anwälte haben, diese zur mündlichen Verhandlung vorgeladen.

§. 17. Nur aus bescheinigten, dringenden, in den Verhältnissen der Sache oder der Personen gegründeten Ursachen kann das Gericht eine Verlegung der angesetzten Tagfahrt bewilligen. Ueberhäufte Geschäfte oder Reisen des Sachwalters begründen kein darauf gerichtetes Gesuch.

§. 18. Bei der mündlichen Verhandlung hat der angreifende Theil (der Kläger, Beweisführer, Antragsteller, Appellant) den ersten Vortrag.

§. 19. Das Gericht schließt, wenn es die Sache für hinreichend erörtert hält und nachdem es den angegriffenen Theil zuletzt gehört hat, die Verhandlung.

§. 20. Die Parteien können die Vorträge selbst halten oder durch einen Bevollmächtigten aus der Zahl der hiesigen Advocaten halten lassen.

§. 21. Eine Partei, welche ihre Sache persönlich führen will, kann, wenn es sich gezeigt hat, daß sie dies nicht mit der erforderlichen Klarheit und Ruhe zu thun vermag, von dem Gerichte angewiesen werden, sich zum mündlichen Vortrag eines Anwaltes zu bedienen.

§. 22. Bei dem Appellations- und bei dem Stadt-Gericht müssen die Parteien, welche zur mündlichen Verhandlung erscheinen, von ihren Anwälten begleitet sein. Sonst wird es so angesehen, als ob sie nicht erschienen wären.

§. 23. Die Leitung der mündlichen Verhandlung gebührt dem Vorsitzenden des Gerichts.

§. 24. Läßt sich eine Partei, ein Stellvertreter derselben, oder sonst eine in der Sitzung anwesende Person eine Störung zu Schulden kommen, so hat der Vorsitzende die Pflicht, den Störer zur Ordnung zu verweisen, wenn dies fruchtlos bleibt, ihm die Entfernung aus dem Gerichtssaal anzudrohen und nöthigenfalls diese Drohung zur Ausführung zu bringen.

§. 25. Läßt sich Jemand zur Beleidigung seines Gegners oder

des Gerichtes oder eines Dritten hinreißen, so steht dem Gerichte die Befugniß zu, eine Ordnungsstrafe von drei bis fünfzehn Gulden oder von sechs bis vierundzwanzigstündigem Gefängniß gegen denselben zu verfügen, vorbehältlich der sonstigen gesetzlichen Strafen, welche dabei noch verwirkt sein sollten.

§. 26. Sogleich nach dem Schlusse der mündlichen Verhandlung beräth das Gericht über die Urtheilsfassung, und verkündigt das Urtheil in öffentlicher Sitzung.

§. 27. Das Gericht kann jedoch die Urtheilsfassung aussetzen. In diesem Falle wird der zur Urtheilsverkündigung zu bestimmende Tag zugleich bekannt gemacht.

§. 28. Bleiben die Parteien in der Verkündigungstagfahrt aus, so wird das Urtheil gleichwohl eröffnet.

§. 29. Jeder Partei oder ihrem Anwalt wird eine schriftliche Ausfertigung des Urtheils und der Entscheidungsgründe behändigt. Nach dieser Behändigung, nicht nach der Verkündigung, bestimmt sich der Anfang der zur Befolgung oder Anfechtung des Urtheils gegebenen Fristen.

§. 30. Ueber die öffentliche Verhandlung wird ein Protokoll aufgenommen, welches enthält:

a) die Benennung der anwesenden Gerichtsmitglieder und der erschienenen Parteien und Sachwalter,
b) den Gang der Verhandlungen im Allgemeinen,
c) die Beschlüsse des Gerichts.

§. 31. Jede Partei hat das Recht, zu verlangen, daß die in der Sitzung zu ihrem Vortheil gemachten Geständnisse oder thatsächlichen Erklärungen der Gegenpartei, in so fern diese dazu einwilligt, in das Protokoll aufgenommen werden.

§. 32. Eingeständnisse und Erklärungen, welche nicht in dem Protokoll beurkundet sind, hat das Gericht nicht zu beachten.

§. 33. Wird eine zur mündlichen Verhandlung bestimmte Sache aufgerufen, es hat sich aber ein Theil nicht eingefunden oder trägt seine Sache nicht vor, so wird je nach dem Antrag der Gegenpartei, entweder nach deren Vernehmung das Urtheil gefällt, oder die Sache bis auf Weiteres von der Liste gestrichen und die ausgebliebene Partei zur Erstattung der Ungehorsamskosten verurtheilt.

§. 34. Die Sache wird auch dann von der Liste gestrichen, wenn keiner der streitenden Theile erschienen ist.

§. 35. Eine gestrichene Sache wird zwar auf den Antrag einer oder der andern Partei wieder in die Liste aufgenommen, erhält aber dann die letzte Stelle in derselben.

§. 36. Eide, welche den Parteien obliegen, werden vor dem versammelten Gerichte selbst in der Sitzung abgeleistet.

§. 37. Ist eine Partei rechtmäßig verhindert, in der Sitzung zu erscheinen, so kann der Eid von einem Abgeordneten des Gerichtes in ihrer Wohnung abgenommen werden. Ist die Partei außerhalb, so kann das Gericht gestatten, daß sie vor dem Gerichte ihres Aufenthaltsortes den Eid leiste.

§. 38. Das Gericht kann auf Antrag einer Partei oder auch von Amts wegen die Oeffentlichkeit der Verhandlungen in den Fällen ausschließen, wo es besorgt, daß eine Verletzung der sittlichen Schicklichkeit entstehen würde.

Zweiter Abschnitt.

Vorschriften für das Verfahren in erster Instanz.

A. Bei dem Stadtgerichte.

§. 39. Nimmt das Stadtgericht Anstand, eine Klage zur Verhandlung zuzulassen, so beraumt es dem Kläger eine Tagfahrt zur mündlichen Ausführung ihrer Statthaftigkeit an und entscheidet dann, ohne den Beklagten darüber zu hören, ob die Klage sofort abzuweisen oder zur Vernehmlassung mitzutheilen sei.

§. 40. Bleibt der Beklagte mit der Vernehmlassung auf die Klage aus, so wird auf Anrufen des Klägers ein Ungehorsamserkenntniß erlassen. Es steht jedoch in dem Ermessen des Gerichts, vorerst blos auszusprechen, daß der Beklagte des thatsächlichen Klaginhalts für geständig angenommen und mit seinen Einreden ausgeschlossen werde, im Uebrigen aber die Sache zur mündlichen Verhandlung auszusetzen.

§. 41. In dem Wechsel- und in dem Mandats-Verfahren, namentlich auch in dem Insatz- und Restkaufschillingsproceß findet eine mündliche Verhandlung nur Statt, wenn Einwand vorgebracht worden ist.

§. 42. In dem Entäußerungsverfahren wird die in dem Gesetz vom 22. Juni 1847, §. 22, vorgeschriebene Vernehmung der Parteien über die Schätzung der Sachverständigen und der daselbst verordnete Güteversuch durch die mündliche Verhandlung ersetzt.

§. 43. Der direkte Gegenbeweis ist, bei Vermeidung des stillschweigend erfolgenden Ausschlusses, spätestens mit der Ueberreichung der Beweiseinredeschrift anzutreten.

§. 44. Die Anfechtung und Rechtfertigung des Beweises und Gegenbeweises geschieht in mündlicher Verhandlung. Doch kann das Gericht in besonders verwickelten Fällen auch schriftliche Ausführung anordnen.

B. Bei den Justiz-Aemtern.

§. 45. Bei den Justiz-Aemtern findet eine vorausgehende schriftliche Verhandlung nicht Statt.

§. 46. In Sachen, wo der Streitgegenstand im Hauptstuhl 25 Gulden nicht erreicht, wird nur eine Ladung mit Angabe des Klagezweckes ausgefertigt. In Sachen, deren Streitgegenstand im Hauptstuhl 25 fl. oder mehr beträgt, wird die Klage entweder schriftlich eingereicht oder protokollarisch aufgenommen.

§. 47. In der durch die Ladung für die Streitverhandlung bestimmten öffentlichen Sitzung werden die Parteien oder ihre Anwälte mit ihren gegenseitigen mündlichen Vorträgen gehört und der Richter erläßt sein Urtheil entweder in der nämlichen Sitzung oder einer der nächstfolgenden.

Ueber jede Verhandlung wird ein besonderes Protokoll aufgenommen, welches die Anträge und Gegenanträge der Parteien und die Beschlüsse des Richters enthält. Urkunden, die in der Sitzung vorgelegt worden sind, werden dem Protokolle beigefügt.

Es ist den Parteien oder ihren Anwälten gestattet, kurze Aufzeichnungen über den Thatbestand mit ihren Vorträgen zu verlesen und dem Protokoll beilegen zu lassen.

§. 48. Die Beweisantretung und die Gegenbeweisantretung werden in Sachen, welche im Hauptstuhl 25 fl. oder mehr betragen, schriftlich eingereicht oder protokollirt. Die Verhandlungen darüber werden mündlich in öffentlicher Sitzung gepflogen. Die Beweis-Aufnahme erfolgt in der bisher bestehenden Weise. Vorträge über die geschlossene Beweis-Aufnahme finden nicht Statt.

§. 49. Schriftliche Ausfertigung der in öffentlicher Sitzung verkündeten Erkenntnisse oder Beschlüsse wird nur auf besonderes Verlangen ertheilt.

§. 50. Die Berufung gegen Erkenntnisse der Justizämter ist binnen zehn Tagen nach der Verkündung einzuwenden.

§. 51. Die Verordnung des §. 5 des Ges. v. 10. März 1840, daß in Sachen, wo der Streitgegenstand im Hauptstuhl 25 fl. nicht erreicht, die Verurtheilung in die Kosten nur die Auslagen für Gerichts- und Stempelgebühren begreife, ist aufgehoben.

§. 52. Die Bestimmungen des ersten Abschnittes über die Verlegung der Tagfahrten (§. 17), die Reihenfolge und den Schluß der mündlichen Vorträge (§. 18, 19), die Vertretung der Parteien durch Anwälte (§. 20, 21), die Ordnung in den öffentlichen Sitzungen (§. 24, 25), die Verkündigungstagfahrt (§. 26, 27, 28), die Eidesleistungen der Parteien (§. 37), die ausnahmsweise Einschränkung der Oeffentlichkeit der Sitzungen (§. 38), die Fälle der mündlichen Verhandlung in Wechsel-, Mandats-, Insatz- und Restkaufschillings-Sachen, (§. 41), gelten auch für das Verfahren bei den Justiz-Aemtern.

Dritter Abschnitt.

Vorschriften über die Rechtsmittel.

A. Zulässigkeit der Rechtsmittel.

§. 53. Zwischenbescheide, durch welche Beweis auferlegt oder auf die Ableistung eines Eides erkannt wird, sind der Rechtskraft fähig und gegen sie kann mit voller Wirkung Berufung ergriffen werden.

§. 54. Gegen Zulassung von Zeugen mit Vorbehalt aller Einreden, sowie eines Beweises zum ewigen Gedächtniß und gegen die Auflage der Anerkennung einer Urkunde mit Vorbehalt aller Einreden wider die Erheblichkeit derselben, findet keine Berufung Statt.

§. 55. Gegen Zwischenbescheide anderer, jedoch nicht rein proceßleitender Art kann zwar, wiewohl ohne aufschiebende Wirkung, Berufung ergriffen werden. Jedoch steht es demjenigen, welcher sich durch sie für beschwert hält, frei, auch wenn er die betreffende Verfügung ohne Vorbehalt befolgt hat, seine Beschwerde bei der nächsten zulässigen Berufung, welche er ausführt, geltend zu machen. Wählt er den ersten Weg, so hat er für die Acten-Abschriften, in so fern sie zu der Entscheidung in höherer Instanz erforderlich sind, zu sorgen und das untergerichtliche Verfahren nimmt seinen Fortgang, bis etwa das Obergericht wegen eines drohenden unersetzlichen Nachtheils Einhalt gebietet.

§. 56. Die bisher bei der Einlegung von Rechtsmitteln auferlegte Acten-Abschriften-Gebühr ist nicht mehr zu entrichten.

§. 57. So weit ein untergerichtliches Urtheil in zweiter Instanz bestätigt wird, tritt sofort Rechtskraft ein. Auch dann, wann bloß rücksichtlich des Kostenpunctes abändernd erkannt ist, findet kein ordentliches Rechtsmittel weiter Statt.

§. 58. Ist theils bestätigend, theils abändernd erkannt, so wird der in zwei Instanzen gleichförmig entschiedene Punct, in so fern es unbeschadet des wider den abändernden Theil des Erkenntnisses eingewandten Rechtsmittels geschehen kann, zum Vollzug gebracht.

§. 59. Gegen Revisionserkenntnisse findet weder Oberappellation noch Superrevision Statt.

B. Verfahren in Berufungs-Sachen vor dem Stadtgerichte und Appellations-Gericht.

a. Allgemeine Vorschriften

§. 60. Die Berufungsschrift muß bei Vermeidung der Abweisung des Rechtsmittels die Angabe der Beschwerden und die Anträge des Beschwerdeführers enthalten.

§. 61. Die Berufungsschrift wird dem Gegner mitgetheilt, und zugleich wird, wenn das Rechtsmittel nicht desert oder wenn, in so fern dieß der Fall wäre, um Wiedereinsetzung gebeten ist, die Sache zur mündlichen Verhandlung ausgesetzt. Enthält die Berufungsschrift neue thatsächliche Anführungen oder die Angaben neuer Beweismittel, so wird, auf den Antrag des Appellanten, der Gegner zu einer schriftlichen Vernehmlassung aufgefordert und dann erst die mündliche Verhandlung angeordnet. Fehlt jener Antrag, so bleibt das neue Vorbringen unberücksichtigt.

§. 62. Will der Appellat (Provocat) adhäriren, so hat er dieß binnen einer Nothfrist von acht Tagen nach Behändigung der Berufungsschrift unter Angabe seiner Beschwerden und Anträge schriftlich anzuzeigen. Diese Eingabe wird dem Gegner zur Nachricht mitgetheilt.

b. Vorschriften für das Appellations-Gericht.

§. 63. Ist in der Appellationsschrift Actenversendung beantragt, so erfolgt die weitere Verhandlung nach den Regeln des schriftlichen Verfahrens.

§. 64. Will der Appellat auf Actenversendung antragen, so hat er dies binnen einer Nothfrist von acht Tagen nach Behändigung der Appellationsschrift anzuzeigen. In diesem Fall setzt das Gericht dem Appellanten eine Frist zur Rechtfertigung seiner Berufung und die weitere Verhandlung richtet sich dann nach den Regeln des schriftlichen Verfahrens.

§. 65. Wird auf die Actenversendung verzichtet, so stellt das Gericht die Sache sofort zur mündlichen Verhandlung aus und verurtheilt den Verzichtenden in die durch seinen Antrag und Verzicht entstandenen Kosten.

§. 66. Die auf eingeholten Rath auswärtiger Rechtsgelehrten gefällten Urtheile werden in öffentlicher Sitzung, zu welcher die Parteien vorzuladen sind, durch Verlesung bekannt gemacht und sodann nebst den Entscheidungsgründen in schriftlicher Ausfertigung behändigt.

§. 67. In Revisionssachen werden dem Revidenten als solchem die Kosten der Actenversendung nicht zur Last gelegt. Wird eine Partei in die Kosten verurtheilt, so hat diese die Kosten der Actenversendung allein zu tragen. Werden die Kosten ausdrücklich oder stillschweigend verglichen, so tragen beide Theile die Kosten der Actenversendung jeder zur Hälfte; bestimmt das Gericht ein besonderes Verhältniß der zu tragenden und zu ersetzenden Kosten, so gilt dies auch für die Aktenversendungskosten.

Vierte Abtheilung.

Uebergangsbestimmungen.

§. 68. Das gegenwärtige Gesetz tritt mit dem 1. Januar 1849 in Wirksamkeit.

§. 69. Alle vor dem 1. Januar 1849 anhängig gemachten Rechtsstreitigkeiten werden vor der Gerichts-Instanz, bei welcher sie sich an diesem Tage befinden, nach den bisherigen Gesetzen verhandelt; nach beendigter und auf übereinstimmenden Antrag der Parteien auch schon im Lauf der Instanz, treten die neuen Vorschriften ein.

§. 70. In den am 1. Januar 1849 bereits anhängigen Rechtsstreitigkeiten werden die §§. 57, 58 nur dann angewendet, wenn schon dem Urtheile erster Instanz das in diesem Gesetz angeordnete Verfahren vorausgegangen ist.

Beschlossen in Unserer Großen Rathsversammlung, den 7. November 1848.

Achter Abschnitt.

Freie Hansestadt Hamburg.

Vom Wechsel-Proceß-Verfahren in der Stadt Hamburg.[1])

Einleitung.

Mit dem 1. Mai 1849, an welchem Tage die allgemeine deutsche Wechsel-Ordnung in der freien Stadt Hamburg und deren Gebiet gesetzliche Kraft erlangt hat, sind alle älteren Wechsel-Gesetze, welche früher dort Geltung hatten, außer Wirksamkeit getreten. Nur für das Amt Ritzebüttel und das mit Lübeck gemeinschaftliche Gebiet sind besondre Bestimmungen in Kraft geblieben. Für jenes Gebiet ist jetzt die unten näher zu erwähnende, am 15. Decbr. 1815 verkündete Handels-Gerichts-Ordnung maßgebend, welche namentlich das Verfahren in Wechsel-Sachen regelt.

Für alle Wechsel-Sachen in Hamburg ist das dortige Handels-Gericht die erste Instanz. Von Entscheidungen des Handels-Gerichts findet bei allen Klagen, deren Haupt-Summe den Betrag von 500 Mark Banco oder etwa 250 Thaler preuß. Cour. übersteigt, die Appellation an das Ober-Gericht zu Hamburg Statt, von dessen Erkenntnissen, falls dieselben reformatorisch (abändernd) lauten und die Beschwerde-Summe 500 Mark Banco übersteigt, wieder an das Ober-Appellations-Gericht der vier freien Städte Deutschlands in Lübeck appellirt werden kann. Hat hingegen das Ober-Gericht das handelsgerichtliche Erkenntniß bestätigt, so ist nach dem in Hamburg geltenden Grundsatz der duae conformes (der zwei gleichlautenden Erkenntnisse) ein ferneres Rechtsmittel unzulässig.

In solchen vor dem Handels-Gericht anhängigen Rechtssachen, welche propter defectum summae (wegen Mangels der erforderlichen Summe) inappellabel sind, kann lediglich bei der andern Kammer des Handels-Gerichts das Rechtsmittel der Restitution eingewandt werden. Erkennt diese Kammer confirmatorisch (bestätigend), so hat die Sache

---

[1]) Der Verfasser verdankt diese Mittheilungen großen Theils der Gefälligkeit seines geehrten Herrn Collegen Dr. W. Stockfleth zu Hamburg, Heiligen Geistkirchhof Nr. 1.

bei dieser Entscheidung ihr Bewenden, während im entgegengesetzten Fall noch das remedium contrarestitutionis beim Ober-Gericht geltend gemacht werden kann. Die Einzelnheiten über diese Puncte enthalten die schon gedachte Handels-Gerichts-Ordnung und die am 7. Juli 1820 verkündete sogenannte Appellabilitäts-Ordnung. Einige wechselrechtliche Präjudicate (frühere Entscheidungen) bietet die Sammlung von Erkenntnissen und Entscheidungsgründen des Ober-Appellations-Gerichts zu Lübeck in hamburgischen Rechts-Sachen, welche mit dem Jahre 1840 beginnt und jetzt bis zum Schlusse des Jahres 1855 sich erstreckt, namentlich der erste Band, Heft 2. S. 84, Heft 5. S. 1003 und der zweite Band zweite Abtheilung S. 675 ff. S. 1073.

Vom Verfahren selbst.

Auszug

der wesentlichen hierher gehörigen Bestimmungen aus der Handels-Gerichts-Ordnung vom 15. Decbr. 1815 [1])

Abschnitt I.

Derselbe handelt von der Organisation des Handels-Gerichts.

Artikel 1.

Dieser bestimmt, daß das Handels-Gericht nach hamburger Gesetzen, Rechten und rechtlichen Gewohnheiten zu entscheiden habe, jedoch unter Beobachtung der in Betreff des Wieder-Eintritts derselben erlassenen öffentlichen Bekanntmachungen.

Artikel 2.

handelt gleichfalls nur von der Organisation, von dem Präses und den andern Beamten.

Artikel 3—6.

handelt eben hiervon und namentlich von der Wahl der Richter.

Artikel 7.

setzt die Gerichts-Gebühren fest.

Artikel 8.

In jeder der beiden Kammern des Handels-Gerichts müssen, um ein Urtheil abzugeben, mit Einschluß des Vorsitzenden, oder dessen Ver-

---

[1]) Der vollständige Titel lautet: Handels-Gerichts-Ordnung. Auf Befehl Eines hochedlen Raths der freien Hansestadt Hamburg, publicirt den 15. December 1815. Aufs neue gedruckt 1844 bei Joh. Aug. Meißner, Eines hochedlen und hochweisen Raths Buchdrucker.

treters, wenigstens drei Richter beisammen sein, wofern nicht der jedes Mal Vorsitzende eine größere ungleiche Anzahl nöthig erachtet.

Abschnitt II.

Derselbe handelt von der Competenz des Handels-Gerichts.

Artikel 9.

Das Handels-Gericht erkennt über alle Streitigkeiten, welche Handels-Geschäfte betreffen, oder auf solche unmittelbaren Bezug haben, die Personen mögen Handelsleute sein oder nicht.

Artikel 10—13.

Diese Artikel bestimmen näher, was unter Handels-Geschäften zu verstehen und erwähnen ausdrücklich der Wechsel und Anweisungen.

Artikel 14.

Ist das Gericht in Hinsicht des Gegenstandes der Klage incompetent, so hat es, auch ohne deßfallsige Einrede, von Amtswegen die Sache abzuweisen.

Artikel 15.

Wenn der Verklagte die Einrede der Incompetenz des Gerichts, ohne zugleich sich hauptsächlich einzulassen opponirt, und diese Einrede von Gerichts wegen verworfen wird, so muß er, wenn die Sache schriftlich verhandelt wird, in zehn Thaler Strafe, und in die Kosten des verzögerten Processes verurtheilt werden. Bei mündlicher Verhandlung muß er, nachdem die Einrede verworfen worden, sogleich, bei schriftlicher Verhandlung aber in dem ihm zu setzenden Termine hauptsächlich handeln.[1])

Von einem solchen Erkenntnisse kann ratione competentiae (wegen der Competenz) auch in nicht appellablen Sachen appellirt werden, und ist sodann das, vor der in appellatorio in Ansehung der Competenz erledigten Frage, weiter von dem Handelsgericht in der Hauptsache etwa ergehende Erkenntniß nicht anders als gegen Caution vollstreckbar.

Artikel 16.

Kommen bei Handelssachen zweifelhafte oder streitige Präjudicialpuncte vor, welche durch einen präparatorischen Nebenbescheid nicht erledigt werden können, sondern eines besondern gerichtlichen Verfahrens und Erkenntnisses bedürfen und das Handelsgeschäft selbst nicht betreffen z. B. die bestrittene Legitimation oder Qualität der Wittwe und Erben derjenigen, welche in einem Rechtsstreite vor dem Handelsgericht befangen waren, oder welche aus Handelsgeschäften ihres verstorbenen

[1]) d. h. in der Hauptsache verhandeln (sich einlassen).

Mannes und Erblassers klagen wollen, oder belangt werden sollen: so verweiset das Handelsgericht diese präjudiciellen Puncte zur vorgängigen Entscheidung an die ordentliche Gerichtsbehörde.

Artikel 17.

Kommen bei Handelssachen strafbare Handlungen zum Vorschein, so verweiset das Gericht von Amtswegen solche Fälle, bis auf weitere Verordnung, an das Obergericht.

Artikel 18.

enthält Bestimmungen, welche für das Verfahren in Wechsel-Sachen nicht erheblich sind.

Abschnitt III.

Vom handelsgerichtlichen Verfahren.

Artikel 19.

Die Sachen werden von den Parteien mündlich verhandelt, falls nicht das Gericht ein schriftliches Verfahren zu injungiren oder zu verstatten für gut findet. Die Audienzen werden öffentlich gehalten.

Artikel 20.

Weder die gerichtlichen, noch außergerichtlichen, so wenig als die obergerichtlichen Procuratoren oder sogenannten Advocati ordinarii können, als solche, beim Handelsgericht auftreten, so wie überhaupt Niemand für eine Partei das Wort führen kann, wenn diese nicht selbst in der Sitzung gegenwärtig ist, und ihn dazu autorisirt, oder wenn er nicht, bei deren Abwesenheit, mit einer hinlänglichen und beglaubigten Bevollmächtigung von derselben versehen ist. Die Bevollmächtigung kann auf der Citation selbst geschehen; nur muß die Unterschrift von dem Actuario oder dessen Substituto unentgeldlich beglaubigt werden.

Artikel 21.

Die Vorladung vor das Handelsgericht muß den Namen, das Gewerbe und die Wohnung des Citanten, so wie auch des Citaten, ferner die Causales der Citation, und Tag und Stunde der Erscheinung enthalten. Bei dieser Citation müssen alle dem Gerichte in der Audienz, zu welcher citirt worden, vom Citanten vorzulegende Schriften und wenn sie in fremder Sprache sind, mit der Uebersetzung, so wie der in derselben abzuhaltende Receß in Abschrift mit insinuirt und von dem Gerichtsboten in der Audienz-Rolle sowohl der Tag und die Stunde, wann die Insinuation in der Wohnung des Citaten geschehen, als auch die Person, an welche sie geschehen, bemeldet werden, worüber, wenn es verlangt wird, ein Insinuationsschein, gegen die Gebühr, zu ertheilen ist.

Artikel 22.

In der Regel muß dem Citaten, außer dem Tage, an welchem er citirt wird, bis zum Erscheinungstage eine Zwischen-Frist von zwei Tagen, und zwar mit Ausschluß der Sonn- und Festtage, in Wechselsachen aber nur von einem Tage mit Einrechnung der Sonn- und Festtage, gelassen werden. In Fällen, welche die größte Beschleunigung und schnelle provisorische Maaßregeln erheischen, kann jedoch der Präses, oder wenn derselbe verhindert ist, der Vice-Präses, von Tag zu Tag, oder ganz besondern Umständen nach, selbst von Stunde zu Stunde vorladen lassen, vor ihm, und, wenn es die Umstände erlauben, zwei zugezogenen Richtern, zu erscheinen, die provisorischen Sicherheitsverfügungen treffen, und ein Contumacial-Erkenntniß beim ersten Ausbleiben des Citaten erlassen. Alle Vorladungen sollen in solchen dringenden Angelegenheiten dem Citaten, wo man ihn antrifft, jedoch nur ihm selbst, insinuirt werden können. Ueberhaupt können Arrestbefehle, aus gegründeten Ursachen bei dem Praeside, oder, wenn derselbe verhindert ist, bei dem Vice-Praeside nachgesucht werden und müssen, wenn sie ertheilt werden, in acht Tagen prosequirt werden.

Wenn ein Arrestbefehl vom Praeside, oder vom Vice-Praeside abgeschlagen ist, so kann die Verhängung desselben beim Handelsgericht per Supplicas nachgesucht werden, und entscheidet sodann eine der Kammern über die Zulässigkeit oder Unzulässigkeit desselben.

Artikel 23.

Erscheint der Citant auf die zu Anfang des vorstehenden Artikels bemeldete ordentliche Citation, nicht in der angesetzten Audienz, so verurtheilt das Gericht denselben in die sämmtlichen Terminskosten, und in eine Strafe von wenigstens zwei und höchstens fünf Thaler. Erscheint der Citat nicht auf die erste Citation, so verurtheilt das Gericht denselben gleichfalls in die Terminskosten, und erkennt sofort die zweite Citation desselben sub poena contumaciae. Erscheint nun der Citat wiederum nicht, so wird ein Urtheil in contumaciam abgegeben, worin derselbe außer der Verurtheilung in die Terminskosten, seiner Einreden für verlustig erklärt, auch, den Sachumständen nach, weiter verfügt, und, wenn das Gericht die Klage an sich den Rechten gemäß, und hinlänglich begründet findet, sofort hauptlich erkannt wird. Das Gericht kann jedoch in solchen, wie in andern Fällen, die Publication seines Erkenntnisses auf einen andern Tag aussetzen.

Artikel 24.

Erscheint der Verklagte, so ist er schuldig, seine Einreden sogleich vorzubringen, falls das Gericht ihm nicht etwa aus erheblichen Ursachen eine Frist dazu verstattet.

Nach vorgebrachten Einreden gegen die Klage und dem Gegentheil zugleich mitgetheilten, zur Begründung der Einreden beigebrachten Schriften, steht es dem Kläger frei, zu repliciren (zu entgegnen,) oder auch ganz allgemein zu widersprechen, in welchem Falle die Sache sogleich zum Erkenntnisse steht (d. h. sogleich erkannt werden soll). Will der Kläger aber repliciren, so muß er dieses entweder in derselben Audienz sofort, oder auch in der auf sein Ansuchen vom Gerichte deshalb zu bestimmenden fernerweitigen Audienz bei Verlust des Replicirens thun, auch dem Beklagten wenigstens einen Tag vor der dazu angesetzten Audienz, die etwa dem Gerichte zur Entkräftung der Einreden vorzulegenden Schriften insinuiren lassen. Auf diese Replik competirt sodann dem Beklagten in eben dem Maaße, wie von der Replik besagt worden, eine Duplik, jedoch muß diese, wenn der Kläger auf die Einreden gleich in derselben Audienz replicirt hat, sofort erfolgen; es wäre denn, daß das Gericht aus besondern Gründen eine Frist zur Duplik verstattete. Ein weiteres Verhandeln auf die Klage, als bis zur Duplik, findet nicht statt, und steht die Sache alsdann sofort zum Spruche.

Ein Contumacial-Erkenntniß kann nur auf Anhalten der Gegenpartei abgegeben werden, und gilt überhaupt der Grundsatz: contumacia non accusata non nocet. (Nicht beantragte Contumaz schadet nicht.)

Artikel 25.

Das Gericht kann in jedem Falle, selbst von Amtswegen, verfügen, daß die Parteien in Person im Audienzsaal, oder im Berathschlagungszimmer vernommen werden, und falls die Parteien selbst zu erscheinen rechtsgültig verhindert sein sollten, einen der Richter committiren, sie in Beisein des Gerichts-Actuarii, oder seines Substituten, zu vernehmen, und über ihre Erklärungen durch den Actuarium, oder seinen Substituten, ein Protocoll aufnehmen zu lassen. —

Artikel 26.

Das Gericht kann auch in jedem Falle, selbst von Amtswegen, einen seiner Richter committiren, im Beisein des Actuarii oder seines Substituten, mit den Parteien einen Versuch zur gütlichen Beilegung der Streitsache anzustellen, und durch den Actuarium, oder seinen Substituten ein Protocoll über den Erfolg dieses Versuches aufnehmen zu lassen.

Artikel 27—30.

handelt vorzüglich von der Vernehmung von Sachverständigen.

Artikel 31.

Spricht das Gericht auf Zeugenbeweis, so committirt es, nachdem dasselbe über die Zulässigkeit der von den Parteien angegebenen Zeugen erkannt hat, einem bei der Verhandlung gegenwärtig gewesenen Richter, unter Zuziehung des Gerichts-Actuars, oder dessen Substituten, und Abcitirung der Parteien, die Zeugen zu beeidigen, selbige summarisch über den Inhalt des normirten Beweises abzuhören, und von dem Actuario oder seinem Substituten ein Protocoll darüber aufnehmen zu lassen. Es bleibt dem Richter sowohl als den Parteien unbenommen, Fragen an den Zeugen gelangen zu lassen, doch muß die Befragung selbst immer durch den Richter geschehen, der auch über die Fragen und deren Zulässigkeit allein zu entscheiden hat; nach beendigtem Zeugen-Verhör müssen dem Zeugen seine Aussagen langsam und deutlich vorgelesen, und er muß befragt werden, ob das, was niedergeschrieben, wirklich seine Meinung sei, ob er derselben noch etwas hinzuzufügen, darin abzuändern oder dabei zu bemerken habe. Die etwanigen Hinzufügungen, Abänderungen oder Bemerkungen müssen von dem Actuar niedergeschrieben werden, und hat der Zeuge sodann das Protocoll zu unterschreiben; ist er des Schreibens unerfahren, so muß solches vom Actuar bemerkt werden. Der Richter und der Actuar unterschreiben gleichfalls. Hat das Gericht auf eine Eidesleistung erkannt, so wird ein solcher Eid, nach geschehener Citirung der dabei interessirten Personen in öffentlicher Audienz geschworen und ein Protocoll darüber vom Actuario oder dessen Substituten aufgenommen.

Artikel 32.

Sind bei Publicirung eines Erkenntnisses die Parteien, oder eine derselben, weder in Person, noch durch einen Bevollmächtigten gegenwärtig, als weshalb die Namen derselben von dem aufwartenden Gerichtsboten vor der Publicirung des Erkenntnisses öffentlich aufzurufen, und deren Gegenwart oder Abwesenheit vom Actuar im Protocoll zu bemerken ist: so beauftragt das Gericht einen Gerichtsboten mit der ungesäumten Insinuirung des Erkenntnisses an die abwesenden Parteien, und hat der Gerichtsbote die geschehene Insinuation zu attestiren und gehörig zu protocolliren. Uebrigens liegt das Urtheilsbuch zu Jedermanns Einsicht auf der Gerichts-Kanzelei.

Artikel 33.

Bei Abfassung und Ausfertigung der Urtheile sind die Entscheidungsgründe anzuführen. Ist die Sache an sich appellabel, und wird gegen ein Urtheil die Appellation interponiret, so ist, wenn die Sache mündlich verhandelt worden, zum Behuf der zu introducirenden Appellation, auch der von den Parteien auf der Gerichts-Kanzelei niederzulegende Antrag, und eine summarische Darstellung des demselben zum Grunde gelegten Facti, sammt den von den Parteien angeführten Rechtsgründen auszufertigen.

Artikel 34.

Sobald die Erkenntnisse des Handelsgerichts zu vollstrecken sind, wird, wenn nach vorgängiger Citation von dem Praeside oder Vice-Praeside die Execution erlaubt ist, der Herr Prätor das Urtheil, nach vorgängiger Insinuation der Quernacht, vollstrecken lassen. Einer solchen vorgängigen Citation bedarf es nicht, wenn in dem Erkenntniß des Handelsgerichts selbst die Execution schon erlaubt ist.

Artikel 35.

Das Handelsgericht kann in dringenden Fällen, und wo Gefahr auf den Verzug haftet, der Appellabilität der Sache ungeachtet, auf Ansuchen desjenigen, zu dessen Vortheil ein condemnatorisches Erkenntniß ergangen ist, und gegen Sicherheitsleistung desselben für Schäden und Kosten, verfügen, daß sein Erkenntniß provisorisch dahin vollstrecket werde, daß der Condemnations-Gegenstand des Urtheils sofort zur gerichtlichen Deposition gebracht oder in gerichtlichen Sequester genommen, oder sonst sicher gestellt werde.

Abschnitt IV.

Von der Appellation gegen handelsgerichtliche Erkenntnisse.

Artikel 36.

Gegen die Erkenntnisse des Handelsgerichts findet bei allen Klagen, deren Hauptsumme nicht den Belauf oder Werth von 500 Mark Banco oder 625 Mark Courant übersteigt, keine Appellation statt; sowie auch bei allen denjenigen Klagen von größerm Belaufe, wo die Parteien erklärt haben, daß das Handelsgericht ihre Streitsache ohne dawider stattfindende Appellation, entscheiden solle. In, propter defectum Summae, (wegen Mangels der Summe) inappellablen Sachen kann jedoch überhaupt, und selbst wider in contumaciam ergangene Erkenntnisse solcher

Art, wie im folgenden Artikel wegen der quoad Summam appellabeln Fälle näher bestimmt wird, innerhalb zehn Tagen, bei Wechsel- und Frachtsachen aber nur innerhalb drei Tagen, vom Tage der Publication des Erkenntnisses an, wenn die Partei oder ihr Bevollmächtigter dabei gegenwärtig war, und, im Falle der Abwesenheit derselben, vom Tage der ihr geschehenen Insinuation an gerechnet, beim Handelsgericht Restitution gesucht werden, wozu die Gegenpartei vorzuladen ist. Mit der Vorladung müssen zugleich die Documente, worauf sich der Restitutionsuchende in der Audienz zu gründen denkt, bei Verlust dieses Rechtsmittels, dem Gegner insinuirt werden. Im restitutorio (bei Nachsuchung der Wieder-Einsetzung in den vorigen Stand) erkennt die Kammer, welche vorher in der Sache nicht gesprochen hatte.

Wider ein in restitutorio ergangenes Erkenntniß findet, so weit solches reformatorisch ist und falls die Reformation nicht etwa nur den Kostenpunct betrifft, in gleichen Terminen ein schriftliches Contrarestitutions-Gesuch Statt. Der Contra-Implorant hat dasselbe intra fatale mit den seinseitigen vollständigen Manual-Acten auf der Gerichts-Kanzlei s. p. desertionis zu exhibiren, auch innerhalb derselben Frist und unter demselben Präjudiz der Gegenpartei Abschrift davon insinuiren zu lassen. Dem Contra-Imploranten wird dagegen (falls nicht etwa das Handelsgericht das Gesuch wegen formeller Unzulässigkeit sofort zurückweist, als wogegen eventualiter eine Supplication an das Obergericht respective intra triduum vel decendium zusteht, eine schriftliche Vernehmlassung verstattet und die gleichzeitige Beibringung der seinseitigen vollständigen Manual-Acten bei einer Strafe von zehn Thaler, welche im Ungehorsamsfalle zu erhöhen ist, injungirt. Acta werden demnächst, wie sie liegen, an das Obergericht, um dessen Entscheidung in der Sache einzuholen, transmittirt, und wird das darauf erfolgte, in die Protocolle des Handelsgerichts einzutragende Erkenntniß, vom Handelsgericht den Parteien durch Insinuation bekannt gemacht. [1])

Artikel 37.

Uebersteigt die Haupt-Summe der Klage den Werth von 500 Mark Banco oder 625 Mark Courant, so findet die Appellation nicht nur gegen End-Urtheile, sondern auch gegen solche interlocutorische [2]) Ur-

[1]) Der letzte Satz beruht auf einer besondern neueren Verordnung, gegeben zu Hamburg am 24. Oct. 1845.

[2]) Interlocutorische Urtheile sind solche, welche verschiedene Zwischen-Puncte anordnen, z. B. über die Beweisaufnahme Bestimmung treffen.

theile Statt, welche schon wesentlich in die Definitiv-Entscheidung eingreifen, und eine solche Beschwerde zufügen, die bei der Appellation vom End-Urtheile nicht wieder reparirt werden kann. Sie findet in solchen Fällen auch wider in contumaciam ergangene Urtheile Statt.

Artikel 38.

Wer von einem Erkenntnisse appelliren will, muß bei Verlust des Rechts zu appelliren, die Erklärung, daß er davon appelliren wolle, innerhalb zehn Tagen, vom Tage der Publication an gerechnet, wenn er oder sein Bevollmächtigter dabei gegenwärtig war, und im Fall der Abwesenheit, vom Tage der ihm geschehenen Insinuation des Erkenntnisses an, auf der Gerichts-Kanzelei zu Protocoll geben.

Innerhalb 20 Tagen von obgedachten Zeitpuncten, resp. der Publication oder Insinuation an, muß er die Appellation im Obergericht durch Einreichung eines Appellations-Libells und des Erkenntnisses a quo, cum actis prioris instantiae, bei Verlust der interponirten Appellation introduciren. Bei Appellationen in Wechsel- und Frachtsachen, werden jedoch zur Interposition und Introduction, (Einlegung und Einführung) derselben, zusammen nur sechs Tage gestattet.

Artikel 39.

Wird in Appellatorio das handelsgerichtliche Erkenntniß confirmirt, so findet kein Rechtsmittel dagegen weiter Statt. Wird hingegen dasselbe reformiret, so findet, bis auf weitere Verordnung, blos das Remedium revisionis actorum in der bisher üblichen Form Statt. In Wechsel- und Frachtsachen hat solches jedoch keinen effectum suspensivum, sondern blos devolutivum.

Ist zum Theil confirmatorie, zum Theil reformatorie erkannt, so kann das remedium revisionis nur gegen den reformirten Theil des Erkenntnisses eingewandt werden, und kann der confirmirte Theil, wenn solcher ohne Präjudiz das remedii revisionis in Betreff des reformirten Theils desselben sich vollstrecken läßt, zur Execution verwiesen werden.

Ist blos in Betreff des Kostenpuncts reformatorie erkannt, so findet das remedium revisionis gar nicht Statt.

Die sogenannte

Appellabilitäts-Verordnung
vom 7. Juli 1820 [1])

enthält folgende hierher gehörige Bestimmungen:

Erster Abschnitt.

§. 1.

Derselbe bestimmt, welche Streitigkeiten nicht als privatrechtliche anzusehen seien.

§. 2.

Dieser §. bestimmt im Eingange, was als Privat-Streit zu erachten sei. Dann heißt es weiter:

Hierbei wird jedoch Folgendes bestimmt:

a. Wenn eine Partei eine Streitsache vor die hiesigen Justizbehörden bringt, und sodann die erste Instanz und das Ober-Gericht gleichförmig die Gerichte, weil die vorliegende Sache eine privatrechtliche Justizsache sei oder nicht sei, für resp. competent oder nichtcompetent erklären, so hat es bei solcher Entscheidung sein Bewenden.

b. Erklärt die untere Instanz sich aus solcher Ursache für incompetent das Ober-Gericht aber erklärt solche Instanz für competent, so steht der sich beschwert achtenden Partei frei, an das Ober-Appellations-Gericht zu appelliren. Dasselbe entscheidet sofort, und hat es bei dessen Entscheidung sein Bewenden.

c. Erklärt die untere Instanz sich für competent, das Ober-Gericht ist aber entgegengesetzter Meinung, so steht zwar der sich beschwert achtenden Partei frei, an das Ober-Appellations-Gericht zu appelliren; dasselbe verlangt aber sodann erst vom Ober-Gerichte einen Bericht, und, wenn es sodann anderer Meinung als das Ober-Gericht ist, so wendet es sich mit einem Antrage, dem sein Gutachten, so wie der Bericht des Obergerichts beigefügt ist, an den Senat und tritt sodann eventualiter das, §. 51 der provisorischen Gerichtsordnung des

---

[1]) Der vollständige Titel ist:
Appellabilitäts-Verordnung oder Bestimmung derjenigen Sachen, welche außer den schon in der Ober-Appellations-Gerichts-Ordnung als solche angegebenen, ganz und gar nicht, oder doch nur mit bloßem Devolutiv-Effect in Appellatorio an das Ober-Appellations-Gericht gebracht werden können. Auf Befehl Eines hochedlen und hochweisen Raths publicirt den 7. Juli 1820. Hamburg 1820. Gedruckt bei Johann August Meißner, Eines hochedlen und hochweisen Raths Buchdrucker.

Ober-Appellations-Gerichts bemerkte Verfahren mit der für Hamburg verfügten Ausdehnung ein.

Die Entscheidung über eine exceptio fori, welche bis dahin an ꝛc. Rath verwiesen werden mußte, ist nun den Gerichten überlassen.

Zweiter Abschnitt.

§. 3.

Von rechtskräftigen Erkenntnissen, Interlocuten und Bescheiden findet keine Appellation an das Ober-Appellations-Gericht Statt.

§. 4.

Eben so findet eine Appellation an das Ober-Appellations-Gericht nicht Statt von bloß den Proceß leitenden oder, dahin gehörige Incidentpuncte betreffenden, Bescheiden, wie auch solchen Interlocuten, die nicht wesentlich in die Definitiv-Entscheidung eingreifen, oder eine Beschwerde zufügen, welche bei der Appellation vom Endurtheile nicht wieder reparirt werden kann, und überhaupt von allen Erkenntnissen, von welchen nach gemeinen Rechten und dem gemeinen Processe sowie zufolge und nach Maaßgabe der hiesigen gesetzlichen Verordnung in Betreff des vor den verschiedenen Justizbehörden zu beobachtenden Verfahrens Art. 48 und 49 und der Handelsgerichts-Ordnung, Art. 39 keine Appellation stattfindet.

Dritter Abschnitt.

Unzulässigkeit der Appellation an das Ober-Appellations-Gericht wegen unzureichender Summe.

§. 5.

Die Appellation des Ober-Appellations-Gerichts findet auch nicht Statt in Rechtsstreitigkeiten, bei welchen der Gegenstand der Beschwerde, welche zum Grunde der Appellation von obergerichtlichen Erkenntnissen dient, die Sachen mögen per appellationem oder per supplicationem an das Obergericht gelangt sein, den Belauf oder Werth von fünfhundert Mark Banco oder sechshundert fünf und zwanzig Mark Courant, oder einen jährlichen Betrag von fünf und zwanzig Mark Banco, ausmacht. Bloße Verzugszinsen, Schäden, woferne solche nicht ausdrücklich specificirt und evaluirt, mit eingeklagt worden, und Prozeßkosten werden in die Beschwerdesumme nicht mit eingerechnet.

Hierbei wird zugleich verordnet:

a. In Folge dieser Verfügung, daß nicht die Summe der Klage, sondern die Summe der erhobenen Beschwerde die Befugniß zur

Appellation an das Ober-Appellations-Gericht angeben müsse, sind auch die Art. 6, 10 und 37. der Verordnung in Betreff des vor den verschiedenen Justizbehörden zu beachtenden Verfahrens, v. 29. Decb. 1815 und der Art. 36. der Handels-Gerichts-Ordnung dahin abgeändert worden, daß hinfüro,

1) von Nieder- und handelsgerichtlichen Erkenntnissen nur dann an das Ober-Gericht appellirt werden dürfe, wenn die Summe der Beschwerde den Belauf oder Werth von Banco Mark 500 oder Courant Mark 625 übersteigt;

2) von den Erkenntnissen aber deren L. T. Herren Patronen, Landherren oder Prätoren nur dann an das Ober-Gericht supplicirt werden dürfe, wenn die Summe der Beschwerde den Belauf oder Werth von 60 Mark Courant übersteigt.

Den Tag der Einsetzung des Ober-Appellations-Gerichts bestimmt der Anfang dieser Verfügung dergestalt, daß bei den Erkenntnissen der untern Instanzen, welche vor diesem Tage ergangen, die Klagesumme, bei den an diesem Tage oder hernach ergangenen aber, die Beschwerdesumme entscheidet,

b. wenn in Sachen, welche von den Dielen der Herren Patronen, Landherren oder Prätoren, per supplicationem an das Ober-Gericht gelangen, und deren Beschwerdesumme den Belauf oder Werth von Banco Mark 500 oder Courant Mark 625 nicht ausmacht, durch das obergerichtliche Erkenntniß das Urtheil erster Instanz nicht confirmirt wird, so ist es der Partei, welche sich durch das obergerichtliche Erkenntniß beschwert achtet, gestattet, bei dem Ober-Gerichte das remedium restitutionis in integrum, tanquam remedium ordinarium zu interponiren.

§. 6.

Dieser §. enthält keine auf das Wechsel-Verfahren bezügliche Bestimmung.

§. 7.

Der Appellant muß bei seiner Appellations-Einlegung, welche binnen zehn Tagen vom Tage des verkündeten oder behändigten Urthels per supplicas (Vorstellung) bei dem Ober-Gericht geschehen muß, eine deutliche und bestimmte Anzeige seiner appellantischen Beschwerde-Summe machen, und, wenn die erforderliche Appellations-Summe derselben aus dem Erkenntnisse a quo (d. h. von dem, gegen das appellirt ist) nicht von selbst erhellt, solche dem Ober-Gericht zugleich bescheinigen. Alles sub poena desertionis (Alles bei Verlust des Rechtsmittels).

Vierter Abschnitt.

Von den durch Appellation vom Ober-Gericht an das Ob.-App.-Gericht gelangenden Sachen gehen ohne Suspensiv-Effect (aufschiebende Wirkung) und mit bloßem Devolutiv-Effect [1]) an dasselbe über:

§. 8.

Alle Appellationen in Wechsel- und Frachtsachen, bei mit Arrest belegten Schiffen 2c.

Wird jedoch in solchen Fällen die Execution aus dem angefochtenen Urthel nachgesucht, so kann solche nur gegen hinreichende Caution gestattet werden.

Nur, wenn in einer reinen Wechsel-Sache ein Verklagter, gegen den in erster Instanz aus irgend einem Bedenken auch noch nicht auf Zahlung erkannt worden, der aber bei dem Ober-Gerichte in die Bezahlung verurtheilt wird, von solchem Erkenntnisse an das Ob.-App.-Gericht appellirt, und nun vom Kläger Appellation nachgesucht wird, bleibt es lediglich dem richterlichen Erkenntniß überlassen, ob, wenn solche Execution gestattet wird, solches gegen Cautions-Bestellung, oder auch ohne solche zu fordern, geschehen könne.

§. 9.

Eben so bleibt dem Ober-Gericht vorbehalten, in dringenden Fällen bei Gefahr im Verzuge, der Appellabilität der Sache, auch quoad effectum suspensivum (S. oben Abschnitt 4 im Eingang) ungeachtet, die vorläufige Vollstreckung seiner Entscheidung durch Niederlegung oder Sequestration oder auf sonstige Weise gegen Caution anzuordnen.

§. 10.

Vom Tage der Einsetzung des Ob.-App.-Gerichts fällt das bisher übliche remedium revisionis et transmissionis actorum ad exteros jureconsultos (Rechtsmittel der Revision und Versendnung der Acten an auswärtige Rechtsgelehrte) ganz weg.

---

[1]) Der Devolutiv-Effect ist der suspensiven (aufschiebenden) Wirkung eines Urthels entgegen gesetzt. Hat das Erkenntniß nur Devolutiv-Effect, so wird ungeachtet der Appellation mit der Vollstreckung vorgegangen und der Appellirende kann, wenn er in der höhern Instanz obsiegt, nur sein Interesse (Entschädigung) verlangen, sofern das Urthel schon vollstreckt ist.

Neunter Abschnitt.

Königreich Hannover.

Vom Wechsel-Proceß-Verfahren im Königreich Hannover. [1])

Einleitung.

Für das Königreich Hannover besteht eine besondre allgemeine bürgerliche Proceß-Ordnung vom 8. Nov. 1850, welche in ihrem vierten Theil von außerordentlichen Verfahrungs-Arten handelt. Unter diesen ist im dritten Titel das Nähere über den Wechsel-Proceß bestimmt. Dieser dritte Titel lautet:

Dritter Titel.

Der Wechsel-Proceß.

§. 487.

I. Zulässigkeit.

Der Wechsel-Proceß ist zulässig, wenn es sich um Erfüllung wechselmäßiger Verpflichtungen handelt und der Kläger den Beweis der sein Recht und die Verbindlichkeit des Verklagten außer Zweifel setzenden Thatsachen entweder durch öffentliche oder solche fehlerfreie Privaturkunden, deren Unterschrift nach §. 329 [2]) vom Verklagten anerkannt oder eidlich abgeläugnet werden muß, sofort antritt.

---

[1]) Der Verfasser verdankt diese Mittheilungen großen Theils seinem geehrten Collegen, dem Herrn Ober-Gerichts-Advocaten Dr. Woelffer zu Hannover.

[2]) Der §. 329 lautet: Ueber die im Original vorzulegenden Privaturkunden, d. h. solche, denen die Kraft einer öffentlichen Urkunde fehlt, muß, wenn sie von dem Gegner, oder solchen Personen, für deren Handlung er haftet, ausgestellt sein sollten, die abzugebende Erklärung dahin gerichtet werden, daß er die Unterschrift anerkennen oder eidlich ableugnen wolle. Die Anerkennung der Namensunterschrift begründet für die Aechtheit des Inhalts eine Rechts-Vermuthung, die ganz oder theilweise nur durch den Nachweis solcher Thatumstände beseitigt werden kann, welche ergeben, daß es nicht die Absicht gewesen, durch die Unterschrift der Urkunde deren Inhalt zu genehmigen. Durch die besondere Beschaffenheit der Urkunde, z. B. Rasuren, Interlineaturen u. s. w., kann jene Rechts-Vermuthung geschwächt oder auch ganz aufgehoben werden. — Ist die Privat-Urkunde von dritten Personen ausgestellt, für deren Handlungen der Gegner nicht haftet, so genügt zur Abläugnung die Erklärung, daß er die vorgelegte Hand- und Unterschrift als die des dritten Ausstellers nicht kenne.

§. 488.

II. Erhebung des Rechtsstreits.

Rücksichtlich der Erhebung des Rechtsstreits findet die Vorschrift des §. 479 [1]) analoge Anwendung.

Der Kläger hat seine Urkunden nicht allein dem Beklagten in Abschrift mitzutheilen, sondern auch die Originale derselben auf der Gerichtsschreiberei des Proceß-Gerichts zur Einsicht des Beklagten niederzulegen.

§. 489.

Außer den Fällen besondrer Dringlichkeit muß zwischen der Behändigung der Klage-Anträge und dem Gerichtstage, auf welchen die Vorladung lautet, ein Zeitraum liegen, welcher zum mindesten betragen soll:

1) wenn der Beklagte am Gerichtsorte wohnt, 24 Stunden;
2) wenn der Beklagte außerhalb des Gerichts-Ortes, jedoch in dem betreffenden Obergerichtsbezirke wohnt, drei Tage;
3) wenn der Beklagte außerhalb des betreffenden Obergerichtsbezirks, jedoch im Königreiche wohnt, sechs Tage. —

§. 490.

III. Verfahren.

Rücksichtlich des Verfahrens finden die Vorschriften der §§. 480 bis 486 mit den nachfolgenden Abweichungen analoge Anwendung: [2])

---

[1]) Der §. 479 handelt von der Erhebung des Rechtsstreits und lautet:
Die Executiv-Klage wird wie jede andere Klage erhoben; die Klage-Anträge müssen die bestimmte Erklärung enthalten, daß Kläger den Rechtsstreit im Wege des Executivprocesses führen wolle.

[2]) Die §§. 480—487 einschließlich lauten:

§. 480.

III. Verfahren.

Einreden, Repliken und Dupliken sind nur insofern zulässig, als sie keines weiteren Beweises bedürfen, oder der Beweis derselben zugleich durch solche Urkunden, wie sie der Executivproceß nach §. 478 erfordert, oder durch Eideszuschiebung, welche indessen niemals gegen den wörtlichen Inhalt der Beweisurkunde gerichtet sein darf, angetreten wird.

§. 481.

Ein getrenntes Vorbringen verzögerlicher Einreden (§. 196) ist unstatthaft, vielmehr hat der Beklagte mit jenem seine Erklärung zur Hauptsache stets zu verbinden.

Behuf Beurtheilung der Einrede des mit Rücksicht auf die Summe unzuständigen Gerichts ist lediglich auf das liquide Vorbringen (§. 480) zu sehen.

§. 482.

Ein schriftliches Vorverfahren behufs Vorbereitung der Hauptsache (§. 198, 207 ff.) ist unstatthaft.

1. Das Verfahren ist thunlichst zu beschleunigen.

Richterliche Frist-Erstreckungen finden nicht Statt, es müßte denn die Vorschrift des §. 488 (S. 2.) vernachlässigt sein oder solche unabweisliche Hinderungen nachgewiesen werden, welche der Partei die Wahrung ihrer Rechte binnen der gesetzten Frist selbst durch Vertreter unthunlich machen.

Etwa erforderliche weitre Termine sind in der Regel in Zwischenräumen von drei Tagen abzuhalten.

---

§. 483.

Erbietet sich der Beklagte zur eidlichen Ableugnung der Privaturkunden, so steht dem Kläger die Führung des Beweises der Aechtheit nicht frei; er muß vielmehr behuf Abwendung der Eidesleistung von dem eingeleiteten Verfahren abstehen und wird sodann in angebrachter Maße abgewiesen.

Steht der Kläger ab, so wird sofort zur Eidesabnahme geschritten.

§. 484.

Hinsichtlich zulässiger Einreden, Repliken u. s. w. tritt das nämliche Verfahren wie bei der Klage ein.

Insbesondere ist ein Beweisinterlocut unstatthaft und Gewissensvertretung gegen einen etwa zugeschobenen Eid ausgeschlossen.

Unzulässige Einreden, Repliken u. s. w. werden dagegen zum besonderen Verfahren verwiesen.

§. 485.

IV. Vollstreckbarkeit des Urtheils.

Die Vollstreckbarkeit des den Beklagten verurtheilenden Erkenntnisses wird dadurch nicht gehemmt, daß derselbe hiergegen binnen der im §. 158 gedachten Frist Einspruch oder Berufung erhebt; doch kann der Beklagte in diesem, wie im Falle der Verweisung seiner illiquide gebliebenen Einreden und Dupliken zur besonderen Ausführung, vor geleisteter Zahlung, hinreichende Sicherheit für den Betrag verlangen, oder in deren Ermangelung denselben einstweilen deponiren. Auf Antrag des Klägers ist jedoch die bestellte Sicherheit aufzuheben, bezüglich der deponirte Betrag dem Kläger zu verabfolgen, wenn der Beklagte versäumt, den vorbehaltenen Anspruch binnen einer Frist von zwei Wochen, abgerechnet von der beschafften Sicherheitsbestellung oder Deposition, geltend zu machen.

§. 486.

V. Ausführung der zum besondren Verfahren verwiesenen Einreden u. s. w.

Hat die Zahlung oder Deposition Statt gefunden, so kann der Beklagte, dessen Einreden oder Dupliken zum besondren Verfahren verwiesen sind, den Proceß wegen derselben im ordentlichen Verfahren fortsetzen, auch zu diesem Zwecke die bereits vorgeschützten Einreden vervollständigen und neue hinzufügen.

Wird der Kläger demnächst mit seinem Anspruche ganz oder theilweise zurückgewiesen, so ist er schuldig, das zu viel Empfangene dem Beklagten herauszugeben, oder es wird diesem der ihm zukommende deponirte Betrag ausgehändigt. Auch kann in einem solchen Falle der Kläger verurtheilt werden, dem Beklagten die Kosten des Verfahrens im Executivprocesse ganz oder theilweise zu ersetzen.

Auf die erforderlichen Eide ist in der Regel alsbald zu erkennen und deren Abnahme, soweit die betreffende Partei anwesend ist, sofort zu bewirken.

2. Durch Anträge auf Vorlegung von Urkunden soll das Verfahren nicht aufgehalten werden.

3. Die erforderliche Beweisführung kann nur durch Urkunden geschehen, entweder durch öffentliche oder solche fehlerfreie Privat-Urkunden, deren Unterschrift der Gegner anerkennen oder eidlich abläugnen muß.

4. Steht gegen einen Beklagten die Richtigkeit seiner Unterschrift unter einer Wechsel-Erklärung fest, so wird er mit dem Einwande nicht gehört, daß die über der Unterschrift befindliche Erklärung ohne seine Genehmigung geschrieben sei, oder daß er die Sprache, worin die Erklärung abgefaßt ist, nicht verstehe, oder daß er nur seinen Namen schreiben könne.

5. Kann das End-Urthel nicht sofort nach dem Schlusse der mündlichen Verhandlung abgegeben werden, so ist dasselbe spätestens in der nächsten ordentlichen Sitzung des Gerichts zu eröffnen.

6. Die im §. 485 gedachte Sicherheits-Bestellung oder einstweilige Niederlegung (Deposition) kann vom Gericht nur in dem Falle verfügt werden, wenn es mit dem Verklagten dafür hält, diesem werde im Falle des endlichen Obsiegens ohne diese Maßregel ein unersetzlicher Schaden erwachsen.

§. 491.

IV. Vorbehalt.

Im Uebrigen finden die Vorschriften der Allg. deutschen Wechsel-Ordnung vom 7. April 1849 über die Geltendmachung wechselmäßiger Rechte, so wie die besondern Vorschriften des Gesetzes über die Einführung der gedachten Wechsel-Ordnung Anwendung.

Zehnter Abschnitt.

Hessen-Homburg.

Vom Wechsel-Proceß-Verfahren in der Landgrafschaft Hessen-Homburg.

Die Allg. deutsche Wechsel-Ordnung ist hier unter dem 28. Apr. 1849 ohne besondres Einführungs-Gesetz und ohne besondre Verordnung über das Proceß-Verfahren verkündet. Es ist daher anzunehmen, daß die Wechsel-Processe nach den allgemeinen Grundsätzen über schleunige Processe zu behandeln sind.

Elfter Abschnitt.

a. Kurfürstenthum Hessen-Kassel.

Vom Wechsel-Proceß-Verfahren im Kurfürstenthum Hessen-Kassel. [1])

Einleitung.

Es ist oben (S. 20) bereits bemerkt, daß im Kurfürstenthum Hessen-Kassel die früher eingeführte Allgem. deutsche Wechsel-Ordnung wieder außer Wirksamkeit gesetzt ist. So ist Kur-Hessen das einzige rein-deutsche Land, wo die Allg. deutsche Wechsel-Ordnung nicht gilt. Es wird daher Manchem nicht unwillkommen sein, darüber hier Näheres zu erfahren.

Bis zum Jahre 1848 war Kur-Hessen kraft seiner Verfassung Mitglied des deutschen Bundes. Letzterer übertrug in der Plenar-Sitzung des Bundes-Tages mit Stimmen-Einhelligkeit am 12. Juli 1848 die Befugnisse des Bundestages dem Reichs-Verweser, welcher in Gemäßheit des Gesetzes über die provisorische Central-Gewalt vom 28. Jan. 1848 gewählt war. In Folge dessen wurde von dem nunmehrigen Reichs-Verweser das Reichs-Gesetz über die Verkündung der Reichs-Gesetze vom 27. Septbr. 1848 und demnächst auch die Reichs-Wechsel-Ordnung unterm 26. Nov. 1848 mit der Bestimmung verkündet, daß dieselbe vom 1. Mai 1849 an in dem deutschen Reiche Geltung haben solle.

Sämmtliche reichsgesetzliche Bestimmungen wurden von dem kurhessischen Staats-Ministerium in den dortigen Gesetz-Blättern zur öffentlichen Kenntniß gebracht, und so auch das Gesetz vom 26. Nov.

---

[1]) Vergl. die Aufsätze des Privat-Docenten Dr. Heinrich Fick zu Marburg in dem Archiv für Wechsel-Recht Band 1. S. 420—429 und Band 2. S. 302—325, ingl. Dr. G. M. Kletke's Wechsel-Gesetzgebung sämmtlicher deutscher Staaten. Berlin, 1854, bei L. Rauh S. 157 ff.

1848 betreffend die Einführung einer Allg. Wechsel-Ordn. für Deutschland mit den Eingangs-Worten:

Nachstehende Reichs-Gesetze ꝛc. werden hierdurch zur öffentlichen Kenntniß gebracht. Cassel, am 6. December 1848.

Kurfürstliches Gesammt-Staats-Ministerium.

Zugleich wurden jene Bestimmungen in dem Gesetzblatt von 1848 S. 550 ff. abgedruckt und allen Behörden amtlich mitgetheilt.

Obwohl am 30. April 1849 in ganz gleicher Art in dem kurhessischen Gesetzblatt die Reichs-Verfassung vom 28. März 1849, in welcher Kur-Hessen als ein Theil des deutschen Reichs-Gebietes betrachtet wurde, verkündet und selbst von der kurhessischen Stände-Versammlung die Giltigkeit der Reichs-Gesetze für Kur-Hessen anerkannt worden, so wurden doch später, nachdem Kur-Hessen sich dem Bündniß vom 26. Mai 1849 angeschlossen, Bedenken erhoben, ob seine Reichs-Gesetze, besonders die allgemeine deutsche Wechsel-Ordnung, als für Kur-Hessen noch in gesetzlicher Kraft bestehend, zu betrachten seien.

Die deßfallsigen Zweifel wurden jedoch bald in eigenthümlicher Weise durch ein vom kurfürstlichen Ober-Appellations-Gericht zu Cassel abgefaßtes und allen kurhessischen Gerichten zur Nach-Achtung mitgetheiltes Erkenntniß vom 24. Sept. 1850 dahin gelöst, daß die allgemeine deutsche Wechsel-Ordnung in Kur-Hessen keine Gesetzes-Kraft mehr habe, vielmehr auf die bisherige besondre Gesetzgebung in Wechsel-Sachen auch ferner zurückzugehen sei.

Das gedachte Erkenntniß der vereinigten Civil-Kammer des kurhessischen Ober-Appellations-Gerichts zu Cassel lautet:

In Sachen des Heinrich Siesmeyer gegen Joh. Bilger zu Frankfurt a. M. wegen Wechsel-Forderung wird ꝛc.

in Erwägung:

daß die Gerichte der vorigen Instanzen ihren Entscheidungen die von dem Appellaten zu diesem Zwecke in Bezug genommene, durch Erlaß des Gesammt-Staats-Ministeriums vom 6. December 1848 zur öffentlichen Kenntniß gebrachte deutsche Wechselordnung zum Grunde gelegt haben,

daß jedoch dieser Wechselforderung in Kur-Hessen gesetzliche Kraft nicht zugestanden werden kann, indem die vorgedachte Bekanntmachung des Gesammt-Staats-Ministeriums sich überall nicht als eine der in Kur-Hessen dem Landesherrn unter Beistimmung der Landstände zustehende gesetzgebende Gewalt darstellt, vermöge deren jener Verordnung in Kur-Hessen Kraft verliehen werde, vielmehr sich lediglich auf die Publication derselben als Reichsgesetz beschränkt,

der Gültigkeit der deutschen Wechselordnung, als eines Reichsgesetzes, aber schon der Umstand entgegensteht, daß sie, wie dies Art. 1 des Einführungsgesetzes ausdrücklich besagt, für das deutsche Reich gegeben worden ist, und die hierbei zum Grunde liegende Unterstellung, daß bis zum 1. Mai 1849, von wo an die Wechselordnung Geltung haben sollte, die Bildung eines deutschen Reichs zu Stande kommen werde, nicht in Erfüllung gegangen ist, mithin es an dem Gebiete fehlt, innerhalb dessen sich die Wechselordnung nach deren Bestimmung wirksam zu erweisen hatte,

außerdem auch der deutschen Reichsversammlung, auf deren Beschluß die gesetzliche Kraft der gedachten Wechselordnung beruhen soll, die Befugniß zur Gesetzgebung in Beziehung auf Gegenstände des Privatrechtes, zu welchen die Rechtsverhältnisse aus Wechseln unzweifelhaft gehören, keinesfalls eingeräumt werden kann, da abgesehen davon, daß sie selbst sich nur als eine verfassunggebende Reichsversammlung bezeichnet, nach dem in Kur-Hessen zur Norm dienenden Gesetz vom 10. Apr. 1848 über die Wahl von Nationalvertretern diese nur dazu bestimmt waren, um zwischen den Regierungen und dem Volke das deutsche Verfassungswerk zu Stande zu bringen,

die der Reichsversammlung in der vorgedachten Beziehung abgehende Gesetzgebungsbefugniß aber durch die Befugnisse des Reichsverwesers, von welchem die Verkündigung der Wechselordnung als Gesetz erfolgt ist, nicht als supplirt zu betrachten ist, indem nach dem im Gesetzblatt mitgetheilten, von der deutschen Reichsversammlung ausgegangenen Gesetz über Einführung einer provisorischen Centralgewalt für Deutschland dem Reichverweser eine gesetzgebende Gewalt nicht eingeräumt worden ist,

und ebensowenig aus der Uebernahme der von Seiten der Bundesversammlung, Namens der deutschen Regierungen, dem Reichsverweser bei seinem Amtsantritte übertragenen Ausübung der ihr nach der Verfassung des deutschen Bundes zugestandenen Befugnisse und Verpflichtungen eine Gesetzgebungsbefugniß des Reichsverwesers über Gegenstände des Privatrechts in den Bundesstaaten zu folgern steht, da die Bundesversammlung nur zum Zwecke des deutschen Bundes, der Erhaltung der äußeren und inneren Sicherheit Deutschlands und der Unabhängigkeit und Unverletzlichkeit der einzelnen Staaten zu verbindlichen Beschlüssen für die Bundesmitglieder berufen war, andere gemeinnützige Anordnungen aber, deren Zweck nur durch die zusammenwirkende Theilnahme aller Bundesstaaten vollständig erreicht werden konnte, wie dies mit der hier in Rede stehenden Einführung übereinstimmender Wechselgesetze für ganz Deutschland der Fall sein würde, der freiwilligen Vereinbarung unter den sämmtlichen Bundesgliedern vorbehalten blieben,

daß mithin das zwischen den streitenden Theilen bestehende Rechtsverhältniß, ohne Rücksicht auf die allgemeine deutsche Wechselordnung, lediglich nach den darüber bestehenden landesgesetzlichen Normen zu beurtheilen ist.

* * *

Dem Obergerichte zu Hanau wird dieses Erkenntniß, mit den eingesandten Acten zur weiteren Verfügung mitgetheilt.

Kassel, am 4. September 1850.

Kurfürstliches Oberappellationsgericht

(L. S.) (gez.) Dupsing.

(ges.) Strippelmann.

Diese Entscheidung des Ober-Appellations-Gerichts zu Kassel haben demnächst in der That die Unter-Gerichte Kur-Hessens sich zur Richtschnur dienen lassen. Die Advocatur und die Rechts-Lehrer haben dagegen angekämpft, aber vergebens. Hiernach ist jetzt in Bezug auf Wechselrecht und Wechsel-Verfahren in Kur-Hessen ein ziemlich arges Chaos. [1])

Das, was im Wesentlichen darüber zu bemerken ist, ohne zu weitläufig zu werden, möchte Folgendes sein.

I. Eine fürstliche Resolution vom 5. April 1723 bestimmte, daß das (gemeine) Wechsel-Recht in Kur-Hessen für Juden und Christen gelten, daher mit bereitester Rechts-Vollstreckung gehandhabt werden solle.

II. Die Contracten-Ordnung vom 9. Jan. 1732 bestimmte in §. 11., daß die Wechsel-Briefe der Personen von Distinction, der Gelehrten, Handelsleute, Juden, handelnder Bürger oder Bauern in Kraft bleiben und nach deren Anerkennung, wozu nach erhobener Klage eine dreitägige Frist mit Verweisung aller nicht gehörig bescheinigten Einreden zu bestimmen sei, mit der bereitesten Execution und Haft verfahren werden solle. Die Wechsel von andren Personen, namentlich von Acker- und Handwerks-Leuten, welche keinen Handel treiben, sollten nur als gewöhnliche Schuldscheine gelten.

---

[1]) Vergl. Arch. für Wechsel-Recht Bd. 1 S. 427 ff. (Aufs. von Dr. Fick).

III. Die Proceß-Ordnung für die Ober-Gerichte vom 5. Sept. 1745 §. 26 und 27 bestimmt nichts wesentlich Neues, sondern verordnet nur, daß, wenn der Verklagte binnen drei Tagen nicht füglich zur Stelle sein könne, eine billige Verlängerung der Frist eintreten solle.

IV. Das landesherrliche Rescript vom 3. Decbr. 1751 bestimmt vornehmlich nur, daß bei Wechsel-Sachen statt der sonst gewöhnlichen drei Prorogationen, höchstens eine bei Strafe der Verurtheilung Statt finden solle.

V. Die Verordnung v. 6. Juli 1770 setzt fest, daß die Wechsel-Processe der Regel nach in acht Tagen, resp. vier Wochen, zu Ende gebracht werden müssen; die Frist zur Einführung der Appellation solle nur ein Mal verlängert werden und nicht über 14 Tage betragen.

VI. Das Gesetz vom 16. Sept. 1834 §. 22 ordnet an, daß das Protokollar-Verfahren bei Ober-Gerichten im Wechsel-Proceß nicht Platz greifen solle.

VII. Nach der Bekanntmachung vom 9. Jan. 1763 und 2. Jan. 1764, so wie nach Art. 36 §. 192 der Hanauer Untergerichts-Ordnung gilt die Frankfurter Wechsel-Ordnung vom Jahre 1739.

VIII. Im Wesentlichen richtet sich hiernach das Proceß-Verfahren in Kur-Hessen nach folgenden Grundsätzen:

1) Es wird in erster Instanz mündlich zu Protokoll und in Terminen verhandelt, selbst dann, wenn sonst die Gerichte, vor welchen die Sache verhandelt wird, wie z. B. die Obergerichte, durch schriftliche Eingaben und in Fristen zu verhandeln angewiesen sind.
2) Alle diese Termine sollen dergestalt schleunig anberaumt werden, daß vom Tage der Insinuation des den Termin anordnenden Decrets bis zu dem Termine selbst, wo möglich nur drei Tage Frist bleiben.
3) Schon im ersten Termine wird über den Beweis verhandelt, und zu diesem Zwecke der Verklagte sub omni praejudicio (unter jeder Warnung) namentlich zur Erklärung über die vom Kläger stets vorzulegende Wechselurkunde vorgeladen.
4) Der Verklagte wird mit allen den Einreden, welche er nicht in continenti (sogleich) darzuthun im Stande ist (exceptiones altioris indaginis, Einwendungen von größerer Erörterung), unaufhaltsam der Execution zur besonderen Ausführung verwiesen, ohne daß jedoch bei dieser besonderen Ausführung eine neue Klage oder ein selbstständiger Proceß einzutreten braucht.

5) Ueberhaupt soll das Verfahren so beschleunigt werden, daß womöglich der Proceß, wenn keine in continenti darzuthuenden Einreden opponirt sind, in acht Tagen, außerdem aber in vier Wochen entschieden ist.
6) Im Falle der Verurtheilung tritt ohne Weiteres die Execution in das dazu dienlichste Vermögen, und, wenn solches nicht bei der Hand ist, gegen die Person selbst ein.
7) In der Appellations-Instanz ist für Wechsel-Sachen das fatale introducendae appellationis, (die Frist zur Einführung der Appellation) ebensowohl, wie dessen etwaige Prorogation auf 14 Tage bestimmt.
8) Ueberhaupt soll diese Introductionsfrist, selbst beim Oberappellationsgerichte, nur einmal, und selbst bei diesem einen Male nur auf Grund eines alsbald specificirten und bescheinigten Hinderungs-Grundes prorogirt werden.
9) Wechsel-Proteste können außer von den etwa bestellten Notaren, auch von allen Untergerichts-Actuaren innerhalb ihres Amtssprengels aufgenommen werden. (Dr. Fick im Archiv f. Wechsel-Recht Bd. 2. S. 308 ff.)

Zwölfter Abschnitt.

b. Groß-Herzogthum Hessen.

Vom Wechsel-Proceß-Verfahren in den alten Provinzen des Groß-Herzogthums Hessen. [1])

Gesetz,

das Wechselverfahren in den Provinzen Starkenburg und Oberhessen betreffend.

Ludwig III. Großherzog von Hessen und bei Rhein rc. rc.
Um für Unsere Provinzen Starkenburg und Oberhessen ein der allgemeinen deutschen Wechselordnung entsprechendes Verfahren in Wechselstreitigkeiten festzusetzen, haben Wir mit Zustimmung Unserer getreuen Stände verordnet und verordnen wie folgt:

---

[1]) In Rhein-Hessen regelt sich das Proceß-Verfahren in Wechsel-Sachen im Wesentlichen nach den Bestimmungen des Code de procedure.

§. 1. Wechselklagen können sowohl bei demjenigen Gerichte, welchem der Beklagte bezüglich der Erfüllung persönlicher Verbindlichkeiten unterworfen ist, als auch bei dem Gerichte des Ortes, wo die Zahlung geschehen soll, angestellt werden.

§. 2. Sind mehrere aus demselben Wechsel Verpflichtete verschiedenen Gerichten unterworfen, so kann der Kläger nach seiner Wahl bei einem jeden dieser Gerichte gegen sämmtliche Schuldner oder auch nur gegen einige derselben seine Klage anbringen.

§. 3. Eine Wechselklage kann nur durch einen Wechsel begründet werden. Der Wechsel selbst und der Protest, wo es eines solchen zur Erhaltung des Wechselrechts bedarf, muß im Original oder in Abschrift mit der Wechselklage übergeben werden.

§. 4. Wechselproteste, welche im Auslande aufgenommen wurden, bedürfen keiner Beglaubigung durch eine inländische Behörde.

§. 5. Erkennt das Gericht das Wechselverfahren für zuläßig, so ist zur Vorlegung der die Wechselklage begründenden Originalurkunden Termin anzuberaumen.

Der Kläger wird hierzu unter dem Rechtsnachtheile des Verzichts auf das Wechselverfahren, — der Beklagte mit der Auflage geladen, daß er über die Urkunden sich zu erklären, bezüglich der Privaturkunden die Aechtheit der Unterschrift, im Falle er sie bestreite, auf Verlangen sogleich eidlich abzuläugnen, auch alle ihm zustehenden Einreden vorzubringen und durch Urkunden zu belegen habe, unter dem Rechtsnachtheile, daß, im Falle seines Ausbleibens, er als der Aechtheit geständig und seiner Einreden für verlustig erklärt werde.

§. 6. Der Termin ist, unter Berücksichtigung der Entfernung der streitenden Theile vom Gerichtsorte, auf einen möglichst nahen Tag anzuberaumen, keinenfalls aber, wenn der Beklagte im Großherzogthum, oder weniger als zwanzig Stunden von jenem Gerichtsorte entfernt wohnt, über acht Tage, von Einhändigung der Klage an gerechnet, hinaus zu setzen.

In den geeigneten Fällen kann auf Antrag des Klägers der Termin schon auf den Tag der Einhändigung selbst anberaumt werden.

§. 7. Bleibt einer der Geladenen aus, so ist auf Antrag des Erschienenen, mit Rücksicht auf das verwirkte Präjudiz, Contumacialerkenntniß zu erlassen.

§. 8. Der Beklagte kann die Aechtheit der Unterschrift persönlich oder durch einen Bevollmächtigten bestreiten.

§. 9. Bestreitet der Beklagte die Aechtheit einer Privaturkunde, so hat er auf Verlangen des Klägers sofort den Diffessions-Eid dahin in Person abzuleisten:

daß die fragliche Unterschrift weder von ihm, noch an seiner Statt von einem Dritten mit seiner Bewilligung geschrieben sei.

Ist die Urkunde nicht von dem Beklagten selbst ausgestellt, so hat derselbe zu schwören:

daß er nicht wisse, daß die Unterschrift ächt sei.

§. 10. Verweigert der Beklagte die Eidesleistung, so wird die Urkunde als anerkannt betrachtet.

§. 11. Es findet weder Zurückschiebung des Diffessions-Eides noch Gewissensvertretung statt. Der Eid für Gefährde ist unstatthaft.

§. 12. Ist die Aechtheit der Privaturkunde durch einen Bevollmächtigten bestritten (§. 8), so wird zur Eidesleistung, wenn der Kläger diese verlangt, ein möglichst naher Termin anberaumt.

§. 13. Die Abläugnung des Inhalts einer Urkunde bei anerkannter Unterschrift ist unzulässig. Jedoch kann die Behauptung, daß ein nicht zum Behufe wechselmäßiger Verpflichtung ausgestelltes Blanquet mißbraucht, oder ein sonstiger Betrug oder Fälschung vorgenommen worden sei, als Einrede, nach Maßgabe des §. 15 geltend gemacht werden. Dasselbe findet statt, wenn die Aechtheit öffentlicher Urkunden bestritten wird.

§. 14. Keine Einrede befreit den Beklagten von der Verbindlichkeit, sogleich in dem Termine sich über die Urkunden und deren Aechtheit zu erklären und den verlangten Diffessions-Eid zu leisten.

§. 15. Einreden sind im Wechselverfahren nur dann von voller Wirkung, wenn sie, insofern dem Beklagten der Beweis obliegt, auf der Stelle durch Urkunden bewiesen werden. Die öffentlichen und Privaturkunden sind dem Gegner zur Anerkennung oder beziehungsweise zur eidlichen Abläugnung vorzulegen.

Werden die Einreden nicht sofort durch Urkunden erwiesen, so verweist das Gericht auf solche zur besonderen Verhandlung und erkennt im Uebrigen ohne Rücksicht auf solche.

Vermag der Beklagte aber die Voraussetzungen eines Arrestes nach den Grundsätzen des Arrestprocesses — Bescheinigung der Gegenforderung und Gefahr wegen demnächstiger Restitution — nachzuweisen, so kann das Gericht die Hinterlegung der streitigen Summe bis zur Sicherheitsleistung des Klägers verlangen.

§. 16. Will der Kläger es auf den Diffessions-Eid (§. 9), zu dessen Ableistung der Beklagte erbötig ist, nicht ankommen lassen, sondern in anderer Art den Beweis, daß die Namensunterschrift ächt sei, übernehmen, so hört das Wechselverfahren auf; die Sache wird im ordentlichen Processe mit abgekürzten Fristen weiter verhandelt und nach stattgehabtem Beweisverfahren abgeurtheilt. Der Kläger kann, wenn er rechtskräftig die Verurtheilung des Beklagten erwirkt hat, die wechselrechtliche Vollstreckung dieses Erkenntnisses (§. 25 bis 30) verlangen.

Ebenso kann der Beklagte, wenn der Kläger sich zur Ableistung des Diffessions-Eides erboten hat, diesen Eid fallen lassen, in welchem Fall die Bestimmung des zweiten Absatzes des vorstehenden §. 15 zur Anwendung kommt.

§. 17. Wird demnächst der Beweis erbracht, daß die Unterschrift von demjenigen, welcher ihre Aechtheit im Wechselverfahren bestritten hat, geschrieben ist, so kann derselbe auf Antrag des Gegners in eine bürgerliche Gefängnißstrafe bis zu 14 Tagen verurtheilt werden.

§. 18. Der Beklagte ist in keinem Fall berechtigt, von dem Kläger wegen der Proceßkosten, zu deren Ersatz derselbe verurtheilt werden könnte, Sicherheit zu verlangen.

§. 19. Eine Widerklage kann nur dann in demselben Verfahren verfolgt werden, wenn sie ebenfalls eine Wechselklage (§. 3) ist und zugleich mit der Erklärung auf die Klage angestellt wird.

§. 20. Zur Erkärung auf Widerklagen, eigentliche Einreden und Repliken u. s. w. kann nach dem Ermessen des Gerichts ein weiterer Termin gestattet werden.

§. 21. Editionsanträge sind im Wechselverfahren nicht zulässig.

§. 22. Nach geschlossener Verhandlung ist das Urtheil den streitenden Theilen in der Regel gleich im Termine selbst, spätestens aber binnen drei Tagen zu eröffnen und einzuhändigen.

§. 23. Wird der Beklagte verurtheilt, so ist demselben aufzugeben, daß er den Kläger binnen 24 Stunden bei Vermeidung der wechselmäßigen Hülfsvollstreckung befriedige.

§. 24. Alle in Wechselsachen erlassenen gerichtlichen Verfügungen und Urtheile sind sogleich vollstreckbar. Weder Rechtsmittel noch einfache Beschwerden haben aufschiebende Wirkung.

Hat jedoch der Beklagte gegen ein verurtheilendes Erkenntniß Rechtsmittel eingelegt, oder eine mit den Erfordernissen einer Arrestklage ausgestattete Widerklage erhoben, so kann er verlangen daß die zu bezahlende Summe bei der zuständigen Behörde hinterlegt und nur gegen hinreichende Sicherheit für den allenfallsigen Rückersatz an den Kläger ausgeliefert werde.

§. 25. Leistet der Beklagte dem Urtheil keine Folge, so kann der Kläger sofort die Vollstreckung an dem Vermögen des Beklagten und zugleich die Erkennung des Wechselarrestes verlangen.

§. 26. Verlangt der Kläger die Erkennung des Wechselarrestes, so hat das Gericht einen schriftlichen Haftbefehl zu erlassen und darin auszusprechen, daß dieser, sobald der Kläger die erforderliche Kostenvorlage geleistet habe, vollstreckbar sei. Der Kläger ist verbunden die Kosten der Verhaftung und Verbringung in das Schuldgefängniß, sowie die Kosten für die Unterhaltung des Beklagten, letztere im Betrage von täglich 30 Kreuzern nebst dem im Winter erforderlichen, vom Gerichte zu bestimmenden Aufwande für Feuerung und Licht, von Woche zu Woche vorzulegen. Auch hat derselbe sonstige durch die Haft entstandene unvorhergesehene Ausgaben binnen 24 Stunden auf Anforderung des Gerichts zu ersetzen.

Wenn der Gläubiger an dem Tage, bis zu welchem er die Kosten vorgelegt, keine weitere Kostenvorlage geleistet hat, oder der gerichtlichen Aufforderung zur Vergütung sonstiger durch die Haft entstandener unvorhergesehener Kosten nicht binnen 24 Stunden entspricht, so wird der Schuldener sofort freigelassen.

§. 27. Der Beklagte wird zur Vollstreckung des Wechselarrestes in dem hierfür bestimmten Schuldgefängnisse bewahrt, — in seiner Wohnung oder einem sonstigen angemessenen Locale nur, wenn und insoweit der Kläger dies unter Zustimmung des Beklagten beantragt.

§. 28. Außer den in der allgemeinen deutschen Wechselordnung Art. 2. unter Nr. 1—3. bezeichneten Fällen ist der Wechselarrest nicht zulässig in folgenden Verhältnissen:

1) gegen den Schuldner zum Vortheile seines Ehegatten, seiner Verwandten in auf- und absteigender Linie, seiner ehelichen Geschwister, seines Oheims, seiner Tante, seines Neffen, seiner Nichte, oder seiner Verschwägerten in denselben Graden;
2) gegen Personen, welche das 70ste Lebensjahr angetreten haben;
3) gegen Personen, über deren Vermögen Concurs erkannt oder welchen die Rechtswohlthat der Güterabtretung bewilligt, oder gegen welche ein gerichtliches Veräußerungsverbot erlassen ist;
4) wenn das schuldige Kapital nicht mehr als 100 Gulden beträgt.

§. 29. Der erkannte Wechselarrest darf nicht vollstreckt werden:

1) gegen active Militärpersonen unter dem Officiersrang, so lange sie nicht großbeurlaubt sind, und gegen active Militärpersonen im Officiersrang, so lange sie sich mit ihrem Corps oder mit Abtheilungen desselben außerhalb der Garnison befinden;

2) gegen beide Ehegatten zugleich.

§. 30. Der verhaftete Schuldner wird entlassen:

1) wenn die schuldige Summe nebst Zinsen und Kosten gerichtlich hinterlegt wird;

2) nach sechsmonatlicher Dauer der Haft, wenn die Schuld an Hauptgeld unter 500 Gulden,

nach einjähriger Dauer, wenn die Schuld an Hauptgeld 500 Gulden oder mehr, aber weniger als 1500 Gulden,

nach achtzehnmonatlicher Dauer, wenn die Schuld an Hauptgeld 1500 Gulden oder mehr, aber weniger als 3000 Gulden,

nach zweijähriger Dauer, wenn die Schuld 3000 Gulden oder mehr beträgt,

3) wenn der Schuldner, mag er bereits Militär sein oder nicht, zum Militärdienste einberufen wird, oder wenn er, im Fall er im Officiersrange steht, mit seinem Corps oder seiner Abtheilung die Garnison zu verlassen hat;

4) wenn während der Dauer der Haft der Fall des §. 28 Nr. 2. oder 3. eintritt.

§. 31. Der auf den Grund des vorstehenden §. 30 oder des §. 26 aus der Haft entlassene Schuldner kann wegen derselben Schuld nicht wieder verhaftet werden. Diese Bestimmung findet jedoch keine Anwendung auf den im vorstehenden §. 30 Nr. 3. angegebenen Fall.

§. 32. Der Gläubiger, welcher die Freilassung des Schuldners auf dessen Anstehen gestattet hat, ist befugt, späterhin die Wiederverhaftung zu verlangen; diese erneuerte Haft hat aber nur unter Einrechnung der Zeit der früher bestandenen Haft anzudauern.

§. 33. Bei Verfolgung eines Rechtsmittels oder einer außergerichtlichen Beschwerde gegen Erkenntnisse in Wechselklagsachen bedarf der öffentliche Anwalt keiner besonderen Vollmacht, wenn er bereits in früherer Instanz Vollmacht beigebracht hat.

Jedes Rechtsmittel muß binnen einer unerstrecklichen Nothfrist von vier Wochen, von dem Ablaufe der zehntägigen Frist der Einwendung des Rechtsmittels an gerechnet, bei dem Gerichte, welches das angefochtene Erkenntniß erlassen hat, gerechtfertigt werden.

Die Frist der Einsendung der Acten an den höheren Richter, wie sie durch das einige Abänderungen des civilgerichtlichen Verfahrens betreffende Gesetz vom 20. August 1848 Art. 14 bestimmt ist, wird bei dem Wechselverfahren auf drei Tage herabgesetzt.

Verlustgelder werden im Wechselverfahren nicht hinterlegt. Wird aber ein an das Oberappellationsgericht gelangtes Rechtsmittel als frivol verworfen, so verurtheilt der Gerichtshof die Partei zugleich zur Bezahlung derjenigen Verlustgelder, welche sie im gewöhnlichen Verfahren zu hinterlegen gehabt hätte.

§. 34. Gesuche um Wiedereinsetzungen in den vorigen Stand müssen binnen 14 Tagen, von der geschehenen Einhändigung oder Bekanntmachung der ergangenen Desertions- oder Präclusivverfügung an, vorgebracht werden und sind nach Verlauf dieser Frist nur dann zu berücksichtigen, wenn ganz besonders erhebliche Verhinderungsgründe angeführt und bescheinigt werden.

Bei Beschwerden über Verwerfung des Gesuchs findet die Bestimmung des zweiten Absatzes des §. 24 Anwendung.

§. 35. Alle gerichtlichen Verfügungen in Wechselsachen sind zu beschleunigen und alle Termine und Fristen, nach dem Ermessen des Gerichts möglichst kurz anzusetzen.

§. 36. In den geeigneten Fällen können die Gerichte vor der Entscheidung das Gutachten einer Handelskammer einholen oder geeignete Handelsleute zur Berathung zuziehen, um deren gutachtliche Meinung zu vernehmen. Das Gericht ist jedoch bei seiner Entscheidung nicht an jenes Gutachten gebunden.

§. 37. In allen Wechselsachen sind öffentliche Anwälte zulässig.

§. 38. Soweit dieses Gesetz keine Abweichung enthält, sind in Wechselsachen die für das gewöhnliche Verfahren und insbesondre die für den Executivproceß geltenden Bestimmungen anzuwenden.

§. 39. Das vorstehende Gesetz tritt in den Provinzen Starkenburg und Oberhessen am 1. Juli dieses Jahres in Kraft und findet auf alle Wechselklagen Anwendung, die von diesem Tage an erhoben werden.

Haben diese ihren Grund in Wechselverbindlichkeiten, die vor diesem Tage entstanden sind, so findet der Wechsel-Arrest nicht Statt. Eine Ausnahme hiervon tritt in der Stadt Offenbach ein, in soweit daselbst nach der Verordnung vom 4. März 1829 der Wechselarrest zulässig ist; für solche Fälle finden dort aber die §§. 26—32 des gegenwärtigen Gesetzes mit rückwirkender Kraft Anwendung.

Urkundlich Unserer eigenhändigen Unterschrift und des beigedrückten Staatssiegels.

Darmstadt, den 4. Juni 1849. Ludwig.

Dreizehnter Abschnitt.

Hohenzollern.

Vom Wechsel-Processe in den Fürstenthümern Hohenzollern-Hechingen und Hohenzollern-Sigmaringen.

In beiden Fürstenthümern ist die Allgemeine deutsche Wechsel-Ordnung durch das Regierungs-Verordnungs-Blatt unter dem 7. Jan. 1849 verkündet. In Absicht des Verfahrens gilt der preußische Wechsel-Proceß.

Vierzehnter Abschnitt.

Herzogthum Holstein.

Vom Wechsel-Verfahren im Herzogthum Holstein. [1])

Einleitung.

Das Proceß-Verfahren in Wechsel-Sachen ist in dem vierten Abschnitt der Wechsel-Ordnung für das Herzogthum Holstein v. 23. Febr. 1854 geregelt, welcher die Ueberschrift führt:

---

[1]) Wie oben (S. 2) schon bemerkt, war auch in den Herzogthümern Holstein und Lauenburg die Allgemeine deutsche Wechsel-Ordn. eingeführt, dieselbe ist jedoch unter dem 23. Jul. 1851 von der dänischen Regierung wieder aufgehoben, damit doch ja die gedachten ächt deutschen Herzogthümer mit dem deutschen Gesammt-Vaterlande nichts Gemeinsames weiter haben sollten, als die den Dänen so verhaßte deutsche Sprache. An die Stelle trat eine provisorische Wechsel-Ordnung, statt welcher wenigstens für das Herzogthum Holstein unter dem 23. Febr. 1854 eine

Vierter Abschnitt.

Von dem in Wechsel-Sachen zu beobachtenden Verfahren.

§. 101. Klagen auf Erfüllung einer nach den vorstehenden Bestimmungen mit wechselrechtlicher Wirkung eingegangenen Verbindlichkeit sind in dem nachstehend normirten Wechselproceß summarisch zu entscheiden.

§. 102. Die competenten Behörden zur Entscheidung dieser Sachen sind:

in den Städten der Bürgermeister, und wenn deren mehrere sind, der gelehrte Bürgermeister oder Stadtpräsident, in Altona aber der Stadtvogt;

in den Aemtern und Landschaften der Oberbeamte;

in den klösterlichen Districten die klösterliche Obrigkeit;

in den Gütern und Koogen der Gerichtshalter;

in den Fällen, wenn der Beklagte seinen Gerichtsstand vor einem Unterconsistorio hat, der Präses des Consistorii und für das Plenar-Consistorium dasjenige Mitglied, welches das Directorium führt;

wenn derselbe unter der Gerichtsbarkeit der Universität zu Kiel steht, das engere academische Consistorium;

wenn derselbe den höheren Gerichtsstand genießt, das betreffende Oberdicasterium.

§. 103. Die Wechselklage kann mündlich oder schriftlich von dem Kläger in Person, oder durch einen Bevollmächtigten angebracht werden. Die zur Begründung der Klage dienenden Urkunden, namentlich Wechsel und Proteste, sind gleichzeitig mit der Klage im Original und in Abschrift zu übergeben. Der Antrag ist darauf zu richten, den Beklagten zur Unterschrift, demnächst aber zur Zahlung oder Erfüllung seiner sonstigen Verbindlichkeit nach Wechselrecht anzuhalten.

§. 104. Wird nicht der Wechselproceß sofort vom Gericht für unstatthaft erklärt, und daher die Klage angebrachtermaßen abgewiesen, so ist ein möglichst naher, auf keinen Fall aber in den Städten über zwei, und in den Landdistricten über acht Tage auszusetzender Termin anzuberaumen, und der Beklagte, unter abschriftlicher Mittheilung der eingereichten oder bei der Behörde zu Protokoll gegebenen Klage und

---

besondre Wechsel-Ordnung verkündet ist, welche bis auf einige kleine Local-Abweichungen völlig mit der Allgemeinen deutschen Wechsel-Ordn. übereinstimmt.

deren Anlagen, vorzuladen, um sich in dem Termin über seine Unterschrift zu erklären und gerichtlichen Spruch zu gewärtigen.

Der Antrag auf Verhängung eines vorläufigen Personal- oder Realarrestes zur Sicherheit ist auch wegen Wechselforderungen nur dann statthaft, wenn die nach allgemeinen Rechtsgrundsätzen dazu erforderlichen Voraussetzungen vorhanden sind.

§. 105. Auf Antrag des Beklagten darf der anberaumte Termin nur dann ausgesetzt werden, wenn derselbe Umstände bescheinigt, welche ihm nicht allein das persönliche Erscheinen, sondern auch die Bevollmächtigung und Instruirung eines Anderen unmöglich machen.

§. 106. Erscheint der Beklagte in dem Termin nicht, so wird, unter Verurtheilung desselben in die Terminskosten, eine zweite Citation, in den Städten auf den folgenden Tag, in den Landdistricten aber auf längstens dreimal 24 Stunden, unter der Verwarnung wider ihn abgegeben, daß beim abermaligen Ausbleiben seine Unterschrift für anerkannt angesehn und er seiner Einreden wider den Wechsel für verlustig erklärt werden wird.

Beim Ausbleiben in diesem Termine ist der Beklagte, auf Antrag des Klägers zur Erfüllung seiner Verbindlichkeit innerhalb drei Tage, bei Vermeidung der Wechselexecution, unter Erstattung der in dem Erkenntniß zu bestimmenden Kosten zu verurtheilen.

§. 107. Im Termin müssen beide Theile persönlich, oder durch hinlänglich Bevollmächtigte erscheinen. Die Vertretung durch Advocaten ist den Parteien zu gestatten.

§. 108. Erscheint der Beklagte und erkennt er ohne Einreden die Richtigkeit seiner Unterschrift an, so wird er sofort zur Erfüllung seiner Verbindlichkeit unter Erstattung der in dem Erkenntniß zu bestimmenden Kosten, innerhalb drei Tage, bei Vermeidung der Wechselexecution verurtheilt.

§. 109. Läugnet dagegen der Beklagte, ohne Einreden vorzuschützen, seine Unterschrift des Wechsels, des Indossaments oder des Accepts ab, und erbietet sich zur eidlichen Diffession derselben, so wird zur Leistung des Eides ein anderweitiger naher, nicht über drei Tage zu erstreckender Termin angesetzt, nach abgeleistetem Eide aber der Beklagte von der Wechselklage entbunden und der Kläger in die Kosten verurtheilt.

Will der Kläger den Beklagten den Diffessionseid nicht schwören lassen, so steht ihm frei, unter Erstattung der Kosten, das Wechselverfahren fallen zu lassen und sein Recht im ordentlichen Processe auszuführen.

Beweis durch Vergleichung der Handschrift ist im Wechselprocesse unzulässig.

§. 110. Von verzögerlichen Einreden sind nur diejenigen zulässig, welche auf die Incompetenz des Gerichts, die mangelnde Legitimation zur Sache oder zum Proceß, auf wesentliche Fehler der Klage oder der Ladung, oder endlich auf die mangelnde Fälligkeit der Forderung selbst gestützt werden, insofern sie sofort erweislich sind.

Die Einrede der fehlenden Sicherheit wegen der Proceßkosten und Widerklage ist unstatthaft.

§. 111. Von persönlichen Einreden sind nur zulässig, insofern dieselben aus dem Wechsel, oder sonst liquide, oder durch Urkunden, Augenschein oder Geständniß sofort erweislich sind:

1) diejenigen, welche aus der Unvollständigkeit des Wechsels oder aus der unterlassenen Beobachtung des zur Aufrechthaltung der Giltigkeit der Wechselforderung vorgeschriebenen Verfahrens erwachsen;
2) die Einrede der mangelnden Wechselfähigkeit;
3) die Einrede der vorgenommenen Fälschung des Wechsels nach geschehener Unterschrift des Beklagten;
4) sonstige persönliche Einreden, welche aus der Person des Beklagten unmittelbar gegen den Kläger selbst gerichtet sind.

Alle anderen peremtorischen Einreden werden zur besondern Ausführung verwiesen, ohne daß deshalb dem Kläger, insofern er nicht ein Ausländer ist, eine Caution auferlegt werden darf. Beweis durch Abhörung von Zeugen und Eidesdelation wider den Kläger sind in diesem Verfahren nicht statthaft.

§. 112. Eine Verpflichtung des Klägers zur Urkundenedition oder zur Ableistung des Editionseides findet im Wechselprocesse nicht statt.

§. 113. Ein schriftliches Verfahren zwischen den Parteien ist nicht zuzulassen, doch darf der Beklagte im Termin eine schriftliche Vernehmlassung übergeben, die vom Gericht zu verlesen und dem Protokoll anzulegen ist.

Nach beendigter mündlicher Verhandlung, deren wesentlicher Inhalt zu Protokoll zu nehmen, ist das Erkenntniß sofort, oder in einem neuen den Parteien sogleich bekannt zu machenden Termin abzugeben, welcher jedoch auch in verwickelten Fällen nicht über drei Tage hinausgesetzt werden darf.

In dem Erkenntniß ist zugleich über die Kosten zu entscheiden und der Betrag zu erstattender Kosten ist im Termin zu liquidiren.

§. 114. Wird der Beklagte zur Zahlung oder Erfüllung einer sonstigen Wechselverbindlichkeit verurtheilt, so ist dem Erkenntnisse innerhalb drei Tage, bei Vermeidung der Wechselexecution, Folge zu leisten.

§. 115. Die Wechselexecution besteht in der persönlichen Haft des Beklagten, welche nach fruchtlosem Ablauf der drei Tage (§. 114) auf Antrag des Klägers, sofort zu vollziehen ist.

Der Beklagte ist in diesem Falle in bürgerlichen Arrest zu setzen. Cautionsleistung oder theilweise Bezahlung befreit nicht vom Arreste.

Kann der Schuldner sich selbst im Arreste nicht unterhalten, so hat der Gläubiger die nach richterlichem Ermessen zu bestimmenden Unterhaltungskosten von Zeit zu Zeit vorzuschießen, auch zu dem Ende sogleich Anfangs Caution zu bestellen. Sobald der Gläubiger den Vorschuß nicht mehr leistet, wird der Schuldner aus dem Arrest entlassen.

§. 116. Der Wechselarrest dauert in der Regel so lange, bis der Gläubiger vollständig befriedigt ist, oder in die Aufhebung desselben einwilligt, oder mit der Leistung des bestimmten Vorschusses zu den Unterhaltungskosten inne hält.

Wenn jedoch der Schuldner seine Güter den Gläubigern abtritt, oder über das Vermögen desselben Concurs erkannt wird, so ist er aus dem Wechselarrest zu entlassen.

§. 117. Auf die Execution in das Mobiliar- oder Immobiliarvermögen des Beklagten, nach den darüber bestehenden gesetzlichen Vorschriften kann der Kläger auch dann antragen, wenn er persönlichen Arrest verlangt hat, und ist dieser dann unverzüglich zu vollstrecken.

Die Zulässigkeit der Verhängung des Realarrestes ist nach den Vorschriften des §. 104 zu beurtheilen.

Wider Wechselschuldner, welche vom persönlichen Arrest befreit sind, (§. 2) ist nur die Execution in das Vermögen zulässig.

§. 118. Wider Erkenntnisse im Wechselprocesse ist nur das Rechtsmittel der Supplication an das betreffende Oberdicasterium zulässig, welches entweder gleich nach Publication des Erkenntnisses mündlich, oder innerhalb drei Tage, vom Tage der Publication desselben gerechnet, schriftlich zu interponiren, und bei Verlust desselben gerechnet, keiner Verlängerung fähigen Frist von drei Wochen zu prosequiren ist. Die Recursschrift darf vor Ablauf der Frist bei dem judicio a quo zur Beförderung an das Obergericht eingereicht werden.

Für Altona ist wider solche Erkenntnisse nur die Provocation an den dortigen Magistrat nach den näheren Vorschriften der Verfügung vom 21. Oktober 1756 gestattet.

Wenn die Wechselsumme 8 Thlr. R.-M. nicht übersteigt, findet überhaupt kein Recurs wider das Erkenntniß statt.

§. 119. Das Rechtsmittel der Supplication oder die Provocation von Seiten des verurtheilten Beklagten hat nur dann Suspensiveffect, wenn der Beklagte die Wechselsumme nebst Kosten und Zinsen bis zur Erledigung des eingewandten Rechtsmittels gerichtlich deponirt, oder in dieser Beziehung eine nach richterlichem Ermessen ausreichende Caution leistet.

§. 120. Wenn Wechselprocesse zur unmittelbaren Cognition eines Oberdicasterii gehören, so ist die Klage stets schriftlich bei demselben anzubringen. Dasselbe gilt, wenn Wechselklagen beim academischen Gericht in Kiel angestellt werden.

Das Oberdicasterium hat sein Verfahren nach Anleitung der im Vorstehenden gegebenen Vorschriften einzurichten, und jede den Umständen nach mögliche Abkürzung desselben eintreten zu lassen.

Es ist befugt, die Instruirung und Entscheidung der Sache einer aus seiner Mitte zu bestellenden Commission, oder einer für Wechselsachen competenten untergerichtlichen Behörde (§. 101) aufzutragen, welche in solchem Falle die obigen Vorschriften unabweichlich zu befolgen hat.

§. 121. Das Rechtsmittel der Supplication an das Holstein-Lauenburgische Oberappellationsgericht ist im Wechselprocesse nur dann zulässig, wenn das Erkenntniß von einem Oberdicasterio in den zu dessen unmittelbarer Cognition gehörigen Sachen (§. 120) oder von dem engeren academischen Consistorio der Universität zu Kiel abgegeben ist.

Für die Fristen, innerhalb deren das Rechtsmittel einzuwenden und zu prosequiren ist, sowie in Ansehung des demselben zu gestattenden Suspensiveffectes, kommen in diesem Falle die Vorschriften der §§. 118 und 119 zur Anwendung.

Wonach sich ein Jeder, den es angeht, allerunterthänigst zu achten. Urkundlich unter unserem königlichen Handzeichen und vorgedrucktem Insiegel.

Gegeben auf unserem Schlosse Christiansborg, den 23. Febr. 1854.

Frederik. R.

Funfzehnter Abschnitt.

Lippe-Detmold.

Vom Wechsel-Proceß-Verfahren im Fürstenthum Lippe-Detmold.

Wechselproceßgesetz vom 5. Juli 1849.

Von Gottes Gnaden Wir Paul Alexander Leopold, Regierender Fürst zur Lippe, Edler Herr und Graf zu Schwalenberg und Sternberg ꝛc. ꝛc.

Da sich in Folge der seit dem 1. Mai d. J. giltigen allgemeinen deutschen Wechsel-Ordnung zugleich gesetzliche Vorschriften über das bei Wechseln stattfindende gerichtliche Verfahren nöthig gemacht haben, so verordnen Wir dieserhalb mit Zustimmung des Landtags, wie folgt:

§. 1. Wechselklagen sind bei dem Gerichte des Wohnorts des Beklagten oder bei dem Gerichte des Orts, wo die Zahlung geschehen soll, anzustellen, oder wenn der Schuldner durch eine besondere Klausel demselben sich unterworfen hat, bei dem Gerichte, in dessen Bezirk er nach der Verfallzeit angetroffen wird. Dem Gerichte, welchem hiernach die Entscheidung zusteht, sind auch die übrigen Wechselschuldner unterworfen, insofern sie der Kläger in demselben Processe in Anspruch nimmt.

§. 2. Der Kläger muß mit der schriftlich einzureichenden oder zu Protokolle zu gebenden Klage den Wechsel und die etwa außerdem zur Geltendmachung seines Anspruchs dienenden Urkunden wenigstens in Abschrift einreichen und um Einleitung des Wechselverfahrens bitten.

§. 3. Ist die Klage statthaft, so ist zur Vorlegung und Anerkennung des Wechsels und der übrigen Urkunden ein nicht über acht Tage nach der Anbringung der Klage hinauszurückender Termin anzusetzen, zu welchem der Beklagte bei Strafe des Anerkenntnisses vorgeladen wird. Sind aber wegen Vorladung des Beklagten erst noch Ersuchungsschreiben an andere Gerichte (Requisitionen) zu erlassen, so ist, je nach den Umständen, der Termin in möglichst kurzer Frist anzusetzen.

§. 4. Erscheint in diesem Termine der Kläger nicht, so kann der Beklagte entweder seine Vertheidigung vorbringen, auf Ausschließung des Klägers mit Repliken und auf Entscheidung der Sache antragen, oder um Zurücklegung der Sache auf Klägers Kosten bis zu weiterm Antrage (um Entbindung von der Instanz) bitten.

Erscheint der Beklagte nicht, so wird auf Antrag des Klägers gegen den erstern dem bei der Ladung ihm angedrohten Rechtsnachtheile gemäß erkannt.

§. 5. Der Beklagte hat im Termine die ihn verbindenden Unterschriften entweder anzuerkennen, oder eidlich abzuläugnen. Läugnet derselbe bei einer in seinem Auftrage (per procura) geschehenen Unterschrift die Ertheilung der Vollmacht, so kann der Kläger fordern, daß die eidliche Abläugnung (der Diffessionseid) auch auf diesen Umstand erstreckt wird.

Bei Wechselprotesten, welche in Deutschland aufgenommen sind und bei Urkunden (§. 2), deren Aufnahme oder Beglaubigung in Deutschland durch einen Notar oder Gerichtsbeamten erfolgt ist, bedarf es keiner weitern Beglaubigung Seitens anderer Behörden (Legalisation). Der Einwand der Fälschung bleibt vorbehalten und ist in einem besondern Verfahren auszuführen. Die Quittungen über bezahlte Provision, Spesen, Kosten u. s. w. der Nachmänner haben die Vermuthung der Richtigkeit für sich und bedürfen keiner Anerkennung. Der Einwand der Fälschung oder des Betrugs bleibt vorbehalten und ist, wenn er nicht sofort klargestellt wird, in einem besondern Verfahren auszuführen.

§. 6. Erbietet sich der Beklagte zur eidlichen Abläugnung (zum Diffessionseide) so kann der Kläger den Beweis der Ächtheit oder bei einer Unterschrift per procura (§. 5) den Beweis der Vollmachtertheilung durch die gewöhnlichen Beweismittel, mit Ausschluß der Eideszuschiebung, unternehmen. Der Wechselproceß wird dann für die Dauer des Zwischenverfahrens (Incidentverfahrens) aufgehoben. Nach dem Mißlingen des unternommenen Beweises darf der Kläger noch die Abläugnung fordern. Will der Beklagte die Vollmachtsertheilung eidlich abläugnen oder wird die Ueberschreitung der Befugnisse behauptet, (Art. 95 der Wechselordnung), so hat der Kläger das Recht, den Bevollmächtigten (Procuristen), Vormund oder sonstigen Vertreter des Beklagten zu einem anderweiten Termine mit vorladen (adcitiren) zu lassen. Wenn in diesem Termine der Mitvorgeladene (Adcitat)

1) nicht erscheint, oder
2) nicht erklärt, daß er den Kläger wechselmäßig befriedigen wolle,
so hat der Kläger den Proceß gegen den Beklagten, nach seinem Ermessen, zur gerichtlichen Entscheidung zu bringen.

Wird der Kläger hinsichtlich des Beklagten, aus einem der andern angeführten Gründe abgewiesen (Art. 95), so kann er bei demselben Gerichte den Wechselproceß gegen den Adcitaten fortsetzen, und es ist dieser, wenn die Ächtheit seiner Unterschrift feststeht, wechselmäßig auch in die Kosten des ersten Processes zu verurtheilen.

So lange der erste Proceß schwebt, so hat der Adcitat das Recht, nach vollständiger Befriedigung des Klägers, denselben auf seine Gefahr fortzusetzen.

§. 7. Wird vom Beklagten geläugnet, daß er der richtige Beklagte (passiv legitimirt) sei, so kann der Kläger dies durch die gewöhnlichen Beweismittel darthun. Der Wechselproceß wird alsdann für die Dauer des hierdurch entstehenden Zwischenverfahrens aufgeschoben.

§. 8. Im Wechselverfahren werden nur solche Einreden berücksichtigt, welche, insofern den Beklagten die Beweislast trifft, entweder durch öffentliche Urkunden oder solche Privaturkunden erweislich sind, die der Kläger entweder sogleich anerkennen oder eidlich abläugnen muß.

Einreden, welche das Klagrecht aufschieben (dilatorische), sind nur zulässig, sofern sie den Mangel einer Voraussetzung der Rechtsbeständigkeit des Verfahrens betreffen. Gesuche um Herausgabe von Urkunden (Editionsgesuche) sind überhaupt unstatthaft. Bei Widerklagen findet gleichzeitiges Verfahren mit der Vorklage nicht statt, doch können sie zur Begründung des Gerichtsstandes bei dem Gerichte der Vorklage in einem gesonderten Processe angebracht werden.

§. 9. Einreden, welche das Klagrecht aufheben (peremtorische) und die nicht in der Weise des §. 8 Absatz 1. sofort klargestellt werden können, sind dem Beklagten nicht abzuerkennen, sondern zum besondern Verfahren zu verweisen.

§. 10. Der Kläger kann zur Verhandlung seiner Repliken, sowie zur Anerkennung oder eidlichen Abläugnung der von dem Beklagten vorgelegten Urkunden die Ansetzung eines andern, jedoch ohne die Zustimmung des Klägers nicht über drei Tage hinauszurückenden Termins beantragen. Die Ansetzung dieses Termins soll auch bei collegialisch besetzten Gerichten sofort durch einen Protokollarbescheid geschehen.

Repliken, die nicht in der Weise des §. 8 sofort klargestellt werden können, sind im Wechselprocesse nicht zu berücksichtigen, vielmehr für ein besonderes Verfahren vorzubehalten.

§. 11. Das abzugebende Erkenntniß muß den Parteien spätestens binnen acht Tagen nach abgehaltenem Termine eröffnet oder, statt der Eröffnung, in einer Ausfertigung behändigt werden. Wird der Beklagte verurtheilt, so ist demselben zugleich aufzugeben, daß er binnen 24 Stunden bei Vermeidung der wechselmäßigen oder in das Vermögen des Schuldners zu vollstreckenden Execution den Kläger wegen seiner Haupt- und Nebenforderungen, sowie wegen der Kosten zufrieden stellt.

§. 12. Gegen das Erkenntniß finden die überhaupt zulässigen Rechtsmittel, jedoch ohne daß die Vollstreckung des ersten Urtheils dadurch aufgeschoben wird (ohne Suspensiveffect), statt.

Die Einlegung des Rechtsmittels muß binnen drei Tagen erfolgen.

Die Frist zur Rechtfertigung beträgt acht Tage. Auch haben die Gerichte in der Instanz der Rechtsmittel die Fristen für die Verhandlungen der Parteien nicht über acht Tage auszudehnen und alle Verfügungen und die Erkenntnisse jedesmal binnen acht Tagen abzugeben und den Parteien zu eröffnen.

§. 13. Der Beklagte, welcher es wahrscheinlich macht, daß er im Falle des Obsiegens bei etwa verfolgten Rechtsmitteln oder im besondern Verfahren (Separatprocesse), hinsichtlich der Wiedererlangung des Gezahlten vom Kläger gefährdet sei, kann verlangen, daß die Zahlung in das gerichtliche Depositum genommen und dem Kläger nur gegen Sicherheitsleistung verabfolgt werde.

Wird in Beziehung auf die Verfolgung illiquider und zur besondern Ausführung verwiesener Einreden (§§. 8, 9) die gerichtliche Niederlegung der gezahlten Summe oder eines Theiles derselben vom Beklagten gefordert, so hat derselbe gleichzeitig den Grund seiner Ansprüche in der Weise, wie bei Arrestanträgen, wahrscheinlich zu machen und binnen vier Wochen vor der Eröffnung oder Behändigung des Erkenntnisses bei Verlust seiner Rechte auf die deponirte Summe oder die bestellte Sicherheit das Proceßverfahren selbst einzuleiten.

§. 14. Der Kläger hat neben dem Antrage auf Vollziehung des Personal-Arrestes gegen den Beklagten die Unterhaltungskosten für die erste Woche mit 7½ Sgr. für den Tag einzuzahlen und die fernern Unterhaltungskosten von Woche zu Woche zum voraus zu entrichten. Unterbleibt die Vorausentrichtung, so wird der bereits verhaftete Schuldner entlassen und kann wegen derselben Schuld nicht wieder verhaftet werden.

§. 15. Der Wechselarrest kann außer den im Art. 2 der Wechselordnung genannten Ausnahmen, nicht nachgesucht werden:

1) gegen den Ehegatten,
2) gegen Verwandte und Verschwägerte in gerader Linie und im ersten Grade der Seitenlinie,
3) gegen beide Ehegatten zugleich,
4) gegen einen Schuldner, der seine Insolvenz gerichtlich erklärt hat.

§. 16. Der verhaftete Schuldner wird entlassen:

1) wenn er den Gläubiger wegen seiner Hauptforderung sammt Nebenforderungen befriedigt, auch die Kosten bezahlt, oder dafür daß sie binnen vier Wochen gezahlt werden, Sicherheit gestellt hat,
2) wenn er gerichtlich seine Insolvenz erklärt hat;
3) wenn und so lange der Staat seine Militairdienste in Anspruch nimmt;
4) nach einjähriger Haft, wenn die Hauptforderung des Gläubigers 100 Rthl. nicht übersteigt, nach zweijähriger Haft, wenn dieselbe zwischen 100 Rthl. und 500 Rthl. beträgt, und in allen Fällen nach drei Jahren;
5) in dem im §. 14 erwähnten Fall.

§. 17. Die in diesem Gesetze nicht ausdrücklich erwähnten, das Verfahren betreffenden Puncte sind nach den Grundsätzen des Executiv-Processes, erforderlichen Falls des ordentlichen Processes zu beurtheilen.

Detmold, den 5. Juli 1849.

Leopold, Fürst zur Lippe.
Petri.

Sechzehnter Abschnitt.

Lübeck.

Vom Wechsel-Proceß-Verfahren in der freien Hansestadt Lübeck.[1])

Die Einführungs-Ordnung vom 28. April 1849, welche die allgemeine deutsche Wechsel-Ordnung in den Freistaat Lübeck einführte, bestimmte zugleich in Art. 10, daß es hinsichts des processualischen Verfahrens in Wechsel-Sachen bis auf Weiteres bei den deßfalls bestehenden Vorschriften verbleiben solle und traf nur einige, unten zu erwähnende nähere Bestimmungen.

Was nun

1. Die älteren Proceß-Gesetze

betrifft, so beschränken sich diese auf einige allgemeine Anordnungen über die Beschleunigung des Verfahrens in Wechsel-Sachen. Diese alten Verordnungen lauten folgender Maßen:

Eines Hoch-Edlen Hochweisen Raths
Der Kaiserlich Freien und des Heil. Römischen Reichs-Stadt
Lübeck
Revidirte
Ober-Gerichts-
auch
Nieder-Gast-See- und Appellationsgerichts-
Imgleichen Kanzlei- und andere
Ordnungen,
Auch verschiedene vorhin publicirte
Mandata und Verordnungen,
welche hiernächst specificiret und auf E. Hochw. Raths Verfügung nebst einem besonderen Register, auf's neue gedruckt worden.
Lübeck
Gedruckt und verlegt von Johann Nicolaus Green E. Hoch-Edl. und Hochw. Raths Buchdruckern. An. 1727.
(In der Regel den Ausgaben des Stadtrechts von 1728 beigebunden).

---

[1]) Der Verfasser verdankt diese Mittheilungen vornehmlich seinem geehrten Collegen, dem Herrn Advocaten Dr. v. Duhn zu Lübeck.

Eines Erbarn Raths
Ordnung.
Wie in Wechselsachen procedirt werden soll.

Demnach die Erfahrung zeugt, daß eine Zeit hero die Wechsel-Briefe, mit großem Schaden des Kaufhandels, vielfältig in Gerichtliche Processe gezogen, und lange Zeit mit weitläuftigem Disputiren, im Gericht aufgehalten worden, dadurch die Creditores öfters nicht allein umb die Schuld selbst, sondern auch umb allen Credit gebracht, und die Commercia geschwächet worden: Und aber nach aller Rechtsgelahrten Meinung, die parata executio in solchen Wechsel-Sachen Platz hat: Als thut Ein Erbar Rath dieser Stadt Lübeck verordnen, daß hinführo in solchen Wechsel-Sachen, keine ordentliche Gerichtliche Processe verstattet, sondern vermüge jüngsten Reichs-Abscheides, ohngehindert einiger Appellation oder Provocation nach der Sachen Befind- und Ermäßigung, wann in acceptirten Wechseln, nach dem Verfal-Tage, die gewöhnliche zehen Tage, darunter einfallende Feier- und Sonntage mit verstanden sein sollen, verflossen, entweder mit oder ohn Caution der Gläubiger, innerhalb dreien Tagen, die Execution von dem Gericht würklich vollenzogen, und die Debitores nach Wechsels-Gebrauch, dergestalt zur Schuldigkeit angehalten werden sollen, daß sie entweder zahlen, oder selbst Bürge werden müssen, dawider denn keine andere Exceptiones, als doli mali, & solutionis, wann dieselbe alsbald erwiesen werden können, zugelassen werden sollen. Wornach sich jeder männiglich zu richten. Publicatum den 26. Aprilis Anno 1662.

Revidirte und verbesserte
Wechsel-Ordnung,
Darnach in der Stadt Lübeck Ober- und Untergerichte in Wechsels-Sachen soll verfahren werden.

Demnach die Erfahrung bezeuget, daß eine zeithero die Wechsel-Briefe, mit großem Schaden des Kaufhandels, vielfältig in Gerichtliche Processe gezogen, und lange Zeit, mit weitläuftigem Disputiren im Gerichte aufgehalten worden, dadurch die Creditores öfters nicht allein umb die Schuld selbst, sondern auch umb allen Credit gebracht, und die Commercia geschwächet worden: Und aber, nach aller Rechtsgelahrten Meinung, die parata Executio in den Wechsel-Sachen Platz hat. Als thut ein Erbar Rath dieser Stadt Lübeck, hiemit verordnen, daß hinführo in solchen Wechselsachen, keine ordentliche Gerichtliche Processe verstattet, und nichts schriftliches, sondern alles mündlich, usqve ad sententiam, verhandelt und geschlossen, auch, vermöge Reichs-Abscheides von Anno 1654 ohngehindert einiger Appellation oder Provokation, nach der Sachen Befind- und Ermäßigung, wann in acceptirten Wechseln, nach dem Verfall-Tage, die gewöhnlichen zehn Tage, darunter die einfallende Feier- und Sonntage mit verstanden sein sollen, verflossen, dem Debitori, durch dem Apparitorem oder Gerichts-Diener, praevia protestatione de omni damno, die Wechsel zwei Tage vor dem Gerichtstage zugestellet, und daneben angekündigt werden, daß er bei nächstfolgendem Gerichtstage gerichtlich erscheinen, und zugleich und auf einmal seine Exceptiones doli mali & Solutionis, (als welche allein in Wechsel-Sachen zugelassen sein sollen,) wenn er dieselbe in continenti zu bescheinigen sich getrauet, mündlich fürbringen, und neben dem Autore zu der Urtheil submittiren, und der Sententz gewärtig sein soll; Darauf dann, nach ergangener Urtheil, entweder mit oder ohne Caution der Gläubiger, innerhalb dreien Tagen, die Execution von dem Gerichte, durch dazu verordnete Executores würklich vollenzogen, und die Debitores, nach Wechsels-Gebrauch, dergestalt zur Schuldigkeit angehalten werden sollen, daß sie entweder zahlen oder selbst Bürge werden müssen. Sollten auch eben zu der Zeit Ferien einfallen, soll dem Kläger frei stehen, bei dem präsidirenden Herrn Bürgermeister, der bei dem Nachmittages-Wort ist, oder den Herren des Gerichtes, den Beklagten fordern zu lassen, welche dann sofort die Sache erörtern, und ebener massen levato velo verfahren, an keinem Ort aber einige Dilatio, zu Aufhaltung der Sachen gereichend, verstattet, sondern in dubio der Debitor ad Reconventionem verwiesen werden, und in des Klägers Belieben stehen soll, ob er die Sache für dem Obergerichte oder Nieder-Gerichte verhandeln wolle. Wonach sich Männiglich zu richten.

Publicatum den 24. November Anno 1669.

Appendix.

Demnach in puncto der Wechseln, so entweder keine drei Personen, oder keine Distantiam loci begreifen, bisher bei hiesigem Nieder-Gerichte nicht, wie mit anderen Wechseln, nach Anweisung der hiebevor publicirten Ordnung procediret, noch mit Erkennung parater Execution verfahren: Solches aber dem Praxi anderer Gerichte entgegen, und viele Unordnung und Weitläufigkeit verursucht; Als hat Ein Hochweiser Rath hiedurch verordnet und festgesetzt, daß inskünftige wegen der obgedachten Wechseln, ungeachtet des darin befindlichen Mangels der dreien Personen oder der Distantia loci, gleichwie mit anderen Wechseln nach Anweisung der Ordnung, procediret, und gleichmäßig erkannt werden solle; Immassen sothane Ordnung auch auf mehr gedachte Wechseln hiemit extendiret wird.

Decretum & publicatum den 15. Januarii Anno 1706.

Sonst findet sich in der ganzen Gesetzgebung von Lübeck vor Einführung der Allgemeinen deutschen Wechsel-Ordnung Nichts über das Wechsel-Verfahren, außer der Bestimmung in §. 10 Nr. 1. bei a. des Nachtrags der Verordnung über das Gerichts-Wesen vom 5. Juli 1820,

daß die Wechsel-Sachen zu denjenigen gehören, bei welchen der Appellation die aufschiebende Wirkung versagt ist.

In der Praxis hat sich — was schon in den mitgetheilten Verordnungen hervortritt, aber noch mehr seit Einführung der Allgemeinen deutschen Wechsel-Ordnung herrschend geworden — als Princip ausgebildet,

daß in derselben Sitzung geklagt, excipirt, replicirt und duplicirt, demnächst aber sogleich in der Sitzung das Urthel gesprochen werden muß.

Erscheint der Verklagte nicht, so wird er in contumaciam verurtheilt.

Vor dem Jahre 1849 konnte das Urthel noch auf Beweis lauten, weil damals im Wechsel-Processe noch die Eides-Zuschiebung zulässig war. Seitdem die Einführungs-Ordnung die Eides-Delation für unstatthaft erklärt hat, kann das Urtheil nur auf Abweisung oder Verurtheilung lauten. Letztere lautet nach dem noch immer üblichen Gerichts-Styl dahin:

„binnen drei Sonnen-Schein zu zahlen“

mit welchen Worten gemeint ist:

daß, bevor zur Execution geschritten werden könne, die Sonne drei Mal auf und drei Mal unter gegangen sein müsse, daß also einer Seits nicht a momento ad momentum (von Augenblick zu Augenblick)

gerechnet, andrer Seits aber auch der Sonntag in die Frist mit eingerechnet wird.

Demnach kann, wenn das Urthel am Sonnabend (dem gewöhnlichen Gerichts-Tage für Wechsel-Sachen in der Stadt Lübeck) gesprochen ist, dasselbe am Mittwoch darauf zur Execution abgegeben werden.

Arrestatorische Maßregeln sind natürlich, wenn die gemeinrechtlichen Voraussetzungen dafür vorliegen, auch früher schon statthaft.

Bekannt ist es, daß der Art. 29 der Allg. deutschen Wechsel-Ordn. durch ein neueres Gesetz in Lübeck wunderbarer Weise aufgehoben worden; natürlich hat diese eigenthümliche Anomalie mit Rücksicht auf l. 7 Cod. de legibus und c. 13 X. de constitutionibus keine rückwirkende Kraft, so daß also bei Klagen aus ältern Wechseln die Verurtheilung auf den Grund des Art. 29 eintreten muß. Es ist zu hoffen, daß diese Beseitigung eines wichtigen Artikels der Allgemeinen deutschen Wechsel-Ordn., welche dem Handelsstande Lübeck's in der auswärtigen kaufmännischen Welt wahrlich nicht zum Vortheil gereicht, vielmehr große Besorgnisse erregt und eine bedauerliche Lücke in die Einheit des deutschen Wechselrechts gebracht hat, die man von Lübeck hätte am wenigsten erwarten sollen, zum eignen Heile der alten Hansestadt nicht mehr lange dauern, der Art. 29 daher wieder wird in Kraft gesetzt werden. [1])

Was

II. die neuern Bestimmungen über den Wechsel-Proceß

betrifft, so beruhen solche vornehmlich auf dem Art. 10 des Einführungs-Gesetzes vom 28. April 1849.

Dieselben verordnen:

1) Wechsel-Klagen können nach der Wahl des Klägers sowohl bei dem Gerichte, welchem der Verklagte persönlich unterworfen ist, als bei dem Gerichte des Ortes, wo die Zahlung geschehen soll, angestellt werden.

2) Die Vorladung ist spätestens am zweiten Tage von Anstellung der Klage und zwar alsdann vor 7 Uhr Abends, unter Zurücklassung eines den einzuklagenden Wechsel nach Summe, Datum und Inhaber bezeichnenden Vorladungsscheines, im Geschäftslokale, event. in der Wohnung des Beklagten zu bestellen.

Daß dieses geschehen, hat der Kläger bei Anbringung der Klage zu bescheinigen.

---

[1]) Diese Bemerkung des Art. 29 rührt nicht von dem Herrn v. Duhn, sondern lediglich von dem Verfasser selbst her.

3) Der Beklagte, gegen welchen die Richtigkeit seiner Unterschrift unter einer Wechselerklärung feststeht, wird mit dem Einwande nicht gehört, daß die über der Unterschrift befindliche Erklärung ohne seine Genehmigung geschrieben worden, oder daß er die Sprache, in welcher die Erklärung abgefaßt ist, nicht verstehe, oder daß, er nur seinen Namen schreiben könne.

4) Auch die gesetzlich zulässigen Einreden sind im Wechselprocesse nur dann zu berücksichtigen, wenn sie auf der Stelle liquid gemacht werden, sonst aber bei der Verurtheilung des Beklagten zum abgesonderten Verfahren zu verweisen.

5) Die Eidesdelation ist kein zulässiges Beweismittel. Nur in Bezug auf die Aechtheit der Unterschrift einer Wechselerklärung kann sie Platz greifen. Gewissensvertretung findet auch dann nicht Statt.

6) Editionsgesuche sind im Wechselprocesse unstatthaft.

7) Das Erkenntniß hat, sofern nicht der Art. 2 des heute publicirten Gesetzes über den Wechselarrest begründet oder falls nicht das Gesuch der Klage ein Minderes ausdrücklich beantragt, der Verurtheilung des Beklagten allemal sofort die Androhung der, für den Fall der Nichtgelobung des Erkenntnisses innerhalb dreitägiger Frist, nach der Wahl des Klägers zu vollziehenden Real-Execution oder gefänglichen Haft anzuhängen.

8) Die Wahl des einen dieser Executionsmittel hindert den Kläger nicht, auf das andere zurückzukommen.

9) Wenn für die Forderung Sicherheit bestellt worden ist (vergl. Art. 25—29 der Wechselordnung), so hindert das die Wahl der gefänglichen Haft nur dann, wenn der Kläger aus der bestellten Sicherheit sofort befriedigt werden kann.

Siebzehnter Abschnitt.

Meklenburg.

Vom Wechsel-Processe in den Groß-Herzogthümern Meklenburg-Schwerin und Meklenburg-Strelitz.

Einleitung.

Für beide Groß-Herzogthümer ist unter dem 14. Juni 1849 eine besondre Wechsel-Proceß-Ordnung erlassen und in Nr. 17 des officiellen Anzeigers v. 24. Juni 1849 verkündet. Eine Aenderung ist nur durch die Verordn. v. 3. März 1853 eingetreten, nach welcher gegen Militär-Personen, so lange sie bei der Fahne sind, der Wechsel-Arrest nicht vollstreckt werden soll.

Es folgt nun:

Die Wechsel-Proceß-Ordnung vom 14. Junius 1849.

Wir Friedrich Franz von Gottes Gnaden, Großherzog von Meklenburg, Fürst zu Wenden, Schwerin und Ratzeburg, auch Graf zu Schwerin, der Lande Rostock und Stargard Herr rc. rc.

Verordnen hiedurch, in Uebereinstimmung mit Seiner Königlichen Hoheit dem Großherzoge von Meklenburg-Strelitz und mit Zustimmung der Abgeordneten-Versammlung, über das gerichtliche Verfahren bei allen Klagen, welche auf die Erfüllung einer nach den Bestimmungen der Allgemeinen deutschen Wechselordnung mit wechselrechtlicher Wirkung eingegangenen Verbindlichkeit gerichtet sind, Folgendes:

§. I.

Zuständige Gerichte.

Wechselklagen können bei allen Gerichten, unter welchen der Beklagte in erster Instanz nach der bestehenden Gerichtsverfassung seinen allgemeinen oder besonderen Gerichtsstand hat, insbesondere auch bei dem Gerichte des Zahlungsortes angestellt werden.

§. II.

Wechselklagen, richterliche Verfügungen auf dieselben.

1) Der Kläger muß mit der schriftlich einzureichenden oder zur Registratur zu gebenden Klage den Wechsel und die etwa außerdem zur Geltendmachung seines Anspruches nöthigen Urkunden wenigstens in

Abschrift einreichen und seine Klagebitte dem Wechselverfahren gemäß stellen. Die bisherigen Vorschriften aus dem §. 21 der Verordnung vom 21. Julius 1821, betreffend die Einrichtung der Patrimonialgerichte, finden in Wechselsachen keine Anwendung.

Alle zur Begründung der Klage erforderlichen Umstände, auch die passive Legitimation des Beklagten, müssen durch öffentliche oder den Beklagten verbindende Privaturkunden nachgewiesen werden.

2) Die Quittungen über bezahlte Provision, Spesen, Kosten u. s. w. der Nachmänner haben die Vermuthung der Richtigkeit für sich; Einwendungen dagegen müssen mittelst zu erweisender Einrede geltend gemacht werden.

3) Wenn das Wechselverfahren für zulässig erkannt wird, so sind schriftlich zu einem anzusetzenden Termine zu laden:

a) Der Kläger zur Vorlegung der die Wechselklage begründenden Originalurkunden, unter dem Rechtsnachtheil des Verzichts auf das Wechselverfahren,

b) der Beklagte, — unter abschriftlicher Mittheilung der Klage mit ihren Anlagen — zur Erklärung über die Originalurkunden, und im Falle er sie bestreite, zur sofortigen eidlichen Abläugnung der Ächtheit der Unterschrift auf Verlangen des Klägers und zur Vorbringung und urkundlichen Belegung aller ihm etwa zuständigen Einreden, unter dem Rechtsnachtheile, daß im Falle seines Ausbleibens er als der Ächtheit geständig und seiner Einreden für verlustig erklärt und schuldig erkannt werde, den Kläger bei Vermeidung der sofortigen wechselmäßigen Hilfsvollstreckung klaglos zu stellen.

4) Der Termin ist, unter Berücksichtigung der Entfernung der streitenden Theile vom Gerichtsorte, auf einen möglichst nahen Tag zu bestimmen, und keinenfalls über acht Tage, von Einhändigung der Klage an gerechnet, hinauszusetzen. In geeigneten Fällen kann auf Antrag des Klägers der Termin schon auf den Tag der Einhändigung selbst anberaumt werden.

5) Wenn eine der Parteien im Termine ausbleibt, so ist auf Antrag ihres erschienenen Gegners der angedrohte Rechtsnachtheil sofort zu vollstrecken.

Gegen den Beklagten kann dies aber nur geschehen, wenn der Kläger die seine Klage begründenden Originalurkunden vorlegt und das Gericht dieselben zur Begründung der Klage und des Wechselverfahrens genügend findet.

§. III.

Verfahren und Verhandlung im Termine.

1) Der Beklagte ist verpflichtet, sich sogleich im Termine über die Ächtheit der von dem Kläger vorzulegenden Urkunden zu erklären, so wie auf Verlangen desselben sofort den Diffessionseid (§. IV) in Person abzuleisten, und befreit ihn davon keine sogenannte proceßhindernde oder verzögerliche Einrede.

2) Der Beklagte ist in keinem Falle berechtiget, wegen der Proceßkosten Sicherheit von dem Kläger zu verlangen.

3) Dem Kläger ist unbenommen, die Ableistung des Diffessionseides nicht zuzulassen und den Beweis der Ächtheit zu versuchen. In diesem Falle hört das Wechselverfahren auf, die Sache wird im summarischen Processe weiter verhandelt und zur endlichen Entscheidung gebracht. Der Kläger kann jedoch, wenn er rechtskräftig die Verurtheilung des Beklagten erwirkt hat, die wechselrechtliche Vollstreckung (§. VI) des Erkenntnisses verlangen.

4) Alle Einreden ohne Ausnahme, welcherhalb den Beklagten die Beweislast trifft, insoweit solche Einreden nach der Wechselordnung gegen das Recht aus dem Wechsel überhaupt statthaft sind, müssen im Termine durch öffentliche oder durch den Kläger verbindende Privaturkunden erwiesen werden, und sind die Urkunden demselben zur Anerkennung oder beziehungsweise eidlichen Abläugnung vorzulegen.

5) Wenn an sich rechtlich statthafte Einreden nicht vollständig durch Urkunden erwiesen sind, oder wenn der Beklagte, um den Diffessionseid des Klägers abzuwenden, die Ächtheit erweisen will, so sind solche Einreden zum besonderen summarischen Verfahren zu verweisen.

6) Auch in diesem Falle tritt die wechselmäßige Hilfsvollstreckung (§. VI) ein, jedoch nur in dem Maaße, daß der Beklagte zum gerichtlichen Depositum, an den Kläger selbst aber nur gegen rechtsgenügliche Caution wegen der Wiedererstattung zu zahlen schuldig ist, in Gemäßheit der Verordnung vom 11. März 1837.

7) Gegen liquide Einreden dürfen zum Zweck der Fortsetzung des Wechselprocesses nur gleichmäßig liquide Repliken und gegen liquide Repliken nur eben solche Dupliken ꝛc. vorgebracht werden.

Das Verfahren über die Repliken und Dupliken ꝛc. ist demjenigen über die Einreden gleich. Für illiquide Repliken und Dupliken ꝛc. wird die Vorschrift unter Nr. 5 dieses Paragraphen anwendlich.

8) In der Regel ist die Sache in demselben Termine zum Erkenntniß zu bringen, es kann jedoch zur Erklärung über thatsächliche Einreden, Repliken und Dupliken u. s. w. und zur Production der auf dieselbe bezüglichen Original-Urkunden, sowie zur Eidesleistung über dieselben, auf Antrag des einen oder anderen Theils der Termin nach richterlichem Ermessen erstreckt werden.

9) Dem verurtheilten Beklagten ist aufzugeben, daß er seinen Gegner binnen einer nach dem Ermessen des Gerichts zu bestimmenden Frist — die aber nicht kürzer als 24 Stunden und nicht länger als drei Tage sein darf — bei Vermeidung der wechselmäßigen Hilfsvollstreckung klaglos stelle.

§. IV.

Diffessionseid.

1) Es findet so wenig eine Zurückschiebung des Diffessionseides, als eine Gewissensvertretung statt; wenn derselbe verweigert wird, so ist die fragliche Urkunde als anerkannt zu betrachten.

2) Der Diffessionseid ist von dem Beklagten, beziehungsweise vom Kläger, dahin abzuleisten:

daß die fragliche Unterschrift weder von ihm, noch an seiner Statt von einem Dritten ihn Verpflichtenden geschrieben sei.

Wenn der Eine oder der Andere als Erbe oder Rechtsnachfolger des ursprünglich Verpflichteten oder Berechtigten auftritt, so hat er zu schwören:

daß er nach seiner gewissenhaften Ueberzeugung weder wisse, noch glaube, daß die fragliche Unterschrift ächt sei.

Dem Richter bleibt vorbehalten, die Eidesformel proceßordnungsmäßig auf die entscheidende Thatsache zu stellen.

3) Die Abläugnung des Inhalts einer Urkunde bei anerkannter Unterschrift ist unzulässig.

Es kann jedoch die Behauptung, daß ein nicht zum Behuf einer wechselmäßigen Verpflichtung ausgestelltes Blanquet gemißbraucht, oder eine sonstige Fälschung vorgenommen sei, als Einrede, Replik und Duplik (in Maßgabe §. III Nr. 4 ff.) geltend gemacht werden. Dasselbe findet statt, wenn die Ächtheit öffentlicher Urkunden bestritten wird.

§. V.

Allgemeine Vorschriften über das Verfahren.

Hinwegfallen der aufschiebenden Wirkung von Rechtsmitteln.

1) Alle in Wechselsachen erfolgten Erkenntnisse und Erlasse sind sofort vollstreckbar. Kein Rechtsmittel gegen dieselben hat aufschiebende Wirkung.

Der verurtheilte Beklagte kann jedoch nach einer von ihm eingelegten Appellation einstweilen nur dahin angehalten werden, den Betrag gerichtlich zu deponiren; zur Zahlung an den Kläger ist er nur gegen Cautionsleistung verpflichtet (vergl. §. 11 des Rechtsmittelgesetzes).

Widerklagen.

2) Bei Widerklagen findet gleichzeitiges Verfahren mit der Vorklage nicht statt, doch können sie zur Begründung des Gerichtsstandes bei dem Gerichte der Vorklage in einem gesonderten Processe angebracht werden.

Editionsanträge.

3) Editions-Anträge sind im Wechselverfahren unzulässig.

Arrest.

4) Ein ausgebrachter Arrest hemmt und verändert das Verfahren nicht, er bewirkt vielmehr, daß die Zahlung statt an den Kläger zum gerichtlichen Depositum geschehen muß.

5) Wechselprocesse sind denjenigen Sachen beizuzählen, welcherhalb Gefahr beim Verzuge obwaltet. Die gerichtlichen Erkenntnisse, Verfügungen und Ausfertigungen sind, ohne Rücksicht auf Gerichtsferien, thunlichst zu beschleunigen, und alle Termine und Fristen nach dem Ermessen des Gerichts möglichst kurz zu fassen.

6) Nach geschlossener Verhandlung ist das Erkenntniß den Parteien in der Regel gleich im Termine selbst, spätestens aber binnen drei Tagen, zu eröffnen oder einzuhändigen.

Peremtorische Fristen. Insinuationen.

7) Alle Ladungen und Auflagen sind peremtorisch, es ist mithin der angedrohete processualische Nachtheil auf den ersten Anruf zu vollstrecken.

Die Insinuationen an die Parteien geschehen nur von dem Gerichte.

Termins- und Frist-Erstreckungen.

8) Die Verlegung eines Termins oder die Erstreckung einer Frist

ist nur aus besonders erheblichen, nöthigenfalls genügend bescheinigten Gründen statthaft.

Aushilfliche Anwendung des allgemeinen Proceßrechts.

9) Soweit diese Verordnung keine Abweichung enthält, sind in Wechselsachen die für das summarische Verfahren geltenden Bestimmungen, aushilflich die des ordentlichen Processes, anzuwenden; jedoch fallen alle bestehenden Beschränkungen der Zulässigkeit von Sachwälten in Wechselsachen weg.

§. VI.

Wechselmäßige Hilfsvollstreckung.

1) Wenn der Verklagte dem ihn verurtheilenden Erkenntnisse keine Folge leistet, so kann der Kläger sofort die Vollstreckung in das Vermögen und zugleich die Erkennung des Wechselarrestes verlangen. Er darf auch den einen oder den andern dieser Anträge späterhin nachträglich stellen.

2) Der Wechselarrest kann nur durch sofortige reine Güterabtretung, nicht durch eine früher bereits erfolgte oder nunmehrige Berufung auf die Verordnung vom 17. December 1834 abgewandt werden.

3) Es wird der Wechselarrest außer den in der Allgem. deutschen W.-O. Art. 2 unter Nr. 1, 2 und 3 angeführten Fällen, nicht anwendlich:

a) gegen dienstthuende Militairpersonen im Kriege, oder während das Militair auf dem Feldfuße steht, oder während eines Commando's außer der Garnison, oder während die betreffende Militairperson in unmittelbarer Dienstausübung begriffen ist;

b) gegen Schiffer und Schiffsvolk, wenn deren Schiff segelfertig liegt;

c) wegen einer Wechselforderung, welche bereits vor einem Concurse des Beklagten gegen denselben begründet worden.

4) Auf Antrag des Klägers erfolgt ein gerichtlicher Haftbefehl dahin, daß derselbe sobald der Kläger den erforderlichen Kosten-Vorschuß geleistet habe, vollstreckbar sei.

5) Der Kläger ist verbunden, die Kosten der Verhaftung und Einbringung in das Schuldgefängniß, sowie die Kosten für die Unterhaltung des Beklagten, letztere im Betrage von täglich 12 ßl., nebst dem im Winter erforderlichen, vom Gerichte zu bestimmenden Aufwande für Feuerung und Licht, von Woche zu Woche vorzustrecken. Auch hat derselbe sonstige, dem Gericht durch die Haft entstandene unvorhergesehene Ausgaben binnen 24 Stunden auf Anforderung des Gerichts zu ersetzen.

6) Wenn der Gläubiger an dem Tage, bis zu welchem er die Kosten vorgestreckt, keine weitere Kostenvorlage geleistet hat, oder der gerichtlichen Aufforderung zur Vergütung sonstiger, durch die Haft entstandener unvorhergesehener Kosten nicht binnen 24 Stunden entspricht, so wird der Schuldner sofort freigelassen, und darf er wegen derselben Schuld nicht wieder verhaftet werden.

7) Der Beklagte wird zur Vollstreckung des Wechselarrestes in dem hierfür bestimmten Schuldgefängnisse verwahrt. Beim Mangel eigener angemessener Schuldgefängnisse ist dem Gerichte die Benutzung der Schuldgefängnisse benachbarter Gerichte auf desfallsige Requisition gestattet, und wenn auch dies nicht zum Ziele führt, so darf die Wechselhaft in zu miethenden Privatlokalen vollstreckt werden. Der durch Mangel eigener Schuldgefängnisse verursachte Kostenaufwand trifft die Gerichtscasse und ist von den Parteien nicht zu erstatten.

In seiner Wohnung oder in einem sonstigen angemessenen Locale — abgesehen von den nach Vorstehendem aushilflich zu miethenden Privatlocalen — darf der Beklagte nur verwahrt werden, wenn und insoweit der Kläger solches unter Zustimmung des Beklagten beantragt.

8) Die persönliche Schuldhaft dauert einen Monat, wenn die Schuld, weshalb sie erkannt worden, mit den durch das Erkenntniß dem Gläubiger zugesprochenen Zinsen und Kosten, soweit sie bis zum Tage der Verhaftung aufgelaufen, funfzig Thaler Courant oder weniger beträgt. Für jeden Mehrbetrag bis zu funfzig Thaler Courant einschließlich verlängert sie sich um einen Monat. Die Dauer von fünf Jahren darf sie niemals übersteigen. Der Monat wird zu dreißig Tagen gerechnet.

9) Die persönliche Schuldhaft hört auf:

a) nach Ablauf ihrer gesetzlichen Dauer,

b) wenn die Schuld, für welche sie verhängt worden, nebst den durch die Haft dem Kläger verursachten Kosten, vor solchem Ablauf bezahlt, beziehungsweise gerichtlich deponirt wird,

c) wenn der Verhaftete die reine Güterabtretung erklärt, oder wider denselben der Concurs eröffnet wird;

d) bei schwer Erkrankten während der Dauer der Krankheit;

e) bei Personen weiblichen Geschlechts um die Zeit ihrer Entbindung und während der sechs Wochen nach derselben;

f) bei bereits verhafteten Militairpersonen, wenn und so lange der Staat ihre Dienste im Kriege oder bei einem Commando außerhalb der Garnison in Anspruch nimmt, oder die Militairabtheilung, der sie angehören, auf den Feldfuß gesetzt wird.

10) In der Executions-Instanz sind nur solche sogleich liquide Einreden für zulässig zu achten, welche erst nach dem Erkenntnisse entstanden sind.

§. VII.
Rechtsmittel.

1) In Wechselsachen findet das Rechtsmittel der Restitution nur gegen Erkenntnisse des Ober-Appellationsgerichts statt.

Gegen Erkenntnisse der Niedergerichte, der Justiz-Kanzleien und der übrigen Gerichte, von welchen die Appellation unmittelbar an das Ob.-App.-Gericht geht, sind Querel und Appellation die allein zulässigen Rechtsmittel und wird auch in den Fällen, wo der Streitgegenstand unter zweihundert Rthlr. n. ⅔ an Werth ist, die Appellation anwendlich.

Hinsichtlich der Anzahl der zulässigen Rechtsmittel behält es bei den Vorschriften des §. 1 der Verordnung, betreffend die Rechtsmittel in Civilsachen und in nicht criminellen Strafsachen vom 20. Juli 1840 das Bewenden.

2) Die Einlegung kann im Termine selbst mündlich geschehen, die schriftliche Einlegung muß binnen einer Nothfrist von drei Tagen (vgl. das Rechtsmittelgesetz §. 40 Absatz 1) erfolgen. Wenn die Beschwerden nicht gleich bei der mündlichen Einlegung speciell angegeben werden, so muß solches binnen dieser Nothfrist nachgeholt werden. Ein Zeugniß über die erfolgte Einlegung ist nur auf Antrag zu ertheilen.

3) Dem vermeintlich Beschwerten steht frei, binnen derselben Frist beim bisherigen Gerichte eine Rechtfertigung zu übergeben, welche dem Gegner mitzutheilen ist. Später übergebene solche Vorträge sind zurückzugeben.

4) Es sind nämlich nach dem Ablauf dieser Frist, unter der Voraussetzung, daß das Rechtsmittel processualisch statthaft ist, die Acten von Amtswegen an das höhere Gericht einzusenden, jedoch nur in Abschrift, insoferne und insoweit sie nicht entbehrt werden können. Beide Parteien sind von der erfolgten Einsendung in Kenntniß zu setzen.

5) Eine Einführung bei dem höheren Gerichte fällt hinweg. Jede schriftliche Rechtfertigung bei demselben ist unzulässig.

6) Dagegen bleibt der Partei, gegen welche das Rechtsmittel gerichtet ist, unbenommen, eine schriftliche Entgegnung auf die ihr mitgetheilte Rechtfertigung (oben Nr. 3) bei dem höheren Gerichte einzureichen.

7) Letzteres hat sofort nach dem Eingange der Acten über die Erheblichkeit der Beschwerden die genaueste Prüfung anzustellen, mithin nach Befinden sofort zu bestätigen.

8) Wenn eine sofortige Verwerfung der Beschwerden aus dem Grunde ihrer Unerheblichkeit nicht anwendlich erscheint, und selbige sich zur Appellation eignen, so ist allemal ein möglichst naher Termin zur mündlichen Rechtfertigung und Entgegnung, sowie zur etwaigen weiteren mündlichen Verhandlung bis zum Schlusse, und zur demnächstigen Abgabe des Erkenntnisses anzuberaumen.

Nur wenn keine der Parteien im Termine erscheinen sollte, beruht die Sache bis auf weiteren Antrag.

9) Wenn dagegen die Beschwerden nur zur Querel geeignet sind, so ist in der Regel sofort auf die Acten so wie sie liegen, bestätigend oder abändernd zu erkennen. Es steht jedoch zum Ermessen, aus genügender Veranlassung auch in solchen Fällen einen vorgängigen Termin zur mündlichen Verhandlung anzusetzen.

10) Auf die Einlegung des Rechtsmittels der Restitution beim Ober-Appellationsgerichte ist ein möglichst naher Termin zur mündlichen Rechtfertigung und Entgegnung anzuberaumen, und ebenso wie bei der Appellation nach Nr. 8 dieses Paragraphen zu verfahren.

Die Einholung eines Rechtsgutachtens von einer Juristenfacultät (§. 37 des Rechtsmittelgesetzes) findet nicht statt.

11) Das Rechtsmittel der Repräsentation muß binnen der für die Einlegung geltenden Nothfrist (§. VII Nr. 2) gerechtfertigt werden, widrigenfalls die Entscheidung auf die Acten, so wie sie liegen, erfolgt.

12) Jedem vermeintlich Beschwerten bleibt nach Einlegung eines Rechtsmittels unbenommen, aus besonders dringenden Gründen bei dem höheren Gerichte auf eine Hemmung des Verfahrens des bisherigen Gerichts anzutragen. Er muß jedoch ein Zeugniß über die Einlegung, sowie eine genügende Bescheinigung, nöthigenfalls durch vollständige Manualacten, beibringen.

13) Die allgemeinen Vorschriften für das Verfahren (§. V) finden auch auf die Rechtsmittel-Instanz geeignete Anwendung.

Gegeben durch Unsre Regierung, Schwerin, am 14. Junius 1849.

Friedrich Franz.
L. v. Lützow.

Achtzehnter Abschnitt.

N a s s a u.

Vom Wechsel-Proceß im Herzogthum Nassau.

Durch das Gesetz vom 7. Nov. 1848 ist zugleich die nachstehende Wechsel-Proceß-Ordnung publicirt, welche mit dem 1. Jan. 1849 in Kraft getreten ist.

Wechsel-Proceß-Ordnung.

I. Anbringen der Wechselklage und richterliche Verfügung darauf.

§. 1.

Wechselklagen werden mit Beseitigung des befreiten persönlichen Gerichtsstandes vor den ordentlichen Gerichten erster Instanz angebracht.

Die Wechselklage kann mündlich oder schriftlich angebracht werden.

Vertretung durch Anwälte ist im Wechselproceß, sowohl bei schriftlichen Eingaben, als auch bei mündlicher Verhandlung gestattet.

Der Klagvortrag muß, neben den allgemeinen Erfordernissen, das bestimmte Gesuch, den Beklagten zur Zahlung nach Wechselrecht anzuhalten, enthalten.

Es ist zulässig, mehrere Wechselforderungen desselben Klägers gegen denselben Beklagten in Einer Klage zu cumuliren.

§. 2.

Ueber alle zur Begründung der Klage gehörigen Thatumstände muß mit der Anstellung derselben der Beweis durch öffentliche oder Privaturkunden (den Wechsel, die Proteste 2c.) angetreten werden.

Die Urkunden sind in doppelter Abschrift zu übergeben, auch können die Originalien beigefügt werden. Editionsanträge an den Beklagten zu diesem Zwecke sind unstatthaft.

§. 3.

Dem Kläger, welcher sich nicht im Besitze des Originalwechsels befindet, oder welchem andere zum Beweise der Klage (z. B. der Sachlegitimation) nöthige Urkunden fehlen, bleibt überlassen, seine Wechselforderung im ordentlichen Processe geltend zu machen und nach erwirktem obsieglichem Urtheil auf Vollstreckung nach Vorschrift des Abschnitts V.

der Wechselproceßordnung anzutragen. Die Grundsätze des Wechselrechts kommen auch bei einer solchen in dem ordentlichen Processe eingeleiteten Wechselklage zur Anwendung.

Fehlen dem Kläger nur Beweisurkunden über Nebenforderungen oder hat derselbe den Beweis hierüber durch Urkunden gar nicht oder mangelhaft angetreten, so hindert dieses die Anstellung der Wechselklage und die Einleitung des Wechselprocesses nicht.

§. 4.

Ist der Klagvortrag mangelhaft, oder die Klage unbegründet, oder der Urkundenbeweis in der Hauptsache unvollständig, oder findet das Gericht seine Competenz nicht begründet, so ist die Klage unter Angabe des Grundes wie angebracht oder als unbegründet abzuweisen. Sind dagegen in den angegebenen Beziehungen die Erfordernisse zur Einleitung des Wechselprocesses vorhanden, so hat das Gericht innerhalb vier und zwanzig Stunden nach Anstellung der Klage, unter Mittheilung einer Abschrift des Klagvortrags und der dazu gehörigen Urkunden, dem Beklagten einen Termin zur Erklärung anzuberaumen, welcher, wenn kein Hinderniß vorliegt, schon auf den nächstfolgenden Tag zu bestimmen, in keinem Falle aber über acht Tage hinauszusetzen ist.

§. 5.

Das Decret muß für den Kläger die Auflage enthalten, die Originalurkunden, auch wenn diese mit der Klage übergeben worden sind, im Termine vorzulegen, und zwar unter Ankündigung des Rechtsnachtheiles des Verzichtes auf den Gebrauch derselben in diesem Verfahren, für den Beklagten aber muß dasselbe die Auflage enthalten, sich auf die Klage zu erklären, und die Urkunden anzuerkennen, oder so fern es nicht öffentliche sind, abzuläugnen, unter Ankündigung der Rechtsnachtheile des Eingeständnisses, des Verlustes der Einreden und der Anerkennung der Urkunden.

II. Vertheidigung des Beklagten.

§. 6.

In dem anberaumten Termin muß der Beklagte, auch wenn er einen Anwalt angenommen hat, persönlich erscheinen.

Nur wenn Hindernisse der Beobachtung dem Gerichte notorisch oder bescheinigt sind, die nur durch Anwendung der größten Vorsicht oder des größten Fleißes überwunden werden können (§. 121 pos. 2.

der Proceßordnung vom 23. April 1822), kann auf Anstehen des Beklagten dieser Termin einmal auf höchstens drei Tage verlegt werden.

§. 7.

Der Beklagte hat sich in dem Termine auf die Klage einzulassen; unbestimmte oder zweideutige Erklärungen gelten für Eingeständniß, wenn der, nach §. 137 der Proceßordnung, im Termine unter der in das Protokoll aufzunehmenden genauen Bezeichnung der Mängel seiner Erklärung, zur Verbesserung aufgeforderte Beklagte diese verweigert; derselbe hat sodann die im Original vorzulegenden Urkunden anzuerkennen oder hinsichtlich der abgeläugneten, wenn ihm keine Einrede zur Seite steht, welche die Beurtheilung der Ächtheit der Urkunden entbehrlich macht, den Diffessionseid auszuschwören; verweigert er die Ausschwörung dieses Eides, so gilt die Urkunde für anerkannt.

Ist der Beklagte auch in dem erstreckten Termine durch eine physische oder moralische Unmöglichkeit, welche dem Gerichte notorisch oder zu erweisen ist (§. 121 pos. 3. der Proceßordnung) persönlich zu erscheinen verhindert, so kann auf sein Anstehen ein anderer Termin zur Verhandlung, wenn diese durch einen Bevollmächtigten noch nicht stattgefunden hat, sowie zur Ableistung des Diffessionseides, welche geeigneten Falles in dessen Wohnung geschehen kann, anberaumt werden.

§. 8.

Will der Kläger den Beklagten den Diffessionseid nicht schwören lassen, so steht ihm frei, den Wechselproceß aufzugeben und seine Forderung im ordentlichen Proceß geltend zu machen, wobei die Vorschriften im §. 3 eintreten.

Eine Recognition des Wechsels durch Zeugen oder Beweis durch Schriftvergleichung findet im Wechselprocesse nicht statt.

§. 9.

Der Wechselschuldner kann sich nur solcher Einreden bedienen, welche aus dem Wechselrecht selbst hervorgehen, oder ihm unmittelbar gegen den jedesmaligen Kläger zustehen.

§. 10.

In dem Wechselproceß hat keine Einrede die Wirkung, daß sie von der eventuellen Erklärung über die Hauptsache (§. 10 und 11 der Proceßordnung vom 23. April 1822) befreit, auch ist die Einrede der fehlenden Sicherheit wegen der Proceßkosten (§. 12 der Proceßordnung) unzulässig.

§. 11.

Der Beklagte, welcher dilatorische oder peremtorische Einreden vorschützt, muß dieselben, insofern sie nicht aus dem Wechsel selbst oder sonst klar sind, in dem Termine beweisen. Als Beweismittel sind nur zulässig: öffentliche Urkunden, Privaturkunden, welche der Kläger anzuerkennen oder eidlich abzuläugnen verbunden ist, und das eigene Handelsbuch des Klägers, wenn es am Orte des Gerichts sich befindet.

§. 12.

Die Beweisurkunden muß der Beklagte sofort in Original vorlegen. Behauptet er aber, daß der Gegner solche besitze, so kann er unter bestimmter Angabe des Inhalts der Urkunde oder Beifügung einer Abschrift derselben wenn er eine solche besitzt, die Vorlage unter Antrag des Editionseides verlangen.

Das Gericht hat alsdann dem Kläger aufzugeben, die Urkunden noch in dem nämlichen oder in einem anderen, auf dessen Anstehen auf kurze Zeit zu verlegenden Termine, vorzulegen, oder den Editionseid auszuschwören, unter dem Rechtsnachtheil, daß sonst die beigebrachte Abschrift für anerkannt oder der durch die Urkunde zu erweisende Thatumstand für eingeräumt erachtet werden solle. Das nämliche gilt von dem eigenen Handelsbuch des Gegners.

§. 13.

Der Kläger hat sich über die vorgeschützten Einreden zu erklären, kann jedoch hierzu die Bestimmung eines anderen, auf kurze Zeit hinauszusetzenden Termines verlangen.

In Rücksicht der Anerkennung oder eidlichen Abläugnung der Urkunden treten die nämlichen Grundsätze ein, wie bei dem Beklagten. (§. 7 und 8).

§. 14.

Eigentliche Repliken und Dupliken sind im Wechselprocesse nur zulässig, wenn sie auf gleiche Weise, wie die Klage und Einreden in dem Termine, wo sie vorgeschützt, auch erwiesen werden.

III. Ungehorsam und Restitution.

§. 15.

Erscheint der Kläger in dem anberaumten Termine nicht oder legt er die Originalurkunden nicht vor, so ist der Beklagte auf seinen Antrag unter Verurtheilung des Klägers zum Kostenersatz von der Klage zu entbinden. Auf eine hiernächst angestellte neue Klage kann der Beklagte die Einlassung verweigern, bis ihm die Kosten des früheren Verfahrens ersetzt sind.

§. 16.

Bleibt der Beklagte in dem Termin aus, so wird derselbe in Gemäßheit der angekündigten Rechtsnachtheile (§. 5) zur Zahlung verurtheilt. Gegen ein solches in dem Termine zu ertheilendes Contumacialerkenntniß kann der Beklagte innerhalb drei Tagen, vom Tage der Zustellung an gerechnet, Restitution verlangen, wenn er dem Gerichte die Unmöglichkeit seines Erscheinens in dem versäumten Termine nachweist oder eidlich erhärtet (§. 123 pos. 3 und §. 125 der Proceßordnung.) Dieser Befugniß des Beklagten ist als Anhang zu dem Contumacialerkenntniß ausdrücklich zu erwähnen.

§. 17.

Ein solches Restitutionsgesuch, welches nur dann zu beachten ist, wenn die erforderlichen Beweisurkunden oder das Erbieten zum Eid, sodann die eventuelle Erklärung in der Hauptsache beigefügt sind, ist dem Kläger mitzutheilen und ein Termin auf den nächstfolgenden oder höchstens auf den dritten Tag zur Verhandlung über das Restitutionsgesuch und eventuell in der Hauptsache anzuberaumen, für den Kläger unter dem Rechtsnachtheile des Eingeständnisses, des Verlustes der Einreden, des Anerkenntnisses der Urkunden zugleich mit eventueller Ankündigung des im §. 5 festgesetzten Rechtsnachtheiles, für den Beklagten unter dem Rechtsnachtheile des Verzichtes auf das Restitutionsgesuch und unter eventueller Ankündigung des Rechtsnachtheils des Anerkenntnisses der vorzulegenden Beweisurkunden des Klägers.

§. 18.

Bleiben beide Theile in dem zur Verhandlung anberaumten Termine (§. 4) aus, so beruht die Sache bis auf weiteres Anrufen des Klägers.

IV. Entscheidung.

§. 19.

Nach gegenseitiger Verhandlung bis zum Schlusse (§. 4—14) muß das Erkenntniß mit Entscheidungsgründen in der Regel in dem Termine den Parteien eröffnet werden.

In Fällen von verwickelter Beschaffenheit kann die Entscheidung, jedoch nicht länger als drei Tage, ausgesetzt werden, binnen welcher Frist alsdann das Erkenntniß mit Entscheidungsgründen den Parteien zu insinuiren ist.

§. 20.

Die nicht bewiesenen Nebenforderungen des Klägers (§. 3), wenn sie nicht als eingestanden angenommen werden müssen, (§. 5, 7, 16), sowie die mittelst illiquid gebliebener Einreden, Repliken oder Dupliken geltend gemachten Ansprüche, sind zum besonderen Verfahren zu verweisen.

V. Vollstreckung.

§. 21.

In dem verurtheilenden Erkenntniß ist dem Beklagten eine Frist von längstens drei Tagen zur Befriedigung des Klägers bei Vermeidung der Hilfsvollstreckung zu bestimmen.

§. 22.

Außer der Hilfsvollstreckung in das Vermögen des Schuldners findet die Verhaftung desselben als Executionsmittel Anwendung.

Der Kläger hat zwischen den beiden Executionsarten die Wahl und kann von der einen zu der andern übergehen.

Wird die Hilfsvollstreckung in das Vermögen des Schuldners nachgesucht, so kommen die Bestimmungen der Executionsordnung vom 5. Mai 1841 in Anwendung.

§. 23.

Die Vollstreckungshaft kann nicht nachgesucht werden:

1) gegen Schuldner, welche das 70ste Lebensjahr zurückgelegt haben,
2) gegen den Ehegatten des Gläubigers,
3) gegen Verwandte und Verschwägerte in auf- und absteigender Linie und im ersten Grad der Seitenlinie.

§. 24.

Bei gewählter persönlicher Haft wird der Beklagte in das Schuldgefängniß gebracht oder wenn ein solches nicht vorhanden ist, ihm eine Wache in seine Wohnung gesetzt. Detentions- und Strafgefängnisse können zu dieser Haft nicht verwendet werden.

§. 25.

Der Gläubiger ist gehalten, die Kosten des Unterhalts des Schuldners und die Bewachungskosten von Zeit zu Zeit, und zwar wenigstens auf einen Monat vorzuschießen. Den Betrag der Verpflegungs- und Bewachungskosten bestimmt das Gericht in dem die Personalhaft verfügenden Erkenntnisse nach den Umständen und den persönlichen Verhältnissen des Schuldners.

§. 26.

Die Entlassung des Verhafteten wird verfügt:

1) wenn die Schuldsumme sammt dem Betrag der zurückzuersetzenden Verpflegungs- und Bewachungskosten dem Gläubiger bezahlt oder gerichtlich deponirt worden ist;

2) wenn der Schuldner, nachdem er drei Monate in Haft war, ein Drittel der Forderung sammt dem Betrag der zurück zu ersetzenden Verpflegungs- und Bewachungskosten bezahlt, und für in sechs Monaten zu leistende Zahlung des übrigen Betrags hinreichende Sicherheit stellt;

3) wenn der Gläubiger nicht an dem Tage, bis zu welchem einschließlich die Kosten vorgeschossen sind, einen neuen Vorschuß auf mindestens einen Monat leistet; gegen den aus diesem Grunde aus der Haft entlassenen Schuldner findet wegen derselben Forderung eine wiederholte Schuldhaft nicht statt;

4) wenn die Militärdienste des Verhafteten bei ausgebrochenem Kriege in Anspruch genommen werden;

5) wenn der Schuldner das 70ste Lebensjahr zurückgelegt hat;

6) wenn vom Tage der Verhaftung an ein Jahr abgelaufen ist.

§. 27.

Jeder andere Gläubiger, der gleichfalls persönlichen Verhaft erwirkt hat, kann die Fortsetzung desselben für sich verlangen, jedoch nicht über die Dauer von einem Jahr, vom Tage der ersten Verhaftung an gerechnet.

§. 28.

Findet der persönliche Verhaft zu Gunsten mehrerer Gläubiger statt, so haben sie, ohne Rücksicht auf die Größe ihrer Forderung, zu den Ernährungs- und Bewachungskosten gleiche Beiträge zu liefern; wäre der vollständige Vorschuß nicht rechtzeitig geleistet, so schadet dies auch denen, welche ihre desfallsige Verbindlichkeit erfüllt haben.

§. 29.

Ist wegen einer Wechselforderung die Gerichtsbarkeit gegen einen Ausländer begründet, und wird der Schuldner in dem Gerichtsbezirk betroffen, so muß auf Anstehen des Klägers, gleichzeitig mit dem Decret auf die Klage (§. 4), ein Verhaftsbefehl erlassen und die persönliche Vorführung des Schuldners angeordnet werden.

Derselbe kann sich nur durch die gerichtliche Hinterlegung des

Schuldbetrags oder durch genügende Sicherheitsleistung wegen der Zahlung von der vorläufigen Verhaftung befreien.

§. 30.

Entsteht über den Wechselschuldner Concurs, so kann der Wechselgläubiger, auch wenn er seine Forderung im Concurs liquidirt, auf Personalhaft gegen den Schuldner antragen.

§. 31.

Sind einem Wechselgläubiger mehrere Wechselinteressenten verhaftet, und es bricht über alle der Concurs aus, so kann er sich mit der ganzen Summe in allen Concursen melden. Gelangt er jedoch in einem derselben zu irgend einer Zahlung, so mindert sich dadurch seine Forderung in allen übrigen Concursen. Er ist schuldig, bei jeder Liquidation von der anderwärts geschehenen Geltendmachung, sowie von jeder empfangenen Zahlung bei dem Concursgericht die Anzeige zu machen, und es treffen den, welcher dieses unterläßt, im Falle des Zuvielempfanges die Folgen der wissentlichen Annahme einer Nichtschuld. Der Gläubiger ist nur schuldig, derjenigen Masse, welche ihm den Rest seiner Forderung bezahlt, den quittirten Wechsel nebst Protesturkunde auszuliefern.

§. 32.

Der mit einer Masse eingegangene Nachlaßvertrag verhindert den Wechselinhaber nicht, seine gesammte Forderung gegen die übrigen Wechselverpflichteten oder deren Debitmassen geltend zu machen; jedoch hinsichtlich der empfangenen Zahlung mit Beobachtung der im vorhergehenden § enthaltenen Vorschrift.

VI. Appellation.

§. 33.

Die Appellation gegen das Erkenntniß muß innerhalb der zehntägigen Nothfrist angezeigt und binnen 14 Tagen vom Ablauf dieser Frist gerechtfertigt werden.

Das Erkenntniß ist binnen 14 Tagen zu erlassen.

Gegen zwei in der Hauptsache gleichlautende Urtheile findet die Appellation an die dritte Instanz nicht Statt.

§. 34.

Die Vollziehung eines verurtheilenden Erkenntnisses wird durch die Appellation nicht gehemmt. Jedoch kann auf den Antrag des Verurtheilten, nach richterlichem Ermessen unter Berücksichtigung der besondern Beschaffenheit des Falles, von dem Richter, gegen dessen Erkenntniß die Appellation ergriffen worden ist, dem Appellaten, welcher Zahlung empfangen soll, Sicherheitsleistung auferlegt, und in Ermangelung derselben die gerichtliche Deposition des Betrags verfügt werden.

Neunzehnter Abschnitt.

Oestreich.

Vom Wechsel-Proceß-Verfahren in den kaiserlich östreichischen Staaten.

Einleitung.

So abgeschlossen sich Oestreich bisher von den übrigen deutschen Staaten in vieler Hinsicht gehalten hatte, so verkannte doch seine an praktischem Taxe reiche Regierung nicht, welche Vortheile dem Staate durch die Einführung der Allg. deutschen Wechsel-Ordn. und eines geregelten Verfahrens in Wechsel-Sachen erwachsen würden. Der Justiz-Minister von Schmerling setzte dieß in einem ausführlichen Bericht schlagend aus einander und bemerkte dabei wegen des Wechsel-Processes unter Anderm Folgendes:

Gleichzeitig mit der Erlassung eines neuen Gesetzes über das materielle Wechsel-Recht erscheine es unerläßlich, das Verfahren in Wechsel-Sachen, soweit dieß ohne grundsätzliche Umgestaltung des ganzen Civil-Processes schon derzeit thunlich sei, möglichst zu vereinfachen. Für Ungarn, Croatien, Slavonien und die Woiwodschaft Serbien sei kein Bedürfniß vorhanden, an dem Verfahren in Wechsel-Sachen, wie es durch die Gesetze von den Jahren 1840 und 1849 geregelt worden, bedeutende Aenderungen vorzunehmen, indem sich solches bisher als zureichend bewährt habe. Da jedoch die ungarische Gesetzgebung bisher den Wechsel-Arrest nicht gekannt, so müsse gleichzeitig mit der neuen Wechsel-Ordnung auch eine Vorschrift über die Bedingungen und die Art des Vollzuges desselben ergehen. Der Entwurf der Vorschrift über das Verfahren in Wechsel-Sachen für Ungarn, Croatien Slavonien, die Woiwodschaft Serbien und das Temeser Banat bezwecke nur die in den Kronländern über den Schuld-Arrest bestehenden Vorschriften des bürgerlichen Gesetzbuchs auch auf die obengenannten Länder auszudehnen. Von viel größerer Bedeutung seien die Aenderungen, welche sich als nothwendig hinsichts des Wechsel-Verfahrens in jenen Ländern darstellten, in welchen das bürgerliche Gesetzbuch gelte.

Das bisherige Wechsel-Verfahren in diesen Ländern, mit Ausnahme des lombardisch-venetianischen Königreichs und der Militär-Grenze, beruhe ausschließlich auf den Bestimmungen der allgemeinen und westgalizischen Gerichts-Ordnung und des Patents vom 9. April 1782, die inzwischen durch Einführung des summarischen Verfahrens erfolgte Vereinfachung des Civil-Processes sei auf den Wechsel-Proceß nicht ausgedehnt worden. Es erschien aber vollkommen angemessen, durch die Anwendung der wichtigsten Vorschriften des summarischen Verfahrens auf Wechsel-Streitigkeiten, sowie durch Anreihung einiger anderen Bestimmungen über das Verfahren, nach Maßgabe des Entwurfs einer Wechsel-Ordnung Seitens der Hof-Justiz-Commission vom Jahre 1843, den Wechsel-Proceß zu vereinfachen.

Hiernach sind in Bezug auf den Wechsel-Proceß in den kaiserlich östreichischen Staaten vornehmlich folgende Verordnungen in Kraft getreten.

I. Verordnung des Justizministeriums vom 25. Januar 1850.

(giltig für jene Kronländer, in welchen das allgemeine bürgerliche Gesetzbuch in Wirksamkeit ist, mit Ausnahme des lombardisch-venetianischen Königreichs und der Militärgrenze, womit die von Seiner Majestät sanctionirte provisorische Vorschrift über das Verfahren in Wechselsachen kundgemacht wird.)

Um das Verfahren in Wechselsachen möglichst zu vereinfachen und zu beschleunigen, haben Seine k.k. Majestät über Antrag des Justizministers und auf Einrathen der Ministerrathes, mit allerhöchster Entschließung vom 25. Januar 1850, für diejenigen Kronländer, in welchen das allgemeine bürgerliche Gesetzbuch in Wirksamkeit ist, mit Ausnahme des lombardisch-venetianischen Königreichs und der Militärgrenze, nachstehende provisorische Vorschrift zu genehmigen geruht:

§. 1. Wechselklagen, sie mögen aus gezogenen oder eigenen (trockenen) Wechseln entspringen, sind bei dem Landesgerichte des Zahlungsortes, oder bei jenem des Wohnsitzes oder zeitweiligen Aufenthaltsortes des Beklagten, und wenn an dem Sitze des Landesgerichtes sich ein Handelsgericht befindet, nur bei letzterem anzubringen.

§. 2. In denjenigen Kronländern, in welchen die neue Gerichtsverfassung noch nicht in Wirksamkeit getreten ist, sind die Wechselklagen entweder bei dem Wechselgerichte des Zahlungsortes oder des Wohnsitzes oder zeitweiligen Aufenthaltsortes des Geklagten oder bei den nach den allgemeinen Jurisdictionsvorschriften zuständigen Gerichten, wenn sich jedoch an dem Orte, wo der Proceß geführt werden soll, ein Wechselgericht befindet, nur bei diesem anzubringen.

§. 3. Militärpersonen sind wegen Forderungen aus Wechseln vor dem zuständigen Militärgerichte zu belangen.

§. 4. Bei dem kompetenten Gerichte des Zahlungsortes kann der Inhaber des Wechsels alle Wechselschuldner mit derselben Klage belangen, bei andern Gerichten außerhalb des Zahlungsortes können mehrere Wechselschuldner nur dann mit einer Klage belangt werden, wenn sie in dem Bezirke desselben ihren Wohnsitz haben. Wechselbürgen folgen überhaupt dem Gerichtsstand des Hauptschuldners und können mit ihm zugleich mittelst derselben Klage belangt werden.

§. 5. Gründet sich die Klage auf einen mit allen zur Giltigkeit vorgeschriebenen Eigenschaften versehenen fremden oder eigenen Wechsel, so ist, wenn sich gegen den Wechsel keine Bedenken ergeben, und außer dem Original-Wechsel der Original-Protest und die Original-Retourrechnung sammt Courszettel (insofern diese Behelfe zur Begründung des Klagrechts erforderlich sind) beigebracht werden, auf Verlangen des Klägers dem belangten Wechselschuldner ohne dessen vorläufige Einvernehmung die Zahlung des Wechselbetrages sammt den ausgewiesenen Nebengebühren binnen drei Tagen unter Androhung wechselrechtlicher Execution aufzutragen.

§. 6. Wird eine Wechselklage gegen mehrere Personen gerichtet, so muß jedem Beklagten ein vollständiges Exemplar der Klage sammt Beilagen zugestellt werden. Sind die erforderlichen Exemplare sammt Beilagen nicht überreicht worden, so ist die Zustellung an die Beklagten in der Reihe, wie sie in der Klage oder in dem Gesuche genannt sind, so weit die Zahl der belegten Exemplare reicht, zu bewerkstelligen, und in dem Bescheide auszudrücken, an welche der Mitgeklagten die Zustellung nicht erfolgt. Gegen diese ist die Klage ohne Wirkung.

§. 7. Jene Wechselschuldner, welchen die Zahlung des Wechselbetrages binnen drei Tagen auferlegt wurde, haben binnen derselben Frist alle ihre Einwendungen bei Gericht anzubringen und darzuthun. Diese Frist läuft vom Tage der Zustellung des gerichtlichen Auftrages;

in dieselbe sind aber die Tage, während welcher die angebrachten Einwendungen auf der Post gelaufen sind, nicht einzurechnen. Hierüber ist eine Tagsatzung auf möglichst kurze Zeit zur mündlichen Verhandlung nach Wechselrecht anzuordnen. Gegen den bewilligten Zahlungsauftrag findet kein Recurs statt.

§. 8. Dem Kläger ist, ungeachtet dieser anhängigen Verhandlung auf sein Ansuchen die Execution zur Sicherstellung zu ertheilen.

§. 9. Verlangt der Kläger nur die Einleitung des wechselrechtlichen Verfahrens, oder kann dem Begehren um Erlassung des Zahlungsauftrages wegen eines Mangels an den beigebrachten Behelfen nicht stattgegeben werden, so ist über die Klage eine Tagsatzung auf möglichst kurze Zeit zur mündlichen Verhandlung nach Wechselrecht anzuordnen, und wenn die Klage gegen mehrere zum Theil in andern Landesgerichtsbezirken, in andern Kronländern oder im Auslande wohnende Beklagte gerichtet ist, so ist der Tag zur Verhandlung in der Art zu bestimmen, daß es jedem Beklagten möglich ist, bei derselben entweder persönlich oder durch einen Bevollmächtigten zu erscheinen.

§. 10. In Wechselsachen sind alle Klagen und Gesuche unverzüglich zu erledigen, und die Verhandlungen von dem Gerichte möglichst zu beschleunigen.

§. 11. Im Wechselprocesse ist mündlich zu verfahren. Ein schriftliches Verfahren darf nur dann stattfinden wenn beide Theile durch eigenhändig unterzeichnete schriftliche oder in Person vor Gericht abgegebene Erklärungen darum ansuchen, und die Fristen zur Ueberreichung der Proceßschriften durch gemeinschaftliches Einverständniß bestimmen.

§. 12. Im Wechselverfahren sind die in den §§. 18 bis einschl. 20, 22, dann 25 bis einschl. 50, 53 und 54 der Verordn. über das in Folge der Allh. Entschließung vom 18. Oct. 1845 [1]) eingeführte summarische

---

[1]) Allh. Entschließung über das summarische Verfahren in Civil-Rechtsstreitigkeiten vom 18. October 1845 §. 18 bis einschl. 20, 22, 25 bis einschl. 50, 53, 54.

§. 18. Erscheint bei der Tagsatzung Beklagter nicht, so hat das Gericht die in der Klage angeführten Thatsachen soweit dieselben durch die vom Kläger vorgelegten Beweismittel nicht widerlegt werden, für wahr zu halten und über die unter dieser Voraussetzung dem Kläger nach den Gesetzen zustehende Forderung durch Urtheil zu entscheiden. Erscheint der Kläger nicht, so wird der Beklagte über den Gegenstand der Klage vernommen, seinen Angaben über Thatsachen, sofern die vorliegenden Beweismittel dieselben nicht widerlegen, Glauben beigemessen und nach dieser Grundlage über das Recht des Klägers erkannt.

Verfahren in Civilstreitigkeiten (§§. 19 bis einschließlich 21, 23, dann 26 bis einschließlich 51, 54 und 55 der Allerhöchsten Entschließung vom 6. März 1848 über die Einführung des summarischen Verfahrens in Dalmatien) enthaltenen Vorschriften, jedoch mit folgenden Abänderungen zu beobachten:

---

§. 19. In beiden Fällen kann derjenige, welcher ohne alles eigene Verschulden die Tagsatzung versäumt hat, sein Ausbleiben rechtfertigen, und um Aufhebung des Urtheils und neue Verhandlung über die Klage ansuchen. Er hat aber auch im Falle der Bewilligung dieses Begehrens seinem Gegner alle durch Verabsäumung der Tagsatzung verursachten Kosten zu ersetzen. Das Gesuch kann mündlich oder schriftlich, jedoch nur binnen einer Frist von acht Tagen angebracht werden, welche von dem Tage zu berechnen ist, an welchem das Hinderniß bei der Tagsatzung zu erscheinen aufgehört hat, und ist nach Vernehmung des andern Theils durch Bescheid zu erledigen. Bei der über das Gesuch angeordneten Tagsatzung ist im Falle der Bewilligung desselben sogleich die Hauptsache zu verhandeln. Eine offenbar zu spät angebrachte Rechtfertigung des Ausbleibens ist von Amtswegen zu verwerfen.

§. 20. Wird um Aufhebung der Folgen des Ausbleibens vor dem Tage der Zustellung des Urtheils über die Hauptsache angesucht, so ist bis zur Erledigung dieses Gesuchs die Ausfertigung und Zustellung dieses Erkenntnisses zu verschieben. Durch ein am Tage der Zustellung des Urtheils oder später angebrachtes Gesuch wird die Execution des Erkenntnisses nicht aufgehalten.

§. 22. Eine Erstreckung der Tagsatzung darf nur bewilligt werden, wenn der unverzüglichen, zweckmäßigen Verhandlung ein unüberwindliches Hinderniß entgegen steht, oder beide Theile durch eigenhändig unterzeichnete schriftliche oder in Person vor Gericht abgegebene Erklärung darum ansuchen, oder auf gleiche Art im Falle des Ausbleibens des einen Theils dessen Gegner auf die Erstreckung selbst anträgt. Findet das Gericht eine mündlich oder schriftlich angesuchte Erstreckung unzulässig, so hat dasselbe sogleich die Verhandlung der Hauptsache vorzunehmen, oder wenn der um die Erstreckung ansuchende Theil nicht erschienen ist, nach Vorschrift des §. 18 über die Klage durch Urtheil zu entscheiden. Wer zu einer Tagsatzung die erforderlichen Urkunden nicht mitbringt, oder auf andere Art die Tagsatzung vereitelt, hat seinem Gegner die dadurch verursachten Kosten zu ersetzen.

§. 25. Bei der mündlichen Verhandlung hat das Gericht, die streitenden Theile mögen sich eines Advocaten bedienen oder nicht, von Amtswegen für ein regelmäßiges Verfahren zu sorgen, und beide Theile zu genauen der Wahrheit getreuen Angaben über die zu entscheidenden Thatumstände und zur Benutzung der erforderlichen Beweismittel aufzufordern. Jeder Theil ist zu einer bestimmten und klaren Aeußerung über die von seinem Gegner angeführten Thatsachen, und über die Aechtheit der zum Beweise derselben beigebrachten Urkunden anzuweisen, und mit den Folgen der Verweigerung einer deutlichen Erklärung bekannt zu machen. Rechtsunkundige Personen sind nöthigenfalls über die Grundsätze des gerichtlichen Verfahrens, über die Beweislast und die Art der Beweisführung zu belehren. Die Verhandlung ist so zu leiten, daß der Gegenstand des Streites von beiden Seiten vollständig erörtert, aller Zeitverlust mit offenbar nicht zur Sache dienlichen oder bereits vorgekommenen Bemerkungen vermieden,

a) Das Gesuch um Rechtfertigung des Ausbleibens von einer Tagsatzung ist binnen drei Tagen von dem Tage, an welchem das Hinderniß bei der Tagsatzung zu erscheinen aufgehört hat, und das Wiedereinsetzungsgesuch gegen eine verstrichene Fallfrist binnen drei Tagen nach Ablauf der Fallfrist anzubringen.

Replik und Duplik in gehöriger Ordnung zu Protocoll gebracht und damit womöglich der Proceß geschlossen werde. Weitere Aeußerungen und Gegenäußerungen dürfen nur, so weit es zur Aufklärung über streitige Sachen nöthig, zugelassen werden. Der Beklagte hat alle Einwendungen und Beweismitel in der Einrede, der Kläger alles zur Widerlegung der Einrede Dienliche in der Replik anzubringen. Jedem Theile muß jedoch bis zum Schlusse der Verhandlung gestattet werden, früher aus Versehen übergangene Beweismittel nachzuholen. Auch hat das Gericht selbst, wenn es erst nach geschlossener Verhandlung wahrnimmt, daß dieselbe in was immer für einer Beziehung unvollständig geblieben sei, die wahrgenommenen Mängel vor der Entscheidung durch wiederholte Vorladung und Vernehmung der Parteien zu verbessern.

§. 26. Besondere Verhandlungen über den Gerichtsstand oder über einen Rückerlag der Klage finden nicht statt. Zeigt sich im Laufe des Processes die Incompetenz des Gerichtes, so ist das Verfahren sogleich durch Bescheid mit Anführung des Grundes einzustellen. Außer diesem Falle werden Streitigkeiten über den Gerichtsstand oder den Rückerlag mit der Hauptsache zugleich verhandelt und entschieden.

§. 27. Jeder Theil ist schuldig, von ihm angeführte Urkunden seinem Gegner auf Verlangen bei der zur Verhandlung über die Klage angeordneten Tagsatzung im Original vorzuweisen, und wenn die Echtheit derselben bestritten wird (§. 29), die Originale den Proceßacten beizulegen. Wird Eines oder das Andre verweigert, so dürfen die Urkunden der Entscheidung nicht zum Grunde gelegt werden.

§. 28. Die Aechtheit einer Urkunde kann bestritten werden, wenn auch die gerichtliche Recognition nicht angesucht worden ist.

§. 29. Die Erklärung eines streitenden Theiles über die Aechtheit der von seinem Gegner angeführten Urkunden ist mit der Verhandlung der Hauptsache zu verbinden. Hat Derjenige, gegen welchen eine Urkunde angeführt worden ist, nicht im rechtlichen Verfahren am gehörigen Orte ausdrücklich erklärt, daß das Original unächt und die beigebrachte Abschrift unrichtig sei, so ist das Original für ächt und die Abschrift für richtig zu halten.

§. 30. Befinden sich Originale der angeführten Urkunden oder zur Vergleichung der Handschriften nöthige Actenstücke in Verwahrung des Gerichts oder einer andern öffentlichen Behörde, so hat sich das Gericht von Amtswegen für die Herbeischaffung derselben zur Recognition oder zum Gebrauche bei Entscheidung des Processes zu verwenden. In Ansehung der Recognition der Handelsbücher sind die darüber ertheilten besondern Vorschriften zu beobachten.

§. 31. Beruft sich ein Theil auf Zeugen, so sind entweder die Thatsachen, worüber sie vernommen werden sollen, in dem Protocolle über die Verhandlung bestimmt zu bezeichnen, oder eigene Beweisartikel den Acten beizulegen.

§. 32. Werden Eide angeboten oder aufgetragen, so sind die Personen, welche sie ablegen sollen, insofern darüber ein Zweifel stattfinden

b) In dem Urtheile, wodurch der Beklagte sachfällig erklärt wird, ist die Frist zur Erfüllung seiner Verbindlichkeit auf drei Tage bei Vermeidung wechselrechtlicher Execution zu bestimmen.

Diese Frist fängt, wenn gegen das Urtheil nicht appellirt wird, mit dem ersten Tage nach der Zustellung desselben, wenn aber ap-

kann, namentlich zu bezeichnen. Derjenige, welchem ein Eid aufgetragen wird, ist zu einer bestimmten Erklärung darüber aufzufordern, ob er ihn ablegen oder zurückschieben wolle.

§. 33. Von den streitenden Theilen oder ihren Sachwaltern abgefaßte Entwürfe zu Protocollen über Proceßverhandlungen dürfen von dem Gerichte nie angenommen oder benutzt werden.

§. 34. Kann nach geschlossenem Verfahren sogleich entweder unbedingt oder durch Zulassung eines Eides entschieden werden, so ist ein Urtheil auszufertigen und beiden Theilen zuzustellen. Mit dem Urtheile zugleich sind dem Sachfälligen, oder wenn kein Theil in der Hauptsache ganz obgesiegt hat, beiden Theilen die Entscheidungsgründe einzuhändigen.

§. 35. Auf den Schätzungs- oder Erfüllungs-Eid kann erkannt werden, obgleich die Streitenden sich nicht dazu erboten hätten.

§. 36. Ob ein Eid zurückgeschoben, oder ein Eid, dessen Zurückschiebung unzulässig ist, aufgetragen werden könne, bleibt dem Ermessen des Gerichts überlassen. In keinem Falle findet eine Zurückschiebung statt, wenn sie nicht schon bei der Verhandlung der Hauptsache erfolgt ist. Wäre im Processe keine ausdrückliche und rechtsgültige Erklärung abgegeben worden, so hat das Gericht nur auf den Eid desjenigen Theils, welchem derselbe aufgetragen ist, zu erkennen. Ist der Eid durch eine rechtsgiltige Erklärung ausdrücklich zurückgeschoben worden, so darf nur auf den zurückgeschobenen Eid erkannt, und nur, wenn das Gericht die Zurückschiebung unzulässig fände, demjenigen Theile, welchem der Eid aufgetragen worden ist, die Ablegung desselben gestattet werden.

§. 37. Der angebliche Aussteller einer Urkunde, der die Aechtheit einer Schrift oder Unterschrift oder seines Handzeichens bestreitet, muß auf Verlangen seines Gegners verurtheilt werden, ohne den Beisatz und seines Wissens und Erinnerns zu schwören, daß die Urkunde weder von ihm selbst, noch mit seiner Beistimmung von einem Dritten geschrieben oder unterschrieben worden sei. Dieser Eid kann nicht zurückgeschoben werden. Ist der streitende Theil, welcher eine gegen ihn angeführte Urkunde für unächt erklärt, nicht der angebliche Aussteller, so kann von ihm selbst dann, wenn er als Curator oder gesetzlicher Vertreter im Namen eines Andern Proceß führt, der Eid gefordert werden, daß er die Urkunde nach seinem besten Wissen für unächt halte. Für die Zurückschiebung dieses Eides gelten die in dem §. 36 ertheilten Vorschriften.

§. 38. Wer einen ihm aufgetragenen Eid ablehnen, oder die Ablegung des Eides durch seinen Gegner hindern will, hat die dazu dienlichen Beweismittel bei Verhandlung der Hauptsache beizubringen. Nach geschlossenem Verfahren findet Gewissensvertretung oder Gegenbeweis nicht statt.

§. 39. Findet das Gericht einen Zeugenbeweis nöthig, so hat dasselbe nach geschlossenem Verfahren die Zeugen durch Bescheid zur Abhörung sogleich vorzuladen. Den streitenden Theilen soll die Vorladung bekannt gemacht und gestattet werden, der Beeidigung der Zeugen beizu-

pellirt worden ist, mit dem Tage nach eingetretener Rechtskraft der Entscheidung zu laufen an.

c) Der Beweis durch einen Eid muß binnen 24 Stunden von dem Tage an gerechnet, mit welchem das Urtheil rechtskräftig geworden ist, angetreten werden.

d) Appellations- und Revisionsanmeldungen, so wie hierauf sich beziehende Beschwerdeschriften und Recurse gegen Bescheide erster und

---

wohnen. In Rücksicht der unter fremder Gerichtsbarkeit stehenden Zeugen ist das erforderliche Gesuchsschreiben sogleich auszufertigen.

§. 40. Das Gericht soll von den streitenden Theilen übergebene zweckmäßige Weisartikel und Fragstücke benutzen; überflüssige, dunkle oder unvollständige Artikel und Fragen weglassen, erläutern, ergänzen oder durch andere ersetzen; wenn keine Artikel und Fragstücke überreicht worden sind, die Fragen an die Zeugen selbst entwerfen, und überhaupt das Verhör so leiten, daß von dem Zeugen die ihm mögliche bestimmte und klare Auskunft über die streitigen Thatsachen gegeben, nöthigenfalls die Glaubwürdigkeit seiner Aussagen gehörig in's Licht gesetzt werde.

Sind die Zeugen einem andern Gerichte unterworfen, so muß in dem Ersuchschreiben um Abhörung derselben die erfolgte Einleitung des summarischen Verfahrens bemerkt und über den Gegenstand des Zeugenbeweises die nöthige Aufklärung gegeben werden.

§. 41. Beweisschriften oder Beweiseinreden werden nicht zugelassen. Nach beendigten Zeugenverhören wird sogleich das Urtheil geschöpft, und mit demselben zugleich dem Sachfälligen, oder wenn kein Theil in der Hauptsache ganz obgesiegt hat, beiden Theilen nebst den Entscheidungsgründen eine Abschrift der Zeugenaussagen zugestellt.

§. 42. Findet das Gericht den Beweis durch Kunstverständige zuzulassen, so hat es seinen Beschluß beiden Theilen durch Bescheid mit Bezeichnung des Gegenstandes der Beweisführung zu eröffnen und sie zugleich zur Vernehmung über die Wahl der Kunstverständigen vorzuladen, sodann aber, wenn die streitenden Theile nicht erscheinen, oder sich über einen zweckmäßigen Vorschlag nicht vereinigen, die Kunstverständigen nach eigenem Gutbefinden zu benennen, und den Augenschein sogleich vorzunehmen. Die Vorschrift des §. 41 gilt auch für den Beweis durch Kunstverständige.

§. 43. Wie vielen Glauben die Vergleichung der Handschriften verdiene, ist nach der Beschaffenheit der Umstände zu beurtheilen. Die Vergleichung der Handschriften ist in der Regel vom Gericht selbst vorzunehmen. In zweifelhaften Fällen bleibt demselben zwar überlassen, auch das Gutachten von Kunstverständigen einzuholen und bei der Entscheidung zu benutzen. Wird dieses aber nothwendig, so sind die Kunstverständigen sogleich von Amtswegen zu bestimmen, und ohne Zuziehung der Parteien zu vernehmen; und die Vorschrift des §. 41 ist auch in diesem Falle zu beachten.

§. 44. Gegen ein im summarischen Verfahren ergangenes Urtheil kann die Appellation mündlich oder schriftlich, jedoch nur binnen 8 Tagen nach Zustellung desselben, angemeldet werden. Beschwerden sind mit der Appellationsanmeldung zu überreichen, oder zu Protocoll zu geben. Abgesonderte, später überreichte Beschwerden werden nicht angenommen, und Appellationseinreden nicht zugelassen.

zweiter Instanz sind binnen drei Tagen nach der Zustellung des Urtels oder des Bescheides zu überreichen.

§. 13. Wenn die erste über die Klage angeordnete Tagsatzung erstreckt oder wenn von dem Gerichte ein Zeugenverhör oder Augenschein beschlossen wird, so kann der Kläger im ersten Falle bei oder nach der Tagsatzung, im zweiten Falle nach Zustellung des Bescheids um den gerichtlichen Auftrag an den Beklagten ansuchen, binnen 3 Ta-

---

§. 45. Recurse müssen im summarischen Verfahren binnen 8 Tagen nach der Zustellung des Bescheides beim Gerichte der ersten Instanz überreicht oder zu Protocoll gegeben werden. Im Fall einer Verzögerung des Verfahrens kann jeder Theil bei dem Appellationsgerichte unmittelbare Abhilfe suchen.

§. 46. Gegen Beschlüsse, wodurch das summarische Verfahren eingeleitet, die Erstreckung einer Tagsatzung abgeschlagen oder eine Vernehmung der Zeugen oder Kunstverständigen angeordnet wird, findet kein abgesonderter Recurs statt. Den streitenden Theilen steht frei ihre Beschwerden dagegen nach ergangenem Urtheile mit der Appellation gegen die Entscheidung der Hauptsache zu verbinden. Gegen Bescheide, wodurch das Ausbleiben bei einer Tagsatzung für gerechtfertigt erklärt oder die Wiederinkraftsetzung in den vorigen Stand gegen eine verstrichene Fallfrist bewilligt wird, ist der Recurs ganz unzulässig.

§. 47. Die Fristen zur Appellation und zum Recurse können nicht verlängert werden.

§. 48. Das Gericht erster Instanz hat Appellation und Recurs, wenn die Frist dazu versäumt ist, von Amtswegen zu verwerfen, wenn aber Appellation oder Recurs in gehöriger Zeit ergriffen wird, die Acten sogleich durch einen eigenen Bericht an das Appellationsgericht zu überreichen.

§. 49. Nach erfolgter Appellation gegen ein Urtheil kann das Appellationsgericht, wenn es in der Proceßverhandlung wesentliche Gebrechen findet, das Verfahren aufheben und eine neue Verhandlung einleiten; oder, ohne Rücksicht auf die beim Gerichte erster Instanz erfolgte Vernehmung der Zeugen oder Kunstverständigen, weiteres Beweisverfahren, oder Erneuerung des Zeugenverhörs oder Augenscheins anordnen. Diese Verfügungen können auch ohne ein bestimmtes Begehren der streitenden Theile, jedoch immer nur dann stattfinden, wenn durch die Fehler des Verfahrens eine gründliche Entscheidung der Hauptsache unmöglich geworden, und von der Fortsetzung der Verhandlungen mit Wahrscheinlichkeit Erfolg zu erwarten ist.

§. 50. Die für die Appellation und für die Recurse an das Appellationsgericht ertheilten Vorschriften gelten, insofern die Entscheidungen des Gerichts erster Instanz von dem Appellationsgericht abgeändert oder aufgehoben worden, auch für die Revision und für Recurse an den obersten Gerichtshof.

§. 53. Dem Gläubiger steht frei, mit der Pfändung beweglicher Sachen zugleich die Schätzung derselben nachzusuchen.

§. 54. Zur Feilbietung beweglicher Sachen sind nur zwei Termine festzusetzen, bei deren letztem sie, wenn der Schätzungswerth nicht zu erhalten ist, auch unter demselben veräußert werden müssen.

gen bei Vermeidung wechselrechtlicher Execution für die Forderung Sicherheit zu leisten. Dieses Gesuch findet jedoch nicht statt, wenn die Erstreckung der Tagsatzung wegen eines von Seiten des Klägers eingetretenen Hindernisses erfolgt ist, oder wenn zur Begründung der Klage nöthige Urkunden bei der Tagsatzung von dem Kläger im Originale nicht vorgewiesen worden sind.

§. 14. Hat der Beklagte gegen ein Urtheil erster und zweiter Instanz, wodurch ihm die Erfüllung einer Verbindlichkeit unbedingt auferlegt, oder wodurch auf einen Haupteid erkannt wird, die Appellation oder Revision ergriffen, so kann der Kläger sogleich um den gerichtlichen Auftrag an den Beklagten ansuchen, binnen drei Tagen bei Vermeidung wechselrechtlicher Execution für die Forderung Sicherheit zu leisten.

§. 15. Ist der Beklagte in erster Instanz verurtheilt, von dem Appellationsgerichte bedingt oder unbedingt losgesprochen, aber vor Zustellung des Urtheiles des Appellationsgerichtes bereits Sicherheit geleistet worden, so bleibt es dabei so lange, bis das Urtheil des Appellationsgerichts rechtskräftig wird, oder die Entscheidung des obersten Gerichtshofes erfolgt.

§. 16. Werden die in den §§. 13 und 14 erwähnten gerichtlichen Aufträge binnen der festgesetzten Frist nicht befolgt, so steht es dem Gläubiger frei, nach Vorschrift des §. 18 gegen die Person oder auf das Vermögen des Schuldners Execution zu führen.

§. 17. Die Sicherstellung muß auf die in dem §. 25 der Wechselordnung festgesetzte Art geleistet werden.

§. 18. Wenn der Schuldner die ihm durch Urtheil oder Bescheid mit Androhung wechselrechtlicher Execution auferlegte Verbindlichkeit binnen der dazu festgesetzten Frist nicht erfüllt, so hat der Gläubiger die Wahl, auf das Vermögen oder gegen die Person des Schuldners Execution zu führen. Es steht ihm frei, sogleich nach Ablauf der Zahlungsfrist und eingetretener Rechtskraft des Erkenntnisses ohne vorausgegangene Execution auf das Vermögen den Executionsarrest des Schuldners zu bewirken. Auf das Vermögen kann die Execution vor und nach der Vollziehung der Personalexecution geführt werden; jedoch ist der Gläubiger, welcher die Personalexecution erwirkt hat, so lange sich der Beklagte im Schuldarreste befindet, die Execution auf das Vermögen desselben zu erwirken oder fortzusetzen nicht berechtigt.

§. 19. Auf gerichtliche Vergleiche findet diese wechselrechtliche Execution nur in dem Falle statt, wenn sich der Schuldner derselben in Rücksicht einer Wechselforderung ausdrücklich unterworfen hat.

§. 20. Der Wechselgläubiger kann selbst dann, wenn für den Wechselanspruch Sicherheit bestellt ist, wegen der Zahlung gegen die Person des Schuldners die Execution führen, ohne vorher die Sicherheit aufgeben zu müssen, insofern er durch die bestellte Sicherheit nicht sogleich befriedigt werden kann.

§. 21. Der Schuldarrest kann, er mag wegen Sicherstellung oder Bezahlung einer Wechselforderung erwirkt worden sein, in Allem nicht länger als ein Jahr ununterbrochen fortdauern.

§. 22. Der Wechselgläubiger ist berechtigt, auf bewegliche wegen einer Wechselforderung verpfändete, oder rechtmäßig zurückbehaltene Sachen, wenn der Eigenthümer derselben in Concurs verfällt, bei dem Gerichte Execution zu führen, bei welchem es außer dem Falle eines Concurses geschehen könnte. Die Executionsgesuche sind jedoch gegen den Massenvertreter zu richten. [1])

§. 23. Die Wiedereinsetzung in den vorigen Stand kann zum Nachtheile einer Person, die in dem Hauptprocesse nicht unredlich gehandelt hat, nicht mehr ertheilt werden, wenn dieselbe ihre wechselrechtlichen Ansprüche an einen Dritten mittlerweile durch Ablauf der Zeit ganz oder zum Theil verloren hat, oder wegen Kürze der noch übrigen Zeit nicht mehr geltend machen kann.

§. 24. Die Verhandlung über eine Wiedereinsetzung in den vo-

---

[1]) Rücksichtlich des Pfand- und Retentionsrechtes bestehen folgende Bestimmungen der Wechselordnung von 1763 noch in Kraft.

Art. 43. Wie es in Fallimenten mit denen in Händen habenden Effecten zu halten sei.

Weil auch der Kaufsmanns-Stylus mit sich bringet, daß, falls einer von einem Tertio Effecten in Handen und für seine eigene Rechnung dann auch für andere von demselben absonderlich zu fordern hat, der Tertius aber keine völlige Zahlung thut, ein jeder, er sei einheimisch oder Fremd zuvörderst von demjenigen, was er in Handen hat, auch sonst, wenn er es vor Ausbrechung eines Falliments an sich zu ziehen weiß, seinem eigenen Conto (jedoch unbeschadet des einem andern etwa zustehenden Eigenthums, oder eherer hierauf geführten Sperr- und Ansatz) zu saldiren befugt sei, so lassen auch Wir es fernerhin noch dabei bewenden.

Art. 44. Von Commissions-Waaren.

Wie denn derjenige, so von einem Andern Waaren in Commission zu verkaufen empfangen, dabei aber von demselben mit Wechseln und sonsten bezogen und belästigt worden, wegen seines Vorschusses an den empfangenen Effecten sich zahlhaft zu machen, Fug und Macht haben, auch, die in Fallimenten und sonsten solche Waaren mit Arrest und Ver-

rigen Stand wegen vorgefundener neuer Beweismittel ist mit der Verhandlung der Hauptsache zu verbinden und über beide mittelst eben desselben Urtheiles zu entscheiden. In der Wiedereinsetzungsklage muß daher zugleich das Begehren in der Hauptsache gestellt werden.

§. 25. Im Wechselprocesse sind nur die Sonntage und die gesetzlich anerkannten allgemeinen Feiertage als Ferialtage anzusehen. Alle Fristen laufen ohne Rücksicht auf Ferialtage ununterbrochen fort. Nur wenn der letzte Tag einer Frist auf einen Sonntag oder allgemeinen Feiertag fällt, verlängert sich die Frist bis auf den nächstfolgenden Werktag. Keine Partei ist schuldig, an den Feiertagen ihrer Religion vor Gericht zu erscheinen.

§. 26. Insofern durch diese Verordnung für den Wechselproceß keine besondere Vorschrift ertheilt wird, sind auch in Wechselsachen die allgemeinen Gesetze über das gerichtliche Verfahren zu beobachten.

§. 27. Diese Vorschrift hat in allen Kronländern, in welchen das allgemeine bürgerliche Gesetzbuch in Wirksamkeit ist, mit Ausnahme des lombardisch-venetianischen Königreichs und der Militairgrenze, vom 1. Mai 1850 angefangen in Wirksamkeit zu treten. Dieselbe ist auf alle Streitsachen, über welche die Verhandlung vor diesem Tage noch nicht geschlossen wurde, anzuwenden. Die in dieser Vorschrift enthaltenen Bestimmungen über die Executionsführung finden auch in jenen Fällen ihre Anwendung, in welchen das gerichtliche Erkenntniß oder der Zahlungsauftrag vor dem eben bezeichneten Tage in Rechtskraft erwachsen ist.

---

bot belegt würden, mehr nicht als das Residuum, oder das Uebermaaß herzugeben schuldig sein soll.

Art. 45. Von den Pfändern in Wechselsachen und dem Jure Retentionis.

Ein Pfand so ein Inhaber eines mit Protest zurückgekehrten, oder allhier zu zahlen gestellten Wechselbriefes von dem Ausgeber oder Indossanten zu seiner Sicherheit empfangen hat, soll von andern Creditoribus mit keinem Arrest belegt werden können, als und insoweit seine Prätension weniger beträget; es solle auch der Briefinhaber nicht können angehalten werden, solches Pfand weder zum Theil noch ganz herauszugeben, bevor er sowohl für sein Kapital als Interessen und Unkosten vollkommen vergnügt ist; wenn hernach die Zeit, worauf das Pfand versetzt worden, verflossen ist, solle der Eigenthümer, dem es zugehört, solches gegen Bezahlung des Kapitals und Interessen einlösen, im übrigen aber dem Inhaber freistehen, das Pfand gerichtlich taxiren zu lassen, es auch pendente Concursu gerichtlich zu verkaufen, und sich daran bezahlt zu machen; den Ueberrest aber muß er gerichtlich deponiren, oder im Falle auf die Uebermaaß kein Verbot geschlagen ist, dem Eigenthümer, und in Casu cridae ad Massam zurückgeben.

II. Die Verordnung vom 31. März 1850 für das lombardo-venetianische Königreich.

Dieselbe liegt eigentlich außerhalb der Grenzen dieses Werks, ist aber dem Haupt-Inhalt nach gleichlautend mit der vorstehenden Verordnung vom 25. Jan. 1850, nur bestimmt sie noch, daß alle Wechsel-Klagen entweder bei dem Wechsel-Gericht des Zahlungs-Ortes, oder des Wohnsitzes oder des zeitigen Aufenthalts des Verklagten anzubringen seien. Außerdem erklärt sie für die Provinzen Mailand und Venedig die Mercantil- und Wechsel-Gerichte dieser Hauptstädte, in den übrigen Provinzen aber die Provincial-Tribunale für ausschließlich zuständig in Wechsel-Sachen.

III. Die Verordnung vom 25. Januar 1850 für die Kron-Länder Ungarn, Croatien und Slavonien, die Woiwodschaft Serbien und das Temeser Banat.

Dieselbe stimmt in den meisten Puncten mit obigen Verordnungen überein und enthält nur noch einige besondre Festsetzungen über die Execution und den Wechsel-Arrest.

IV. Die Verordnung des k.k. östreich. Justiz-Ministeriums vom 1. Aug. 1850, womit die von Sr. Majestät allerhöchst unterm 28. Juli 1850 genehmigte Vorschrift über den Vollzug des Wechsel-Arrestes für das Groß-Herzogthum Krakau kund gemacht wird.

Es gilt hier im Wesentlichen das, was bei Nr. III. gesagt ist.

V. Die Circular-Verordnung des k.k. östreich. Kriegs-Ministeriums vom 1. Sept. 1852.

(Reichs-Gesetzblatt v. 1852 Stück 55.)

betreffend die Bekanntmachung der in Folge allerhöchster Entschließungen vom 29. August 1852 erlassenen Vorschriften für das Verfahren in Wechsel-Sachen bei den Militär-Gerichten in und außer der Militär-Grenze.

Die meisten Paragraphen dieser Verordnung stimmen gleichfalls mit der Verordn. v. 25. Jan. 1850 (Reichs-Gesetzbl. Nr. 52) überein, nur einige Paragraphen enthalten besondre Festsetzungen. Dahin gehören:

§. 1. Wechsel-Klagen sind entweder bei dem, in andren Rechts-Streitigkeiten nach der persönlichen Eigenschaft und dem Wohnsitze des

Verklagten zuständigen Militär- oder Magistratual-Gericht, oder bei jenem Militär-Gericht anzubringen, welchem der Verklagte nach seiner persönlichen Eigenschaft unterstehen würde, wenn er am Zahlungs-Orte seinen ordentlichen Wohnsitz hätte.

§. 2. Bei dem Militär-Gericht des Zahlungs-Ortes können alle, der Militär-Gerichtsbarkeit unterworfene Schuldner aus dem nämlichen Wechsel mit einer Klage belangt werden. Bei andern Militär- oder Magistratual-Gerichten können nur diejenigen Wechsel-Urkunden mit einer Klage belangt werden, welche denselben ihrer persönlichen Eigenschaft und ihrem Wohnsitze nach unterstehen.

Wechselbürgen folgen dem Gerichtsstande des Hauptschuldners und können mit demselben in einer Klage belangt werden.

§. 3. Außer dem im §. 2 angeführten Bürgschaftsverhältniß sind Militärpersonen vor dem zuständigen Militärgerichte zu belangen.

§. 4. Die Verhandlungen und Entscheidungen über Wechselklagen sind von den Magistraten der Militär-Grenz-Communitäten in den für Justizgeschäfte bestimmten Rathssitzungen mit Zuziehung von zwei Beisitzern aus dem Handelsstande, und bei Grenz-Regimentern, dann bei dem Titler Grenz-Infanterie-Bataillon, von einer unter dem Vorsitze des Oberstlieutenants oder sonst im Stabsorte anwesenden Stabsofficiers, aus zwei Auditoren und zwei im Stabsorte wohnhaften Beisitzern aus dem Handels- und Gewerbsstande zusammengesetzten gerichtlichen Commission zu bewirken.

Wenn in einem Regimente aber zwei Auditoren nicht vorhanden, so ist die Stelle des abgängigen durch einen bei der Verwaltung zugetheilten oder sonst geeigneten Officier zu ersetzen.

In der freien Militär-Communität Zenng bleibt es bei der mit der hofkriegsräthlichen Verordnung vom 20. Januar 1819 B. 347 festgesetzten Einrichtung des mit dem dortigen Magistrate vereinigten Wechselgerichts; es ist jedoch von demselben, sowie von allen Militärgerichten, die mit dem Allerhöchsten Patente vom 25. Januar 1850 für den ganzen Umfang des östreichischen Kaiserthums kundgemachte allgemeine Wechselordnung mit Rücksicht auf die kaiserliche Verordnung vom 3. Juli 1852 Reichsgesetzbl. Nr. 138 genauestens zu beobachten.

(§§. 5—11 wie in der Verordn. v. 25. Jan. 1850)

§. 12. Im Wechselverfahren sind die in den §§. 18 bis einschließlich 20, 22, dann 25 bis einschließlich 50, 53 und 54 der hofkriegsräthlichen Verordnung vom 10. Februar 1847 T. 188 über das summarische Verfahren in Civil-Rechtsstreitigkeiten enthaltenen Vorschriften, jedoch mit folgenden Abänderungen zu beobachten.

a. Die im §. 12 [1]) der vorbenannten Verordnung vorkommende Weisung, bezüglich der Beibringung der Compagnie-Certifikate, über den angeblich versuchten Vergleich zwischen dem Kläger und Beklagten, hat bei Klagen, die aus dem Wechselrechte entspringen, keine Anwendung.

b. Das Gesuch um Rechtfertigung des Ausbleibens von einer Tagsatzung ist binnen drei Tagen von dem Tage, an welchem das Hinderniß, bei der Tagsatzung zu erscheinen, aufgehört hat, und das Wiedereinsetzungsgesuch gegen eine verstrichene Fallfrist binnen drei Tagen nach Ablauf der Fallfrist anzubringen.

c. In dem Urtheile, wodurch der Beklagte sachfällig erklärt wird, ist die Frist zur Erfüllung seiner Verbindlichkeit auf drei Tage bei Vermeidung wechselrechtlicher Execution zu bestimmen.

Diese Frist fängt, wenn gegen das Urtheil nicht appellirt wird, mit dem ersten Tage nach der Zustellung desselben, wenn aber appellirt worden ist, mit dem ersten Tage nach eingetretener Rechtskraft der Entscheidung zu laufen an.

d. Der Beweis durch den Eid muß binnen 24 Stunden, von dem Tage an gerechnet, mit welchem das Urtheil rechtskräftig geworden ist, angetreten werden.

e. Appellations- und Revisionsanmeldungen, so wie die hierauf sich beziehenden Beschwerdeschriften und Recurse gegen Bescheide erster und zweiter Instanz sind binnen drei Tagen nach der Zustellung des Urtheiles oder des Bescheides zu überreichen.

(§§. 13—17 wie in der gedachten Verordnung).

§. 18. Wenn der Schuldner die ihm durch Urtheil oder Bescheid mit Androhung wechselgerichtlicher Execution auferlegte Verbindlichkeit binnen der dazu festgesetzten Frist nicht erfüllt, so hat der Gläubiger die Wahl, auf das Vermögen oder gegen die Person des Schuldners, wenn dieser nicht gesetzlich vom Personal-Arreste befreit ist, die Execution zu suchen.

---

[1]) Der §. 12 der Hof-Kriegsräthlichen Verordn. v. 10. Febr 1847 lautet: Die Klage kann mündlich oder schriftlich angebracht werden. Die Vorschrift vom 13. August 1822 wegen Beibringung der Compagnie-Certifikate über fruchtlos versuchten Vergleich in der croatischen, slavonischen und banatischen Militärgrenze vor Annahme der Klage bei Gericht hat Proben zu bestehen.

Die Befreiung vom Personal-Arreste genießen alle der Militärgerichtsbarkeit angehörigen Personen, mit Ausnahme der Handels- und Gewerbsleute in der Militärgrenze und Einwohner der Militär-Communitäten.

Unterliegt der Schuldner dem Personalarreste, so steht es dem Gläubiger frei, sogleich nach Ablauf der Zahlungsfrist und eingetretener Rechtskraft des Erkenntnisses ohne vorausgegangene Execution auf das Vermögen den Executions-Arrest zu erwirken; auch kann die Execution auf das Vermögen vor oder nach Vollziehung der Personal-Execution geführt werden, jedoch ist der Gläubiger, so lange sein Schuldner sich im Schuldarreste befindet, die ersten zu begehren oder fortzusetzen nicht berechtigt.

Bei der Execution auf das Vermögen sind in der Militärgrenze die Bestimmungen des Grenz-Grundgesetzes vom 7. Mai 1850 insbesondere jene der §§. 16 und 36 zu beobachten. [1])

Zwanzigster Abschnitt.

Oldenburg.

Vom Wechsel-Proceß-Verfahren im Groß-Herzogthum Oldenburg.

Mit dem Gesetz v. 31. März 1849 ist eine besondere Verordnung über das Proceß-Verfahren als vierter Abschnitt der Wechsel-Ordnung publicirt, welcher lautet:

---

[1]) Der Grundbesitz der Grenzhäuser besteht aus dem Stammgut, das in der Regel unveräußerlich ist, und aus dem sogenannten Ueberland, d. h. dem übrigen veräußerlichen Zubehör der Grenzhäuser. Nur in besondren Fällen darf das Stammgut bis auf ein Drittheil seines Schätzungs-Werthes verpfändet und nur im äußersten Nothfall an einen andren Besitzfähigen veräußert werden. Bei dem Verkauf, Tausch oder sonstigen wichtigen Geschäften hinsichts der Ländereien muß der Haus-Vater die Zustimmung der Mehrheit aller über 18 Jahre alten Familien-Glieder nachweisen.

Vierter Abschnitt.

Von dem gerichtlichen Verfahren in Wechselsachen.

I. Allgemeine Bestimmungen.

Art. 103. Für das Verfahren in Wechselsachen (Wechselproceß) kommen, in so weit das vorliegende Gesetz besondere Bestimmungen nicht enthält, neben den allgemeinen Proceßvorschriften die Grundsätze des Executivprocesses zur Anwendung.

Art. 104. Der Wechselinhaber genießt unter der Bedingung, daß er die mit der Originalhandzeichnung versehene Wechselurkunde beibringt, gegen den Wechselschuldner der Vortheile des Wechselprocesses.

Art. 105. Der Kläger kann zu jeder Zeit den Wechselproceß aufgeben und die Sache im sonst geeigneten Processe fortsetzen.

Art. 106. Die Verhandlungen sind in der Regel mündlich; die Protokolle müssen das Wesentliche derselben, insbesondre die Anträge der Parteien, so wie deren Behauptungen und Erklärungen, so weit sie sich auf Thatsachen beziehen, enthalten. Wenn die Verwickelung der Sache es nöthig erscheinen läßt, kann der Richter schriftliche Verhandlungen nicht allein zulassen, sondern auch fordern.

Art. 107. Der Richter hat, so weit die Gründlichkeit der Behandlung der Sache es gestattet, auf Beschleunigung des Verfahrens und der Entscheidung Bedacht zu nehmen.

Gerichtsferien gelten für den Wechselproceß nicht, und in dringenden Fällen können die Verhandlungen auch an Sonn- und Festtagen vorgenommen werden.

Art. 108. Wiedereinsetzungen in den vorigen Stand sind im Wechselprocesse unbedingt ausgeschlossen.

Art. 109. Im Wechselprocesse können Thatsachen, welche eines Beweises bedürfen, nur durch Urkunden nach den Vorschriften des Executivprocesses erwiesen werden. Einwendungen, bei welchen solcher Beweis fehlt, sind, wenn der Beklagte verurtheilt wird, zum abgesonderten Verfahren zu verweisen.

Editions-Anträge sind ausgeschlossen.

Art. 110. Wird der Beweis ausländischer Wechselgesetze erforderlich, so ist ein unverdächtiger Abdruck derselben dazu genügend.

Art. 111. Bei Erbfällen ist der Kläger befugt, seine und des Beklagten Legitimation zur Sache nach den Grundsätzen des sonst geeigneten Processes, durch ein, bei Anstellung der Wechselklage zu beantragendes Vorverfahren zu berichtigen, nach dessen Erledigung im Wechselprocesse weiter verhandelt wird. Er kann auch, falls im Laufe des letzteren die Legitimation zur Sache bestritten wird, die Aussetzung des Wechselprocesses verlangen und, nach Berichtigung des Legitimationspuncts im sonst geeigneten Processe, zum Wechselprocesse zurückkehren.

II. Verhandlungen in erster Instanz.

Art. 112. Mit der als „Wechselsache" zu bezeichnenden Klagschrift ist eine für den Beklagten bestimmte, mit den Abschriften der Anlagen versehene, Ausfertigung einzureichen. Der Richter muß innerhalb 24 Stunden auf die Klage verfügen, und, wenn er dieselbe begründet findet, einen Termin zur Verhandlung der Sache unter der geeigneten Verwarnung ansetzen. Dieser Termin ist, wenn der Beklagte am Gerichtsorte wohnt, auf den folgenden Tag, sonst nach Maßgabe der Entfernung auf einen der nächsten acht Tage zu bestimmen.

Bei den Aemtern und Stadt-Magistraten kann die Klage mündlich angestellt werden; in diesem Falle wird ohne Aufnahme eines Protokolls die Ladung mit kurzer Angabe der klägerischen Forderung, unter abschriftlicher Mittheilung des Wechsels, ausgefertigt.

Art. 113. Der Beklagte muß sich im ersten Termine über die Klage vernehmen lassen, seine zulässigen (Art. 82, 114) Einreden verhandeln, und sich über sämmtliche vorgelegte Urkunden erklären, insbesondere über die Aechtheit seiner eigenen Wechselzeichnungen, so wie der Wechselzeichnungen der Personen, deren Handschrift ihn verbindet. Von diesen Verpflichtungen kann er sich weder durch Fristgesuche, noch durch proceßhindernde oder verzögerliche Einreden befreien.

Quittungen der Nachmänner über bezahlte Provision, Kosten u. s. w. haben die Vermuthung der Richtigkeit für sich und bedürfen keiner Anerkennung.

Art. 114. Es sind nur die verzögerlichen Einreden zulässig, welche die Zuständigkeit des Gerichts, die Legitimation des Gegners sowohl zur Sache, als zum Proceß, wesentliche Fehler der Klagschrift oder der Ladung, oder endlich die eingeklagte Schuld selbst betreffen, z. B. die Einrede einer vom Kläger bewilligten Zahlungsfrist.

Art. 115. Der Beklagte, gegen welchen die Richtigkeit der Unterschrift unter einer Wechselerklärung feststeht, wird im Wechselprocesse mit dem Einwande nicht gehört, daß die über der Unterschrift befindliche Erklärung ohne seine Genehmigung geschrieben worden, oder, daß er die Sprache, worin die Erklärung abgefaßt ist, nicht verstehe, oder daß er Geschriebenes nicht lesen könne.

Art. 116. Die Ableistung des dem Beklagten in Betreff der, der Klage zum Grunde liegenden Urkunden obliegenden Abläugnungseides muß auf Verlangen des Klägers in dem ersten Termine erfolgen.

Art. 117. Ist der Wechsel per procura gezeichnet und wird die Ertheilung der letzteren vom Beklagten geläugnet, so kann der Kläger hierüber einen Abläugnungseid verlangen.

Art. 118. Der Kläger kann den Abläugnungseid des Beklagten durch das Erbieten zu anderweitigem Beweise der geläugneten Thatumstände abwenden, und zu dem Ende die Aussetzung des Wechselprocesses verlangen, der alsdann in den unbestimmten summarischen Proceß übergeht. Nach Beendigung dieses Zwischenverfahrens wird auf Antrag des Klägers wieder im Wechselprocesse weiter verfahren. Nach dem Mißlingen des anderweitigen Beweises darf der Kläger noch den Abläugnungseid fordern.

Art. 119. In dem ersten Termine muß zum Schluß verhandelt werden, wenn nicht der Kläger zur Verhandlung seiner Replik einen neuen Termin verlangt, in welchem Falle der Beklagte zur Verhandlung der Duplik einen ferneren Termin nach der Replik verlangen kann.

Art. 120. Nach dem Schlusse der Verhandlungen muß der Richter das Erkenntniß, mit kurzer Anführung der Gründe, sofort oder in einem sogleich anzusetzenden Termine innerhalb der nächsten drei Tage verkünden, vorbehaltlich der ihm überlassenen schriftlichen Zustellung vor diesem Termine.

III. Instanz der Rechtsmittel.

Art. 121. Rechtsmittel haben keine aufschiebende Wirkung.

Art. 122. Nach Einlegung eines Rechtsmittels werden die Acten, nöthigenfalls unter Zurückbehaltung von Abschriften, an den Oberrichter eingesandt, welcher, unter Vorladung auch des Appellaten, einen nahen Termin zur Aufstellung und Rechtfertigung der Beschwerden bei Strafe des Verlustes des Rechtsmittels ansetzt.

Art. 123. Die Bestimmung des Art. 120 gilt auch für die Instanz der Rechtsmittel.

IV. Vollstreckung.

Art. 124. Der nach Wechselrecht Verurtheilte muß dem Urtheile innerhalb 24 Stunden nach der Verkündung oder Zustellung des Urtheils Folge leisten.

Art. 125. Die Vollstreckung des Urtheils kann nach Ablauf der im Art. 124 gedachten Frist verlangt werden, an Sonn- und Festtagen jedoch nur in dringenden Fällen geschehen.

Art. 126. Außer und neben den gewöhnlichen Vollstreckungsmitteln kann jeder Zeit der Wechselarrest verlangt werden.

Art. 127. Der Gläubiger kann sich selbst dann, wenn für den Wechselanspruch Sicherheit bestellt ist, an die Person des Schuldners halten.

Art. 128. Die Vollstreckung gegen die Person kann von jedem Gerichte, — Unter- und Obergerichte, — welches das Urtheil erlassen hat, unmittelbar verfügt werden.

Art. 129. Die Vollstreckung in das Vermögen wird auf die gewöhnliche Weise verfügt und vorgenommen, indeß ist das Verfahren stets möglichst zu beschleunigen. Der Verkauf in Pfändung gezogener Sachen kann nach einmaliger Bekanntmachung, jedoch nicht vor dem vierten Tage nach dieser, vorgenommen werden.

Art. 130. Die Personalhaft kann nicht vollstreckt werden während des Concurses des Schuldners wegen der bei dessen Eintritt bereits vorhandenen Schuldansprüche.

Art. 131. Der Arrest wird im Gerichts-Gefängnisse vollstreckt, unter gänzlicher Absonderung des Verhafteten von Straf- und Untersuchungs-Gefangenen. Wenn jedoch der Schuldner selbst die Kosten der Unterhaltung und Bewachung herbeischafft, muß der Richter die Vollstreckung der Haft in anderen Räumen und selbst in der Wohnung des Schuldners gestatten.

Kann der Schuldner nach ärztlichem Atteste Krankheitshalber nicht in die Haft gebracht werden, so ist nur Hausarrest zulässig.

Art. 132. Der Gläubiger muß unter Vorbehalt des Rechts, die Erstattung vom Schuldner zu fordern:

1. a) die Unterhaltungskosten — nach der Bestimmung des die Haft verfügenden Richters, mit höchstens täglich einem halben Thaler Courant — von Woche zu Woche, so wie die Gebühren des Gefangenwärters vorschießen;
   b) nach vorgängiger richterlicher Aufforderung den etwaigen Aufwand für Feuerung, Licht und in Krankheitsfällen die dadurch erwachsenen Kosten erstatten;
2. beim Hausarrest wegen Krankheit (Art. 131 am Ende) die Kosten der Bewachung vorschießen.

Art. 133. Der Schuldner ist der Haft zu entlassen.

1) wenn der Oberrichter ein vorläufig durch Verfügung der Personalhaft vollstrecktes Urtheil aufhebt;
2) wenn der Gläubiger die Aufhebung oder Aussetzung der Haft bewilligt;
3) wenn der Concurs der Gläubiger wider den Schuldner erkannt ist;
4) wenn die Haft für eine und dieselbe Schuld bereits zwei Jahre, es sei mit oder ohne Unterbrechung, gedauert hat;
5) wenn der Kläger die ihm obliegenden Zahlungen (Art. 132) nicht innerhalb 24 Stunden leistet;
6) wenn Straf- oder Untersuchungshaft wider den Schuldner vollstreckt werden soll, in welchem Falle derselbe für die Dauer solcher Haft des Wechselarrestes entlassen und der zuständigen Behörde übergeben wird.

Einundzwanzigster Abschnitt.

Preußen.

Vom Wechsel-Proceß-Verfahren in den königlich preußischen Staaten.

I. In den alten Provinzen mit Ausschluß der Rheinprovinz.

Allgemeine Bemerkung.

Der Wechsel-Proceß findet nur aus eigentlichen, sowohl trocknen, als gezognen Wechseln Statt, denen kein gesetzliches Erforderniß mangelt und die von solchen Personen ausgestellt sind, welchen die Gesetze die Fähigkeit, sich wechselmäßig zu verpflichten beilegen. Das Verfahren regelt sich theils nach den Vorschriften des Tit. 27 Thl. 1. A.G.O., theils nach den Verordnungen vom 1. Junius 1833, vom 21. Juli 1846 und der Allg. deutschen W.-O., so wie nach dem Einführungs-Gesetz vom 15. Februar 1850.

A. In den Sachen unter 50 Thalern.

§. 1.

Bei den Wechsel-Processen, welche eine Summe von 50 Thalern nicht erreichen, also bei den sogenannten Bagatell-Processen in Wechsel-

Sachen, wird die Klage bei dem betreffenden Commissarius des zuständigen Gerichts für diese minder erheblichen Sachen schriftlich eingereicht oder mündlich zu Protokoll angebracht, der Wechsel beigefügt und gegen den Schuldner ein Mandat beantragt.

Auf diese Klage erläßt der Commissarius, wenn er solche begründet findet, einen Befehl (Mandat) an den Verklagten, worin diesem mit kürzester Frist (in der Regel binnen 24 Stunden) aufgegeben wird, den Kläger zu befriedigen oder seine Einwendungen anzuzeigen. Erhebt der Verklagte solche, so wird sofort ein Termin zur Verhandlung der Sache anberaumt und in diesem sogleich, sofern keine Beweis-Aufnahme nöthig ist, das Erkenntniß abgefaßt. Gegen ein solches Erkenntniß, welches sofort vollstreckbar ist, steht beiden Theilen binnen drei Tagen der Recurs, d. h. die Beschwerde, an das Ober-Gericht zu.

(Vgl. Allg. Ger.-Ordn. Thl. 1. Tit. 27 §. 3.)

B. In den Sachen welche 50 Thaler erreichen oder übersteigen.

§. 2.

In den Wechsel-Processen, welche eine Summe von funfzig Thalern erreichen oder übersteigen, ist das Verfahren ebenfalls auf die obigen Vorschriften und namentlich auf die Verordnung vom 21. Juli 1846 gegründet. Der §. 13 dieser letztern Verordnung bestimmt nämlich: Bei Rechts-Streitigkeiten, für welche in der Proceß-Ordnung ein abgekürztes Verfahren ausdrücklich angeordnet ist, findet, auch wenn die Verhandlung vor ein Collegium gehört, die Vorschrift des §. 61 der Verordnung vom 1. Juni 1833 Anwendung. Auf die Klage ist sofort ein Termin zur mündlichen Beantwortung und sogleich zur weitern mündlichen Verhandlung vor dem erkennenden Richter, mit Beachtung der in der Proceß-Ordnung vorgeschriebenen kürzeren Fristen, anzuberaumen. Zu den hiernach zu behandelnden Sachen gehören namentlich die Wechsel-Sachen.

Vom Verfahren im Allgemeinen.

§. 3.

Die Verordnung vom 1. Juni 1833 bestimmt im Wesentlichen ein ganz summarisches Verfahren, welches auf die folgenden Haupt-Grundsätze hinausläuft.

Von Anbringung der Klage und dem zuständigen Gericht.

§. 4.

Auf die Klage wird, wenn das Gericht solche vollständig und begründet erachtet (vgl. §. 8 der Verordnung v. 1. Jan. 1833), unter abschriftlicher Mittheilung derselben und ihrer Anlagen an den Verklagten zur Beantwortung der Klage und zur weitern mündlichen Verhandlung ein Termin anberaumt. Dazu wird der Kläger unter der Warnung der Weglegung der Klage auf seine Kosten, der Verklagte unter Warnung des Contumacial-Verfahrens (des Zugeständnisses) vorgeladen.

§. 5.

Die Wechsel-Klage kann sowohl schriftlich als mündlich zum Protokoll angebracht werden (§. 3 des Tit. 27 Thl. 1 A. G. O.), ingleichen sowohl bei dem Gericht des Zahlungs-Ortes [1]) als bei dem Gerichte bei welchem der Verklagte seinen persönlichen Gerichtsstand hat; werden mehrere Wechselschuldner zusammen belangt, so ist außer dem Gericht des Zahlungsortes jedes Gericht competent (zuständig) welchem einer der Verklagten persönlich unterworfen ist. [2])

Bei dem Gerichte, bei welchem hiernach eine Wechsel-Klage anhängig gemacht ist, müssen sich demnächst auch alle Wechsel-Verpflichtete einlassen, welche von einer Partei in Gemäßheit der in den verschiedenen Landestheilen bestehenden Proceß-Gesetze zur Regreßleistung beigeladen oder nach gehöriger Streit-Verkündung belangt werden (Preuß. Einf.-Gesetz vom 15. Februar 1850 §. 6).

§. 6.

In beiden Fällen muß der Kläger den Original-Wechsel nebst den dazu gehörigen Protesten und den übrigen etwa erforderlichen Documenten sogleich beibringen. Bei Klagen auf Sicherstellung bedarf es in der Regel nicht der sofortigen Beibringung des Wechsels, sondern nur des Protestes. (Art. 25. 26. A. d. W.-O.)

§. 7.

Aus bloßen Handels-Billets und kaufmännischen Anweisungen findet kein Wechsel-Proceß Statt. (§. 1 Tit. 27 Thl. 1. A. G.-O.)

---

[1]) Der Ort der Ausstellung gilt für den eigenen Wechsel, sofern nicht ein besonderer Zahlort angegeben ist, als Zahlort und zugleich als Wohnort des Ausstellers (A. d. W.-O. Art. 97).

[2]) Eine Ausnahme findet bei fremden Gesandten Statt, welche dem preußischen Gerichtsstand nicht unterworfen sind (Entscheidung des Ob.-Trib. Bd. 1. S. 329).

§. 8.

Ist die Wechselfähigkeit oder Selbstständigkeit des Verklagten zweifelhaft, so muß das Erforderliche zur Beseitigung dieses Bedenkens gleich bei Einreichung der Klage nachgewiesen werden. (§. 5 Tit. 27 d. A. G.-O.)

Verordnung auf die Klage.

§. 9.

Auf die zum Protokoll gegebene Klage ist sofort, wie auf eine schriftlich eingereichte, ein Termin zur Beantwortung und weitern Verhandlung anzuberaumen (§. 7 Tit. 27 Th. 1. A. G.-O.). Ist die Klage ganz unbedenklich, so verfügt der Vorsitzende die Einleitung ohne Vortrag im versammelten Gericht.

§. 10.

Findet sich bei der Klage ein wesentliches Bedenken, welches die Einleitung hindert, so ist das dem Kläger durch eine schriftliche Verfügung zu eröffnen und ihm zu überlassen, das Bedenken zu erledigen (§. 9 Tit. 27 Th. 1 A. G.-O.; §. 8 der Verordnung v. 1. Juni 1833).

§. 11.

Der zurückgewiesene Kläger kann durch Gegen-Vorstellung (Remonstration) oder Beschwerde bei der vorgesetzten Behörde versuchen, die Sache zur Einleitung zu bringen, wenn er dem Hinderniß nicht abhelfen kann und sich bei der Zurückweisung nicht beruhigen will (§. 10 Tit. 27 Th. 1. A. G.-O.). [1])

Von den Terminen und Vorladungen.

§. 12.

Eine Verlegung des Termins, welcher nur bei besondern Umständen über drei Tage hinaus angesetzt werden darf, findet auf den Antrag des Verklagten ohne Zustimmung des Klägers nur bei sofortiger Bescheinigung unabwendbarer Zufälle Statt, welche die Wahrnehmung des Termins unmöglich macht; auf den Antrag des Klägers ist die Verlegung bei bescheinigter erheblicher Behinderung eher zulässig (§. 16, 21, 27 Th. 1. A. G.-O.).

---

[1]) Beschwerden über gerichtliche Verfügungen in Prozessen folgen dem Instanzen-Zuge der gegen Erkenntnisse in diesen Angelegenheiten zulässigen Rechtsmittel (Verordn. v. 2. Jan. 1859 §. 35). Nur Beschwerden über den Geschäfts-Betrieb gehen an die Aufsichts-Behörde und zuletzt an den Justiz-Minister.

§. 13.

Die Vorladung des Verklagten ist für genügend geschehen zu erachten, sofern sie in seinem Laden, Comtoir, Schreibstube oder gewöhnlicher Behausung geschieht, wenn er auch persönlich nicht angetroffen wird (§. 15 Tit. 27 Th. 1. A. G.-O.). Es genügt auch, falls sonst Niemand anwesend ist, dem die Behändigung geschehen kann, wenn die Vorladung an der Stubenthür befestigt wird (§. 20 Tit. 7 Th. 1. A. G.-O.). [1])

Von der Verhandlung der Sache.

§. 14.

Im Termin wird die Sache vom Referenten kurz vorgetragen, und dann zunächst der Verklagte, darauf der Kläger zum Worte verstattet. Dem Verklagten gebührt dabei das letzte Wort (§. 26 d. V. v. 1. Juni 1833). Die ganze Erörterung der Sache leitet der Vorsitzende des Gerichts, welcher jedoch auf die Meinung der beisitzenden Richter Rücksicht zu nehmen und die von denselben gewünschten Fragen den Parteien vorzulegen hat (§. 28 der Verordn. v. Juni 1833).

§. 15.

Dem Verklagten wird nach der Praxis gewöhnlich gestattet, eine schriftliche Klage-Beantwortung einzureichen und diese mündlich vorzutragen.

§. 16.

Durch Editions-Gesuche und Litis-Denunciationen darf der Prozeß nicht aufgehalten werden. Deren Anbringung muß so zeitig erfolgen, daß noch bis zum Verhandlungs-Termin Verfügungen darauf erlassen werden können.

Vom Contumacial-Verfahren.

§. 17.

Erscheint der Verklagte nicht und hat er sein Ausbleiben nicht durch unabwendbare sofort bescheinigte Hindernisse entschuldigt, so wird, wenn die Vorladung bescheinigt und die Klage an sich begründet ist, sofort im Termin zur Klage-Beantwortung und mündlichen Verhandlung ein

[1]) Es erscheint dies hart, ist aber ganz in der Ordnung, weil sonst der Wechsel-Verkehr großen Erschwernissen unterliegen würde und es Sache jedes guten Hausvaters ist, welcher mit Wechseln zu thun hat, die nöthigen Vorkehrungen zu treffen.

ihn nach dem Klage-Antrage verurtheilendes Erkenntniß (Contumacial-Bescheid) abgefaßt, wenn sich keine besondern Gründe zur Abweisung des Klägers ergeben.

Vom Anerkennungs-Bescheide.

§. 18.

Erscheint der Verklagte, so wird ihm zunächst nach Vortrag der Klage der Wechsel mit den Protesten zur Erklärung vorgelegt, ob er solche anerkennen oder eidlich abläugnen wolle. Hierbei kommen die allgemeinen Vorschriften über den Beweis durch Urkunden zur Anwendung. (Vergl. Allg. Ger.-Ordn. Th. 1 Tit. 10 §. 89 und Tit. 27 §. 20.) Räumt der Verklagte in dem gedachten Termin den Anspruch ein, so wird sogleich ein Anerkennungs-Bescheid (Agnitions-Urthel, Agnitoria) abgefaßt und darin seine Verurtheilung ausgesprochen.

Sonstige Erkenntnisse.

§. 19.

Erscheint zwar der Verklagte, widerspricht er jedoch der Klage, seine Einwendungen werden aber für grundlos erachtet, so wird ebenfalls sogleich seine Verurtheilung durch Erkenntniß ausgesprochen.

§. 20.

Wird die Klage nach näherer Erörterung für unbegründet befunden, so wird der Kläger durch Erkenntniß abgewiesen.

§. 21.

Bleibt der Kläger aus, so werden die Acten auf seine Kosten weggelegt, er darf jedoch den Prozeß reassumiren.

Von der Beweisaufnahme.

§. 22.

Ist eine Beweisaufnahme erforderlich, so muß diese durch eine sofort abzufassende Resolution, welche die zu beweisenden Thatsachen und die Beweismittel festsetzt, verfügt werden. Eides-Abnahmen erfolgen vor dem versammelten Gericht, es sei denn, daß die Partei nicht in der Nähe wohne, welchen Falls der betreffende Richter um die Abnahme ersucht wird. Ein Gleiches gilt bei auswärtigen Zeugen-Vernehmungen. Sind solche am Orte des Gerichts zu bewirken, so erfolgen sie durch einen Commissarius (§. 30—33 der V. O. V. 1. Juni 1833). Nach beendeter Beweis-Aufnahme werden unter abschriftlicher

Mittheilung der Beweis-Verhandlung beide Theile zur weitern mündlichen Verhandlung und Entscheidung der Sache vor das versammelte Collegium unter der Warnung vorgeladen, daß gegen den Ausbleibenden angenommen werden würde, er habe Nichts mehr anzuführen (§. 34 a. a. O.).

Von der Diffession.

§. 23.

Erklärt sich der Verklagte zur eidlichen Abläugnung bereit, so muß ihm der Diffessions-Eid (Abläugnungs-Eid), wofern der Kläger nicht widerspricht, sofort in einem nahen Termin abgenommen und damit das Verfahren geschlossen werden. Will ihn aber der Kläger zu diesem Eide nicht verstatten, sondern die Richtigkeit der Handschrift durch Zeugen oder Vergleichung der Handschriften darthun, so muß er die Beweise für die Richtigkeit des Documents genau angeben und muß dann mit Aufnahme des Beweises verfahren und demnächst gleichfalls wechselmäßig erkannt werden (A. G.-O. Th. 1 Tit. 27 §. 21).

§. 25.

Ist statt des Verklagten im Termin nur sein Bevollmächtigter erschienen, so ist zu unterscheiden, ob er wegen einer vor Behändigung der Klage unternommenen Reise oder wegen gehörig bescheinigter Krankheit ausgeblieben ist. Wenn er wegen einer solchen Reise entschuldigt worden, so muß der für ihn erschienene General-Bevollmächtigte schwören, daß nach den von dem Verklagten ihm anvertrauten oder sonst in seinen Händen befindlichen Büchern, Correspondenz und anderen Scripturen, und nach den von ihm bekannten Dispositionen seines Prinzipals, ihm von der Ausstellung, Acceptation oder Indossirung des eingeklagten Wechsels Nichts vorgekommen sei, er ihn daher für unrichtig hielte und gewiß glaube, daß sein Prinzipal denselben eidlich abläugnen werde. Leistet der Bevollmächtigte diesen Eid, so darf der Kläger entweder den Termin prorogiren bis zu der von dem Bevollmächtigten anzugebenden muthmaßlichen Rückkehr des Verklagten oder verlangen, daß diesem der Wechsel nachgesandt werde. Letztern Falls muß der Bevollmächtigte einen Ort benennen, wohin die Nachsendung geschehen könne. Dann werden die Gerichte dieses Orts ersucht, den Wechsel dem Verklagten zur Anerkennung oder eidlichen Abläugnung vorzulegen.

Will der Bevollmächtigte den obgedachten Eid nicht leisten, oder keinen Ort zur Vorlegung an den Prinzipal benennen, so ist auf die von ihm etwa anerbotene eidliche Abläugnung keine Rücksicht zu nehmen, vielmehr der Wechsel in contumaciam (zur Strafe) für anerkannt zu erachten. Will der Kläger den Bevollmächtigten zu jenem Eide nicht verstatten, so steht ihm frei, die Richtigkeit der Schrift durch Zeugen oder Vergleichung nach §. 21 Tit. 27 Th. 1 a 9 und 10. nachzuweisen. Ist dieser Nachweis hinlänglich geführt, so muß vorläufig auf gerichtliche Niederlegung oder annehmliche Sicherstellung der eingeklagten Summe erkannt und dieses Urthel in das Vermögen des Verklagten vollstreckt werden.

§. 26.

Ist der Beklagte wegen bescheinigter Krankheit ausgeblieben, so muß mit Abnahme des Abläugnungs-Eides, sofern es nach §. 24 darauf ankommt, in seiner Behausung verfahren werden. Ist jedoch der Verklagte so krank, daß die Eidesleistung nicht vorgenommen werden kann, so ist die Eidesleistung bis zu seiner Genesung auszusetzen, oder bei Geistes-Krankheit gegen einen zu bestellenden Curator die Sache fortzuführen.

§. 27.

Die Zeugen müssen darüber, ob das Schriftstück von dem angeblichen Aussteller selbst, oder mit seinem Wissen und Willen von einem Andern in seinem Namen unterschrieben worden, was für Umstände dabei vorgefallen und welches der Grund ihrer Wissenschaft sei, ausführlich vernommen und nach wiederholter nachdrücklicher Ermahnung zur Wahrheit ordnungsmäßig vereidigt werden (A. G.-O. Th. 1 Tit. 10 §. 146).

§. 28.

Ob durch die Aussage der Zeugen die Richtigkeit der Handschrift ganz oder zum Theil dargethan worden, ob also die Urkunde für bestätigt (anerkannt, recognoscirt) zu achten, oder dem einen oder dem andern Theile noch ein Eid abzufordern sei, wird dem richterlichen Befunde in dem künftigen Haupterkenntniß überlassen (A. G.-O. a. a. O. §. 147).

§. 29.

Wird die Richtigkeit der Urkunde als erwiesen erachtet, so ist zugleich das Weitere wegen Bestrafung des Verklagten wegen versuchten Meineids zu veranlassen, zumal wenn es sich um eine eigne, von demselben herrührende Urkunde handelt (§. 148 a. a. O.).

§. 30.

Ist ein Wechsel-Beklagter, in dessen Namen ein Bevollmächtigter die eidliche Abläugnung anbietet, ohne alle scheinbare Ursache ausgeblieben, so muß ohne Rücksicht auf die angebotene Diffession der Wechsel in contumatiam für anerkannt erachtet werden.

§. 31.

Soll die Richtigkeit einer Urkunde, zu deren eidlicher Abläugnung sich der Product (d. h. der, gegen den sie vorgebracht ist) erboten hat, durch Vergleichung der Handschriften dargethan werden, so muß in der Regel die ganze Urkunde von dem angegebenen Aussteller ge- und unterschrieben sein (§. 149 h. a. a. O.).

§. 32.

Ueber die bloße Unterschrift allein soll daher keine Vergleichung der Handschriften Statt finden. Hat der Aussteller außer seinem Vor- und Geschlechts-Namen auch seinen Charakter oder Wohnort beigesetzt, so findet zwar die Vergleichung, jedoch nur wider dessen Erben und nur zur Unterstützung anderer vorhandener Beweismittel Statt. Hat aber der Aussteller mehre Worte oder Zeichen zur Bekräftigung des Inhalts oder der Unterschrift eigenhändig beigefügt, so kann aus diesen die Vergleichung der Handschrift wider den angegebenen Aussteller selbst, und mit voller gesetzmäßiger Wirkung erfolgen (§. 149 b a. a. O.).

§. 33.

Will der Vorleger einer Urkunde (der Producent, der Gegner) den Producten zur eidlichen Abläugnung nicht verstatten, sondern sich des Beweismittels der Handschriften-Vergleichung bedienen, so soll er zuvörderst den Gefährde-Eid (Juramentum calumniae) mit dem Zusatz schwören,

daß er von der Richtigkeit des Instruments überzeugt sei und kein anderes Mittel zur Hand habe, um selbige darzuthun (§. 150 a. a. O.).

§. 34.

Sodann müssen andere Schriften, die unstreitig von des Ausstellers Hand sind, entweder schon früher oder jetzt gerichtlich anerkannte, oder im Termin in Gegenwart des Gerichts-Deputirten und der Rechts-Beistände geschriebene herbeigeschafft werden. Diese Schriftstücke sind alsdann einem oder zweien Schreibverständigen zur Prüfung, Vergleichung und Erklärung vorzulegen. Können sich die Parteien über die Sachverständigen nicht einigen, so muß der Gerichts-Deputirte zwei Sachverständige, allenfalls aus dem Canzelei-Personal von Amtswegen ernennen (§. 151 Tit. 10 Th. 1 A. G.-O. und §. 80 des Anhangs zur A. G.-O.).

§. 35.

Die Sachverständigen sind dahin zu vereiden:

daß sie die Vergleichung der ihnen vorzulegenden Handschriften, nach ihrem besten Wissen und Gewissen, mit allem Fleiß und Genauigkeit anstellen, ihren Befund darüber der Wahrheit und ihrer Ueberzeugung gemäß angeben, und dieß weder um Nutzen, Geschenk, Gaben oder Gunst, noch um Haß, Freundschaft, Feindschaft oder irgend einer anderen Ursache wegen unterlassen wollen [1]) (§. 152 Tit. 10 Th. I. A. G.-O.).

§. 36.

Nach ihrer Vereidigung müssen sie, jeder besonders, ohne sich mit einander darüber zu besprechen, die streitige Urkunde mit den anderen Schriften sorgfältig vergleichen, demnächst aber von dem Gerichts-Deputirten, in Gegenwart der Rechts-Beistände, doch ohne Beisein der Parteien mit ihrer Aussage:

ob sie das streitige Document für die Handschrift des angegebenen Ausstellers wirklich halten,

zum Protokoll umständlich, unter bestimmter Angabe der Gründe ihrer Aussage, vernommen werden (§. 153 a. a. O.).

§. 37.

Sind die Sachverständigen in ihren Gutachten nicht einig, so steht dem Gerichts-Deputirten frei, glaubwürdige mit dem Aussteller genau bekannte Personen mit ihrem Gutachten eidlich darüber zu hören:

ob und aus welchen Gründen sie die Urkunde als von der Hand des Ausstellers herrührend erachten oder nicht?

Ist auch so keine größere Gewißheit zu erlangen, so muß der Richter einem Dritten von Amts wegen zu ernennenden Sachverständigen (einem Obmann) ein Gutachten übertragen (§. 154 a. a. O.).

§. 38.

Ob und wie weit durch diese eidlichen Gutachten überhaupt die Richtigkeit der Handschrift ganz oder zum Theil dargethan sei, soll,

---

[1]) Bei den meisten größern Gerichten sind Sachverständige Behufs der Vergleichung von Handschriften ein für alle Mal vereidet, welch natürlich nur auf den geleisteten Eid verwiesen, und nicht wiederholt vereidet zu werden brauchen.

wie in dem Fall des §. 26 (Tit. 10 §. 147 a. a. O.) dem Haupt-Erkenntniß vorbehalten bleiben (§. 155 Tit. 10 a. a. O.).

§. 39.

Nach erfolgter Anerkennung (Rekognition) oder eidlicher Abläugnung (Diffession) müssen die Originale der Urkunden, unter Zurückbehaltung beglaubigter Abschriften, den Producenten (Vorlegern) zurückgegeben werden, wenn nicht das Gericht aus besonderen Gründen es nöthig findet, selbige bis nach Entscheidung der Sache bei den Acten zu behalten. Ist aber eine Urkunde nicht anerkannt, von dem Vorleger jedoch gleichwohl auf deren Richtigkeit bestanden, so muß das angebliche Original bis zum rechtskräftigen Eid-Urthel bei den Akten bleiben (§. 157 a. a. O.).

Verfahren bei dem versammelten Gericht.

§. 40.

Bei der mündlichen Verhandlung, vor dem versammelten Collegium, welches in Wechsel-Sachen erster Instanz aus einem Vorsitzenden und zwei Beisitzern besteht, wird über den ganzen Hergang ein kurzes Protokoll aufgenommen, welches das Ergebniß der Verhandlung enthält. Eine Unterzeichnung dieses Protokolls durch die Parteien oder deren Rechts-Beistände ist nicht erforderlich. Doch soll das Protokoll den Parteien vorgelesen, auch sollen sie mit ihren Bemerkungen über die Fassung gehört werden (§. 36 der Verordn. v. 1. Mai 1833). [1]

§. 41.

Es ist den Parteien unverwehrt, ihre Rechte in den Wechsel-Processen selbst wahrzunehmen. [2]

---

[1]) Nach §. 36 der Verordn. v. 1. Juni 1833 soll das Protokoll enthalten:
1) die Namen der anwesenden Gerichts-Mitglieder;
2) die Namen der Parteien und ihrer Sachwalter, und ob sie erschienen sind oder nicht;
3) den Gegenstand des Rechtsstreits;
4) den Gang der Verhandlung im Allgemeinen;
5) die Zugeständnisse der Parteien, deren Aufzeichnung verlangt wird, sowie diejenigen Erklärungen der Parteien, deren Aufnahme das Gericht für erheblich hält.

[2]) In Oestreich darf keine Partei in Wechsel-Sachen ihre Rechte selbst wahrnehmen, sondern muß einen Anwalt bevollmächtigen. Das ist nicht so hart, als es scheint, da nur zu oft die Erfahrung lehrt, wie die Parteien, welche in Wechsel-Sachen sich selbst klug genug zu sein dünken, um persönlich vor Gericht erscheinen, in großen Verlust gerathen.

Von den Einwendungen.

§. 42.

In denjenigen Landestheilen, in welchen die Allgemeine Gerichts-Ordnung gilt, ist auch auf an sich zulässige Einwendungen, so weit es eines Beweises derselben bedarf, in Wechsel-Sachen nur dann Rücksicht zu nehmen, wenn dieselben durch Urkunden, Eides-Zuschiebung, oder Aussagen solcher Zeugen, die sogleich zur Stelle gebracht sind, dargethan werden. [1])

Auswärtige Zeugen-Verhöre, wenngleich im Termine vorgelegt, gelten nur so weit, als sie mit Zuziehung des Gegentheils oder eines von ihm dazu bestellten Bevollmächtigten [2]) aufgenommen sind [3]) (Preuß. Einf.-Ordn. v. 15. Febr. 1850 §. 7).

§. 43.

Die Einwendungen müssen aber, wenn sie im Wechsel-Processe Berücksichtigung finden sollen, nicht nur sofort erweislich sein, sondern auch aus dem Wechselrecht selbst hervorgehen oder dem Verklagten unmittelbar gegen den jedesmaligen Kläger zustehen (A. deutsche Wechsel-Ordnung Art. 82). [4])

---

[1]) Diese Vorschrift rechtfertigt allerdings den Gerichts-Gebrauch, wonach das Stadtgericht in Berlin auf die Zeugen, welche der Vorschlagende nicht selbst gestellt, keine Rücksicht nimmt und eine Vorladung derselben, wenn sie auch vor dem Termin beantragt wird, nicht veranlaßt; hart ist es jedoch, daß auch solchen Falls keine Vorladung resp. Sistirung eintritt, wo sie zeitig erbeten ist, da der betreffende Interessent kein Mittel hat, den Zeugen zum Erscheinen zu zwingen. Indessen ist allerdings nicht zu verkennen, daß mit der dem Gericht auferlegten Pflicht zur Sistirung der Zeugen manche Mißstände verbunden sein würden.

[2]) Diese Vorschrift erscheint ebenfalls hart, da in den meisten Fällen der Gegentheil nicht geneigt sein wird, dem Zeugen-Verhör selbst oder durch einen Bevollmächtigten beizuwohnen, schon, um die Benutzung für den Fall eines nachtheiligen Ergebnisses zu vereiteln.

[3]) Diese Bestimmungen sind an die Stelle des §. 26 Tit. 27 Th. I. der Allg. Ger.-Ordn. und der §§. 916—929 Tit. 8 Th. 2 des Allg. Land-R. getreten.

[4]) Es ist bereits oben S. 162 bei Art. 82 von den vornehmlichsten Einwendungen die Rede gewesen, welche im Wechsel-Processe zulässig und unzulässig sind. Hier soll ergänzend nur noch Folgendes bemerkt werden:

1. Wenn der Wechsel-Anspruch selbst erloschen ist, so kann auch kein Wechsel-Proceß mehr Statt finden, weil die erste Grund-Bedingung, die Existenz eines noch giltigen Wechsels, fehlt (vergl. Art. 43).

2. Der Einwand der rechtskräftigen Entscheidung steht auch der Regreß-Klage des entfernten Hintermannes entgegen, wenn gegen denselben Vormann auf die Regreß-Klage des nähern Hintermannes, als Wechsel-Inhabers, ein abweisendes Erkenntniß ergangen ist, da der Kläger das

§. 44.

Die zulässigen erheblichen Einwendungen muß der Gerichts-Deputirte, soweit sie die schriftliche Klage-Beantwortung noch nicht enthält, protokolliren lassen und den Kläger darüber vernehmen. Beruhen solche auf Thatsachen, welche der Kläger läugnet, so muß das Gericht die vom Verklagten darüber zur Stelle gebrachten, gesetzlich zulässigen Beweis-

---

gegen sich gelten lassen muß, was gegen seinen Autor festgestellt worden. (Rechtsspr. des Ob.-Trib. v. 1847 Bd. 1 S. 76, Borch. W.-R. v. 1854 S. 107.)

3. Der Einwand der Litispendenz ist unzweifelhaft auch im Wechsel-Processe zulässig, wenn die Klage bereits bei einem anderen Gericht anhängig gemacht ist.

4. Der Einwand, daß der Wechsel in Geistes-Verwirrung ausgestellt worden, geht aus dem Wechselrecht selbst hervor und steht daher dem Aussteller auch gegen den dritten Wechsel-Inhaber zu. (Erk. des Ob.-App.-Ger. zu Lübeck v. 29. Jan. 1853 im Arch. f. W.-R. Bd. 3 S. 223.)

5. Die Einrede der Zahlung ist im Wechsel-Proceß nur dann zulässig, wenn der verklagte Wechsel-Schuldner selbst, nicht aber wenn ein Dritter die Zahlung geleistet hat. Daher kann z. B. der verklagte Aussteller nicht einwenden, daß der Inhaber des Wechsels von dem Acceptanten seine Befriedigung erhalten und der Protest Mangels Zahlung nur zum Schein erhoben sei. (Erk. v. 1. Oktbr. 1849 u. 22. Jan. 1852, Entsch. Bd. 19 S. 266, Bd. 23 S. 288, Arch. f. W.-R. Bd. 5 S. 324, Borch. im Justiz-Minist.-Bl. v. 17. April 1857 S. 146 Nr. 16.)

6. Der Einwand der Zahlung setzt voraus, daß das ganze, derselben zum Grunde liegende Geschäft vollständig abgewickelt ist. (Erk. des Ob.-Trib. v. 8. Februar 1853 Arch. f. W.-R. Bd. 3 S. 355.)

7. Der Einwand der Zahlung steht dem verklagten Acceptanten auch dann im Wechsel-Proceß zu, wenn die Zahlung durch den neben dem Namen des Bezogenen und Acceptanten im Wechsel angegebenen Zahlungs-Adressaten an den legitimirten Wechsel-Inhaber zur Verfall-Zeit erfolgt ist. (Erk. des Ob.-Trib. zu Berlin vom 25. Okt. 1855, Borch.'s W.-R. S. 151, Minist.-Bl. v. 17. April 1857 Nr. 16.)

8. Die Exceptio doli (der Einwand der Arglist) ist, soweit dieselbe das Verhältniß der streitenden Theile zu einander berührt, auch im Wechsel-Proceß statthaft. (Erk. des Ob.-Trib. v. 4. Okt. 1855, Borch.'s W.-R. S. 153, Minist.-Bl. a. a. O.)

9. Die Einrede der nicht erhaltenen Wechsel-Valuta unter den unmittelbaren Contrahenten ist an und für sich im Wechsel-Proceß nicht schlechthin unstatthaft; dieselbe ist namentlich durchgreifend, wenn ein Betrug mit unterläuft, oder, wenn sie sich als Einwand des vom Kläger noch nicht erfüllten Vertrages darstellt, welcher dem Wechsel zum Grunde liegt.

Hiernach erscheint der Einwand der nicht gezahlten Valuta z. B. erheblich:

a) wenn der Aussteller dem Remittenten einwendet, daß dieser ihn zur Unterzeichnung des Wechsels aufgefordert, indem er ihm vorgespiegelt: er habe Nichts zu zahlen, er thue dem Kläger und dem Bezogenen nur einen Gefallen damit, der Kläger wolle nur einen Wechsel auf den Bezogenen haben und bedürfe dazu nur als reiner Form der Unterschrift eines Dritten (Erk. des Ob.-Trib. zu Berlin v. 11. Nov. 1822 Archiv Bd. 7 S. 314);

mittel sofort durch einen besonderen Commissar aufnehmen lassen und dann noch in derselben Sitzung das Resultat vortragen, um die Sache zur Entscheidung zu bringen (§. 27 Tit. 27 Th. 1 Allg. G.-O.).

§. 45.

Bedient sich der Verklagte zur Begründung eines zulässigen Einwandes der Eides-Zuschiebung, so muß der Kläger sich sogleich über

---

b) wenn der Acceptant eines gezogenen Wechsels dem gegen ihn klagenden Aussteller einwendet, er habe allerdings acceptirt, aber nur gegen das ausdrückliche Versprechen des Ausstellers, ihm die Deckung für das Accept vor dem Verfall baar einsenden zu wollen, so ist dieser Einwand erheblich (Erk. des Ob.-Trib. zu Berlin v. 10. April 1855, Entsch. Bd. 20 S. 360);

c) wenn nach Inhalt des eingeklagten Wechsels die Valuta in einer ältern Wechselschuld des Ausstellers aus einem fälligen gleich hohen Sola-Wechsel bestanden hat, welche Valuta durch den Erlaß, resp. die Aufhebung dieser älteren Wechsel-Verbindlichkeit mittelst Rückgabe dieses älteren Wechsels hat berichtigt werden sollen, und der klagende Remittent diesen älteren Wechsel dem verklagten Aussteller noch nicht zurückgegeben hat, so kann letzterer hieraus einen durchgreifenden Einwand hernehmen (Erk. des Ob.-Trib. zu Berlin v. 15. Juli 1852, Borch.'s W.-R. S. 70);

d) der Einwand des verklagten Ausstellers, „daß der klagende Remittent den Wechsel ihm als angebliche Vollmacht zur Unterzeichnung vorgelegt," ist als hinterlistige Verleitung zur Unterschrift für erheblich zu erachten (Erk. des Ob.-Trib. zu Berlin v. 13. Jan. 1855 Archiv Bd. 16 S. 158);

e) der Einwand des verklagten Ausstellers, „daß der klagende Remittent auf den eingeklagten Wechsel die Valuta der Abrede entgegen noch nicht an ihn (den Aussteller) gezahlt habe," ist als Einrede der Compensation, resp. als genereller Dolus zulässig (Erk. v. 13. Jan. 1855 Archiv Bd. 16 S. 158);

f) die mündliche Zusicherung des Remittenten eines gezogenen Wechsels bei dessen Unterzeichnung Seitens seines unmittelbaren Vormannes, des Ausstellers, daß er aus dem Wechsel an denselben nie Regreß nehmen werde, die Unterschrift vielmehr als eine bloße Form ansehe, soll nach dem Erk. des Ob.-Trib. vom 9. Sept. 1851 (Archiv Bd. 3 S. 62) nicht zu berücksichtigen sein, scheint aber als eine arglistige (dolose) Verleitung allerdings erheblich zu sein.

Unzulässig erscheint der Einwand der nicht erhaltenen Valuta dagegen in folgenden Fällen:

g) der von dem verklagten Acceptanten erhobene Einwand der fehlenden Deckung, darauf gestützt, daß die ihm vom klagenden Aussteller versprochene Gegenleistung noch nicht gewährt worden, ist zuzulassen (Erk. des Ob.-Trib. v. 18. März 1856);

h) der Einwand des verklagten Ausstellers, daß zwischen ihm und dem klagenden Remittenten mündlich verabredet worden, daß die von dem letzteren zu berichtigende Valuta in einem dereinstigen, jedoch noch nicht festgestellten Gewinn-Antheil, welchen der Aussteller dem Remittenten eingeräumt, bestehe, ist zulässig (Erk. des Ob.-Trib. zu Berlin v. 20. Dec. 1855);

i) der von dem verklagten Aussteller und Indossanten eines Wechsels an eigene Ordre dem ersten Indossatar entgegengesetzte Einwand „der

dessen Annahme oder Zurückschiebung erklären. Ist der Kläger nicht gegenwärtig und sein Bevollmächtigter wegen der Annahme oder Rückschiebung des Eides nicht unterrichtet, so muß ihm unter Verlegung des Termins eine kurze Frist zu seiner Erklärung verstattet werden.

Ist der Verklagte, dem solcher Eid zu- oder zurückgeschoben wird, nicht in Person zugegen, so muß er sich binnen 24 Stunden zur Ab-

---

nicht empfangenen Valuta" darauf gestützt, daß der Acceptant die Wechsel-Operation veranlaßt, um Geld zu erhalten, und daß er, der Aussteller, nur aus Gefälligkeit für den Acceptanten gehandelt habe, ist verworfen (Erk. des Ob.-Trib. v. 29. Nov. 1853, Borch. W.-R. S. 70);

k) der Einwand des Acceptanten, daß er ein bloßes unausgefülltes Wechsel-Formular acceptirt habe, ist, abgesehen von dem Falle des dolus, im Wechsel-Proceß, wenn ein vollständiger Wechsel vorliegt, auch dem Aussteller gegenüber unzulässig (Erk. des Ob.-Trib. zu Berlin v. 12. Dec. 1850 u. v. 7. Sept. 1854 Archiv Bd. 2 S. 21 und Bd. 13 S. 278).

10. Der Einwand des Wechselschuldners, der aus einer mit der Namens-Unterschrift des Verpflichteten versehenen Wechsel-Erklärung verklagt worden, „daß er zwar seinen Namen schreiben, sonst aber nicht schreiben und auch Geschriebenes nicht lesen könne," ist kein aus dem Wechselrecht selbst hervorgehender Einwand. Ein solcher Einwand ist überhaupt zur Entkräftung einer Wechsel-Erklärung im Wechsel-Proceß unzulässig (Erk. des Ob.-Trib. zu Berlin v. 6. Febr. 1851, Arch. Bd. 1 S. 217).

11. Der Einwand des Wechsel-Verpflichteten, daß er der Sprache, in welcher die Wechsel-Erklärung abgefaßt ist, nicht kundig sei, findet im Wechsel-Proceß keine Berücksichtigung (Erk. des Ob.-Trib. zu Berlin v. 21. Okt. 1856 [nicht abgedruckt]).

12. Die Acceptirung des über eine Waaren-Forderung gezogenen Wechsels, in Verbindung mit der weiteren Begebung desselben von Seiten des Ziehers, bewirkt eine Tilgung der ursprünglichen Forderung des letzteren (Erk. des Ob.-Trib. v. 8. Juni 1852 Arch. Bd. 5 S. 310).

13. Die Ausstellung eines Wechsels von Seiten des Schuldners zu Gunsten des Gläubigers, verbunden mit der Annahme des Wechsels in Zahlung ohne Vorbehalt von Seiten des Gläubigers und mit der über die Tilgung der rückständigen Kaufgelder ertheilten Quittung, enthält eine Novation (Erk. des Ob.-Trib. v. 28. Okt. 1851 Arch. Bd. 4 S. 67).

14. Wechsel, welche von dem Verkäufer zum Kaufpreis an eigene Ordre gezogen, von dem bezogenen Käufer acceptirt, und durch Indossament noch nicht in Umlauf gesetzt sind, vertreten, wenn nicht ein Anderes verabredet worden ist oder besondere Umstände hinzutreten, an sich weder die Bezahlung des Kaufpreises, noch auch begründen sie eine Novation der zum Grunde liegenden Verbindlichkeit aus dem Kaufgeschäft (Erk. des gedachten Ob.-Trib. v. 29. Juni 1854 Entsch. Bd. 28 S. 199).

15. In der Uebergabe eines von Seiten des Schuldners mit Blanco-Giro versehenen Wechsels an den Gläubiger, als Gegensatz und zur Abtragung einer Waarenforderung des letzteren, verbunden mit der Annahme des Wechsels ohne Vorbehalt und mit der über das rückständige Kaufgeld ertheilten Quittung des Gläubigers, liegt eine Annahme an Zahlungsstatt. Der Verkäufer kann daher bei nicht erhaltener Befriedigung aus dem Wechsel seinen früheren Schuldner, den Käufer, nicht mehr aus dem ursprünglichen Schuldverhältnisse in Anspruch nehmen (Erk. des gedachten Ob.-Trib. v. 14. Jan. 1851 Arch. Bd. 1 S. 187).

leistung des Eides bereit erklären oder bei weiterm Antrag auf längere Frist die streitige Summe deponiren, widrigenfalls er für nicht schwören könnend erachtet wird. Es muß, wenn es auf Abnahme des Eides

16. Der Einwand der Simulation ist im Wechsel-Proceß niemals zulässig (Erk. des Ob.-Trib. v. 15. April 1851 Entsch. Bd. 20 S. 545 und Erk. v. 29. April 1856 Arch. Bd. 21 S. 159).

17. Die Einrede eines Socius des Acceptanten, daß der Girant des klagenden Wechsel-Inhabers nur als Girant vorgeschoben, und daß bei Ausstellung des Wechsels zwischen dem Kläger und dessen Giranten und dem Vordermann des letzteren, dem Aussteller und Socius des Acceptanten, verabredet worden, „der Aussteller, welcher zugleich den Wechsel mit der bezogenen Handlungsfirma acceptirt hatte, solle die Valuta des Wechsels erst dann erhalten, wenn es gelungen sein würde, die verschriebene Wechsel-Summe wider den Acceptanten zu erstreiten," ist als zulässig zu erachten (Erk. des Ob.-Trib. v. 20. Dez. 1856 [nicht abgedr.]).

18. Ist das Indossament erst nach erhobenem Proteste Mangels Zahlung erfolgt (Art. 16) und der Indossant zugleich der im Wechsel benannte ursprüngliche Wechselgläubiger, so kann der Aussteller des trockenen Wechsels den Einwand des erlittenen Zwanges, auch wenn der Zwang von einem Dritten geübt wurde, dem Indossatar giltig entgegensetzen (Erk. des Ob.-Trib. v. 27. Okt. 1853 Arch. Bd. 11 S. 26).

19. Der vom verklagten Acceptanten erhobene Einwand des Zwanges und der Furcht, darauf gestützt, daß der Indossant des Klägers auf einen im Wechsel nicht benannten Dritten Zwang geübt und demselben Furcht eingeflößt, und daß lediglich in Folge dessen der Wechsel für Rechnung dieses Dritten gezogen oder angenommen worden, ist im Wechsel-Proceß nicht zu berücksichtigen (Erk. des Ob.-Trib. vom 29. April 1856 [nicht abgedr.]).

20. Der Einwand der Trunkenheit und des aus der letzteren entsprungenen Mangels der Dispositionsfähigkeit zur Zeit der Ausstellung des Wechsels steht dem Aussteller, dem dritten Wechsel-Inhaber gegenüber, nicht zu (Erk. des Ob.-Trib. v. 7. Aug. 1851, Borch. W.-R. S. 78).

21. Auch im Wechsel-Proceß kann der Beklagte mit den nicht-wechselmäßigen Gegenforderungen, welche ihm gegen den jedesmaligen Kläger unmittelbar zustehen, compensiren, sobald die sonstigen Erfordernisse der Compensation vorhanden sind. Ist die Klägerin eine aus mehreren Genossen bestehende Societätshandlung, so tritt die Compensation gegen dieselbe nur mit solchen Gegenforderungen ein, welche dem Verklagten gegen sämmtliche Socien zustehen (Erk. des Ob.-Trib. v. 3. Mai 1855, Borch. W.-R. S. 152).

22. Der verklagte Aussteller eines trockenen und mit einer Bürgschaft versehenen Wechsels ist berechtigt, dem auf Zahlung der Wechsel-Summe klagenden Remittenten, welcher Universalerbe des Wechselbürgen geworden, die Einreden, welche sich auf das der Wechsel-Ausstellung unterliegende und zwischen dem Aussteller und Bürgen bestandene Rechtsverhältniß beziehen, als unmittelbar gegen den Kläger zustehende entgegenzusetzen (Erk. des Ob.-Trib. v. 2. Okt. 1856 [nicht abgedr.]). *)

*) Die vorstehende Zusammenstellung ist fast durchweg aus dem höchst schätzbaren Aufsatz des um das Wechsel-Recht vielfach verdienten Herrn Stadtgerichts-Raths Borchardt entnommen, welcher in Nr. 16 vom 17. April 1857 des Justiz-Min.-Blatts abgedruckt ist.

ankommt, mit dessen Leistung in der nächsten Sitzung verfahren, bei einem Streit über die Erheblichkeit oder Fassung aber darüber erkannt werden (§. 28 Tit. 27 und §. 306 Tit. 10 Th. 1 A. G.-O.).

Von Verkündung und Zustellung der Urthel.

§. 46.

Das Erkenntniß wird in derselben Sitzung, in welcher es gefällt ist, auch verkündet, spätestens aber in einer sogleich zu bestimmenden nahen Sitzung, gleichviel, ob die Parteien oder deren Vertreter zugegen sind oder nicht, demnächst aber wird es ausgefertigt und den Betheiligten in gewöhnlicher Weise behändigt.

§. 47.

Zu den Verhandlungen vor collegialischen Gerichten in Wechsel-Sachen bedarf es in erster Instanz einer Deputation von mindestens drei, in zweiter Instanz von mindestens fünf Mitgliedern (Verordn. v. 1. Juni 1833 S. 73 und Verordn. v. 21. Juli 1846 §. 1). (Vgl. §. 40.)

§. 48.

Aus den Ausfertigungen der von collegialischen Gerichten in erster oder zweiter Instanz abgefaßten Erkenntnisse müssen die Namen der Richter ersichtlich sein (Verordn. v. 14. Dez. 1833 §. 24). (Vgl. §. 41.)

§. 49.

Die Ausfertigungen der Urthel werden den Parteien unmittelbar behändigt oder gegen Postschein übersandt. Ist der Aufenthaltsort einer Partei unbekannt oder ihre bisherige Wohnung aufgegeben, auch über den neuen Aufenthalt keine Nachricht mitgetheilt, so erfolgt die Verkündung des Urthels durch einen öffentlichen Aushang an der Gerichtsstelle. Hat das Urthel 14 Tage dort gehangen, so gilt die Behändigung für geschehen. Die Insinuation an den Stellvertreter einer Partei genügt nur dann, wenn er zum Empfang des Wechsels ausdrücklich beauftragt, oder einer im Auslande wohnenden Partei, an welche recommandirte Zusendungen nicht gelangen, zum Anwalt von Amtswegen bestellt ist (Verordn. v. 5. Mai 1838 G.-S. S. 273).

Vom Rechtsmittel der Appellation und Restitution.

§. 50.

Gegen ein solches Erkenntniß steht beiden Theilen, sofern der Gegenstand der Beschwerde über 50 Thaler beträgt (§. 40 der Verordn. v. 1. Juni 1833), vom Tage der Zustellung ab binnen drei Tagen die

Appellation offen, diese muß aber binnen dieser Frist bei dem Gericht erster Instanz nicht bloß angemeldet, sondern auch gerechtfertigt werden (§. 27 der Verordn. v. 21. Juli 1846).

§. 51.

Es ist zulässig, die Appellation mündlich zum Protokoll zu erklären oder eine besondere Rechtfertigung einzureichen, letzteren Falls muß die Schrift in der Regel von einem Rechts-Anwalt unterzeichnet oder doch genehmigt (legalisirt) sein. Nur öffentliche Behörden und solche Personen, welche zum Richter-Amt befähigt sind, können die Einführung und Rechtfertigung, so wie deren Beantwortung, ohne Zuziehung eines Rechts-Anwalts schriftlich einreichen (§. 27 §. 21 der Verordn. v. 21. Juli 1846).

§. 52.

Beschwerden gegen Verfügungen, wodurch ein Rechtsmittel zurückgewiesen wird, können nur innerhalb sechs Wochen bei den zum End-Urthel (zur definitiven Entscheidung) über die Zulässigkeit des Rechtsmittels berufenen Gerichten der höheren Instanz eingebracht werden (§. 34 der Verordn. v. 21. Juli 1846).

§. 53.

Die Appellation ist nur soweit zulässig, als die erhobenen Beschwerden mit der Natur des Wechsel-Processes bestehen können (§. 31 Tit. 27 Th. 1 A. G.-O.).

§. 54.

Der Kläger kann also z. B. nur darüber, daß der Urkunde, aus welcher er geklagt, die Wechsel-Kraft abgesprochen, oder daß der Verklagte zur eidlichen Abläugnung verstattet, oder daß ein erhobener Einwand für erwiesen angenommen worden, was er doch nicht sei, die Appellation einwenden. Von Seiten des Verklagten erscheint sie nur zulässig, wenn er sich z. B. darüber beschwert, daß der erste Richter der eingeklagten Urkunde Wechsel-Kraft beigelegt, oder ihn zu der angebotenen Abläugnung nicht verstattet, oder einen von ihm erhobenen Einwand als illiquid verworfen habe (§. 32 Tit. 27 Th. 1 A. G.-O.).

§. 55.

Die Restitution findet in Wechsel-Sachen nicht Statt (§. 27 der Verordn. v. 21. Juli 1846).

§. 56.

Enthält die Appellations-Rechtfertigung keine Angabe der zur Unterstützung dienenden Beweismittel, und keine Abschriften der in Bezug genommenen Urkunden, so wird angenommen, daß der Appellant sich lediglich auf die Verhandlungen der ersten Instanz beziehe.

Thatsachen zur Begründung der Appellation, welche in der Appellations-Rechtfertigung nicht vorgebracht sind, dürfen im weiteren Verlauf der Sache nicht mehr geltend gemacht werden. (Verordn. vom 1. Juni 1833 §§. 41 u. 42.) Vergl. unten §. 55.

Verfahren in der Appellations-Instanz.

§. 57.

Sofort nach Eingang der Appellations-Rechtfertigung schickt das Gericht erster Instanz die Acten an den Appellations-Richter und setzt die Parteien gleichzeitig davon in Kenntniß, den Appellaten unter Mittheilung der Appellations-Rechtfertigung.

§. 58.

Der Appellations-Richter setzt einen möglichst nahen Termin zur Entgegnung auf die Appellations-Rechtfertigung und zur mündlichen Verhandlung an, zu welcher die Parteien vorgeladen werden und zwar der Appellant unter der Warnung, daß alle von ihm in zweiter Instanz vorgebrachte, mit schriftlichen Beweisen nicht unterstützte Thatsachen für nicht angeführt erachtet und alle von dem Gegner angeführte Thatsachen, denen noch nicht ausdrücklich widersprochen worden, für zugestanden, so wie die vom Gegentheil beigebrachten Urkunden für anerkannt angesehen werden sollen. Der Appellat wird unter der Warnung vorgeladen, daß bei seinem Ausbleiben die vom Appellanten angeführten neuen Thatsachen für zugestanden, die zur Unterstützung der in erster Instanz bereits angeführten Thatsachen vorgelegten Urkunden für anerkannt gehalten und die Einwendungen gegen die vom Appellanten angegebenen Beweismittel verloren gehen würden. Zugleich sind beide Theile zu bedeuten, daß wenn sie beide ausbleiben sollten, auf die Acten, wie sie lägen, erkannt werden würde (§. 27 der Verordn. vom 21. Juli 1846 in Verb. mit §. 20 das. und §§. 44—49 der Verordn. vom 1. Juni 1833). Uebrigens können die von einer Partei in erster Instanz angebrachten neuen Thatsachen, welche in Folge des Contumacial-Verfahrens für nicht angebracht erachtet sind, in der zweiten Instanz von ihr benutzt und müssen vom zweiten Richter auch dann berücksichtigt werden, wenn sie auch in der Appellations-Rechtfertigung nicht wiederholt sind (Präj. des Ob.-Trib. v. 18. Okt. 1845).

§. 59.

Wird von beiden Theilen appellirt, so ist über beide Appellationen gleichzeitig zu verhandeln und darüber in einem Urtheil zu erkennen (§. 50 der Verordn. v. 1. Juni 1833).

§. 60.

Dem Appellaten steht frei, vor dem mündlichen Termine eine Entgegnung auf die Appellations-Rechtfertigung, welche an keine Form gebunden ist, dem Appellations-Gericht einzureichen (§. 27 der Verordn. v. 21. Juli 1846).

§. 61.

Durch die Appellations-Anmeldung und deren Rechtfertigung, so wie durch die Beantwortung der Appellation, werden, wie in erster Instanz durch die Klage und Klage-Beantwortung, die Grenzen bestimmt, innerhalb deren sich der Rechtsstreit in der zweiten Instanz bewegen soll. Neue Beschwerde-Punkte dürfen nach Ablauf der Frist zur Appellations-Rechtfertigung nicht mehr aufgestellt, neue Thatsachen zur Begründung der Appellation nicht mehr angeführt und eben so wenig von Seiten des Appellaten zu deren Widerlegung nach Ablauf der Frist zur Beantwortung der Appellation vorgebracht werden.

Nur, wenn in der Appellations-Beantwortung eine neue thatsächliche Behauptung vorgebracht ist, steht dem Appellanten das Recht zu, im Termin zum mündlichen Verfahren auch seiner Seits wieder neue Umstände oder Beweise zu deren Widerlegung anzuführen oder deren Aufnahme zu verlangen. (Instr. v. 24. Juli 1833 §. 45 verb. mit den §§. 18 u. 20 der Verordn. v. 21. Juli 1846 und §§. 41 ff. der Verordn. v. 1. Jan. 1833.) Vergl. oben §. 50.

§. 62.

Ist die Beantwortung eingegangen, oder darauf verzichtet, oder die dazu bewilligte Frist verstrichen, so erfolgt die mündliche Verhandlung vor dem Appellations-Gericht. Ohne solche darf das Urthel nicht abgefaßt werden. (Verordn. v. 21. Juli 1846 §. 22 verb. mit §. 48 der Verordn. v. 1. Juni 1833.)

§. 63.

Die Vorladungen der Parteien zur mündlichen Verhandlung und Entscheidung können im Mangel andrer zum Empfang bestellten Machthaber giltig den Rechts-Anwälten behändigt werden, welche die eingereichten Schriftsätze unterzeichnet haben, wenn dieselben bei dem erkennenden Gericht zur Proceß-Praxis berechtigt sind und am Sitze dieses Gerichts wohnen (Verordn. v. 21. Juli 1846 §. 22 Satz 2).

§. 64.

Der Vorsitzende des Appellations-Gerichts (vergl. §. 47) ernennt gleich nach Eingang der Acten einen Referenten, welcher in der öffentlichen Sitzung dem Vortrage der Parteien eine schriftliche Darstellung der bisherigen Verhandlungen voranschickt. (§. 49 der Verordn. vom 1. Juni 1833.)

§. 65.

Findet der zweite Richter, daß überhaupt kein wechselmäßiges Verfahren hätte Statt finden sollen, so muß er den Kläger mit der Wechsel-Klage abweisen, ohne auf die anderweite Erörterung einzugehen (Allg. G.-O. Th. 1 Tit. 27 §. 43).

§. 66.

Befindet sich das Gericht erster und zweiter Instanz an demselben Orte, so dürfen die Bevollmächtigten erster Instanz auch bei dem Appellations-Gericht für ihre Machtgeber auftreten (§. 52 der Verordn. v. 21. Juni 1833).

§. 67.

Die Ausfertigungen des Erkenntnisses zweiter Instanz sind mit den Acten dem Gericht erster Instanz zur ungesäumten Behändigung an die Parteien zuzufertigen (§. 51 a. a. O.).

§. 68.

Die eingelegte Appellation hat übrigens in Absicht der Vollstreckbarkeit des ersten Urthels keine aufschiebende Wirkung (keinen Suspensiv-Effect); es kann daher das erste Erkenntniß des eingelegten Rechtsmittels ungeachtet sofort zur Vollstreckung gebracht werden, d. h. die Appellation hat nur devolutiven Effect (A. G.-O. Th. 1 Tit. 27 §. 33 und §. 40 der Verordn. v. 1. Juni 1833).

Von der Revision.

§. 69.

Gegen das Appellations-Urthel steht beiden Theilen die Revision offen, sofern nicht die beiden ersten Erkenntnisse gleichlautend sind und vorausgesetzt, daß der Gegenstand der Beschwerde über 500 Thaler beträgt (§. 2 der Verordn. v. 14. Dec. 1833). [1])

[1]) Bei Berechnung des Gegenstandes der Beschwerde zum Behuf der Zulässigkeit der Rechtsmittel im Wechsel-Proceß werden die mit eingeklagten

§. 70.

Für das Verfahren in der Revisions-Instanz finden die für die zweite Instanz gegebenen Bestimmungen gleichfalls Anwendung; es sind dabei jedoch die folgenden besonderen Vorschriften zu beachten:

1) Thatsachen zur Begründung der Revision, welche in der Rechtfertigungs-Schrift nicht geltend gemacht sind, dürfen später nicht vorgebracht werden;
2) wenn die Beantwortung der Revision binnen der bestimmten Frist nicht eingeht, so werden die in der Rechtfertigungs-Schrift angeführten Thatsachen, so weit dieselben überhaupt noch zulässig wären, für zugestanden erachtet.
3) Zur Anfertigung der Schriftsätze dritter Instanz sind, sofern solche von Rechts-Anwalten unterzeichnet werden müssen (§. 51), ausschließlich die bei dem Ober-Tribunal angestellten Anwalte befugt (§. 23 der Verordn. v. 21. Juli 1846).

§. 71.

Für die mündliche Verhandlung und die darauf ergehende Entscheidung bei den Senaten des Ober-Tribunals ist die Anwesenheit von mindestens sieben Mitgliedern, den Vorsitzenden eingeschlossen, erforderlich, aber auch für alle Fälle genügend (§. 24 a. a. O.).

§. 72.

Die für die Parteien aufgetretenen Sachwalter erhalten Abschriften der Urthel, welche dem Gericht erster Instanz in Ausfertigung zur Verkündung übersandt werden (§. 26 a. a. O.).

Von der Nichtigkeits-Beschwerde.

§. 73.

Gegen die Erkenntnisse zweiter Instanz, gegen welche kein ordentliches Rechtsmittel Statt findet, ist bei Objecten über 50 Thaler binnen drei Tagen noch die Nichtigkeits-Beschwerde zulässig (Declar. der Verordn. v. 14. Dec. 1833 G.-S. S. 126 ff. Art. 1 und ebendas. Art. 14), aber nur

1) wenn das angefochtene Urthel einen Rechts-Grundsatz verletzt, er möge auf einer ausdrücklichen Vorschrift des Gesetzes beruhen, oder aus dem Sinn und Zusammenhange der Gesetze hervorgehen,

---

Protest-Kosten dem Wechsel-Capitale hinzugerechnet (Präj. des Ob.-Trib. zu Berlin v. 22. Dec. 1838 Nr. 598).

oder wenn dasselbe einen solchen Grundsatz in Fällen, wofür er nicht bestimmt ist, in Anwendung bringt;

2) wenn es eine wesentliche Proceß-Vorschrift verletzt (§. 4 der Verordn. v. 14. Dec. 1834).

§. 74.

Als Verletzungen wesentlicher Proceß-Vorschriften (§. 62 Nr. 2) werden nur folgende Fälle betrachtet:

1) wenn der Implorant nicht gehört, d. h. wenn ihm derjenige Vortrag des Gegners, worauf sich der beschwerende Inhalt des Erkenntnisses gründet, vor Abfassung des letzteren gar nicht, oder nicht so zeitig bekannt geworden, daß er sich darüber hat erklären können; wohin auch der Fall des §. 2 Nr. 6 Tit. XVI. der Proceß-Ordnung zu rechnen ist;

2) wenn in den Fällen, in welchen die Gesetze ein besonderes Präjudiz ausdrücklich androhen, gegen den Imploranten ein anderes Präjudiz zur Anwendung gebracht und darauf der beschwerende Inhalt des Erkenntnisses gegründet worden ist;

3) wenn die Frist zur Anmeldung eines Rechtsmittels oder sonst ein gesetzlicher Präclusivtermin überschritten, und diese Ueberschreitung von dem Richter zugelassen worden ist;

4) wenn bei einem Gericht, welches als Collegium zu erkennen hat, in erster Instanz nicht wenigstens drei und in zweiter Instanz nicht wenigstens fünf Richter an der Abfassung des Erkenntnisses Theil genommen haben;

5) wenn ein Richter, welcher an der Entscheidung Theil genommen hat, bei dem Rechtsstreite selbst persönlich betheiligt, oder mit einer Partei bis zum vierten Grade einschließlich verwandt oder verschwägert ist;

6) wenn derselbe einer der streitenden Parteien in der Sache Rath ertheilt hat, oder darin als Zeuge vernommen worden ist;

7) wenn derselbe in einer früheren Instanz bereits als Richter mit erkannt hat;

8) wenn ein Richter, der aus irgend einem Grunde in der Sache nicht competent ist, sich der Instruction und Entscheidung derselben unterzogen und auf den ihm vom Imploranten zeitig (Proc.-Ordn. Tit. II. §. 160) gemachten Einwand der Incompetenz keine Rücksicht genommen hat. In Bezug auf die zum gerichtlichen Verfahren gar nicht geeigneten Gegenstände behält

es jedoch lediglich bei den Bestimmungen der Ordre v. 30. Juni 1828 (Ges.-S. S. 86) sein Bewenden;

9) wenn der Richter gar keine Entscheidungsgründe angegeben oder der Appellationsrichter sich lediglich auf die Gründe des ersten Urtheils bezogen hat;

10) wenn nach den von dem Richter angegebenen Gründen wider den klaren Inhalt der Acten erkannt worden ist.

Dieser Fall tritt ein:

a) wenn eine in den Proceßschriften enthaltene oder zu Protokoll erklärte und mit Angabe der Beweismittel unterstützte Thatsache, welche eine entgegengesetzte Entscheidung begründen würde, in den Urthelsgründen gar nicht erwähnt ist;

b) wenn der aus einer bestimmten Erklärung einer Partei entnommene Entscheidungsgrund dem wörtlichen Inhalte dieser Erklärung entgegen ist, oder wenn eine Thatsache, im Fall eine Beweisaufnahme stattfand, gegen den wörtlichen Inhalt der beigebrachten oder aufgenommenen Beweismittel aufgestellt worden ist;

c) wenn zur Begründung der Richtigkeit einer solchen Thatsache den beigebrachten oder aufgenommenen Beweismitteln, welchen nach den Gesetzen die Beweiskraft völlig mangelt, dennoch Beweiskraft beigelegt worden ist;

d) wenn über den Antrag des Gegners hinaus erkannt worden, mit Ausnahme der Fälle, in denen die Gesetze dies ausdrücklich gestatten (§. 58 Tit. XXIII. Th. 1 der Proc.-Ordn.). Ist dagegen nicht über alle Anträge der Parteien erkannt, so ist der Fall einer Nichtigkeitsbeschwerde nicht vorhanden. Der Richter ist auf Verlangen einer derselben nur eine Ergänzung seines Erkenntnisses zu liefern verbunden; jedoch behält es in Hinsicht der geforderten, vom Richter aber übergangenen Zinsen bei der Vorschrift des Allg. Land-Rechts Th. I. Tit. XI. §§. 846 und 848 sein Bewenden;

11) wenn der Implorant über eine der Entscheidung zum Grunde gelegte Thatsache oder über einen zum Grunde gelegten Rechtseinwand, worüber er hätte gehört werden sollen, nicht gehört worden ist;

12) wenn ein rechtzeitig angebrachtes, gesetzlich zulässiges Rechtsmittel zurückgewiesen, oder ein gesetzlich unstatthaftes Rechtsmittel zugelassen worden ist;

13) wenn der Richter ein gesetzlich begründetes Perhorrescenzgesuch nicht beachtet hat. Für einen Perhorrescenzgrund soll künftig auch der Umstand gelten, wenn der Richter an der Einleitung oder dem Betriebe eines Processes als Mitglied einer Vormundschafts- oder Lehnsbehörde oder als Curator einer Kasse Theil genommen hat;

14) wenn der in Bezug auf eine erhebliche Thatsache (§. 5 Nr. 10 a der Verordn.) aufgenommene oder vorgeschlagene Beweis, welcher eine entgegengesetzte Entscheidung begründet haben würde oder würde haben begründen können, in den Urtheilsgründen gar nicht erwähnt ist; und

15) wenn die in der Proceß-Ordnung Tit. XIII. §. 10 Nr. 1—9 bezeichneten Beweismittel zur Begründung eines vollständigen Beweises nicht für genügend angenommen, und die Gründe hiervon nicht angeführt worden sind.

§. 75.

Hat eine solche Verletzung (§. 74) stattgefunden, die dadurch benachtheiligte Partei aber, obwohl davon unterrichtet, dennoch die Verletzung in der zunächst Statt gefundenen Proceß-Verhandlung nicht gerügt, so soll dieß als eine stillschweigende Entsagung angesehen und die Nichtigkeits-Beschwerde nicht weiter zugelassen werden (§. 6 der Verordn. v. 14. Dec. 1833).

§. 76.

Die Nichtigkeits-Beschwerde wird auch gegen Agnitions- und Purifications-Resolutionen gestattet (§. 7 a. a. O.).

§. 77.

Ausgenommen von der durch die Verordnung vom 14. December 1833 eingeführten Nichtigkeits-Beschwerde sind diejenigen Erkenntnisse, gegen welche der Rekurs nach der Allg. Ger.-Ordn. Tit. 26 §. 18 und der Cab.-Ordre v. 8. Aug. 1832 zulässig ist (§. 8 a. a. O.).

§. 78.

Die Einlegung der Nichtigkeits-Beschwerde hält die Vollstreckung des angefochtenen Erkenntnisses nicht auf, es sei denn, daß durch die Vollstreckung ein unersetzlicher Schaden entstände (§. 8 Tit. XIV. der Proc.-Ordn.; §. 10 der Verordn. vom 14. Dec. 1833; Declar. vom 6. April 1839 Art. 5). [1])

---

[1]) In dem bezeichneten Fall erscheint es ungeachtet des Art. 5 der gedachten Declaration zulässig, gegen Deposition die Vollstreckung zu sistiren.

Wird die Nichtigkeits-Beschwerde verworfen, so ist der Tag der Insinuation des angefochtenen Erkenntnisses als der Tag der Rechts-Kraft desselben anzusehen.

§. 79.

Die Nichtigkeits-Beschwerde muß bei dem Gerichte erster Instanz binnen 3 Tagen und zwar schriftlich, wenn der Implorant eine Privatpartei ist, mittelst von einem Rechts-Anwalt unterzeichneten Schriftsatzes angebracht werden, und die bestimmte Angabe der Beschwerdepuncte, der Beweismittel und des Gesetzes, dessen Nichtbeachtung oder unrichtige Anwendung behauptet wird, so wie einen bestimmten Antrag enthalten (Verordn. v. 21. Juli 1846 §. 27).

Wird die Nichtigkeits-Beschwerde auf die Vorschrift des §. 5 Nr. 10 der Verordnung vom 14. December 1853 (s. oben §. 71 Nr. 10) gegründet, so muß diejenige Stelle der Acten, worauf die Beschwerde beruht, genau angegeben werden (§. 11 der ged. Nr.).

Zur Ausarbeitung und Einreichung der Nichtigkeits-Beschwerden sind nur die bei dem Ober-Tribunal zu Berlin angestellten Anwalte ausschließlich befugt.

§. 80.

Die Nichtigkeits-Beschwerde wird dem Imploranten zur Beantwortung binnen der für die Einreichung vorgeschriebenen Frist mit der Warnung mitgetheilt, daß, wenn binnen derselben die Beantwortung nicht eingehe, angenommen werden würde, er begebe sich der Erwiederung und räume die angeführten Thatsachen ein.

§. 81.

Die Beantwortung der Nichtigkeits-Beschwerde ist an keine besondere Form gebunden (Art. 10 der ged. Declar.).

§. 82.

Sobald die Beantwortung erfolgt oder die dazu bestimmte Frist fruchtlos verstrichen ist, werden die Acten zum Spruch eingesandt und die Parteien, der Implorant unter abschriftlicher Mittheilung der Beantwortung, davon benachrichtigt (§. 15 a. a. O.).

§. 83.

Die Entscheidung erfolgt auf den schriftlichen Vortrag zweier Referenten, jedoch nur über die angegebenen Beschwerdepuncte. Bei der Entscheidung legt der Richter das in dem angefochtenen Erkenntnisse als feststehend angenommene Sachverhältniß lediglich zum Grunde, insofern letzteres nicht den Gegenstand der Nichtigkeits-Beschwerde selbst ausmacht (§. 5 Nr. 10 der ged. V. und §. 16).

§. 84.

Wird die Beschwerde gegründet befunden, so vernichtet das Gericht das angefochtene Erkenntniß, schlägt die Kosten desselben nieder, compensirt die Kosten des Nichtigkeits-Verfahrens, verordnet zugleich die Erstattung des Geleisteten, und erkennt in der Sache selbst, so wie über die Kosten des früheren Verfahrens, anderweitig definitiv, oder verweiset, wenn in Folge der ausgesprochenen Vernichtung eine neue Ausmittelung nothwendig wird, die Sache zu dieser Ermittelung und zur nochmaligen Entscheidung in diejenige Instanz zurück, in welcher die noch zu ermittelnden Umstände zuerst vorgebracht worden sind.

Wird aber in den Fällen des §. 5 Nr. 1. 5 u. 6 der Verordn. v. 14. December 1833, noch vor der Entscheidung über die Nichtigkeit eine nähere Instruction oder Beweisaufnahme nöthig befunden, so verordnet das Gericht das Erforderliche durch ein Resolut, ernennt die Behörde, welche dem Resolute zu genügen hat, und bestimmt, daß die Sache demnächst zur Entscheidung wieder eingesandt werden soll.

§. 85.

Wird die Nichtigkeits-Beschwerde ungegründet oder unerwiesen befunden, so ist dieselbe durch Erkenntniß zurückzuweisen und der Implorant in die Kosten dieses Verfahrens zu verurtheilen (§. 18 a. a. O.).

§. 86.

Bringt nur einer der Litisconsorten die Nichtigkeits-Beschwerde an, so kommen die Vorschriften der Proceß-Ordnung Tit. XIV. §§. 14 a u. 146 zur Anwendung (§. 19 a. a. O.).

§. 87.

Das auf die Nichtigkeits-Beschwerde mit den Entscheidungsgründen abgefaßte Urthel, aus welchem die Namen der Richter erhellen müssen, wird für jede der Parteien und für das Gericht, bei welchem das Rechtsmittel angebracht worden, ausgefertigt. Diese Ausfertigungen sind mit den Acten dem gedachten Gericht zu übersenden, welches die Behändidung an die Parteien oder deren Stellvertreter statt der Verkündung sofort zu veranlassen hat (§. 24 und 45 der Verordn. v. 14. December 1833).

§. 88.

Die Entscheidung über die Nichtigkeits-Beschwerde wird ausschließlich dem Geheimen Ober-Tribunal beigelegt (§. 26 a. a. O.).

§. 89.

In den Fällen, welche die Allg. Ger.-Ordn. Th. 1 Tit. 16 §. 2 Nr. 1. 3. 4 u. 5 bezeichnet, findet nicht die durch das Ges. v. 14. Dec. 1833 eingeführte Nichtigkeits-Beschwerde Statt, sondern behält es bei den daselbst gegebenen Vorschriften sein Bewenden (§. 28 a. a. O.). [1])

§. 90.

Für das ganze Verfahren in den Nichtigkeits-Beschwerde-Sachen, mit Einschluß des Erkenntnisses, dessen Ausfertigung und Instruction, wird ein Pausch-Quantum von 5 bis 50 Thalern an Kosten angesetzt. Der Mandatar erhält für das ganze Verfahren an Gebühren, einschließlich der Copialien in der Regel so viel, als die Hälfte der angesetzten Gerichtskosten beträgt, nach Umständen auch weniger (Art. 12 der gedachten Declar.).

Vom Separat-Verfahren in Wechsel-Sachen.

§. 91.

Illiquide, aber an sich erhebliche Einwendungen des Verklagten sollen nur kurz im Protokoll vermerkt und soll bei Abfassung des Erkenntnisses durch besondere Verfügung wegen deren Erörterung das Weitere von dem Wechsel-Richter in dem Gerichtsstande des Wechsel-Processes veranlaßt werden (Allg. Ger.-Ordn. Th. 1 Tit. 27 §. 52). [2])

---

[1]) Jene Vorschriften beziehen sich auf folgende Fälle:
§. 2 Nr. 1 betrifft den Fall, wo Jemand auf den Grund falscher Urkunden oder Zeugen verurtheilt ist;
Nr. 3 bezieht sich auf den Fall, wo ein mit keiner Gerichtsbarkeit versehenes oder doch zum Richter-Amt nicht befähigtes Individuum einen Proceß instruirt oder entschieden hat;
Nr. 4 betrifft den Fall, wo Jemand ohne Vormund, Curator, Beistand oder obervormundschaftliche Genehmigung aufgetreten ist, obwohl er dieß nicht durfte;
Nr. 5 bezieht sich auf den Fall, wo eine Partei gar nicht, oder durch einen falschen Bevollmächtigten vertreten gewesen ist.

[2]) Das in der Allg. Ger.-Ordn. festgesetzte Separatum ist durch Art. 82 der Allg. deutschen Wechsel-Ordnung und durch die preußischen Einführungs-Gesetze nicht aufgehoben (Entsch. Bd. 19 S. 247, Erk. v. 17. Sept. 1849 und Erk. des Ob.-Trib. zu Berlin v. 27. Juli 1853 in Sachen Spiegel wider Walter und v. 2. April 1853 in Sachen Fiedler wider Castner, Borch. W.-O. 106). Ungeachtet dieser Annahme hat das Ober-Tribunal zu Berlin in anderen Entscheidungen das Separatum, dem §. 54 Tit. 27 Th. 1 A. G.-O. entgegen, auf die Fälle beschränken wollen, in welchen der gegen den Wechsel an sich statthafte Einwand in den Formen des Wechsel-Processes nicht hat erweislich gemacht werden können (Entsch. Bd. 23 S. 291, Arch. des Ob.-Trib. Anw. Bd. 5 S. 304, Erk. v. 8. Jan. 1852 Bd. 3 S. 62, Erk. v. 9. Sept. 1851; vergl. dagegen Entsch. Bd. 16

§. 92.

Bei dieser Separat-Instruction kann der Wechsel-Verklagte alle seine Einwendungen gegen die Forderungen des Wechsel-Klägers ausführen, wenn er auch derselben bei dem Wechsel-Verfahren nicht gedacht hätte, oder sie in dem Wechsel-Processe, aus Mangel an Beweisen, ausdrücklich verworfen wären. Ein Gleiches findet Statt wegen der Gegen- oder Compensations-Forderungen, sobald der Richter im Wechsel-Proceß zugleich des vormaligen Wechsel-Klägers ordentlicher Gerichtsstand ist. Hat hingegen der Wechsel-Kläger einen anderen ordentlichen Gerichtsstand, so darf er sich auf die Separat-Verhandlung bei dem Richter des Wechsel-Processes nur wegen solcher Gegenforderungen einlassen, welche im Wechsel-Verfahren gerügt sind. Andere Gegenforderungen müssen an das ordentliche Gericht des Wechsel-Klägers gewiesen werden (§. 54 Tit. 27 und §. 16 Tit. 19 A. G.-O. Th. 1).

Neue Klage aus Wechseln.

§. 93.

Ist der Kläger im Wechsel-Proceß auch abgewiesen, so steht ihm frei, den Verklagten anderweit im ordentlichen Proceß aus dem Rechtsgeschäft zu belangen, das dem Wechsel zum Grunde liegt (§. 55 Tit. 27 Th. 1 A. G.-O.).

Von der Execution in Wechsel-Sachen.

§. 94.

Schon aus dem Urthel erster Instanz, welches den Verklagten im Wechsel-Processe bei Vermeidung der Wechsel-Execution verurtheilt oder auch aus einem gerichtlichen Vergleich, welcher über rechtshängige Wechsel-Verpflichtungen vor dem Proceß-Richter oder einem anderen inländischen Gericht geschlossen ist, findet die Wechsel-Execution Statt. (§. 1 der Verordn. v. 4. März 1834 G.-S. S. 31—38 zu §. 4 Tit. 24 der A. G.-O.).

§. 95.

Dem Wechsel-Gläubiger ist gestattet, neben der Execution gegen die Person seines Schuldners gleichzeitig sofort die Execution auch in dessen Vermögen nachzusuchen und zwar unmittelbar nach dem gefällten

S. 248 und Vorch. W.-O. v. 1854 S. 208 u. 209). In der Praxis ist der §. 52 a. a. O. fast ganz außer Gebrauch gekommen und es wird den Parteien gewöhnlich überlassen, ihre Anträge selbst besonders anzubringen.

Erkenntniß (§. 3 der Verordn. vom 11. Mai 1839 Ges.-S. S. 173. 174).[1])

§. 96.

Ein Wechsel-Schuldner, welcher auf den Antrag eines oder mehrer Gläubiger zur persönlichen Haft gebracht wird, ist derselben nach Ablauf von fünf Jahren zu entlassen, und darf auf den Grund früher vorhanden gewesener Wechsel-Schulden auch nicht von neuem verhaftet werden. Eine Verlängerung der Haft über diese Dauer hinaus ist nur dann zulässig, wenn nachgewiesen wird, daß Wahrscheinlichkeit vorhanden sei, dem Gläubiger durch die fortdauernde Haft seine Befriedigung zu verschaffen oder daß der Schuldner durch einen unmoralischen Wandel sein Zahlungs-Unvermögen sich zugezogen (§. 1 der Verordn. v. 11. Mai 1839 in Verbindung mit der Cab.-Ordre v. 5. Juli 1832 G.-S. S. 176).

§. 97.

Wegen Wechsel-Schulden, welche nach Ablauf der fünfjährigen Haft entstanden sind, ist die persönliche Haft abermals zulässig und treten hierbei die im §. 88 vorgeschriebenen Grenzen ein (§. 2 der Verordn. v. 11. Mai 1839).

§. 98.

Die Vorschriften der Allg. Ger.-Ordn. Th. 1 Tit. 24 §. 147 und Tit. 27 §. 46 werden, so weit sie die §§. 1—3 der Verordnung vom 11. Mai 1839 (hier §§. 95—97 einschließt) entgegenstehen, aufgehoben (§. 4 der Verordn. v. 11. Mai 1839).

§. 99.

Der Beneficial-Erbe und der Nachlaß-Curator können die Execution in den Nachlaß, wenn das Inventarium über denselben bereits angefertigt ist, nur durch den Antrag auf erbschaftlichen Liquidations-Proceß, wofern aber das Inventarium noch nicht angefertigt worden, nur durch den Antrag auf gerichtliche Inventur und Liquidations-Proceß abwenden. Eine Berufung auf die im Allg. Land-Recht Th. 1 Tit. 9 §. 424 bestimmte Frist findet hierbei nicht Statt.

Läßt es der Erbe zur Execution kommen, so treten auch in diesem Falle die Vorschriften des Allg. Land-R. Th. 1 Tit. 9 §§. 452—454

[1]) Bei Nachsuchung des Wechsel-Personal-Arrestes muß gleichzeitig die Einzahlung eines Alimenten-Vorschusses zur Ernährung des Schuldners nachgewiesen werden.

ein. Die Vorschrift des §. 19 Tit. 24 der Allg. Ger.-Ordn. ist aufgehoben (§. 2 der Verordn. v. 4. März 1834).

§. 100.

In dem Executions-Gesuche muß bestimmt angegeben werden, ob die Execution nur in das Vermögen oder auch gegen die Person nachgesucht wird und der Executor befugt sein soll, das Geld in Empfang zu nehmen (§. 3 der Verordn. v. 4. März 1833).

§. 101.

Der Antrag auf Ableistung des Manifestations-Eides findet Statt, sobald die Execution in das Mobiliar des Schuldners ohne Erfolg gewesen oder gehemmt worden, oder, wenn es nach dem Ermessen des Richters klar ist, daß der Gläubiger aus dem vorhandenen Mobiliar nicht werde befriedigt werden.

§. 102.

Der Wechsel-Personal-Arrest ist nicht zulässig:

1) gegen die Erben des Wechsel-Schuldners;
2) aus Wechsel-Erklärungen, welche für Corporationen oder andere juristische Personen, für Actien-Gesellschaften oder in Angelegenheiten solcher Personen, welche zu eigner Vermögens-Verwaltung unfähig sind, von Vertretern derselben ausgestellt werden;
3) gegen Frauen, wenn sie nicht Handel oder ein anderes Gewerbe treiben;
4) gegen gesandtschaftliche Personen;
5) gegen active Militairs. Bei Militair-Beamten gelten die Bestimmungen wie für Civil-Beamte.

§. 103.

Da der Wechselschuldner nur gegen Ausantwortung des quittirten Wechsels zu zahlen braucht, muß dieser bei Vollstreckung der Execution gleichzeitig Zug um Zug gegen die Zahlung behändigt werden.

§. 104.

Interventionen bei Auspfändungen werden nach den Vorschriften über den summarischen Proceß behandelt (Verordn. v. 1. Jan. 1833 Tit. 2).

§. 105.

Die Einwendungen der Zahlung, der Compensation, des Erlasses und Vergleichs hemmen die Execution nur dann, wenn sie liquid, d. h. sofort erweislich sind (§. 3 der Verordn. v. 1. Juni 1833) und die Thatsachen, auf welche sie gegründet werden, sich erst nach geschlossener

Instruction der Sache ereignet haben, oder erst nach diesem Zeitpunct zur Kenntniß des Schuldners gelangt sind, und der Wechsel-Schuldner die erkannte Summe an Capital, Zinsen und Kosten gerichtlich niedergelegt, zugleich aber gegen das ergangene Erkenntniß das ordentliche Rechtsmittel eingelegt oder bei der besonderen Verhandlung seiner Einwendungen solche Umstände beigebracht hat, welche einen Arrest begründen (§. 51 Tit. 27 Th. 1 A. G.-O.). Ueber diese Einreden wird nach der Verordnung vom 1. Januar 1833 §. 3 u. 18 ff. verfahren (§. 6 der Verordn. v. 4. März 1834). [1])

II. Vom Wechsel-Processe in der Rheinprovinz.

Einleitung.

In der Rheinprovinz gehören die Wechsel-Sachen vor die Handels-Gerichte (Art. 631 des Handels-Ges.-B.) und das Verfahren in denselben regelt sich nach Titel 25 des 2ten Buches des 1sten Theils des französischen Gesetz-Buchs über den Civil-Proceß (Code de procédure). Es gelten darüber im Wesentlichen folgende Bestimmungen:

§. 1.

Das Verfahren erfolgt ohne Sachwalter (Art. 414 Tit. 25 Buch 2 Th. 1 des Proc.-Ges.-B.). [2])

§. 2.

Jede Klage muß in gehöriger Weise insinuirt sein (Th. 1 Buch 2 Tit. 2 a. a. O.).

[1]) Wenn in Wechsel-Processen auf Sicherheits-Bestellung erkannt ist, so nimmt das Stadtgericht in Berlin an, daß nach der Verordnung vom 4. März 1834 (Ges.-Samml. S. 31 ff.) dem Verpflichteten, welcher diese Handlung innerhalb der im Urthel bestimmten Frist nicht geleistet, zuvor noch die Vollziehung der Handlung durch ein Mandat binnen einer bestimmten Frist aufgegeben werden müsse. Da der §. 9 der gedachten Verordnung eine Frist von wenigstens 8 Tagen und höchstens 4 Wochen bezeichnet, so ist über die Dauer der Frist gestritten, zuletzt aber beschlossen worden, diese auf 3 Tage zu bestimmen, weil sich diese aus dem §. 45 Tit. 27 Th. 1 der Allg. Ger.-Ordn. rechtfertige. Ist nun allerdings die im §. 45 a. a. O. bestimmte Frist nicht gerade für den Fall der Sicherheits-Bestellung gegeben, so bezieht sie sich doch auf die Befriedigung aus einem Wechsel-Erkenntniß und es würde offenbar der ganzen Natur des Wechsel-Verfahrens widerstreiten, wenn man hier die nur auf gewöhnliche Fälle berechnete lange Frist des §. 9 der Verordnung vom 4. März 1834 anwenden wollte.

[2]) Später sind auch Sachwalter als Bevollmächtigte zugelassen (vgl. Cab.-Ordre v. 14. Nov. 1825, Cramers Samml. von Gesetzen S. 88).

§. 3.

Zum Erscheinen muß dem Verklagten in der Regel eine Frist von wenigstens einem Tage gelassen werden.

§. 4.

Die Parteien sind schuldig, in Person oder durch einen Special-Bevollmächtigten zu erscheinen.

§. 5.

Erscheinen die Parteien, und erfolgt nicht schon in der ersten Sitzung ein Definitiv-Erkenntniß, so müssen die streitenden Theile, welche nicht am Sitz des Gerichts wohnen, daselbst ein Domicil wählen und die Wahl muß im Protokoll vermerkt werden. Im Mangel solcher Wahl kann jede Behändigung, selbst die des Definitiv-Urthels, auf der Canzlei des Handels-Gerichts giltig geschehen.

§. 6.

Die Einrede der Incompetenz muß vor jeder anderen vorgebracht werden.

§. 7.

In demselben Urthel, worin die Einrede der Incompetenz verworfen wird, kann über die Hauptsache erkannt werden; dieß muß aber durch zwei besondere Verfügungen, bezüglich auf die Competenz und die Hauptsache geschehen. Die Verfügungen hinsichts der Competenz sind alle Mal der Appellation unterworfen.

§. 8.

Wird eine aufgelegte Urkunde nicht anerkannt, abgeläugnet oder als falsch angegriffen, und der Producent beharrt dabei, daß er sich ihrer bedienen wolle, so verweist das Gericht diesen Incidentpunct an die Behörde, die hierüber zu erkennen hat, und das Erkenntniß über die Hauptsache bleibt einstweilen ausgesetzt.

Bezieht sich gleichwohl diese Urkunde nur auf einen der verschiedenen Gegenstände der Klage, so kann zur Entscheidung der übrigen Gegenstände fortgeschritten werden.

§. 9.

Das Gericht darf in allen Fällen, selbst von Amts wegen, verfügen, daß die Parteien im Audienz- oder im Berathschlagungszimmer in Person vernommen werden sollen, und sofern ein rechtmäßiges Hinderniß eintritt, einen der Richter oder selbst einen Friedensrichter committiren, um sie zu vernehmen, welcher alsdann über die Erklärungen einen Verbal-Proceß (Protokoll) abfaßt.

§. 10.

Eine Recusation kann nur in den nächsten drei Tagen nach ihrer Ernennung angebracht werden.

§. 11.

Das Gutachten der Schiedsrichter und Sachverständigen wird bei der Canzlei des Handels-Gerichts hinterlegt.

§. 12.

Erkennt das Gericht auf Zeugen-Beweis, so wird in den für die summarischen Zeugen-Verhöre bestimmten Formen hierzu geschritten. In Sachen, welche der Appellation unterworfen sind, sollen gleichwohl die Aussagen von dem Gerichtsschreiber niedergeschrieben und von den Zeugen unterzeichnet werden. Im Weigerungs-Falle geschieht davon Erwähnung.

§. 13.

Bei Abfassung und Ausfertigung der Urtheile sind die in dem 141. und 146. Artikel für die Gerichte erster Instanz vorgeschriebenen Formen zu beobachten.

§. 14.

Wenn der Kläger nicht erscheint, so erläßt das Gericht ein Defaut-Urthel, und spricht den Beklagten von der Klage los. — Erscheint der Beklagte nicht, so wird ein Defaut-Urthel erlassen, und dem Kläger werden seine Conclusionen zuerkannt, insofern sie gerecht und wohl gegründet gefunden werden.

§. 15.

Ein Defaut-Urthel darf nur durch einen von dem Gerichte hiezu besonders ernannten Huissier insinuirt werden, die Insinuation muß bei Strafe der Nichtigkeit die Erwählung eines Wohnortes in der Gemeinde, wo sie geschieht, insofern der Kläger nicht daselbst wohnhaft ist, enthalten. Das Urthel kann einen Tag nach der Insinuation, und bis zur Opposition vollstreckt werden.

§. 16.

Nach acht Tagen, von jenem der Insinuation an zu rechnen, wird die Opposition nicht mehr angenommen.

§. 17.

Die Opposition muß die Gründe des Opponenten nebst einer Vorladung unter Bestimmung der gesetzlichen Frist enthalten; sie soll an dem gewählten Wohnorte insinuirt werden.

§. 18.

Wird die Opposition in dem Augenblicke, wo das Urthel vollstreckt wird, durch eine zu dem Verbal-Processe des Huissier abgegebene Erklärung eingelegt, so wird der Vollstreckung hierdurch Einhalt gethan, mit dem Bedinge gleichwohl, daß der Opponent sie in drei Tagen durch einen Insinuations-Act, der zugleich die Vorladung enthält, wiederhole; nach Umlauf dieser Frist wird die Opposition für nicht geschehen erachtet.

§. 19.

Die Handels-Gerichte können befehlen, daß ihre Urtheile, der Appellation ungehindert und ohne vorläufige Bürgschafts-Leistung, provisorisch vollstreckt werden sollen, insofern die Klage auf einer nicht bestrittenen Urkunde (titre non attaqué) oder auf einer rechtskräftigen Verurtheilung beruht. In den übrigen Fällen können diese Urthel nur dann provisorisch vollstreckt werden, wenn Bürgschaft geleistet oder der Beweis geliefert ist, daß der Kläger hinlängliche Zahlungs-Mittel besitzt.

Zweiundzwanzigster Abschnitt.

Das Fürstenthum Reuß älterer Linie. Reuß-(Greiz) Plauen.

Vom Wechsel-Proceß im Fürstenthum Reuß-(Greiz) Plauen.

Einleitung.

Die Allgemeine deutsche Wechsel-Ordnung vom 26. November 1848 ist im gedachten Fürstenthum durch die Regierungs-Bekanntmachung d. d. Greiz vom 5. December 1848 veröffentlicht. Als Nachtrag zu derselben und zur Regulirung des Wechsel-Verfahrens ist demnächst ein besonderes landesherrliches Gesetz vom 5. März 1856 erlassen. (Nr. 8 der Ges.-Samml. des Fürstenthums Reuß älterer Linie v. 14. März 1856.) Das Wesentliche dieses Gesetzes, besonders in Bezug auf das materielle Recht, ist bereits oben S. 28 u. 29 mitgetheilt. In Absicht des Wechsel-Processes ist hier noch aus §. 5 ff. Folgendes nachzutragen:

Vom Wechsel-Proceß selbst.

1. Von Anbringung der Klage.

Es gilt dabei im Allgemeinen die für den unbestimmten summarischen Proceß geltende Regel. Die zur Begründung der Klage gehörigen Umstände müssen jedoch sofort durch öffentliche oder vom Verklagten oder dritten Personen, für deren Handlungen er einzustehen hat, ausgestellte Privat-Urkunden im Original oder beglaubigter Abschrift gleich bei der Klage bedacht werden. Von Wechsel-Urkunden in fremder Sprache sind Uebersetzungen von verpflichteten Dollmetschern beizubringen (§. 5).

2. Von der Befugniß des nicht im Besitz der erforderlichen Beweis-Urkunden befindlichen Wechsel-Gläubigers.

Befindet sich der Kläger nicht im Besitz des Original-Wechsels und vermag er auch nicht durch andere Urkunden dessen Dasein nachzuweisen, oder fehlt ihm sonst eine zur Begründung der Klage überhaupt (z. B. der Sach-Legitimation) nöthige Beweis-Urkunde, so kann er zwar seinen Anspruch nicht mittelst der Wechsel-Klage verfolgen, es bleibt ihm jedoch unbenommen, den Wechsel-Schuldner im ordentlichen, oder, wenn die Haupt-Forderung nicht über einhundert Thaler beträgt, im summarischen Processe zu belangen und das Proceß-Gericht hat ihm bei erfolgter Beweisführung auf seinen Antrag durch wechselmäßige Vollstreckung (vergl. §§. 27. 28. 30—32) zur Zahlung zu verhelfen (§. 6).

3. Unstatthafte Klagen.

Fehlen einer Wechsel-Klage formelle Erfordernisse, so ist durch schriftlichen Bescheid die Ergänzung anzuordnen, offenbar unstatthafte Klagen sind ganz zurückzuweisen (§. 9).

4. Von den Terminen.

Auf eine begründete Klage ist binnen 24 Stunden nie ein über acht Tage hinauszusetzender Termin zur Sühne und in deren Entstehung zur weiteren Verhandlung anzuberaumen (§. 10).

5. Von den Vorladungen.

Beide Theile sind zu dem Termin schriftlich unter Androhung der durch ihr Ausbleiben bedingten Rechts-Nachtheile (§. 23) vorzuladen.

Dem Verklagten ist die Klage nebst Beilage mitzutheilen und demselben zugleich zu bedeuten, daß er die Wechsel 2c. bei Vermeidung der Anerkennung zu recognosciren, oder sofern sie der Diffession unterliegen, eidlich abzulehnen, seine Einreden aber bei deren Verlust im Termin vorzubringen und sofort durch Vorlegung der Urkunden zu bescheinigen habe. Sind in die Klage unbescheinigte Neben-Forderungen aufgenommen, so muß dem Verklagten außerdem aufgegeben werden, sich darüber bei Vermeidung des Zugeständnisses zu erklären (§. 11). Dem Kläger wird bei der Vorladung bedeutet, die der Klage zum Grunde gelegten Urkunden im Original beizubringen, widrigenfalls der Termin ausgesetzt und ihm die Erstattung der Kosten auferlegt werden würde (§. 12).

6. Von Verlegung der Termine.

Der anberaumte Termin darf auf Antrag des Klägers ohne Angabe eines besonderen Grundes, auf Antrag des Verklagten aber nur dann verlegt werden, wenn er Umstände bescheinigt, unter welchen ihm sowohl das persönliche Erscheinen, als die Bevollmächtigung eines Vertreters unmöglich ist (§. 14).

7. Von Terminen in der Wohnung des Verklagten.

Trägt der Kläger darauf an, so hat sich der Richter mit demselben oder dessen Bevollmächtigten sofort ohne vorgängige Ladung zum Beklagten zu begeben und dort nach Maßgabe der in den §§. 17—23 und 25—29 enthaltenen Vorschriften zu der nöthigen terminlichen Verhandlung zu schreiten.

Vorausgesetzt wird hierbei, daß der Kläger die erforderlichen Documente in Urschrift übergeben habe, daß der Beklagte heimisch sei und die Wechsel-Forderung in einem Hauptwerthe von mehr als Zwanzig Thalern bestehe.

Beträfe der Antrag einen Beklagten, der vor einem der Landescollegien seinen Gerichtsstand hat, so ist einem Unterrichter Auftrag zur Verhandlung und Entscheidung zu ertheilen (§. 15).

8. Von der Vertretung der Parteien.

Beiden Parteien steht es frei, sich im Termin durch Bevollmächtigte vertreten zu lassen. Wer jedoch seinen Vertreter nicht gehörig legitimirt hat, wird als nicht erschienen betrachtet. Ein vermuthlicher Auftrag genügt nicht (§. 16).

9. Gegenstände der Verhandlung.

Greift die Sühne nicht Platz, so muß sich der Verklagte über die Original-Urkunden erklären und seine sonstigen Einreden vorbringen. Verlangt der Verklagte die Anerkennung der der Diffession unterliegenden Urkunden, und steht ihm auch keine Einrede, welche die Beurtheilung der Aechtheit derselben entbehrlich macht, zur Seite, so muß er sofort bei Vermeidung der Anerkennung den Diffessions-Eid leisten.

Verweigert ein Bevollmächtigter die Anerkennung der Original-Urkunden, so werden diese gleichfalls für anerkannt erachtet. Ist jedoch der Verklagte durch Krankheit oder sonstige sofort zu bescheinigende erhebliche Ursachen von dem persönlichen Erscheinen im Termin abgehalten und deßhalb von ihm ein Bevollmächtigter mit der Vertretung beauftragt worden, so muß ihm der Diffessionseid in seiner Wohnung abgenommen, und wenn auch dies die Umstände nicht gestatten, damit bis zur Erledigung der Hinderungsgründe Anstand genommen werden (§. 17).

10. Abwendung des Diffessionseides.

Will es der Kläger zur Ableistung des Diffessionseides durch den Beklagten nicht kommen lassen, so steht es ihm frei, den Wechselproceß unter Erstattung der dadurch entstandenen Kosten fallen zu lassen und sein Recht im ordentlichen, oder, wenn der Hauptwerth seiner Forderung nicht mehr als Einhundert Thaler beträgt, im unbestimmten summarischen Processe auszuführen. Recognition des Wechsels durch Zeugen oder Vergleichung der Handschrift findet im Wechselprocesse nicht Statt (§. 18).

11. Unzulässigkeit einer nur auf den Inhalt einer Urkunde bezüglichen Diffession.

Die eidliche Abläugnung des Inhalts einer Urkunde ist bei Anerkennung der Unterschrift unzulässig. Dagegen muß die Einrede, daß die vorgelegte Urkunde durch den Mißbrauch eines Blanquets entstanden sei, berücksichtigt werden, wenn für diese Behauptung Verdachtsgründe, welche die Einleitung einer Criminal-Untersuchung rechtfertigen, nachgewiesen werden. In diesem Falle muß zuvörderst von der betreffenden Criminalbehörde die Untersuchung eingeleitet und bis zu deren Ausgange das Wechselverfahren ausgesetzt werden (§. 19).

12. Von der Herausgabe der im Besitz des Klägers befindlichen Urkunden.

Von der Verpflichtung, die zur Begründung von Einreden vorgeschützten Thatsachen sofort durch Urkunden zu bescheinigen, ist der Verklagte nur dann befreit, wenn sich derselbe auf Urkunden beruft, die sich nach seiner Behauptung im Besitz des Gegners befinden. In diesem Fall hat das Gericht dem Kläger aufzugeben, die fraglichen Urkunden noch im nämlichen oder auf Verlangen des Klägers in einem auf einen oder mehre Tage zu prorogirenden Termin herauszugeben oder den Editions-Eid zu schwören und ihm anzudrohen, daß entstehenden Falls die beigebrachte Abschrift für anerkannt oder der durch die Urkunde zu erweisende Umstand für eingeräumt erachtet werden solle.

Zu den der Edition unterliegenden Urkunden gehört auch das Handelsbuch des Klägers, falls sich dessen Geschäfts-Local im Gerichts-Ort befindet (§. 21).

13. Vernehmung des Klägers über die Einreden des Beklagten.

Ueber die vom Beklagten vorgeschützten Einreden muß sich Kläger vernehmen lassen; in Betreff der von ersterem zur Bescheinigung vorgelegten Urkunden liegt ihm die nämliche Verbindlichkeit, welche rücksichtlich der von ihm producirten Dokumente für den Beklagten besteht, ob.

14. Replik und Duplik.

Auf die Replik des Klägers und die Duplik des Beklagten leiden die rücksichtlich der Einreden geltenden Grundsätze über Beweis- und Recognitions-Pflicht ebenfalls Anwendung.

Waren jedoch die zu deren Beweise erforderlichen Urkunden nicht mit zur Stelle gebracht worden, so ist sogleich von Gerichtswegen ein anderweiter Termin zur Vorlegung und Recognition anzusetzen und die Parteien sind hierzu noch im Termin unter den bezüglichen Verwarnungen des Verlusts und der Anerkennung der fraglichen Documente mündlich vorzuladen.

15. Terminsversäumniß.

Ein Vormittagstermin dauert bis ein Uhr Mittags, ein auf den Nachmittag anberaumter Termin bis sechs Uhr Abends.

Wer bis zu den angegebenen Stunden im Termin nicht erscheint, hat die Rechtsnachtheile verwirkt, welche mit Verabsäumung der Handlungen verbunden sind, zu deren Vornahme er geladen war.

Bleiben jedoch beide Theile im Termin aus, so werden dadurch die rechtlichen Befugnisse derselben gegen einander nicht beeinträchtigt. Der Kläger ist verbunden, die Gerichtskosten zu bezahlen, und die Sache bleibt so lange auf sich beruhen, bis von einer Partei auf anderweite Termins-Anberaumung angetragen wird.

Uebrigens ist es auch dem Kläger, wenn blos von seiner Seite der Termin versäumt worden ist, unbenommen, nach bewirkter Berichtigung der von ihm zu erstattenden Kosten um Anberaumung eines anderweiten Termins zur Verhandlung über die bereits angebrachte Klage nachzusuchen.

Die dem Beklagten für den Fall der Terminsversäumniß angedrohten Rechtsnachtheile treten dann nicht ein, wenn es ihm ebensowohl unmöglich gewesen ist, im Termin zu erscheinen, als für dessen Abwartung einem Anderen Vollmacht zu ertheilen. Bescheinigt er Umstände, woraus sich dies unzweifelhaft ergiebt, so muß mit Aufhebung eines etwa bereits ertheilten Contumacialbescheides ein neuer Termin anberaumt werden. Doch fallen ihm selbstverständlich die Kosten des versäumten Termins zur Last.

16. Vom Bescheide.

Der Bescheid ist in der Regel sofort im Termin mit kurzer Angabe der Gründe zu eröffnen. Nur in schwierigen Fällen darf der Bescheid auf den folgenden Tag verschoben werden. Bei Eröffnung des Bescheides ist über die zehntägige Nothfrist Belehrung zu machen (§. 25).

17. Von Neben-Forderungen.

Wegen Neben-Forderungen kann das Gericht den Kläger zur eidlichen Bestärkung verstatten.

Wegen illiquider Einreden ist der Verklagte zur Wider-Klage zu verweisen (§. 26).

18. Von der Execution.

Der Kläger hat die Wahl, die Execution in das Vermögen oder gegen die Person des Schuldners zu suchen und kann von einem Executions-Mittel zum anderen übergehen. Ist jedoch der Schuldner wegen Veränderung des Executions-Mittels der Haft entlassen, so darf er darauf nicht wieder zurückkommen (§. 27).

19. Von der Haft.

Die Haft wird im bürgerlichen Gewahrsam, falls es aber der Stand des Schuldners erfordert und er die deßfallsigen Kosten zahlt, auf sein Verlangen in seiner Wohnung vollzogen, letzteren Falls aber ihm eine Wache gesetzt (§. 28).

20. Vom Instanzen-Zuge.

In Wechselsachen findet:

1) der im §. 1 A. des Gesetzes vom 1. Januar 1856 vorgeschriebene Instanzenzug Statt, sofern der Hauptstamm des Klageobjects über Einhundert Thaler beträgt;
2) im entgegengesetzten Falle tritt eine zweifache Instanz ein. Hiernach soll
   a) gegen Bescheide der Untergerichte in den von ihnen verhandelten Wechselsachen Berufung an die Landesregierung, und, wenn eine der Unterbehörde durch Auftrag des Consistoriums überwiesene Wechselsache in Frage steht, an dieses Collegium zur letzten Entscheidung Statt haben;
   b) in den vor den gedachten beiden Landescollegien unmittelbar verhandelten Wechselsachen auf die gegen deren erste Entscheidung eingewendete Läuterung das letzte Erkenntniß von einer auswärtigen Spruchbehörde eingeholt werden.

21. Frist der Rechtsmittel.

Die Einwendung der erwähnten Rechtsmittel mit Einschluß der Oberappellation muß bei deren Verlust binnen zehn Tagen von der Stunde der Publication des betreffenden Erkenntnisses an erfolgen.

22. Wegfall der Suspensiv-Wirkung.

Suspensiv-Wirkung haben diese Rechtsmittel gegen verurtheilende Erkenntnisse nicht; die Vollstreckung der Hülfe wird daher durch deren Einwendung nicht gehemmt. Die im Executionswege erlangten Gelder werden jedoch bis zu erfolgter rechtskräftiger Entscheidung gerichtlich verwahrt.

23. Verfahren bei Einwendung von Rechtsmitteln.

Sämmtliche Beschwerden sind bei Einwendung des Rechtsmittels sogleich vollständig auszuführen. Eine besondere Deduction findet nicht Statt.

Das Proceßgericht hat die Einwendungsschrift dem Streitgegner unverzüglich zur Nachachtung und zu etwaiger Beibringung einer in jedem Falle bei der Oberbehörde einzureichenden Gegenschrift binnen achttägiger Frist in Abschrift mitzutheilen.

Unterbehörden müssen außerdem noch sofort die Acten an die betreffende Oberbehörde berichtlich einsenden; letztere aber hat nach Ablauf der achttägigen Entgegnungsfrist im Falle einer an sie ergangenen Berufung in zweiter Instanz zu erkennen, in Läuterungs- und Oberappellationsfällen die Versendung, beziehentlich Einschickung der Acten, unverweilt zu verfügen.

24. Von der Widerklage.

Dem Beklagten ist es gestattet, diejenigen Einreden, welche im Wechselproceß wegen ihrer Illiquidität unberücksichtigt bleiben mußten oder deren Einwendung von ihm verabsäumt wurde, in einer Widerklage auszuführen.

25. Erfordernisse bei Anstellung der Widerklage.

Die Widerklage kann nicht eher erhoben werden, als bis der Beklagte dem Kläger wegen des in der Wechselklage erhobenen Anspruchs vollständig befriedigt hat. Behufs dieser Befriedigung braucht der Beklagte nicht eine Entscheidung in der Wechselsache abzuwarten, sondern er kann dem Kläger auch die von ihm in der Klage beanspruchte Zahlung auf Grund einer mit Vorbehalt der Widerklage erklärten Submission leisten.

Ist jedoch der Kläger in dem Fürstenthum nicht in vollkommen sicher stellenden Weise angesessen, so steht es dem Beklagten frei, die vom Kläger in Anspruch genommene Zahlung so lange gerichtlich niederzulegen, bis letzterer nicht die Deposition durch Leistung einer vom Gericht zugleich mit Berücksichtigung des möglichen künftigen Anspruchs auf Zinsengewähr und Kostenersatz für ausreichend erkannten Sicherung abgewendet hat.

26.

Bei Einreichung der Widerklage muß zugleich die geschehene Befriedigung des Klägers bescheinigt oder, sofern dies im vorkommenden Falle gesetzlich nachgelassen ist (s. im vorigen §.), die gerichtliche Niederlegung der in Frage befangenen Summe bewirkt werden. Einer Einrechnung der außergerichtlichen Kosten des Klägers bedarf es jedoch nur dann, wenn diese bereits zu den Acten liquidirt sind.

27.

Wegen solcher Einreden, die an sich im Wechselprocesse unzulässig sind, findet die Widerklage nicht Statt; es sind dieselben vielmehr zur besonderen Ausführung zu verweisen.

Dreiundzwanzigster Abschnitt.

Reuß-Schleiz.

Vom Wechsel-Proceß im Fürstenthum Reuß-Schleiz.

Einleitung.

Durch das Einführungs-Gesetz vom 15. Januar 1849 ist wegen des Verfahrens in Wechsel-Sachen auf das Mandat vom 6. Februar 1717 verwiesen, welches bereits eine ziemlich ausgedehnte Wechsel-Fähigkeit nachließ, jedoch bemerkt,

daß es nicht mehr in der Willkür des Richters stehen, sondern von den Anträgen des Wechsel-Gläubigers abhängen solle, ob ein kurzer Termin zur Recognition der Wechsel anberaumt oder die Wechsel-Expedition sofort abgesendet werden solle.

Außerdem ist in dem Einführungs-Gesetz verordnet, daß eine Caution nicht vom Wechsel-Arrest befreie.

Im Wesentlichen ordnet das Mandat vom 6. Februar 1717 ein sehr schleuniges und abgekürztes Verfahren an. Im Besonderen ist daraus Folgendes zu bemerken:

1. Der Schuldner soll zu einem ganz nahen Termin persönlich vorgeladen, und, wenn er der Flucht verdächtig ist, ihm der Wechsel sofort durch einen Commissar in seiner Wohnung vorgelegt und er bei erfolgter Anerkennung, falls er nicht zahlt oder Caution stellt, sofort in Verwahrsam gebracht werden (§. 3).

2. Bleibt der Schuldner im Termin ohne bescheinigte Hindernisse aus, so soll sofort mit der Haft gegen ihn verfahren werden (§. 4).

3. Die Appellation soll nur Devolutiv-Wirkung haben (§. 6).

4. Sofort liquide Gegen-Forderungen sollen zur Compensation verstattet werden (§. 7).

5. Der Einwand der nicht gezahlten Valuta soll, wenn der Wechsel dieses Bekenntniß enthält, nicht Platz greifen (§. 8).

6. Wer den ihm vorgelegten von ihm angeblich ausgestellten Wechsel weder anerkennen, noch diffitiren will, soll so lange in Haft bleiben, bis er das Eine oder das Andere thut.

7. Bei Concursen sollen die Wechsel-Gläubiger den bloßen Buch-Gläubigern vorgehen (§. 14). [1])

Vierundzwanzigster Abschnitt.

Königreich Sachsen.

Vom Wechsel-Processe im Königreich Sachsen.

Das Gesetz vom 7. Juni 1849 über den Schuld-Arrest und Wechsel-Proceß enthält im zweiten Abschnitt die Vorschriften über das Verfahren in Wechsel-Sachen. Dieser Abschnitt lautet:

Zweiter Abschnitt.

Vom Wechsel-Processe.

§. 30.

Wenn aus gezogenen oder aus eignen Wechseln oder aus Anweisungen, welchen durch das Gesetz ein Gebrauch als Wechsel beigelegt ist, auf Zahlung oder Rembours oder, wenn solches nach der Wechsel-Ordnung zulässig ist, auf Cautionsbestellung geklagt wird, so findet der Wechselproceß als eine besondere Gattung des Executivprocesses Statt.

---

[1]) Der Verfasser verdankt diese Mittheilungen großentheils der hochfürstlichen Reuß-Plauenschen Landes-Regierung und seinem geehrten Collegen, dem Herrn Advocaten Schlotter zu Schleiz.

Derselbe findet aber auch dann Statt, wenn sich der Beklagte außer dem eigentlichen Wechselgeschäfte zu einer Zahlung nach Wechselrecht verpflichtet hat, und alle Theile der Klage ohne Ausnahme durch Urkunden zu erweisen sind.

§. 31.

Die Klage kann vor jedem Civilrichter angebracht werden, in dessen Gerichtsbezirke sich der Beklagte findet.

§. 32.

Zur Form der Klageerhebung genügt ein mündliches Vorbringen unter Vorlegung sämmtlicher zur Begründung der Klage erforderlicher Urkunden und, wenn sich der Kläger dabei eines Sachwalters bedient, unter Einreichung der Vollmacht.

§. 33.

Mit der Klage ist die vollständige Berechnung der Ansprüche zu verbinden.

§. 34.

Findet der Richter bei Prüfung der übergebenen Urkunden, daß ein wechselmäßiges Verfahren nicht statthaft sei, so hat er dem Kläger solches zu eröffnen, demselben auch auf sein Verlangen eine schriftliche Recognition hierüber zu ertheilen.

§. 35.

Wenn der Richter die Klage für begründet achtet, so hat er darauf und zwar nach Wahl des Klägers, dafern ihm nicht wider dieselbe erhebliche Bedenken beigehen, entweder die Vorladung des Beklagten an der Gerichtsstelle, oder die sogenannte Hausexpedition anzuordnen und davon den Kläger in Kenntniß zu setzen.

§. 36.

Die Citation geschieht ohne Einräumung einer Frist. Auch kann der Kläger, ohne Angabe besonderer Gründe, auf Holung des Beklagten (dessen Realcitation) bestehen.

Diese geschieht durch einen Diener des Gerichts, welcher den Beklagten unmittelbar vor dem beschlossenen Verhörstermine und zwar zunächst in seiner Behausung aufzusuchen, ihn zum ungesäumten Erscheinen aufzufordern, und denselben zur Gerichtsstelle zu begleiten hat.

§. 37.

Die Hausexpedition geschieht dadurch, daß der Richter, unter Assistenz der Gerichtsfolge, in Begleitung des Klägers oder seines Sachwalters in die Behausung des Beklagten, oder an den Ort, wo der letztere nach Anzeige des Klägers anzutreffen sein wird, sich begiebt und daselbst das Verhör vornimmt.

§. 38.

Das Verhör selbst kann nur in Anwesenheit des Klägers oder seines Sachwalters stattfinden. Ließe der Kläger länger als eine Stunde auf sich warten, so wird das Verfahren wider den Beklagten abgebrochen und der Beklagte entlassen.

§. 39.

Die Eröffnung des Verhörs geschieht von Seiten des Gerichts mit Angabe der Veranlassung desselben und des vom Kläger geschehenen Antrags, wobei dem Beklagten sämmtliche übergebene Urkunden zum Anerkenntnisse, soweit sie dessen bedürfen, vorzulegen, derselbe zugleich im Allgemeinen zur Abgabe seiner Erklärung auf das Vorbringen des Klägers und Anführung seiner dawider etwa habenden Einreden mit der Bedeutung aufzufordern ist, daß, wenn er dieser Aufforderung nicht entsprechen würde, die Urkunden für anerkannt zu achten und wider ihn des geklagten Anspruchs halber, soweit dessen Befriedigung nicht erfolgt, mit Wechselhaft, oder in den §. 46 im zweiten Satze bezeichneten Fällen, mit der Hilfsvollstreckung in das Vermögen verfahren werden solle.

§. 40.

Erböte sich der Beklagte zur eidlichen Ableugnung (Diffession) der Urkunden, so ist zur Abnahme des Diffessionseides sofort zu schreiten. Eine auf den Inhalt der Urkunden gerichtete Diffession (diffessio quoad contenta) ist in dieser Proceßart ebenso wenig zulässig, als ein Zeugenbeweis, womit die Ausstellung der Urkunden erhärtet werden soll (recognitio per testes).

§. 41.

Bringt der Beklagte Einreden vor, so hat der Richter darauf die Entgegnung des Klägers zu vernehmen und, wenn diese erfolgt, sofort allenthalben Entschließung zu fassen und diese den Parteien zu eröffnen.

§. 42.

Wenn der Beklagte seine Einreden mit vorgelegten Urkunden sofort bescheinigt, so hat der Richter, dafern er sie bei Entscheidung der Sache von Einfluß findet, solche dem Kläger, da nöthig, zum Anerkenntnisse vorzulegen und, falls dieser sich zur Diffession erböte, auch dießfalls zur Abnahme des Diffessionseides sofort zu schreiten.

§. 43.

Wäre der Kläger, welchem dieser Diffessionseid zufällt, nicht persönlich anwesend, so ist zwar, auch wenn die Einrede den Klaganspruch erschöpfen würde, der Beklagte, insofern Wechselhaft gegen ihn verfügt werden kann, inmittelst in Verwahrung zu nehmen, dem Kläger jedoch die Erklärung über die Recognition, sowie nach Befinden die Leistung des Diffessionseides unter Einräumung einer nach den besonderen Umständen zu bemessenden kurzen Frist, unter der Verwarnung, daß außerdem der Beklagte entlassen werden solle, aufzugeben.

§. 44.

Diese Entlassung ist jedoch auch vorher anzuordnen, wenn der Beklagte hinreichende Caution an Gerichtsstelle leistet.

§. 45.

An Sonn- und Feiertagen ist nur dann ein Wechselverfahren zulässig, wenn nachgewiesen ist, daß Zahlung an einem Werkeltage vergeblich gesucht worden.

§. 46.

Nach beendigtem Verhöre ist ein Bescheid mit kurzer Angabe der Entscheidungsgründe zu ertheilen und den Parteien sofort zu eröffnen. Ist derselbe condemnatorisch, so muß darin zugleich die genaue Angabe des Gesammtbetrags des Liquidi enthalten sein, zu dessen Bezahlung oder Sicherstellung der Beklagte durch Gefängnißzwang angehalten werden soll (§. 30), und hat der Richter den Parteien zugleich seinen Beschluß des Arrestes zu eröffnen, insoweit er nach den Bestimmungen dieses Gesetzes gegen die Person des Verurtheilten verfügt werden darf.

Kann gegen den Beklagten nach §§. 7, 9 oder 16, 17, 18, 20, 21, 22 des gegenwärtigen Gesetzes der Wechselarrest nicht Statt finden, so hat der Richter, ohne weiteren Antrag des Klägers abzuwarten, bei Publication des Bescheides nach §. 43 und folgenden des Gesetzes über Vollstreckung gerichtlicher Entscheidungen vom 28. Februar 1838 [1]) die Hilfsauflage zu erlassen und weiter letzterem Gesetze gemäß zu verfahren.

§. 47.

Die Gerichte haben die §. 34 f. bezeichneten Handlungen auf Verlangen sofort und ohne Rücksicht auf die gewöhnliche Gerichtszeit vorzunehmen.

§. 48.

Der von dem Richter ertheilte Bescheid wird in 10 Tagen rechtskräftig, wenn dawider ein Rechtsmittel nicht eingewendet wird. Jedoch

[1]) Gesetz- und Verordnungsblatt vom Jahre 1838 Seite 83.

ist die erkannte Wechselhaft oder Hilfsauflage (vergleiche §. 46) auch unerwartet der Rechtskraft sofort zu verfügen und hat ein dawider ergriffenes Rechtsmittel keine Suspensivkraft. Würde aber auf das angewandte Rechtsmittel ein reformatorisches Erkenntniß gefällt, so ist der Beklagte, auch ungeachtet des wider diese Entscheidung eingewendeten Rechtsmittels, sofort ohne Anstand der Wechselhaft zu entlassen. Wird nach §. 46 von einem Beklagten, gegen welchen Wechselhaft nicht, sondern nur Hilfsvollstreckung in das Vermögen statthaft ist, gegen den Bescheid ein zulässiges Rechtsmittel ergriffen, so ist mit wirklicher Hilfsvollstreckung bis zur Rechtskraft anzustehen.

§. 49.

Im Wechselprozesse findet, außer in dem Falle eines darauf gerichteten Compromisses der Parteien, eine Actenversendung nicht Statt, sondern der Richter muß selbst Entschließung fassen.

§. 50.

Wenn der Beklagte peremtorische Einreden vorbringt, die er durch Urkunden zu beweisen nicht vermag, und er dießfalls die Ausführung derselben in der Widerklage oder einer besonderen Klage unternommen, hierbei aber ein Erkenntniß für sich erlangt hat, durch welches er auch von der Convention entbunden worden, so ist er, bevor dieses Erkenntniß in Rechtskraft übergegangen und purificirt worden ist, der Wechselhaft nicht zu entlassen.

§. 51.

Wenn die Wechselclausel bei Urkunden über einen zweiseitigen Vertrag oder über ein bedingtes Versprechen angewendet worden ist, und im ersten Falle der Einrede des nicht erfüllten Contracts nicht entsagt, im anderen Falle aber die Erfüllung der Bedingung nicht durch Urkunden bescheinigt ist, so kann wider den Beklagten das §. 30 f. vorgeschriebene Verfahren (der eigentliche Wechselproceß) nicht Statt finden; es tritt lediglich der Executivproceß, wie er im Anhange der erläuterten Proceß-Ordnung vorgeschrieben ist, oder nach Befinden der Executionsproceß, wie er durch das Gesetz vom 28. Februar 1838 geregelt worden ist, ein.

Jedoch ist, wenn der Beklagte verurtheilt wird, bei dem in der Sache zu fällenden Erkenntnisse zugleich auszusprechen, daß der Beklagte zur Leistung nach Wechselrecht anzuhalten sei. Ein solches Erkenntniß ist aber erst nach eingetretener Rechtskraft wider den Beklagten in Execution zu setzen.

Fünfundzwanzigster Abschnitt.
Sachsen-Altenburg.

Vom Wechsel-Proceß im Herzogthum Sachsen-Altenburg. [1])

Einleitung.

Im Herzogthum Altenburg galt früher über Wechselrecht und Wechselproceß die Wechselordnung vom Jahre 1750 (s. 3te Beifugensammlung zur Landesordnung p. 437 ff.), welche über letzteren, namentlich im Kap. V. §§. 1—15 die betreffenden Vorschriften enthielt, wozu später als Ergänzungen und Erläuterungen das Publicandum vom 26. Juni 1833, vom 22. December 1855 und das Mandat vom 1. Juli 1841 hinzukamen.

In der Gesetzsammlung für das Herzogthum Altenburg vom Jahre 1848 Stück 55 wurde demnächst die allgemeine Wechselordnung durch bloßen Abdruck des 6ten Stücks des Reichsgesetzblattes ohne weitere Einführungs-Verordnung publizirt und sind hiernach die früheren Verordnungen über Wechselrecht als aufgehoben zu betrachten, während diejenigen über den Wechselproceß noch ferner in Kraft bestehen.

Es sind dies folgende:

1. Die Wechselklage muß bei dem ordentlichen oder bei dem sonst im Wechsel bestimmten Gericht des Schuldners schriftlich oder mündlich zum Protokoll, unter sofortiger Beifügung der Originalwechsel und der erforderlichen Legitimations-Urkunden in Urschrift und mit dem ausdrücklichen Gesuche, Wechselhaft über den Schuldner zu verhängen, angebracht, auch von Seiten des Klägers sofort wegen Kosten der Haft und des Unterhalts des Verklagten nach dem Gesetze täglich 5 Sgr., seit den erhöhten Preisen für Lebensbedürfnisse jedoch, auf Anordnung des Appellations-Gerichts täglich 7½ Sgr. Sicherheit geleistet werden. [2])

[1]) Vergl. oben S. 32. Der Verfasser verdankt diese Mittheilungen seinem geehrten Collegen, dem Herrn Advocaten Arthur Dölitzsch zu Altenburg.

[2]) Altenb. Wechsel-Ordn. von 1750 Kap. V. §. 1. Wegen des Aufwandes für verhaftete Wechselschuldner Reg.-Resc. vom 7. Decbr. 1793, 16. Novbr. 1800, 30. Decbr. 1812, 25. April 1818 (dritte Beifugensammlung S. 528 bis 533), Mandat vom 1. Juli Litt. e.

2. Demnächst wird eine Gerichts-Deputation in die Wohnung des Beklagten gesandt und demselben der Wechsel zur Anerkennung oder Diffession vorgelegt; wird die Recognition verweigert oder nach stattgehabter Anerkennung nicht sofort Zahlung geleistet, oder werden vom Beklagten nicht sofort solche verzögerliche Einreden, welche wesentliche Bestandtheile des Prozesses betreffen, oder durch Urkunden zur Stelle erweisliche, zerstörliche Einreden vorgeschützt, so wird gegen den Beklagten sofort die Wechselhaft in Vollzug gebracht und Bescheid darüber ertheilt. [1]) Dem Beklagten steht es aber auch frei, sich in seiner Wohnung bewachen zu lassen, wenn er die Wache bezahlen will und kann, bezüglich wegen dieser Kosten Sicherheit leistet.

3. Die Abnahme des Diffessionseides erfolgt entweder an geordneter Gerichtsstelle, oder vor einer Gerichtsdeputation in der Wohnung des Beklagten, wird jedoch nur auf die Unterschrift des Wechsels gerichtet und zwar dergestalt, daß nach der Seitens des Schuldners erfolgten Anerkennung der Unterschrift die auf den Inhalt des Wechsels gerichtete Diffession nicht mehr zulässig ist, es sei denn, daß er die Behauptung aufstellt, man habe den Wechsel auf ein von ihm vollzogenes Blanquet geschrieben, in welchem Falle er sodann, wenn der Wechsel noch in erster Hand sich befindet, auch zum Diffessionseid zugelassen wird. Die Abwendung des Diffessionseides kann Seitens des Klägers von dessen Ableistung nur durch den Verzicht auf den Wechselproceß und die Wahl einer andern Prozeßart stattfinden. [2])

4. Die Wechselhaft dauert bis zur vollständigen Befriedigung des Klägers wegen Kapitals, Zinsen und Kosten fort (Altenb. W.-O. Kap. V. §. 4), wird aber aufgehoben, sowie der Gläubiger mit dem Vorschuß in Rückstand tritt (a. a. O. §. 1).

5. Sind vom Beklagten liquide verzögerliche oder zerstörliche Einreden erhoben worden, welche der Kläger nicht sofort zu entkräften vermag, so erfolgt entweder die Aussetzung des Wechselprocesses oder das Erkenntniß über dessen Unstatthaftigkeit, es kann jedoch nach Beschaffenheit der Umstände das Verfahren in den Executivproceß umgeleitet werden, und demnächst auf Verlangen auch Actenverschickung stattfinden (a. a. O. §. 12).

6. Werden illiquide Einreden angebracht, so erfolgt deren Verwei-

---

[1]) Altenb. W.-O. Kap. V. §. 1, 3, 4, 10, 11.

[2]) Ebendas. §. 2.

sung zur Widerklage, welche jedoch erst nach Beendigung des Wechselverfahrens angestellt werden darf (a. a. O. §. 13) und, ohne Rücksicht auf die Höhe des Betrages des Streitobjects, im unbestimmten summarischen Processe zu verhandeln und zu entscheiden ist.[1])

7. Ist der Widerbeklagte nicht ansässig, so kann er die vom Wechselschuldner geleistete Zahlung erst dann erhalten, wenn er bis auf Höhe der Wechselforderung, Schäden und Kosten wegen Stellung vor dem Gericht der Widerklage halber wegen Leistung des darin Erkannten Real-Caution gestellt hat (Altenb. W.-O. a. a. O. §. 13).

8. Läuterung kann gegen ein im Wechselproceß gefälltes Erkenntniß, selbst wenn dieser in den Executivproceß übergeleitet worden, nicht eingewendet werden. Eine gegen das Wechselverfahren und gegen Anlegung der Wechselhaft eingebrachte Appellation hat keine aufschiebende Wirkung, es sei denn, daß der gegen die Wechselhaft appellirende Beklagte die eingeklagte Forderungssumme gerichtlich deponirt und ebenso die vom Richter auf 10 bis 20 Thaler festzusetzenden Succumbenzgelder und Unkosten gleichzeitig mit erlegt, wo so dann erst die Wechselhaft sistirt wird.

9. Falls der Beklagte nach Aussetzung des Wechselprocesses wegen liquider Einreden und nach Eröffnung des Bescheides dagegen Appellation einlegt, so hat er ohne Aufforderung binnen der nächsten 3 Tage den Bericht, bei Verlust des Rechtsmittels abzulösen, und das Gericht in derselben Frist die Acten mit Bericht einzusenden.

10. Beträgt das Streitobject unter 50 Thaler,[2]) so wird die Berufung von dem Obergericht als unstatthaft verworfen; beläuft sich der Betrag höher, so wird die Berufung von dem Obergericht entweder sofort, oder falls die Erheblichkeit der Beschwerde zweifelhaft ist, erst nach Erlegung eines Succumbenzgeldes von 10 bis 50 Thaler angenommen und darauf ein Termin zur Rechtfertigung der Appellation anberaumt, in welchem die Parteien, jede in zwei Sätzen, welche in Fristen von zwei Tagen, mit Ausschluß der Sonn- und Festtage eingerichtet werden müssen, mit einander zu verfahren haben.

---

[1]) Mandat vom 1. Juli 1841 Litt. g. Bei solchen Widerklagen kommen jetzt, unter Aufhebung der frühern Bestimmung der W.-O. Kap. V. §. 13 wegen der Verhandlung derselben im summarischen Processe nach Anleitung der Proc.-Ordn. Th. 1 Kap. 1 die Vorschriften des Mandats vom 7. April 1823 zur Anwendung.

[2]) Mandat vom 1. Juli 1841 Litt. h. Die frühere Bestimmung der W.-O. Kap. V. §. 14 lautete nur auf Höhe von 50 Thaler.

Dann erfolgt sofort die Ertheilung des Erkenntnisses oder dessen Einholung auf den Antrag der Parteien, gegen welches, wenn es eine Bestätigung des ersten enthält, kein weiteres Rechtsmittel stattfindet. Gegen ein abänderndes Erkenntniß des Obergerichts steht dagegen dem Appellaten Läuterung zu. [1])

11. Neben der Einleitung des Wechselprocesses steht dem Gläubiger auch das Recht zu, zum Zwecke der Befriedigung aus dem Vermögen des Schuldners den Weg des Executivprocesses einzuschlagen (Altenb. W.-O. Kap. V. §. 4). [2])

Sechsundzwanzigster Abschnitt.

Sachsen-Coburg-Gotha.

Vom Wechsel-Proceß im Herzogthum Sachsen-Coburg-Gotha.

Die herzogliche Verordnung vom 27. Junius 1849 enthält Folgendes:

II. Vom Wechsel-Proceß.

§. 6.

Wechselklagen sind bei dem Gerichte des Beklagten oder bei dem Gerichte des Orts, wo die Zahlung geschehen soll, oder, wenn der Schuldner sich durch eine besondere Clausel demselben unterworfen hat, bei dem Gerichte, in dessen Bezirk er nach der Verfallzeit angetroffen wird, anzustellen.

Dem Gerichte, welches hiernach zur Entscheidung berechtigt ist, sind auch die übrigen Wechselschuldner unterworfen, insofern sie der Kläger in demselben Processe in Anspruch nimmt.

[1]) Altenb. W.-O. Kap. V. §. 14. Oberappellation findet nicht mehr Statt, auch ist bei zwei gleichlautenden Entscheidungen ein ordentliches Rechtsmittel weiter nicht zulässig (Altenb. Publ.-Pol. zu Ob.-App.-Ger.-Ordre §. 3).

[2]) Altenb. W.-O. Kap. V. §. 4. Vergl. auch Kletke: Die Wechsel-Gesetzgebung sämmtlicher deutschen Staaten, Berlin 1854 bei Ludwig Rauh S. 97 ff.

§. 7.

Der Kläger muß mit der schriftlich einzureichenden oder zu Protokoll zu gebenden Klage den Wechsel und die etwa außerdem zur Geltendmachung seines Anspruchs dienenden Urkunden wenigstens in Abschrift einreichen und um Einleitung des Wechselverfahrens bitten.

§. 8.

Ist die Klage statthaft, so ist zur Vorlegung und Anerkennung des Wechsels und der übrigen Urkunden ein nicht über vier Tage nach der Anbringung der Klage hinauszurückender Termin anzusetzen, zu welchem der Beklagte bei Strafe des Anerkenntnisses vorgeladen wird. Sind aber zur Vorladung des Beklagten Requisitionen zu erlassen, so ist, je nach den Umständen, der Termin weiter hinauszusetzen.

§. 9.

Erscheint in diesem Termin der Kläger nicht, so kann der Beklagte seine Vertheidigung vorbringen und auf Ausschließung des Klägers mit seinen Repliken und auf Entscheidung der Sache antragen oder um seine Entbindung von der Instanz bitten.

Erscheint der Beklagte nicht, so wird auf Antrag des Klägers dem angedrohten Rechtsnachtheile gemäß erkannt.

§. 10.

Der Beklagte hat im Termin die ihn verbindenden Unterschriften anzuerkennen oder eidlich abzuläugnen. Läugnet derselbe bei einer per procura geschehenen Unterschrift die Ertheilung der Procura, so kann der Kläger die Ausdehnung des Abläugnungseides (Diffessionseides) auf diesen Umstand fordern.

Bei Protesten, welche in Deutschland aufgenommen sind und bei Urkunden (§. 7), deren Aufnahme oder Beglaubigung in Deutschland durch einen Notar oder Gerichtsbeamten erfolgt, bedarf es einer weiteren Legalisation nicht. Der Einwand der Fälschung bleibt vorbehalten und ist in einem besonderen Verfahren auszuführen.

Die Quittungen über bezahlte Provision, Spesen, Kosten u. s. w. der Nachmänner haben die Vermuthung der Richtigkeit für sich und bedürfen keiner Anerkennung (Recognition). Der Einwand der Fälschung oder des Betrugs bleibt vorbehalten und ist, wenn er nicht sofort nachgewiesen (liquid gemacht) wird, in einem besonderen Verfahren auszuführen.

§. 11.

Erbietet sich der Beklagte zum Abläugnungseide (Diffessionseide), so kann der Kläger den Beweis der Aechtheit und bei einer Unterschrift per procura den Beweis der Procuraertheilung durch die gewöhnlichen Beweismittel, mit Ausschluß des Eidesantrags unternehmen.

Der Wechselproceß wird für die Dauer dieses (Incident) Zwischenverfahrens ausgesetzt. Nach dem Mißlingen des unternommenen Beweises darf der Kläger noch den Abläugnungseid fordern. Will der Beklagte die Procuraertheilung eidlich in Abrede stellen (diffitiren), oder wird die Ueberschreitung der Befugnisse (Art. 95 der Allg. Wechsel-Ordnung) behauptet, so hat der Kläger das Recht, den Procuristen, Vormund oder sonstigen Vertreter des Beklagten zu einem anderweiten Termine hinzuladen (adcitiren) zu lassen.

Wenn in diesem Termin der Hinzugeladene (Adcitat) nicht erscheint oder erklärt, daß er den Kläger wechselmäßig befriedigen wolle, so kann der Kläger nach seinem Ermessen den Proceß gegen den Beklagten zur gerichtlichen Entscheidung bringen.

Wird der Kläger aus einem der im Art. 95 der Allg. Wechsel-Ordnung angeführten Grunde abgewiesen, so kann er bei demselben Gerichte den Wechselproceß gegen den Hinzugeladenen (Adcitaten) fortsetzen und es ist dieser, wenn die Aechtheit seiner Unterschrift feststeht, wechselmäßig auch in die Kosten des ersten Processes zu verurtheilen.

So lange der erste Proceß schwebt, hat der Hinzugeladene (Adcitat) das Recht, nach vollständiger Befriedigung des Klägers, denselben auf seine Gefahr fortzusetzen.

§. 12.

Wird die Passivlegitimation geläugnet, so kann der Kläger dieselbe durch die gewöhnlichen Beweismittel darthun. Der Wechselproceß wird alsdann für die Dauer des hierdurch entstehenden Incidentverfahrens ausgesetzt.

§. 13.

Im Wechselverfahren werden nur solche Einreden berücksichtigt, welche, insofern den Beklagten die Beweislast trifft, durch öffentliche oder anerkennungsfähige (recognoscible) Privaturkunden erweislich sind.

Die exceptio non numeratae pecuniae (Einrede des nicht gezahlten Geldes) kann in Wechselsachen mit der gemeinrechtlichen Wirkung nicht vorgeschützt werden.

Dilatorische (aufschiebende) Einreden sind nur zulässig, sofern sie den Mangel einer Voraussetzung der Rechtsbeständigkeit des Verfahrens betreffen.

Editionsgesuche (Anträge auf Vorlegung und Herausgabe von Urkunden) sind überhaupt unstatthaft.

Bei Widerklagen findet gleichzeitiges Verfahren mit der Vorklage nicht Statt, doch können sie zur Begründung des Forum bei dem Gerichte der Vorklage in einem gesonderten Processe angebracht werden.

§. 14

Illiquide zerstörliche (peremtorische) Einreden sind dem Beklagten nicht abzuerkennen, sondern zum besonderen Verfahren zu verweisen.

§. 15.

Der Kläger kann zur Verhandlung seiner Gegeneinreden (Repliken), sowie zur Anerkennung oder eidlichen Abläugnung der von dem Beklagten vorgelegten Urkunden die Ansetzung eines anderen, jedoch ohne seine, (des Klägers,) Zustimmung nicht über drei Tage hinauszurückenden Termins beantragen. Die Ansetzung dieses Termins soll sofort durch einen Protokollarbescheid geschehen.

Illiquide und nicht im Sinne des §. 13 sofort erweisliche Gegeneinreden (Repliken) sind im Wechselprocesse nicht zu berücksichtigen, vielmehr für ein besonderes Verfahren vorzubehalten.

§. 16.

Das abzugebende Erkenntniß muß den Parteien spätestens binnen vier Tagen nach abgehaltenem Termine eröffnet oder in Kraft geschehener Eröffnung (in vim publicati) zugefertigt werden. Wird der Beklagte verurtheilt, so ist demselben zugleich aufzugeben, binnen 24 Stunden, bei Vermeidung der wechselmäßigen oder in das Vermögen des Schuldners zu vollstreckenden Execution, den Kläger wegen seiner Haupt- und Nebenforderungen, ingleichen der Kosten zu befriedigen.

§. 17.

Im Wechselproceß findet als ordentliches Rechtsmittel nur die Berufung und zwar ohne aufschiebende Wirkung Statt.

Die Berufung ergeht gegen Erkenntnisse der Untergerichte an das Justiz-Collegium zu Coburg, gegen die von dem Letzteren in erster Instanz gefällten Erkenntnisse an das Justiz-Collegium zu Gotha und ist in letzterer Beziehung nicht devolutiv.

Sie kann sowohl mündlich als schriftlich angebracht, muß aber stets bei dem Gerichte, welches das anzufechtende Erkenntniß ertheilt hat (judex a quo), und zwar binnen drei Tagen eingelegt werden.

Ist der judex a quo eine Unterbehörde, so hat diese innerhalb acht Tagen das Duplicat der Berufung oder eine Abschrift davon, wenn sie mündlich eingewendet wurde, dem Provocaten mitzutheilen und innerhalb derselben Frist die Acten an das Justiz-Collegium zu Coburg einzusenden. Von Zeit der Einlegung des Rechtsmittels an läuft dem Provocanten eine nicht erstreckbare achttägige präclusivische Frist zur Begründung. Das Justiz-Collegium entscheidet darauf sofort oder nachdem es die Parteien behufs einer nachträglichen mündlichen Erörterung oder nochmalige Sühne vor sich beschieden hat.

Wird Berufung gegen ein von dem Justiz-Collegium selbst in erster Instanz ertheiltes Erkenntniß eingewendet, so ist vorerst abzuwarten, ob der Provocant innerhalb acht Tagen das Rechtsmittel schriftlich näher begründen werde. Alsdann wird das Duplicat der Berufung und der etwa beigekommenen Rechtfertigungsschrift dem Provocaten zugestellt und ihm überlassen, binnen achttägiger Frist eine Anfechtungsschrift zu den Acten zu geben; hierauf aber, *es mag eine Schrift einkommen oder nicht*, werden die Acten ohne Ansetzung eines Inrotulationstermins an das Justiz-Collegium zu Gotha zur Einholung des Provocationserkenntnisses übersendet.

Die hier gestatteten Fristen sind ebenfalls bei Strafe des Ausschlusses mit weiterer Ausführung oder Anfechtung des Rechtsmittels einzuhalten. Ihr Versäumniß gilt für Submission auf die Voracten.

Alle Verfügungen der Gerichte, sowie die Erkenntnisse, sind jedesmal binnen acht Tagen abzugeben.

§. 18.

Der Beklagte, welcher es wahrscheinlich macht, daß ihm im Falle des Obsieges, bei etwa verfolgten Rechtsmitteln oder im Separatprocesse, die Vollstreckung werde gefährdet werden, kann verlangen, daß die Zahlung in das gerichtliche Depositum genommen und dem Kläger nur gegen Sicherheitsleistung ausgeliefert werde. Wird in Beziehung auf die Verfolgung zum Separatverfahren verwiesener illiquider Einreden die Deponirung der gezahlten Summe oder eines Theiles vom Beklagten gefordert, so hat derselbe gleichzeitig den Grund seiner Ansprüche, wie bei Arrestanträgen, wahrscheinlich zu machen und binnen vier Wochen von der Publication und Insinuation des Erkenntnisses, bei Verlust seiner Rechte auf das Depositum oder die bestellte Sicherheit, das Proceßverfahren selbst einzuleiten.

§. 19.

Die Wechselhaft ist regelmäßig im bürgerlichen Gefängniß zu vollziehen. Nur bei durch ärztliches Zeugniß nachgewiesener Krankheit ist dem Schuldner nachzulassen, in seiner Wohnung zu bleiben, welchenfalls ihm jedoch eine Wache in derselben zu setzen ist.

§. 20.

Neben dem Antrage auf Vollziehung der Personalhaft hat der Kläger, sofern der Schuldner nicht im Stande ist, sich im Arrest selbst zu ernähren, die Unterhaltungskosten für die erste Woche einzuzahlen und die ferneren Unterhaltungskosten von Woche zu Woche zum Voraus zu entrichten. Unterbleibt die Vorausentrichtung, so wird der bereits verhaftete Schuldner entlassen und kann wegen derselben Schuld nicht wieder verhaftet werden.

§. 21.

Die Unterhaltungskosten bestimmt der Richter nach den Umständen und den persönlichen Verhältnissen des Schuldners, jedoch sollen dieselben für den Tag nicht weniger als 18 Kr. und nicht mehr als 40 Kr. betragen, außer den Heizungskosten und den Sitzgebühren, welche letztere täglich 15 Kr. betragen, und in die treffende Gerichtscasse fließen.

Bei der Bewachung des Wechselschuldners in seiner Wohnung sollen für zwei Mann Wache, welche sich von Zeit zu Zeit ablösen, zusammen täglich 30 Kr. rheinl. in Ansatz kommen.

Gettorf, den 27. Juni 1849.

Ernst, Herzog zu S.-C. u. G.
Bröhmer.

Siebenundzwanzigster Abschnitt.

Sachsen-Meiningen-Hildburghausen.

Vom Wechsel-Proceß im Herzogthum Sachsen-Meiningen-Hildburghausen.

Nach Art. 5 der Einführungs-Ordnung vom 22. April 1848 ist es wegen des Wechsel-Processes bei den bisherigen gesetzlichen Bestimmungen belassen.

Es ist daher Folgendes zu beachten:

I. Im alten Fürstenthum Meiningen gilt in Folge des Rescripts vom 23. Februar 1707 und im Fürstenthum Hildburghausen in Folge Rescripts vom 11. Juni 1714 das leipziger Wechsel-Verfahren.

II. In Bezug auf das Fürstenthum Hildburghausen hat ein Rescript vom 19. März 1722 noch besonders angeordnet, daß bei Unter-Gerichten die Vorladung des Wechsel-Schuldners sofort mündlich mit Angabe der Ursache oder unter abschriftlicher Mittheilung des Wechsels erfolgen und beim Ausbleiben die Vorladung auf den zweiten oder dritten Tag bei Strafe des Anerkenntnisses wiederholt werden solle.

III. Die im Alt Meiningenschen bestehenden Vorschriften über den Wechsel-Proceß sollen auf das vormals gemeinschaftliche Amt Römhild, das Amt Themar und die vormals Coburgischen Ortschaften ausgedehnt werden.

Achtundzwanzigster Abschnitt.

Sachsen-Weimar-Eisenach.

Vom Wechsel-Proceß im Groß-Herzogthum Sachsen-Weimar-Eisenach.

Nach der Einführungs-Ordnung vom 13. Juli 1849 §. 8 sollen die Bestimmungen des vierten Abschnitts der Wechsel-Ordnung vom 20. April 1819 Statt finden (§. 212—268).

Diese stimmen im Wesentlichen mit den Vorschriften überein, welche oben bei dem Fürstenthum Reuß älterer Linie S. 376 ff. angeführt sind. Indessen sind folgende Abänderungen und Zusätze angeordnet:

1. (Zu §. 214 der Wechsel-Ordn. v. 20. April 1819.) Bei dem Gerichte, bei welchem hiernach die Wechselklage angebracht ist, müssen sich demnach auch alle Wechsel-Verpflichtete einlassen, welche von einer Partei, nach gehöriger Streit-Verkündung, belangt werden. Auch in Wechselsachen verlieren die Privilegien des Gerichtsstandes ihre Wirkung und sind die Schriftsassen dem Stadtgericht oder Justizamt des Bezirks, worin sie wohnen, unterworfen.

2. (§. 227.) Das Wechselverfahren ist an Sonn- und Feiertagen und wider Juden auch am Sabbath oder jüdischen Feiertagen zulässig. Würde jedoch der Beklagte die Eidesleistung an einem solchen Tage unter Berufung auf seine Religion, verweigern, so ist er auf Antrag des Klägers einstweilen zu detiniren, wenn er wegen seines anderweiten zeitigen Erscheinens beim Gerichte nicht hinreichende Sicherheit stellt.

3. (§. 252.) Die Hilfsvollstreckung in das Vermögen kann auch gleichzeitig nebst dem Wechselarrest verhängt werden.

Neunundzwanzigster Abschnitt.

Schaumburg-Lippe.

Vom Wechsel-Proceß im Fürstenthum Schaumburg-Lippe.

Die Allgemeine deutsche Wechsel-Ordnung ist bald nach ihrer Publication gleich den übrigen Reichs-Gesetzen in den fürstlich Schaumburgischen Landen als Reichs-Gesetz veröffentlicht, ohne daß ein Einführungs-Gesetz oder eine sonstige Verfügung vorläge, welche die Verbindlichkeit der Allgemeinen deutschen Wechsel-Ordnung für das gedachte Fürstenthum außer Zweifel setzte. Die Regierung, welche bis zum Herbst 1849 bestand, war offenbar bei ihren Maßnahmen überall davon ausgegangen, daß die Reichs-Gesetzgebung die einzelnen deutschen Bundes-Staaten verbinde. Der am Schlusse des Jahres 1849 eingetretene Minister-Wechsel brachte die entgegengesetzte Ansicht zur Geltung. Auch das fürstliche Ober-Gericht (die Justiz-Canzlei) hat bald nachher die Unverbindlichkeit der Reichs-Gesetze ausgesprochen, welche Ansicht auch jetzt noch die alleinherrschende im Fürstenthum Schaumburg sein soll.

Ein Proceß-Verfahren in Wechsel-Sachen hatte die Praxis in dem gedachten Fürstenthum vor der Allgemeinen deutschen Wechsel-Ordnung nicht gekannt, es ist auch ein Wechsel-Proceß-Verfahren durch kein Gesetz eingeführt und somit gilt, wie ein geistreicher Jurist sagt, daselbst als Glaubens-Satz, daß eine Wechsel-Klage dort zu Lande überhaupt nicht möglich sei.

Die dortige Justiz-Canzlei soll daher auch Requisitionen auswärtiger Gerichte in Wechsel-Sachen wegen Vollstreckung von Wechsel-Executionen stets aus dem Grunde abgelehnt haben, daß das dortige Proceß-Recht einen Wechsel-Proceß überhaupt nicht kenne.

Unter solchen Umständen hilft man sich bei vorkommenden Wechseln in Schaumburg damit, daß man aus denselben im gemeinrechtlichen Executiv-Proceß klagt, was jeden Falls schneller zum Ziel führt, als wenn der Kläger sich in zwei Instanzen abweisen läßt, in der ungewissen Hoffnung, vielleicht in dritter Instanz ein besseres Urtheil zu erlangen.

Dreißigster Abschnitt.

Schleswig-Holstein.

Vom Wechsel-Proceß in den Herzogthümern Schleswig-Holstein.

Es ist hierüber der Abschnitt bei Holstein zu vergleichen.

Das Ministerium für Schleswig hat unter dem 23. Januar 1851 kraft königlich dänischen Befehls vom 16. Juni 1851 bestimmt, daß statt der Allgemeinen deutschen Wechsel-Ordnung die früheren das Wechselrecht betreffenden Vorschriften, namentlich die Wechsel-Ordnung der Stadt Flensburg vom 17. August 1843, so wie die für Friedrichstadt gegebenen Bestimmuugen wieder in Kraft treten sollen.

Einunddreißigster Abschnitt.

Schwarzburg.

Vom Wechsel-Proceß in den Fürstenthümern Schwarzburg-Rudolstadt und Schwarzburg-Sondershausen.

I. Schwarzburg-Rudolstadt.

Für den Wechsel-Proceß ist, nachdem die Allg. deutsche Wechsel-Ordnung ohne besonderes Einführungs-Gesetz in Nr. II. der Gesetz-Sammlung von 1849 publicirt worden, noch die alte Wechsel-Ordnung vom 20. März 1755 maßgebend. Danach stellen sich vornehmlich folgende Grundsätze heraus:

1. Die Wechsel-Klage muß unter Vorlegung der Originalien mit dem Antrage auf sofortige Verhaftung des Schuldners angebracht werden.

2. Diesem läßt das Gericht ohne besondere Ladung den Wechsel sofort vorlegen. Schwört er denselben nicht ab, oder hat er keine sofort liquide Einwendung, so wird er bis zur Befriedigung des Gläubigers zur Haft gebracht.

3. Die Appellation hat nur aufschiebende Wirkung.

4. Als liquide Einreden gelten nur die der mangelnden Sach-Legitimation, der Compensation, der Zahlung und der Stundung, letztere drei nur, wenn sie sofort erweislich sind.

II. Schwarzburg-Sondershausen.

Für den Wechsel-Proceß ist das Gesetz vom 20. Februar 1834 (§. 222 ff.) maßgebend geblieben, welches im Wesentlichen mit den Vorschriften übereinstimmt, welche für den Wechsel-Proceß im Fürstenthum Reuß älterer Linie aufgestellt sind.

Zweiunddreißigster Abschnitt.

Waldeck-Pyrmont.

Vom Wechsel-Proceß im Fürstenthum Waldeck-Pyrmont.

Das Einführungsgesetz vom 30. Mai 1849 verordnete zugleich, daß die nachfolgende Wechsel-Proceß-Ordnung vom 30. Mai 1849 in Kraft treten solle. Diese enthält im Wesentlichen folgende Bestimmungen:

§. 1.

Die Wechselklage kann angebracht werden:

a) vor dem Gericht des Wohnorts des Verklagten;

b) vor dem Gericht, in dessen Bezirk der Wechsel ausgestellt wurde, vorausgesetzt, daß der Verklagte sich zur Zeit der Anstellung der Klage in demselben befindet;

c) vor dem Gericht des Orts, wo die Zahlung geschehen soll, unter gleicher Voraussetzung wie zu b;

d) vor jedem Gericht, in dessen Bezirk der Verklagte nach der Verfallzeit angetroffen wird, vorausgesetzt, daß er sich diesem durch eine schriftliche Erklärung unterworfen hat.

Dem Gericht, welchem hiernach die Entscheidung zusteht, sind auch die übrigen inländischen Wechselschuldner unterworfen, insofern sie der Kläger in derselben Klage in Anspruch nimmt.

§. 2.

Zur Begründung der Wechselprocesses ist namentlich erforderlich, daß:

1) der Wechsel und der Protest im Original vorgelegt werden;
2) der Wechsel alle wesentlichen Bestandtheile eines solchen enthalte;
3) die Schuld fällig sei;
4) der Kläger auf die Anerkennung oder eidliche Abläugnung und auf Einleitung des Wechselverfahrens angetragen habe. Dieser Antrag auf Anerkennung ist bei Klagen gegen den Acceptanten auf die Anerkennung des Wechsels und seines Accepts, bei Regreßklagen wider einen Indossanten auf die Anerkennung des Wechsels und seines Indossaments zu richten;
5) daß der Kläger, wenn der Wechsel nicht auf ihn selbst lautet, entweder durch das letzte gehörig ausgestellte Indossament, oder falls er als Vormund oder als Curator klagt, durch Beibringung seines Tutoriums oder Curatoriums, oder wenn er als Erbe klagt, in dieser Eigenschaft zur Klage und Empfangnahme des Geldes sich hinreichend legitimire.

§. 3.

Mit der Klage ist die vollständige Berechnung der Ansprüche zu verbinden.

§. 4.

Wird die Unstatthaftigkeit des Wechselprocesses nicht sofort anerkannt, so ist dem Verklagten die Klage mit dem Wechsel in Abschrift zuzufertigen und ein ganz naher Termin anzuberaumen, zu welchem derselbe zur Anerkennung oder — insoweit es sich um Privaturkunden handelt — zur eidlichen Abläugnung, bei Strafe der Anerkennung und des Verlustes aller Einreden vorgeladen wird.

Die Insinuation muß, um wirksam zu sein, spätestens sechs Stunden vor dem Eintritt des Termins geschehen.

Ist ein rechtlicher Verdacht der Flucht gegen den Verklagten vorhanden, so kann ihm sofort eine Wache gesetzt und er dingstellig gemacht werden.

Bleibt der Verklagte ungehorsam aus, oder giebt er keine rechtlich genügende Erklärung ab, so wird auf Antrag des Klägers dem bei Mittheilung der Klage gedrohten Rechtsnachtheile gemäß erkannt.

Bleibt der Kläger im Termine aus, so kann der Beklagte um Entbindung von der Wechselklage und Erstattung der Kosten bitten.

§. 5.

Erscheint der Verklagte und erkennt die Richtigkeit seiner Unterschrift ohne Einreden vorzubringen an, so wird er sofort zur Zahlung und zum Ersatze der Kosten verurtheilt, auch so lange in Arrest gesetzt, bis er die Zahlung geleistet hat. Läugnet der Verklagte seine Unterschrift des Wechsels oder des Indossaments, oder die Unterschrift seines Vertreters eidlich ab, so wird er von der Wechselklage entbunden, und der Kläger in die Kosten verurtheilt. Will der Kläger den Verklagten zur eidlichen Abläugnung nicht zulassen, und erbietet er sich den Beweis der Richtigkeit auf andere Weise zu führen, so ist ihm dies zwar zu gestatten, jedoch fällt sodann der Wechselproceß weg, und es ist die Sache zum Verfahren im ordentlichen Processe zu verweisen.

§. 6.

Läugnet der Verklagte bei einer in seinem Auftrage (per procura) geschehenen Unterschrift die Ertheilung der Vollmacht, so kann der Kläger fordern, daß die eidliche Abläugnung (der Diffessionseid) auf diesen Punct gerichtet werde.

Die Vermerkungen über bezahlte Provision, Kosten und Auslagen der Nachmänner haben die Vermuthung der Richtigkeit für sich und bedürfen keiner Anerkennung.

§. 7.

Die nach Artikel 82 der Allgemeinen Wechsel-Ordnung statthaften Einreden sind, insofern dabei den Verklagten die Beweislast trifft, im Wechselverfahren nur dann zulässig, wenn sie auf der Stelle durch öffentliche Urkunden, oder durch solche Privaturkunden, die den Kläger zur Anerkennung oder eidlichen Abläugnung verpflichten, erweislich gemacht werden können.

§. 8.

Einreden, welche das Klagrecht aufschieben (dilatorische), sind nur dann zulässig, wenn sie den Mangel einer Voraussetzung der Rechtsbeständigkeit des Verfahrens betreffen.

§. 9.

Gesuche um Herausgabe von Urkunden (Editionsgesuche) sind unstatthaft.

§. 10.

Bei Widerklagen tritt gleichzeitiges Verfahren mit der Vorklage nicht ein; doch können sie zur Begründung des Gerichtsstandes bei dem Gericht der Vorklage in einem besonderen Proceß angebracht werden.

§. 11.

Repliken, die nicht in der Weise des §. 7 sofort klar gestellt werden können, sind im Wechselprocesse nicht zu berücksichtigen.

§. 12.

Das abzugebende Erkenntniß muß den Parteien sofort oder längstens binnen drei Tagen nach dem Actenschluß eröffnet, oder statt der Eröffnung in einer Ausfertigung zugestellt werden. Wird der Verklagte verurtheilt, so ist er sofort in den Schuldarrest abzuführen, insofern der Kläger nicht erklärt, seine Befriedigung zunächst in dem Vermögen des Verklagten suchen zu wollen. Der Vollzug der Execution in das Vermögen des Schuldners kann nach Ablauf von 24 Stunden, von der Eröffnung des Urtheils an gerechnet, gefordert werden.

§. 13.

Gegen das Erkenntniß finden die überhaupt zulässigen Rechtsmittel, jedoch ohne daß die Vollstreckung desselben aufgehalten wird (ohne Suspensiveffect) statt.

Die Einwendung des Rechtsmittels muß innerhalb dreier Tage erfolgen.

Die Frist zur Rechtfertigung (bei den Obergerichten zur Einführung und Rechtfertigung) beträgt acht Tage.

Hiernach ist in appellablen Sachen der Termin zur Rechtfertigung der Revision zu bestimmen.

Würde die achttägige Frist an einem Sonn- oder Festtage ablaufen, so ist der Rechtfertigungstermin auf den folgenden Wochentag anzuberaumen.

In der Instanz der Rechtsmittel sind auch die Termine und Fristen für die weiteren Verhandlungen der Parteien nicht über acht Tage hinauszudehnen. Die Erkenntnisse sind innerhalb acht Tagen nach Eingang der Acten nach deren Schluß abzugeben.

§. 14.

Wenn der Beklagte es wahrscheinlich macht, daß er im Falle des Obsieges bei etwa verfolgten Rechtsmitteln oder im besonderen Verfahren (Separatprocesse) wegen Wiedererlangung des Gezahlten gefährdet sei, so kann derselbe verlangen, daß die Zahlung in das gerichtliche Depositum genommen, und dem Kläger nur gegen Sicherheitsleistung verabfolgt werde.

Wird in Beziehung auf die Verfolgung illiquider und zur besonderen Ausführung verwiesener Einreden die gerichtliche Niederlegung der gezahlten Summe oder eines Theils derselben vom Beklagten gefordert, so hat derselbe gleichzeitig den Grund seiner Ansprüche in der Weise, wie dies bei Arrestanträgen geschehen muß, wahrscheinlich zu machen, und sodann binnen vier Wochen von der Eröffnung oder Behändigung des Erkenntnisses, bei Verlust seiner Rechte auf die deponirte Summe oder die bestellte Sicherheit, das Proceßverfahren selbst einzuleiten.

§. 15.

Der Personalarrest wird durch Verwahrung im Gerichtsgefängniß, unter Absonderung von Sträflingen und den in Untersuchung befindlichen Arrestaten, oder in einem anderen öffentlichen, vom Gericht geeignet befundenen Locale vollzogen.

Der Richter darf die Verwahrung und Bewachung auch in Privatwohnungen dritter Personen, selbst gegen den Willen des Klägers, gestatten, insofern dabei die Sicherheit der Bewachung nicht gefährdet ist und der Schuldner den für seine Verpflegung, Verwahrung und Bewachung erforderlichen Aufwand aus eigenen Mitteln bestreitet.

§. 16.

Unterbleibt die Vorausentrichtung der Unterhalts- und Sitzkosten, so wird der Schuldner entlassen, und kann wegen derselben Schuld nicht wieder verhaftet werden.

In Krankheitsfällen hat der Kläger auch die Medicinalkosten zu bezahlen.

§. 17.

Der Schuldner ist zur Erstattung des in §. 16 gedachten Aufwandes verpflichtet.

Dreiunddreißigster Abschnitt.

Königreich Würtemberg.

Vom Wechsel-Proceß im Königreich Würtemberg. [1])

Einleitung.

Die Einführungs-Ordnung vom 6. Mai 1849 hat im Art. I. die älteren Gesetze, Verordnungen und Gewohnheiten, auch einen großen Theil der alten Wechsel-Ordnung vom Jahre 1759 aufgehoben, indessen ist diese doch in Absicht des Wechsel-Verfahrens meistens in Kraft geblieben, namentlich der sechste Abschnitt.

Das fünfte Capitel handelte von den Wechsel-Gerichten, ist aber durch die neueren Verordnungen über die Gerichts-Organisation längst aufgehoben.

Nach dem V. Organisations-Edict vom 18. November 1857 §. 26 sind die Civil-Senate der 4 Kreisgerichtshöfe zu Ulm, Eßlingen, Tübingen und Ellwangen (früher Appellationsgerichte und Gerichte erster Instanz für die Eximirten, jetzt in bürgerlichen Rechtsstreitigkeiten, für welche die 64 Königlichen Oberamtsgerichte die erste Instanz bilden, durchaus Appellationsgerichte) je für die Wechselsachen innerhalb ihres Bezirks die competenten Wechselgerichte; für den Stadtdirectionsbezirk Stuttgart jedoch ist der Civil-Senat des Königlichen Obertribunals als Wechselgericht verordnet. Eine Appellation findet weder von jenem, noch von diesem Statt. Daneben besteht jedoch eine eigenthümliche Competenz der Oberamtsgerichte (Gerichte erster Instanz).

Der §. 185 des IV. Edicts vom 31. Dezember 1818 verordnet nämlich in dieser Beziehung, wie folgt:

> In Wechselsachen haben die Oberamtsgerichte diejenige Gerichtsbarkeit, welche nach der Wechselordnung vom 24. März 1759 bisher den Oberbeamten übertragen war. Sie können also nur in klaren Fällen, wenn z. B. der Wechsel in contumaciam für anerkannt anzunehmen ist oder wenn Einwendungen gemacht werden, welche offenbar unerheblich sind, nach Wechselrecht erkennen.

---

[1]) Der Verfasser verdankt diese Mittheilungen großentheils seinem geehrten Herrn Collegen, dem Rechts-Consulenten Dr. Adolph Seeger zu Stuttgart.

Diese Bestimmung ist gesetzlich noch giltig, es wird aber in der Praxis wenig Gebrauch davon gemacht, vielmehr werden die meisten Wechselklagen bei den zuständigen Obergerichten angebracht.

Was nun die Bestimmungen über den Wechsel-Proceß selbst betrifft, so sind darüber nach Maaßgabe der Wechselordnung von 1759 (Stuttgart gedruckt bei Christoph Friedrich Cotta) und des Art. I. der Einführungs-Ordnung vom 6. Mai 1849 folgende wesentliche Bestimmungen zu bemerken.

§. 1.

Eine Wechselklage darf bei dem betreffenden Gericht schriftlich oder mündlich unter Beifügung einer beglaubigten Abschrift des Wechsels angebracht werden (Cap. 6 §. 1).

§. 2.

Demnächst wird ein Termin zur Erklärung über den Wechsel anberaumt, in Städten mit drei-, auf dem Lande mit achttägiger Frist (§. 2 a. a. O.).

§. 3.

Die Behändigung der Vorladung muß in Städten mindestens den Tag nach Erlaß derselben, auf dem Lande mindestens den zweiten Tag hernach geschehen (§. 3 a. a. O.).

§. 4.

Dieser Termin darf unter keinem Vorwand verlängert werden (§. 4 a. a. O.).

§. 5.

Im Termin muß sich der Verklagte persönlich über die Anerkennung des Wechsels erklären, und, wenn er solchen nicht anerkennt, sofern der Kläger ihn dazu verstatten will, schwören, daß er den Wechsel weder selbst geschrieben noch unterzeichnet, ihn auch nicht durch Andre schreiben oder unterschreiben lassen, auch die darin benannte Summe dem Kläger nicht schulde. Schwört der Verklagte den Diffessionseid, so ist er von der Forderung gänzlich zu entbinden, hat aber der Kläger Bedenken, ihn zu diesem Eide zu verstatten und zieht es vor, gegen ihn im gewöhnlichen Proceß einzuschreiten, so bleibt das dem Kläger zwar unbenommen, jedoch muß er solchen Falls von dem Wechselgericht an den gewöhnlichen Richter verwiesen werden (§. 5 a. a. O.).

§. 6.

Erscheint der Verklagte in den in §. 5 gedachten Terminen nicht in Person, oder will er nicht schwören, so wird der Wechsel als von ihm ausgestellt erachtet, wenn er nicht sein Ausbleiben durch Krankheit entschuldigt. Solchen Falls steht dem Kläger zu, entweder die Herstellung des Verklagten abzuwarten, oder es wird auf sein Verlangen sogleich ein Richter mit einem Actuarius in das Haus des Verklagten abgeordnet, um nach §. 5 zu verfahren (§. 6 a. a. O.).

§. 7.

Erkennt der Verklagte den Wechsel an und hat er dagegen keine gesetzliche Einwendungen vorzubringen, oder wird der Wechsel für anerkannt erklärt, so muß alsbald gegen den Schuldner mit der Execution verfahren werden (§. 7 a. a. O.).

§. 8.

Ist aber die Anerkennung mit Vorbehalt von Einwendungen geschehen und sind diese ausdrücklich angeführt, so wird es damit, je nach deren besonderen Beschaffenheit, wie hier folgt, gehalten (§. 8 a. a. O.).

§. 9.

Es werden nämlich alle die Einwendungen, wo entweder zur Begründung des Wechselprocesses der Beweis dem Kläger obliegt, oder welche sonst aus dieser Wechselordnung und dem Wechselrecht selbst oder aus den vorkommenden Wechselbriefen und anderen darüber ausdrücklich gefertigten Urkunden augenscheinlich behauptet werden können, allerdings zugelassen (§. 9 a. a. O.).

§. 10.

Von den sogenannten dilatorischen Einreden sind sofort anzunehmen die Exceptio feriarum sacrarum quoad actus, sodann legitimationis personae et ad causam, desgleichen praeventionis seu litis pendentiae et spolii, und zwar diese beiden letztern nur dann, wenn solche sofort erweislich sind (§. 10 a. a. O.).

§. 11.

Was die peremtorischen Einwendungen betrifft, so hat es in Hinsicht der Verjährung bei dem sein Bewenden, was die deutsche Wechsel-Ordnung bestimmt (§. 12 a. a. O.).

§. 12.

Kann ein aus einem eigenen nicht indossirten Wechsel belangter Verklagter sofort mit des Gläubigers eigenhändigem Schein oder anderen unwidersprechlichen Urkunden oder Eideszuschiebung klar nachweisen, daß die Zahlung schon an den Kläger geschehen sei, oder daß er an denselben eine compensable Gegenforderung habe, so soll er damit gehört werden, gegen einen Dritten aber der Einwand der Zahlung oder der Compensation nur dann statt haben, wenn das, was auf den Wechsel gezahlt ist, darin wirklich abgeschrieben worden (§. 13 a. a. O.).

§. 13.

Auch sind die Einwendungen des Vergleichs, der rechtskräftigen Entscheidung und der Arglist, wenn sie sofort erweislich sind, jedenfalls unbenommen, wenn aber ein Wechsel von mehreren Personen unterschrieben, auch in der mehreren Zahl abgefaßt ist, so kann die Exceptio divisionis, obschon die Verpflichtung in solidum darin ausdrücklich nicht enthalten wäre, gleichwohl nicht Platz greifen, sondern es müssen die Unterschriebenen alle dafür haften und zwar nach Gutfinden des Klägers, Alle zusammen oder Einer oder Etliche für Alle. (§. 17 a. a. O.)

§. 14.

Wie schon oben bestimmt, daß wider einen indossirten Wechsel weder der Einwand der Zahlung, noch der Compensation, wenn nicht das Bezahlte darauf abgeschrieben worden, aus der Person des Indossanten dem Indossatar entgegengesetzt werden darf, eben so soll es auch mit allen anderen Einwendungen gehalten werden, welche aus der Handlung des Indossanten herrühren (§. 18 a. a. O.).

§. 15.

Keine anderen, als die bereits bemerkten Einwendungen, oder welche sich auf die im §. 9 gedachte allgemeine Regel gründen, finden bei dem Wechselprocesse statt und werden alle übrigen, wie die angeführten selbst, wenn diese nicht sofort erweislich sind, zum besonderen Proceß oder zur Widerklage verwiesen (§. 19 a. a. O.).

§. 16.

Ist jedoch der Kläger in dem Königreich Würtemberg nicht angesessen und hat der Verklagte klare oder doch einigermaßen bescheinigte rechtsmäßige Ursache zu einer Widerklage, so soll der Kläger angehalten werden, wegen der Widerklage genugsame Bürgschaft innerhalb des Landes zu bestellen. Kann oder will er das nicht, so soll zwar nichts desto weniger mit dem Verklagten nach dem Wechselrecht verfahren, das Geld aber dem Kläger nicht ausgeantwortet, sondern bis zum Ausgange der Widerklage so niedergelegt werden, daß Kläger dessen sicher sei (§. 20 a. a. O.).

§. 17.

Damit, wegen des mehrgedachten sofortigen Beweises kein Verzug entstehen möge, so wird bemerkt, daß der Beweisführende in allen denjenigen Fällen, wo dessen Erwähnung geschieht, den Beweis auf keine andere Art, als durch klare und unwidersprechliche Urkunden oder seines Gegners eigenes Erkenntniß und Eideszuschiebung in dem oben §. 2 bemerkten Termine wirklich zu erbringen und spätestens einen Tag hernach unter der gesetzlichen Warnung zu vollführen habe. Der Beweis durch Zeugen ist jedoch bei diesem Wechselprocesse gänzlich unzulässig.

I.

Sach-Register.

Allgemeine deutsche Wechsel-Ordnung.

Erster Abschnitt.

Zweiter Abschnitt.

Dritter Abschnitt.

Zweite Abtheilung.

Erster Abschnitt.

Seite

Zweiter Abschnitt.

Dritter Abschnitt.

Vierter Abschnitt.

Fünfter Abschnitt.

Sechster Abschnitt.

Siebenter Abschnitt.

Achter Abschnitt.

Neunter Abschnitt.

Zehnter Abschnitt.

Elfter Abschnitt.

Zwölfter Abschnitt.

Dreizehnter Abschnitt.

Vierzehnter Abschnitt.

Funfzehnter Abschnitt.

Sechzehnter Abschnitt.

Siebzehnter Abschnitt.

Achtzehnter Abschnitt.

Neunzehnter Abschnitt.

Zwanzigster Abschnitt.

II.

Alphabetisches Register.

A.

B.

D.

E.

F.

G.

H.

J.

K.

L.

M.

N.

O.

P.

W.

Z.

Druckfehler und Berichtigungen.

S. 30 Z. 1 muß statt „Execution" „Deposition" gelesen werden.
S. 34 Z. 1 ist statt „der" „das Gehalt" zu lesen.
S. 41 Z. 18 von oben ist statt „unbestimmte" zu lesen „bestimmte."
S. 64 Anm. 4 müssen die Klammern wegfallen.
S. 73 über Artikel 21 ist zu setzen: „V. Annahme (Acceptation)."
S. 75 muß die Ueberschrift lauten: „V. Annahme. Art. 22."
S. 77 u. 79 ist die Ueberschrift in gleicher Weise zu ändern.
S. 80 über Artikel 25 ist zu setzen: „Regreß auf Sicherstellung. 1. wegen nicht erhaltener Annahme."
S. 81 u. 83 muß die Ueberschrift lauten: „Regreß auf Sicherstellung. 1. wegen nicht erhaltener Annahme. Art. 25 ff."
S. 85 ist über Artikel 29 zu setzen: „2. wegen Unsicherheit des Acceptanten."
S. 87, 89 ff. ist statt „V." zu lesen „VII."
S. 102 ist über Artikel 41 zu setzen: „VIII. Regreß Mangels Zahlung."
S. 103, 105, 107, 109 u. 111 ist die gleiche Ueberschrift zu setzen.
S. 108 Z. 3 von oben ist „daß" statt „das" zu setzen.
S. 120 Z. 17 von unten ist vor dem Worte „Zahlung" das Wörtchen „oder" einzuschalten.
S. 122 Z. 8 von unten muß es statt „Wechsel-Verpflichteten" heißen „Wechsel verpflichteten."
S. 148 Anm. 3 Z. 3 von unten ist hinter „Vormänner" das Wörtchen „nicht" einzuschalten.
S. 162 Anm. 2 zu d und S. 164 Anm. 3.
Das Kammergericht und das Stadtgericht zu Berlin haben in neuerer Zeit die Compensation auch nicht wechselmäßiger Forderungen des Verklagten, welche ihm gegen den jedesmaligen Kläger unmittelbar zustehen, stets zugelassen, sofern die sonstigen Erfordernisse der Compensation vorhanden sind, und erscheint diese Ansicht auch begründet. (Erk. des Ob.-Trib. zu Berlin v. 3. Mai 1855, Borch. A. d. W.-O. v. 1854 Forts. 1. S. 152.)
S. 162 Anm. 2 zu d Z. 6 ist statt „März" „Mai" zu lesen.
S. 164 Anm. 3 Z. 3 ist das Wort „Simulation" zu streichen.
S. 173. Das Kammergericht und das Stadtgericht zu Berlin halten solche Proteste nicht für rechtsgiltig, weil sie gegen die ausdrückliche Bestimmung des Art. 88 der Allgemeinen deutschen Wechsel-Ordnung verstoßen sollen, welche eine getreue Abschrift des Wechsels erfordere, die der Richter selbst prüfen müsse. Eine bloße Beziehung genüge deßhalb nicht.

S. 362 §. 70 Nr. 3 und S. 366 §. 79 Abs. 3.

Die Regel ist allerdings, daß nur die bei dem Ober-Tribunal angestellten Anwalte zur Ausarbeitung der dort einzureichenden Schrift-Sätze befugt sind, da aber nach §. 23 und 27 die Revisions- und Nichtigkeits-Beschwerden in schleunigen Sachen binnen 3 Tagen bei dem Gericht erster Instanz angebracht und gerechtfertigt werden sollen, so folgt daraus, daß auch die bisherigen Vertreter der Partei oder andere, als nur die bei dem Ober-Tribunal angestellte Sachwalter befugt sein müssen, Schrift-Sätze der bezeichneten Art in schleunigen Sachen auszuarbeiten und einzureichen. Es ist das auch um so nothwendiger, als es in der kurzen Frist von 3 Tagen bei entfernter wohnenden Parteien sonst gar nicht möglich sein würde, die Beschwerden rechtzeitig zu rechtfertigen.

Abkürzungen.

A. d. Trib.-A. Archiv der Tribunals-Anwalte.
A. d. W.-O. Allgemeine deutsche Wechsel-Ordnung.
A. f. W.-R. Archiv für Wechsel-Recht.
A. G.-O. Allgemeine Gerichts-Ordnung.
A. L.-R. Allgemeines Land-Recht.
Appell.-G. Apellations-Gericht.
Borch. W.-O. Borchardt's Wechsel-Ordnung.
Code de proc. Code de procédure.
Conf.-Prot. Conferenz-Protokoll.
Einf.-G. Einführungs-Gesetz.
Entsch. des Ob.-Trib. Entscheidungen des Ober-Tribunals.
Erk. Erkenntniß.
G.-S. Gesetz-Sammlung.
Handels-Ges.-B. Handels-Gesetz-Buch.
Minist.-Bl. Ministerial-Blatt.
Ob.-Trib. Ober-Tribunal.
Präj. Präjudicien.
W.-O. Wechsel-Ordnung.

FSC
www.fsc.org
MIX
Papier | Fördert gute Waldnutzung
FSC® C083411

Kolibri 360 GmbH
Ferdinand-Jühlke-Straße 7
99095 Erfurt, Deutschland
produktsicherheit@kolibri360.de